U0925369

Annual of Renmin University of China

# 中国人民大學年鉴 2020

《中国人民大学年鉴》编辑委员会

中国人民大学出版社

·北京·

▲ 2019 年 9 月 29 日，中华人民共和国国家勋章和国家荣誉称号颁授仪式在人民大会堂举行，学校卫兴华、高铭暄两位教授被授予“人民教育家”国家荣誉称号。中共中央总书记、国家主席、中央军委主席习近平向高铭暄教授颁授“人民教育家”国家荣誉称号奖章。

▲ 庆祝新中国成立 70 周年（一）：2019 年 9 月 26 日，学校举办庆祝中华人民共和国成立 70 周年暨荣誉纪念章颁发仪式。全校共有 258 位老同志荣获纪念章，他们平均年龄达 90 岁。

▲ 庆祝新中国成立 70 周年（二）：2019 年 6 月 9 日，以“新中国 70 年与高校思想政治理论课建设”为主题的首届全国高校思想政治理论课建设高端论坛在学校召开。

▲ 庆祝新中国成立 70 周年（三）：2019 年 6 月 23 日，“新中国成立 70 周年，国家治理体系变革逻辑”报告发布会在学校举办。

▲ “不忘初心、牢记使命”主题教育（一）：2019年9月9日，学校召开“不忘初心、牢记使命”主题教育动员大会。

▲ “不忘初心、牢记使命”主题教育（二）：2019年9月17日，学校党委书记靳诺主讲“不忘初心、牢记使命”主题教育党课第一课。

▲ “不忘初心、牢记使命”主题教育（三）：2019 年 10 月 22 日，学校召开“不忘初心、牢记使命”主题教育全面深化“三全育人”协同育人体系人才培养工作会议。

▲ “不忘初心、牢记使命”主题教育（四）：2019 年 10 月 23 日，学校领导班子就“双一流”建设进行“不忘初心、牢记使命”主题教育专题调研。

▲ 2019 年 3 月 23 日，经济学院（新）成立大会暨中国经济学 70 年演进与发展学术研讨会在学校举行。

▲ 2019 年 4 月 22 日，中国人民大学高瓴人工智能学院成立大会在学校举行。

▲ 2019 年 3 月 28 日，中国人民大学采购与招标管理中心成立揭牌仪式在学校举行。

▲ 2019 年 10 月 16 日，中国人民大学综合服务中心正式开始运营。

▲ 2019 年 10 月 18 日，中国人民大学国际组织学院揭牌仪式在学校举行。

▲ 2019 年 12 月 8 日，国家统计局—中国人民大学数据开发中心揭牌仪式在学校举行。

▲ 2019 年 4 月 22 日，中国人民大学教育基金会第一届投资管理委员会正式成立暨首次会议召开。

▲ 2019 年 4 月 25 日，中国人民大学第十一届学术委员会换届，第十二届学术委员会第一次全体会议在学校召开（一）。

▲ 2019年4月25日，中国人民大学第十一届学术委员会换届，第十二届学术委员会第一次全体会议在学校召开（二）。

▲ 2019年2月28日，第二十七届万寿论坛在学校举行。

▲ 2019 年 4 月 3 日，学校召开 2019 年“国家高端智库”建设工作会议。

▲ 2019 年 7 月 6—7 日，“2019 国际货币论坛”在学校举行。

▲ 2019 年 9 月 16 日，教育部举行首批国家教材建设重点研究基地工作启动会暨授牌仪式，副校长杜鹏代表学校接领国家高校经济学教材建设重点研究基地标识牌。

▲ 2019 年 11 月 19 日，学校举办首届智能社会治理论坛暨中国人民大学第五届民生论坛。

▲ 2019 年 11 月 30 日，首届“理论经济学 · 国家教材建设高峰论坛”在学校召开。

▲ 2019 年 3 月 30 日，中国人民大学通州新校区开工现场会在北京市通州区举行。

▲ 教育扶贫（一）：2019 年 3 月 1 日，学校召开协助兰坪县开展教育扶贫工作协调会。

▲ 教育扶贫（二）：2019 年 7 月 19 日，学校召开专题会议研究加快推进协助兰坪县开展教育脱贫攻坚工作。

▲ 2019 年 1 月 4 日，学校与山西省人民政府签署战略合作框架协议。

▲ 2019 年 2 月 21 日，学校与黑龙江省人民政府签署战略合作框架协议。

▲ 2019 年 3 月 11 日，学校与浙江省人民政府签署战略合作框架协议。

▲ 2019 年 3 月 16 日，学校与甘肃省人民政府签署战略合作协议。

▲ 2019 年 5 月 28 日，学校与河北省人民政府签署全面深化合作协议。

▲ 2019 年 11 月 30 日，学校与山东省人民政府签署战略合作框架协议。

▲ 2019 年 1 月 12—19 日，校长刘伟应邀率团访问埃及艾因夏姆斯大学、土耳其科奇大学、伊斯坦布尔大学，以色列特拉维夫大学，到访中国驻以色列大使馆，出席“一带一路”合作研究中心揭牌仪式及《寻求突破的中国经济》等中文图书阿文版出版签约仪式和希伯来文版出版签约仪式。

▲ 2019 年 1 月 17 日，德国副总理、财政部部长奥拉夫·舒尔茨做客“数字化的挑战——德国和中国的经济与社会转型”研讨会，并做主题演讲。

▲ 2019年2月20日，伊朗伊斯兰议会议长阿里·拉里贾尼来访，并在“重阳论坛”做题为《伊朗与中国：走向共享未来之路》的演讲。

▲ 2019年3月29日，中国人民大学、意大利路易斯大学签署全面战略合作伙伴协议。

▲ 2019 年 4 月 4 日，土库曼斯坦驻华大使杜尔德耶夫来访。

▲ 2019 年 4 月 23 日，古巴共产党中央委员、比纳德里奥省委书记罗德里格斯一行来访。

▲ 2019 年 6 月 24 日，以色列驻华大使何泽伟一行来访。

▲ 2019 年 6 月 25 日，韩国高等教育财团事务总长朴仁国一行来访。

▲ 2019年8月22日，阿尔－法拉比哈萨克斯坦国立大学校长哈力木卡耶尔·穆塔诺夫一行来访。

▲ 2019年9月6日，坦桑尼亚革命党副总书记阿卜杜拉·萨达拉一行来访。

▲ 2019 年 9 月 24 日，墨西哥维拉克鲁斯大学校长拉得隆·德·格瓦拉一行来访。

▲ 2019 年 9 月 27 日，韩国驻华大使张夏成一行来访。

▲ 2019 年 10 月 10 日，南非共产党全国主席森泽尼 · 佐夸纳一行来访。

▲ 2019 年 10 月 25 日，挪威卑尔根大学校长达格 · 鲁恩 · 奥尔森一行来访。

▲ 2019 年 11 月 25 日，新加坡管理大学校长江莉莉一行来访。

▲ 在中华人民共和国成立 70 周年庆祝活动中，学校 2 000 多名师生参与了群众游行、广场合唱、联欢活动、志愿服务等活动。

# 《中国人民大学年鉴（2020）》编辑委员会

顾　　问：黄　达　李昭公　杜厚文　沈云锁　程天权
主　　任：靳　诺　刘　伟
委　　员：吴付来　郑水泉　刘元春　杜　鹏　朱信凯　齐鹏飞
　　　　　顾　涛　王　轶　胡百精　杜小勇　翟小宁

# 《中国人民大学年鉴（2020）》编辑部

主　　编：郑水泉　顾　涛　王　轶
副 主 编：张　斌
编　　委（以姓氏笔画为序）：
　　　　　丁　凯　王学军　邓　晖　邓中威　付春梅
　　　　　任　兵　李　晶　李贞实　沃晓静　陈骊骊
　　　　　苗　苗　周　石　钟兰芳　黄一顺　蒋香仙
　　　　　曾丙健　滕文芳
编辑部主任：楚艳红
编辑部副主任：吕鹏军
英文编辑：张予馨　刘光宇
编　　辑（以所在单位为序）
学校办公室：韦　桦　戴　羽　肖　梦　赵志辉
　　　　　曲荣华　姚思宇　刘　婷　李　珣
　　　　　马　飞　林翌甲　杨雪峥
党委组织部：田　野
党委宣传部：杨　鹏
党委统战部：蒋海媛
纪委办公室：罗昕桐
党委巡察工作领导小组办公室：褚瑞琪
党委教师工作部：许小成
研究生院：任　兵
发展规划处：孙　铭

新校区建设办公室：夏志鹏
教务处：李迪
科研处：张佩芹
继续教育处：崔梦晗
人才工作领导小组办公室：陆怡彤
人事处：李浩
党委学生工作部（处）：林佳
招生就业处：李姗姗
国际交流处：徐星一
理工学科建设处：张楠
财务处：张艳茹
保卫处：裴先忠
资产与后勤管理处：田若妍
实验室管理与教学条件保障处：马彦琪
采购与招标管理中心：杨敏
校园建设管理处：徐青
审计处：张岱珍
基础教育处：高寒
离退休工作处：马小莉
校工会：郑淇允
校团委：许译文
校友工作办公室：孟繁颖
教育基金会：王乔
哲学院：卫一帆
文学院：吴壹香
历史学院：李静
国学院：何倩秀
经济学院：王誉潼
应用经济学院：吕媛媛
财政金融学院：张浩
汉青经济与金融高级研究院：曾妍
统计学院：陈琳
统计与大数据研究院：李倩
农业与农村发展学院：安旭
法学院：路磊
马克思主义学院：蔡立庆
社会与人口学院：李玉霞
国际关系学院：许征

新闻学院：吴翼翔

艺术学院：文静　吴迪

外国语学院：夏苗

环境学院：刘广昕

信息学院：杨潇

数学科学研究院：王钧

数学学院：李慧

理学院：臧虹

商学院：侯佳昱

公共管理学院：张世闯

劳动人事学院：张石磊　陈思

信息资源管理学院：马婵　梁继红

教育学院：王亚敏

高瓴人工智能学院：梁莉娜

继续教育学院：李忆彤

苏州校区（国际学院、中法学院、丝路学院）：王华贝

深圳研究院：蔚晓帆

体育部：任瑾

图书馆：焦皎

公共艺术教育中心：成瑶

信息技术中心：王斌斌

档案馆（博物馆）：陈姝婕

校医院：耿晓琛

后勤集团：罗舒雯　刘璇

人大资产经营管理公司：曲豪

文化科技园：刘忠彦

出版社：张锁平　刘莉

书报资料中心：万千

附属中学：庄云路

人大附中联合总校：徐华莹

附属小学：张宏光

（图片提供：党委宣传部　档案馆　图文编辑：吕鹏军　陈双志　徐筱婧）

# 《中国人民大学年鉴（2020）》编辑说明

《中国人民大学年鉴》（以下简称《年鉴》）是一部逐年编辑、出版的兼具中国人民大学工作公报和编年史料性质的工具书。2020版《年鉴》主要记载2019年学校事业发展情况。

**一、选编原则**

（一）客观、准确，实事求是。

（二）详略适度，前后统一。

（三）大事不漏，小事不收。

**二、内容**

2020版《年鉴》全面收录反映2019年学校各方面工作情况的资料，包括学校改革、建设和发展过程中的重要事件、重大活动、重要人物、基本数据等。除特别注明外，全部统计数据截至2019年12月31日。凡是前未加学校名称的学院（系）、机关各部处及直（附）属单位均为中国人民大学所属单位。

**三、编写工作的组织**

2020版《年鉴》由年鉴编辑部（挂靠于学校办公室）组织编写。内容由各单位确定专人负责提供，并经本单位负责人审定。

对于编写过程中全校各单位给予的大力支持，在此谨表衷心感谢。

**《中国人民大学年鉴》编辑部**

2021年7月

# 目 录

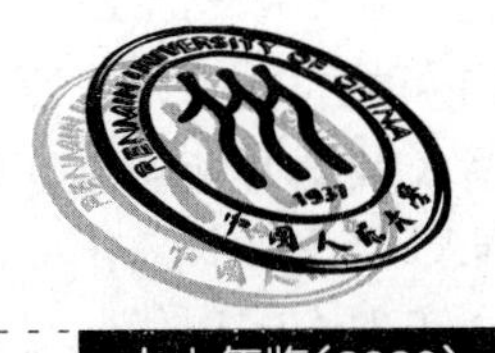

人大年鉴(2020)

RENDA NIANJIAN

## 机构与干部



## 学院（部）简介

人大年鉴(2020)
RENDA NIANJIAN

# Contents

# 中国人民大学简介

中国人民大学（Renmin University of China）是中国共产党创办的第一所新型正规大学，是一所以人文社会科学为主的综合性研究型全国重点大学，直属于教育部，由教育部与北京市共建。学校的前身是1937年诞生于抗日战争烽火中的陕北公学，以及后来的华北联合大学、北方大学和华北大学。1949年12月16日，中央人民政府政务院第十一次政务会议根据中共中央政治局的建议，通过了《关于成立中国人民大学的决定》。1950年10月3日，以华北大学为基础合并组建的中国人民大学隆重举行开学典礼，成为新中国创办的第一所新型正规大学。著名教育家吴玉章、成仿吾、袁宝华、黄达、李文海、纪宝成、陈雨露先后担任校长。现任党委书记为靳诺教授，校长为刘伟教授。

建校以来，中国人民大学始终坚持党的领导，坚持马克思主义指导地位，坚持为党和人民事业服务，形成了“人民共和国建设者”的摇篮、人文社会科学高等教育的重镇、马克思主义教学与研究的高地三大办学特色，被誉为“在我国人文社会科学领域独树一帜”，为我国哲学社会科学的发展和繁荣，为社会主义革命、建设和改革事业做出了重要的贡献。从1950年至今，国家历次确立重点大学，中国人民大学均位居其中。学校是国家首批“985工程”“211工程”重点建设大学，2017年首批入选国家“世界一流大学和一流学科”建设名单。

中国人民大学早已形成以本科教育为基础、研究生教育为重点、继续教育为辅助的全方位、多层次的办学格局，形成了“主干的文科、精干的理工科”的学科发展体系。学校是我国首批设立研究生院的高校之一，现有33个学院、31个跨学院研究机构，另设有体育部、继续教育学院、深圳研究院等。学校设有学士学位专业82个，硕士学位学科点190个，博士学位学科点133个。学校拥有硕士学位一级学科授权点37个，博士学位一级学科授权点21个，博士后流动站21个。

学校拥有8个国家重点一级学科，8个国家重点二级学科，在人文社会科学领域均居全国第一；拥有5个北京市重点一级学科，1个北京市重点交叉学科，4个北京市重点二级学科；拥有13个教育部普通高等学校人文社会科学重点研究基地，名列全国高校第一；拥有5个文科国家基础学科人才培养和科学研究基地、1个大学生文化素质教育基地；拥有2个教育部工程研究中心、1个教育部重点实验室，4个国家级实验教学示范中心，2个北京市重点实验室，3个北京市哲学社会科学研究基地。在连续15届全国百篇优秀博士论文评选中，中国人民大学获选29篇，占全国已入选人文社会科学优秀博士论文总数的12%，在所有高校和科研院所中位居第一。

在教育部学位评估中心2017年公布的全国一级学科评估结果中，学校获评A类的学科总数为14个，其中理论经济学、应用经济学、法学、社会学、新闻传播学、统计学、工商管理、公共管理、马克思主义理论获评A+，政治学、哲学获评A，图书情报与档案管理、中国史、中国语言文学获评A－，A+学科数量位列全国高校第四。

截至2019年底，学校有专任教师1 887人，其中教授708人，副教授774人。学校有19名第八届国务院学位委员会委员和第七届学科评议组成员，有14名教授受聘为第二届教育部社会科学委员会委员，人数居全国高校前列；有65位专家入选中央“马克思主义理论研究和建设工程”课题组首席专家或主要成员，人数居全国高校首位；先后有491人享受国务院颁发的“政府特殊津贴”；有“万人计划”入选者28人，国家“有突出贡献中青年专家”22人，教育部“跨世纪优秀人才培养计划”入选者25人，“百千万人才工程”国家级人选35人；有6人被评为国家级教学名师，10人获得国家杰出青年科学基金，16人获得国家优秀青年科学基金，10人荣获教育部“高校青年教师奖”，192人入选教育部“新世纪优秀人才支持计划”。

中国人民大学名师辈出，俊彦云集，已故名家大师吴玉章、成仿吾、范文澜、艾思奇、何思敬、何干之、何洛、胡华、尚钺、吴景超、李景汉、庞景仁、石峻、缪朗山、李秀林、徐禾、塞风、许孟雄、孟氧、佟柔、戴世光、刘铮、查瑞传、苗力田、吴大琨、萧前、林文益、阎达五、阎金锷、方生、高鸿业、钟契夫、吴宝康、彭明、彦奇、曾宪义、宋涛、萨师煊、王传纶、李文海、许崇德、刘佩弦、周诚、王思治、方立天、郑杭生、夏甄陶、周升业、罗国杰、蓝鸿文、甘惜分、黄顺基、庄福龄、孙国华、李占祥、高放、卫兴华等为学校的学科发展、学术繁荣和人才培养做出了奠基性、开创性的贡献。老一辈著名学者黄达、戴逸、胡钧、陈共、严瑞珍、高铭暄、王作富、许征帆、何沁、方汉奇、赵履宽、邬沧萍、陈先达、张立文、钟宇人、吴易风、胡乃武、周新城、赵中孚等成就卓著，耕耘不辍，为学校的学科建设、人才培养和科学研究奠定了坚实基础。

中国人民大学共有全日制在校生27 810人，其中本科生11 336人，硕士研究生10 505人，博士研究生 4 406人，留学生1 563人。留学生人数在全国高校中位居前列。学校以“国民表率、社会栋梁”为人才培养目标，充分发挥人文社会科学学科在全国高校数量多、门类全、综合水平高的优势，积极培养高素质、高层次的理论型、管理型优秀人才，培养“人民共和国建设者”。从陕北公学至今，学校培养的优秀建设者和各行各业、各个层面的领袖人才中，既有许多成就卓著的专家学者，又有许多闻名遐迩的企业家、政绩斐然的党政军高级领导干部，以及卓有建树的新闻、法律、文学艺术和科学技术工作者。

中国人民大学始终注重发挥人文社会科学认识世界、传承文明、创新理论、咨政育人、服务社会的作用，在不断发展学术、繁荣学术的同时，积极发挥“思想库”“智囊团”的作用，研究重大政治、经济、文化和社会问题，为国家经济建设和社会发展提供强大的理论保证和有力的智力支持。党的十六大以来，学校已有许崇德、王利明、曾湘泉、黄卫平、史际春、秦宣、李景治、翟振武、杨凤城、郭湛等教授11次为中央政治局集体学习做报告；自许崇德教授为第九届全国人大常委会首次法制讲座做报告以来，学校已有高铭暄、龙翼飞、郭寿康、王利明、林嘉、刘春田、朱信凯、吴晓球等教授10次为全国人大常委会做专题讲座：分别都是参加学者最多的高校。一大批教师为中央领导和中央国家机关提供决策咨询。学校先后承担或参与了“马克思主义理论研究和建设工程”“国家清史纂修工程”“北京2008年奥运会总体影响评估（OGGI）”“冷中子非弹性散射谱仪的研制”等特大、重大项目。2001年以来，学校共获得国家社会科学基金项目、国家自然科学基金项目、教育部人文社会科学规划项目、北京市社会科学规划项目等各级各类项目1.88万余项，共获得经费36.74亿余元，其中国家社会科学基金重大项目立项数居全国高校第一位，教育部人文社会科学重大攻关项目立项数位居全国前列。学校教师发表的学术论文数量持续增长，2004—2018年，中文社会科学引文索引（CSSCI）收录学校论文数量连续15年保持全国高校第一。自2010年起，学校共有32部学术专著入选“国家哲学社会科学成果文库”，位居全国高校第一。

中国人民大学是国内外学术文化交流的重要平台，先后同美国哈佛大学、耶鲁大学、哥伦比亚大学、密歇根大学，英国剑桥大学、牛津大学，日本早稻田大学，丹麦哥本哈根大学，瑞典斯德哥尔摩大学，奥地利维也纳大学，法国索邦大学等60个国家和地区的300所高校和机构建立了学术交流关系，其中包括国外学校272所，港澳台高校25所，国际组织3所。作为中方合作伙伴，学校共参与了海外11所孔子学院的建设，其中欧洲6所，美洲3所，非洲1所，亚洲1所。学校自2009年始，每年举办暑期学校（国际小学期）。学校还引进、翻译出版了大量适应我国改革开放需要的教科书和学术著作，开展了一系列重要的交流合作项目，主办或承办了包括“世界汉学大会”在内的一系列高水平的国际学术会议。授予哥斯达黎加总统索利斯，玻利维亚总统莫拉莱斯，世界知识产权组织总干事弗朗西斯·加利，诺贝尔奖获得者、著名经济学家约翰·海萨尼、罗伯特·蒙代尔，阿根廷前总统费尔南多·德拉鲁阿，日本前首相竹下登，巴拿马总统胡安·卡洛斯·巴雷拉·罗德里格斯等14位国际著名人士名誉博士称号，聘请诺贝尔奖获得者、著名经济学家约瑟夫·斯蒂格利茨、米切尔·斯宾思、约翰·纳什、莱因哈德·泽尔腾、托马斯·谢林，联合国全球化特别顾问、著名经济学家贾格迪什·巴格沃蒂，世界银行高级副行长尼古拉斯·斯特恩，著名思想家、教育家池田大作，台湾宗教界知名人士、佛光山开山宗长星云大师，著名国学大师饶宗颐，塞浦路斯总统尼科斯·阿纳斯塔夏季斯，阿塞拜疆总统伊尔哈姆·阿利耶夫，俄罗斯科学院院士齐赫文斯基，吉尔吉斯斯坦外长阿布德尔达耶夫等68位知名人士为名誉教授。

中国人民大学是我国重要的人文社会科学资料中心、信息中心和图书出版中心。学校图书馆收藏纸质图书423万余册（包括线装古籍41万余册），电子图书448万余种，并设有“教育部文科文献信息中心”。中国人民大学书报资料中心是新中国最早从事人文社会科学文献搜集、整理、编辑、发布的信息资料提供机构，公开出版发行人文社会科学领域148种期刊和6大系列数据库产品，编辑的年度报刊资料索引是中国四大文献检索索引之一。中国人民大学出版社是新中国成立以后建立的第一家大学出版社，是我国高等学校文科教材和人文社会科学学术、理论著作的重要出版基地。

近年来，中国人民大学先后获得“全国五一劳动奖状”、“全国模范职工之家”、“北京市高校党建与思想政治工作先进单位”、“首都劳动奖状”、“北京市教育创新先进单位”、“首都文明单位标兵”、北京高校“十佳美丽校园”、“首都城市环境建设样板单位”、教育部“国防教育特色学校”、“平安校园示范校”、“首都大学生思想政治教育工作实效奖特等奖”、“全国五四红旗团委”、“全国工人先锋号”等荣誉称号。

（除标注外，全部统计数据截至2019年12月31日）

# 特　载



## 中国人民大学党委扎实开展“不忘初心、牢记使命”主题教育

在中央第二指导组的指导下，中国人民大学党委认真贯彻落实习近平总书记关于“不忘初心、牢记使命”主题教育重要论述和中央主题教育领导小组决策部署，牢牢把握“守初心、担使命，找差距、抓落实”的总要求，牢牢把握“深入学习贯彻习近平新时代中国特色社会主义思想、锤炼忠诚干净担当的政治品格、团结带领全国各族人民为实现伟大梦想共同奋斗”的根本任务，牢牢把握“理论学习有收获、思想政治受洗礼、干事创业敢担当、为民服务解难题、清正廉洁作表率”的目标，牢牢把握“为党育人为国育才、突出党的政治建设、紧扣立德树人根本任务、健全全员全过程全方位育人的体制机制”的着力点，坚持学习教育、调查研究、检视问题、整改落实“四个贯穿始终”，党员、干部思想受到洗礼，深化了对“初心使命”的感悟，进一步增强了坚守人民立场、办好人民满意大学的自觉性和主动性，进一步增强了找准发展差距、推进“双一流”建设的紧迫感和责任感，进一步增强了推动自我革命、全面加强高校党的领导和党的建设的决策力和执行力，主题教育取得了实实在在的成效。

### 一、一体推进四项重点措施并贯穿始终

#### （一）坚持读原著学原文悟原理，理论武装长抓不懈

一是校级领导班子以上率下，先学先做。校级领导班子举办 4 次暑期

专题读书班，认真研读习近平总书记在中央“不忘初心、牢记使命”主题教育工作会议和中央政治局第十五次集体学习上的重要讲话，提前了解和掌握中央精神。二是学习教育聚焦主题主线。学习了中央规定书目、必读篇目，结合实际学习了习近平总书记关于教育、扶贫的重要论述和习近平总书记致中国人民大学建校80周年贺信精神，及时跟进学习了庆祝新中国成立70周年、党的十九届四中全会等有关最新精神，并结合思想和工作实际开展集中研讨。三是全程严肃学风学纪。制定严格考勤制度、离京请假制度、集中“补学”制度，采取原原本本学、持续反复学、联系实际学、及时跟进学的学习方法。不少单位在国庆假期开展集中学习，确保教学管理工作和主题教育“两不误”；部分单位组织了学习测试，广大党员还积极通过“学习强国”平台、“两微一端”等开展自学；学校层面还举办主题教育专题辅导报告10余场（包括学校党委书记靳诺主讲的《牢记红色初心、勇担时代使命，着力锻造新时代立德树人的“四有”教师队伍》、校长刘伟主讲的《习近平新时代中国特色社会主义经济思想的内在逻辑》、习近平新时代中国特色社会主义思想研究院院长秦宣主讲的《〈习近平新时代中国特色社会主义思想学习纲要〉解读》等等），直接覆盖大学、附中、附小、幼儿园师生员工党员3 000余人次。四是坚持“开门搞教育”。校级领导班子进行了10次扩大学习，覆盖到了各学院、部处、直附属单位负责人和部分党支部书记、师生党员代表。各级党组织和党员普遍观看《榜样4》《决胜时刻》《我和我的祖国》《小巷管家》等主旋律节目和影片，实地参观北京香山革命纪念地、庆祝新中国成立70周年大型成就展、北大红楼等；有机融入党史国史、爱国主义和革命传统教育，在1950年中国人民大学建校伊始举办开学典礼的老校址举行开学典礼和新生入学第一课；将主题教育融入70周年国庆群众游行、广场合唱、联欢活动、志愿服务等重大任务中，设立临时党组织，发挥党员先锋模范作用，发现和培养入党积极分子，把党课、思政课开到师生国庆活动训练第一线；举办国庆故事分享会，组建宣讲团并赴湖北开展宣讲交流活动；开展以“学起来”“唱起来”“讲起来”“做起来”为主要内容的“我和我的祖国”主题活动、大学生国情知识竞赛等，深挖学校红色基因，发挥先进典型示范引领作用；举办“‘初心·家书’主题教育展”“献礼70年、奋进新时代——中国人民大学‘双一流’建设成就展”“一辈子做好事——老校长吴玉章生平展”“风入松林、涛声阵阵——宋涛生平展”“他是一座山——吴宝康生平展”等主题展览，召开“‘人民教育家’与人民大学”专题学习座谈会等。

（二）坚持问题导向、直面矛盾，调查研究深入一线

一是务求实效，调查研究不走过场。校级领导班子牢固树立问题导向，真找问题、找真问题。累计开展调研35场次、集体调研1次，覆盖师生500余人次，收集到有关问题269条。在检视和整改过程中针对进一步发现的问题开展“展开式”“深入式”调研，靳诺同志专门主持召开院系党组织书记副书记座谈会5次，进一步深入调研加强党的政治建设、实施“两项规则”、完善学院治理方面存在的问题，深挖问题根源、研究解决思路。推行组团式调研、团队式攻关、矩阵式分工等简便易行的调研形式，鼓励各二级单位随同开展调研或联合开展调研，避免重复、无意义的调研。二是点面结合，紧扣立德树人根本任务。确定了“4＋N”的调研主题，将党的政治建设、“三全育人”、马克思主义理论学科建设和思政课改革创新、“双一流”建设等重大问题列为调研重点，开展组团式调研，由学校主要领导牵头，多院系、多部门、多单位共同参与、共同研究、共同解决问题；同时，将影响事业发展的突出问题、制约学校发展的体制机制性障碍和瓶颈性问题以及师生反映强烈的热点难点问题细化为教师队伍建设、意识形态工作、学生社团工作等14个专题进行“点穴”调研。三是刀刃向内，直面深层次突出性矛盾。坚持哪个单位问题集中、校领导就亲自到哪里，哪个单位矛盾涌现、力量就要集中到哪里，对情况比较复杂的14家二级单位，开展“加强政治建设、落实立德树人、解决重点问题”专项调研，由多位校领导组成团队上门，现场办公、集中攻坚。在此基础上，领导班子召开专题会议交流调研成果，学校党委书记、校长面向全校中层干部和师生党员代表分别以《传承红色基因，奋力担当作为——以全面加强党的政治建设推进学校事业发展再上新台阶》和《牢记办学初

心，勇担育人使命——在“双一流”建设中取得新的更大的成就》为题讲授了专题党课，其他班子成员也分别在分管领域和基层单位讲党课、悟初心、点问题、提思路。

（三）坚持刀刃向内、自我革命，检视问题红脸出汗

一是广泛征求意见建议。着力找到师生“急难愁盼”的问题，学校党委面向全校发布《关于在“不忘初心、牢记使命”主题教育中面向全校师生员工征求意见建议的公告》，通过意见箱、电话、校园网、电子邮件等方式，面向师生员工广泛征求意见。各二级单位通过线上线下征求意见、面对面座谈互提意见等方式，累计收到各类意见建议 200 余条。例如学校办公室、发展规划处、科研处、国际交流处、财务处、审计处、图书馆等面向全校师生员工发布征求意见建议的公告，公共艺术教育中心等通过线上问卷调查的形式征求意见建议，校医院领导班子成员专程前往北京大学等兄弟院校医院征求意见、学习经验，等等。二是深刻检视剖析自身。学校各级领导班子成员严格按照“四个对照”“四个找一找”要求，从一开始就把自己摆进去，对照党章、《中国共产党廉洁自律准则》和《中国共产党纪律处分条例》等党内法规，逐一对照“18 个是否”梳理查找问题和差距，认真撰写并完善检视剖析材料，召开专题会议在主观上、思想上进行深刻检视，咬耳扯袖，分析原因，谋划整改。三是动态完善问题清单。以学习调研发现的问题为重点，结合主题教育意见征集、高校政治建设问题清单、校领导接待日、书记校长信箱、党代会教代会学代会提案等，梳理出 9 大类 60 多个问题并不断动态调整完善，为整改落实打下坚实基础。

（四）坚持服务师生、推动发展，整改落实真抓实干

一是压实主体责任，建立整改机制。按照中央及北京市部署，建立“8＋1＋1＋N”的整改体系，针对“8＋1＋1”专项整治的每一个专项都明确了牵头校领导和主责单位，印发了具体方案，挂图式作战、清单式管理、项目式推进；针对学校问题清单明确牵头领导和主责单位，制定台账，形成合力，一项一项抓好落实。勇于直面矛盾和问题，把学和做结合、把查和改贯通，特别提出整改落实“只有进行时、没有完成时”，明确主题教育结束后的整改落实责任，建立长效机制。二是精准识别问题，分类分段解决。校级领导班子经过梳理，形成了 9 大类（党的政治建设、“三全育人”、马克思主义学科和思政课建设、“双一流”、意识形态工作、干部队伍建设、教师队伍建设、管理、服务保障）65 个问题清单并分别制定整改方案，由各主责单位或相关单位将其纳入本单位的问题清单中。其中加强党的政治建设列在第一类，针对加强和改进党的领导、基层党组织建设专门制定整改方案，着力以党建引领事业发展，同时，“三全育人”、马克思主义学科建设和思政课建设、意识形态工作、教师队伍建设、学生社团工作也专门列出整改方案。按照整改期限将问题分为三类，针对立行立改可以得到解决的问题（14 个）和主题教育期间能够抓紧解决的问题（15 个），迅速采取整改措施，边学边查边改，把四个重点措施有机融合起来；针对需要进一步努力才能解决的问题（36 个），制定近期、中期和长期的整改方案，盯住不放、按期解决。三是高质量开好专题民主生活会和专题组织生活会。校领导班子层面，班子成员会前强化理论学习、开展 115 次谈心谈话、认真撰写检视剖析材料，会上自觉拿起批评和自我批评的武器，开展积极健康的思想斗争，打扫思想上和政治上的灰尘，会后结合批评意见着力落实整改，达到了坚持真理、修正错误，增进团结、振奋精神的目的；同时班子成员还参加了所在和所联系党支部的专题组织生活会。各单位层面，学校印发专门工作方案，形成党政一把手为“第一责任人”、校内指导组把关的工作机制，81 个二级单位领导班子、600 多个基层党支部认真、扎实地召开了专题民主生活会和专题组织生活会。

## 二、开展主题教育取得的成效和经验

（一）思想政治受到洗礼，习近平新时代中国特色社会主义思想在师生中进一步扎根开花

习近平新时代中国特色社会主义思想是新时代中国共产党的思想旗帜，是国家政治生活和社会生活的根本指针，是当代中国马克思主义、21 世纪马克思主义。中国人民大学被誉为中国“马克思主

义教学与研究的高地”。以主题教育为契机，学校广大师生学习贯彻习近平新时代中国特色社会主义思想更加积极主动，掌握精神实质和核心要义更加系统透彻。

学校党委充分发挥马克思主义理论学科的特色优势，把“思政课程”和“课程思政”结合起来，推动党的创新理论进课堂、进教材、进头脑，在全国高校率先全面开设“习近平新时代中国特色社会主义思想概论”（本科生）、“习近平新时代中国特色社会主义思想研究”（研究生）必修课；发挥全国首家习近平新时代中国特色社会主义思想研究院的优势，设立了习近平新时代中国特色社会主义思想、党的十九届四中全会精神等专题教学研究项目，促进教职工用学术讲政治；经过系统学习和自己讲党课，有不少平时忙于事务工作和专业学术的领导干部与知名学者都说，“学然后知不足，教然后知困”，主题教育这样系统完整不走样的学习，看起来好像形式呆板，实际上却是“大道至简”，用最简单的办法取得了最好的效果。与此同时，不少民主党派、无党派教职工也自觉开展学习，例如民盟中国人民大学委员会组织开展了“不忘合作初心、继续携手前进”主题学习活动，加深对中国共产党和中国特色社会主义的政治认同、思想认同、理论认同、情感认同。

（二）初心使命得到淬炼，办好中国特色世界一流大学的方向路径更加明晰透彻

作为中国共产党亲手创办的第一所新型正规大学，党的初心和使命自中国人民大学及其前身陕北公学建校办学之日起，就一直有着具体而生动的实践。在80多年的历程中，人大人始终与党和国家同呼吸、共命运，始终奋进在时代前列，锻造了“人大红”鲜亮的精神底色。如今，中国人民大学正以昂扬进取的姿态，向着“中国特色、世界一流”的目标奋斗。在这个时间节点，开展“不忘初心、牢记使命”主题教育，正当其时。

在主题教育中，学校党委进一步学习贯彻习近平总书记的重要论述，把“四个自信”转化为坚定的办学自信，提出将高等教育普遍规律与中国教育发展实际相统一，将解决中国问题与借鉴世界文明相统一，将中国特色与世界一流相统一，极大增强了坚持走好中国特色社会主义高等教育发展道路、建成世界一流大学和一流学科的共识和自信；认真思考学校红色基因鲜明、人文社会科学为主的特点，在学研查改的全过程不断探索回答自身新时代面临的三大问题，即中国共产党独立创办的正规大学如何办成世界一流大学，以人文社会科学为主的大学如何办成世界一流大学，扎根中国大地如何办成世界一流大学。学校党委认真部署“双一流”建设的各项工作，把反映上来的各方面问题充分消化吸收，形成了专项整改任务，及时召开“双一流”建设专题会，进一步整合学科力量和全校资源，推动形成分量足、高水平、有代表性的标志性成果。

（三）奋进面貌焕然一新，一批热点难点重点问题得到切实解决

“不忘初心、牢记使命”主题教育的开展质量，最终要用整改落实成效来进行检验。学校党委坚持从严从实抓整改，责任到人、工作到岗，打通从理论学习到实践运用的“任督二脉”，避免学归学、说归说、做归做。

学校党委对症下药，拿出破解难题的实招、硬招，比如在加强马克思主义理论学科建设、推动思政课改革创新的问题上，一举提出2019—2022学年安排30个教师岗位、8个师资博士后岗位用人计划，用于聘任、引进、培育思政课专职教师；再比如在推进“三全育人”综合改革、落实立德树人根本任务方面，全面实施“新生导师引航计划”，面向学校领导、中层干部、任课教师、优秀干部以及离退休教工选聘，动员1 366名教师、干部参与，为每一名本科新生配备成长导师，使新生从入学开始就能够得到更加直接、深入、有效的学业和生活辅导。注意防范形式主义、官僚主义，在统筹推进专项整治工作中，提出“坚决防止用形式主义做法来解决形式主义问题，坚决防止因官僚主义作风引发更多形式主义问题”，正确处理好抓个性与抓共性、抓重点与抓全面的关系，做到精准分类、重点突破、以点带面。比如说教师队伍建设是基础性工作，牵一发而动全身，以改进“杰出学者”评聘工作为突破口，按照“放管服”要求修订《中国人民大学“杰出学者支持计划”管理办法》等相关制度文件，完善政策，明确标准，简化程序，下放权限，尊重学术裁量，体现学科差异，切实回应了教师

和院系诉求，受到了广泛支持和积极评价。

（四）工作作风持续改进，为师生服务的意识和能力明显提升

涵养为民情怀，坚持为党育人、为国育才，是中国人民大学这所以“人民”命名的大学的天然使命。在主题教育动员之初，学校党委就提出全校党员干部要进一步树立“以人民为中心”的发展理念，以师生为本，自觉同师生想在一起、干在一起，推出一批务实管用、成效明显、师生认可的重大举措，不断解决师生的操心事、烦心事、揪心事，不断增强师生的获得感、幸福感、安全感。言必信、行必果，取得了重要成效。

在服务师生的具体措施中，有师生看得见、摸得着的“显绩”。比如针对学校管理服务地点分散、师生办事不便，学校综合服务中心建设进展不快、成效不大的问题，在主题教育期间加快建设步伐，一举建成并投入使用，已实现20个机关部处107项业务一站式办理，对涉及多部门审批的业务，依托“微人大”平台实现网上快速审批，避免师生多部门跑手续的现象，正在朝着“最多跑一趟”“一趟也不跑”的服务目标努力前行；再比如，针对一名学生来信反映学校正版软件采购难以满足师生日益增长的教学科研需求的问题，认真分析研判，认为虽然只有一人提出了这个问题，但却具有普遍性，提出“勿以善小而不为”，当即加大学校正版软件平台的宣传介绍力度，并持续丰富完善，已涵盖Windows系统及Office、PDF编辑器、SPSS、STATA等常用正版软件。同时，服务师生还要注意做好利长远、打基础的“潜绩”，比如针对学生宿舍陈旧、体育场馆落后等问题，在主题教育期间一并开展了改造规划，列出了时间表、路线图，按照销号式管理，逐个项目推进。此外，基层各单位也都切实行动起来，主动听民意、解民忧，比如校医院延长服务时间、后勤集团对北园超市等主题教育立行立改的项目亮出标识，一系列利民便民措施让师生感到实实在在的变化。

（五）党的领导全面加强，打赢党的政治建设攻坚战取得重要进展

旗帜鲜明讲政治是共产党人的立身之本，是我们党作为马克思主义政党的根本要求，同时也是中国人民大学的突出特点和优势所在。具体而言，就是要确保中国人民大学始终成为党的领导的坚强阵地，进而建成马克思主义理论的坚强阵地、建成中国哲学社会科学的坚强阵地、建成意识形态工作的坚强阵地、建成培养德智体美劳全面发展的社会主义建设者和接班人的坚强阵地。

主题教育中，学校党委以党的政治建设为统领，制定了《关于加强党的政治建设的若干措施》并细化100项任务措施，明确每项任务的主责领导、牵头单位和重点工作，真正把党委统一领导、党政分工合作的工作机制落到实处。全面实施学院党组织会议规则和学院党政联席会议议事规则，学院党组织的政治核心作用得到加强，管人管事、管方向管发展的功能得以落地，在关系师生重大利益决策中的政治引领作用能够见人见事，在学院全面工作中的政治把关作用进一步彰显。为真正打通党建和思想政治工作“最后一公里”，在主题教育期间建立了学校党委书记与基层党组织书记恳谈会制度、思想政治和意识形态双周工作例会制度，进一步畅通沟通渠道，准确传导压力，夯实党建工作落实落细。切实提高干部队伍的政治能力，抓紧制定了《关于考准考实干部政治表现的实施办法（试行）》，突出政治标准，列出负面清单，明确考察评价内容和分析方法，要求干部必须做政治上的明白人。坚持刀刃向内，坚定不移推进学校党风廉政建设，针对违法违纪现象，勇于亮剑、敢于斗争，全方位全过程落实“一岗双责”制度，进一步巩固巡视成果，深入全面开展巡察工作，推进巡视监督向基层延伸和拓展，巩固和提升学校党风廉政建设成效，涵养风清气正的政治生态。

## 三、狠抓各项工作落实，巩固深化主题教育成果

（一）持续加强政治建设

学校党委在主题教育的基础上，坚持把党的政治建设摆在首位，把政治责任、政治标准和政治要求贯彻到工作的全过程各方面，切实做到用“四个意识”导航，用“四个自信”强基，用“两个维护”铸魂，发挥好基层党组织在贯彻落实中央重大决策部署和完成上级党组织重要任务中的政治领导

作用，以钉钉子精神打好党的政治建设攻坚战。一是牢牢把握党的全面领导这一根本保证。坚持党管办学方向、党管改革发展、党管干部人才的原则，进一步完善党委领导下的校长负责制，实施学院级单位“两项规则”，构建基层党支部政治引领和政治把关的机制，形成党的领导纵到底、横到边、全覆盖的工作格局，把党的领导贯穿到办学治校、教书育人全过程。二是始终坚守“为党育人、为国育才”这一政治使命。强化“办好中国特色社会主义大学”的目标导向，进一步深化“三全育人”综合改革，推进“思政课程”和“课程思政”双向贯通，深化学生组织和学生社团建设管理，将立德树人融入教育管理服务各环节，切实增强思想政治工作实效，着力培养新时代中国特色社会主义的合格建设者和可靠接班人。三是不断强化政治本领和队伍建设这一关键环节。突出政治标准和担当作为，树立长远眼光和战略思维，进一步强化校领导的党委常委意识，选好配强院系级单位领导班子，提升各级干部队伍应对复杂情况、防范化解风险的政治能力，加强教师队伍政治意识和师德师风建设，推进“双带头人”队伍和学生工作队伍的持续培养，优化党员队伍数量结构，按照“政治家办教育”的标准，着力建设政治过硬、品行优良、业务精通、锐意进取的高素质专业化干部队伍。

（二）持续强化理论武装

学校党委在主题教育的基础上，把学习贯彻习近平新时代中国特色社会主义思想作为首要政治任务，推动学习再拓展、再深化、再转化，着力把学习成效转化成推动学校事业科学发展的生动实践。一是持续深入学习贯彻习近平新时代中国特色社会主义思想。坚持以党的创新理论滋养初心、引领使命，进一步学懂弄通做实习近平总书记最新重要讲话文章、习近平总书记关于教育的重要论述、习近平总书记致中国人民大学建校80周年的贺信等，用好读原著学原文悟原理、网上网下相衔接、课内课外相统一、集中分散相结合等方式方法，抓好党委理论学习中心组定期学习、党支部经常性学习和师生党员日常自学，领导班子在研究重要问题和重点工作时，首先学习习近平总书记有关重要论述，在对表对标中找准方向、明确思路、提出措施。二是始终不渝坚持马克思主义指导地位。坚持牢牢把握意识形态主动权话语权，进一步强化马克思主义以及党史、新中国史、改革开放史、社会主义发展史等一系列学习研究宣传，完善对课程建设、教材引进、学术活动的把关机制，区分政治问题与思想认识问题、学术问题，加强宣传思想阵地管理，让马克思主义主旋律更加响亮，确保校园和谐稳定。三是充分有效发挥学校特色优势。传承红色基因、彰显人大优势，进一步从校史校情中汲取中国共产党创办新型高等教育的经验、涵养师生思想政治教育的养分，依托习近平新时代中国特色社会主义思想研究院等深刻阐释党的创新理论、加强重大理论问题研究，切实发挥研究宣传党的理论的主力军作用，做到用学术讲政治。

（三）持续抓好整改落实

学校党委在主题教育的基础上，通过挂图作战、“回头看”等机制，抓好专项整治，坚持长效整改，确保整改落实“一把尺子量到底”，做到问题不解决不松劲、解决不彻底不放手、群众不认可不罢休。一是围绕加强党建抓整改。坚持把抓好党建工作作为办学治校的基本功，进一步夯实各级党组织抓党建责任体系，严格“三会一课”、主题党日等党内政治生活，发挥先进典型示范带动作用和党员先锋模范作用，完善学校党的坚强组织体系，推动全校党组织全面进步、全面过硬，建设师生最贴心、最信赖的基层党组织。二是聚焦办学治校重大问题抓整改。紧紧围绕建设中国特色世界一流大学的目标，进一步将加快“双一流”建设摆在重要位置，将加快构建中国特色哲学社会科学学科体系、学术体系、话语体系作为重点任务，将加快推进通州新校区建设、教育扶贫等工作作为服务经济社会发展的重点举措，推进党的建设和教学科研管理工作深度融合，把党员干部在主题教育中焕发出来的热情转化为干事创业的实际成果。三是对照师生员工的期待抓整改。牢固树立以师生为本的工作理念，进一步建设好学校综合服务中心，深化科研“放管服”改革、职务职级职称评聘管理改革、薪酬体系改革、校内周转房清理、医疗保障服务、美丽校园和平安校园建设、校园信息化建设等举措，提高学生智慧教室、自习空间、食堂、宿舍、文体活动场所等建设服务水平，不断增强师生员工的获得感、幸福感、安全感，全心全意为师生服务。

（四）持续推进制度建设

学校党委在主题教育的基础上，全面贯彻落实党的十九届四中全会精神，以制度建设为着力点，推进学校治理体系和治理能力现代化。一是有效推动“不忘初心、牢记使命”的制度落地生根。坚持把“不忘初心、牢记使命”作为加强党的建设的永恒课题，作为全体党员干部的终身课题，进一步总结和汲取主题教育中学习、调研、检视、整改的好经验好做法，构建长效常态机制，运用到党组织和党员干部提高政治站位、加强党性修养、强化使命担当、改进工作作风、推进自我革命的过程中，融入到党建工作和事业发展的各项具体实践中。二是全面构建中国特色现代大学制度体系。坚持扎根中国大地办大学，紧密结合学校实际、根植学校土壤、立足学校发展，进一步推进学校制度创新和治理能力建设，坚持和完善包括学校党的领导制度、学校章程、“三重一大”制度等在内的一整套制度体系，将实践中行之有效的做法及时上升为可操作、能执行的制度，在中国特色现代大学制度体系的理论创新与实践创新方面不断取得新进展。三是着力营造运转畅通、执行有力的制度环境。坚持严以治校、严以治教、严以治学，注重强化制度意识、维护制度权威，进一步严明党章党规党纪和校规校纪，强化制度执行力，加强对制度执行的有效监督，推进纪检监察、巡察、审计等工作，营造风清气正的政治生态和校风学风，以全面从严治党推进全面从严治校，把制度优势更好地转化为治理效能和发展优势。

## ■ 中国人民大学新机构成立与机构调整

2019 年，中国人民大学进一步推动综合改革，进一步优化学科建设，先后成立了采购与招标管理中心、综合服务中心等行政服务机构，以及国际文化交流学院、国际组织学院、国家统计局—中国人民大学数据开发中心等教学科研机构。新的行政服务机构和教学科研机构的成立，是中国人民大学服务国家战略需求、提升国际影响力、推进治理体系和治理能力现代化的重要举措，必将有力推动学校人民满意、世界一流大学的建设进程。

### 一、采购与招标管理中心成立

2019 年 2 月，经中共中国人民大学第十四届委员会第 52 次常委会议研究决定，成立采购与招标管理中心。该中心是具有行政管理职能的学校正处级直属事业单位，负责开展全校新建工程、修缮工程、货物、服务的采购与招标工作，对全校各部门采购与招标业务进行统一管理。成立采购与招标管理中心是学校深化改革的重要举措，旨在规范采购与招标管理工作，优化资源配置，提升工作效率，提高采购质量，有力推动学校“双一流”建设。

### 二、综合服务中心成立

2019 年 7 月，经中共中国人民大学第十四届委员会第 77 次常委会议研究决定，成立综合服务中心。该中心是具有行政管理职能的学校处级教辅单位，挂靠学校办公室。成立综合服务中心是学校进一步深化行政管理体制改革的重要举措，旨在通过转变职能、理顺关系、优化服务、建设服务型机关，持续提升学校行政体系信息化水平、行政服务便利化水平，不断推动学校“放管服”改革向纵深发展，推动学校“双一流”建设。

### 三、国际文化交流学院成立

2019 年 6 月 27 日，经中共中国人民大学第十四届委员会第 75 次常委会议审议通过，成立国际文化交流学院。该学院以文学院对外汉语教学中心、汉语国际推广研究所为基础，整合国际交流处留学生办公室、孔子学院办公室部分职能，主要负责对外汉语教学及研究，中华文化国际推广及研究，国际学生基础培养和对外汉语教学人才的培养、选派等。

**四、国际组织学院成立**

2019 年 7 月 1 日，经中共中国人民大学第十四届委员会第 76 次常委会议审议通过，成立国际组织学院。该学院挂靠中国人民大学国际交流处，主要负责国际组织学科建设、国际组织人才培养输送与国际组织研究，为全校学生与国际组织相关的学习实践提供引导、支持和保障。

**五、国家统计局—中国人民大学数据开发中心成立**

2019 年 9 月 12 日，经 2019—2020 学年第 1 次校长办公会审议通过，成立国家统计局—中国人民大学数据开发中心。该中心依托中国人民大学统计学院、中国调查与数据中心推动建设，主要负责对国家统计局授权开放数据的管理、开发和研究。

## ■“人民教育家”和“最美奋斗者”卫兴华、高铭暄

2019 年 9 月 17 日，国家主席习近平签署主席令，根据十三届全国人大常委会第十三次会议 17 日下午表决通过的全国人大常委会关于授予国家勋章和国家荣誉称号的决定，授予 42 人国家勋章、国家荣誉称号。其中，卫兴华、高铭暄被授予“人民教育家”国家荣誉称号。三名“人民教育家”，两名在人大。人民大学包揽高等教育领域“人民教育家”。25 日，中央宣传部、中央组织部、中央统战部、中央和国家机关工委、中央党史和文献研究院、教育部、人力资源和社会保障部、国务院国资委、中央军委政治工作部决定，授予卫兴华、高铭暄等 278 名个人、22 个集体“最美奋斗者”称号。

9 月 30 日，“人民教育家”与人民大学主题学习座谈会在学校召开。中国人民大学全体在校校领导出席会议，与会师生共同观看了介绍“人民教育家”卫兴华、高铭暄两位教授学术生涯的宣传短片，并进行了学习交流。学校党委书记靳诺代表学校党委，再次向两位老先生表示热烈的祝贺，向人民大学所有为中国革命、建设、改革贡献力量的同志致敬。靳诺表示，在国家勋章和国家荣誉称号颁授仪式举行的次日，学校第一时间召开座谈会，是再次感受党和国家对教育事业、教育工作者的高度重视和亲切关怀。“人民教育家”国家荣誉称号是党和国家对两位老先生治学育人成果的充分肯定，是人民大学全体师生的无上光荣，更是激发师生奋勇前进的巨大力量。靳诺指出，“人民教育家”之所以会出现在人民大学，深层次原因有三点：其一，红色基因的传承铸就了人民大学的办学之魂；其二，马理学科的优势淬炼了人民大学的学科之旗；其三，为党育人的初心锻造了人民大学的教育之本。靳诺强调，“人民教育家”这简单的五个字，字字千钧。学校师生要向两位老教授学习，一是要学习他们人民至上的价值追求，二是要学习他们德才兼备的育人理念，三是要学习他们无愧大家的学人风范。

### 卫兴华

卫兴华是当代中国杰出的马克思主义经济学家、经济学教育家、理论经济学界的泰斗，是马克思主义经济学中国化的奠基人之一，为我国经济学的人才培养与科学研究做出了开拓性和奠基性的重大

贡献，他不唯上、不唯书、不唯风、不唯众、只唯实，敢于和善于独立思考、探索真理，不做“风派理论家”，始终坚持理论联系实际，以严谨科学的态度研究马克思主义经济学中国化、时代化，锐意推进中国特色社会主义经济理论创新与发展，体现了一位中国马克思主义经济学家的道路自信、理论自信、制度自信与文化自信。

**为教育科研事业贡献卓著**。卫兴华教授长期坚持在教学科研第一线，荣获世界政治经济学学会杰出成果奖，第四届中国图书一等奖，国家级教学成果一等奖，国家教委优秀教材一等奖，教育部第一、二、三届人文社会科学优秀成果二、三等奖，北京市哲学社会科学优秀成果一、二等奖，1998年宝钢教育奖优秀教师特等奖，纪念党的十一届三中全会十周年论文奖，孙冶方经济科学奖第一、二届论文奖等20余项重要奖项。1981年获北京市劳动模范称号，2013年获世界马克思经济学奖，2015年获吴玉章终身成就奖等。

教师是卫兴华最为珍视的职业，让马克思主义经济学的精髓传承下去，是卫兴华十分关心的问题，这一点非常清晰地体现在他对学生的培养中。自1952年任教于中国人民大学起，他自始至终从未离开教学和学生。学生中有不少人成为教授、博士生导师，有的在政府部门任要职，有的成为大学校长、著名经济学家，如著名经济学家刘海藩、洪银兴、魏杰、黄桂田、张宇，著名金融证券专家马庆泉、王国刚，WTO专家桑百川等，可谓桃李遍天下。

卫兴华在全国高校社会主义经济理论与实践研讨会中也发挥了重要组织指导作用，团结全国高校从事马克思主义政治经济学的教师在研究社会主义经济理论问题、坚持和创新马克思主义政治经济学、推动马克思主义中国化等方面做出了重大贡献。

**为真理锲而不舍攀登不止**。求真务实，贯穿了卫兴华追求学问的始终。早在20世纪50年代，我国引进苏联科学院经济研究所编写的教科书《政治经济学》作为权威性著作，当时卫兴华还是一名年轻教师，他就直面问题，对这本教科书提出三点不同意见：一是认为货币没有阶级性；二是认为抽象劳动不是商品经济范畴；三是认为“固定资本的周转快慢影响利润率高低”的观点不能成立。最终，这三点意见均被国内学界认同。也正是他求真的特质，让他在经济学领域成就斐然。他最早提出社会主义商品经济理论，最早系统研究和论述了社会主义经济运行机制理论，最先提出非公有制经济是社会主义市场经济的组成部分，被誉为“《资本论》研究权威”。

卫兴华不要求学生的理论观点与自己一致，主张教学相长，培养独立思考的能力，鼓励大家提出不同意见，他强调“理论应是真理的喉舌，要为劳动人民、为弱势群体的利益讲话，把做人与做学问统一起来”。如何让马克思主义经济学的精髓传承下去，是卫兴华做学问的一项重要使命。在多年教学中，卫兴华坚持教书和育人相结合，认为对马克思主义经济学的教学和阐释，要结合国内外的经济社会实际，让学生们真正认识到马克思主义经济学的科学性，且具备与时俱进的品格。

**为人民谋取福祉成果丰硕**。卫兴华从事马克思主义经济学和社会主义经济理论的教学和研究工作60余年，著有《卫兴华经济学文集》（三卷）、《政治经济学研究》（二卷）、《我国新经济体制的构造》、《市场功能与政府功能组合论》、《卫兴华经济文选》、《理论是非辨析》、《走进马克思经济学殿堂》等著作（含主编、合著）共40余部。卫兴华在《中国社会科学》《经济研究》《人民日报》《光明日报》《经济学动态》等国家权威报刊上发表《中国特色社会主义经济理论体系研究》等论文、文章1 000余篇，许多论文被《新华文摘》、中国人民大学复印报刊资料、《马克思主义文摘》等文献转载，成为中国最多产的经济学家之一，其主编的教材《政治经济学原理》是全国影响力和发行量最大的教材之一。

卫兴华不仅对马克思主义经典著作进行准确解读，更重要的是紧扣时代的脉搏，应用马克思主义政治经济学的基本原理研究现实问题，推进马克思主义政治经济学的中国化、时代化。他在社会主义商品经济和市场经济理论、经济运行机制理论、所有制理论、经济体制改革理论、经济增长与发展方式理论、收入分配理论、公平与效率理论、中国特色社会主义经济理论等领域均有重要研究，在我国经济学界具有举足轻重的理论地位和巨大的学术影响力，为马克思主义政治经济学中国化做出了重要贡献。

## 高铭暄

高铭暄是当代中国著名法学家和法学教育家，新中国刑法学的主要奠基者和开拓者，是备受学界尊崇的刑法学泰斗。作为新中国第一位刑法学博士生导师、改革开放后第一部法学学术著作的撰写者和第一部统编刑法学教科书的主编者，高铭暄为我国刑法学的人才培养与科学研究做出了开拓性和奠基性的重大贡献。他是唯一全程参与新中国第一部刑法典制定的学者，至今仍孜孜不倦地为刑法的发展完善呕心沥血，为新中国刑事立法做出了彪炳史册的巨大功绩。高铭暄始终积极推动刑法学的国际交流，是中国刑法走向世界的积极倡导者与实践者，其卓著贡献和高尚品格赢得了国际同行的普遍赞誉与尊重，也为中国刑法和刑法理论赢得了荣誉，他是法学界向国际传播中国声音、讲好中国故事的典范。

**为新中国刑法学教学与科研事业贡献卓著**。高铭暄始终活跃在新中国法学教育战线，为我国刑法学研究的发展、刑法学科的建设健全和刑法领域人才的培养做出了巨大贡献。1984 年 1 月，高铭暄成为中国刑法学专业第一位博士生导师，从此结束了新中国不能自己培养刑法学博士的历史。在博士生导师的岗位上，他培养了赵秉志（北京师范大学教授、中国刑法学研究会会长）、陈兴良（北京大学法学院教授）、周振想（中国青年政治学院原副院长）、姜伟（最高人民法院副院长）、王勇（广东省广州市中级人民法院院长）、张智辉（湖南大学教授）、黄京平（中国人民大学教授）、邱兴隆（湖南大学教授，兼任湖南醒龙律师事务所主任）等一大批在全国具有广泛影响的著名学者和实务工作者，可谓桃李遍天下。

数十年来，高铭暄笔耕不辍，著述等身，在刑法学体系结构、刑事立法、犯罪构成、刑事责任、死刑政策等方面有着极高的造诣，著有专著 8 部，主编、参与著述 90 余部，发表论文 300 余篇。尤其值得一提的是：其一，他于 1981 年出版的个人专著《中华人民共和国刑法的孕育和诞生》，是改革开放后我国法学界出版的第一部个人学术专著，被法学界评价为“中国刑法立法论述与研究的扛鼎之作”。2012 年，高铭暄结合我国刑法的历次修改，进一步对此书拓展完善，出版了《中华人民共和国刑法的孕育诞生和发展完善》。该书为新中国刑事立法提供了最为权威的梳理和解读，不仅在国内被奉为经典，而且在世界范围内也产生了广泛的影响力，成为法学界向国际传播中国声音、讲好中国故事的成功典范。它已经被翻译为德文并由德国的 Dr. Kovac 出版社出版，其英文版与俄文版正在翻译过程中。其二，他担任主编的《刑法学》一书，是改革开放后我国第一部统编刑法教科书，为新中国刑法学奠定了基础。该书发行量达 200 多万册，为我国刑法学的教学与科研做出了不可磨灭的贡献。

高铭暄还致力于高层次学术团队的建设。在他的领导下，中国人民大学刑事法律科学研究中心于 1999 年成为全国刑事法领域唯一的国家级重点研究基地。鉴于高铭暄在教书育人、科学研究方面的突出贡献，他先后荣获“有突出贡献的中青年专家”、“全国优秀教师”、“全国师德先进个人”、“国家图书奖”、“吴玉章优秀科研奖”和“切萨雷·贝卡里亚奖”等国家级和国际性荣誉，并被收入英国剑桥世界名人录和中国多种版本的著名学者、著名法学家名录。

**全过程参与和见证新中国刑法立法**。高铭暄是唯一自始至终参与中国第一部刑法典制定的刑法学者，从 1954 年 10 月开始，高铭暄即在全国人大常委会办公厅法律室设立的刑法起草班子中参与新中国刑法典的制定，前后历时 25 年，参与草拟 38 稿，直至 1979 年《中华人民共和国刑法》最终正式颁布。刑法典的颁行，使中国法治建设迈出了极为重要的一步，结束了新中国没有刑法典的历史。此后，高铭暄又不间断地一直参与我国刑法的修改和完善。可以说，刑法典的创制和历次修订，以及大量刑事立法解释、刑事司法解释的出台，都凝聚着他的智慧和心血。

高铭暄曾于 1998 年为全国人大常委会做有关刑法与刑事诉讼法的专题讲座。此外，他还多次应邀为部分省、自治区、直辖市的人大常委会和政法机关做法制讲座。他坚持理论联系实际，其有关刑事责任、死刑、社区矫正、反腐败刑事法治等方面的研究成果，深刻影响着国家政策和刑事司法实践，极大推动了我国社会主义法治建设进程。

**积极推动新中国刑法学走向世界**。高铭暄始终积极推动刑法学的国际交流，是中国刑法走向国际的积极倡导者与实践者。他于 1987 年打开了国际刑法学协会与中国法学会之间联系对话的大门，推动国际刑法学协会中国分会的成立，并任国际刑法学协会副主席暨中国分会主席，著有《当代国际刑法的理论与实践》等大量有关国际刑法的著述与论文。从 20 世纪 80 年代开始，高铭暄建立了和德国马克斯-普朗克外国刑法与国际刑法研究所、法国巴黎大学、日本早稻田大学等国际著名高校和学术机构的密切联系，从而开启了中国刑法学界与德国、法国、日本等国的学术交流。高铭暄作为中国国际刑法研究开创者为中国刑事法治和刑法国际交流所做的卓越贡献，赢得了崇高的国际声望。他获得“切萨雷·贝卡里亚奖”（是首位获此奖项的亚洲刑法学者）、早稻田大学名誉博士学位，为中国法学界赢得了荣誉。

## 政府与市场形成发展合力

中国人民大学校长　刘伟

(《人民日报》，2019年1月10日第9版)

党的十八届三中全会提出："经济体制改革是全面深化改革的重点，核心问题是处理好政府和市场的关系，使市场在资源配置中起决定性作用和更好发挥政府作用。"这是我们党对政府和市场关系认识的又一重大突破。5年多来，在以习近平同志为核心的党中央坚强领导下，我国进一步推进市场化改革，大幅度减少政府对资源的直接配置，推动资源配置依据市场规则、市场价格、市场竞争实现效益最大化和效率最优化；更好发挥政府在保持宏观经济稳定、加强和优化公共服务、保障公平竞争、加强市场监管、维护市场秩序、推动可持续发展、促进共同富裕、弥补市场失灵等方面的作用，激发各类市场主体活力。"看不见的手"和"看得见的手"的作用有机统一、相互补充、相互协调、相互促进，保障我国经济在实现高质量发展上不断取得新进展、供给侧结构性改革不断取得新成效，并为我国顺利跨越"中等收入陷阱"提供内生动力。

**保障我国经济在实现高质量发展上不断取得新进展**

推动高质量发展是当前和今后一个时期确定发展思路、制定经济政策、实施宏观调控的根本要求。推动高质量发展，实现质量变革、效率变革、动力变革，既需要把技术创新作为转变发展方式、提高效率的基点，又需要把制度创新作为技术创新、提质增效的保障。有利于高质量发展的制度创新涉及市场准入负面清单制度完善、要素市场体系培育、反垄断及市场监管等市场竞争秩序建设，涉及财税体制、金融体制等经济体制改革，涉及货币政策、财政政策及其传导机制等宏观调控体系完善。这些制度创新的核心就在于处理好政府和市场的关系，使市场在资源配置中起决定性作用，更好发挥政府作用，并提高两者发挥作用的协同性。

5 年多来，我国市场化改革的广度和深度不断拓展：以完善产权制度和要素市场化配置为重点，努力实现产权有效激励、要素自由流动、价格反应灵活、竞争公平有序、企业优胜劣汰；完善市场竞争秩序，提高市场竞争的充分性、公平性，着力使市场在资源配置中起决定性作用。与市场化改革进程相适应，加快转变政府职能，深化商事制度改革，完善市场监管体制；创新和完善宏观调控，发挥国家发展规划的战略导向作用，健全财政、货币、产业、区域等经济政策协调机制，有效弥补市场失灵。应该认识到，无论多么完善的市场经济，都存在市场失灵。通过发挥政府作用弥补市场失灵，是市场经济发展的内在要求。我国社会主义市场经济体制是社会主义基本制度与市场经济有机结合的经济体制，为处理好政府和市场关系奠定了坚实制度基础。5 年多来，政府和市场作用的协同发挥，大大促进了我国经济结构优化升级、科技创新能力提升和现代化经济体系建设，保障我国经济在实现高质量发展上不断取得新进展。

**保障供给侧结构性改革不断取得新成效**

推进供给侧结构性改革，是以习近平同志为核心的党中央在全面分析我国经济发展阶段性特征的基础上给出的调整经济结构、转变经济发展方式的治本良方，是当前和今后一个时期我国经济发展和经济工作的主线。供给侧结构性改革的最终目的是满足需求，主攻方向是提高供给质量，根本途径是深化改革。习近平同志指出："使市场在资源配置中起决定性作用和更好发挥政府作用，是推进供给侧结构性改革的重大原则。"推进供给侧结构性改革对处理好政府和市场的关系、发挥好市场和政府的作用提出了更高要求。

推进供给侧结构性改革对要素市场化配置改革及法治化建设提出了更高要求。供给侧结构性改革不同于需求侧的宏观调控，其政策的直接作用对象是生产者，着眼点是提高劳动生产率、全要素生产率、企业竞争力，增强供给结构对需求变化的适应性和灵活性，促进产业结构优化升级。这就要求进一步提高市场竞争的充分性和公平性，打破行业垄断、进入壁垒、地方保护，增强企业对市场需求变化的反应能力，提高企业资源要素配置效率和竞争力。推进供给侧结构性改革，还要求以法治化方式保障市场健康发展和公平竞争，规范政府行为，更多运用市场化法治化手段推进改革，避免不必要的行政干预。

推进供给侧结构性改革对提高政府作用的科学性和有效性提出了更高要求。供给侧结构性改革重在解决结构性问题，注重激发经济增长动力，主要通过优化要素配置和调整生产结构来提高供给体系的质量和效率，进而推动经济增长。它对更好发挥政府作用提出新的要求，要求从着力影响消费者扩展到着力影响生产者，从关注总量效应扩展到关注结构效应，从强调短期政策效果扩展到强调中长期政策效果。因而，必须在管理和调控宏观经济中更好地处理需求与供给、总量与结构、短期与长期的关系，提高宏观政策的科学性和有效性。

5 年多来，政府和市场作用的协同发挥，为推进供给侧结构性改革创造了良好环境，保障"三去一降一补"取得阶段性成果，"破""立""降"成效持续显现。国际社会普遍认为，中国的供给侧结构性改革促进了经济持续健康发展，促使一些过剩领域的价格水平回归均衡，供求关系明显改善。

**为跨越"中等收入陷阱"提供内生动力**

我国自 2010 年起人均国民总收入进入上中等收入阶段，要在未来几年实现从上中等收入阶段迈向高收入阶段。实现这一历史性跨越，关键在于进一步深化经济体制改革，核心问题就是处理好政府和市场的关系。

一些发展中国家之所以落入“中等收入陷阱”，一个重要原因就是未能处理好政府和市场的关系。这些国家进入中等收入阶段后，没有从根本上转变发展方式，也没有推出持续改善民生的有效政策，资源配置效率低下，既无微观竞争活力也无宏观均衡协调，既无资源配置的市场效率也无社会发展的公平和谐，因而危机不断，难以实现持续发展。

实践证明，只有使市场在资源配置中起决定性作用，才能提高资源配置效率，促进经济可持续发展。习近平同志指出：“进一步处理好政府和市场关系，实际上就是要处理好在资源配置中市场起决定性作用还是政府起决定性作用这个问题。”“作出‘使市场在资源配置中起决定性作用’的定位，有利于在全党全社会树立关于政府和市场关系的正确观念，有利于转变经济发展方式，有利于转变政府职能，有利于抑制消极腐败现象。”正是基于这一科学认识，5 年多来，我国着力构建统一开放、竞争有序的市场体系，努力使市场在资源配置中起决定性作用。

当然，实现资源有效配置、推动经济可持续发展，不能只依赖市场机制。尤其应看到，市场机制存在失灵问题，比如在信息严重不对称领域、产权无法清晰界定领域、自然垄断领域，很多资源配置活动难以通过市场机制实现。如果没有政府有效的调控和规制，就会形成突出短板，导致严重的结构失衡。即使在市场机制能够有效发挥作用的领域，微观主体自发分散的竞争行为也难以自动达到资源配置最优和经济总体稳定的均衡状态，因而需要更好发挥政府作用，实现宏观调控有度。

政府和市场作用的协同发挥，为跨越“中等收入陷阱”提供内生动力，将有力保障我国顺利实现从上中等收入阶段向高收入阶段跨越。从党的十八届三中全会以来积累的经验看，协同发挥政府和市场作用，首先应让政府作用的发挥建立在“市场在资源配置中起决定性作用”的基础上。正如习近平同志所指出的：“更好发挥政府作用，不是要更多发挥政府作用，而是要在保证市场发挥决定性作用的前提下，管好那些市场管不了或管不好的事情。”其次应加快转变政府职能，将政府的作用主要集中在市场管不了或管不好的领域，该放给市场和社会的权一定要放足、放到位，该政府管的事一定要管好、管到位，坚决扭转政府职能错位、越位、缺位现象。为此，我们不断深化行政审批制度改革，推进简政放权，深化权力清单、责任清单管理，同时强化事中事后监管。再次应形成充分发挥市场作用、更好发挥政府作用的经济体制，实现市场机制有效、微观主体有活力、宏观调控有度。重点是构建统一开放、竞争有序的市场体系，深化财税体制、投融资体制和金融体制改革，健全货币政策和宏观审慎政策双支柱调控框架，完善宏观调控体系。最后应推进与市场化进程相适应的法治化建设，规范政府行为，更好发挥政府作用。

## 推动构建人类命运共同体　发展 21 世纪世界社会主义
## ——在第二十七届万寿论坛上的致辞

中国人民大学党委书记　靳诺
（2019 年 2 月 28 日）

尊敬的各国共产党负责人，
尊敬的郭业洲副部长、栾建章主任，
尊敬的各位来宾，老师们、同学们：

大家下午好！

今天，我们在这里隆重召开“人类命运共同体构建与世界社会主义发展”万寿论坛国际研讨会，在这里，我谨代表中国人民大学对远道而来的各国共产党负责人一行以及今天与会的各位中外嘉宾，表示最热烈的欢迎！在此也感谢中联部对中国人民大学的信任，再次将如此重要的活动安排在我们学校举办。

“人类命运共同体构建与世界社会主义发展”，这是一个理论性话题，也是一个实践性话题；这是一个属于政党的话题，也是一个属于国家的话题；这是一个区域性的话题，也是一个全球性的话题。

在全球金融危机尚未结束，各种全球性问题日益严重的情况下，“世界怎么了、我们怎么办”这个尖锐的问题从来没有像今天这样困扰着世界各国。经济增长动能不足，贫富分化日益严重，地区热点问题此起彼伏，如同英国著名作家查尔斯·狄更斯在《双城记》中所言：“这是最好的时代，也是最坏的时代。”世界面临诸多不稳定性不确定性，解决人类难题、世界问题、全球议题，迫切需要推动全球治理体系的改革和创新。

从空想社会主义创始人托马斯·莫尔《乌托邦》出版时算起，世界社会主义思潮已经演变了500多年；从马克思恩格斯的《共产党宣言》发表算起，科学社会主义已经发展了170多年；从列宁领导的十月革命算起，社会主义制度的建立已经有了100多年的历史。数百年来，世界社会主义跌宕起伏，虽然曾多次处于发展低潮，但低潮过后，我们总能如期见到彩虹。回顾社会主义近半个世纪的发展，中国改革开放40年的巨大成就昭示了21世纪社会主义的生机活力，为广大发展中国家实现现代化提供了崭新路径，也为各国共产党加强自身建设、参与国家治理和全球治理提供了诸多启示。

人类只有一个地球，各国共处一个世界。中国共产党总书记习近平同志秉持“为中国人民谋幸福、为中华民族谋复兴、为人类谋和平与发展”的理念，提出构建人类命运共同体的主张，这一主张不仅迅速成为中国国内关注的焦点，也成为世界各国瞩目的热点，这是当代中国为全球治理提供的中国智慧和中国方案。中国共产党是当今世界最大的无产阶级政党，她领导下的中国始终做世界和平的建设者、全球发展的贡献者和国际秩序的维护者。她领导和开创的中国特色社会主义为世界社会主义注入了生机和活力。中国致力于构建人类命运共同体不仅彰显了中国的大国担当，而且展现了社会主义的国际主义传统。

如今，红色中国以其极富特色的社会主义道路方式迈入了新时代，意味着科学社会主义在21世纪焕发出强大生机活力。在这种背景下，深入探讨世界社会主义发展与人类命运共同体构建之间的相关议题十分必要也正当其时。借此机会，我对新时代中国与世界各国深化合作关系提出三点看法：

一是以文明互鉴促进世界大同。当今世界存在不同的文明形态，不同文明都具有自身的独特性。在对待不同文明层面，要坚持平等互信，尊重世界文明多样性；要促进和而不同、兼收并蓄的文明交流；要反对文明间高低优劣的论调，始终坚持对话而不排斥，交流而不取代。

二是以国际合作增进民心相通。和平与发展是当今世界的主题，也是世界各国人民的共同愿望。“一花独放不是春，百花齐放春满园”，各国、各政党应当共同担当，同舟共济，共促全球发展，加强协调、完善治理，推动建设一个开放、包容、普惠、平衡、共赢的经济全球化。同时相向而行共同致力于构建更加公平正义的国际政治经济新秩序。

三是以思想交流推进党际互动。我们要积极搭建党际学术和思想交流平台，增加党际互动的深度、广度、维度。政党是各国内政外交举足轻重的力量，政党政治是现代政治的主要运作方式。今天与会的各国政党，都在本国政治生活中具有重要影响力。中国人民大学在政党政治的理论与实践研究方面有着悠久历史和强劲实力，我们愿意为各国政党搭建更多沟通和对话机制，为建立求同存异、相互尊重、互学互鉴的新型政党关系贡献智慧和力量。

女士们、先生们、朋友们！

中国人民大学作为中国共产党创办的第一所新型正规大学，被习近平总书记评价为“在我国人文社会科学领域独树一帜”。近年来，为深入探讨政党治理、国家治理、全球治理等议题，人民大学集中全校学术资源，从不同学科、不同领域、不同视角开展研究，尤其是率先成立了中国国内第一家习近平新时代中国特色社会主义思想研究院，初步取得了一系列研究成果，也形成了若干思想共识。我们深切感受到，人类命运共同体是探索全球治理的新方案，不仅具有深刻的理论价值，而且具有重要的实践价值；不仅对中国参与全球治理具有指导意义，而且对世界各国融入世界具有借鉴意义。

我记得，中国《诗经》里有一句古语是“嘤其鸣矣，求其友声”，表达了要寻求志同道合朋友的美好愿望；《共产党宣言》最后一句话是“全世界无产者，联合起来”，则为无产阶级政党团结一致致力于人类解放崇高事业提供了价值指向。共产党作为无产阶级的代表，要完成实现人类解放的历史使命，必须首先联合起来。构建人类命运共同体是世界各国的共同责任，发展 21 世纪世界社会主义是各国共产党的共同愿望。作为中外人文学术文化交流的重要桥头堡，中国人民大学特别愿意为推动世界文明交流互鉴以及各国政党友好往来献计出力。我们真诚地希望，全世界范围内的无产阶级政党能够团结起来，中国共产党与世界各国共产党能够团结起来，不断深化拓展党际间合作，以世界社会主义的新方式，以人类命运共同体的新视角，寻求人类共同利益和共同价值的新内涵。

最后，衷心祝愿本次论坛取得圆满成功！祝各位嘉宾身体健康、万事如意！

再次谢谢大家！

## 将党的领导贯穿到立德树人全过程

中国人民大学党委书记　靳诺

（《学习时报》，2019 年 4 月 1 日第 1、3 版）

3 月 18 日，习近平总书记主持召开学校思想政治理论课教师座谈会并发表重要讲话，深刻阐释了办好思想政治理论课的重大意义，深入分析了教师的关键作用，明确提出了推动思想政治理论课改革创新的重大要求。深入学习贯彻习近平总书记重要讲话精神，必须坚持和加强党对高校工作的全面领导，扎实推进高校党的建设和思想政治工作。

**充分认识新时代全面加强高校党的建设的重大意义**

坚持党对高校的领导，是中国特色社会主义大学的本质特征，也是中国特色社会主义大学的最大政治优势。新中国成立以来我国高等教育发展的辉煌历程充分证明，只有不断根据形势和任务的发展变化来提升和完善党对高校的领导，才能保证高校更好地为人民服务、为中国共产党治国理政服务、为巩固和发展中国特色社会主义制度服务、为改革开放和社会主义现代化建设服务。这是已经被历史反复证明了的中国高等教育发展的一条基本规律。

当前，党和国家事业正处在一个关键时期，新时代对全面加强高校党的建设提出了全新要求。一方面，中华民族伟大复兴的使命召唤，使得我们对高等教育的需要比以往任何时候都更加迫切，对科学知识和卓越人才的渴求比以往任何时候都更加强烈，只有全面加强高校党的领导，才能使得高校更加适应新时代发展的需要，更好地把自身发展的目标和国家发展的目标有机融合在一起。另一方面，高等教育发展迎来了由大变强的关键时期，高等院校的改革和发展面临着许多前所未有的问题和挑战，特别是意识形态领域在高等院校呈现复杂态势，青年大学生思想政治工作暴露出了一些缺陷和短板。在这种情况下，高等院校要防范和化解一些潜在的重大风险，就必须进一步加强和改善高校党的领导，通过全面提升高校党组织应对复杂问题的能力维护高校和谐稳定。

正是站在培养德智体美劳全面发展的社会主义建设者和接班人、切实维护高校政治安全的战略高度，第二十六次全国高校党的建设工作会议再次重申了全面加强高校党的建设和思想政治工作的深远历史意义和重大现实意义，对高校面临的形势任务进行了科学分析，对下一步工作进行了重点部署，这对于做好高校党建和思想政治工作，破解可能面临的各种风险和挑战，更好地坚持和加强党对高校的全面领导，具有很强的现实针对性和指导性。

**以完善党委领导下的校长负责制为抓手，进一步夯实高校党的建设**

党委领导下的校长负责制，是中国特色社会主义大学的根本领导和管理体制，是中国特色现代大学制度的核心，是高校加强党的领导的制度基础。回顾历史，可以看出，高等院校要把党的领导和建设各项要求落到实处，必须紧紧依靠这一制度。党委领导下的校长负责制的雏形诞生于抗日战争时期的陕北公学，陕北公学开创性地实行了党组领导下的校长负责制，保证了以陕北公学为代表的红色高等教育发展始终与民族救亡大业同向同行。新中国成立后，1961 年公布的“高校六十条”明确指出高校实行党委领导下的以校长为首的校务委员会负责制，确保了新中国成立后高等教育的社会主义办学方向。党的十一届三中全会后，普通高校全面确立了党委领导下的校长负责制，为新时期高校改革发展提供了坚实政治保证。

党的十八大以来，面对新形势，党中央统筹谋划，加强高校党的建设顶层设计，在 2016 年全国高校思想政治工作会议上，以习近平同志为核心的党中央站在民族复兴战略高度，对新时代高校党的建设提出了明确要求，进一步阐明了高校党委领导下的校长负责制的内涵、地位和作用。新时代，高校学习贯彻习近平总书记关于高校党建和思想政治工作的重要讲话精神，树牢“四个意识”，坚定“四个自信”，做到“两个维护”，强化党委管党治党主体责任，提升办学治校能力，必须紧紧依靠这一制度。

在新时代，我们必须深刻领会中央精神，不断健全和完善党对高校工作的领导体制和工作机制，充分发挥学校党委在把方向、管大局、做决策、抓班子、带队伍、保落实等方面的核心作用，努力形成党委统一领导、各部门各方面齐抓共管的工作格局。

在实践中，进一步完善党委领导下的校长负责制的制度体系设计，要求我们必须从以下几个方面共同努力。一是坚持党政同责、一岗双责，将高校党建工作纳入学科建设、学术研究、教学管理、人才培养的整体规划中来通盘考量，制定行动方案，编制任务分解书、工作路线图，将各项工作落细落实。二是加强高校党的基层组织制度建设，落实好党建工作责任制，把全面从严治党各项要求落实到基层党建工作之中，构建完善的奖惩机制，形成科学的考评方法，推动党建工作由“虚”向“实”，由“被动配合”转为“主动作为”。三是进一步提升思想政治工作队伍的素质和能力，把最优秀的人才放到党建和思想政治工作一线，有效把握青年学子的思想发展规律，增强思想政治工作的针对性和时效性。四是加大资源投入，在大学生思想政治教育、高校教师队伍建设、意识形态工作、校园安全稳定等方面，切实加大政策投入、人力投入、经费投入，为高校党建和思想政治工作的开展提供必要的条件保障。

**高校党的建设和思想政治工作必须紧扣立德树人这一中心环节**

党的十八大以来，习近平总书记就高校党的建设和思想政治工作发表一系列重要讲话、提出一系列明确要求，深入回答了事关高校党的建设和思想政治工作的方向性、根本性问题。习近平总书记关于高校党建和思想政治工作的系列重要论述，始终围绕立德树人这一核心问题。习近平总书记反复强调，高校立身之本在于立德树人。我们要深入贯彻习近平总书记重要讲话精神，进一步明确高校党建和思想政治工作的目的和初衷，推进高校党的建设和思想政治工作，为培养德智体美劳全面发展的社会主义建设者和接班人提供坚强保证。

围绕立德树人中心环节，高校党建和思想政治工作主要是发挥好政治引领和价值引领这“两个引领”作用。从政治引领角度讲，就是要通过高校党组织建设，始终确保中国特色社会主义大学的正确政治方向，不折不扣贯彻落实党的教育方针和中央各项决策部署，确保高校师生在政治立场、政治方向、政治原则、政治道路上同以习近平同志为核心的党中央保持高度一致。从价值引领角度讲，就是通过创新思想政治工作，引导广大师生特别是青年学子正确认识世界和中国发展大势、正确认识中国特色和国际比较、正确认识时代责任和历史使命、正确认识远大抱负和脚踏实地的关系，自觉做社会主义核心价值观的坚定信仰者、积极传播者、模范践行者。

立德树人工作是一项涉及党和国家长治久安的战略安排，要把战略安排转化成为落地生根的具体“战术”要求，需要全国各个学校结合自身实际创造性开展工作。习近平总书记在学校思想政治理论课教师座谈会上的重要讲话，对学校思想政治理论课改革创新提出明确要求，对广大思想政治理论课教师提出殷切期望。习近平总书记指出，我们党立志于中华民族千秋伟业，必须培养一代又一代拥护中国共产党领导和我国社会主义制度、立志为中国特色社会主义事业奋斗终身的有用人才。在这个根本问题上，必须旗帜鲜明、毫不含糊。在新形势下，我们要深入贯彻落实习近平总书记在学校思想政治理论课教师座谈会上的重要讲话精神，研究新问题、攻关新难题、聚焦新课题，进一步健全全员育人、全过程育人、全方位育人的体制机制，在助力师生坚定理想信念、厚植爱国情怀、加强品德修养、增长知识见识、培养奋斗精神、提高综合素质等方面加大探索，在立德树人方面贡献更多智慧和经验，为建设高等教育强国做出新贡献。

## 奋力推进新时代中国人民大学高端智库建设——在学校2019年国家高端智库建设工作会议上的讲话

中国人民大学校长　刘伟
（2019年4月3日）

老师们、同志们：

大家下午好！

今天，我们在这里召开中国人民大学国家高端智库建设工作会议，传达近期中央召开的“国家高端智库”理事会扩大会议精神，同时对三年来人民大学国家高端智库建设试点工作进行总结和表彰。

国家高端智库理事会是中央批准的国家高端智库建设的议事机构和评估机构，每年召开一次工作会议。今年的会议除了部署重大课题和重点任务等常规内容外，还对国家高端智库三年来的试点工作进行了总结，对综合评估工作进行了安排。中央有关领导同志对人民大学的高端智库建设工作给予高度评价，在会议总结材料中，也多次提到人大国发院在决策咨询、平台建设以及体制机制创新等方面的典型经验，这对人民大学、对人大国发院是很重要的肯定，充分展现了国发院的建设成就。吴晓球副校长代表学校参加了此次会议，他将向大家具体传达理事会扩大会议精神。

三年来，国发院和学校有关部处、院系密切配合，围绕高端智库平台建设做了大量卓有成效的工作，取得了令人瞩目的成绩。总结经验，我认为有三个“靠得住”和三个“离不开”。三个“靠得住”：

第一，优秀人才靠得住。根据统计和上级反馈数据，三年来我们累计向中央有关部门报送内参1 000余份，有近五分之一的成果得到党和国家领导人批示，有三分之一的建议被中央有关部门采纳。这个比例相当高，而且我们知道这还是不完全统计。这体现了我们基于学术研究成果向智库资政成果的高质量转化。而高质量的资政成果来自高水平的研究者，来自包括在座诸位在内的、参与到这个平台的一大批人民大学的优秀学者。

第二，团队优势靠得住。政策研究不同于传统的学术研究，它的问题导向特征更为明显，需要针对重大现实问题和热点难点问题开展深入研究并提出有针对性的对策建议，多数时候需要多个学科协调配合，这也是国发院打造“小平台、大网络”的意义所在。多个学院、学科的研究资源汇聚在智库平台上，以研究中心的形式组建“跨学科、重交叉”的研究团队，体现出我们团队作战、协同作战的比较优势。

第三，体制机制靠得住。大学智库的核心优势在于其具备强大的科研基础支撑，难点在于如何将传统的科研优势转化为政策研究优势。这就需要我们在制度层面做好系统统筹设计，为智库成果高质量转化创造良好的体制机制环境。在学校层面，我们将智库成果纳入科研考核、设立“智库科研岗”，激发了人才活力和研究动力。在国发院层面，我们陆续建立了内参管理、课题任务管理、研究中心管理、人才体系、中国特色“旋转门”、成果转化、成果购买制、成果奖励等覆盖资政研究全流程的机制创新，在全国大学智库里面走在了前列。

三个“靠得住”是我们的核心优势，三个“离不开”则是我们的特色传统：

一是离不开“坚持为党和人民事业服务”的光荣传统。“国有疑难问人大”，人民大学在长期的办学实践过程中，形成了“经世济民、咨政启民”的光荣传统。从建校起，一代代人大人积极为党和政府科学民主决策贡献智慧，为新时代人民大学智库建设奠定了坚实基础，体现了学校一脉相承的红色基因。

二是离不开“人文社会科学领域独树一帜”的优势地位。人民大学在人文社会科学领域的地位和独特性，使得智库建设在人民大学有着得天独厚的优良土壤。在14个一流学科和其他高水平学科的强大支撑下，国发院高端智库平台一方面聚焦经济治理与经济发展、政治治理与法治建设、社会治理与社会创新、公共外交与国际关系四大研究领域，打造研究品牌；一方面按照中央和有关部委需求，在全校范围内整合研究资源，形成有效的政策研究供需对接机制，将我们“独树一帜”的学科优势效应持续放大。

三是离不开“扎根中国大地办大学”的家国情怀。智库建设既要“顶天”，也要“立地”，中国大地上有着当代最为丰富的实践创新，这为我们的政策研究提供了取之不尽用之不竭的宝贵案例资源。我们既要“扎根中国大地办大学”，也要“扎根中国大地办智库”。三年来，国发院在学校国内合作的总体布局下，积极推进地方分院和地方观测点体系建设，精准融入地方发展，为大学与地方合作、大学智库服务地方探索出了一条新路径。

同志们！

中国特色社会主义进入新时代，对我们推进高端智库建设提出了新要求，智库建设必须始终坚持党的领导，把握正确方向，体现中国特色，实现更大作为。国家高端智库建设试点工作已进行了三年，马上要进行高端智库三年综合评估，国发院要提前启动、系统梳理、全力迎评、以评促建，相关单位和学院要继续做好支持配合，把人民大学三年来高端智库平台建设的经验和成绩充分展示出来，为实现新时代人民大学高端智库建设迈向新阶段、取得新成绩做出应有的贡献。

谢谢大家！

## 在学校2019年国家高端智库建设工作会议上的讲话

中国人民大学党委书记　靳诺
（2019年4月3日）

老师们、同志们：

大家好！

今天，我们在这里隆重召开学校国家高端智库建设工作会议，总结前期工作成果，部署下一阶段的工作。总的来说，中国人民大学的智库建设工作很好地秉承了“立学为民、治学报国”的学术传统，为党中央治国理政及推进国家治理体系和治理能力现代化提供了很多好思路好点子好建议，赢得了广泛的肯定和赞誉。

刚才，我们表彰了过去一段时期为学校智库建设做出卓越贡献的单位和个人。在此，我代表学校，向各位受表彰的同志表示热烈的祝贺。当然，受表彰的只是少数，但是成绩是大家共同努力的结果，希望大家以“功成不必在我”的胸襟和“功成必定有我”的担当，继续将智库建设这篇大文章写生动、写出彩。

刘伟校长刚刚就学校智库工作做了重要讲话，摆出了成绩，分析了原因，也提出了工作要求，我都完全赞同。社会服务是高等学校的使命担当，对于中国人民大学这样一所以人文社会科学为主的大学来说，加强智库建设，提高资政能力和水平是社会服务能力的集中体现。因此，我们必须以对党和国家事业负责的坚定信念，从战略高度和长远角度精心打造中国智库的“人大品牌”。我认为，加强和推进学校智库建设，应当着力把握以下三组关系：

一是处理好科研和智库的关系。人文社会科学以人类社会现象为研究对象，根本目的是增进人民福祉。一项学术成果只有经受实践的考验，转化为政策并真正造福于人民，才能实现其最大的价值。从这个角度说，“经世致用”是人文社会科学研究最重要的目的。2015年，我们举全校之力建设的国发院顺利进入国家首批高端智库建设名单，成为服务国家战略需要的重要智囊团，这为我们在新时代参与国家治理体系和治理能力现代化建设开辟了新的天地。三年来，我们在国家高端智库建设方面取得了巨大的成绩，很多专家的研究成果有了成为资政议政一手材料的宝贵机会，这对我们是极大的激励。大家一定要珍惜这样的宝贵机会，以深切的社会关怀、严肃的社会责任和神圣的社会使命感，提高政治站位，盯住重大现实问题，提出有效解决方案，为党和国家分忧解难。当然，在科研与资政相互促进的过程中，可能需要对学术本位和国家需求之间关系进行协调和对接，有的时候系统的学理研究可能需要暂时让位于应急研究。如何处理好这个关系，我们一直在探索，也没有准确的答案，但是我想，长期问题的研究总离不开对短期问题的积累和提炼，个别问题的解决也有赖于系统和深入的研究。

二是处理好咨政和方向的关系。“始终坚持党的领导，坚持马克思主义指导地位，坚持为党和人民事业服务”是我们的光荣传统，这一传统淬炼于一整部82年的人民大学校史。“明镜所以照形，古事所以知今。”对于人民大学这样一所学校来说，服务好党和国家的事业，是促进办学事业兴旺发达的根本推动力。在智库建设中，我们必须牢牢把握正确的政治方向，始终与党和国家同呼吸共命运，发挥在思想引领、咨政启民方面优良的传统。习近平总书记明确强调，智库建设必须坚持党的领导、把握正确导向，坚持围绕大局、服务中心工作，真正推动科学决策和民主决策。这就需要我们在智库工作中始终秉持坚定的政治立场和严谨的工作态度，处理好咨政建言与把握政治方向的关系，做到重大问题上与党中央保持高度一致，努力做党和国家发展进步的瞭望者、助推者、守护者。国家高端智库是国家最高水平的决策咨询机构，首要职责是直接服务中央决策，做好党和政府的“外脑”和参谋。把握这样的职责定位，就要紧扣党和国家的战略需求，突出问题导向、应用导向，把着力点放在党中央关注的重大问题上，放在事关经济社会发展的关键问题上，放在人民群众普遍关心的热点问题上。

三是处理好数量与质量的关系。最近学校几次接待领导人来访，都安排参观了我们的国家高端智库成果展，我也陪同参观。可以看出我们的批示数量、内参数量、项目数量以及其他成果数量都还是比较可观的。但同时我也发现，兄弟高校和其他战线上的智库都在做极大的努力，比如说中办信息直报的打分，北京大学追赶的势头非常猛烈。我们要守住这个第一，不仅要保持而且要稳步提升我们现在的成果数量，在质量方面我们也还有着很大的提升空间。我们要大力弘扬求实创新的精神，坚持解放思想、守正出新，坚持科学严谨、极端负责，以精深的专业素养和扎实的调查研究，多建睿智之言、多献务实之策，为破解难题找到“钥匙”、为推动发展开出“良方”。平台和人才是提升智库工作质量的长效保障，我们要遵循智库建设规律，创新体制机制，积极探索智库研究专业队伍选人、聘用、考核的合理制度，这次的表彰就挺好，当然我们在表彰的同时也要强调一下考核，考核与激励衔接好，包括做好其他方面的配套服务，努力打造有中国特色和人大风格的新型智库。我们的国发院，必须得有这样的雄心抱负、这样的自觉追求，才能努力在新的时期书写新的篇章、创造新的业绩。

老师们、同志们！

以习近平总书记为核心的党中央对智库工作高度重视，总书记亲自谋划、指导、推动，主持会议审议有关文件、批准试点单位名单，出席重要智库活动，围绕智库建设发表一系列重要讲话，提出一系列明确要求。人民大学的智库工作有着优良的历史传承和丰厚的学术积累，已经取得了良好的开端。所以我们在保持发展势头的同时，一定要抓住机遇，总结经验，正视不足，认真分析改进、提升的思路和举措，力争使2019年以及今后的学校智库工作水平再上一个新台阶。

谢谢大家！

## 在中国人民大学高瓴人工智能学院成立大会暨智能社会治理研究中心、国际传播大数据智能实验室揭牌仪式上的讲话

中国人民大学校长　刘伟
(2019 年 4 月 22 日)

尊敬的潘云鹤院士、怀进鹏书记、李萌副部长、杜占元局长，尊敬的张磊校友，
各位领导、各位来宾，老师们、同学们：

大家上午好！

在这个四月如歌、春和景明的美好时节，我们集聚于此，隆重举行中国人民大学高瓴人工智能学院成立大会，以及分别与中国科协、中国外文局合作的智能社会治理研究中心、国际传播大数据智能实验室的揭牌仪式。首先，我谨代表中国人民大学全体师生，对出席大会的各位领导和嘉宾，表示热烈的欢迎和衷心的感谢！

作为新一轮科技革命和产业变革的核心驱动力，人工智能正在对全球经济、社会进步和人类生活产生深刻的影响。国务院印发的《新一代人工智能发展规划》强调指出，要从国家层面对我国人工智能发展道路进行战略部署，夯实人工智能发展基础，建设人工智能学科，完善人工智能领域学科布局，鼓励高校、科研院所与企业等机构合作开展人工智能学科建设。中国人民大学是我们党亲手创办的第一所新型正规大学，80 多年来始终与党和国家同呼吸、共命运，被习近平总书记誉为“在我国人文社会科学领域独树一帜”。成立人民大学高瓴人工智能学院，并与相关科研机构共同开展人工智能领域的协同创新，是学校顺应国际科技发展趋势、打造学科发展生态体系、更好地服务国家与地方建设发展的又一重大举措。

从 2017 年 5 月开始，为抓住人工智能发展机遇，国内众多高校纷纷发力，成立了数十个人工智能学院或相关研究机构。人民大学高瓴人工智能学院要在激烈的竞争中拔得头筹，必须坚持“高起点、高水平、国际性、创新性”的发展方针，积极探索与学校传统优势学科的交叉和融合，积极展开与相关科研机构和部门之间的协同创新，努力建设世界一流的人工智能学科。中国科学技术协会是国家推动科学技术事业发展的重要力量，具有得天独厚的科技人才群体及科技智库咨询信息上的渠道优势。中国外文局是中国历史最悠久、规模最大的专业对外传播机构。两家单位今天在这里与中国人民大学牵手，共同致力于搭建人工智能与经济社会深度融合的国际化智能服务研究平台，相信未来必将对中国乃至全球人工智能发展做出积极贡献。

值得一提的是，人民大学筹建以人工智能为核心学科方向的新型学院这一发展战略，得到了我们人大的杰出校友、高瓴资本创始人兼董事长张磊先生的鼎力支持。2017 年，在人大建校 80 周年之际，张磊校友慷慨捐献了 3 亿元人民币。经双方协商，张磊校友、高瓴资本集团决定将善款用于中国人民大学高瓴人工智能学院的建设和发展。张磊校友一再强调，教育是永不退出的投资。我们相信，他热爱母校、钟情教育、重仓人才的家国情怀和事业梦想，通过今天高瓴人工智能学院的成立，一定能得到更好更快的实现，也必定能激励更多人大校友乃至全社会，关注人大，关注人工智能，推动“双一流”发展，推动中国高等教育更上一层楼。

海阔潮平风正劲，奋起扬帆正当时。同志们，在中国科学技术协会与中国外文局的密切配合下，在张磊校友及高瓴资本集团的大力支持下，中国人民大学将以今天的成立大会为契机，认真贯彻落实习近平总书记关于推动我国新一代人工智能健康发展的指示精神，在资源共享、优势互补、共促发展的基础上，做到文理兼通、中西合璧、产学交融，要在专精人工智能学科发展的同时肩负其融合支撑人大 14 个一级人文学科发展的重任，要在“双一流”建设上尽快打通国际人才培养和学术交流的高端通道，并重视产学研交融促进科研成果转化，不断探索人工智能与人文社会科学跨学科协同研究机制，把高瓴人工智能学院打造成高端人才培养、基础科学研究、学科交叉融合、成果应用转化的一流

平台，把智能社会治理研究中心、国际传播大数据智能实验室打造成人工智能领域顶尖的综合服务与学术研究平台，应用人工智能技术推动国家治理体系和治理能力智能化发展，推动和引领国际社会构建规范有序的智能社会治理新秩序。

谢谢大家！

## 促进和实现人的现代化是高等教育现代化的重要使命

中国人民大学校长　刘伟

（《学习时报》，2019 年 5 月 24 日第 6 版）

中共中央、国务院颁布的《中国教育现代化 2035》指明了我国未来教育发展的方向与目标。作为教育现代化重要组成部分的高等教育现代化，是支撑、推动和引领经济现代化和国家现代化发展的重要基础和引擎。

**高等教育发展水平的高低是决定经济体能否跨越中等收入阶段的重要因素之一**

高等教育在从中等收入阶段迈向高收入阶段时发挥着不可替代的重要作用，是实现经济高质量发展的重要基础。经过多年的改革与发展，中国已经成为世界最大的工业制造国和产品贸易国，经济总量稳居世界第二。未来十几年，全球政治经济格局将出现重大变革，以中国为代表的发展中国家将全面崛起。根据既有的国际经验，在经济跨越发展阶段，高等教育将发挥重要作用。2018 年诺贝尔经济学奖得主罗默提出的内生增长模型指出，人力资本的规模是至关重要的，一个国家必须尽力扩大人力资本存量才能实现更快的经济增长。高等教育与社会经济发展问题的相关研究也表明，高等教育能够通过生产、扩散和转移新旧知识，从而增强劳动力的生产效率并提高社会人力资本水平。同时，从世界各国经济发展的历史经验来看，多数国家进入中等收入阶段后经济增长速度急剧放缓甚至停滞，长期未能实现从中等收入向高收入经济体的过渡，陷入了所谓的“中等收入陷阱”，如多数拉美国家和部分东南亚国家。造成这一现象的原因是复杂的，政治体制、文化传统甚至地理条件的差异都是决定不同国家能否实现经济持续增长的重要因素。有学者通过实证研究发现，东亚部分国家和地区能够跨越“中等收入陷阱”的关键经验在于这些国家和地区对于教育的巨大投资以及对劳动力技能培训的持续投入，高水平的人力资本能够显著减少中等收入阶段经济增长放缓的可能性，也就是说，高等教育发展水平的高低是决定经济体能否跨越中等收入阶段的重要因素之一。

中国目前正在从传统意义上的数量型“人口红利”阶段向质量型“人力资源红利”阶段过渡。在经济发展的攻坚时期，我国经济既要保持中高速增长，又要向中高端水平迈进。加快转变经济发展方式和实现高质量发展的总体要求，无不凸显着高等教育必须承担的责任，我们必须充分发挥高等教育在提高人才资源水平、促进人力资本增值和推进创新驱动经济方面的重要基础性、关键性作用。

**现代化发展要求树立新的高等教育发展观**

现代化的核心是人的现代化，促进和实现人的现代化、培养各类高素质专业人才是高等教育现代化的重要使命。现代化的高等教育体系是一个既符合国家及社会优先发展目标，又充分保障人民群众享有基本教育权利的适应经济社会发展和满足学习者多样性需求的、体现终身学习理念的、完善的、现代的第三级教育体系。现代化发展要求树立新的高等教育发展观，从经济社会和人的全面发展的视野重新审视高等教育发展的使命与责任、目标与任务，打破传统的就高教论高教的封闭认识。高等教育的功能要由传统的工具理性、功利主义、精英主义转变为现代化的教育发展观念，要深刻认识到公平与质量、创新与守正同等重要，人的发展与经济功能同等重要。高等教育现代化要以促进人的发展为战略落脚点，因为人不仅是发展的手段，更是发展的目的，高等教育最为根本的作用就是培养各类高素质专业人才，进而促进人的全面发展。所以我们既要重视高等教育对于社会发展的作用，也要重视高等教育对于人的发展的意义，把高等教育的社会价值和个体价值结合起来，重视高等教育与社会整体和个人的协调发展。

**培养各类高素质专业人才，促进和实现人的现代化**

如何培养各类高素质专业人才，促进和实现人的现代化？

首先，要确立正确方向，全面落实立德树人的根本任务，实现高等教育的价值引领。立德树人是大学的立身之本，是对人才培养的根本要求。“立德”就是确立培养崇高的思想品德，“树人”即培养高素质的人才。习近平总书记在纪念五四运动100周年大会上的讲话中指出，新时代中国青年要锤炼品德修为。人无德不立，品德是为人之本。青年要把正确的道德认知、自觉的道德养成、积极的道德实践紧密结合起来，不断修身立德，打牢道德根基，在人生道路上走得更正、走得更远。中国人民大学是中国共产党创办的第一所新型正规大学，并且始终奋进在时代前列，一贯以培养共和国的建设者为使命。近期，中国人民大学启动纪念五四运动100周年“十个一”系列活动，串联起“一支脚踏实地的队伍”“一个筑梦青春的舞台”“一批向上向善的榜样”等十项特色育人品牌，并围绕“把青春写在中国大地上”“人生能有几回搏、誓把青春许家国”等主题开展爱国主义教育专项行动，从组织育人、文化育人、实践育人、网络育人等多方面精心打造活动拼盘，更好地帮助青年学生树立正确的世界观、人生观、价值观，扣好人生第一粒扣子。中国人民大学连续多年组织“千人百村”“街巷中国”等学生社会实践项目，青年学子们深入祖国一线，走在田间地头，实事求是，心系家国，把爱国情、强国志、报国行融入坚持和发展中国特色社会主义事业、建设社会主义现代化强国、实现中华民族伟大复兴的奋斗之中，把树立远大理想和脚踏实地统一起来，把青春写在中国大地上。

其次，聚焦提升一流人才培养能力，注重培养学生的创新精神与创新能力。《中国教育现代化2035》指出：分类建设一批世界一流高等学校，建立完善的高等学校分类发展政策体系，引导高等学校科学定位、特色发展。加强创新人才特别是拔尖创新人才的培养，加大应用型、复合型、技术技能型人才培养比重。高等学校多样化是高等教育现代化的必然要求。现代化的高等教育系统发展成为一个多种高等学校类型的体系，体系内的各种高等教育机构各自有着自己的价值定位和使命特色，有着自己的服务面向，并以自己的服务满足社会需求。高等教育发展必然由“同质化”走向“多样化”，未来十几年，伴随着世界一流大学和一流学科的建设，以及普通本科院校向应用技术大学的转型和现代职业教育体系的建设，我国将逐步形成以世界一流大学和一流学科为代表的研究型大学、以应用技术大学为代表的应用型本科院校和以示范性高职为代表的高等职业技术学院，以此为基础建立起中国特色的高等教育分类体系。无论何种类型的高等学校，都应以培养高素质专业人才为根本使命，聚焦于如何提高一流人才培养能力，特别是要注重培养学生的创新精神与创新能力。中国人民大学推出“厚重人才成长支持计划”，形成求是思源、青马英才、明德人文、厚重经英等23个创新人才培养项目，项目学员由校内外导师共同指导，形成了融合校内教学和社会实践优势的专业化、跟踪式创新人才培养模式，为学生在主攻专业领域获得深入发展的同时开启跨专业学习发展模式提供了多样化的机会。

再次，树立以学生发展为中心的教育教学理念。《中国教育现代化2035》系统提出了八个“更加注重”的基本理念，即以德为先、全面发展、面向人人、终身学习、因材施教、知行合一、融合发展、共建共享。这八大基本理念，遵循了教育规律和人才成长规律，也顺应了国际教育发展趋势。高等教育战线落实这八大理念的落脚点就是在人才培养上树立起以学生发展为中心的教育教学理念。要培养创新人才，高等教育现代化必须转变传统的教育理念，树立现代化的教育观、学生观和学习观。在现代教育观念下，学生不再是被动的知识传授的接受者，也不简单是教育服务的消费者，而是独立自主的学习者。探索形成具有中国特色的、以学生发展为核心的人才培养理念，是高等教育现代化培养具有创新能力的一流人才的根本要求。2013 年，中国人民大学启动本科人才培养综合改革，发布实施本科人才培养路线图，全面推进本科人才培养体系和模式改革。路线图从兴趣培育、目标管理、主要路径、条件支持、价值引导等五大方面入手，通过精实课程、国际研学、名师沙龙、拓展支持、全员导师、研究实践、双选认证、公益服务等八项制度，构筑“研究型学习制度体系”。同时，辅之实施读史读经典、社会研究和创新训练、社会实践和志愿服务等十六个重点人才培养项目，致力于从基础层面推动本科人才培养的根本变革，着力实现一系列重要转变：从以教师为中心到以学生为中心，从以传授知识为中心到以探究问题为中心，从以课堂教学为中心到课内课外相结合、知识学习与研究实践相结合，从以知识、能力教育为中心到全面的人格养成。

## 不忘初心、牢记使命，做爱国、求真、奋斗的人大人——在中国人民大学 2019 年毕业典礼上的讲话

中国人民大学校长　刘伟
（2019 年 6 月 21 日）

亲爱的同学们，
尊敬的各位老师、各位家长、各位来宾、各位朋友：

大家上午好！

春华秋实是自然规律，“秋种夏收”是学校的节奏。秋日迎新，我们播种希望；夏天毕业，我们收获丰盈。校园的夏天是金色的，正所谓学海无涯苦作舟，书山有路勤为径。经过几年的努力，今天 7 005 名同学顺利完成学业，即将踏上新的人生旅程。在此，我谨代表学校，向同学们表示热烈的祝贺，向为你们成长成才付出辛勤汗水的老师们、家长们，向长期关心、支持人民大学发展的广大校友和朋友们表示衷心的感谢。地瘦栽松柏，家贫子读书。国和家养育我们长大，在这即将分别的时刻，让我们向供养我们的父老乡亲、向哺育我们的祖国人民致以崇高的敬意。

回首过去大家入校的日子，我们共同见证学校入选国家首批“双一流”高校名单，新时代建设“人民满意、世界一流”大学的前进号角就此吹响；我们共同见证国家第四轮学科评估结果出炉，学校“在我国人文社会科学领域独树一帜”始终高高飘扬；我们共同见证以“始终奋进在时代前列”为主题的 80 周年校庆系列活动，习近平总书记亲致贺信，海内外的人大人同唱一首歌、共庆校庆日；我们共同见证学校通州校区开工建设，一个“世界眼光、国际标准、中国特色、高点定位”的崭新校园正在北京城市副中心拔地而起；还有那些陪伴着大家成长的师长、同学、朋友等等，串起了我们在人民大学校园里共同的闪光记忆。

今天，大家满怀着欣喜与激动、留恋与不舍离开校园，即将奔向人生的新阶段，临别之际，我有几句话与大家共勉。

**一、希望大家忠于祖国、忠于人民，“以青春之我造就青春之国家”**

梁启超先生说：“知责任者，大丈夫之始也；行责任者，大丈夫之终也。”中国的知识分子素来负有家国使命、秉持天下情怀，“为天地立心，为生民立命，为往圣继绝学，为万世开太平”成为无数知识分子的精神脊梁。人民大学是诞生在抗日烽火中的学校，她一路走来的足迹与国家社会的发展紧密相连。在 82 年的办学历程中，培养了近 30 万名共和国的优秀“建设者”和各行各业、各个层面的领袖人才。人大人成为“与党和国家同呼吸、共命运”精神的完美标签和最佳注解。无论大家今后身在何地、从事哪一份工作都不要忘记这份信仰与责任。“得其大者可以兼其小”。真正的成功——赢得他人发自内心的认可和尊重的唯一途径就是在从事有益于国家、有益于人民、有益于集体的事业中实现个人的人生价值。衷心希望同学们能够像你们的前辈一样，以踏实进取、奋斗拼搏的爱国心践行“行为精英、心为平民”的价值追求，以服务于国家、服务于人民的爱国志圆梦“立学为民、治学报国”理想目标，在有限的人生中实现个人的宝贵价值。

**二、希望大家崇尚真理、崇尚光明，将求真求实作为一生的追求**

科学之精神在于质疑与发现，人文社会科学还多了一份担当和批判。在追求真理与光明的道路上，科学精神必不可少，特别在这个大变革的时代科学精神更加可贵。著名数学家华罗庚曾说过："科学的灵感，决不是坐等可以等来的。如果说，科学领域的发现有什么偶然的机遇的话，那么这种'偶然的机遇'只能给那些有准备的人，给那些善于独立思考的人，给那些具有锲而不舍的精神的人，而不会给懒汉。"质疑和探索、担当和批判能够成为照亮我们前进的火光，照亮我们追求真理、追求光明的道路。"世之奇伟、瑰怪、非常之观，常在于险远，而人之所罕至焉，故非有志者不能至也。"这条路必定崎岖，但经历过求索的人生才能收获沿途的美丽风景，也才能登上成功的顶峰。希望大家作为新时代的奋斗者，能够秉持求真务实的作风，勇敢地捍卫真理，做时代的引领者，在追求真理的过程中成就自己有意义的人生。

**三、希望大家敢于创新、敢于变革，在新时代新征程上勇立新功**

今天，我们正处于"百年未有之大变局"中，中国崛起正是这场变局中的最大变量。习近平总书记指出："中华民族伟大复兴，绝不是轻轻松松、敲锣打鼓就能实现的。"相信这句朴实话语中包含的高瞻远瞩，大家会在今后伟大斗争和伟大事业历史进程中更为充分地感受和体会到。生活从不眷顾垂头丧气者，从不等待坐享其成者，而是将更多机遇留给敢于奋斗勇于创新的人们。毛泽东曾说，人是要有一点精神的；邓小平也曾勉励，要有那么一股子气呀、劲呀。我们大家要记住，朝气蓬勃是青年人最宝贵的精神状态，敢于创新、勇于变革是人大人最值得铭记的优良传统。本世纪中叶，我们将迎来中华民族伟大复兴中国梦的实现之时，那时的你们如日中升，正是人生最美好的时候，你们将以最美好之生命见证中华民族实现伟大复兴之最美好的梦想。希望同学们勇立潮头、敢为人先，做时代的先锋和楷模，在人民幸福、国家富强、民族复兴的历史伟业中大显身手、实现大我。

最近，学校在明德广场上设计了一张毕业车票，未写始发自何处，因为我们都知道，中国人民大学始发自延安的清凉山。回眸过往，我们的队伍中，有吴玉章老校长，是参加过辛亥革命、新民主主义革命、社会主义革命和建设的革命家；有成仿吾老校长，是陕公创校始任校长，又是人民大学复校后的首任校长；有袁宝华老校长，自"一二·九"运动弃笔从戎投身革命，直到不久前去世，以103岁高龄专程给中央领导致信，为学校发展奔走呼号；有吴宝康老师，自新中国成立初受周总理嘱托，从中南海来到人大创办档案专业，开创了新中国档案学教育的崭新事业，一诺千金，一诺许终身，直到去世前向中央汇报"没有辜负周总理的嘱托"；有张琳老师，作为人民大学创办初期八大系主任之一，掌管工厂管理系，也是唯一的女性系主任，成仿吾老校长的夫人，今年春去世时已是105岁，前几天她的女儿转来短信"张琳老师叮嘱不举办任何仪式，把一切，包括遗体捐献出来"。……这是人民大学的初心，我们不能忘却。

展望未来，前程似锦，这个前程是我们每个人的，更是我们民族的。明年2020年决胜全面建成小康社会，2035年基本实现社会主义现代化，2050年建成社会主义现代化强国，人均GDP达到发达国家水平。我们的前程没有终点站，这是需要几代、十几代、几十代人的努力。正如恩格斯所说："共产主义是最近将来的必然的形式和有效的原则。"不懈的努力是我们的使命，我们必须不忘初心、牢记使命。

"十年寒窗苦，今朝凌云志。"今天既是"毕业礼"，也是"祝福礼"，更是"启程礼"。你们即将踏上年轻的战场，用青春书写新的乐章。希望你们坚守人大人的风骨、才情和气派，胸怀梦想、脚踏实地；但愿你们阅尽千帆，归来时依旧是朝气蓬勃的青年；无论你们走多远停泊到哪里，人民大学将是大家永远的家园。

最后，衷心祝福你们一帆风顺、前程锦绣，幸福安康、梦圆人生！谢谢大家！

## 发展中国特色、世界水平的现代教育

中国人民大学党委书记　靳诺
（《中国高等教育》，2019 年第 15/16 期）

习近平总书记提出的“发展具有中国特色、世界水平的现代教育”，是“两个一百年”奋斗目标和中华民族伟大复兴中国梦的重要组成部分，包含着我国教育发展应当具有中国特色、国际视野、时代特征等深刻内涵；既是对我国教育现代化内涵的丰富发展，也是在全面建成小康社会的新时期对我国提高教育质量的新要求，为新时代我国实现教育现代化，建设教育强国指明了前进方向和奋斗目标。

**教育要同我国发展的现实目标和未来方向紧密联系**

发展我国教育事业，必须面向和解决中国问题。习近平总书记指出：“我们中国共产党人干革命、搞建设、抓改革，从来都是为了解决中国的现实问题。”发展教育事业，要树立强烈的问题意识，以问题为导向，在解决问题中不断开拓新局面。特别是要在习近平新时代中国特色社会主义思想指导下，认真系统研究、准确把握新时代我国经济社会发展与教育改革发展的主要矛盾，重点解决教育资源分布不均、优质教育资源短缺等制约我国教育事业改革发展的关键性问题。

发展我国的教育事业，必须以习近平新时代中国特色社会主义思想为指导，坚持社会主义办学方向，把立德树人作为教育根本任务。要在党的坚强领导下，全面贯彻落实党的教育方针，坚持马克思主义指导地位，坚持中国特色社会主义教育发展道路，坚持社会主义办学方向，用马克思主义中国化最新成果武装全党和全国人民。要把立德树人作为教育的根本任务，融入思想道德教育、文化知识教育、社会实践教育各环节，培育和践行社会主义核心价值观，不断促进学生全面发展、健康成长，培养德智体美劳全面发展的社会主义建设者和接班人。

发展我国教育事业，必须坚持“四个服务”。习近平总书记对我国高等教育发展方向提出了“四个服务”的明确要求，即教育要为人民服务，为中国共产党治国理政服务，为巩固和发展中国特色社会主义制度服务，为改革开放和社会主义现代化建设服务。我们党和国家的性质决定了教育要为人民服务。只有坚持教育为人民服务、办好人民满意的教育，让我们的教育深深扎根于人民、紧紧依靠人民，从人民群众那里获得源源不断的发展力量，才能早日建成教育强国，早日实现中华民族伟大复兴的中国梦。中国共产党的性质和执政地位决定了教育要为党的治国理政服务。教育要坚持中国共产党的领导，坚持为中国共产党治国理政服务，为党治国理政培养好接班人。教育的社会功能和重要性决定了教育要为国家发展与社会主义现代化建设服务，要发挥好教育在完善中国特色社会主义制度、改革开放和社会主义现代化建设中的支撑作用。

**扎根中国大地办中国特色的现代教育**

发展中国特色教育要深深扎根于我国独特的历史和文化，立足于我国的国情民情，致力于实现教育现代化、建设教育强国，服务于实现中华民族伟大复兴的中国梦。

1. 发展中国特色教育，要扎根于我国独特的历史和文化

中国特色教育扎根于中华优秀传统文化、革命文化和社会主义先进文化，承担着在一代代中华儿女身上培植中华民族共同精神基因的重任。

中国特色教育要从中华优秀传统文化中汲取育人基因，在继承教育传统中开创中国特色教育之路。中华优秀传统文化中蕴藏着丰富的有关立德树人的教育因素，我们要充分发挥中华优秀传统文化的育人作用，引导青少年树立正确的世界观、人生观、价值观。在继承优秀教育传统中开创中国特色教育之路，是对中国教育内在发展逻辑的遵循，是真正属于中国、适合中国、成就中国的教育发展之路。

中国特色教育要充分发挥革命文化的教育作用，弘扬革命精神。中国近代史是党和人民的革命奋斗史，在这一过程中锻造出了积极奋进的革命文化，产生了伟大丰富的革命精神，如“红船精神”“长征精神”“抗战精神”等。积极开展革命文化教育活动，广泛宣扬革命精神，对坚定党和人民的革命信仰和政治信仰，增强“四个自信”具有重要意义。

中国特色教育要传播好社会主义先进文化。社会主义先进文化孕育于中国优秀传统文化，发源于中国革命文化，引领着中国特色社会主义事业发展，是全党全国各族人民齐心协力进行社会主义现代化建设的强大精神之基和动力之源。开展社会主义先进文化教育，旨在引导广大青少年自觉践行社会主义荣辱观和社会主义核心价值观，弘扬以爱国主义为核心的民族精神和以改革创新为核心的时代精神，不断增强历史使命感和责任担当意识，牢固树立中国特色社会主义共同理想，把个人奋斗同中华民族伟大复兴中国梦的实现紧密联系在一起。

2. 发展中国特色教育，要立足于我国的基本国情和最大民情

发展中国特色教育，必须正确认识和把握中国的国情民情。当前，中国特色社会主义进入了新时代，我国社会主要矛盾已经转化为人民日益增长的美好生活需要和不平衡不充分的发展之间的矛盾。但是我国仍处于并将长期处于社会主义初级阶段的基本国情没有变，我国是世界最大发展中国家的国际地位没有变。站在新的历史方位上，发展中国特色教育，必须立足国情民情，正确认识制约我国教育事业发展的重大难题，明确当前我国教育发展面临的重大挑战。

发展中国特色教育，要立足我国国情民情，遵循教育发展的内在规律，探索新时代中国特色社会主义教育的改革发展之路。必须全面贯彻落实党的十九大精神和全国教育大会精神，认真学习习近平总书记关于教育的重要论述，加强新时代中国特色社会主义教育发展道路的系统研究，探索、总结能够切实解决中国问题的教育改革发展路径，运用科学研究成果推动我国教育改革实践；探索发展大规模、高质量教育的改革推进模式，做到总体规划、统筹落实、精准施策、分区推进，进一步提升地方教育政策制定的科学性和政策落实的有效性，着力实现教育的均衡充分发展。

3. 发展中国特色教育，要致力于实现教育现代化、建设教育强国

建设教育强国是中华民族伟大复兴的基础工程，发展中国特色教育，要以实现教育现代化为奋斗目标，以教育现代化支撑国家现代化，向教育强国迈进，为实现中华民族伟大复兴的中国梦而努力。当今世界的竞争，关键在科技，基础在教育。教育是培养人才的根本途径，为党和国家事业发展提供强大的人力人才资源和知识技能支撑，是教育职责使命所在。发展中国特色教育，必须立足于培养一大批具有国际视野的中国现代化人才，为实现中华民族伟大复兴的中国梦提供源源不断的“新鲜血液”和栋梁之才。

新时代的历史背景对未来优秀人才提出了新的要求。具有国际视野的中国现代化人才，必须是德智体美劳全面发展的社会主义建设者和接班人，必须是参照世界水平培养的具有核心竞争力的国际化人才。中国特色的现代化教育，培养的是坚持终身学习、全面发展的人才，是有中国灵魂、世界眼光的现代人才。为此，教育不仅要培育和践行社会主义核心价值观，促进学生德智体美劳全面发展，也要集中力量培养学生的创新能力、拓宽学生的国际视野，培养能够为中国特色社会主义建设添砖加瓦的新时代人才。

**扎根中国大地办世界水平的现代教育**

坚持扎根中国大地办世界水平的现代教育，必须坚持教育的民族性与世界性、本土化与国际化的统一。在发展中国特色、世界水平的社会主义现代教育过程中要始终坚持中国特色，不断促进我国各级各类教育高质量发展，开创教育对外开放新格局，形成具有中国特色、世界水平的中国模式和中国方案，为世界教育发展贡献力量。

1. 办好中国的世界水平现代教育，必须坚持中国特色

中国特色是新时代中国特色社会主义教育的灵魂；世界水平是新时代中国特色社会主义教育的质

量标准。中国的教育必须始终向世界一流水平的教育看齐，不断提升教育质量，为世界教育发展提供中国经验、中国智慧和中国方案。办好中国特色世界水平的现代教育，必须正确认识中国特色和世界水平的辩证统一关系。中国特色和世界水平是当前我国教育现代化发展目标的两个基本特征，它们相互联系、相辅相成。我们要办世界一流水平的教育，此处的“一流”是体现中国特色、反映中华民族特征的一流。同时，坚持“中国特色”意味着应办出高质量的教育，具有世界领先水平。

2. 办好中国的世界水平现代教育，必须推动各级各类教育高质量发展

“中国特色、世界水平”是我国提高教育质量、实现教育现代化的基本要求。办好中国的世界水平现代教育，要准确把握国家需要，回应人民美好期待，推动各级各类教育高质量发展。

办好中国的世界水平现代教育，要深化教育体制机制改革，为促进我国各级各类教育高质量高水平发展提供制度支撑。一要创新学前教育普惠健康发展的体制机制，探索民办学前教育健康有序的发展模式。二要提升义务教育水平，完善义务教育优质均衡发展的体制机制。三要推动高中教育育人方式的改革，全面普及高中阶段教育。四要扩大高等学校办学自主权，进一步激发高等教育活力，显著提升高等教育竞争力。五要完善职业教育和培训体系，提升职业教育服务能力，健全德技并修、工学结合的职业教育育人机制。六要探索完善继续教育发展与管理的综合模式，推进继续教育形式多样化发展。此外，要完善教育投入与管理体制，健全各级教育预算拨款制度和投入机制，提升教育管理规范化科学化水平。

办好中国的世界水平现代教育，要缩小教育差距，补齐短板，着力实现我国各级教育高水平高质量普及。第一，要以农村为重点提升学前教育普及水平，大力发展公办园，加快发展普惠性民办幼儿园。第二，要为老少边穷岛地区的教育发展提供政策倾斜，大力改善贫困地区办学条件，提升义务教育巩固水平，推动城乡义务教育一体化发展。第三，要加强民族团结进步教育，加强对口支援，加快提高民族地区教育发展水平。第四，要振兴中西部地区高等教育，加快提升中西部高校综合实力，不断推进中西部高校基础能力建设。第五，要进一步补齐短板，办好特殊教育、继续教育，促进家校合作，形成教育合力，让每个孩子都能享有公平而有质量的教育。

3. 办好中国的世界水平现代教育，必须坚持教育对外开放

办好中国的世界水平现代教育，要注重一流人才培养，提升自主创新能力。首先，要发挥高等教育的育才功能，分类建设一批世界一流高等学校，持续推动地方本科高等学校转型发展，引导高等学校科学定位、特色发展。其次，要加快发展现代职业教育，推动职业教育与产业发展有机衔接、深度融合，集中力量建成一批中国特色高水平职业院校和专业。要加强创新人才特别是拔尖创新人才的培养，加大应用型、复合型、技术技能型人才培养比重。要全面提高高等教育关键领域自主创新能力，建设一批国际一流的国家科技创新基地，加强应用基础研究，提高高等学校哲学社会科学研究水平，加强中国特色新型智库建设。

办好中国的世界水平现代教育，要全面提升国际交流合作水平，开创全方位、宽领域、大力度的教育对外开放新格局。要坚持相互尊重，平等相待，开放包容，互学互鉴。不断加深对自身文明和其他文明的差异性认知，以海纳百川的胸怀打破文化交往壁垒，做到兼收并蓄、为我所用。要提升中外合作办学质量，推进中外留学交流活动有序健康发展。加强与其他国家以及联合国教科文组织等国际组织的友好合作，推动我国同其他国家学历学位互认、标准互通、经验互鉴，扎实推进“一带一路”教育行动，打造“一带一路”教育行动升级版。要推进中外高级别人文交流机制建设，拓展人文交流领域，通过孔子学院、鲁班工坊等多样化的教育形式推动中华优秀传统文化的传播与发展，促进中外民心相通和文明交流互鉴。要积极参与全球教育治理，深度参与国际教育规则、标准、评价体系的研究制定，提升中国教育的国际影响力和感召力。

## 牢记人大人的初心与使命
## ——中国人民大学2019—2020学年“开学第一课”

中国人民大学党委书记　靳诺
（2019年9月11日）

同学们：

大家好！很高兴借这次“开学第一课”的机会，和大家做一个交流。刚才在开学典礼上，几位老师和同学都谈到，人大人是值得我们骄傲一生、奋斗一生、铭记一生的共同身份。那么，中国人民大学是一所什么样的大学？人大人该是一个什么样的群体？如何做一名合格的人大人？我想借“开学第一课”这个机会，以“牢记人大人的初心与使命”为题，为大家即将展开的大学生活做一个领读。下面我主要谈两个问题：一是人大人的初心和使命是什么，二是如何成为一名合格的人大人。

**一、人大人的初心和使命是什么**

初心是什么？初心是人生起点的希望与梦想，事业开端的承诺与信念。有了初心，就有了方向和动力、使命和精神。使命是什么？使命是人领受的任务、应负的责任。马克思和恩格斯在《德意志意识形态》中曾说过：“作为确定的人，现实的人，你就有规定、就有使命、就有任务。”可以说，初心是使命的思想来源，使命是初心的价值体现，两者相互依存，谁也离不开谁。

为中国人民谋幸福，为中华民族谋复兴，这是中国共产党人的初心和使命。从中国共产党诞生之初一直到今天，这个初心和使命始终没有改变。中国人民大学是中国共产党亲手创办的第一所新型正规大学，中国共产党的初心和使命理所当然的就是人大人的初心和使命！

今天上午，学校以历史学院师生为主体，在1950年10月3日中国人民大学成立大会的原址——张自忠路3号（原名铁狮子胡同1号，即民国时期段祺瑞执政府所在地）举办了“重温历史、不忘初心”的开学典礼。我们在这个“人大梦”开始的地方举办开学典礼，是因为它见证了近代中国从民族沉沦到民族振兴的历史进程，是因为它见证了百余年来中国青年心系民族前途与国家命运的赤子之心，更因为它见证了人民大学“立学为民、治学报国”、扎根中国大地建设世界一流大学不断探索的初心和使命。当年，刘少奇、朱德、董必武等党和国家领导人出席了成立大会，刘少奇同志专门做了热情洋溢的讲话，指出：“这个大学是新中国办的第一所新式大学，是中国历史上前所未有过的大学，中国将来的许多大学都要学习中国人民大学的经验，按照中国人民大学的样子来办。”可以说，中国人民大学的成立，承载了党和国家的殷切厚望，承载了人民群众的无限期待，承载了革命和建设的时代任务。

中国人民大学是一所怎样的学校呢？我想为同学们提供三个领会的角度，那就是：她是“中国共产党亲手创办”的大学，她是“中国”和“人民”的大学，她是“始终奋进在时代前列”的大学。正是中国人民大学这样的精神底色和独特品质，决定了人大人的初心和使命。下面我就从这几个问题谈起。

第一，作为中国共产党亲手创办的第一所新型正规大学，人大人的初心和使命始终与党的初心和使命紧密相连。

在1937年抗日烽火之中，党中央决定成立陕北公学，加速培养各方面的抗日领导干部和人才，这就是中国人民大学的前身。陕北公学最为突出的特征就是她与生俱来的红色基因。中国近现代高等教育发展的历史不过一百多年，从中我们可以清晰地看到两条脉络：一条是近代以来受到西方影响而衍生出来的学习和模仿西方高等教育的发展路径，包括北洋大学堂、京师大学堂、南洋大学堂等教育机构。一条是中国共产党在革命根据地创办的具有红色基因的高等教育发展路径，包括抗日军政大学、陕北公学、鲁迅艺术学院等新型教育机构。新中国成立以来在中国共产党的领导下实现了两大源流的汇聚与交融，共同构成了今天中国高等教育的体系和格局。而中国人民大学正是那条红色基因最突出的代表。

当同学们走进学校东门，首先映入眼帘的就是中国人民大学的校训石，上面镌刻着“实事求是”四个大字。中国人民大学正是秉持着实事求是的精神从历史中走来。从1937年到2019年，从“中国不会亡，因为有陕公”，到“插在敌人心脏上的一把剑”，到“解放区最高学府”，再到“‘人民共和国建设者’的摇篮”“在我国人文社会科学领域独树一帜”，中国人民大学始终与党和国家同呼吸、共命运，始终奋进在时代前列。

（1）以毛泽东同志为核心的党的第一代中央领导集体亲手创办了中国人民大学。在延安的时候，毛泽东就对这所学校寄予厚望：他亲自物色学校的领导班子人选，亲自担任辩证唯物论这门课程的授课教员，亲自为学校规定了校风、校纪，亲自审定了成仿吾作词的《陕北公学校歌》。他先后十次到陕北公学讲话，多次为陕北公学题词。在抗日战争最危急的时刻，他说：“中国不会亡，因为有陕公。”新中国成立后，党中央决定以华北大学等学校为基础合并成立中国人民大学，毛泽东等党和国家领导又多次就学校建设发展、学生学习负担等问题进行批示，还多次邀请人民大学的教师（如哲学系王方名教授，哲学系黄顺基教授，中文系芦荻教授等）到中南海交流学术问题、参加或列席中央会议。人民大学在社会主义改造和建设时期培养了一大批政治坚定、理论水平高的各类师资和财经政法干部。

（2）以邓小平同志为核心的党的第二代中央领导集体赋予了中国人民大学第二次生命。“文化大革命”期间人民大学被迫停办。“文革”结束，邓小平复出后，就批示人民大学复校。1977年9月19日，邓小平在同教育部负责人谈话时指出，“人民大学是要办的，主要培养财贸、经济管理干部和马列主义理论工作者”，表达了他对恢复人民大学的决心。1978年5月15日，邓小平在著名经济学家于光远关于中国人民大学发展方向问题的来信上批示：“这个意见好，先念同志阅后交教育部考虑。”1977年10月20日，邓小平约见时任教育部部长刘西尧等时指出：“文科，光有人民大学还不够，北大文科是有基础的，搞好文科是很必要的”。在他的亲切关怀和支持下，并经党中央、国务院批准，中国人民大学于1978年7月正式复校，走上了新的快速发展之路。

（3）江泽民同志、胡锦涛同志都十分关心中国人民大学的发展。1992年和1997年，江泽民同志先后两次为中国人民大学题词：“坚持党的教育方针，培养优秀建设人才。”“高举邓小平理论伟大旗帜，培养跨世纪优秀建设人才。”2002年4月28日，江泽民同志来到学校视察工作，高度评价了人民大学的历史贡献，希望人民大学在新世纪创造新的成就，代表党中央第一次明确提出把人民大学建设成为以人文社会科学为主的世界知名的一流大学。胡锦涛同志多次对中国人民大学办学中的重大问题做出指示。2008年3月15日，胡锦涛来到人民大学出席“中日青少年友好交流年”活动，勉励人民大学要发扬传统、办出特色，特别指出：“人民大学是很有特色的学校。”“你们要发扬自己的传统。”2010年9月9日，胡锦涛同志再次来到学校调研考察，寄语人民大学：“希望你们弘扬光荣传统，不断改革创新，突出办学特色，提高办学质量，努力把中国人民大学建设成人民满意、世界一流的高等学府，更好地为国家现代化建设服务。”

（4）在新时代，以习近平同志为核心的党中央殷切希望中国人民大学不断继承创新，走在时代前列。习近平总书记一直非常重视中国人民大学的学科建设与人才培养工作，心系学校发展。早在30多年前，时任正定县委书记的习近平就亲切接见了由10位人民大学同学组成的“寻根之旅”学生社会实践调研团，他以自己的亲身经历讲述了基层工作的深刻意义和如何做好基层工作的心得体会。2005年3月15日，时任浙江省委书记的习近平率领浙江省党政代表团访问中国人民大学，对学校长期以来为浙江省经济社会发展给予的关心和支持表示感谢。2006年3月8日，习近平再次走进中国人民大学，为学校师生做了一场题为《弘扬与时俱进的浙江精神 推进科学发展观在浙江的实现》的报告，并向学校师生赠送了一份珍贵的礼物（一块稀有的硅化木，目前存放在学校图书馆大厅）。2009年5月7日，时任中共中央政治局常委、国家副主席、中央学习实践活动领导小组组长的习近平专程到中国人民大学考察学校深入学习实践科学发展观活动的情况，了解学校办学情况。2012年6

月19日，习近平再次来到中国人民大学调研，考察高校党的建设工作和学校事业发展，与人大师生亲切交流。2017年10月，中国人民大学建校80周年，习近平总书记专门发来贺信，充分肯定了学校80年建设和发展中取得的优异成绩，充分肯定了学校坚持党的领导、坚持马克思主义指导地位、坚持为党和人民事业服务的办学方向，对学校坚持立德树人、遵循教育规律、弘扬优良传统、扎根中国大地办大学、努力建设世界一流大学和一流学科提出了明确要求。习近平总书记的贺信既是对中国人民大学的鞭策和鼓励，又饱含着对高等教育服务党和国家事业的殷切希望，对我们办好中国特色社会主义大学、繁荣发展我国高等教育事业具有重大的指导意义。

正是对红色基因的坚守与传承，激发了一代代人大人牢记初心、勇担使命，成为“用特殊材料制成的人”。我们的老书记张腾霄，80年忠心向党，80年严于律己，一生从没向国家提出过特殊的要求，在去世仅仅几天后，张腾霄同志的家属就主动到学校资产处办理了周转房退房手续，坚决不向组织索取什么“好处”，张腾霄同志以坚强党性书写了与党和国家同呼吸共命运的一生。还有新中国档案学和档案教育的主要创立者和奠基人吴宝康老师，为中国档案事业发展贡献了毕生心力。2000年，他在病床前让女儿执笔给中共中央组织部写了一封信，信中说：“自中央组织部调我来京，至今已经整整五十年。半个世纪以来，我铭记党交给我的任务，创办新中国档案高等教育事业。几十年呕心沥血，排除万难，终于为档案高等教育和国家档案事业发展打下了一定的基础。作为一个老干部，我想，我现在可以向中央汇报工作了。”他从中央机关来到人大，穷尽一生就是为了完成党交给他的光荣使命。这份忠诚与担当，就是人大人传承红色基因的生动诠释。这些用特殊材料制成的人大人，彰显的是一种特殊的品质。它不是钢铁，却比钢铁还坚韧；不是金银，却比金银更闪光。正是有了这样一群用特殊材料制成的人，不忘初心、牢记使命，才铺就了中国人民大学82载光辉之路，锻造了“人大红”鲜亮的精神底色。

第二，作为以“中国人民”命名的大学，人大人的初心和使命始终饱含着对国家的忠诚、对人民的热爱。

中国人民大学的名字很特殊，有着不同寻常的意义。她是全国高校中唯一一所以“中国人民”命名的综合性大学。这所学校为人民而生，因人民而兴，不管是过去以“公学”为名，还是现在以“人民”为名，始终与国家同心同行、与人民心心相印。

82年前，在拯救民族危亡的抗日烽火中，许多热血青年毅然奔赴延安，进入陕北公学学习，投身民族解放的历史洪流之中，在黄土高原上点燃了希望的火种。毛泽东在为陕北公学的题词中明确提出：“要造就一大批人，这些人是革命的先锋队。……中国要有一大群这样的先锋分子，中国革命的任务就能够顺利的解决。”当时，有人质疑陕北公学没有入学考试，学生素质得不到保障，毛泽东却说：“无数爱国进步青年，不顾个人安危、冒着枪林弹雨、历经艰难险阻到延安，还有什么考试比这个还重要?”陕北公学办学条件极为艰苦，没有教室、宿舍，也缺乏教学设施，上课在露天课堂，学员们住的是土窑，坐的是小马扎，吃的是小米、土豆。毛泽东赞扬了陕公师生在艰苦条件下勤恳学习革命理论的精神，他称赞陕公“一切物质设备都不好，但这里有真理，讲自由，是造就革命先锋分子的场所”。在这样的艰苦条件下，受命于危难之际的陕北公学和后来的华北联合大学集中了一大批民族精英，在不到8年的时间里，这里培养出了两万多名抗战干部，包括数千名政治理论、文学艺术、教育、政法、财经等方面的专门人才。在民族危亡的历史时刻，与大批撤到后方办学的大学不同，以陕北公学为代表的红色大学是直接开赴前线的，在中国近代高等教育历史上留下了永恒的光辉背影。有大批陕北公学的学子牺牲在抗日战争中，而他们中的很多人至今都没有留下姓名。危难时世，爱国就是救国，人大人在民族解放的道路上书写着波澜壮阔的抗争史。

70年前，在百废待兴的新中国成立初期，人大人从解放区一路走来，以国家的发展为发展、以人民的需要为需要，投身于社会主义革命和建设的伟大事业之中。刘少奇在中国人民大学开学典礼上发表重要讲话，细致阐述了本科“八大系”设置的缘由和依据，指出成立这八个系的目的是为新中国建设，特别是为经济建设服务。中国人民大学的学科结构多次更替，变动非常频繁，但万变不离其宗的是，我们的办学总是贴近当时的时代需要而进行的。在这一思想的指引下，吴玉章等老一辈无产阶级教育家兢兢业业，呕心沥血，创立并走出了一套适合于中国社会主义建设和发展需要的办学理念和办学道路，为新中国的教育事业做出了重要的贡献；以何干之、何思敬、宋涛等著名学者为代表的人大人，紧紧围绕国家和时代的需要，开拓了符合中国实际、具有中国特色的学科发展路径。强烈的时代气息是人大人的突出风格，人大人总是能够紧贴时代脉搏、顺应时代进步、引领时代发展，总是能够自觉地研究自己所处的时代特质，自觉地为社会发展而服务，这是人大人一贯的自我要求，也是人大人的一门必修课。

40年前，在改革开放的大潮中，人大人始终与党和国家同心同行，重新镌刻“实事求是”的校训，在不懈奋斗中为民族复兴谱写了新的华章。2018年，党中央表彰100名为改革开放做出杰出贡献的个人，何载、胡福明、许崇德、杜润生、张月姣等7位人大人入选。他们每个人的事迹，都体现了人大的精神特质，如何载是陕北公学时期的校友，曾任中央组织部秘书长兼干部审查局局长，在“文化大革命”结束后的拨乱反正时期，他坚持从实际出发、坚持实事求是，在坚决平反冤假错案等方面做了大量艰苦细致的工作，为我们党恢复实事求是的思想路线做出了历史性的贡献。而另一位校友胡福明，正是1978年《光明日报》刊发的文章《实践是检验真理的唯一标准》的主要作者，这篇理论文章的刊发引发了波及全国、影响深远的关于真理问题的大讨论，开创了全党思想解放的先河。对于人大人而言，实事求是不仅仅是一条校训，更是烙印在人大人内心深处的行为准则，正如毛泽东同志对人大人提出的明确要求：“这些人不是狂妄分子，也不是风头主义者，而是脚踏实地富于实际精神的人们。”

80多年来，人大人始终立学为民、治学报国。他们在民族危亡中擎起救国的旗帜，在艰苦岁月里争当建设的标兵，在改革浪潮前引领富国的方向。今天，当中国特色社会主义迈入新时代，中华民族迎来了从站起来、富起来到强起来的伟大飞跃，以“国民表率、社会栋梁”为目标的人大人将再次出发，在伟大的时代中准备好承担自己的使命，不驰于空想、不骛于虚声，勇做“双一流”建设的排头兵，勇做时代之问的答卷人，勇做民族复兴的筑梦者。

第三，作为以“始终奋进在时代前列”为传统的大学，人大人的初心和使命始终彰显着对卓越和一流的不懈追求。

82年风雨砥砺，让中国人民大学当之无愧成为中国共产党创办新型高等教育的生动缩影，也淬炼出了中国人民大学“始终奋进在时代前列”的光荣传统。怎么理解“始终奋进在时代前列”呢？

这是一所在立德树人上取得辉煌成就的大学。82年来，中国人民大学以“国民表率、社会栋梁”为人才培养目标，坚持把立德树人作为中心环节，以科学的育人机制着力培养能在各行各业发挥引领作用的“人民共和国建设者”。在这里，同学们可以在颇具人大特色的思想政治理论课堂上提升思想高度，也可以依托完善的学科体系和多元的培养方案涵养科学与人文精神，更能通过“千人百村”“街巷中国”等社会实践活动以及“一二·九”合唱节、“五四”文化艺术节等校园文化品牌活动读好“无字之书”，在学习和实践中触摸新中国的发展脉搏，感悟新思想的无穷力量，在中国大地上探寻青春的价值和人生的答案。

正是对立德树人的坚守与创新，造就了20余万名全面发展、协调发展和个性发展的优秀人才。他们分布在祖国的大江南北，在各行各业奉献着人大人的智慧和力量。这些人中，有一大批人投身国家建设，以全心全意为人民服务的博大胸怀和崇高境界成为共和国的中流砥柱。在历届中央委员、中央候补委员、中纪委委员当中，人大人的数量始终在众多兄弟高校中名列前茅（十八届“三委员”当中人大毕业生是最多的，最新的十九届“三委员”当中人大毕业生数位居第二，仅比第一位少两名）。这些人中，有一大批人投身改革浪潮，在经济大潮中大展身手，为中国的经济建设和社会发展做出了积极贡献。据近年“中国高校校友在上市公司任职排行榜”统计，中国人民大学在上市公司担任重要职务的校友人数，名列榜首。这些人中，还有一大批人坚定理想，扎根基层，在祖国最需要的地方挥洒汗水，书写青春无悔的华章。仅 2018 年一年，就有 724 名毕业生赴西部、基层就业。而这 20 余万人中的更大多数，则在平凡的生活中实现着自己与祖国共奋进的人生价值。今年暑假，我到东北出差，见到了一位财政金融学院毕业的“90 后”校友王琪，她现在已经是吉林省最年轻的人大代表。在国家扶贫攻坚的大形势下，她不忘回报家乡、回报社会的初心，先后创办爱心淘小铺、农业发展公司，带动帮扶 370 户贫困户，平均每个月为贫困户增加收入 300～800 元，新增就业岗位 150 个，让青春在服务人民、造福人民的实践中熠熠闪光。从各级领导干部到站在时代潮头的企业家，从默默耕耘的基层工作者到各行各业的优秀人才，一代又一代的人大人认真做人，踏实做事，不哗众取宠，不沽名钓誉，用自身的品德与担当、能力与才华，彰显了学校立德树人的卓越成就，让中国人民大学真正成为“人民共和国建设者”的摇篮。

这是一所在人文社会科学领域独树一帜的大学。习近平总书记在致学校 80 周年校庆贺信中明确指出，中国人民大学“形成了鲜明办学特色，在我国人文社会科学领域独树一帜”，高度肯定了学校在人文社会科学领域的学科优势和学术地位。人民大学在中国的人文社会科学领域一直发挥着先导和示范作用，在其中许多领域进行着奠基性和开拓性的工作。比如，我国现有的马克思主义、哲学、经济学、法学、史学、新闻学等学科，大多肇始于这里。革命战争时期，人民大学既是马克思主义中国化的“孵化器”，也是马克思主义理论教学与研究的重要“发源地”；社会主义建设与探索时期，人民大学是马克思主义理论人才培养的“工作母机”；改革开放后，人民大学成为“马克思主义教学与研究的高地”，为推进马克思主义中国化时代化大众化做出了突出贡献。

这样的例子还有很多。82 年来，从建校初期的“八大系”到孕育孵化一大批与我国经济社会发展紧密相关的现代专业；从新中国法学、新闻学的第一位博士和第一位外籍文科博士，到获得包括“第一本政治经济学教材”“第一部马克思主义思想通史”“第一套哲学专业教材”等在内的众多“第一”；从连续 16 年举办我国人文社会科学界年度盛事“中国人文社会科学论坛”，到设立人文社会科学领域崇高奖项“吴玉章人文社会科学终身成就奖”……“在我国人文社会科学领域独树一帜”，中国人民大学始终为发展繁荣人文社会科学而不懈探索。

在 2017 年 9 月公布的《世界一流大学和一流学科建设高校及建设学科名单》中，中国人民大学入选 A 类一流大学建设高校名单，哲学、理论经济学、应用经济学、法学、政治学、社会学、马克思主义理论、新闻传播学、中国史、统计学、工商管理、农林经济管理、公共管理、图书情报与档案管理共 14 个一级学科入选一流学科建设名单。2017 年 12 月，在教育部公布的全国第四轮学科评估结果中，我们的理论经济学、应用经济学、法学、社会学、马克思主义理论、新闻传播学、统计学、工商管理、公共管理等 9 个学科获评 A＋，数量位居全国第四；在人文社会科学专业排名中，我们的 A＋学科数量为 8 个，排名全国第二。这样的成绩实属不易，因为我们的不少学科只是一个学院的力量，而有的兄弟高校则是整个学校整体力量（如法学院对应的院校就包括中国政法大学等政法类专科大学），在一个学院与一所学校竞争中仍位列前茅，应该说靠的就是“以一当百”的硬实力、硬功夫。

在这里，我还要特别高兴地告诉大家，在中央领导的关爱下，人民大学通州新校区建设取得了突破性进展，第一期计划 2023 年建成并投入使用，同学们将见证“世界一流、北京最美、独具风格”新校区的崛起。学校将按照“世界眼光、中国特色、高点定位”的原则，努力将通州新校区建设成为党在新时代领导高等教育的一张亮丽名片、国家深化教育改革的一个创新典范和高校服务地方经济社会发展的一座成功标杆，为我国人文社会科学繁荣、高等教育事业发展做出新的更大贡献。

这是一所扎根中国大地、服务中国社会的大学。马克思认为，人们认识世界的目的就是为了改造世界。82 年来，学校始终坚持和弘扬实事求是、理论联系实际的优良传统，立足中国国情、根植实践沃土，从国家建设发展的伟大实践中获取理论创新的深厚源泉和强大动力，从人民群众鲜活的创造中发掘思想智慧、提出真知灼见，在服务国家重大战略、参与全球治理、构建人类命运共同体等方面积极努力、发挥作用，为党和国家事业发展提供有力的理论支持。

从为中央政治局集体学习授课，到直接参与国家重大法律制定，再到推动国家重大政策出台，人大人始终坚持通过自己扎实的理论素养，发挥“思想库”“智囊团”的作用，为党和国家的理论创新、经济建设、社会发展提供智力支持。近年来，学校率先成立的中国人民大学习近平新时代中国特色社会主义思想研究院，成为中央批准的全国首批十家研究机构之一，大力推动了习近平新时代中国特色社会主义思想的学习研究和宣传阐释；学校成立了国家发展与战略研究院，成为国家确立的首批 25 家国家高端智库之一；此外，以重阳金融研究院、首都发展与战略研究院等为代表的高端智库，都为中央决策提供了有力智力支撑。

服务无止境，奉献天地宽。在解答中国问题、宣传中国道路、讲好中国故事的同时，人大人更是以永恒不变的家国情怀来到祖国需要之地，以服务社会为己任，用自己的力量为中国的发展进步做贡献。在我们祖国的西南部，有一个全国唯一的白族普米族自治地区——云南省兰坪县，是一个集“山区、民族、贫困”为一体的全国深度贫困县，也是中国人民大学自 2013 年开始定点联系帮扶的贫困地区。6 年来，我去过很多次，每次都受到深刻的教育，每次都感受到作为人大人肩上沉甸甸的责任和担当；学校连续派出 5 名挂职干部到兰坪县工作；在兰坪县设立研究生支教团支教点，共派出 45 名志愿者奔赴兰坪县开展支教工作；安排专项资金，开展干部培训，实现了对云南兰坪县扶贫的立体化保障，为滇西脱贫攻坚贡献了人大力量。无论何时何地，服务国家、服务社会、服务人民始终是人大人的行动指南。扎根中国大地，始终用更高的站位、更长远的眼光、更宽广的格局，做出更大气的选择，这就是人大人的使命担当。

总之，作为一所承载特殊使命的大学，中国人民大学正大踏步走在新时代，努力以自己的奋斗回答着三个问题：一是中国共产党独立创办的具有红色基因的高校能不能建成“中国特色、世界一流”的大学，二是在中国这样一个经济相对落后的发展中国家能不能建成“中国特色、世界一流”的大学，三是以人文社会科学为主的高校能不能建成“中国特色、世界一流”的大学。

**二、如何成为一名合格的人大人**

选择一所大学，就是选择了一种精神，选择了一种文化，选择了一种人生方式。在座的每一位，都既是人大精神的继承者，也是开拓者、创新者。时代在变，年轻的面孔也在变，但录取通知书上“实事求是”的校训永远不变，“红色基因”的底色永远不变，“始终奋进在时代前列”的人大精神永远不变。

值此开学之际，也是大家站在人生新起点之时，我谨代表学校向大家提出几点希望，愿你们牢记人大人的初心和使命，在实践中求索，在时代中奋进：

第一，希望你们能有矢志不渝的追随力。

要求大家做一个“追随者”，或许有的同学对此抱有迟疑的态度。你们一直以来都习惯于做一名优秀的学生，习惯于成为众人瞩目的焦点，习惯于被称为“别人家的孩子”。然而，自步入大学校园之日起，每个人都面临着新的角色转换，都需要适应“大海中的一滴水”的新的生活状态。我们要立志成为一名“国民表率、社会栋梁”，首先要学着做一名追随者，学会在追随中提高，在追随中完善，在追随中找到属于自己的方位。

去勇敢地追随国家民族进步发展的脚步吧！经过新中国成立 70 年特别是改革开放 40 年的发展，我们的国家已经发生了翻天覆地的变化，中华民族已经迎来了从站起来、富起来到强起来的伟大飞跃。党的十九大确立了分两步走全面建成社会主义现代化强国的目标。在中国人民大学建校 100 周年的时候，我们的国家将基本实现现代化；到新中国成立 100 周年的时候，我们的伟大祖国将成为富强民主文明和谐美丽的社会主义现代化强国。在实现民族复兴的伟业中，同学们要准备好承担起自己的历史使命，立志成为中国特色社会主义建设者和接班人，而不是旁观者。如果到那个时候同学们有机会回来参加开学典礼，由衷地希望你们都能向你们的学弟学妹自豪地宣布：中华民族伟大复兴的宏伟目标在我们手中如期变成了现实，我们无愧于“国民表率、社会栋梁”的称号。

去坚定地追随前辈师长奋斗不息的足迹吧！回眸过往，在人大的创业史上，有人民大学的首任校长、“延安五老”之一吴玉章老校长，有长征路上唯一的大学教授成仿吾老校长，有103岁高龄还为学校发展竭力呼吁的袁宝华老校长，有为学校发展倾注毕生精力的张腾霄老书记，等等，正是一代代创业者筚路蓝缕、艰苦奋斗，才带领人民大学走出了一条扎根中国大地办大学的辉煌之路。在人大的已故学人中，有著名哲学家艾思奇教授、著名历史学家范文澜教授、著名法学家佟柔教授、著名统计学家戴世光教授、著名逻辑学家黄顺基教授、著名西方经济学家高鸿业教授、著名社会学家郑杭生教授、著名伦理学家罗国杰教授、著名新闻学家甘惜分教授、著名马克思主义史学家庄福龄教授、著名管理学家李占祥教授、著名政治学家高放教授、著名宗教学家方立天教授等等，正是这些大师们奠基性、开创性的贡献，才有了人民大学今天在中国高等教育和中国人文社会科学领域的地位。这些人大先贤们身上所体现和彰显出来的独特精神气质和崇高精神追求，值得每一位人大人去继承和发扬。

去热忱地追随身边同伴奋发图强的精神吧！人大的校园，从来不缺少闪亮的青春之光。在你们的同伴当中，有今年来自江苏的周芷晴同学，她左眼失明、右眼只有0.1的视力，在课堂上，她每天拿着望远镜才能看清老师的板书，看书考试的时候，也要借助放大镜，但这些都没有阻碍芷晴对学习的热情，她战胜了一切身体上的不便参加高考并最终取得了高分，成为一名人大人。此外，还有携笔从戎，将青春奉献给绿色军营，并荣获“全国模范退役军人”的周晓辉同学；有心系扶贫，用脚步丈量中国农村、用双手服务“三农”的陈菲菲同学；有勇敢捐献造血干细胞，点燃五岁男孩生命之光的于皓岩同学……只有奋斗的青春、奉献的青春，才是最美丽的青春，同学们要从他们身上汲取正能量，鞭策自己成为更加优秀的人大人。

第二，希望你们能有慎思明辨的思想力。

古希腊哲人苏格拉底说过：“有思想力的人是万物的尺度。”大学作为立德树人的场所，正是要以塑造有思想力的人为己任。希望大家将思想力的塑造融汇于学习生活之中，时常打磨自己的思想利器，以优秀的人大前辈为榜样，为国家和民族贡献出宝贵的智慧。

要与书本为友。习近平总书记说，他最大的爱好是读书，读书已成为他的一种生活方式，可以让人保持思想活力，让人得到智慧启发，让人滋养浩然之气。他在国内外不同场合讲话时引经据典、信手拈来，令人闻之叹服。入校后，希望大家以习近平总书记为榜样，抓住青年时代这一学习知识、陶冶情操、增长本领的黄金时期，发扬三个“劲”，爱读书、读好书、善读书。发扬“挤劲”，善于把各种零碎时间利用起来，不要满足于碎片化的信息、快餐化的知识，主动放下手机、拿起书本，阅读那些经过历史长河大浪淘沙出的名家经典。发扬“钻劲”，多一点“咀嚼”大部头的“坚硬阅读”，下一些“书读百遍”的功夫。发扬“韧劲”，保持读书的专注，孜孜不倦、持之以恒，为自己搭建一间“腹有诗书气自华”的精神书屋，创造一个辽阔而自由的思想世界。

要与大师为友。“师者，所以传道授业解惑也。”人大有很多博学睿智、德高望重的大师，他们经常在校园中散步，精神矍铄、目光如炬。他们当中有一生从事《资本论》研究，为马克思主义政治经济学中国化做出重要贡献的卫兴华教授；有唯一全程参与新中国第一部刑法典制定的学者、新中国第一位刑法学博导、改革开放后第一部法学学术专著的撰写者高铭暄教授；有被誉为“行走的马列字典”“马克思主义哲学信仰的播种者”的陈先达教授……他们敢于求真、善于求新，追求真理、追求智慧。希望大家要珍惜与他们共处一园的宝贵时光，虚心求教、大胆发问，勇敢地拿出自己读书、思考的灵感以及人生、专业中的困惑与他们碰撞，相信思想的火花必将为大家点亮一片绚烂天空。

要与自己为友。求知的道路绝不是一帆风顺的，有纷扰、有诱惑、有坎坷。面对“纷扰”，要保持独立思考的精神。在复杂的舆论场、喧哗的朋友圈、万花筒般的海量信息中，守住求学的初心，面对学问多一番推敲，面对问题多一分追问。面对“诱惑”，要保持自律自警的意识。诱惑总是能找准人们心里的薄弱点，只要稍不注意便会沉迷其中不能自拔，这个时候就要保持定力，坚持自己内心的方向，不玩物丧志、不荒废时光。面对“坎坷”，要有泰然处之的姿态。歌德说，挫折是通向真理的桥梁。每经历一次挫折，就是一次进步，就离我们探寻的真知又近了一步。希望大家能学会面对挫折，在求知的道路上自信向前。

第三，希望你们能有起而行之的行动力。

“知者行之始，行者知之成。”“知行合一”是自古以来为学求知的至高追求，对于人文社会科学来说显得尤为重要。毛泽东在给陕北公学成立题词时就写下了要造就一大批“脚踏实地富于实际精神的人们”的殷殷嘱托，习近平总书记也曾教导青年人“学到的东西，不能停留在书本上，不能只装在脑袋里，而应该落实到行动上”。同学们在成长成才的过程中，应该面向实际、深入实践，让“实事求是”的校训精神在你们身上得到更好的继承和发扬。

要在多彩的校园生活中实践。大学不仅是知识的殿堂，更是锤炼本领、增长才干的沃土。人民大学为同学们提供了多元的实践平台，我们有校、院、班三级党、团、学完整的学生组织架构，有种类多样的学生社团和丰富多彩的校园活动，一大批优秀学子在学业之余，通过校园实践活动为自己的大学时光增添了一抹亮色，成为人大人的青春榜样。希望同学们都能够结合自身兴趣和能力，站在提升自我、服务同学、建设校园、奉献社会的角度，自由选择参加学生社团和学生组织，在遵守学校社团管理规定、服从学校相关部门指导的前提下，积极参与校园实践活动，在实践中运用所能、检验所学、提炼所感、发展所知。

要在广阔的基层舞台上实践。新时代青年既要“读万卷书”，也要“行万里路”，祖国960万平方公里的广袤土地，为同学们提供了取之不尽用之不竭的文化养分。学校始终鼓励和支持同学们扎根基层实践，将理论与实践紧密结合起来，聚焦基层的发展问题，真正将对人民的感情与对现实的关怀转化为加强自身学习的不竭动力。从“千人百村”到“街巷中国”，数以万计的人大学子脚踏祖国的山川河流，在实践中感知最真实的中国。在刚刚过去的暑假里，共有168个学生社会实践团队奔赴祖国四方，他们在西部地区感受祖国的地域之辽阔、国情之复杂，在乡村中体验劳动过程、感受劳动价值、弘扬劳动精神，在基层倾听群众呼声、了解群众关切，树立了对人民的感情、对社会的责任、对国家的忠诚。希望你们能够接过这面旗帜，以扎根基层的品格、求真力行的精神，在实践中书写青春故事。

要在火热的改革大潮中实践。我们读书学习不能停留在书本上，停留在书斋里，而是要走进生活，走向实践，要能解决真问题。新时代的中国正进行全面深化改革的伟大实践，改革举措出台数量之多，力度之大前所未有，这是同学们最好、最生动的教材。希望同学们时刻关心国家大事，关心前沿问题，关心时代动向，在关注改革实践的过程中收获成长。希望同学们把个人成长的具体目标同中华民族伟大复兴的宏伟目标结合起来，用改革思维、问题意识引导学习、研究的方向，让改革主旋律的节拍引导青春成长的步伐。

同学们，习近平总书记曾指出：“人的一生只有一次青春。现在，青春是用来奋斗的；将来，青春是用来回忆的。”他还强调：“奋斗本身就是一种幸福。只有奋斗的人生才称得上幸福的人生。”因此，用奋斗点亮人生，是我们新时代大学生神圣的使命，也是我们义不容辞的责任。作为人大人，在未来日子里，你们不仅是学校发展的见证者，也是学校“双一流”建设的参与者，更是走在新时代前列的奋斗者。在今年纪念五四运动100周年大会上，习近平总书记强调“新时代中国青年要继续发扬五四精神，以实现中华民族伟大复兴为己任，不辜负党的期望、人民期待、民族重托，不辜负我们这个伟大时代”，总书记对新时代中国青年提出了要“树立远大理想”“热爱伟大祖国”“担当时代责任”“勇于砥砺奋斗”“练就过硬本领”“锤炼品德修为”六点要求。我想，这就是新时代中国青年的历史使命，这也是总书记对中国青年发出的新时代动员令。

今天，世界处于百年未有之大变局，大国战略博弈日渐加剧，国际体系和国际秩序深度调整，人类文明发展面临的新机遇新挑战层出不穷，不确定不稳定因素明显增多。我们比历史上任何时期都更接近实现中华民族伟大复兴的目标，比历史上任何时期都更有信心、更有能力实现这个目标。我衷心希望大家珍惜人大人这个充满荣耀的身份，承担起“立学为民、治学报国”的使命，像吴玉章老校长所说的那样，“东风得势，时代更新，趁此机，奋勇向前”，以永不懈怠的精神状态和一往无前的奋斗姿态，成为无愧于新时代荣光和使命的“强国一代”！

谢谢大家！

## 在中国人民大学“庆祝中华人民共和国成立70周年”纪念章颁发仪式上的讲话

中国人民大学党委书记　靳诺

（2019年9月26日）

同志们：

今天，我们在这里隆重举行中国人民大学“庆祝中华人民共和国成立70周年”纪念章颁发仪式，就是要第一时间把以习近平同志为核心的党中央的亲切关怀送到每一位老同志的手上，以这种充满庄重气氛的形式，来与同志们共同见证这一荣光时刻。刚才，刘伟同志介绍了纪念章发放工作的基本情况，张象枢教授、王珊教授做了满怀深情的发言，我和大家一样，深受教育、非常感动。沉甸甸的纪念章，饱含着党中央对老同志的亲切关怀，饱含着我们后辈对老同志的深切感情，也饱含着所有人大人对老同志的崇高敬意。借此机会，我代表学校党委，向学校获发纪念章的258位老同志表示热烈的祝贺！向中国人民大学所有为中国革命和建设奉献青春的老同志致敬！向所有为共和国改革和发展贡献力量的老同志致敬！向“永远走在时代前列”的人大人致敬！70年前，这些老同志还都是年轻人，风华正茂、意气风发，甚至比我们今天在场的许多同志还要年轻。70年艰难困苦、玉汝于成，勤奋朴实的人大人筚路蓝缕、矢志奋进，书写了一个薪火相传、初心不渝的奋进故事，走过了一段彪炳史册的光辉历程。今天，在中华人民共和国成立70周年前夕，中共中央、国务院、中央军委决定为这些老同志颁发“庆祝中华人民共和国成立70周年”纪念章，充分体现了以习近平同志为核心的党中央对老干部工作的高度重视和对离退休干部的亲切关怀，体现了党和人民对老同志历史贡献的充分肯定。

当前，“不忘初心、牢记使命”主题教育工作正在深入有序开展，学校党委高度重视此次纪念章颁发工作，将其作为贯彻落实党中央决策部署的重要举措和主题教育活动的“自选动作”，着力推进主题教育各项要求落到实处。我们要始终铭记老干部的历史功绩，倍加珍惜老同志创造的宝贵精神财富，在接续奋斗中把握正确前进方向，在继承传统中坚定理想信念，筑牢“四个意识”，坚定“四个自信”，坚决做到“两个维护”，在新时代砥砺新担当、展现新作为，继续为建设具有中国特色的世界一流大学贡献力量。

在这光荣与庄重的时刻，我与大家分享三点体会：

第一，颁发纪念章，“扬大义于国家”，始终以党中央关心关怀为激励，锲而不舍激发开拓进取的奋斗力量。

国家勋章和国家荣誉称号是国家最高荣誉，也是激发我们奋勇前进的巨大力量。老同志和他们身上厚重的历史是学校的宝贵财富，也为学校的建设和发展提供了传承的榜样。在国庆70周年前夕专门颁发纪念章，充分体现了以习近平同志为核心的党中央对老干部的亲切关怀，也为我们坚守初心使命、砥砺时代担当积聚了力量。同志们要努力对标中央要求，主动融入和服务好“双一流”高校建设大局，充分发挥“一个支部就是一个堡垒、一名党员就是一面旗帜”的示范引领带动作用，不忘初心、感恩奋进，努力做出无愧于时代、无愧于人民、无愧于历史的业绩。

第二，颁发纪念章，“立大德于社会”，始终以人民大学的红色基因为底色，凝心聚力践行立德树人的教育使命。

这段时间，学校可以说喜事连连。9月17日，国家主席习近平签署主席令，授予42人国家勋章和国家荣誉称号，其中有6位人大人，占总数的七分之一。特别是全国仅有的3位“人民教育家”国家荣誉称号获得者，有2位就在咱们人民大学，分别是卫兴华教授和高铭暄教授。9月15日，在中央公布的“最美奋斗者”建议人选名单中，也有7位人大人的身影。这次，人大共有258位老同志获颁“庆祝中华人民共和国成立70周年”纪念章，获颁数量不仅在全国高校中数一数二，在全国各系统、各战线中也是名列前茅。这是对人大人传承红色基因、勇立时代潮头、展现担当作为的高度肯定。作为我们党亲手创办的第一所新型正规大学，人民大学承载着特殊重要的使命，始终与党的初心和使命紧密相连，始终饱含着对国家的忠诚、对人民的热爱。这是人民大学所独有的红色基因和精神底色所决定的，任何时候都不会改变。作为国家教育战线上的一员，我们应该以此为激励，贯彻新时代党的教育方针，传承人大人忠诚于党的政治底色，落实立德树人的根本任务，结合学校工作实际，忠诚红色使命，履行教育责任，完成好党和人民交付的重大任务。

第三，颁发纪念章，“布大信于天下”，始终以奋进在时代前列为标准，持之以恒锻造高等教育的精锐之师。

当前，学校的学科建设再创新高，优秀师资不断汇聚，人才培养质量稳步提高，办学经费大幅增加，科研学术能力持续增强，智库建设取得新的进展，为全面推进“双一流”建设巩固了基础。新的历史时期为中国人民大学“双一流”建设提供了重要机遇，同时也对学校各项事业发展提出了更高要求。同志们要始终牢记我们所肩负的探索党领导下的新型高等教育办学模式和发展道路的特殊使命，始终铭记老干部的历史功绩，倍加珍惜老同志创造的宝贵精神财富，坚持扎根中国大地办学，在接力奋斗中建设世界一流大学和一流学科，书写好无愧于党和国家、无愧于时代和人民的“奋进之笔”。

伟大时代呼唤伟大精神，崇高事业需要榜样引领。新时代新征程，新任务新目标。老同志们在社会主义建设的光辉岁月中，在改革开放进程的赓续奋进里，经受了岁月的锻造和党性的洗礼，为我们筑立了一座座精神的丰碑，成为激励我们“不忘初心、牢记使命”的精神火炬，也铸就了引领我们开拓进取、建功立业的榜样力量。我们相信，在以习近平同志为核心的党中央坚强领导下，人大人在赢得更多职业荣光的同时，一定能够牢记红色初心，勇担时代使命，为国家、为社会、为人民做出更大的贡献。

重阳节快到了，请允许我再次诚挚地向全体前辈们表达敬意，感谢你们一生的诚挚付出，感谢你们给人大留下的宝贵精神财富。祝愿各位身体健康、幸福长寿！

谢谢大家！

## 坚持以人民为中心发展教育

中国人民大学校长　刘伟
（《学习时报》，2019年11月22日第6版）

坚持以人民为中心发展教育，是习近平总书记关于教育重要论述的重要内容。坚持以人民为中心发展教育，既是中国共产党的初心和使命，也是社会主义教育的根本特征；既是党执政为民的内在要求，也是我国教育改革发展的根本遵循。

坚持以人民为中心发展教育是中国共产党的初心和使命。教育的普及和人民群众科学文化水平的提高，一直是中国共产党人孜孜以求的奋斗目标。中国共产党从成立之日起，始终把以人民为中心发展教育与党在各个历史时期的奋斗目标紧密联系在一起。新中国成立后，我们党实现了教育工作的全面领导，把教育事业摆在了重要位置。以毛泽东同志为主要代表的中国共产党人，创立了社会主义教育制度，确立了社会主义教育方针与办学方向，赋予人民平等受教育的权利，对于中华民族整体文化素质的提高，对于中华民族永远屹立于世界民族之林，具有深远历史意义。中国特色社会主义进入新时代，习近平总书记关于教育的重要论述指明了以人民为中心发展教育的方向。教育改革发展要牢牢坚持为人民服务，为中国共产党治国理政服务，为巩固和发展中国特色社会主义制度服务，为改革开放和社会主义现代化建设服务，努力适应党和国家事业发展要求，不断满足人民群众期待，不断促进和实现公平而有质量的教育，使教育事业达到更高水平，真正使教育事业成为我们党全心全意为人民服务的先行者、受益者、助力者。

坚持以人民为中心发展教育是社会主义教育的根本特征。改革开放之后，中国共产党提出了教育优先发展战略，通过优先发展以最大限度满足人民群众受教育的需求，保障人民群众的受教育权利。党的十八大以来习近平总书记关于教育的重要论述，标志着我们党对社会主义教育规律的认识达到了新高度，为以人民为中心发展教育指明了方向、路径和方法。习近平总书记在全国教育大会上强调，坚持把优先发展教育事业作为推动党和国家各项事业发展的重要先手棋，不断使教育同党和国家事业发展要求相适应、同人民群众期待相契合、同我国综合国力和国际地位相匹配。这既是对我国社会主义教育制度性质的深刻总结，也为如何实现以人民为中心发展教育指明了方向，成为我国教育发展的鲜明价值追求。

坚持以人民为中心发展教育是满足人民对美好生活的需要。教育系民生之首，关系亿万人民的切身利益，是为人民服务的重要内容。党的十六大报告将“教育为人民服务”写入党的教育方针，党的十九大报告提出“办好人民满意的教育”的目标。党的十九大报告指出了新时代我国社会主要矛盾的新变化，办好人民满意的教育是党的全心全意为人民服务宗旨的具体体现，更是人民对于美好幸福生活的新期待，是新时代教育改革发展的动力和使命。2012 年 11 月，在十八届中央政治局常委与中外记者见面会上，习近平总书记以“十个更好”回应人民关切，“更好的教育”，排在首位。教育既是国计，也是民生。办好人民满意的教育就是要着力解决教育发展不平衡、不充分的问题，让人民群众享有更好的教育。新中国成立 70 年来，我国教育事业取得了历史性成就，为促进经济社会发展，满足人民群众受教育需求做出了历史性贡献。新中国成立时，全国高等教育在校生才 11.7 万人，高等教育毛入学率为 0.26%。2002 年毛入学率达到 15%，进入到了高等教育大众化阶段。2012 年以来，高等教育加快向普及化阶段迈进，2018 年在学总规模达到了 3 833 万人，毛入学率为 48.1%，高于中高收入国家平均水平。高等教育作为科技第一生产力和人才第一资源的重要结合点，是以人民为中心发展教育的重要方面，其发展水平和质量决定着国家竞争力和现代化的实现。

坚持以人民为中心发展教育是要不断促进教育发展成果更多更公平惠及全体人民。中国共产党十分重视教育公平，为促进和实现教育公平而不懈努力。习近平总书记十分关心人民群众的教育获得感，多次强调教育公平是社会公平的重要基础，努力让每个孩子都享有公平而有质量的教育，以教育公平促进社会公平。这些重要论述，既深刻阐明了我国教育的社会主义性质，又鲜明表达了我国教育的人民立场。新中国成立 70 年来，我国已由人口大国成长为教育大国，现在正逐步迈向教育强国。今天所追求的教育公平，已经不再是简单的教育普及，而是通过经济社会发展和教育自身变革来实现更高水平的公平，即优质而公平的教育。公平而有质量的教育成为以人民为中心发展教育的新目标，其意义在于让每一个个体都有机会享有优质教育资源，都有得到发展的机会，都能成为有用之材。加快发展更加公平更有质量的高等教育就是要实现内涵式发展，加快一流大学一流学科建设，自觉在推进新时代中国特色社会主义伟大事业和实现中华民族伟大复兴的历史进程中明确学校定位和发展战略，探索具有中国特色、世界水平的现代高等教育发展之路。

坚持以人民为中心发展教育要致力于促进人的全面发展。马克思主义把公平正义的实现同人的解放和全面发展结合起来，阐明了人的发展是实现社会公平正义的标志，人的自由而全面的发展是构筑未来社会的原则和基石。教育通过促进每个个体的全面发展从而为所有人的发展和社会全面进步开辟了道路。习近平总书记在全国教育大会上指出，培养德智体美劳全面发展的社会主义建设者和接班人，为促进和实现人的全面发展指明了方向。在新时代，实现人的全面发展需要推进素质教育，多方面、全方位提高人的品德、知识、能力与素质，开发人的潜能，提升创新能力。新时代人的全面发展也需具备国际视野和国际理解能力。在致清华大学苏世民学者项目启动的贺信中，习近平总书记深刻分析了世界发展的形势，指出“教育决定着人类的今天，也决定着人类的未来”。他深刻指出，“教育应该顺此大势，通过更加密切的互动交流，促进对人类各种知识和文化的认知，对各民族现实奋斗和未来愿景的体认，以促进各国学生增进相互了解、树立世界眼光、激发创新灵感，确立为人类和平与发展贡献智慧和力量的远大志向”。人才培养是高等教育的本质要求和根本使命，衡量高等教育质量的第一标准就是看人才培养水平。要着力构建高水平人才培养体系，牢固确立人才培养在高校工作中的中心地位，一切工作都要服从和服务于学生的成长发展，坚持立德树人，着力提高学生服务国家和人民的社会责任感、勇于探索的创新精神和善于解决问题的实践能力，真正培养出德智体美劳全面发展的社会主义建设者和接班人。

## 扎根中国大地办教育　交上让人民满意的新时代答卷

中国人民大学党委书记靳诺
（《中国教育报》，2019 年 11 月 29 日第 7 版）

当今世界处于大发展大变革大调整时期，世界多极化、经济全球化、社会信息化、文化多样化深入发展，新一轮科技革命和产业变革与我国发展方式转变、发展动能转换交汇，内外环境和形势变化，使我国高等教育改革发展面临全新的风险挑战。在此形势下，中国人民大学作为一所红色基因鲜明、人文社会科学特色突出的高校，需要回答好新时代的三大命题：中国共产党独立创办的正规大学如何办成世界一流大学？以人文社会科学为主的大学如何办成世界一流大学？扎根中国大地如何办成世界一流大学？这不仅是学校建设发展的需要，更是党和人民赋予的历史使命。

一

现代高等教育起源于欧洲，其传统上以“自治”为办学原则，不愿政府过多干预。政府之外的各种社会力量，如教会、商人、社会组织和学术团体等，在大学的发展模式和走向上起着重要作用，甚至决定着大学的兴衰。正因为此，当我们要建设世界一流大学时，就有人戴着“有色眼镜”质疑：“在革命时期白手起家的中国共产党是‘小米加步枪’的‘土八路’，能领导好中国高等教育事业吗?”“搞‘工农教育’‘干部教育’，怎么能成为一流大学?”……殊不知，新中国高等教育事业发展的实践与成就已经对这一问题进行了深刻回应。

为人民办教育，为中华民族的自立自强办教育，是中国共产党始终秉承的教育理想和奋斗目标。革命战争年代，党就探索创办了陕北公学等一批革命学校，培养了数万名堪称“革命的先锋队”的优秀人才。新中国成立伊始，党探索建立新的高等教育制度和模式，接管和改造旧大学，创办和兴建新大学，基本形成了服务于社会主义经济社会发展的高等教育体系。改革开放以来，党坚持把教育摆在优先发展的战略地位，全面进行高等教育体制改革和教学改革。如今，中国已经建立起世界上最大的高等教育体系，教育总体水平也已跃居世界中上行列，高等教育实现了跨越式发展。这充分证明，党的教育方针、党领导下的高等教育的发展模式，在中国是行得通、能管用的。

作为我们党创办的第一所新型正规大学，人民大学始终没有忘却自己血脉中的红色基因，始终坚持听党话跟党走，坚持将马克思主义的科学性革命性与大学建设发展的实践性规律性相结合，将高等教育普遍规律与中国教育发展实际相结合，将解决中国问题与借鉴世界文明相结合，将中国特色与世界一流相结合，走出了一条中国特色社会主义高等教育发展道路。

82年来，人民大学紧紧围绕立德树人根本任务，培养输送了20余万“人民共和国建设者”。这得益于“立学为民、治学报国”的办学宗旨，从建校初期的“八大系”到孕育孵化一大批与我国经济社会发展紧密相关的现代专业，再到目前一流学科持续领跑，人民大学学科建设成绩卓越：在教育部第四轮学科评估中，共有14个学科获评A类。在QS学科排名中，2个学科进入全球前50名，其中哲学位列全球第32位，在内地高校中排名第一；法学等5个学科位列全球第51～100名。在ESI排名中，社会科学总论、经济学商学等4个学科进入全球前1%。人民大学已成为用学术语言讲好“中国故事”的重要窗口。

从“战火中的大学”到“解放区最高学府”，从“新国家的新大学”迈向建设“人民满意、世界一流”，人民大学的发展历程表明，我们党不仅能够创办出色的大学，更是领导“双一流”建设的根本保证。

二

在应对科技革命和产业革命过程中，许多知名大学在科学研究和人才培养上贡献巨大，由此奠定了自身的一流地位。与一般名校不同，中国人民大学在实践中走出一条以人文社会科学为主的特色办学之路，凝练形成“主干的文科、精干的理工科”的学科发展体系。

人文社会科学是以人和人类社会为研究对象的科学，是推动历史发展和社会进步的重要力量，其发展水平反映了一个民族的思维能力、精神品格、文明素质，体现了一个国家的综合国力和国际竞争力。但与自然科学和工程科学相比，人文社会科学对社会发展的贡献，并不具有立竿见影的效果，这也决定了对其成果评价的复杂性。个别人由此对人民大学要成为世界一流提出疑问，把这所“马克思主义理论教学与研究的高地”戏谑称为“第二党校”；因为单纯人文社会科学类大学鲜有进入世界一流的，便怀疑人民大学的办学质量，甚至怀疑其在我国高等教育乃至世界高等教育中的地位。

中国人民大学为我国人文社会科学发展做出了开创性贡献。我国现有的经济、管理、法律、新闻、党史、外交、政治等学科或专业，不少都是发源于此。改革开放后，学校大力发展管理科学、信息科学和环境科学等新兴交叉学科，在全国范围内起到了示范作用；率先翻译和引进了一大批西方经济学、管理学教材和著作，成为学习借鉴国外优秀文化成果的排头兵；在服务国家重大决策和地方经济社会发展等方面领潮流之先，国家社会科学基金项目、教育部人文社科重大攻关项目立项数常年位居全国高校前列；举办世界汉学大会、中国人文社会科学论坛等重要学术会议，参与共建海外孔子学院等平台，不断提高人文社会科学的国际影响力，不断确立全球范围内的学术话语权，为构建以马克思主义为指导的中国特色哲学社会科学，解读中国实践、构建中国理论做出了重要贡献。

三

20世纪之前，全世界顶尖的现代大学几乎都聚集在欧洲，这得益于欧洲人文思想的浓厚，也在于产业革命后欧洲经济的快速发展。到了20世纪后半叶，受制于经济发展减缓、教育资源紧缺，欧洲在全球政治经济交往中不再处于占主导的中心地位，欧洲的大学在全球的竞争力已经不如美国。美国繁荣的移民文化和二战后迅猛发展的经济、技术，持续吸引着全世界的人才，同时，美国政府在经费和政策上给予高等教育巨大支持，这样的良性循环使美国的顶尖大学集聚了一大批高级人才。由此看，拥有世界一流大学是国家现代化综合实力的重要体现。那么，处于全面建设社会主义现代化强国进程中，仍是发展中国家的中国，如何才能办成世界一流大学？

中国的大学要建成世界一流，决不能盲目模仿欧美大学发展模式，决不能以某一所一流大学为追慕对象亦步亦趋，而必须在借鉴国外高等教育先进经验、吸收人类文明优秀成果的基础上，扎根中国大地，扎根于中国独特的历史和文化，因为这才是中国大学之“魂”。在几千年历史发展过程中积淀而成的中华优秀传统文化，在中国近代史中锻造而出的积极奋进的革命文化，孕育于中华优秀传统文化、发源于中国革命文化的社会主义先进文化，都是引领我们建设一流大学的强大精神之基和动力之源。

扎根中国大地创办世界一流大学，就要把坚定的文化自信转化为坚定的办学自信。一所大学必须首先解决本土问题，通过本土问题的解决推动国家现代化发展，进而推动其自身在世界范围内影响力的提升，方能成为一流大学。回顾中国人民大学82年的发展历史，正是扎根中国大地办学、服务中国社会发展的真实写照。改革伊始，是人大人率先发声、引领时代，胡福明校友撰写的理论文章《实践是检验真理的唯一标准》、陈锡添校友撰写的长篇通讯《东方风来满眼春》，用人大人“实事求是”的校训精神铸就了党和国家历史性发展的思想先导。在世界发展面临的重大议题上，人民大学的一批高端智库及众多顶尖学者积极发声、产出成果，用中国理论解读中国实践，用中国实践升华中国理论，为世界发展提供中国方案。

习近平总书记在致中国人民大学建校80周年的贺信中殷切期望中国人民大学“坚持立德树人，遵循教育规律，弘扬优良传统，扎根中国大地办大学，努力建设世界一流大学和一流学科，为我国高等教育事业繁荣发展，为实现‘两个一百年’奋斗目标，实现中华民族伟大复兴的中国梦作出新的更大贡献”。中国距离社会主义现代化强国的宏伟目标从来没有像今天这样接近。面对世界百年未有之大变局，中国人民大学有义务也有条件，坚定文化自信、立足中国国情，在探索中国特色现代大学制度，推进学校治理体系和治理能力现代化，建设“中国特色、世界一流”大学方面走在前列。

## 在国家统计局—中国人民大学数据开发中心揭牌仪式上的讲话

中国人民大学校长　刘伟
(2019年12月8日)

尊敬的宁吉喆局长，尊敬的各位领导、各位来宾：

大家上午好！

今天，我们在这里隆重举行国家统计局—中国人民大学数据开发中心揭牌仪式。首先，我谨代表人民大学，对各位领导、各位专家的到来表示热烈的欢迎！对数据开发中心的揭牌表示热烈的祝贺！同时，也对国家统计局长期以来给予人民大学的关心和支持表示衷心的感谢！

当今世界，科技进步日新月异，互联网、云计算、大数据等现代信息技术深刻改变着人类的思维、生产、生活、学习方式，深刻展示了世界发展的前景。从国家层面来看，大数据已然成为一个国家重要的战略资源和经济增长的新引擎，在推动产业创新发展、培育新兴业态、助力经济转型等方面发挥着不可替代的作用。从高等教育层面来看，数据科学的发展给各高校的学科建设带来了新的机遇，数据的获得、存储、计算不再是瓶颈或难题，各学科领域的科学研究越来越重视海量数据的挖掘与运用，呈现出明显的定量化特点。充分挖掘利用好数据资源，推进国家发展、社会进步与学科建设，实现数据治国、数据强国，是包括人民大学在内的全国高等院校的共同心愿。数据开发中心的揭牌运行，是国家统计局与人民大学密切合作的喜人成果，有利于切实推进数据与统计科学发展，培养更加优秀的经济社会数据运用人才，为国家创建高效、先进的高水平数据服务平台。

作为中国共产党亲手创办的第一所高等学府，中国人民大学始终与党和国家同呼吸、共命运，始终坚持依托人文社会科学领域的学科优势，扎根中国大地办大学，积极融入党和国家发展大局，为国家经济建设和社会发展建言献策，提供具有前瞻性、实效性、创造性、可行性的高端智力支持，被习近平总书记誉为“在我国人文社会科学领域独树一帜”。人民大学统计学科始建于1950年，是全国最早设立的统计学科，在2007年、2012年教育部学科评估中均排名第一，2017年获评A＋。全国唯一一所与统计学相关的教育部重点研究基地应用统计科学研究中心和全国应用统计专业学位研究生教指委秘书处都设在统计学院，这充分体现了人民大学统计学科领先的学术水平和广阔的发展潜能。此外，人民大学还成立了中国调查与数据中心和统计与大数据研究院，这两个机构以独立身份与统计学院开展密切合作，共同形成了人民大学统计学科建设的中坚力量，为学校发展数据科学、办好数据开发中心打下了坚实基础。

长期以来，国家统计局给予了人民大学高度重视和大力支持，同人民大学开展了密切的交流与合作。2011年3月，国家统计局与人民大学共建的政府统计研究院正式成立。8年来，政府统计研究院坚持探索钻研，为解决政府统计实际问题提供了智力支持。2017年4月1日，宁局长莅临学校，就统计学一流学科建设和双方进一步合作共建进行了深入的指导。今年8月30日，宁局长等多位国家统计局领导来到学校调研，并出席数据开发中心签约仪式，为双方合作打开崭新局面。今天，宁局长再次莅临国家统计局—中国人民大学数据开发中心揭牌仪式，这既是人民大学与国家统计局前期紧密合作的接续与延伸，也是基于未来蓝图视域下共谋发展的主动选择，更标志着国家统计局与人民大学的合作交流迈上新的台阶，对于双方战略共赢都有着重大意义。

下一步，人民大学将继续充分发挥学科特色和优势，积极调动各方资源，努力做好数据开发中心工作，充分挖掘数据科学潜力与价值，以群策群力的战略规划，实现善作善成的效能担当，更加深入全面地服务于国家经济建设和社会发展。同时，学校也将抓住机遇，推动应用经济学、统计学、社会学、公共管理、农林经济管理等学校“双一流”优势学科的协同创新建设，在服务中心发展方面发挥更大作用。希望我们双方能够以数据开发中心的建设为契机，聚焦解决学科发展与社会建设中的重点与难点，优势互补、共克难题，同频共振、携手同行，努力将中心建设成为国内外具有广泛社会影响力和学术知名度的国家新型战略研究智库，培养出更多经济统计领域和大数据领域的优秀研究型人才，推动经济社会领域统计研究工作继续向纵深发展。

再次感谢包括宁局长在内的国家统计局各位领导对人民大学统计学科的重视和支持！衷心祝愿中心越办越好！

谢谢大家！

## 加快构建中国特色哲学社会科学话语体系

中国人民大学党委书记　靳诺

（《红旗文稿》，2019年第23期）

中国特色社会主义进入新时代，我们比历史上任何时期都更接近、更有信心和能力实现中华民族伟大复兴。新中国成立70年，社会主义中国巍然屹立在世界东方，没有任何力量能够撼动我们伟大祖国的地位，没有任何力量能够阻挡中国人民和中华民族的前进步伐。在中华民族迎来了从站起来、富起来到强起来的伟大飞跃，迎来了实现中华民族伟大复兴光明前景的新阶段，话语权问题成为一个突出的亟待解决的短板。我们必须加快构建中国特色社会主义哲学社会科学话语体系，以中国国际话语权的提升，助推中华民族伟大复兴。

### 一、构建中国特色哲学社会科学话语体系的重大担当

实现中华民族伟大复兴是一个波澜壮阔的历史过程，必须前赴后继完成站起来、富起来、强起来的历史任务。2015年12月11日，习近平总书记在全国党校工作会议上指出：“落后就要挨打，贫穷就要挨饿，失语就要挨骂。形象地讲，长期以来，我们党带领人民就是要不断解决‘挨打’、‘挨饿’、‘挨骂’这三大问题。”经过几代人不懈奋斗，站起来解决了“挨打”问题，富起来解决了“挨饿”问题，但“挨骂”问题还没有得到根本解决。一些西方大国凭借其历史形成的话语权，用西方的制度模式和价值标准，对中国特色社会主义理论和实践进行曲解和非议，企图遏制中国的发展，歪曲中国的形象，甚至改变中国的方向。话语权成了中国发展的短板和掣肘，提升国际话语权是我们亟待解决的一个重大问题。

话语权涉及方方面面的工作，其中哲学社会科学是重要的方面。改革开放以来，我国哲学社会科学取得了有目共睹的成就，但话语体系在世界上的影响力还不够强大，在学术命题、学术思想、学术

观点、学术标准、学术话语上的能力和水平同我国综合国力和国际地位还不太相称，一定程度和范围还存在着“言必称西方”“言必称美国”的现象。如同2016年5月17日习近平总书记在哲学社会科学工作座谈会上所指出的：“在解读中国实践、构建中国理论上，我们应该最有发言权，但实际上我国哲学社会科学在国际上的声音还比较小，还处于有理说不出、说了传不开的境地。”

哲学社会科学在提升国际话语权上要有重大担当。国际话语权涉及综合国力、历史文化、社会制度等，而哲学社会科学是其中关系紧密的因素。一方面，繁荣的哲学社会科学是一个国家强起来的标志。国际话语权与国家的地位是相向而行的，话语权是国家实力的一种体现和有机组成部分，强化话语质量对提高国际话语权和国家软实力至关重要。实现中华民族伟大复兴，哲学社会科学必须强起来。哲学社会科学是人们认识世界、改造世界的重要工具，是推动历史发展和社会进步的重要力量，其发展水平反映了一个民族的思维能力、精神品格、文明素质，体现了一个国家的综合国力和国际竞争力。一个国家的发展水平，既取决于自然科学发展水平，也取决于哲学社会科学发展水平。在2016年5月17日召开的哲学社会科学工作座谈会上，习近平总书记指出：“一个没有发达的自然科学的国家不可能走在世界前列，一个没有繁荣的哲学社会科学的国家也不可能走在世界前列。”坚持和发展中国特色社会主义，统筹推进“五位一体”总体布局和协调推进“四个全面”战略布局，实现“两个一百年”奋斗目标、实现中华民族伟大复兴的中国梦，我国哲学社会科学可以也应该大有作为。另一方面，哲学社会科学是国际话语权的重要载体。话语权的基础是话语，哲学社会科学的重要功能就是运用系统的话语，对内聚焦民心、对外展示形象。哲学社会科学的特色、风格、气派，是发展到一定阶段的产物，是成熟的标志，是实力的象征，也是自信的体现。中国的哲学社会科学话语体系，是主流意识形态建设的重要方面，是国家文化软实力的重要组成部分。新时代要更好进行具有许多新的历史特点的伟大斗争、推进中国特色社会主义伟大事业，需要充分发挥哲学社会科学的作用，需要哲学社会科学工作者立时代潮头、发思想先声，积极为党和人民述学立论、建言献策。我们要繁荣中国哲学社会科学，不仅要让世界知道“舌尖上的中国”，还要让世界知道“学术中的中国”“理论中的中国”“哲学社会科学中的中国”。

中国人民大学是我们党创办的第一所新型正规大学，在我国人文社会科学领域独树一帜。在1950年中国人民大学开学典礼上，刘少奇同志指出：“中国将来的许多大学都要学习我们中国人民大学的经验，按照中国人民大学的样子来办。”所以说，中国人民大学甫一成立，就担负着为中国共产党探索高等教育发展规律、引领中国高等教育前进方向的重要使命。中国人民大学成立以来，其初心和使命始终与党的初心和使命紧密相连，始终与党和国家同呼吸、共命运，始终奋进在时代前列。正是一代代人大人不忘初心、牢记使命，才铺就了中国人民大学82载光辉之路，锻造了“人大红”鲜亮的精神底色。如今，中国人民大学正以昂扬进取的姿态，向着“人民满意、世界一流”的目标奋斗。“不忘初心、牢记使命”，对中国人民大学提出的不仅是政治上的要求，更是办学育人的实践要求。我们必须从思想上、行动上认真回答好“培养什么人、怎样培养人、为谁培养人”这一根本性问题，积极探索有中国特色的高校哲学社会科学繁荣发展之路，以哲学社会科学教学研究的成就支撑人才培养质量的提升，着力培养能在各行各业发挥引领作用的“人民共和国建设者”，从而确保我们这所红色基因融入血脉、深入骨髓的大学，更好地为人民服务、为中国共产党治国理政服务、为巩固和发展中国特色社会主义制度服务、为改革开放和社会主义现代化建设服务。

**二、构建中国特色哲学社会科学话语体系的基本遵循**

以马克思主义为指导。哲学社会科学既是一种科学的知识体系，也是一种具有意识形态属性的价值体系；哲学社会科学既要解决“是什么”“为什么”的科学问题，也要解决“为谁主张”“为谁服务”的价值追问。中国共产党从诞生之日起，就把马克思主义鲜明地写在自己的旗帜上。我们党是用马克思主义武装起来的政党，马克思主义是指导我们改造客观世界和主观世界的锐利思想武器。坚持以马克思主义为指导，是当代中国哲学社会科学区别于其他哲学社会科学的根本标志。习近平总书记在哲学社会科学工作座谈会上指出，“当代中国哲学社会科学是以马克思主义进入我国为起点的，是在马克思主义指导下逐步发展起来的”；“我国哲学社会科学坚持以马克思主义为指导，是近代以来我国发展历程赋予的规定性和必然性。在我国，不坚持以马克思主义为指导，哲学社会科学就会失去灵魂、迷失方向，最终也不能发挥应有作用”。马克思主义是不断发展的理论，习近平新时代中国特色社会主义思想是马克思主义中国化的最新成果，是当代中国马克思主义、21 世纪马克思主义。我们要以习近平总书记关于构建中国特色哲学社会科学的重要论述为基本遵循，自觉将之转化为清醒的理论自觉、坚定的政治信念、科学的思维方法，贯穿到构建中国特色哲学社会科学学科体系、学术体系、话语体系之中，落实到学科建设、人才培养、科学研究、课程设置、教材编写、学术评价之中。

以“四个自信”为基础。“不忘初心、牢记使命”，就是要坚定对马克思主义的信仰、对中国特色社会主义的信念，增强“四个意识”、坚定“四个自信”、做到“两个维护”。“四个自信”是中国昂扬走近世界舞台中央的精神支柱，也是我们构建中国特色哲学社会科学话语体系的精神支柱。构建中国特色哲学社会科学是文化自信的重要体现。没有自信，凡事跟在别人后面做、跟在别人后面说，何以能自主自立地构建中国自己的哲学社会科学话语体系！如果自己都不信，何以能用自己的话语体系影响他人、引领他人！从国家发展大势上，今天之中国，同新中国成立以前之中国相比，有天壤之别。当今世界，要说哪个政党、哪个国家、哪个民族能够自信的话，那中国共产党、中华人民共和国、中华民族是最有理由自信的。中国特色社会主义的辉煌成就，是“四个自信”的基础，也是我们学术上自信的基础。习近平总书记指出：“我们有本事做好中国的事情，还没有本事讲好中国的故事？我们应该有这个信心！”就历史而言，绵延几千年的中华文化，是中国特色哲学社会科学成长发展的深厚基础。中华民族有着深厚文化传统，形成了富有特色的思想体系，体现了中国人几千年来积累的知识智慧和理性思辨，这是我们构建中国特色哲学社会科学话语体系的独特优势。就现实而言，当代中国正经历着我国历史上最为广泛而深刻的社会变革，也正在进行着人类历史上最为宏大而独特的实践创新。这种前无古人的伟大实践，必将给理论创造、学术繁荣提供强大动力和广阔空间。

以学术研究为支撑。真正的话语权，不是靠嗓门大，而是在学问深。支撑话语体系的基础是哲学社会科学体系，没有自己的哲学社会科学体系，就没有话语权。目前我国哲学社会科学学科体系已基本确立，但还存在一些亟待解决的问题，主要是一些学科设置同社会发展联系不够紧密，学科体系不够健全，新兴学科、交叉学科建设比较薄弱。下一步，要突出优势、拓展领域、补齐短板、完善体系。我们首先要加强马克思主义理论学科建设，以之统领和带动整个哲学社会科学建设。我们还要加快完善对哲学社会科学具有支撑作用的学科，如哲学、历史学、经济学、政治学、法学、社会学、民族学、新闻学、人口学、宗教学、心理学等，打造具有中国特色和普遍意义的学科体系。我们还要注重发展优势重点学科，加快发展具有重要现实意义的新兴学科和交叉学科，重视发展具有重要文化价值和传承意义的“绝学”、冷门学科等。总之，要坚持以马克思主义为指导，在研究上多下功夫，多搞“集成”和“总装”，多搞“自主创新”和“综合创新”，努力建设具有中国特色、中国风格、中国气派的，涵盖全方位、全领域、全要素的哲学社会科学体系。

中国人民大学始终坚持“一马当先”办学方向，勇当人文社会科学领域排头兵，在马克思主义研究、哲学社会科学研究领域具有突出的优势，一直发挥着先导和示范作用，进行了奠基性和开拓性的工作。我国现有的马克思主义理论、哲学、经济学、法学、史学、新闻学等学科，大多肇始于这里。革命战争时期，人民大学既是马克思主义中国化的“孵化器”，也是马克思主义理论教学与研究的重要“发源地”；社会主义建设与探索时期，人民大学是马克思主义理论人才培养的“工作母机”；改革开放后，人民大学成为“马克思主义教学与研究的高地”，为推进马克思主义中国化时代化大众化做出了突出贡献。82 年来，从建校初期的“八大系”到孕育孵化一大批与我国经济社会发展紧密相关的现代专业；从新中国法学、新闻学的第一位博士和第一位外籍文科博士，到获得包括“第一本政治经济学教材”“第一部马克思主义思想通史”“第一套哲学专业教材”等在内的众多“第一”；从连续

16年举办我国人文社会科学界年度盛事“中国人文社会科学论坛”，到设立人文社会科学领域崇高奖项“吴玉章人文社会科学终身成就奖”……“在我国人文社会科学领域独树一帜”，中国人民大学始终为发展繁荣哲学社会科学而不懈探索。阔步新时代，奋进“双一流”，我们要以习近平新时代中国特色社会主义思想为指导，全面提升学科建设水平，努力为构建中国特色哲学社会科学学科体系、学术体系和话语体系做出表率。

**三、构建中国特色哲学社会科学话语体系的创新突破**

立足中国实践。构建中国特色哲学社会科学话语体系要有问题导向，理论创新只能从问题开始。目前主要问题是用西方话语不能解读中国的实践，那么我们就必须从中国的实践中提炼中国话语。新中国成立70年特别是改革开放40多年来的伟大实践，为我们发展哲学社会科学提供了珍贵的研究素材和广阔的发展空间。我们要加强对改革开放和社会主义现代化建设实践经验的系统总结，提炼出更多有学理性的新理论，概括出更多有规律性的新实践，推出更多有分量的研究成果，尤其是要注重将我们党创造的马克思主义中国化的理论创新成果转化为学术话语体系。有关中国特色社会主义道路、理论体系、制度、文化，有关经济、政治、法律、社会、生态、外交、国防、党建等重要的理论创新，这些都是中国特色哲学社会科学的主体内容，也是中国特色哲学社会科学发展的最大增量。我们还要面向未来，聚焦战略性、全局性、综合性重大问题，聚焦经济社会发展中的重大实践问题，聚焦新时代人民群众普遍关心的热点难点焦点问题，深入开展理论政策研究，从我国改革发展的实践中挖掘新材料、发现新问题、提出新观点、构建新理论。当代中国与世界紧密联系在一起，我们还要有更宽广的胸怀和眼界，既向内看、深入研究关系国计民生的重大课题，又向外看、积极探索关系人类前途命运的重大问题；既向前看、准确判断中国特色社会主义发展趋势，又向后看、善于继承和弘扬中华优秀传统文化精华。

致力话语原创。理论的生命力在于创新。创新是哲学社会科学发展的永恒主题，也是社会发展、实践深化、历史前进对哲学社会科学的必然要求。习近平总书记指出：“我们的哲学社会科学有没有中国特色，归根到底要看有没有主体性、原创性。跟在别人后面亦步亦趋，不仅难以形成中国特色哲学社会科学，而且解决不了我国的实际问题”。只有以我国实际为研究起点，提出具有主体性、原创性的理论观点，才能形成自己的特色和优势。当今世界处于百年未有之大变局，我国正处于近代以来最好的发展时期，这是一个需要理论而且一定能够产生理论的时代，这是一个需要思想而且一定能够产生思想的时代。改革开放以来，我们坚持理论创新，正确回答了什么是社会主义、怎样建设社会主义，建设什么样的党、怎样建设党，实现什么样的发展、怎样发展等重大课题，不断根据新的实践推出新的理论、新的话语。新时代要把研究阐释马克思主义作为主攻方向，始终坚持马克思主义基本原理和贯穿其中的立场、观点、方法，把坚持马克思主义和发展马克思主义统一起来，同时结合新的实践不断做出新的理论创造。我们要以正在做的事情为中心，从我国改革发展的实践中挖掘新材料、发现新问题、提出新观点、构建新理论，加强对改革开放和社会主义现代化建设实践经验的系统总结，加强对发展社会主义市场经济、民主政治、先进文化、和谐社会、生态文明以及党的执政能力建设等领域的分析研究，加强对党中央治国理政新理念新思想新战略的研究阐释，提炼出有学理性的新理论。

中国人民大学有着实事求是、理论联系实际的优良传统。在82年的发展历程中，这所大学始终立足中国国情、根植实践沃土，从改革开放和社会主义现代化建设的伟大实践中获取理论创新的深厚源泉和强大动力，从人民群众鲜活的创造中发掘思想智慧、提出真知灼见，与时代同步伐，发时代之先声，服务中国社会发展。改革伊始，人大人率先发声、引领时代。胡福明撰写的理论文章《实践是检验真理的唯一标准》、陈锡添撰写的长篇通讯《东方风来满眼春》，就是秉承人民大学“实事求是”的校训精神，紧贴时代脉搏、顺应时代召唤，铸就党和国家历史性发展的思想先导。今天，实现中华民族伟大复兴，需要我们在实践的基础上不断提出创新的理论，用发展着的理论指导丰富的实践。我们所面对的百年未有之大变局，也正是哲学社会科学研究者出思想、出理论的关键当口。中国特色社会主义事业的发展面临许多重大议题，问题需要研究、答案需要探求、人民需要解释、党和国家需要发声。对此，哲学社会科学具有不可替代的重要作用，拥有齐全的马克思主义学科和强大的人文社科学科的人民大学更是责无旁贷。我们必须围绕重大理论和时代问题，进行深入透彻的理论阐释，认真研究和总结提炼我国改革发展、社会主义建设及党的建设的成功经验，研究治国理政的客观规律，增强人民群众走中国特色社会主义道路的坚定性和自觉性。我们的一批高端智库及众多顶尖学者必须持续不断地积极发声、产出成果，用中国理论解读中国实践，用中国实践升华中国理论，为世界发展提供创新的中国方案，为构建中国特色哲学社会科学话语体系做出新的更大的贡献。

## 坚持和完善社会主义基本经济制度　不断解放和发展社会生产力

中国人民大学校长　刘伟
(《光明日报》，2019 年 12 月 13 日第 11 版)

党的十九届四中全会审议通过的《中共中央关于坚持和完善中国特色社会主义制度、推进国家治理体系和治理能力现代化若干重大问题的决定》（以下简称《决定》），将社会主义基本经济制度扩充为公有制为主体、多种所有制经济共同发展，按劳分配为主体、多种分配方式并存，社会主义市场经济体制等，从而明确了我国社会主义基本经济制度是生产、分配和运行机制的有机统一，具有不断解放和发展生产力的显著优势。深入认识《决定》关于社会主义基本经济制度的重要新概括，对于更好发挥社会主义制度优越性、不断解放和发展社会生产力、推动经济高质量发展，都有着重要意义。

**社会主义基本经济制度是生产、分配和运行机制的有机统一**

社会主义基本经济制度是一个有机整体，三项基本经济制度相互联系、相互支持、相互促进，是经济制度体系中具有长期性和稳定性的部分，起着规范方向的作用，对经济制度属性和经济发展方式有决定性影响。

根据《决定》，社会主义基本经济制度的突出特征表现在：一是在生产资料所有制上，坚持公有制为主体，多种所有制经济共同发展，这里既包括整个社会的所有制结构特征，也包括所有制的实现形式，尤其是公有制的实现形式。二是在收入分配方式上，坚持按劳分配为主体、多种分配方式并存。生产决定分配，生产资料所有制的性质和结构决定了分配制度的性质和实现形式。按劳分配为主体、多种分配方式并存，是由所有制的本质和特征规定的，也是生产资料所有制关系在利益分配上的实现。三是在经济运行方式上，把社会主义制度和市场经济有机结合起来，坚持和完善社会主义市场经济体制，充分发挥市场在资源配置中的决定性作用，更好发挥政府作用。这种经济运行方式是中国特色社会主义所有制和分配制度所决定的，同时又是所有制和分配制度的一种实现方式。

上述特征表明，社会主义基本经济制度是生产、分配和运行机制的有机统一，既体现了社会主义制度优越性，又同我国社会主义初级阶段社会生产力发展水平相适应，是党和人民的伟大创造。我们党对社会主义基本经济制度的认识是在实践中不断发展的，以往只将公有制为主体、多种所有制经济共同发展的所有制结构作为基本经济制度，而按劳分配为主体、多种分配方式并存的分配方式和社会主义市场经济体制并未明确为基本经济制度的组成部分，是作为由基本经济制度决定并以其为基础的分配制度和运行机制来对待的。党的十九届四中全会将这三方面作为有机联系的统一体，共同构成了社会主义基本经济制度，表明我们党在理论上对这三方面制度的内在联系有了更为深入的认识。

**社会主义基本经济制度是党和人民的伟大创造**

首先，社会主义基本经济制度体系中每一方面制度的形成和完善，都是党领导人民在探索中国特色社会主义道路的进程中取得的。

在所有制方面，从打破单一的公有制，到承认个体经济、私营经济，再到明确以公有制为主体、多种所有制经济共同发展，又到强调“两个毫不动摇”，所有制结构和实现形式的改革贯穿于新中国成立70年来的实践过程，在改革开放新时期更是发生了深刻的变革。

在分配方式上，从扭转否定按劳分配原则的错误，到以贯彻按劳分配为原则的价格体制、工资体制改革；从打破分配上的平均主义传统，到允许一部分人先富起来，再到强调和实践社会主义的本质要求——逐步实现共同富裕；从明确按劳分配为主的原则，到承认多种分配方式并存，特别是承认要素市场化基础上按要素的市场贡献参与分配的机制，收入分配的理论和实践同样是在探索中国特色社会主义的历史进程中实现的。

在经济运行机制和资源配置方式上，把公有制为主体、多种所有制经济共同发展和按劳分配为主体、多种分配方式并存，与市场配置资源的竞争性机制即社会主义市场经济体制结合起来，同样经历了长期的探索。从打破把社会主义制度与市场经济对立的传统，到承认社会主义经济可以引入市场调节；从承认市场调节的辅助作用，到确立社会主义市场经济体制；从承认市场机制在资源配置中的基础性作用，到强调发挥市场在资源配置中的决定性作用，更好发挥政府作用，理论和实践均证明，社会主义基本经济制度的内涵和特征是在改革和发展的长期实践中不断探索形成的。

其次，社会主义基本经济制度的本质及特征是适应我国社会生产力发展的要求，扎根中国大地，由中国的历史文化、社会性质和发展水平决定的。说到底，是适应解放和发展社会生产力的要求的，是新时代经济改革发展的根本遵循。一方面，在实践上对传统计划经济体制进行了深刻而又全面的改革；另一方面，无论是在所有制上，还是在分配方式及经济运行方式上，都与资本主义经济制度有着本质的不同。社会主义基本经济制度是中国共产党人领导中国人民在实践中的伟大创造，并且这种创造的合理性和进步性正在被中国社会经济发展所取得的伟大成就所证实。

**社会主义基本经济制度具有不断解放和发展生产力的显著优势**

生产力与生产关系的矛盾运动构成了社会发展的基本矛盾，一切社会制度的演变从根本上来说都是这一基本矛盾运动的结果。社会主义基本经济制度之所以具有显著优势，是基于解放和发展生产力的历史事实；之所以能够形成并需要坚持和完善社会主义基本经济制度，是源于解放和发展生产力的历史要求。

社会主义基本经济制度从根本上克服了资本主义私有制与生产社会化之间的对立，在更大程度上调动了广大劳动者的积极性，克服了资本与劳动的根本对立，在体制上为有效协调微观与宏观经济目标、政府与市场的关系创造了基础。在充分激发市场主体活力的同时，从制度上克服了私人利益与社会长远发展目标的对立，使解放和发展生产力具有更强劲的动力和更广阔的空间。这一制度优势具有严密而科学的理论逻辑，并在实践上切实转变为解放和发展生产力的显著优势，突出表现在：

一是实现了中国经济的长期持续高速发展，创造了落后的发展中国家摆脱贫困的发展奇迹。我国的GDP总量从新中国成立初期的1 000多亿元、改革开放初期的3 000多亿元，上升至2018年的近92万亿元，从在世界经济格局中微不足道（直到1978年也只占全球GDP的1.8%）上升成为世界第二大经济体（2010年），占全球GDP的15.8%（2018年）。人均GDP从新中国成立初期的不到100美元，上升到2018年的9 000多美元，从低收入贫困状态跃升至当代上中等收入国家的水平（2010年）。经济结构发生深刻变化，农业劳动生产率水平不断上升，农业就业比重从新中国成立初期的80%左右（当代低收入国家农业劳动力就业比重平均水平为72%），降至2018年的26%以下；工业实现快速发展，中国已成为现阶段世界上唯一拥有联合国工业制造业分类中全部工业部门的经济体，工业化即将实现；第三产业迅速成长，占GDP比重和年均增长速度都已超越制造业，带动经济结构开始出现现代化进程中的“后工业化”特征。

二是具有独立发展国民经济的自主能力，经济保持稳健增长的同时，还具有较强的抗风险能力。在新中国成立初期，通过自力更生艰苦奋斗，我们奠定了较为完整的国民经济体系，为推进改革开放打下了基础；在改革开放新时期，我们逐步参与经济全球化，不断提升自身抗风险能力。面对1997

年亚洲金融危机和2008年国际金融危机的严重冲击，中国经济仍保持了稳健强劲的增长势头，在全球经济低迷的背景下实现了持续稳健增长。中国应对经济危机的能力和优异表现，很大程度上源于社会主义基本经济制度的优势，这一优势在当今世界普遍存在治理赤字、发展赤字的背景下，显得尤为突出。比如，在1997年亚洲金融危机期间，当许多国家汇率争相贬值时，人民币汇率仍然保持不变，为缓解亚洲金融危机做出了巨大贡献；2008年爆发国际金融危机，中国经济增长仍达到9%的水平；2009年全球经济在二战后首次出现负增长，中国仍保持了8%左右的增长率，为缓解全球经济衰退做出重要贡献；在近些年的全球GDP年增量中，中国的贡献多年保持在30%左右。

三是经济发展成果能够更大程度地转化为人民生活质量的普遍提高。以居民家庭消费结构变化为例，恩格尔系数（食品支出占消费支出比重）60%以上即为贫困（联合国划分标准）。新中国成立初期，恩格尔系数远高于这一水平，直到改革开放初期的1978年仍高达63%。2018年城乡居民家庭平均恩格尔系数已降至27%左右，跨越贫困和温饱，进入联合国划分的富足阶段（30%以下）。在消除贫困方面，贫困发生率下降了94.4个百分点，全面小康目标即将实现。反贫困奇迹的取得和人民群众普遍的生活质量改善，体现了社会主义对实现共同富裕的本质追求。

**实现“两个一百年”奋斗目标，必须坚持和完善社会主义基本经济制度**

中国特色社会主义制度是党的领导和经济、政治、文化、社会、生态文明等各方面制度的总和，是一整套紧密联系、内在协调、相互支撑的制度体制。经济基础决定上层建筑，社会主义基本经济制度是中国特色社会主义其他各方面制度的经济基础，同时，其他各方面制度对社会主义基本经济制度的巩固和完善又起着极大的推动作用。因此，一方面，在坚持和完善基本经济制度的基础上，必须贯彻落实《决定》明确的以下方面的任务：毫不动摇巩固和发展公有制经济，毫不动摇鼓励、支持、引导非公有制经济发展；坚持按劳分配为主，多种分配方式并存；加快完善社会主义市场经济体制；完善科技创新体制机制；建设更高水平开放型经济新体制。另一方面，全面贯彻《决定》所明确的13个“坚持和完善”，持续推动党的领导制度体系、人民当家作主制度体系、中国特色社会主义法治体系、中国特色社会主义行政体制等各方面制度和体系的建设和完善。

中国特色社会主义进入新时代，面临一系列新的历史机遇和挑战，我们必须坚持和贯彻新发展理念，建设现代化经济体系，以深化供给侧结构性改革为主线，坚持“稳中求进”的工作总基调，实现需求管理与供给侧结构性改革、短期增长与长期发展、总量调控与结构调整等的有机统一，在保持经济持续增长和稳健均衡运行的同时，全面深化改革，实现稳中求进，最终实现“四个全面”战略布局。这是中国特色社会主义经济现代化发展的实践逻辑，只有坚持和完善社会主义基本经济制度，才能在实践中不断实现上述目标，更加充分展现中国特色社会主义制度的巨大优越性和强大生命力，推动中国特色社会主义事业不断向前发展。

# 2019年统计资料



**表一** **教职员工人员构成一览表** 单位：人

| 项目 | 合计 | 专任教师 | 行政人员 | 教辅人员 | 工勤人员 | 科研机构人员 | 校办企业职工 | 其他附设机构人员 |
|---|---|---|---|---|---|---|---|---|
| 总计 | 3 365 | 1 887 | 696 | 371 | 88 | 181 | 10 | 132 |
| 其中：女性 | 1 527 | 677 | 406 | 261 | 5 | 89 | 5 | 84 |
| 正高级 | 756 | 708 | 4 | 27 | | | | 17 |
| 副高级 | 997 | 774 | 49 | 122 | | | 1 | 51 |
| 中级 | 594 | 359 | 13 | 174 | | | 1 | 47 |
| 初级 | 33 | 4 | | 26 | | | | 3 |
| 未定职级 | 985 | 42 | 630 | 22 | 88 | 181 | 8 | 14 |

**表二** **专任教师学历构成一览表** 单位：人

| 项目 | 合计 | 研究生毕业 | | 本科毕业 | 专科毕业及以下 |
|---|---|---|---|---|---|
| | | 博士 | 硕士 | | |
| 总计 | 1 887 | 1 675 | 165 | 45 | 2 |
| 其中：女性 | 677 | 589 | 72 | 16 | |
| 正高级 | 708 | 677 | 24 | 6 | 1 |
| 副高级 | 774 | 701 | 43 | 29 | 1 |
| 中级 | 359 | 288 | 65 | 6 | |
| 初级 | 4 | 2 | 2 | | |
| 未定职级 | 42 | 7 | 31 | 4 | |

表三 **本科生分学科学生数一览表** 单位：人

| 学科 | 毕业生数 | 招生数 | 在校生数 |
|---|---|---|---|
| 总计 | 2 652 | 2 813 | 11 336 |
| 哲学 | 32 | 2 | 127 |
| 经济学 | 858 | 755 | 3 254 |
| 法学 | 362 | 565 | 1 755 |
| 文学 | 345 | 297 | 1 341 |
| 历史学 | 57 | 207 | 327 |
| 理学 | 174 | 432 | 1 511 |
| 工学 | 114 | 0 | 139 |
| 管理学 | 589 | 449 | 2 436 |
| 艺术学 | 121 | 106 | 446 |

注：本表不含留学生。

表四 **研究生学生数一览表** 单位：人

| 项目 | 毕业生数 | 授予学位生数 | 招生数 | 在校研究生数 | | | | | |
|---|---|---|---|---|---|---|---|---|---|
| | | | | 合计 | 一年级 | 二年级 | 三年级 | 四年级 | 五年级及以上 |
| 总计 | 4 282 | 4 282 | 5 342 | 14 911 | 5 342 | 5 587 | 3 025 | 934 | 23 |
| 其中：女生 | 2 650 | 2 650 | 3 358 | 8 878 | 3 358 | 3 437 | 1 609 | 464 | 10 |
| 博士生 | 415 | 415 | 945 | 4 406 | 945 | 916 | 1 588 | 934 | 23 |
| 硕士生 | 3 867 | 3 867 | 4 397 | 10 505 | 4 397 | 4 671 | 1 437 | 0 | 0 |
| 其中：学术型 | 1 962 | 1 962 | 2 028 | 5 006 | 2 028 | 2 149 | 829 | 0 | 0 |
| 其中：专业型 | 1 905 | 1 905 | 2 369 | 5 499 | 2 369 | 2 522 | 608 | 0 | 0 |

注：本表不含留学生，学校另有在职人员攻读硕士学位在校学生 565 人。

表五 **留学生学生数一览表** 单位：人

| 项目 | 当年毕业生 | 授予学位数 | 当年招生数 | 在校学生数 |
|---|---|---|---|---|
| 总计 | 799 | 269 | 1 037 | 1 563 |
| 博士生 | 15 | 15 | 18 | 121 |
| 硕士生 | 132 | 131 | 228 | 538 |
| 本科生 | 131 | 123 | 190 | 662 |
| 培训生 | 521 | — | 601 | 242 |

表六 **成人教育、网络教育学生数一览表** 单位：人

| 项目 | 当年毕业生数 | | | 招生数 | | | 在校学生数 | | |
|---|---|---|---|---|---|---|---|---|---|
| | 合计 | 本科 | 专科 | 合计 | 本科 | 专科 | 合计 | 本科 | 专科 |
| 总计 | 20 392 | 10 331 | 10 061 | 20 072 | 12 739 | 7 333 | 73 853 | 43 582 | 30 271 |
| 成人教育 | 1 259 | 985 | 274 | 1 053 | 1 053 | 0 | 3 439 | 3 171 | 268 |
| 其中：函授 | 0 | 0 | 0 | 0 | 0 | 0 | 0 | 0 | 0 |
| 业余 | 1 259 | 985 | 274 | 1 053 | 1 053 | 0 | 3 439 | 3 171 | 268 |
| 脱产 | 0 | 0 | 0 | 0 | 0 | 0 | 0 | 0 | 0 |
| 网络教育 | 19 133 | 9 346 | 9 787 | 19 019 | 11 686 | 7 333 | 70 414 | 40 411 | 30 003 |

**表七　　校园与校舍面积、固定资产一览表**

| | |
|---|---|
| 全校占地面积（平方米） | 901 382.18 |
| 校舍面积（平方米） | 1 118 901.13 |
| 一、学科研及辅助用房 | 292 666.64 |
| 教室 | 57 766.58 |
| 图书馆 | 39 735.66 |
| 实验室、实习场所 | 57 941.55 |
| 专用科研用房 | 102 509.78 |
| 体育馆 | 21 024.2 |
| 会堂 | 13 688.87 |
| 二、行政办公用房 | 127 753.39 |
| 三、生活用房 | 320 214.51 |
| 学生宿舍（公寓） | 202 746.76 |
| 学生食堂 | 23 853.4 |
| 教工宿舍（公寓） | 20 000 |
| 教工食堂 | — |
| 生活福利及附属用房 | 73 614.35 |
| 四、教工住宅 | 124 656.04 |
| 五、其他用房 | 253 610.55 |
| 固定资产总值（万元） | 451 383.08 |
| 其中：教学、科研仪器设备 | 77 788.37 |

**表八　　学校基建投资状况表**　　单位：万元

| 项目 | 合计 | 其中 | | 已完成投资中资金构成 | | | | 竣工面积（平方米） | |
|---|---|---|---|---|---|---|---|---|---|
| | | 国家投资 | 自筹投资 | 建安工程 | | 设备购置 | 其他 | 小计 | 其中：住宅 |
| | | | | 小计 | 其中：住宅 | | | | |
| 投资计划 | 13 354 | 9 529 | 3 825 | 13 354 | — | — | — | — | — |
| 完成投资 | 9 998 | 6 173 | 3 825 | 9 998 | — | — | — | — | — |

**表九　　经费收入状况表**　　单位：万元

| 总计 | 财政拨款 | 事业收入 | 其他收入 |
|---|---|---|---|
| 532 349.43 | 247 273.03 | 195 290.44 | 89 785.96 |

**表十　　经费支出状况表**　　单位：万元

| 总计 | 事业支出 | 基建支出 |
|---|---|---|
| 498 572.87 | 484 915.17 | 13 657.70 |

**表十一　　科学研究基本状况一览表——文科**

| 科技活动人员情况 | | | 研究与发展课题数（项） | | | | 科研与发展成果情况 | | | 应用成果（项） | | 科研成果获奖情况（项） | | 研究与发展课题经费拨入（万元） |
|---|---|---|---|---|---|---|---|---|---|---|---|---|---|---|
| 社科活动人员（人） | 研究与发展人员（人） | 研究与发展人员全时当量（人年） | 合计 | 基础研究 | 试验发展 | 应用研究 | 合计 | 出版著作（部） | 发表论文（篇） | 提交有关部门 | 鉴定成果 | 国家级 | 省部级 | |
| 1 650 | 2 511 | 685.5 | 6 159 | 2 238 | 36 | 3 885 | 3 970 | 396 | 3 574 | 47 | | | 41 | 29 743.04 |

表十二

## 科学研究基本状况一览表——理科

| 科技活动人员情况 | | 研究与发展课题数（项） | | | | | | 科研与发展成果情况 | | | 科研成果获奖情况（项） | | | 研究与发展课题经费拨入（万元） |
|---|---|---|---|---|---|---|---|---|---|---|---|---|---|---|
| 理科活动人员（人） | 研究与发展人员全时当量（人年） | 合计 | 基础研究 | 应用研究 | 试验与发展 | R&D成果应用 | 其他科技服务 | 合计 | 出版著作（部） | 发表论文（篇） | 专利（项） | 国家级 | 省部级 | |
| 261 | 133.2 | 539 | 371 | 140 | 10 | 4 | 14 | 577 | 7 | 433 | 137 | 1 | 3 | 8 228.7 |

说明：

1. 表一至表七根据《中国人民大学高等教育基层统计报表（2019—2020 学年初）》填写，统计时点为 2019 年 9 月 1 日，统计时期为 2018 年 9 月 1 日至 2019 年 8 月 31 日。
2. 表八至表十二，统计时期为 2019 年 1 月 1 日至 2019 年 12 月 31 日，统计时点为 2020 年 1 月 1 日。
3. 表九、表十统计范围含附中、附小，不含幼儿园；其余表格无特殊说明统计范围均不含附中、附小、幼儿园。

# 机构与干部



## ■ 中共中国人民大学第十四届委员会常委、委员和纪律检查委员会委员名单

**党委常委**（以姓氏笔画为序）

王利明　朱信凯　刘　伟　刘元春　齐鹏飞（2019年5月任）　杜　鹏
吴付来　吴晓球　张建明（2019年5月免）　郑水泉　贺耀敏　靳　诺

**党委委员**（以姓氏笔画为序）

王利明　朱信凯　伊志宏　刘　伟　刘元春　刘凤良
齐鹏飞　纪红波　杜　鹏　杜小勇　吴付来　吴晓球
宋大我　张建明　陈　岳　郑水泉　郝立新　贺耀敏
郭洪林　韩大元　靳　诺　翟小宁

注：2019年6月11日中共教育部党组发文（教党任〔2019〕138号），经与中共北京市委商得一致，2019年5月17日研究决定：齐鹏飞同志任中共中国人民大学委员会常委、副书记，免去张建明同志的中共中国人民大学委员会常务副书记、常委职务。

**纪委委员**（以姓氏笔画为序）

王　铁　王　健　王小虎　孔祥智　孙　毅　杨伟国
吴付来　补利军　郑瑞芳　顾　涛　旋天颖　葛秀珍

## 中国人民大学校级领导干部名单

**党 委 书 记**：靳 诺
**校 长**：刘 伟
**党委常务副书记**：张建明（2019 年 5 月免）
**常 务 副 校 长**：王利明
**党 委 副 书 记**：刘 伟 吴付来 郑水泉 齐鹏飞（2019 年 5 月任）
**纪 委 书 记**：吴付来
**副 校 长**：贺耀敏 吴晓球 刘元春 杜 鹏 朱信凯

## 中国人民大学校长助理名单

顾 涛 杜小勇 翟小宁（2019 年 4 月任）

## 中国人民大学第十二届学术委员会名单

**主 任**：刘 伟
**副 主 任**：王利明 吴晓球 杨慧林 解思深 张雷声 韩大元
**秘 书 长**：段成荣
**副秘书长**：杜小勇 严金明 刘凤良 龙永红
**委 员**（以姓氏笔画为序）：
王 易 王 轶 王子今 王化成 王国刚 毛基业 孔祥智 冯仕政 冯惠玲 朱信凯
庄毓敏 刘小枫 刘元春 刘守英 刘复兴 李 泉 李志平 李树旺 李桂荣 杨开峰
杨光斌 杨瑞龙 谷克鉴 陈 红 陈 岳 郑志勇 郑新业 孟秀祥 赵彦云 郝立新
胡百精 秦 宣 郭英剑 黄华三 黄兴涛 曾湘泉 靳 诺

## 中国人民大学第四届校务委员会组成名单

**名誉主任**：程天权
**主 任**：靳 诺
**副 主 任**：张建明 王利明 冯惠玲 杨瑞龙

**委　员**（以姓氏笔画为序）：

王　轶　王化成　王利明　冯惠玲　朱信凯
刘小枫　刘建军　齐鹏飞　汤维建　孙家洲
杨光斌　杨瑞龙　吴付来　何家弘　汪昌云
张建明　陈力丹　陈甬军　郑水泉　郑功成
赵彦云　顾　涛　郭海鹰　韩东晖　靳　诺
鲍　威　翟振武
团委书记　学生会主席　研究生会主席

**校务委员会秘书：** 顾　涛

## ■ 中国人民大学第九届学位评定委员会名单

**主　席：** 刘　伟

**副主席：** 王利明　孙　郁　吴晓球

**委　员**（以姓氏笔画为序）：

王利明　龙永红　冯惠玲　伊志宏　刘　伟　刘大椿　刘凤良　孙　郁
杜小勇　杨开峰　杨瑞龙　吴晓球　张志铭　陈　岳　郝立新　洪大用
姚新中　袁　卫　郭庆光　郭庆旺　黄兴涛　翟振武

**秘书长：** 刘凤良

## ■ 中国人民大学第九届学位评定分委员会主席、副主席、委员名单

（委员以姓氏笔画为序）

**一、哲学分会（9人）**

**主　席：** 姚新中

**副主席：** 韩东晖

**委　员：** 丁　方　刘晓力　张　法　张风雷　张志伟　罗安宪　臧峰宇

**二、理论经济学分会（9人）**

**主　席：** 杨瑞龙

**副主席：** 刘守英　翟振武

**委　员：** 马　中　王晋斌　方福前　刘元春　刘凤良　高德步

**三、应用经济学分会（10人）**

**主　席：** 郭庆旺

**副主席：** 杨伟国　赵彦云

**委　员：** 孙久文　谷克鉴　张　杰　郑超愚　赵国庆　曾湘泉　瞿　强

四、法学分会（12 人）
主　席：张志铭
副主席：马小红　龙翼飞
委　员：丁相顺　叶　林　冯玉军　朱大旗　李　琛　李艳芳
邵　明　胡锦光　谢望原

五、政治学、社会学分会（10 人）
主　席：陈　岳
副主席：李路路
委　员：冯仕政　杨凤城　杨光斌　时殷弘　金灿荣　段成荣　黄嘉树　蒲国良

六、马克思主义理论分会（7 人）
主　席：郝立新
副主席：秦　宣　张雷声
委　员：刘建军　齐鹏飞　张　旭　郑吉伟

七、文学艺术学分会（11 人）
主　席：孙　郁
副主席：郭庆光
委　员：王建平　朱冠明　李铭敬　张清芳　陈奇佳　周　勇　徐唯辛
郭英剑　蔡　雯

八、历史学分会（8 人）
主　席：黄兴涛
副主席：沈卫荣
委　员：吕学明　华林甫　孙家洲　夏明方　徐兆仁　徐晓旭

九、理工分会（9 人）
主　席：杜小勇
副主席：张　波　孟小峰
委　员：文继荣　龙永红　李　涛　杨云雁　张建平　林　勇

十、工商管理、农林经济管理分会（9 人）
主　席：伊志宏
副主席：宋远方　唐　忠
委　员：王刊良　孔祥智　宋　华　张利庠　周文霞　荆　新

十一、公共管理、图情档、教育学分会（11 人）
主　席：杨开峰
副主席：周光礼　张　斌
委　员：卢小宾　叶剑平　孙柏瑛　张积家　郑功成　安小米　胡　平　崔　军

## ■ 中国人民大学第七届教职工代表大会常设主席团成员名单

**主　　席：**吴付来（2019 年 5 月不再担任）　郑水泉（2019 年 5 月任，兼）
**副 主 席：**齐鹏飞　洪　玫　张　翔
**秘 书 长：**张玲玲（2019 年 9 月不再担任）　宋莉芳（2019 年 9 月任）
**成　　员**（以姓氏笔画为序）：
王　健　牛　彤　龙永红　刘　志　刘彧彧　齐鹏飞
安小米　李　晰　李军林　张　威　张　翔　张伦传
张俊岩　张洁宇　武　雷　周　荣　周文霞　郑水泉
郑瑞芳　洪　玫　贺耀敏　顾　涛　葛秀珍　翟小宁

## ■ 中国人民大学工会第十六届委员会主席、副主席、委员名单

**主　　　席：**吴付来（2019 年 5 月不再担任）　郑水泉（2019 年 5 月任，兼）
**常务副主席：**张玲玲（2019 年 9 月不再担任）　宋莉芳（2019 年 9 月任）
**专职副主席：**金驰华　魏巍巍
**兼职副主席**（以姓氏笔画为序）：
王　勇　宋大我　张江涛　陶　涛
**委　　　员**（以姓氏笔画为序）：
马胜利　王　勇　牛宏宝　叶康涛　汤　欣　李　霞
李红宇　李艳丽　宋大我　宋莉芳　宋姬芳　补利军
张　雁　张江涛　张晓萌　金驰华　郑水泉　赵　方
陶　涛　韩玉军　魏巍巍

## ■ 中国人民大学工会第十六届经费审查委员会名单

**主　任：**叶康涛（2019 年 5 月不再担任）　张　雁（2019 年 5 月任）
**委　员**（以姓氏笔画为序）：
刘桂香　关　宇　张　雁　孟雁北　葛秀珍

## 校部机关、各学院（系、所）、直（附）属单位负责人名单

| 单位 | 职务 | 姓名 |
|---|---|---|
| 学校办公室（党委办公室、校长办公室） | 主　　任 | 顾　涛 |
| 党委组织部 | 部　　长 | 杜　鹏（兼，2019 年 6 月免） |
| | | 齐鹏飞（兼，2019 年 6 月任） |
| | 常务副部长 | 齐鹏飞（2019 年 6 月免） |
| | | 张　斌（2019 年 12 月任） |
| 党委宣传部 | 部　　长 | 郑水泉（兼） |
| | 常务副部长 | 王大广（2019 年 11 月免） |
| 党委教师工作部 | 部　　长 | 郑水泉（兼） |
| 党委统战部 | 部　　长 | 杜　鹏（兼，2019 年 7 月免） |
| | | 郑水泉（兼，2019 年 7 月任） |
| | 常务副部长 | 齐鹏飞（2019 年 6 月免） |
| | | 杨伟国（2019 年 11 月任） |
| 纪委办公室 | 主　　任 | 葛秀珍（纪委副书记，兼） |
| 监察处 | 处　　长 | 葛秀珍（纪委副书记，兼） |
| 巡察工作办公室 | 主　　任 | 石德才 |
| 研究生院 | 院　　长 | 王利明（兼） |
| | 常务副院长 | 刘凤良 |
| 发展规划处 | 处　　长 | 朱信凯（兼） |
| 教务处 | 处　　长 | 龙永红 |
| 科研处 | 处　　长 | 严金明 |
| 人才工作领导小组办公室 | 主　　任 | 段成荣（兼） |
| 人事处 | 处　　长 | 段成荣 |
| 学生工作部（处、武装部） | 部（处）长 | 罗建晖 |
| 招生就业处 | 处　　长 | 田传锋 |
| 国际合作与交流处 | 处　　长 | 时延安 |
| 财务处 | 处　　长 | 叶康涛 |
| 继续教育处 | 处　　长 | 支晓强 |
| 保卫处（部） | 处（部）长 | 补利军 |
| 资产与后勤管理处 | 处　　长 | 王小虎 |
| 校园建设管理处 | 处　　长 | 李　明（2019 年 7 月免） |
| | | 王小虎（兼，2019 年 7 月任） |
| 新校区建设办公室 | 主　　任 | 李　明 |
| | 直属党支部书记 | 王甫银 |
| 国医学院筹建工作领导小组办公室 | 主　　任 | 林建荣 |

| 单位 | 职务 | 姓名 |
| --- | --- | --- |
| 宁夏国际学院筹建工作领导小组办公室 | 主　　任 | 朱信凯（兼，2019 年 9 月任） |
| 审计处 | 处　　长 | 张　雁 |
| 实验室管理与教学条件保障处（2019 年 7 月由实验室建设与设备管理处更名） | 处　　长 | 王　建（2019 年 5 月任） |
| 理工学科建设处 | 处　　长 | 杜小勇 |
| 基础教育处 | 处　　长 | 翟小宁（2019 年 5 月任） |
| 离退休工作处 | 处　　长 | 纪红波（兼离退休党委书记） |
| 校工会 | 主　　席 | 吴付来（兼，2019 年 5 月免） |
| | | 郑水泉（兼，2019 年 5 月任） |
| | 常务副主席 | 张玲玲（2019 年 6 月免） |
| | | 宋莉芳（2019 年 9 月任） |
| 校团委 | 书　　记 | 李　鹏（2019 年 12 月免） |
| 机关党委 | 书　　记 | 张建明（兼，2019 年 7 月免） |
| | | 齐鹏飞（兼，2019 年 7 月任） |
| | 常务副书记 | 顾　涛（兼） |
| 校友工作办公室 | 主　　任 | 周　荣 |
| 教育基金会 | 秘 书 长 | 郭海鹰 |
| 文学院 | 院　　长 | 陈剑澜 |
| | 党委书记 | 朱冠明（2019 年 6 月免） |
| | | 颜　梅（2019 年 6 月任） |
| 历史学院 | 院　　长 | 黄兴涛 |
| | 党委书记 | 刘后滨（2019 年 4 月免） |
| | | 黄兴涛（2019 年 4 月任） |
| 哲学院 | 院　　长 | 郝立新 |
| | 党委书记 | 徐　飞 |
| 国学院 | 院　　长 | 杨慧林 |
| | 常务副院长 | 乌云毕力格 |
| | 党委书记 | 汪永红 |
| 经济学院（原）（2019 年 1 月撤销） | 院　　长 | 刘元春（2019 年 2 月免） |
| | 党委书记 | 刘守英（2019 年 3 月免） |
| 经济学院（新）（2019 年 1 月成立） | 院　　长 | 刘守英（2019 年 2 月任） |
| | 党委书记 | 刘守英（2019 年 3 月任） |
| 应用经济学院（2019 年 1 月成立） | 院　　长 | 郑新业（2019 年 3 月任） |
| | 党委书记 | 宋东霞（2019 年 3 月任） |
| 国家发展与战略研究院 | 执行院长 | 严金明（聘）（兼） |
| 财政金融学院 | 院　　长 | 庄毓敏 |
| | 党委书记 | 孙华玲 |
| 汉青经济与金融高级研究院 | 院　　长 | 汪昌云（聘） |
| 统计学院 | 院　　长 | 王晓军 |
| | 党委书记 | 孟生旺 |
| 农业与农村发展学院 | 名誉院长 | 陈锡文（聘） |
| | 院　　长 | 唐　忠 |

| | | |
|---|---|---|
| | 党委书记 | 唐　忠（2019 年 3 月任） |
| 法学院 | 院　　长 | 王　轶 |
| | 党委书记 | 林　嘉（2019 年 2 月免） |
| | | 王　轶（2019 年 2 月任） |
| | 党委常务副书记 | 杜焕芳（2019 年 5 月任） |
| 马克思主义学院 | 院　　长 | 吴付来（兼，2019 年 11 月免） |
| | 常务副院长 | 王　易（兼） |
| | 党委书记 | 王　易 |
| 党史党建研究院 | 院　　长 | 靳　诺（兼） |
| | 执行院长 | 杨凤城（聘） |
| 社会与人口学院 | 院　　长 | 冯仕政 |
| | 党委书记 | 宋　健 |
| 国际关系学院 | 名誉院长 | 陈　健（聘） |
| | 院　　长 | 杨光斌 |
| | 党委书记 | 牛　彤（2019 年 2 月免） |
| | | 杨光斌（2019 年 2 月任） |
| | 党委常务副书记 | 蒲国良（2019 年 3 月任） |
| 新闻学院 | 院　　长 | 赵启正（聘） |
| | 执行院长 | 胡百精 |
| | 党委书记 | 周　勇 |
| 艺术学院 | 院　　长 | 吴付来（兼，2019 年 6 月免） |
| | | 牛宏宝（2019 年 6 月任） |
| | 党总支书记 | 王　建（2019 年 5 月免） |
| | | 张　淳（2019 年 6 月任） |
| 外国语学院 | 院　　长 | 郭英剑 |
| | 党委书记 | 李　霞 |
| 环境学院 | 名誉院长 | 李文华（聘） |
| | 院　　长 | 王　华（聘）（2019 年 4 月聘期结束） |
| | | 朱信凯（兼，2019 年 6 月任） |
| | 党委书记 | 李明奎（2019 年 4 月免） |
| | | 朱信凯（兼，2019 年 6 月任，2019 年 10 月免） |
| | | 唐　杰（2019 年 10 月任） |
| 信息学院 | 院　　长 | 文继荣 |
| | 党委书记 | 陈　红 |
| 高瓴人工智能学院 | 执行院长 | 文继荣（2019 年 4 月任） |
| 数学学院 | 院　　长 | 郑志勇（聘） |
| | 党总支书记 | 旋天颖 |
| 理学院 | 院　　长 | 解思深（聘） |
| | 党委书记 | 杨燕萍（2019 年 9 月免） |
| | | 臧　虹（2019 年 12 月任） |

| 机构 | 职务 | 姓名 |
|---|---|---|
| 物理学系 | 主　　任 | 卢仲毅（兼） |
| 化学系 | 主　　任 | 张建平（兼） |
| 心理学系 | 主　　任 | 胡　平（兼） |
| 商学院 | 院　　长 | 毛基业（聘） |
| | 党委书记 | 黄江明 |
| 公共管理学院 | 院　　长 | 杨开峰（聘） |
| | 党委书记 | 李家福 |
| 劳动人事学院 | 院　　长 | 杨伟国（兼） |
| | 党委书记 | 唐　鑛 |
| 信息资源管理学院 | 院　　长 | 张　斌（2019 年 12 月免） |
| | 党委书记 | 王　丹（2019 年 4 月免） |
| | | 张　斌（2019 年 4 月任，2019 年 12 月免） |
| | 党委常务副书记 | 蒙　彬（2019 年 5 月任） |
| 教育学院 | 院　　长 | 吴晓球（兼，2019 年 7 月免） |
| | | 刘复兴（聘）（2019 年 7 月任） |
| | 党总支书记 | 张晓京 |
| 国际文化交流学院 | 院　　长 | 杜　鹏（兼，2019 年 6 月任） |
| | 党总支书记 | 杨燕萍（2019 年 9 月任） |
| 继续教育学院 | 院　　长 | 丁　凯 |
| | 党委书记 | 刘　鹏 |
| 苏州校区管理委员会 | 主　　任 | 刘　伟（兼） |
| | 党委书记 | 方蔚玮 |
| 国际学院（苏州研究院） | 院　　长 | 黎玖高（兼） |
| 中法学院 | 院　　长 | 黎玖高（兼） |
| 丝路学院 | 院　　长 | 杜　鹏（兼） |
| | 执行院长 | 朱信凯（兼） |
| 深圳研究院 | 院　　长 | 王利明（兼） |
| | 常务副院长 | 关雪凌 |
| 体育部 | 主　　任 | 李树旺 |
| | 党总支书记 | 高燕燕 |
| 图书馆 | 馆　　长 | 刘后滨（2019 年 12 月任） |
| | 党委书记 | 刘春鸿 |
| 信息技术中心 | 主　　任 | 李艳丽 |
| 采购与招标管理中心 | 主　　任 | 张　卯 |
| 综合服务中心 | 主　　任 | 顾　涛（兼，2019 年 9 月任） |
| 大型科学仪器共享平台 | 主　　任 | 杜小勇（兼） |
| 档案馆 | 馆　　长 | 贺耀敏（兼） |
| | 常务副馆长 | 贾铁英 |
| 博物馆 | 馆　　长 | 贺耀敏（兼） |
| | | 方　鸣（兼）（聘） |
| | 常务副馆长 | 贾铁英 |

| | | |
|---|---|---|
| 校医院 | 院　　长 | 王大立 |
| | 党总支书记 | 李遵清 |
| 后勤集团 | 总 经 理 | 宋大我 |
| | 党委书记 | 冯诗松 |
| 学术期刊社 | 社　　长 | 杨瑞龙 |
| 《经济与政治研究》 | 主　　编 | 刘　伟（兼） |
| 《经济理论与经济管理》 | 主　　编 | 郭庆旺 |
| 《中国人民大学学报》 | 主　　编 | 秦　宣 |
| 《教学与研究》 | 主　　编 | 邱海平 |
| 国家经济学教材建设重点研究基地 | 主　　任 | 林　岗（聘） |
| | 执行主任 | 陈彦斌（2019 年 6 月任） |
| 附属中学 | 校　　长 | 翟小宁（2019 年 4 月免） |
| | | 刘小惠（2019 年 4 月任） |
| | 党委书记 | （空缺） |
| 人大附中联合总校 | 校　　长 | 刘彭芝（聘）（2019 年 4 月免） |
| | | 王利明（兼，2019 年 4 月任） |
| | 党委书记 | 刘小惠 |
| 附属小学 | 校　　长 | 郑瑞芳 |
| 出版社 | 社　　长 | 李永强 |
| | 党委书记 | 刘　志 |
| 书报资料中心 | 主　　任 | 武宝瑞（2019 年 11 月免） |
| | 党委书记 | 李红宇 |
| | 总　　编 | 高自龙 |
| 文化科技园管委会办公室 | 主　　任 | （空缺） |
| 人大资产经营管理公司（人大世纪科技发展有限公司） | 总 经 理 | 孔　然 |

# 学院(部)简介



## ■ 哲学院

哲学院的前身是创立于 1956 年的哲学系，同年哲学本科专业批准招生。1986 年，教育部批准设置伦理学本科专业。1999 年，教育部批准设置宗教学本科专业，同年宗教学系成立，与哲学系并称哲学系宗教学系。2005 年，哲学院成立，下设哲学系和宗教学系。2016 年，教育部批准设立政治学、经济学与哲学本科专业（PPE）。现任院长为郝立新教授。

中国人民大学哲学学科是国内哲学教学、科研、咨政和培养高级人才的重镇，包括马克思主义哲学、中国哲学、外国哲学、伦理学、宗教学、科学技术哲学、美学、逻辑学、管理哲学、政治哲学 10 个二级学科。在 60 余年的发展历程中，产生了新中国教育史上第一本马克思主义哲学教材、第一批哲学硕士点和第一批哲学博士点、第一批哲学博士后流动站，被评为首批国家重点学科、首批国家重点一级学科、首批一级学科授权点。

学院先后被批准为国家文科基础学科（哲学）人才培养和科学研究基地、教育部“211 工程”重点基地、“985 工程”哲学社会科学创新基地、高等学校特色专业建设点。哲学学科 2017 年入选国家首批“双一流”建设学科，拥有教育部人文社会科学重点研究基地伦理学与道德建设研究中心、佛教与宗教学理论研究所，形成了包括本科生、硕士生、博士生、博士后研究人员、港澳台学生及外国留学生教育在内的完善的人才培养体系。

2019 年，学院引进法国籍学者 Alexis Lavis 来校任教，师资博士后刘志洪、冯庆出站后留院任教。现有教师 78 人，其中教授 44 人，副教授 23 人，讲师 9 人，全职外籍教授 2 人。另有兼职外籍教授 3 人，博士后 18 人。共有学生 936 人，其中本科生 281 人，硕士生 288 人，博士生 322 人，留学生 45 人。

2019 年，学院成功申报北京市与中央高校共建“双一流”大学遴选认定项目“现代化进程中的哲学问题与哲学话语”；成功申报了中央高校改善基本办学条件专项资金子活动“中国人民大学哲学院创新型智慧学习中心（思想实验室）”；扩充了“双一流”学科建设办公室，进一步完善了“双一流”学科建设领导机制和管理体制；完成了学院《“十三五”规划中期评估自评报告》与《“双一流”建设中期自评报告》的撰写。在英国 QS 全球教育集团第 9 年度世界大学学科排名中，中国人民大学哲学专业排名第 32 位，在中国大陆位居第一，宗教学专业排名第 44 位，成为学校进入世界排名前 50 的两个学科之一。

学院完成学院学术委员会换届工作、教育部人文社会科学基地主任换届工作。成立中国人民大学《国际儒藏》编纂研究中心，张立文任主任。

学院在拔尖人才培养重大项目申报上取得重大突破。哲学专业入选教育部“国家级基础学科拔尖学生培养计划 2.0”基地、全国首批“强基计划”“双万计划”国家级一流本科专业，伦理学专业入选“双万计划”北京市一流本科专业。成功申报了国家级一流课程“西方哲学：传统、经典与方法”“伦理学”“中国哲学：传统、经典与方法”。成立本科人才培养委员会，组建学院教学创新团队，打造精品课程，加强全英文硕士项目和留学生管理。进一步完善奖学金评定机制。举办中国人民大学哲学院第五届全国优秀大学生夏令营。首届 PPE 专业毕业的学生中，5 人在北京大学等国内一流高校就读硕士，13 人在哈佛大学等国外一流大学就读硕士。

学院“哲学院青年教师科研资助项目”资助 30 位青年教师开展学术研究，“中国人民大学哲学文丛”出版 6 部。学院教师发表核心期刊论文 238 篇，其中 A、B 刊共 88 篇，出版著作 15 部。获批国家社科基金课题 2 项，教育部课题 2 项，校级项目 13 项，横向课题 1 项。召开“首届国杰论坛”“历史唯物主义与当代中国高端学术论坛”等多场重要学术会议，开办系列学术讲座 70 余场。

学院陈先达、郝立新、葛晨虹分别获北京市第十五届哲学社会科学优秀成果奖一等奖、二等奖，张志伟、韩东晖、干春松主编的《政治哲学史》（七卷本）获第七届中华优秀出版物奖。刘大椿、姚新中、刘玮、李科林获中国人民大学优秀科研成果奖，曹峰获中国人民大学科研标兵称号，曹南来获中国人民大学科研优秀奖，龚群获中国人民大学大华杰出教学贡献奖，刘玮获北京市第十一届青年教师基本功大赛一等奖、中国人民大学“十大教学标兵”荣誉称号，田洁获中国人民大学第十届青年教师教学基本功比赛二等奖。张立文作为我国哲学社会科学界德业双馨的优秀专家学者入选中央电视台《立德树人》特别节目。臧峰宇入选 2019 年文化名家暨“四个一批”人才。张文喜获批享受国务院政府特殊津贴。张立文当选尼山世界儒学中心学术委员会主任、中国人民大学分中心主任，林美茂当选中华日本哲学会会长，臧峰宇担任北京市高教学会研究生教育研究会秘书长，张霄担任北京伦理学会副会长，姜守诚担任中国宗教学会道教研究专业委员会副主任，刘劲杨、王伯鲁担任北京自然辩证法研究会副理事长。

学院举办第十四期爱国宗教界人士研修班，为宗教界人才培养和党政咨询服务做出特殊贡献。

学院与加拿大西安大略大学签署硕士“1+1+1”项目协议，与日本立命馆大学研究生院经营学研究科签署研究生交换合作协议。学院师生代表团赴帕多瓦大学 FISPPA 学院、博洛尼亚大学孔子学院和哲学系、根特大学艺术与哲学学院访问交流。教师出国出境交流数量达 81 人次，其中参加国际学术会议并发表学术论文达 60 人次；学生赴境外学习交流达 80 人次，其中 19 人获国家留基委公派联合培养项目资助出国进修。继续落实与牛津大学赫特福德学院的访问学生合作项目，完善“中国哲学与宗教”全英文硕士项目。邀请 10 余位国际著名学者来校讲学。主办“未来全球化发展趋势的哲学思考”国际学术研讨会等多场高水平国际学术会议。荣获中国人民大学 2019 年度外事工作“先进集体”荣誉称号。

学院继续推进党群工作，认真学习习近平新时代中国特色社会主义思想，落实基层党支部建设，加强学生思想政治教育工作，切实抓好共青团、工会工作。完成党委换届工作。学院荣获中国人民大学第十届青年教师教学基本功比赛突出贡献奖、中国人民大学服务保障新中国成立 70 周年先进集体，张鹏举获教育部“第十一届高校辅导员年度人物”提名奖。

## ■ 文学院

文学院的前身是 1939 年由陕北公学、延安鲁迅艺术学院等合并成立的华北联合大学文艺学院，以及 20 世纪 60 年代成立的中国语言文学系、中国语言文字研究所。2005 年，文学院成立。2008 年，原文学院与原对外语言文化学院组建成立新的文学院。现任院长为陈剑澜教授。

近年来，学院已经成为学科体系完备、专业实力雄厚的语言文学研究重镇。是“国家级一流本科专业建设点”、“国家文科基础学科人才培养和科学研究基地”和“国家对外汉语教学基地”，设有中国语言文学一级学科博士学位授权点、博士后科研流动站，拥有国家二级重点学科文艺学、北京市一级重点学科中国语言文学。此外，学院全面培养文艺学、语言学及应用语言学、汉语言文字学、中国古典文献学、中国古代文学、中国现当代文学和比较文学与世界文学等专业的本硕博学生及博士后研究人员；培养电影学和汉语国际教育等专业学位硕士研究生；同时拥有教育部自设二级学科古典学及创造性写作，均在国内首创本硕博全覆盖培养模式，是国内大学经典研究和作家培养模式的典范。在教育部第四轮学科评估中，学院中国语言文学跻身 A 类。

学院现有在职教师 104 人，其中教授 36 人（含专任外籍教授 1 人），副教授 39 人。长江学者特聘教授 3 人，青年学者 1 人，讲座教授 1 人。海外名师 2 人，高端外国专家 2 人。

截至 2019 年底，学院共有学生 1 153 人，其中中国学生 781 人（本科生 222 人、学术型硕士研究生 287 人、专业型硕士研究生 148 人、博士研究生 124 人），留学生 372 人（本科生 253 人、学术型硕士研究生 4 人、专业型硕士研究生 12 人、博士研究生 7 人、语言进修生 96 人）。

学院现有 12 个教学单位（文艺理论教研室、古典学教研室、中国古代文学及中国古典文献学教研室、中国现当代文学教研室、外国文学教研室、古代汉语教研室、现代汉语教研室、语言学及应用语言学教研室、对外汉语教学中心、创造性写作教研室、影视与多媒体艺术教研室、戏剧戏曲学教研室）。此外，还设有 1 个校属研究所（汉语国际推广研究所），3 个院属研究所（基督教文化研究所、文艺思潮研究所、吴玉章中国语言文字研究所），5 个院属研究中心（文化产业研究中心、国际写作中心、古典文明研究中心、古典文献研究中心、古代文本文化国际研究中心）。

学院长期主编“人大复印报刊资料”6 种刊物（《文艺理论》、《中国古代、近代文学研究》、《中国现代、当代文学研究》、《语言文字学》、《外国文学研究》和《影视艺术》），主办《基督教文化学刊》、《经典与解释》、《世界汉学》、《古代文学特色文献研究》、《中国苏轼研究》和《古典学研究》等学术期刊。

学科建设方面，汉语言文学专业入选 2019 年度国家级一流本科专业建设点。古典学、创造性写作入选教育部中国语言文学一级学科的自设二级学科名单。中国语言文学一级学科博士学位授权点评估合格。

刘小枫教授和陆贵山教授分别被评为中国人民大学一级教授和荣誉一级教授。杨慧林、阎连科、刘震云 3 位教授受聘为中国人民大学“大华讲席教授”。刘小枫、杨慧林、李泉 3 位教授当选为第十二届校学术委员会委员，杨慧林教授同时担任第十二届校学术委员会副主任、人文学部学术委员会主任，陈剑澜教授当选为第十二届人文学部学术委员会委员。共有 22 位教师入选中国人民大学“杰出学者支持计划”。

学院新增国家社科基金项目 11 项，其中重大项目 1 项、一般项目 3 项、青年项目 3 项、后期资助项目 3 项、中华学术外译项目 1 项；新增教育部人文社会科学研究项目 3 项，其中后期资助重大项目 1 项、一般项目 2 项；新增全国古籍整理出版规划项目 1 项；“中国文学前沿问题研究与话语体系建设”项目入选“北京市与中央高校共建双一流大学”遴选认定项目。杨联芬教授专著《浪漫的中国：性别视角下激进主义思潮与文学（1890—1940）》、张永青教授论文《历史进程中的作者：西方作者理论的四种主导范式》获北京市第十五届哲学社会科学优秀成果奖二等奖。

举办系列高水平学术会议，如“百年回顾：文化与文学”国际学术研讨会、第四届语言类型学国际学术研讨会、“王言——古代世界的政治表述和权力建构”国际学术研讨会、“新旧剧论争的百年回响与戏剧学科建设”学术研讨会、“文艺理论的现状与未来：新时期中国文学理论的嬗变与走向”学术研讨会。

学院面向“大文科”人才培养需要，强化语言和文学方面的基础课程，新建 4 门全英文课程，推出“数字时代的文学艺术”荣誉研究辅修学位项目，建设“特殊类型纪录片摄制虚拟仿真实验”实践教学项目，开设第一届研究生国际前沿学术英文研讨课，支持学院骨干教师开展读书研讨班，举办“新文学百年”第十三届文学节暨首届校友文化节、第十四届谢无量学术论文暨文学创作大赛，顺利完成“明德人文”第二期厚重人才培养计划。

学院与波兰社会科学与人文大学签署学生交换协议，与卢布尔雅那大学人文学院签署院际合作备忘录，与日本东京大学教养学部综合文化研究科续签合作协议，连续六年与日本东京大学开展学生交流互访活动，杨联芬教授、徐建委副教授、蔡丹君老师受学院资助分别赴美国加州大学伯克利分校、美国普林斯顿大学东亚系、日本东京大学大学院人文社会系研究科合作研究，先后邀请英国剑桥大学汉学家高奕睿（Imre Galambos）教授、日本大阪大学浅见洋二教授、日本东京大学伊藤德也教授、香港教育大学朱庆之教授等海外一流学者来访讲学。

党务党建方面，开展“不忘初心、牢记使命”主题教育学习活动。徐政良、楚永安、陈章焕、傅兴岭、陶剑琴 5 位同志获得“庆祝中华人民共和国成立 70 周年”纪念章。

## ■ 历史学院

历史学院前身是 1948 年成立的华北大学中国历史教研室，1956 年正式建系，1978 年复校后重建历史系和清史研究所。2005 年组建成立历史学院，下设历史系和清史研究所。2013 年 10 月增设考古文博系。现任院长为黄兴涛教授。

学院系教育部国家文科基础学科（历史学）人才培养和科学研究基地，拥有中国史、世界史和考古学 3 个一级学科点。其中，中国史学科为北京市一级重点学科，涵盖了 6 个硕士点和 6 个博士点（中国古代史、中国近现代史、专门史、史学理论及史学史、历史文献学、历史地理学），中国古代史及中国近现代史为国家级重点学科。学院还设有教育部人文社会科学重点研究基地——清史研究所。

学院现有教职工 97 人，包括教授 35 人，副教授 33 人，讲师 16 人，管理职员及教师外专业序列人员 8 人，编外聘用人员 5 人。其中外籍及港澳台教师 5 人，海归人才 9 人。

学院教师入选海外高层次文教专家重点支持计划 2 人，高端外国专家 1 人，长江学者特聘教授 3 人，青年长江学者 1 人，“万人计划”哲学社会科学领军人才 1 人，“马工程”主要成员 3 人，全国宣传文化系统“四个一批”人才 1 人，国务院学科评议组成员 1 人，“百千万人才工程”国家级人选 1 人，北京市社科理论人才“百人工程”人选 4 人，跨世纪优秀人才培养计划人选 1 人，新世纪优秀人才 8 人，北京市教学名师 1 人，北京市青年英才计划人选 2 人，享受国务院政府特殊津贴专家共计 24 人，中国人民大学杰出学者特聘教授 12 人，杰出青年学者 14 人。

学院教师出版各类著作 31 部，发表论文 174 篇，其中核心论文 100 篇。共成功申报各类课题 43 项，其中国家级、省部级项目 8 项，包括国家社科基金项目 5 项（含重大项目 1 项、重点项目 2 项）、教育部项目 3 项。

黄兴涛《重塑中华：近代中国“中华民族”观念研究》获北京市第十五届哲学社会科学优秀成果奖二等奖，林展论文《典与清代地权交易体系》（第二作者）获第十八届孙冶方经济科学奖，胡恒获第二届普隐人文学术奖。学院与北京幽兰文化基金会合作发起并评选出首届新史学青年著作奖。学院共举办各类学术会议 16 次，邀请国内外一流学者来访讲座 20 余人次。

学院现有本科生 144 人，硕士生 305 人，博士生 144 人。毕业本科生 30 人，学术型硕士 77 人，专业型硕士 14 人，博士 31 人。

历史学专业入选教育部首批“国家级一流本科专业”建设名单。3 篇论文获评校级优秀毕业论文，其中 1 篇获评北京市高校优秀毕业论文，另有 5 篇论文获评院级优秀毕业论文。学院成功举办第一届本科生写作大赛（历史文化类），继续完善课外教学体系，发布《中国人民大学历史学院历史现场教学导引文献》，与教务处、博物馆联合主办“考古寻真，不负青春——中国人民大学历史学院考古实习成果展（2012—2018）”，首次在山西省大同市吉家庄考古基地顺利开展田野考古实习。

6 名博士生获批国家留学基金委“国家建设高水平大学公派研究生项目”，2 名博士生获批“中国人民大学境内外联合培养研究生项目”，1 名博士生获批日本爱知大学“国际中国学博士生项目”。1 名博士入选研究生院“拔尖创新人才培育资助计划”，5 人入选研究生院“科研基金项目”，10 名博士生、20 名硕士生入选历史学院“研究生科研基金项目”。

学院在老校区举行“重温历史，不忘初心”开学典礼，联合离退休工作部开展“我和我的祖国—我的家国故事分享会”，邀请中国人民大学原党委书记马绍孟等老教授为学生讲述参加抗美援朝战争经历和感悟，组织师生参加国庆 70 周年群众游行与志愿服务活动，获“中国人民大学服务保障中华人民共和国成立 70 周年庆祝活动先进集体”。

学院与学生处、校团委联合举办第二十五届“五四”文化艺术节文史知识竞赛暨第四届“读史达人”大赛，学院获 2019 年“五四”文化艺术节优秀组织奖、团体总分第六名，首次启动“明德薪火”历史文化遗产守护人计划项目。

学院发起首届“绎思”研究生论坛，为 2019 级新生配备了 18 名成长导师，推出导师荐书赠书、“史苑心语”师生交流信箱等活动；多措并举服务毕业生就业，2019 届毕业生就业率达到 100%，获学校 2019 年度“学生就业创业工作先进集体”荣誉称号。

学院 2018 级硕士 2 班团支部获“五四红旗团支部”荣誉称号，2015 级本科团支部获“活力团支部”荣誉称号，2017 级本科团支部荣获“五四优秀团支部”荣誉称号。

学院开展“三山五园”文创嘉年华活动、春风游园会、“光影年华”观影会等系列活动，实现学生专业学习与个人综合素质的双向发展；学院女篮获学校甲级联赛亚军，女排获得乙级联赛亚军；实践活动中，组织本科生开展“五四”专题调研、“读懂中国”、“千人百村”、“街巷中国”、“人大使者家乡行”等社会考察和实践活动。

学院与三所海外院校签署了合作协议：与美国夏威夷大学签署合作协议，联合开展“3+2”人才培养项目；中国人民大学副校长杜鹏会见比利时根特大学副校长冯·哈雷维格·米克（Van Herreweghe Mieke），签署历史学院与比利时根特大学艺术与哲学学院合作协议；与英国约克大学历史系、考古系签署院际协议，联合开展硕士双学位培养。

学院依托中华文史研究院平台“海外杰出中国史家计划”及“大历史·全球史家对话”系列，邀请著名汉学家、国际汉学顶级刊物《通报》（*Toung Pao*）主编之一、法国高等研究实践学院博士研究生院院长高万桑教授，德国汉堡大学特聘教授田海，法国国家科学院院士、法兰西学院高级研究员巴斯蒂教授，澳大利亚国立大学裴凝教授，德国法兰克福大学阿梅龙教授，澳大利亚麦考瑞大学历史学教授及大历史研究所所长大卫·克里斯蒂安等著名海外中国史家到访交流。

## ■ 国学院

国学院成立于2005年，是新中国第一家以“国学”为名的教育科研机构，下设汉语古典学系和西域古典学系。自建院以来，国学院以“究古今之际，通天人之变，育栋梁之才”为宗旨，致力于恢复“和合贯通”“求知致道”的学术传统，努力打造适应时代需求的国学学科体系。现任院长为杨慧林教授，常务副院长为乌云毕力格教授。

2019年，国学院有1名教师调离，1名教师校内调动，新增加正式教师1人、海外兼职教授2人，共有专任教师33人，其中教授12人（二级教授以上者7人）、副教授14人、讲师7人，专职博士生导师16人；国务院学位办学科评议组成员1人、长江学者2人。教授、副教授人数占比81%，教师取得博士学位的达到94%，中青年教师均获得博士学位。学院教师既有黄克剑教授、王子今教授、乌云毕力格教授、诸葛忆兵教授、梁涛教授、袁济喜教授等国内知名学者，也有一批学术视野开阔、功底扎实的青年骨干教师。2019届共有毕业生74人，涉及中国古代文学、中国古代史、中国哲学、专门史4个专业；在学历层次上，本科29人，硕士35人，博士10人；本科大部分升学，就业以硕博为主，2019届就业率达到95.95%。

学院编辑出版《国学学刊》4期，《西域历史语言研究集刊》1辑，并对《国学学刊》创刊以来的所有库存进行了全面梳理；出版专著9本，其中王子今教授的专著《秦汉儿童的世界》获北京市第十五届哲学社会科学优秀成果奖二等奖；学院项目申报基本实现预期目标，在研的各项国家级、省部级、校级项目均进展良好，部分项目已顺利结项。

学院继续积极响应学校“双一流”建设的号召，进一步加强学科建设，修订教学方案，推进课程建设和教材建设；积极组织制定交叉学科国学专业的培养方案，完成研究生学业奖学金评定等工作，完成助研岗位考核，完善博士生培养环节中的“综合考试制度、开题制度、答辩制度”。

学院共有10名学生前往德国图宾根大学、德国科隆大学、比利时根特大学以及中国香港大学和辅仁大学等知名学府交流学习。学院还与比利时根特大学、以色列特拉维夫大学就联合培养事项初步达成了意向性合作框架。2019年，学院共派出4位老师赴比利时根特大学、日本东京大学、美国斯坦福大学、美国乔治城大学进行短期访学，并有14人次学者赴境外高水平国际会议发表报告。同时，学院邀请了来自美国、欧洲、日本、以色列、新加坡以及中国台湾和香港等地的几十位知名学者举办讲座，新设立的“国学院‘日知’系列讲座”在校内外产生了非常好的影响。学院还举办了“第二届13—18世纪欧亚古典学国际会议暨亦邻真先生蒙古学论著研讨会”、“蒙古学研究：蒙古文化遗产及其文字记载”国际会议、“良知与认知：从孟荀到朱子、阳明”学术研讨会。

在学校党委的领导下，学院党员大会于6月19日顺利召开，会议选举产生新一届中共中国人民大学国学院委员会，圆满完成党委换届。学院积极推进党团学工作，不断强化“两项规则”意识，落实党政联席会议规则和党委会议规则。在各项工作中，落实“党政同责”“一岗双责”要求。认真贯彻民主集中制，严格落实“三重一大”等制度。持续立章建制，实现院务公开与党风廉政日常化；加强党团学工作队伍建设，明确职责分工，充分发挥教师、班主任、专兼职辅导员等各方积极力量，推进三全育人综合改革，落实“新生导师引航计划”，组织并引导学生积极参与人文知识竞赛、全校新生人文知识挑战赛及“明德人文项目”。

## ■ 经济学院

经济学院成立于1998年，其前身最早可以溯源至1939年陕北公学设立的政治经济学研究室，后历经华北联合大学、华北大学的演进，经济学系为1950年中国人民大学成立时首设的“八大系”之一，是新中国经济学科的重要奠基者和开拓者之一。2019年1月，学院全面改革重组，迎来崭新的飞跃，继续坚守“立学为民、治学报国”的人大精神，谱写经济学的中国气派。现任院长为刘守英教授。

学院下设经济学系、国际经济系、经济研究所，拥有理论经济学1个国家重点一级学科，政治经济学、西方经济学2个国家重点二级学科，世界经济学1个北京市重点二级学科。长期以来，学院是国家经济学基础人才培养基地、教育部人文社会科学重点研究基地、国家“统筹支持一流大学和一流学科建设”项目、国家“2011计划”中国特色社会主义经济建设协同创新中心和全国中国特色社会主义政治经济学研究中心，设有政治经济学、西方经济学、经济史、经济思想史、世界经济、国际贸易学、企业经济学、网络经济学、数量经济学9个博士点，政治经济学、西方经济学、经济史、经济思想史、世界经济、国际贸易学、企业经济学、网络经济学、数量经济学、发展经济学、国际商务11个硕士点，理论经济学1个博士后科研流动站，经济学、国际经济与贸易2个本科专业，拥有“经济学—数学”双学位实验班、“经济发展”全英文硕士班、中国人民大学—美国伊利诺伊大学香槟分校硕士双学位项目、中国人民大学—英国曼彻斯特大学硕士双学位项目、中国人民大学—日本九州大学联合培养硕士研究生项目、中国人民大学—美国蒙特雷国际研究院国际商务专业硕士联合培养项目等人才培养平台。

2019年，卫兴华教授荣获“人民教育家”国家荣誉称号，是以习近平总书记为核心的党中央对中国人民大学经济学教育的历史性肯定。学院面向全体党支部开展“不忘初心、牢记使命”主题教育，弘扬传承“人民教育家”卫兴华教授的教育精神；举办“人民教育家卫兴华与人民大学经济学教育专题研讨会”。

学院人才队伍建设取得新进展，先后从国内外引进、调入高水平人才6人，重点充实政治经济学和“两史”人才队伍。学院现有在岗专任教师84人，其中教授44人，副教授30人，讲师10人。博士学位获得者82人，其中海外博士学位获得者25人。“杰出学者支持计划”37人，其中特聘教授A岗4人，特聘教授B岗6人，青年学者A岗13人，青年学者B岗14人。

学院着力培养“基础深厚、功底踏实、富有经济学思维和国际视野”的经济学学术领军人才和社会主义现代化强国的建设人才。现有在校学生1 460人，其中本科生706人，硕士研究生468人，博士研究生286人。在校海外学生103人，其中本科生19人，硕士研究生78人，博士研究生6人。

学院人才培养取得新突破。中国人民大学经济学教材研究基地入选首批国家教材建设重点研究基地，经济学专业入选国家级一流本科专业建设点、北京市重点建设一流专业，国际经济与贸易专业入选省级一流本科专业建设点，“经济学—数学”（双学位）实验班教学团队获“北京高校优秀本科育人团队”，全国首家开设“习近平新时代中国特色社会主义经济思想系列讲座”，增设政治经济学、经济史、经济思想史3个五年制本科直博项目，增设发展经济学二级学科，设立“经济发展”全英文硕士项目。

学院纵向科研项目立项数量共计15项，横向科研项目立项数量共计23项。学院教师在国内外重要学术期刊上发表论文共计148篇，其中被SSCI收录的论文32篇，被CSSCI收录的论文116篇。在重要中文核心期刊如《中国社会科学》《经济研究》《马克思主义研究》《管理世界》《金融研究》等上发文 10 篇。此外，学院共有 7 位教师的论著获得北京市第十五届哲学社会科学优秀成果奖，其中一等奖 1 项、二等奖 6 项。

学院举办了“中国经济学 70 年演进与发展学术研讨会”、“新中国 70 年经济建设实践与理论研讨会暨中国政治经济学年度发展报告发布会”、首届“中国发展理论国际年会”、第五届“经济与历史”学术研讨会暨纪念新中国成立 70 周年专题研讨会、孙冶方经济科学奖第十八届颁奖典礼暨“中国经济学发展七十年”高层论坛、首届“中国微观经济理论论坛（2019）”等高层次大型学术会议。此外，学院在 9 个领域举办了小型学术会议 60 余场。

学院成功组建 4 个核心学术平台：政治经济学基础理论研究平台、组织经济学研究平台、国际视野下产业经济转型升级研究平台、行为与实验经济学理论研究平台。还组建了长期追踪项目“大数据时代的基础理论与数据挖掘研究”。

学院通过院际交换项目共派出学生 20 余人，积极组织教师代表团赴瑞士、日本、墨西哥等国家访问 10 余次。成功举办 6 个商务部援外短期培训项目，共计培训来自 26 个国家的 180 个学员。推动与大阪大学、新加坡管理大学等学校的人才交流合作。

学院党团活动丰富多彩、落在实处。举办学院第三十七期入党积极分子培训班，组织河北雄安党建实践活动、“没有共产党就没有新中国”党建实践活动等。学院分团委在全院共青团员中开展了纪念新中国建立 70 周年、纪念五四运动 100 周年、第四届中国青年马克思主义政治经济学论坛等活动。在第二十一届“创新杯”课外学术竞赛、2019 年“大学生创新性实验计划”及学校本科生科学研究基金项目评选活动中取得优异成绩。以新中国成立 70 周年为主题，组建 9 个“国情考察团”团队，100 余名师生利用春假暑假参与考察实践活动。

## ■ 应用经济学院

应用经济学院成立于 2019 年，在原经济学院国民经济管理系、能源经济系、区域与城市经济研究所的基础上组建成立。现任院长为郑新业教授。

学院下设国民经济管理系、能源经济系、区域与城市经济研究所。设有 2 个本科专业（国民经济管理、能源经济），6 个硕士点（国民经济学、国防经济学、区域经济学、城市经济学、产业经济学、能源经济学），5 个博士点（国民经济学、区域经济学、城市经济学、产业经济学、能源经济学），1 个博士后科研流动站。

应用经济学科连续三轮在教育部组织的一级学科评估中排名全国第一，在 2017 年第四轮学科评估中获评 A+，并入选国家“世界一流大学和一流学科”学科建设名单。

学院以一流学科建设为契机，坚持以马克思主义为指导，按照“中国重大、现代方法”原则，构建“中国经济、中国理论、世界影响”的科学研究体系，搭建核心课程体系、设立高端研究项目、开展高水平学术交流、引进高层次人才、打造高质量学术团队，多措并举，巩固传统优势学科，发展新兴学科，提升学科建设整体水平。国民经济管理专业入围首批国家级“一流本科”专业，能源经济学硕博点获批，建成了国内首个能源经济学“本—硕—博”完整学科体系。

学院汇聚了应用经济学各个学科高水平和有重大影响力的学科带头人。2019 年学院在岗专任教师 41 人，其中教授 15 人，副教授 21 人，讲师 4 人，研究员 1 人，近一半教师具有海外留学背景。学院拥有 2 位中国人民大学二级教授，4 位“杰出学者”特聘教授，13 位“青年杰出学者”，2 位“中央马克思主义研究与建设工程首席专家”，1 人入选中宣部“文化名家暨‘四个一批’人才”，4 人入选教育部“新世纪优秀人才培养计划”，1 人获得国家优青基金资助，3 人入选北京市新世纪社科理论人才“百人工程”。

学院成立了“立德树人”委员会，制定并逐步实施了“立德树人、铸魂育人”学生成长成才计划，从“齐抓共管，凝聚合力，坚持全员育人”、“统筹资源，整合环节，坚持全过程育人”和“协调推进，务实高效，坚持全方位育人”三方面建立协同育人机制。秉承“以本为本”“宽口径、厚基础”，坚持“拔尖创新人才”培养等原则，抓好“新生研讨课”，把握“关键前八周”，提升学生适应能力，通过强化学术管理、提供针对帮扶、增强学术氛围等举措守住人才培养底线；通过优化培养模式，加强精品课、核心课程建设，提供全方位学术学业支持等方面，追求人才培养极限。2019 年，学院 2 名学生获得学校特设类奖学金，12 名学生获得各类国家奖学金。

学院在“新时代的中国经济”研究计划中，开展五个群组十四项重大问题研究工作；学院教师在《中国社会科学》《经济研究》等国内外顶级期刊发文 22 篇，出版中文著作 8 本、英文著作 2 本，获批纵向项目 3 项、横向项目近 40 项。重大项目陆续启动，助力社会发展效果显著。

学院举办各种学术会议、论坛、讲座等共近 60 场，既有定期举办的“立学讲坛”、区域与城市经济学研讨会、能源经济学研讨会、国民经济学双周研讨会等高水平学术活动，又有聚焦前沿问题的学术活动，如“特大城市发展规划热点问题”学术研讨会、中国就业形势分析暨“中国失业率调查”项目启动会、“十四五”规划前瞻研究项目启动会等。

学院积极开展国际与港澳台交流平台建设。落实援外培训任务，举办第二期“走适合自己的发展道路——中国经验与非洲发展”非洲国家政党干部专题研修班。进一步发展全英文硕士项目，开展与美国伊利诺伊大学、日本九州大学的硕士双学位项目，支持学生赴国外交流学习和在国际期刊发表高水平论文；主办由美国、印度、新加坡及国内 20 多位专家参会的“可持续发展目标”论坛；继续与法国马赛大学签订合作协议，与越南河内外贸大学等洽谈合作事宜。

2019 年 12 月 28 日，中国共产党中国人民大学应用经济学院党员大会顺利召开，应用经济学院党委正式成立，党委书记为宋东霞研究员。

2019 年，学院全面加强党的领导，正确把握办学方向。发挥党委政治核心作用，坚决执行党政联席会议规则，对“三重一大”等重要事项集体决策，共召开党政联席会 38 次，制定文件 38 个。学院高度重视意识形态工作，坚持党对意识形态工作的领导权。学院全面贯彻党的教育方针，积极推进习近平新时代中国特色社会主义思想进学术、进学科、进课程、进培训、进读本，全面贯彻“三全育人”综合改革；举办“经世杯”论文比赛，开展“认识祖国”调研活动等，取得突出成绩，受到学校表彰。学院充分发挥党委在选人、用人工作中的作用，坚持马克思主义为指导，强化理想信念教育，强化思想政治引领，倡导社会主义核心价值观和中华优秀传统文化，落实立德树人根本任务。

学院扎实推进党的建设，充分发挥党的作用。以思想建设为先导夯实党建基础，在师生党员中开展“不忘初心、牢记使命”主题教育，组织系列主题党日活动，将思想建设融入到各项实践活动中，增强党员的党性修养和思想觉悟。以组织建设为重点提升党建质量，加强支部书记培训，加强与离退休党支部的沟通交流，积极开展工会工作。以作风建设为抓手优化党建环境，全面贯彻从严治党要求，学院共召开 11 次调研座谈会和 3 次调研交流、检视问题会，班子成员与师生走访谈话约 100 人次，全面摸查问题，努力解决问题。以制度建设为保障健全党建机制，积极参与了学校相关党建制度的修订，制定了《应用经济学院党支部党内政治生活实施细则》等 9 个院级党建文件，依规依矩，以规章规范工作、以制度统领全局。

## ■ 财政金融学院

财政金融学院前身财政信用借贷系始建于 1950 年，是中国人民大学成立时的“八大系”之一，是新中国第一个培养财政金融领域高级人才的基地，为新中国财政金融学科的建立和发展做出了开拓性贡献。1997 年，财政金融系与投资系合并，组建成立中国人民大学财政金融学院。现任院长为庄毓敏教授。

学院现拥有财政、金融两大二级学科，财政系、货币金融系、应用金融系、保险系 4 个教学单位，财政学、税收学、金融学、保险学、金融工程、信用管理 6 个本科专业，拥有学士学位授权二级学科点 2 个、硕士学位授权二级学科点 2 个、专业硕士学位授权点 3 个、博士学位授权二级学科点 2 个。2011 年和 2013 年，学院分别成为全国金融专业学位研究生教育指导委员会秘书处和教育部高等学校金融学专业教学指导委员会秘书处所在单位。2016 年以来，围绕着“双一流”人才培养要求，学院全力打造极具特色的“实验班 2.0 版”，提升金融学—数学双学位双语实验班和财税—数学双学位双语实验班培养模式，设立金融学—数据科学与大数据技术（工学）双学位实验班项目。

学院金融学、财政学于 1988 年、2001 年、2006 年、2013 年教育部组织的国家重点学科评审中蝉联国家级重点学科。2017 年教育部公布国家第四轮一级学科评估结果，以学院金融学、财政学为骨干学科的应用经济学连续 4 次排名全国之首。以学院为依托的中国人民大学中国财政金融政策研究中心 1999 年组建以来，在教育部人文社会科学百所重点研究基地评审工作中，分别于 2004 年、2009 年和 2015 年被评为优秀。

学院现有在岗专任教师 76 人，其中教授 35 人，副教授 32 人；有 12 位教育部“长江学者”，13 位“新世纪优秀人才支持计划”入选者，1 位“万人计划”领军人才，1 位“万人计划”教学名师，1 位“万人计划”青年拔尖人才，2 位国家杰出青年科学基金获得者，5 位人事部“百千万人才工程”国家级人选，10 位北京市教学名师。

学院财政学、金融学专业均获评 2019 年度国家级一流本科专业建设点。继续优化课程结构，精实教学内容。全面加强教材建设，“十三五”规划教材结项 5 项，完成出版 5 本。继续推动“金融数学实验班”“财税实验班”的实验班 2.0 版本建设，探索人才培养创新实验的新路子、新模式、新方法。着力加强教学案例研发，获得研究生院专业学位研究生教学案例支持计划资助立项 7 个，结项 7 个。继续强化学生学术能力培养，1 篇论文在第五届全国金融专业学位硕士学位论文大赛中获奖，1 人获得吴玉章奖学金。充分拓展第二课堂，提升学生综合素质，百余人次获得“挑战杯”“创新杯”“美国建模大赛”等国内外学术竞赛奖项。

学院教师在核心期刊发表论文总计 92 篇，其中 SSCI 收录论文 38 篇，国际英文 A 类（含 A—）期刊发表论文 10 篇，国内中文 A 类期刊发表论文共 21 篇。获批纵向项目 9 项，其中国家社会科学基金项目 4 项、重点项目 1 项。横向项目新增 23 项。出版著作 13 部。成功召开中国应用经济学年会、中国人民大学金融学科第三届年会、第五届中国财政学论坛、第九届“黄达-蒙代尔经济学奖”颁奖典礼暨“中国财政金融七十年：回顾与展望”学术研讨会、第二十三届中国资本市场论坛、2019 国际货币论坛以及“全球视角下的金融市场与货币政策”国际学术研讨会等重要国际学术论坛。先后举办黄达-蒙代尔讲座、财金大讲堂、财税论坛、货币金融圆桌会议、应用金融系列讲座、大金融思想沙龙、陶湘国际金融讲堂等学术会议百余场。与中证金融研究院等建立长期合作。

学院持续推动重阳金融研究院、中国资本市场研究院、国际货币研究所、中国普惠金融研究院等重点新型高校智库建设。财政金融学院和重阳金融研究院荣获 2019 年度中国人民大学国家高端智库建设先进集体。2019 年，多项成果获得省部级以上领导批示。

学院继续开展“骨干教师短期出访合作计划”与“国际领军人才引智计划”等教师国际培训学院特色项目。80 余人次出国（境）参加各类高水平海外合作研究、学术会议、学术访问，比上年增长 23%。引进 9 名海外人才来院进行合作研究，邀请数十名国际知名学者来院交流。成立国际合作项目办公室，加强全英文硕士项目招生、运营和培养的规范化、专业化建设。与新加坡管理大学李光前商学院开展数量金融、应用金融双硕士学位合作项目。继续组织学生参加“康奈尔国际不动产金融案例大赛”、剑桥大学学术访问与交流活动等各类交换、联培、交流活动。学院荣获中国人民大学 2019 年外事工作先进集体。

学院扎实推进“不忘初心、牢记使命”主题教育，召开中国共产党中国人民大学财政金融学院第三次代表大会，选举产生新一届两委委员。荣获全校运动会男子团体冠军、总分第三名，第二十届健美操大赛特等奖。在第三十三届“一二·九”合唱音乐节中荣获全场总冠军、A 组一等奖。

## ■ 汉青经济与金融高级研究院

汉青经济与金融高级研究院于 2007 年 3 月正式揭牌成立。研究院同时成立了由中国人民大学原校长黄达教授、普林斯顿大学邹至庄教授、全国人大财经委副主任吴晓灵教授、斯坦福大学洪瀚教授任主任的学术委员会。现任院长为汪昌云教授。

研究院现有专任教师 17 人，其中教授 1 人，副教授 6 人，讲师 10 人，13 人入选中国人民大学“杰出学者”青年学者计划。2019 年，研究院引进中央财经大学高昊宇副教授来学院任教。

研究院自 2008 年起开始招收和培养金融学、数量经济学专业的硕士研究生。2012 年实行硕博连读项目。2015 年开设金融专业硕士项目。现有学术型硕士研究生 56 人，专业硕士研究生 180 人，博士研究生 19 人。2019 年，研究院多项举措并进，革新人才培养方式。新设“0 年级计划”，将培养时段前延至入学前一年；建设业界导师队伍、开设实务讲堂、改革社会实践学分多管齐下，优化实践教学模块。2019 年，研究院再次实现百分百就业，人均得到工作邀请 3 个以上。

研究院教师全年发表（含接收）论文共 11 篇，其中 A＋类期刊 3 篇，A 类期刊 5 篇。新增科研项目共 6 项，其中校内项目 2 项，横向项目 4 项。全年举办第三届金融学夏季研讨会、2019 年五星金融论坛等国际会议，举办“汉青论坛”共计 31 次。

研究院深化国际交流工作，邀请到国际顶级期刊主编来校访问 4 人次，海外一流大学副教授以上学者来访 21 人次，教师赴国外大学交流合作人均 1 次，与国外高水平大学联合培养博士生 3 名。研究院与明尼苏达大学卡森商学院签订院际合作协议，开展双学位教育合作，与柏林自由大学经管学院签订学生交换合作备忘录。研究院继续与女王大学开展金融学硕士学位项目，斯德哥尔摩经济学院、伦敦玛丽女王大学等来研究院交流寻求合作。

## ■ 统计学院

统计学系成立于 1952 年，是新中国统计学学科的奠基者和开拓者之一。在原有统计学系的基础上，统计学院于 2003 年正式组建成立，成为全国统计学教学和研究的重要基地，2017 年入选国家“双一流”建设学科之列，在教育部第四轮学科评估中获得 A＋，2019 年统计学本科专业获评国家级一流本科专业建设点。现任院长为王晓军教授。

学院现有统计学、应用统计学（风险管理与精算）、经济统计学、数据科学与大数据技术 4 个本科专业；统计学、概率论与数理统计、风险管理与精算、流行病与卫生统计学 4 个学术型硕士学位点，应用统计 1 个专业学位硕士点；统计学、风险管理与精算 2 个博士学位点；统计学博士后科研流动站 1 个。

学院现有专任教师 38 人，其中教授 16 人，副教授 14 人。聘请各类兼职教授共 8 名，其中中国人民大学兼职教授 1 人，中国人民大学讲座教授 5 人，国家外专局高端外国专家 1 人，统计学学科学校“双一流”建设国际顾问委员会专家 1 人。学院现有在校生 1 045 人，其中本科生 695 人（因 2019 年本科大类招生，学院 2019 级本科生 325 人），硕士研究生 274 人，博士研究生 76 人。

学院主办英文期刊 *Journal of Data Science*。国家统计局—中国人民大学数据开发中心揭牌成立。全年新立各类项目 30 项，其中国家自然科学基金项目 4 项，北京市社会科学基金项目 1 项。学院师生在中英文各类专业期刊上发表论文约 200 篇，出版著作 4 部，其中英文著作 1 部。

学院与教务处联合举办“中国人民大学通识教育大讲堂——数据科学讲坛”3 讲，“中国人民大学通识教育大讲堂——Lecture of Data Science”专题讲座 2 讲。学院主办“统计大讲堂”系列学术讲座 36 讲。

11 月 2 日至 3 日，由学院参与主办的“第十届中国风险管理与精算论坛”在学校举办。来自国内外 400 多名风险管理与精算界专家学者以及高校学生参加论坛，论坛围绕风险管理与精算的前沿理论、方法与应用展开了深入交流。此外，学院还组织了两岸精算与大数据分析学术交流会、第四届中国北区统计与优化研讨会、第十三届临床医学研究中的统计方法学术研讨会、生物医学统计创新引智教学与研究暨第九届临床评价方法与应用国际研讨会、社会心态及大学生人才资本实证报告发布会、第五届全国高校研究生统计论坛和 2019 京港大学生大数据建模竞赛等多项会议活动。

## ■ 统计与大数据研究院

统计与大数据研究院是中国人民大学为建设“人民满意、世界一流”大学，迎接大数据时代的挑战而成立的教学科研实体。研究院致力于构建世界一流水平的统计学与数据学科，开展学科前沿原创性研究，打造高水平多学科交叉的中外学术交流和人才培养平台，为政府和企业的决策提供高质量的智库服务。研究院于 2015 年 12 月正式挂牌成立。现任院长为艾春荣教授。

研究院设有数理统计、卫生与生物统计、计算统计、金融统计、大数据统计、数据挖掘和机器学习、政府统计与咨询等相关研究领域。

截至 2019 年底，研究院已成功引进 11 位“长聘制”全职在岗教师，包括 3 位教授、1 位副教授、7 位助理教授，其中长江学者 2 名，教育部“新世纪优秀人才计划”入选者 1 名，中组部“‘万人计划’青年拔尖人才计划”入选者 1 名，国家自然科学基金优秀青年基金获得者 1 名。

截至 2019 年底，研究院教师以中国人民大学为第一署名单位，已在统计学和数据科学国际一流期刊上发表论文 50 余篇，其中有相当数量的论文发表在国际权威期刊上。除高端研究外，研究院教师承担了国家自然科学基金、国家重点研发计划等国家级课题和其他部级课题 18 项。

研究院推动并与北美排名第十五名的美国得克萨斯 A&M 大学统计学系达成了联合培养统计学博士研究生的战略合作协议，研究院开设的 12 门核心课程获得美国南方高校联盟和美国得克萨斯 A&M 大学的学分认可。双方已启动“中美统计学双博士项目”，研究院的四批博士研究生 40 人中已有 11 人获得国家留学基金委资助赴美国得克萨斯 A&M 大学继续攻读博士学位，该项目被国家留学基金委员会评为“创新型人才国际合作培养项目”，研究院为此获批科技部“创新人才培养示范基地”。另有 1 人获外方全额学费和生活费资助赴比利时鲁汶大学电子系攻读数据科学博士学位，1 人赴英国剑桥大学访问。此外，研究院在应用统计硕士专业学位类别下新开设了数据科学与人工智能方向的专业硕士培养计划，在借鉴国内外相关专业方向人才培养经验的基础上，设置了与国际接轨且具有人大特色的培养方案，并计划于 2020 年招收第一批硕士研究生 30 人。

在智力引进和学术交流方面，研究院获得“社会经济大数据技术与应用创新引智基地”和“生物医学统计创新引智教学与研究平台”的立项，并在“双一流”建设经费的支持下，开展了近40场常规性学术讲座，成功举办了“2019年统计学与数据科学青年学者论坛”和“统计前沿问题研讨会”。

## ■ 农业与农村发展学院

农业与农村发展学院成立于2004年，其前身是1954年成立的农业经济系。现任名誉院长为陈锡文教授，院长为唐忠教授。

学院农业经济学科点早在1986年获得博士学位授予权，该学科于1988、2007年两次被评为国家级重点学科，2000年取得农林经济管理一级学科博士学位授予权，2017年农林经济管理学科入选首批国家“世界一流大学和一流学科”学科建设名单。学院两个本科专业农林经济管理、农村区域发展2014年入选国家卓越农林人才培养计划。

学院招收博士研究生和硕士研究生的专业有：农林经济管理一级学科下的5个二级学科即农业经济管理、林业经济管理、农村发展、食品经济管理、自然资源管理；工商管理一级学科下的二级学科技术经济及管理。学院设有农业硕士专业学位，在农业管理、农村发展2个领域培养研究生；设有农林经济管理、农村区域发展2个本科专业；拥有农林经济管理博士后科研流动站。学院农林经济管理本科专业2019年入选国家级一流本科专业建设点，进入首批国家“双万”计划。

2019年，朱信凯教授入选“百千万人才工程”国家级人选，被授予国家“有突出贡献中青年专家”荣誉称号，仇焕广教授入选长江学者特聘教授，汪三贵教授被聘为二级岗位教授，唐忠教授、朱信凯教授当选中国农业经济学会副会长。

学院现有专任教师52人，其中教授22人，副教授21人，讲师9人。学校“杰出学者支持计划”14人，其中特聘教授A岗1人，特聘教授B岗3人，青年学者A岗4人，青年学者B岗6人。学生共计568人，其中本科生151人，硕士研究生323人，博士研究生94人。留学生3人，其中硕士研究生2人，博士研究生1人。

学院教师共获得各级各类科研项目94项，其中国家级、省部级项目13项，校级科研项目7项，其他各类纵横向项目74项。国家级项目包括国家自然科学基金项目6项，国家社会科学基金项目1项，国家科技重大专项子课题2项。学院教师出版各类著作14部，发表论文206篇，其中39篇发表在学校A级核心期刊上。

学院学生获得“中国人民大学研究生科学研究基金项目”4项；3人入选学校拔尖创新人才计划，进入计划总人数达7人。专业学位教学案例支持计划结项3项，立项3项。本科生申报“大学生创新实验计划”3项（国家级、北京市级和校级各1项）。“农业与农村发展学院学生科研训练项目”立项26项。

学院举办学术会议2次，各类学术讲座29场，如第十届东亚农业经济学术研讨会。东亚农业经济学术研讨会是农业与农村发展学院和日本九州大学农经系、韩国国立首尔大学农经系联合举行的中日韩农业经济三边研讨会，每年举行一次，轮流在三国举行，是学院开展中日韩合作研究与交流的重要学术平台。

学院获评中国人民大学先进基层党委、中国人民大学服务保障中华人民共和国成立70周年庆祝活动先进集体、中国人民大学“国家高端智库”建设特别支持单位、中国人民大学校友会2019年校友工作先进集体、中国人民大学第二十五届“五四”文化艺术节优秀组织奖及团体总分第二名。

## ■ 法学院

法学院成立于1988年，其前身是1950年成立的法律系，是学校成立之初的“八大系”之一，也是新中国诞生后党和政府创立的第一所正规的、新型的高等法学教育机构。现任院长为王轶教授。

学院是全国首批获准在法学一级学科拥有博士学位授予权的单位，博士点和硕士点覆盖了全部二级学科。学院拥有国家一级重点学科1个、国家二级重点学科4个，拥有“985工程”国家重点创新基地、国家“211工程”项目法制信息港、教育部人文社会科学研究基地2个（中国人民大学刑事法律科学研究中心、中国人民大学民商事法律科学研究中心）、国家人权教育与培训基地中国人民大学人权研究中心。设有全国第一个法学博士后流动站。成立了知识产权学院、律师学院、亚太法学研究院和未来法治研究院，拥有67个研究中心（所）以及《法学家》杂志社等机构。

学院现有教师119人，其中教授61人，副教授46人，讲师9人，全职外教3人。另有博士后27人。学院本科共有4个年级，638人；全日制法律硕士（非法学）3个年级、全日制法律硕士（法学）2个年级，共计585人；非全日制法律硕士（非法学）3个年级、非全日制法律硕士（法学）2个年级，共计209人；法学硕士2个年级，共411人；全日制博士生共计372人，非全日制博士生1人。

法学专业入选“国家级一流本科专业建设点”、北京高校“重点建设一流专业”。未来法治研究院建设研究平台14个，发表高水平科研论文专著30余篇（部），高端人才培养多层次展开，设“法律与科技”方向法律硕士，举办第二届“数字经济与未来法治”高峰论坛，发布《中国互联网法治蓝皮书（2019）》。“未来法治创新引智基地”入选科技部和国家外专局的“高等学校学科创新引智计划”（简称“111计划”）。学院在国内高校中率先成立国际商事争端预防与解决研究院，成立营商环境法治研究中心、国际知识产权研究中心。

学院深入推进法学课程体系改革创新，以“打通”“纵深”“自由”为三大方向，创新法治前沿课、双师同堂、本硕同堂课程建设，力促法学知识教育与实践教育的二元融合，在法治人才培养方面起到引领示范作用。开发“原理—案例—资料—习题—法规—电子资源库”立体式教材体系。《民法学》获评北京市优质本科教材，“国际经济法”获评北京市优质本科课程。“学术创新人才培养计划”、“数据法学荣誉辅修学位项目”和“模拟仿真实验培育项目”等人才培养专项计划顺利推进。推动理论教学和立法司法实践紧密结合，举办“中国政法实务大讲堂”，邀请最高人民检察院张军检察长、中央政法委副秘书长景汉朝等实务界领导专家授课；举办“改革开放以来立法回顾讲坛”，邀请全国人大监察和司法委员会副主任委员王胜明、全国人大社会建设委员会副主任委员陈斯喜、全国人大常委会法制工作委员会原副主任郎胜、全国大常委会法制工作委员会原副主任郑淑娜等立法参与者授课。

在中华人民共和国成立70周年之际，学院高铭暄教授作为法学领域唯一的获奖者，被授予“人民教育家”国家荣誉称号和“最美奋斗者”称号。王利明教授获颁“2019年度影响力人物”（年度法治人物），韩大元教授获颁CCTV“2019年度法治人物”。学院获评国家级人才项目3人，获评北京市有突出贡献的科学、技术、管理人才1人，引进杰出学者特聘教授1名、杰出青年学者2名，获聘联合国教科文组织文化遗产法教席1人、全国人大常委会法工委法律英文译审专家委员会委员1人。

学院教师在国际顶尖学术刊物《哈佛国际法杂志》等发表学术论文；在《中国社会科学》发文1篇，《中国法学》发文10篇，《法学研究》发文4篇，在《法学家》等15类核心期刊发文共80余篇，SSCI发文3篇，出版专著15本。在《世界学术期刊影响力指数WAJCI2019》中，学院主办的《法学家》进入“世界学术影响力Q1期刊”；在《中国学术期刊国际引证年报》（2019版）中，全英文

《中国法学前沿》被评为“2019 中国国际影响力优秀学术期刊”。冯玉军教授、王旭教授、王贵松教授荣获北京市第十五届哲学社会科学优秀成果奖二等奖，张世明教授荣获第五届郭沫若中国历史学奖提名奖，魏晓娜教授荣获全国检察基础理论研究优秀成果一等奖，竺效教授获宝钢优秀教师特等奖提名奖，尤陈俊副教授荣获中国法律史学会第二届优秀成果奖二等奖、第六届“中国法律文化研究成果奖”二等奖及第二届方德法治研究奖三等奖，张志铭教授获批国家社会科学基金重大项目，王轶教授获批教育部人文社科重大专项项目，杜焕芳教授获批北京市社会科学基金重点项目，等等。

以王利明教授为代表的人大法学学者全面深入参与民法典编纂等重要立法工作，为民法典体系重大变革及民法典各编具体制度和规则的完善提供大量立法建议、思想资源与理论支持。多位学者参与未成年人保护法、生物安全法的立法工作。王利明、王轶、韩大元、张翔教授荣获全国“七五”普法中期先进个人称号。与国家检察官学院共同主办第十五届国家高级检察官论坛，受教育部委托举办了“中小学法治教育名师培育工程”培训班等。宋彪副教授获评云南省“扶贫先进工作者”和第二届“最美教师志愿者”。持续开展“奋进七十载，法治家乡行”法治实践活动，70 余名人大法学院学子在 29 个省、自治区、直辖市，面向基层，开展详细完备的调研。

学院党委坚持“不忘初心，牢记使命”主题教育，深入贯彻落实全国教育大会精神和“三全育人”综合改革要求，为把学生培养为新时代一流法学人才而躬行努力。学院党团委积极参与筹备国庆 70 周年庆祝活动，74 名师生参与“众志成城”群众游行方阵，9 名学生作为“阳光合唱团”“星光合唱团”成员献礼祖国，23 名同学以志愿者身份服务保障国庆活动。学院党团委落实立德树人根本任务，开创“习法有道”学业辅导特色品牌活动，重点从学业适应、规划、创新和发展四个维度培养卓越法律人才；同时高度重视学生心理辅导工作，升级“明法心晴—法学院团员工坊 2.0 版”；高度重视学生就业工作和未来发展，主动搭建“中国人民大学 2019 年法律行业实习专场双选会”，举办“未来之路”和“校友茶座”等针对性指导活动。学院党团委荣获 2019 年教育部“读懂中国”活动“最佳征文奖”和“优秀微视频奖”、2019 年“青年服务国家”首都大中专学生暑期社会实践优秀团队、2019 年中央专项彩票公益金法律援助项目“贡献突出实施单位”。学院学生荣获第三届全国学生“学宪法讲宪法”辩论赛一等奖、“万慧达北翔杯”首届中华商标协会全国高校商标热点问题辩论赛冠军、第五届“京都杯”刑事模拟法庭大赛冠军、“首都高校法学院热点问题联合辩论赛”冠军。

学院持续开展与国际一流法学院校和联合国机构等国际组织合作，举办“中欧民法典国际研讨会”、“文化遗产法前沿问题国际学术研讨会”、“自动驾驶的法律规制国际研讨会”、第五届“日内瓦—哈佛—人大—悉尼”法学院学术会议等国际学术论坛。“中欧欧洲法项目”入选留学基金委“国际组织后备人才培养项目”；12 个国际交流项目入选留学基金委“优秀本科生国际交流项目”；与卑尔根大学法学院合作向欧盟申请的 Erasmus＋International Credit Mobility 项目获得批准；持续开展慕尼黑青年学者研究项目；与哥本哈根大学法学院等院校签署合作备忘录。在 QS 世界大学法学学科排名中，中国人民大学法学学科排名 52 位。

学院与国家市场监管总局、海南省高级人民法院、河南省律师协会等建立合作，设立中闻法学发展基金、全景未来法治基金、江庸朝阳法学基金、法学尊老基金、彭真民主法制思想教育与研究基金、天达共和法学发展基金、天驰君泰法学发展基金、大成刑辩基金等。

## ■ 马克思主义学院

马克思主义学院成立于 1996 年，由马列主义发展史研究所（始建于 1964 年）、马克思主义理论教育研究所（始建于 1986 年）和中共党史系（始建于 1956 年）合并组建而成。学院下设 6 个教研部、11个教研室作为基本教研单位。现任院长为吴付来教授。

学院建立了国内最齐全的马克思主义学科体系：拥有全国唯一的国家级重点一级学科马克思主义理论一级学科（含7个二级学科：马克思主义基本原理、马克思主义发展史、国外马克思主义研究、马克思主义中国化研究、思想政治教育、中国近现代史基本问题研究、党的建设），还拥有马克思主义哲学、政治经济学、科学社会主义与国际共产主义运动、中共党史、中国特色社会主义理论、当代中国史等二级学科，全部二级学科均为国家级重点学科，其中，中共党史学科是全国普通高校党史学科中唯一的国家级重点二级学科。学院现有2个本科专业（中国共产党历史、马克思主义理论）、13个博士学位点和硕士学位点。

学院现有教师62名，包括教授27人，副教授23人，讲师11人，助教1人。其中，国务院学位委员会马克思主义理论学科评议组召集人1人，享受国务院政府特殊津贴专家6人，国家“万人计划”入选者5人，全国宣传文化系统“四个一批”人才入选者4人，中央“马克思主义理论研究与建设工程”首席专家和主要成员16人，长江学者特聘教授、青年学者4人，教育部教学指导委员会委员6人，教育部“跨世纪人才培养计划”入选者3人，教育部“新世纪人才培养计划”入选者6人，全国优秀教师1人，北京市教学名师3人，北京市“四个一批”人才5人，北京市“百人工程”5人，北京高校思想政治理论课特级教授、特级教师入选者11人，中国人民大学“杰出学者”21人。

学院现有学生650人，其中本科生164人，硕士研究生225人，博士研究生261人。此外，有在站博士后12人。学院继续实施教育部“马克思主义理论学科拔尖人才访问学者计划”“京津冀高校思想政治理论课骨干教师研究基地”“中西部青年骨干教师国内访问学者”等项目，招收访问学者多人。

学院顺利完成党委换届工作，王易教授继续担任学院党委书记兼常务副院长。学院认真开展“不忘初心、牢记使命”主题教育，积极配合学校党委巡察工作，加强并改进学院各项工作。

学院倾力打造中国人民大学习近平新时代中国特色社会主义思想研究院、北京高校思想政治理论课高精尖创新中心、中国特色社会主义理论体系研究中心、21世纪中国马克思主义研究协同创新中心、马克思主义研究院、中共党史党建研究院等科研平台。

学院马克思主义理论、中共党史2个专业同时入选国家级一流本科专业建设点，马克思主义理论专业入选北京市“重点建设一流专业”，“中国共产党历史”课程获评北京高校“优质本科课程”。

学院切实承担学校思想政治理论课建设领导小组办公室职能，举全校之力打造高、精、尖水平的思政“金课”。在全国率先全面开设“习近平新时代中国特色社会主义思想概论”课程，依托北京高校思想政治理论课高精尖创新中心建设全国高校思想政治理论课教师网络集体备课平台，发起“迎接七十年，诵读新思想”接力研学活动，受教育部思政司委托承办“周末理论大讲堂”29场。学院教师主持的本科生思想政治理论课“一体两翼”教学模式探索与实践，获国家级教学成果奖二等奖。

学院组织编写《国家社科基金课题指南（马列·科社学科）》，获批省部级课题26项（其中重大课题5项），出版学术著作20余部，发表论文285篇（其中核心期刊发文207篇、顶尖期刊发文37篇），科研成果获省部级以上优秀科研奖励8项。多项成果得到党和国家领导人批示。

学院与中联部等上级单位积极接洽，积极宣介习近平新时代中国特色社会主义思想。加强与国外相关高校、政党的学术交流。响应中组部、教育部和学校要求，委派多名教师开展挂职援建工作，支持全国30多所高校的马克思主义学院和学科建设。

学院举办了首届全国高校思想政治理论课建设高端论坛会议、“新中国·新时期·新时代”——中华人民共和国的七十年学术研讨会、“文明交流互鉴与人类命运共同体的价值观建构”国际学术论坛会、“比较文明视域下思想政治教育创新与发展”学术研讨会、“21世纪世界社会主义理论与实践”国际学术会议、全国高校党的建设学科座谈会等重要学术会议；举办胡华大讲堂4期、读史读经典讲座2场、国际学术前沿讲坛系列之“海外动态讲座”2期、马克思主义理论学科青年学者论坛2期、“当代马克思主义国际研究平台”讲座1期、青年学者论坛2期、马克思主义理论前沿论坛1期、中共党史学科青年教师工作坊 1 期、观澜讲堂 1 期。此外，学院还举办马克思主义学院第 40 届博士生论坛、“新中国 70 年与新时代中国特色社会主义”——第三届全国高校马克思主义理论学科研究生论坛、首届“五四杯”全国马克思主义理论类本科生学术论文竞赛。“青马英才”厚重人才成长支持计划（第二期）成功启动。

学院获评全国教育先进集体，入选新时代高校党建示范创建和质量创优标杆院系。学院教师在教育部首届全国高校思想政治理论课教学展示比赛中取得优异成绩，谭清华副教授获特等奖，郑吉伟教授、董佳副教授、赵玉兰副教授获一等奖，宋友文副教授获二等奖，获奖人数位居全国高校第一；学院学生获全国高校大学生讲思政课公开课一等奖。

## ■ 社会与人口学院

社会与人口学院成立于 2003 年 4 月，下设社会学系、人口学系、社会工作与社会政策系 3 个系，另有人类学研究所、老年学研究所、社会政策研究院、法律社会学研究所、性社会学研究所、环境社会学研究所、健康科学研究所、女性研究中心、体育与社会发展研究中心等研究机构，拥有社会学理论与方法研究中心、人口与发展研究中心 2 个教育部人文社会科学重点研究基地，北京社会建设研究院 1 个北京市重点研究基地，以及《人口研究》《社会学评论》《社会建设》3 个学术期刊。现任院长为冯仕政教授。

学院有社会学、社会工作、公共事业管理（公共政策与人口管理方向）3 个本科专业，社会学、人口学、人类学、民俗学、老年学、人口资源与环境经济学、社会医学与卫生事业管理 7 个硕士学位点，社会工作硕士（MSW）1 个专业学位点，社会学、人口学、人类学、老年学、人口资源与环境经济学、社会医学与卫生事业管理 6 个博士学位点，以及社会学一级学科博士后流动站。拥有社会学、人口学、人口资源与环境经济学 3 个国家级重点学科和社会学一级学科博士学位授予权。

学院现有教职工 81 人，其中教师 67 人，管理职员及教师外专业序列人员 10 人，编制外聘用人员 4 人；在站博士后 6 人。67 名教师中，教授 26 人，副教授 32 人，讲师 9 人；“杰出学者支持计划” 22 人，其中特聘教授 A 岗 3 人，特聘教授 B 岗 5 人，青年学者 A 岗 8 人，青年学者 B 岗 6 人。2019 年李婷入选国家“万人计划”青年拔尖人才项目。在教师引进方面，从校外调入 2 名，聘用海外著名大学应届博士毕业生 3 名。

学院现有学生 801 人：本科生 356 人，其中留学生 10 人；硕士研究生 254 人，其中社会工作专业硕士 102 人，留学生 2 人；博士研究生 191 人，其中留学生 4 人。

学院全面推动本科大类培养改革，按照“法政与社会学科类”全面修订本科培养方案。采取多项举措落实“卓越人才培养计划”，举办首届“社会与人口学院本科生写作大赛”；与山东曲阜、浙江台州、浙江安吉、江西弋阳、北京协和医院、北京海淀医院、中国人口与发展研究中心等多地或单位签订协议，建立教学实践基地；结合课堂举办 10 场“现代西方社会学”系列专题讲座；邀请海外著名学者开设国际小学期课程 12 门，并举办“一流学科建设国际专家座谈会”；与美国伊利诺伊大学香槟分校开启面向本科生和专业硕士的暑期海外实习项目；5 月起开设本科生荣誉学位项目“定量数据分析方法与应用”。

学院 3 个项目获得“大学生创新实验计划”国家级良好等级、3 个项目获得北京市良好等级。“中国人民大学本科生科学研究基金”1 个项目结项。1 篇论文获评“北京市 2019 届优秀本科毕业设计（论文）”。冯仕政教授获 2019 年度中国人民大学教学标兵及北京市高等学校教学名师奖，杨凡获中国人民大学课外教学优秀奖。

学院共获各级各类科研项目 65 项。纵向项目 14 项，包括国家社会科学基金项目 5 项（含重点项目 1 项），国家自然科学基金面上项目 1 项，北京市社会科学基金项目 1 项，教育部人文社科项目重大项目 1 项，教育部人文社科项目基地重大项目 2 项，其他项目 4 项。横向项目 45 项。校级项目 7 项，其中校级重大规划项目 1 项。核心期刊发文 115 篇。学院获北京哲学社会科学优秀成果奖一等奖 1 项。

学院举办多次重大学术会议，如“2019 年中国社会发展高层论坛：改革开放与中国社会学创新发展——纪念中国社会学恢复重建 40 周年”研讨会，“转型中国与中国社会学：学科 · 理论 · 实践——纪念中国社会学恢复重建四十周年”学术研讨会，“理论自觉与新时代中国特色社会学学科建设——纪念郑杭生先生逝世五周年”研讨会，《社会建设》创刊五周年庆祝会暨国家治理现代化视野下的社会政策与社会工作论坛；举办各类学术讲座近 60 场，包括 12 次郑杭生社会学大讲堂，10 次刘铮系列学术讲座，15 期社会转型与社会治理沙龙，等等。

《社会学评论》入选中文社会科学引文索引（CSSCI）来源期刊。《社会建设》入选中文社会科学引文索引（CSSCI）扩展版来源期刊、中国人文社会科学引文数据库（CHSSCD）入库期刊。《人口研究》获得“中国最具国际影响力学术期刊”称号，并入选“庆祝中华人民共和国成立 70 周年精品期刊展”。

学院与墨尔本文学院及圣安德鲁斯华盛顿大学续签联合培养协议。参与国际交流学生总计 33 人。推荐 3 位优秀青年教师前往世界一流大学访学培训。

学院获中国人民大学服务保障中华人民共和国成立 70 周年庆祝活动先进集体。学院拍摄的微视频《邬沧萍》荣获中国人民大学 2018 年“读懂中国”活动最佳微视频奖。学院健美操队获中国人民大学“壮丽七十载 · 舞动繁华开”第二十届健美操大赛一等奖。

## ■ 国际关系学院

国际关系学院正式命名组建于 2000 年，其前身可以追溯至 1950 年中国人民大学命名组建时成立的外交系和马列主义基础教研室，是新中国建立后最早建设的国际问题研究和政治学学科的高等教育机构。此后经历了 1958 年成立的马列主义基础系，1960 年改建为马列主义政治学系，1964 年根据中共中央《关于加强研究外国工作的报告》和周恩来总理的指示，由教育部正式批准组建国际政治系，复校后改名科学社会主义系，1984 年恢复国际政治系命名。2000 年春，在原国际政治系和俄罗斯东欧中亚所的基础上组建国际关系学院。现任院长为杨光斌教授。

学院下设国际政治系、外交学系、政治学系、世界社会主义研究所、俄罗斯东欧中亚研究所等 5 个基本教学科研单位，以及教育部批准设立的国家人文社会科学重点研究基地欧洲问题研究中心和国别与区域重点研究基地欧盟研究中心。此外还有国际事务研究所、联合国研究中心、国际能源战略研究中心、中国对外战略研究中心、美国研究中心、拉丁美洲研究中心、东亚研究中心、政治思想文化研究所、比较政治研究中心、历史政治学研究中心、廉政建设研究中心等研究机构。

学院现有国际政治、外交学、政治学与行政学 3 个本科专业和国际政治经济学本科专业方向，以及世界经济、国际政治、国际关系、国际政治经济学、外交学、政治学理论、中外政治制度、中国政治、科学社会主义与国际共产主义运动等 9 个硕士学位点和博士学位点。学院是全国首批获得政治学一级学科博士学位授予权的单位。主责建设的政治学一级学科入选首批“双一流”学科建设名单。

学院现有在读学生 1 122 人，其中中国学生 861 人，外国学生 261 人。学院结合专业特色和人才培养目标，优化本科专业英语课程，新增专业文献选读学分要求，试行本科毕业论文全员答辩制度。

实行博士生“申请—考核制”改革，在硕士招生阶段推出“学术人才拔尖计划”科研奖励制度和“人大—英国伦敦国王学院”双硕士项目选拔机制。

学院现有专任教师74人，其中教授35人，副教授28人，讲师11人。教师中具有博士学位者70人，外籍全职教师2人，港澳台教师1人。学院鼓励、资助更多的优秀中青年教师赴国外一流大学进修；举办跨学科的、旨在促进青年学者交流并提升人大中青年骨干教师学术影响力的“双周论坛”；为青年学者提供相应的合作性课题，组建“学术工作坊”等。

2019年，学院教师共发表核心期刊论文99篇，其中SSCI等英文论文6篇，杨光斌教授的论文《以中国为方法的政治学》发表在人文社科领域顶级期刊《中国社会科学》上。出版各类专著8本，包括任锋教授的《立国思想家与治体代兴》以及翟东升副教授的《货币、权力与人——全球货币与金融体系的民本主义政治经济学》。著史类工作取得进展，陈伟副教授完成了130万字的《西方政治思想史新编》，王续添教授主持的《从文明国家到民族国家：中国现代国家史研究（1850—1954）》（多卷本）也获得学校重点项目立项。《世界政治研究》和《中国政治学》两种院办期刊已各出版4辑。学院一以贯之地加强“21世纪政治学系列教材”和“21世纪国际政治系列教材”的建设，杨光斌教授主编的《政治学导论》（第5版）和《当代中国政府与政治导论》（第3版）、张鸣教授编著的《中国政治度史导论》、陈岳教授主编的《国际政治学概论》（第3版）、宋新宁教授和田野教授主编的《国际政治经济学概论》（第3版），是各自领域中影响最大的教材之一。2019年学院获得各类项目立项35项，其中纵向项目12项，横向项目16项，校内项目7项，纵向项目中国家社科基金项目立项10项。杨光斌、金灿荣、王义桅三位教授的著作荣获北京市第十五届哲学社会科学优秀成果奖二等奖。

学院荣获“中国人民大学服务保障中华人民共和国成立70周年庆祝活动先进集体”荣誉称号。学院成功举办了第二届“中国与世界秩序”国际论坛、第十五届“东亚合作论坛”等高水平的国际学术会议。通过开展“国际教师培养学院特色项目”和“国·政大讲堂”项目，邀请多位知名学者就学科前沿问题和热点问题为学院中青年教师培训。2019年，学院共接待来访的学者、机构和政要达200多人次，安排学生赴外参加交换学习、国际会议等交流活动130多人次，并接收交换生20多人次。

## ■ 新闻学院

新闻学院始建于1955年，是中国共产党创办的新中国第一所高等新闻教育机构。1958年，中国人民大学新闻传播学科汇聚北京大学、中国人民大学、燕京大学三校学科资源，经过60多年发展，成为新中国记者摇篮、马克思主义新闻学研究重镇、新闻传播教育工作母机、新闻传播教育改革创新引领者、全球新闻教育交流合作重要平台。新闻学院迄今培养毕业生万余名，《实践是检验真理的唯一标准》《东方风来满眼春》等深刻影响中国社会进程的历史篇章皆出自人大新闻学院毕业生之手。学院现任院长为赵启正教授，执行院长为胡百精教授。

学院现设四系，即新闻系、传播系、广告与传媒经济系、视听传播系，有新闻学、广播电视学、广告学、传播学4个本科专业，新闻学、传播学、传媒经济学和广播电视学4个硕士学位点，新闻学、传播学、传媒经济学和广播电视学4个博士学位点，新闻传播学博士后流动站。

学院首批获得新闻传播学一级学科学位授予权，拥有新闻学、传播学两个国家重点学科和国家级实验教学示范中心，是教育部人文社会科学重点研究基地“新闻与社会发展研究中心”依托机构。在教育部开展的四次全国一级学科评估中，中国人民大学新闻传播学科蝉联第一或评为A＋。2017年，中国人民大学新闻传播学科进入国家“双一流”学科建设序列。

学院现有在岗教师56人（教授25人，副教授23人，讲师8人），其中“50后”1人、“60后”12人、“70后”30人、“80后”13人，分别占比为1.79%、21.43%、53.57%、23.21%；拥有海外学历背景12人，占在岗教师的21.43%。新调入教师4人。教师以外专技1人。行政教辅人员共23人。在校生1 000余人，其中本科生约700人，硕士研究生约300人，博士研究生约150人，留学生约100人。

学院教师2019年发表中文核心论文74篇、英文核心论文（A类）10篇，出版中文著作17本、外文著作3本。

学院举办深研会8期，主题包括“北京地区新闻从业人员专业意识调查”“中国共产党新闻宣传百年史研究”等。举办明新学术沙龙讲座26期，主题涉及“在场感对媒介技术的中介效应”“传播型城市：适应性、韧性、可持续性”等。举办“校友讲坛”11期。11月，由中国人民大学新闻学院、中国人民大学新闻与社会发展研究中心承办的中国新闻史学会二〇一九年学术年会在北京举办，在这次大会上，中国人民大学新闻学院成为新任会长单位。

周勇教授、刘海龙教授获评青年长江学者；胡百精教授获评2019年度北京市青年教学名师；赵永华教授指导的学士学位论文被评为2019年北京市高校优秀本科毕业论文，赵永华教授、唐铮副教授获2019年中国人民大学优秀毕业论文指导奖；王树良副教授以全国第一名的指导成绩获得“第十一届全国大学生广告艺术大赛优秀指导教师”称号；学院创意传播班学生首次在ONESHOW中华青年创意奖（创新营）获得客户选择奖，指导教师王树良副教授获得优秀指导教师奖；王树良副教授、任悦副教授获2019年度“中国人民大学十大教学标兵”光荣称号；王树良副教授获评2019年中国人民大学“优秀共产党员”，方洁副教授、苏怡获评2019年中国人民大学“优秀党务工作者”；张辉锋教授获评2019年中国人民大学“十佳班主任”等。

学院2019年一共开展全国马新观骨干师资培训班2期（高校新闻传播院系骨干教师马克思主义新闻观主题培训、中国人民大学马克思主义新闻观骨干师资高级研修班），共培训500余人。全年合计举办短期培训班18期，如“外交部新闻司中非新闻交流中心和亚太新闻交流中心外国记者培训班”“北京市融媒体实操业务研修班”等。

学院2019年接待来自美国、德国、荷兰以及哈萨克斯坦、巴基斯坦、乌兹别克斯坦等的访问学者约132人次。学院配合“双一流”建设，根据教学、科研、人才培养，以及师资队伍建设等各领域发展需求，精心设计、周密安排，针对性申请和组织了“青年学术沙龙”、“双一流海外高端讲座”、“教师国际培训学院（系）特色项目”和“院长论坛”等不同系列的涉外学术讲座、沙龙和会议25场。学院拓展与海外知名新闻传播院校合作，与美国雪城大学签订师生交换协议，继续选派“未来学堂”项目本科生到加州戴维斯和哥伦比亚两所学校进行一学期的学习交流。学院累计派出学生72人次参加海外访学、学术会议和暑期学校等各种国际交流活动。学院面向全球、重点投向“一带一路”沿线国家的“全球新闻传播全英文项目”2019年共招收外籍学生9人。学院11名师生前往德国进行了为期一周的“一带一路”沿线调研。

## ■ 艺术学院

中国人民大学的艺术教育事业溯源于1937年的陕北公学，历经延安鲁迅艺术学院、华北联合大学文艺部、华北大学三部，以及1999年复建的中国人民大学徐悲鸿艺术学院。2008年徐悲鸿艺术学院更名为艺术学院。现任院长为张淳教授。

学院是一所集艺术学理论、美术学、设计学、音乐学等多个学科，培养艺术创作与理论研究兼备的高端艺术人才的综合性艺术机构。现有艺术学系、音乐表演系、绘画系、艺术设计系 4 个教学系，另设有徐悲鸿艺术研究院、金铁霖中国声乐艺术研究院、东方艺术研究所、文化创新与传播研究中心、佛教艺术研究所、文艺复兴研究院 6 个研究机构。学院招收绘画专业、艺术设计专业、音乐表演专业、美术学专业的本科生，艺术学专业、音乐学专业、美术学专业、设计艺术学专业、艺术设计专业的硕士研究生，同时还与哲学院联合培养美学专业的博士研究生。

学院将学校下拨的“双一流”建设经费和学院部分自筹经费统合起来，设立艺术学院学科建设基金，以促进学院的学科建设和学术研究，形成学科建设和科研重点突破的局面。2019 年完善了学科建设基金的管理办法，完成了 2019 年度“双一流”建设支持的各个项目。此外，完成了艺术学理论学科博士点的申报工作。

学院现有专任教师 57 人，其中教授 8 人，副教授 24 人；有学生 615 人，其中本科生 428 人，硕士研究生 152 人，博士研究生 32 人，留学生 3 人。引进 1 名博士。

学院“固定镜头蒙太奇虚拟仿真实验教学项目”与“光媒设计虚拟仿真实验教学项目”获得学校教务处支持，“艺术与观念：西方艺术的历程”“二十世纪世界建筑发展史”入选学校计划建设的 30 门通识教育核心课程。

高端学术交流平台“悲鸿讲堂”共举办了 22 场。举办学生个展、联展、毕业展览等共计 17 场，“论文写作实用方法”“中国画创作规律解析”等各类讲座 5 场。举办第三届中国人民大学艺术学院音乐比赛。

作为中欧人文艺术教育联盟秘书处执行单位，学院举办了中欧人文艺术教育联盟专家委员会第一次会议，承办了由教育部中外人文交流中心主办的 2019 首届中欧人文艺术教育论坛。举办了“2019 徐悲鸿国际学术研讨会——纪念徐悲鸿留学 100 周年”国际学术研讨会；接待各类代表团访问 23 次，包括联合举办艺术研讨及讲座、音乐会表演、音乐系大师班等；与帕多瓦大学文化遗产系开展学术互访，联合举办“艺术与文化”学术研讨会。共选派 8 名学生出国交换学习，派出学校包括美国杜克大学、美国俄克拉何马大学、韩国中央大学和芬兰拉普兰大学 4 所。

张淳教授应邀参加 2019 上海合作组织比什凯克峰会国际和平艺术家美术作品展，并获杰出艺术成就奖。

举办建院 20 周年院庆系列活动，包括院庆大会、“21 世纪的艺术教育”院庆论坛、音乐会和美术系师生作品展等系列活动，以及出版《“悲鸿讲堂”讲演录》、美术作品画册。与海淀区宣传部共同筹建中关村交响乐团，由学院承办的 2020 中关村科学城新年音乐会在国家图书馆音乐厅举行。

学院严格落实“不忘初心、牢记使命”主题教育相关工作部署，持续、全面、深入加强政治理论学习，不断加强师德师风建设，组织开展深入学习习近平总书记在全国教育大会上的重要讲话精神座谈会，集体参加“伟大历程辉煌成就”庆祝中华人民共和国成立 70 周年大型成就展，学院 30 余名师生积极参与庆祝大会广场合唱及群众联欢国庆专项工作。组织教工党支部赴上海一大会址、嘉兴南湖开展党建活动。

## ■ 外国语学院

外国语学院始于 1937 年的陕北公学以及后来的华北联合大学和华北大学的俄语系，1951 年起陆续建立俄语教研室、外语教研室（英、法、日）、编译室，1984 年组建外语部（下设俄语教研室、本科英语教研室、研究生英语教研室、日德法语教研室、英语培训教研室），1988 年设立外语系，2001 年正式成立外国语学院。现任院长为郭英剑教授。

学院现有俄语、英语、日语、德语、法语、西班牙语 6 个本科专业；设有俄语语言文学、英语语言文学、日语语言文学、德语语言文学、法语语言文学、翻译硕士专业学位 6 个硕士点；拥有外国语言文学一级学科硕士和博士学位授予权；外国语言文学一级学科博士学位授权点下设英语语言文学、日语语言文学和德语语言文学 3 个二级学科博士授权点。大学英语教研室和研究生英语教研室承担全校公共外语教学工作。另有澳大利亚研究中心、德国研究中心、日本人文社会科学研究中心等 3 个院属研究机构。

学院现有学生 837 人，其中本科生 446 人，硕士研究生 307 人，博士研究生 84 人。现有专任教师 114 人，其中教授 18 人、副教授 50 人；博士学位获得者 81 人，其中海外博士学位获得者 26 人。除专任教师外，聘有来自英、美、澳、德、俄、日、法、西等国家的外籍专家和学者 50 余人，包括 39 位海外语言教师、4 位中国人民大学讲座教授，还有 7 位入选国家外专局高端外国专家项目教授。

学院除成功举办澳大利亚文化周和文学周、外语文化节、研究生论坛、人大—辅仁外语研究生学术交流论坛、启航计划、国情教育社会实践、手拉手外语辅导、二十院院际友谊辩论赛、第四届全国优秀大学生学术交流论坛及第八届“词与世界”研究生学术论坛等年度品牌项目活动外，还举办了德语经典作家学术研讨会、当代英语文学前沿问题研究高端论坛、美国亚裔文学高端论坛、中国译释学暨翻译理论与翻译史研究高端论坛、英美当代戏剧研究论坛、“作家研究：理论、方法与实践”高端专题研讨会、日语偏误与二语习得研究国际研讨会等国内国际高水平学术会议，以及 30 余场高水平学术讲座。

学院英语专业获评 2019 年度北京市级一流本科专业建设点，9 种校级“十三五”本科规划教材结项；学院成功举办第一届教师教学能力竞赛、2 场智慧教学分享活动和 3 场课堂教学分享活动。

学院俄语系陈方荣获 2019 年宝钢教育基金优秀教师奖，英语系周铭荣获“北京市级优秀本科论文指导教师”荣誉称号，大学英语教研室刘启升、英语系要新乐等获评校级 2019 年度课外教学优秀奖，大学英语教研室刘启升荣获校级 2019 年度教学标兵奖。

在第三十一届韩素音国际翻译大赛中，2018 级翻译硕士王凯荣获英译汉三等奖，陈晓铭、匡闯、薛珂荣获汉译英优秀奖，研究生公共英语拔尖班学生陈一愚荣获英译汉优秀奖；2018 级法语系硕士生李美潼荣获“永旺杯”第十二届多语种全国口译大赛三等奖和“全国法语专业硕士研究生论坛”优秀论文奖；2019 级日语系硕士生蒋超仪荣获 2019 笹川杯“品书知日本”征文大奖赛最高奖“优胜奖”；在 2019 年全国高校俄语大赛中，硕士生杨珺荣获研究生组三等奖，本科生何忆柳荣获低年级组才艺单项比赛三等奖；在第八届全国口译大赛北京赛区复赛中，2018 级翻译硕士江森荣获二等奖，段嘉懿荣获三等奖，王甜荣获优秀奖；2018 级德语系硕士生宋子灵荣获第十三届首都高校研究生论坛优秀论文奖；在第五届首都高校俄语专业硕、博士研究生学术论坛中，2018 级俄语系硕士生相文昊荣获一等奖，石尚荣获二等奖，孙畅荣获三等奖；2018 级日语系硕士生张昊迪荣获“大中物产杯日语演讲比赛”第三名；2016 级俄语系硕士生胡颖荣获第三届“求是杯”国际诗歌创作与翻译大赛一等奖；本科生黄梓灵荣获第十六届京津冀地区高校德语演讲比赛二等奖；西班牙语系本科生江立荣获“永旺杯”第十二届多语种全国口译大赛二等奖；本科生程雨恒在“森腾杯”京津冀高校俄语大赛中荣获高年级二等奖，吴章翰和姜金池分别获得低年级组一等奖及三等奖；在第七届北京高校俄语配音大赛中，本科生吴章翰、常益铭、徐嘉彤、李欣宇、王文鹤、王一涵组成的六人队伍荣获三等奖。学院组织选送的其他学院学生在各类比赛中也时有获奖。

学院高度重视国际交流合作，2019 年接待了俄罗斯伊尔库茨克国立大学、菲律宾德拉萨大学、英国伯明翰大学、俄罗斯叶卡捷琳堡领区青少年友好访问团等来访；与美国亚利桑那州立大学、西班牙卡米亚斯大学签订院际交换生项目协议；学生中，共有 162 人次赴境外高校交换学习或参加暑期项目、境外实习项目。

学院党委启动 2019 年教职工国情教育系列活动，组织教职工党员赴山东济宁开展“弘扬中国传统文化、坚定理想信念”的主题培训学习活动，并邀请专家来院开设教职工国情教育系列讲座。社会与人口学院院长冯仕政教授应邀为全体教职工做了《中国道路与国家治理》专题报告，理学院副院长、心理学系胡平教授应邀做了《从第一关系促进心理健康发展》专题报告，山东大学哲学与社会发展学院教授、中国马克思主义哲学史学会理事何中华教授做了题为《中国传统文化及其当代价值》的主题报告。

## ■ 环境学院

环境学院成立于2001年11月，在环境经济学等学科专业的基础上组建，是一所经济、管理、科学、工程并重的多学科综合型环境教育与研究机构。现任院长为朱信凯教授（兼）。

学院下设环境与资源经济学系、环境与资源管理系、环境工程系、环境科学系、环境政策与环境规划研究所、低碳水环境技术研究中心等教学研究单位。

学院现有教师43人，其中教授18人、副教授20人。2019年，张象枢教授被授予中国人民大学荣誉一级教授称号，沈大军教授获得教育部高等学校科学研究优秀成果奖科学技术进步奖二等奖。

学院设有10个实验室，包括化工原理实验室、固体废物处理处置与资源化实验室、水污染控制工程实验室、大气污染与控制工程实验室、生态学实验室、环境生物化学实验室、环境监测实验室、环境微生物实验室、环境生物实验室、地理信息系统实验室等。学院在安徽黄山区、黑龙江宝清县七星河湿地、西藏林芝县、四川龙溪—虹口国家级自然保护区建立了4个教学科研基地。

学院设有人口、资源与环境经济学和自然资源管理2个博士点，人口、资源与环境经济学，自然资源管理，环境政策与管理，环境工程，环境科学，生态学，地图学与地理信息系统7个硕士点，公共事业管理（环境与资源管理方向）、环境科学、环境工程、资源与环境经济学4个本科专业，设有人口、资源与环境经济学博士后科研流动站。其中人口、资源与环境经济学是国家级重点学科，所属理论经济学一级学科在全国第四轮学科评估中评为A＋，入选全国首批“双一流”重点建设学科。2019年，经学校学位评定委员会审议通过，环境学院负责自主设置交叉学科可持续发展管理建设。

学院在资源与环境经济学、能源与气候变化经济学、环境管理与政策、水污染控制理论与技术、大气污染控制理论与技术、固体废弃物处理及资源化、环境地理信息系统与大数据管理、综合生态系统管理等领域取得了一大批重要研究成果，为政府提供了重要的决策支持。2019年，学院新立纵向科研项目1项，横向科研项目36项，校内科研项目4项。学院教师发表学术文章64篇，出版著作4部，申请专利2项。

学院2019年启动了本科生培养方案修订工作，设立明德环境“经济学—科学”拔尖创新人才实验班项目，并圆满完成首届招生。学院成为中国高等教育学会生态文明教育研究分会常务理事单位，资源与环境经济学专业成功申报教育部“双万计划”一流专业（北京市级）。

学院全面实施“新生成长导师计划”，举办“院士大讲堂”系列讲座。学院学生代表参加“加速适应行动”适应气候变化高级别圆桌会暨全球适应委员会旗舰报告发布会。会前，联合国前秘书长潘基文与学院青年学生围绕“加速适应行动”进行了亲切交流。学院微视频作品《不忘初心跟党走，矢志不渝大道行》入选教育部“读懂中国”活动最佳微视频，《在红与绿中探寻生态文明之路》入选活动最佳征文。

学院主办“PACE 2019中国环境治理学术年会暨青年学者论坛”，联合主办第一届“环境与资源经济学”暑期学校，联合举办“联合国和平大学可持续发展教育地球宪章中心暑期课程”及“环境经济学国际前沿培训”等活动，与来自荷兰、芬兰等国家的相关学校建立深入联系。

学院领导班子以“不忘初心、牢记使命”主题教育为主线，紧扣学习贯彻习近平新时代中国特色社会主义思想这一主线，围绕理论学习有收获、思想政治受洗礼、干事创业敢担当、为民服务解难题、清正廉洁做表率的目标，主动对标对表，结合学校巡察组反馈意见，深入查摆学院建设发展各方面存在的问题，认真分析研判，直面问题、敢于碰硬，加强整改，力求实效。

## ■ 信息学院

信息学院由1978年成立的经济信息管理系和1986年成立的学校信息中心合并组建，1994年正式命名。2005年经批准建设教育部“数据工程与知识工程重点实验室”，2015年“大数据管理与分析方法研究实验室”被认定为北京市重点实验室，2018年在信息学院数学系基础上成立数学学院，2019年在信息学院基础上孵化出高瓴人工智能学院。现任院长为文继荣教授。

学院现设经济信息管理系、计算机科学与技术系，有信息管理与信息系统、计算机科学与技术、信息安全、软件工程、数据科学与大数据技术5个本科专业；计算机科学与技术一级学科博士学位授权点；系统科学、管理科学与工程、软件工程3个一级学科硕士学位授权点；计算机应用技术、计算机软件与理论、信息安全、大数据科学与工程4个博士点；计算机应用技术、计算机软件与理论、计算机系统结构、信息安全、软件工程、大数据科学与工程、管理科学与工程、系统理论8个硕士学位点；软件工程工程硕士专业学位点；计算机科学与技术博士后科研流动站。计算机应用技术为北京市重点学科。计算机科学与技术本科专业被批准为国家级的特色专业建设学科。

学院（含教育部“数据工程与知识工程重点实验室”）现共有专任教师73人，其中教授19人，副教授41人，已取得博士学位的教师66人。国家“教学名师”1人，国家最高人才项目入选者1人，教育部“新世纪优秀人才”5人，北京科技新星2人，北京市优秀人才2人。学校“杰出学者支持计划”入选者16人，其中特聘教授A岗4人，特聘教授B岗2人，青年学者A岗4人，青年学者B岗6人。学院共有学生1 061人，其中本科生522人，硕士研究生399人，博士研究生140人。

2019年1月，中国人民大学高瓴人工智能学院正式成立，学院和高瓴人工智能学院紧密合作，共建学校“大信息”学科。在2019年QS世界大学学科排行榜中，学院计算机科学与技术学科继2015年后连续第5次进入该排行榜，在进入世界五百强的国内高校中居第13位。

学院魏哲巍老师获得学校2019年度教学标兵提名奖。本科生学科竞赛硕果累累：图灵班在第44届国际大学生程序设计竞赛亚洲区域赛中，共获四金、三银、四铜；在第4届CCSP大学生计算机系统与程序设计竞赛中，共获三金、三银、一铜；在2019年北美数学建模竞赛中，再获特等奖，并有8支队伍获一等奖；在第12届中国大学生计算机设计大赛全国总决赛中，荣获全国一等奖、三等奖；在第2届“之江杯”全球人工智能大赛决赛中，学院金琴副教授团队在技术挑战赛中获得冠军；在2019年全国信息安全竞赛中，学院2支代表队均获全国二等奖。“数据库系统概论”课程建设再创辉煌，自2016年开设三门数据库MOOC课程以来，累计选课人数超过32万；2019年成功举办了MOOC建设与应用第五届研讨会，来自80余所高校的120余位教师参加本次会议；建设开发数据库在线实验平台，并向全国高校推广使用；在被评为国家级精品在线开放课程及中国高校计算机教育MOOC联盟优秀在线开放课程后，2019年又获得中国高校计算机教育慕课联盟线上线下混合式教学模式改革项目。

学院新增国家级科研项目5项，包括国家自然科学基金面上项目4项，青年项目1项。在论文发表方面，在SIGMOD、SIGIR、VLDB、ICDE、S&P等国际一流期刊或会议上以主要作者（第一作者或通讯作者）身份发表A类论文30篇。学院杜小勇教授、王珊教授牵头申报的成果“数据库管理系统核心技术的创新与金仓数据库产业化”获国家科学技术进步奖二等奖，这也是学校首次获得的国家科技“三大奖”奖项；院长文继荣教授作为学校唯一入选者入选首批“北京高校卓越青年科学家计划项目”；杜小勇教授当选新一届计算机学会大数据专家委员会主任；文继荣教授当选计算机学会常务理事；左美云教授、王明明副教授当选中国信息经济学会副理事长；学院成功举办了中澳数据库论坛、第三届中日智慧养老论坛、中国老年学和老年医学学会智慧医养论坛、第五届计算机系学术交流节、第二届青年学者论坛、第四届移动互联网创新创业研讨会等多个学术会议；在第五届全国计算机类专业系统能力培养高峰论坛上，学校获批计算机类专业系统能力培养试点高校。

学院举办国际交流开放日，宣传院际交换项目、硕士项目和实习项目；接待美国纽约州立大学宾汉顿分校、新加坡管理大学、挪威科技大学、新加坡理工大学、朝鲜平壤科技大学、斯洛文尼亚卢布尔雅那大学等境外合作高校的来访；受邀参加新加坡管理大学信息系统学院“MITB Day”活动日；组织“图灵实验班”学生赴芬兰赫尔辛基大学、荷兰阿姆斯特丹大学进行学术访问和文化交流。2019年，学院师生全年累计因公出国、出境184人次。

学院师生积极参与国庆70周年重要庆祝活动。王珊教授、杜小勇教授获得“庆祝中华人民共和国成立70周年”纪念章；学院130名师生积极参与国庆当天群众游行、广场联欢、合唱、志愿服务及学校后勤保障与协调工作。学院获评“中国人民大学服务保障中华人民共和国成立70周年庆祝活动先进集体”，多位老师获评“中国人民大学服务保障中华人民共和国成立70周年庆祝活动突出贡献个人”，参与活动同学获评“中国人民大学服务保障中华人民共和国成立70周年庆祝活动先进个人”。3月，召开了中国共产党中国人民大学信息学院党员大会，会议选举产生了中国共产党中国人民大学信息学院新一届委员会，选举陈红教授为学院党委书记。

信息技术综合实验室全面建成“智慧实验室”与“创梦空间”，开启了学院实验实践教学融合发展的新格局。

## ■ 数学科学研究院

数学科学研究院于2014年1月成立。2018年6月30日学校在原信息学院数学系、公共教研室和数学科学研究院的基础上，组建成立数学学院，数学科学研究院在此基础上保持学术特区性质不变。现任院长为楼元教授。

2019年，研究院引进哈尔滨工业大学潘迎利博士。师资结构主要是：以楼元教授、日本东北大学数学系原系主任高木泉教授为主的领军人物，以及以研究院龚新奇副教授、孙鸿鹏副教授、向田副教授、赖秀兰副教授、李震乾讲师、李培森师资博士后、潘迎利师资博士后等中青年师资为辅的有生力量。

研究院2019年共发表26篇论文，其中楼元教授在著名期刊JMPA上发表的论文已经成为高被引论文。

研究院2019年共举办5场国内国际研讨会，共计国内外100位专家学者和学生参加了会议。会议邀请到各领域知名学者，将国内外本领域的部分优秀团队和学者聚集在一起，介绍最新研究方向与方法，交流和探讨研究成果，推动和增强国内数学学科团队之间的交流，尤其是年轻学者之间的学术交流及合作，为青年教师在论文发表、前沿热点研究方面打下了坚实的基础。

研究院还利用“双一流”经费，积极支持和鼓励青年教师、博士后和博士研究生前往高水平高校进行国际学术和科研交流。其中龚新奇副教授8月赴台湾淡江大学参加第十届海峡两岸统计物理研讨会，9月赴美国纽约参加计算结构生物信息大会（Computational Structural Bioinformatics Workshop)；孙鸿鹏副教授于 7 月 27 日至 8 月 17 日访问奥地利格拉茨大学。

## ■ 数学学院

中国人民大学数学学科最早可追溯到1950年成立的数学教研室，1978年学校复校并成立信息系时重新组建，1979年开始招收经济数学师资班，1984年开始招收经济应用数学专业本科生，1984年设立数量经济学硕士点（为我国第一批该专业的3个硕士点之一），1990年在西方经济学学科点下招收数理经济学方向博士研究生，1994年学校在原信息系和信息中心基础上组建信息学院时在学院下设立数学系，1998年被批准设立数量经济学博士点。自1998年起，逐步建立了数学的5个二级学科硕士点，并于2006年获得一级学科硕士学位授权，2011年获得一级学科博士学位授权。2014年成立数学科学研究院。2018年在原信息学院数学系、公共数学教研室和数学科学研究院的基础上，组建数学学院。现任院长为郑志勇教授。

学院现有基础数学、计算数学、应用数学、概率论与数理统计、运筹学与控制论5个二级学科硕士点，基础数学、应用数学、概率论与数理统计3个二级学科博士点。

2019年10月，学院数学一级学科新设博士后流动站获得批准。11月，学院“金融计算与数字工程”获批为教育部工程研究中心立项项目，这是全国在数学学科设立的第一个教育部工程研究中心项目。12月，学院数学与应用数学专业列入教育部公布的2019年度国家级一流本科专业建设点名单。

学院现有教师54人，其中教授12人，外籍全职教授3人，副教授28人，45岁以下青年教师34人；共引进6名人才项目师资，其中，1名“青年千人”教师（同时获“杰出学者计划”资助），4名“杰出学者计划”教师，1名讲席教授（外籍），1名科学技术部高端外国专家引进人才（外籍），柯媛元教授荣获北京市高等学校青年教学名师奖。

学院5个项目获得国家自然科学基金委员会资助，其中面上项目2项，青年科学基金项目3项。傅宗飞副教授参与的联合项目“关于带移民分枝过程的研究”获高等学校科学研究优秀成果奖（科学技术）一等奖。

学院先后举办首届金融数学与金融科技国际学术论坛、第十二届北京地区高校数学学院（系）院长（主任）论坛，召开中国人民大学数学学科国际咨询委员会成立大会暨第一次国际专家论证会。

学院与世界著名出版公司Springer Nature签署全面合作协议，Springer Nature将出版学院举办的国际会议论文集、数学专著系列、数学及交叉学科的国际学术杂志，以及在*Nature*主刊上宣传中国人民大学数学学科等。

由30名优秀学生组成的首届数学与应用数学本科拔尖人才培养实验班9月正式开学。学院学生在各类学科竞赛中显露头角。在2019年第十一届全国大学生数学竞赛中，学校数学专业组甲组获得二等奖、三等奖各4人，非数学专业组共获得一等奖12人、二等奖13人、三等奖20人。学院共有14支队伍参加全国研究生数学建模竞赛，最终获得二等奖2项、三等奖3项。学院教师指导的数学建模竞赛中，有3个队获得全国一等奖，2个队获得全国二等奖，15个队获得北京赛区一等奖，40个队获得北京赛区二等奖。在美国大学生数学建模竞赛（MCM/ICM）中，1个队获得特等奖，18个队获得一等奖，39个队获得二等奖。共有39名学生获得各类奖学金及荣誉称号，其中2名硕士研究生获得研究生国家奖学金，2名博士研究生获得博士国家奖学金，1名学生获得市级优秀毕业生，1名学生获得京东奖学金，4名学生获得学习优秀奖学金。

学院在学校第二十届健美操大赛中荣获三等奖，在“一二·九”长跑比赛中获得最佳啦啦队奖。

学院学生程杰翰在“理工杯”辩论赛中获得优秀辩手称号，学生郭英栋荣获2019年乒乓球个人赛全校亚军。

## ■ 理学院

理学院于2005年9月正式成立，现任院长为中国科学院解思深院士。物理学系于2005年9月成立，现任系主任为卢仲毅教授；化学系于2004年7月成立，现任系主任为王亚培教授；心理学系于2009年6月在社会与人口学院原心理研究所基础上组建成立，现任系主任为胡平教授。理学院现有教职工101人，在校学生736人。2019年，学院召开党员大会并完成学院党委换届工作。学院党委组织各党支部和党员开展多次理论学习和实践活动，组织领导干部赴双清别墅开展红色主题教育活动。举办全院各党支部、团支部共同参与的大型集体活动，让党支部与团支部在评比中促进交流，实现党建带团建。严格按照《中国人民大学委员会关于开展“不忘初心、牢记使命”主题教育的实施方案》的要求制定学院的主题教育方案并严格执行与落实开展“不忘初心、牢记使命”主题教育。配合学校和相关部门开展理学院各学科发展情况的调研，并做好未来发展规划。继续开展结合学院专业具有学院特色的品牌活动；“双青优培项目”厚重人才项目第二期完成学员招募和开营仪式。开展学院工会品牌活动，为学院发展凝心聚力。积极开展庆祝中华人民共和国成立70周年系列活动，做好学生参加中华人民共和国成立70周年游行联欢活动的保障工作。

物理学系现有物理学和材料物理2个本科专业，1个一级学科博士点，3个二级学科博士点。在编人员44人，其中正高21人，副高11人，讲师4人，教师外专技岗5人，行政人员3人。拥有教育部长江学者特聘教授1人，国家基金委杰出青年基金获得者1人，“百千万人才工程”国家级入选者1人，教育部“青年长江学者”2人，优秀青年基金获得者6人，中组部“拔尖人才”1名，教育部“新世纪优秀人才”8人，教育部优秀博士论文获得者2人，北京市优秀人才1人，北京市科技新星1人。拥有霍英东教育基金会高校青年教师奖一等奖获得者1人、宝钢优秀教师奖1人、北京市优秀教师1人。荣获国家自然科学奖二等奖1项，教育部自然科学奖一等奖1项，北京市科学技术二等奖1项。拥有教育部长江学者创新团队2个，北京市重点实验室1个。物理学系本科生发表SCI论文A类6篇，获得国家级或跨国学科竞赛奖励5项、国家级和北京市创新试验计划3项。2019年共有8位研究生获得博士学位，11位研究生获得硕士学位（2016年入学21人，其中10人已提前一年硕转博）。2019年，物理学系教师共发表SCI论文116篇，其中在物理学顶级期刊《物理评论快报》上发表论文5篇，在《自然·通讯》上发表5篇，在《科学·进展》上发表1篇，在《物理评论X》上发表2篇。2019年获基金委、北京市等各类项目10项，其中国家自然科学基金项目重点项目1项、国家自然科学基金面上项目4项、北京市自然科学基金项目5项。在横向项目方面，2019年共立项4项。卢仲毅教授课题组的成果“铁基超导体的电子结构和磁性质的理论研究”获国家自然科学奖二等奖。2019年，物理学系接待国外及香港的访问学者共计4人次；教师出访国外及香港、台湾等研究机构从事学术交流与合作研究达28人次，其中参加国际学术会议14，做邀请报告5人次；此外，物理学系还积极开展各种形式的学术交流活动，其中每周定期一次的学术报告共计33次，不定期学术报告共计12余次，物理学系青年学者论坛共计7次，物理学前沿研究生论坛10余次。7月8—12日成功举办了第十三届“全国大学生物理学及其交叉学科暑期学校”。4月19—21日，由物理学系主办的“第九届量子多体计算物理研讨会”（the 9th Workshop on Quantum Many-Body Computation）在学校成功举办。2019年，完成了原子分子物理实验室的初步建设。

化学系现设一个化学本科专业，化学一级学科硕士点及应用化学硕士点，以及化学学科博士点。

共有教师 29 人，其中教授 11 人，特聘研究员 1 人，副教授 16 人，讲师 1 人。教师包括博士研究生导师 16 人，硕士研究生导师 27 人；1 人入选教育部“青年长江学者”人才支持计划，1 人获得国家自然科学基金委“杰出青年基金”资助，5 人获得中国人民大学“杰出学者”荣誉称号，2 人为中科院“百人计划”入选者，2 人获得国家自然科学基金委优秀青年科学基金资助，2 人获教育部“新世纪优秀人才计划”资助。现有学生 254 人，其中本科生 71 人，硕士研究生 111 人，博士研究生 72 人。2019 年化学系共获得 1 项自然科学基金，教育部装备预研项目 1 项；共发表 SCI 论文 118 篇，其中高被引文章及热点论文 14 篇。2019 年共有 32 位研究生获得硕士学位，6 位研究生获得博士学位，17 名本科生顺利就业（其中 4 人海外读研，10 人国内读研，3 人直接就业）。

心理学系现有专职教师 22 人，行政人员 6 人。获得国家社会科学基金项目面上项目 1 项，全国民族教育科研合作课题 1 项，国家民委民族研究一般项目 1 项。全系教师共发表 A＋和 A 类论文 41 篇，出版著作 5 本。全系教师参加国际会议 9 人次，参加国内学术会议 32 人次。4 月，系主任胡平带队访问香港岭南大学，与香港岭南大学应用心理学系签署合作协议。6 月，心理学系承办了中国心理学会民族心理学专业委员会 2019 年学术年会，并举行了教育部民族教育发展中心在心理学系设立的民族心理数据中心的揭牌仪式。由心理学系作为主要发起单位的“文化心理学专业委员会”正式获得中国心理学会的批复，并于 11 月举行“中国心理学会文化心理学专业委员会成立大会暨 2019 年学术年会：多元视角下的文化变迁：冲突与融合”。11 月，心理学系胡平教授、张积家教授、陈立鹏教授受聘担任教育部第二届全国民族教育专家委员会委员。全国民族心理研究协作组成立大会暨第一次工作会议在学校召开。11 月，心理学系承办的中国心理学会重大科学问题“情绪意识的产生根源”进展专题座谈会在学校举行。心理学系博士生王鹏程获评“2019 年度中国人民大学十大学术之星”称号。

## ■ 商学院

商学院前身是 1950 年成立的工厂管理系、贸易系、簿记核算和财政信贷教研室，是我国最早开办管理教育的机构，是新中国工商管理教育的奠基者。1988 年学校成立工商管理学院，2001 年在工商管理学院和会计系的基础上组建商学院。现任院长为毛基业教授。

学院现设财务与金融系、管理科学与工程系、会计系、贸易经济系、企业管理系、市场营销系、组织与人力资源系 7 个系，并拥有 20 个研究中心（院）。商学院实验中心是国家重点实验教学示范中心。

学院拥有工商管理国家重点一级学科以及企业管理、产业经济学和会计学 3 个国家重点二级学科，囊括了工商管理学科中从本科到博士的所有学位和培养项目。现拥有 7 个本科专业方向、9 个硕士点、5 个专业硕士项目和 7 个博士点。

2012 年，中国人民大学工商管理学科（商学院）在教育部第三轮一级学科评估中名列全国第一；2017 年，在第四轮一级学科评估中获评 A＋级；2017 年，中国人民大学工商管理学科（商学院）入选教育部“世界一流学科”建设名单。

学院本科项目配合学校大类招生改革，设计商学院 2019 级管理大类本科生培养方案；全面推广“专业指导教师团”制度，共组织咨询会 28 次；创立 TDU 商业数据分析师、慧科数据科学思维训练营等“个性化培养计划”，共计录取 140 人次、毕业 86 人次。组织教育部“双万计划”申报工作，工商管理、会计学两个专业获评国家一流专业。继续加大博士研究生公派联培力度，共派出联培博士研究生 40 人。

2020 级 MBA 提前批申请人数处于历史高位，人数保持在 4 000＋规模，全国联考报名现场确认人数保持在 1 500＋规模。MBA 项目成立顾问委员会（70 余人）。GNAM 国际游学周接收来自 12 个国家 17 所院校的 39 名学生，派出 91 名学生至 10 个国家 15 所联盟院校参与游学周。EMBA 项目 2019 年正式录取新生 183 人。EE 项目的定制项目新增中国 500 强企业超过 20 家，包括中海油、中国中铁、比亚迪、新东方、伊利等。MPAcc 项目成立教育顾问委员会（48 人）。MIB 项目加大全英文课程开发力度和授课比例，2019 级全英文课程由 5 门增至 10 门，占课程比例 50%以上。留学生人数大幅提高，较 2018 年增长 183%。

学院启动全面提升国际性五年行动计划。通过 EQUIS 五年期再认证，成为中国大陆第六家获得 EQUIS 认证第二个五年期的商学院。学院新签 2 所交换院校，合作院校数量达 82 所。MBA 项目新增 2 所双学位合作院校即新加坡管理大学、欧洲高等商学院（巴黎校区），双学位项目数量达 9 个。

学院出版的《中国工商管理研究前沿》获评“2019 中国最具国际影响力学术期刊”（人文社会科学）。学院确立“数字化转型与组织重构”全院战略焦点，开启相关研究项目，并组织多次大规模企业调研。推动与德勤中国的课程及战略合作，举办人大商学院-德勤财务机器人培训营（第一期）。

引进教师 7 人，毕业院校包括美国波士顿大学、美国科罗拉多大学、加拿大英属哥伦比亚大学等。

学院相继举办了第二届人大商学院年度金融论坛、第三届科技金融与产业创新论坛、2019（第 12 届）中国人力资源管理年会、中国企业管理案例与质性研究论坛等大型活动，并在第二届中国国企改革与发展论坛上发布了《中国国企改革与发展年度报告（2019）》。全院 21 个微信公众号粉丝数量较 2018 年增长 30%。

2019 年，商学院志愿服务项目覆盖 23 个网点，全年参与志愿服务 1 980 人次，累计志愿服务时数 15 183 小时。

徐经长获北京市高等学校教学名师奖，周华获北京市高等学校青年教学名师奖。“管理学原理”课程（刘刚、赵晶、邓子梁、郭海、徐京悦）获 2018 年国家精品在线开放课程。张博获北京高校第十一届青年教师教学基本功比赛三等奖。宋华《互联网供应链金融》获北京市第十五届哲学社会科学优秀成果奖二等奖。

围绕学校党委“基层党组织制度建设年”主题，将各项规章制度的建立完善、学习贯彻和执行落实作为工作重点贯穿全年。设立本科生纵向党支部。学院关工委参加 2019 年中国人民大学关工委创新创优，“传承商院精神，提升党员意识”和“党旗耀人大，初心永传扬”两项工作获得立项。2019 年，学院团委开展团体心理辅导 25 场，联合学校心理健康中心开展“成长 1＋1”心理工作坊。

2018 年 12 月至 2019 年 2 月，学校对商学院进行巡察，围绕党的政治、思想、组织、作风以及纪律建设，提出整改要求 15 项。5 月至 9 月，学院党委认真落实整改，制定整改方案，建立整改台账，并于 11 月向学校汇报整改情况，得到学校对巡察整改工作的肯定。另外，学院党委按照学校主题教育要求，以党员干部为重点，在全院基层党支部中扎实开展学习教育。班子成员开展专题调研 24 场，讲党课 7 场，成员之间谈心谈话 23 次，召开专题会议 3 场，梳理整改问题 32 项。

## ■ 公共管理学院

公共管理学院组建于 2001 年 6 月，现设行政管理学系、土地管理系、城市规划与管理系、卫生政策与管理系（筹）、公共财政与公共政策研究所、社会保障研究所、组织与人力资源研究所等教学科研机构。全国公共管理专业学位研究生（MPA）教育指导委员会秘书处挂靠在学院。现任院长为杨开峰教授。

学院现有行政管理、土地资源管理、房地产经济与管理、城乡发展与规划、公共财政与公共政策、社会保障、公共组织与人力资源、社会医学与卫生事业管理 8 个博士学位点；行政管理、土地资源管理、房地产经济与管理、城乡发展与规划、公共财政与公共政策、社会保障、公共组织与人力资源、劳动经济学、社会医学与卫生事业管理 9 个学术型硕士学位点，公共管理硕士（MPA）、国际公共管理硕士（IMPA）2 个公共管理专业学位硕士点；行政管理、土地资源管理、城市管理 3 个本科专业。同时，学院设有公共管理博士后流动科研站。2017 年，公共管理学科入选国家世界一流大学和一流学科建设学科名单，在全国第四轮学科评估中获评 A+。学院现有二级学科中，行政管理为国家重点学科，土地资源管理、社会保障、教育经济与管理为北京市重点学科。行政管理是国家级一流本科专业，土地资源管理是北京市级一流本科专业。学院设有 14 个 MPA 专业方向，招生规模位居全国前列，是我国 MPA 培养的重要基地。

学院现有教师 84 人，由 37 位教授、34 位副教授和 13 位讲师组成，包括外籍教授 4 人；教师中有博士学位获得者 81 人，其中 25 人为海外博士学位获得者。学院教师中有：国务院学位委员会第六届学科评议组成员 1 人，长江学者特聘教授 2 人，教育部“跨世纪优秀人才培养计划”入选者 1 人，教育部“新世纪优秀人才支持计划”入选者 6 人，“马克思主义理论研究和建设工程”首席专家 2 人。

学院新增各种项目 125 项，其中横向项目新增立项 95 项；纵向项目新增立项 13 项，分别为：国家社会科学基金项目获得立项 2 项，其中重点项目 1 项、重大项目 1 项；国家自然科学基金项目获得 3 项立项，均为面上项目；教育部人文社科项目获得规划基金项目立项 2 项，其中重大专项项目 1 项、青年项目 1 项；国家重点研发计划子课程 1 项；北京市社会科学基金项目获得重点项目立项 1 项、青年项目 1 项；首都高端智库项目 3 项。学校科研基金项目获得立项 17 项，其中重大规划项目 1 项、重点项目 1 项、面上一般项目 2 项、新教师启动金项目 4 项、案例开发项目 1 项、决策咨询及预研委托项目 4 项、教育管理类重点项目 3 项、案例开发项目 1 项。学院跨学科项目立项 1 项。2019 年学院师生发表的各类论文（据知网不完全统计）450 篇。其中，发表在核心期刊上的论文 247 篇。教师出版学术专著 20 本。2019 年，学院各系所共主办、承办及合办 40 余个学术会议，举办各类学术讲座 100 余次。

学院与美国、英国、德国、荷兰、澳大利亚、新西兰、日本等国著名高校开展学者互访、合作研究、合办会议、学生联合培养、学生交换等丰富多元的国际交流与合作。

学院教职工先后出访国外著名高校和研究机构进行短期讲学、合作研究、参加学术会议 148 人次；先后邀请境外学者来访、讲学、参加会议 113 人次。学院学生先后赴国外著名高等教育机构进行学习和交流 69 人次，其中包括美国圣路易斯华盛顿大学、乔治华盛顿大学、英国牛津大学、法国巴黎政治学院、德国慕尼黑工业大学、日本早稻田大学、韩国首尔国立大学等。

## ■ 劳动人事学院

劳动人事学院成立于 1983 年，由中国人民大学与原国家劳动人事部联合创办，2000 年隶属关系归为中国人民大学。现任院长为杨伟国教授。

学院是中国劳动科学研究的最权威学府，是国内相关学术领域最早的开创者，是改革开放以来中国人力资源最佳管理实践的推动者。学院现有劳动经济、人力资源管理、劳动关系、社会保障和职业开发与管理 5 个系；设有组织行为学研究所、人力资源开发与评价中心、领导科学研究中心、中国社会保障研究中心、中国就业研究所、劳动关系研究所、中国人力资本审计研究所、人力资源服务研究中心、人大-罗格斯全球雇佣与工作研究中心等研究机构；建有数据与案例研究中心、人力资源与领导力开发中心；拥有人力资源管理、劳动与社会保障、劳动关系和劳动经济学 4 个本科专业，劳动经济学、社会保障、人力资源管理和劳动关系 4 个硕士点，劳动经济学、人力资源管理、社会保障和劳动关系 4 个博士点，与其他院系共享一个应用经济学博士后流动站。劳动经济学为国家级重点学科，社会保障为北京市重点学科。

学院现有专任教师 55 人，其中教授 22 人、副教授 25 人、讲师 8 人，专任教师中 22 人受聘中国人民大学杰出学者岗位。拥有长江学者特聘教授 2 人，国家级“百千万人才工程”国家级入选者 1 人，国务院政府特殊津贴获得者 6 人，教育部“马工程”专家 5 人，教育部“新世纪优秀人才支持计划”5 人，北京市优秀人才 2 人，首批“北京高校青年英才计划”3 人；博士研究生导师 22 人，硕士研究生导师 50 人。学院现有全日制学生 1 056 人，其中本科生 569 人、硕士研究生 279 人、博士研究生 208 人，留学生 31 人；同等学力在职研究生 2 149 人。

学院与美国罗格斯大学管理与劳动关系学院合办首届“劳动与人力资源管理前沿”夏令营，首次全面实施“申请—考核制”博士研究生招生工作方案，继续举办第四届全国优秀大学生夏令营，与国际劳工组织都灵培训中心合办“劳动世界的未来”第二届联合国大学生夏令营，与加拿大蒙特利尔大学产业关系学院合办暑期交换生项目，实施第二批（2019）博士研究生出国（境）研究—联合培养全员资助奖学金项目。

学院教师赵履宽获聘第四批中国人民大学荣誉一级教授，曾湘泉获聘首批中国人民大学“大华讲席教授”，曾湘泉、杨伟国获聘中国人民大学学术委员会委员，赵忠获聘教育部“长江学者奖励计划特聘教授”，学院教师主持中国劳动学会、中国人力资源开发研究会、劳动经济学会、中国社会保障学会、中国人才研究会、中国就业促进会、中国企业改革与发展研究会、国际劳动和雇佣关系协会等国内外学术组织的相关论坛。学院教师发表中英文核心期刊论文 108 篇，出版著作和教材 8 本，获得年度科研项目 36 个，科研经费近 800 万元。

学院首次独立承担中国人民大学 2019 年度中组部、中央和国家工委司局级干部，教育部机关和直属单位干部研修班的专题工作；与人力资源和社会保障部就业促进司、劳动关系司、国际合作司以及国家统计局人口和就业统计司、北京市人才工作领导小组办公室、陕西省人民政府国有资产监督管理委员会、上海市静安区人民政府、国际劳工组织等继续合办高端论坛；获评中国人民大学 2019 年度智库建设暨国家高端智库综合评估工作“突出贡献奖”先进集体。

学院师生赴外交流 168 人次，涵盖北美、欧洲、大洋洲和亚洲的 20 余所院校。杨伟国院长先后率团访问泰国国立发展管理学院、马拉西亚拉曼大学、新加坡国立大学和新加坡管理大学、新西兰奥克兰大学、澳大利亚新南威尔士大学、麦考瑞大学、伍伦贡大学、莫纳什大学和澳大利亚人力资源协会、英国华威大学、英国伦敦政治经济学院、爱尔兰利莫瑞克大学、西班牙马德里 IE 商学院。学院与俄罗斯普利汉诺夫经济大学、俄罗斯科学院远东所、尼德兰蒂尔堡大学、英国华威大学、英国约克大学、韩国劳工研究院、新加坡国立大学、泰国国立发展管理学院签署合作协议，与美国罗格斯大学管理与劳动关系学院签署“4+1”和“2+1”硕士学位项目协议，举办首届中俄劳动研究网络论坛、数字经济与未来工作研讨会暨第四届人大-罗格斯学术会议、第十五届社会保障国际论坛等国际会议。

学院支持西部地区的学科建设和人才培养，院长杨伟国接待贵州大学校长、十三届全国人大代表宋宝安院士，贵州大学管理学院院长李烨一行来院座谈人力资源管理学科建设，副院长周文霞、赵忠一行回访贵州大学深入交流；院长杨伟国率团访问陕西理工大学管理学院，举办讲座、广泛交流；院长杨伟国、书记唐鑛带队前往山西、宁夏开展中国人民大学本科招生咨询，深入当地教育主管部门和重点中学；举办首届全国高校人力资源管理教师研修班，继续举办人力资源管理新年报告会、专场招聘会、高级研修班、公开课、特训营和职业发展论坛。学院获评中国人民大学学生就业创业工作先进集体。

学院继续开展共话青年成长暨薪火相传老同志座谈活动、毕业季和新生入学教育系列活动、校友值年返校活动、校友代表恳谈会、校友足球友谊赛、校友羽毛球团体比赛、单身校友联谊活动、劳人上海论坛暨华东校友会年会，推动成立中国人民大学贵州校友会人力资源与领导学分会。学院获得第三十三届“一二·九”合唱音乐节B组金奖和最佳观众互动奖、健美操大赛一等奖、排球甲级联赛男女双冠、新生篮球赛冠军、足球乙级联赛亚军等佳绩。

学院扎实开展“不忘初心、牢记使命”主题教育活动，深入学习贯彻习近平新时代中国特色社会主义思想，加强党的政治领导，深入实施“两项规则”，切实抓好问题整改，抓好基层党建责任，严格党员发展程序，参与国庆群众游行，召开基层党支部书记抓党建工作述职评议考核会议，参观“伟大历程辉煌成就——庆祝中华人民共和国成立70周年大型成就展”和“毛泽东同志在香山活动展览”等，观看“庆祝中华人民共和国成立70周年大会”电视直播，编辑《劳动人事学院2019年年报》和《劳动人事学院宣传册（英文版）》。

## ■ 信息资源管理学院

信息资源管理学院成立于2003年12月，其前身是成立于1952年的中国人民大学专修科档案班。现任院长为张斌教授。

信息资源管理学院设档案学、政务信息管理2个系，共有档案管理、档案信息化、信息资源管理、图书情报、信息分析等5个教研室。学院下设中国人民大学电子政务研究中心、中国人民大学电子文件管理研究中心、中国人民大学电子文件系统测试中心、中国人民大学信息分析研究中心、中国人民大学CIO研究中心、中国人民大学人文北京研究中心、智慧城市研究中心、文献书画保护与鉴定研究中心和《档案学通讯》杂志社，并与兄弟单位合作建设数据工程与知识工程教育部重点实验室。其中，《档案学通讯》为中文社会科学引文索引（CSSCI）来源期刊，电子文件管理研究中心为国家电子文件管理部际联席会议办公室技术支持单位，电子文件系统测试中心获国家认监委颁发的计量认证证书。学院是“全球iSchools联盟成员”“联合国教科文组织世界记忆项目学术中心”。

学院现有档案学、信息管理与信息系统（政务信息管理方向）、信息资源管理等3个本科专业（方向），档案学、情报学、图书馆学、信息资源管理、信息分析、中外政治制度6个学术型硕士研究生专业和图书情报1个专业型硕士研究生专业，档案学、图书馆学、情报学、信息资源管理、信息分析5个博士研究生专业，以及1个一级学科博士后科研流动站。学院拥有图书情报与档案管理博士学位一级学科授予权，学科专业结构涉及本学科领域的所有二级学科。二级学科中，档案学科是国家重点学科（全国唯一）、国家特色专业，情报学科为北京市重点学科。图书情报与档案管理一级学科为北京市重点一级学科，教育部学科评估A－学科，入选国家“世界一流学科”建设名单。2019年，档案学专业入选首批国家级一流本科专业建设“双万计划”。

学院现有专任教师38人，其中教授15人、副教授18人、讲师5人。共有学生587人，包括本科生282人、硕士研究生192人、博士研究生113人，其中，留学生5人。

学院教师出版学术著作10部，发表学术论文79篇、研究报告4篇，制定国际标准7项，承担国家社会科学基金、国家自然科学基金、北京市社科基金项目研究基地、北京市教育委员会等纵向项目9项，校级项目8项，横向项目12项。冯惠玲教授等的论著荣获北京市第十五届哲学社会科学优秀成果奖一等奖。张斌教授受聘为教育部新文科建设工作组成员。朝乐门副教授负责开设的慕课课程“数据科学导论”被认定为第二批国家精品在线开放课程。张斌教授荣获2019年“中国人民大学大华杰出教学贡献奖”。冯乐耘、陈守静、松世勤、刘绍华、薛美珍、翁童、左言东、曹润芳、张恩庆、韩玉梅等10位离退休教师获得“庆祝中华人民共和国成立70周年”纪念章。

学院主办2019中国知识管理论坛暨中国CIO论坛、2019中国信息资源管理论坛、第十届电子文件管理论坛、数字中国与社群信息学（CI）相关学科群发展战略研讨会、2019年图书情报与档案管理青年学者沙龙等学术会议。2019年，学院成为国际档案理事会东亚地区分会C类会员；与国家档案局、国际档案理事会东亚地区分会联合举办2019档案学深造证书班（北京），承办全国高校档案学专业青年骨干教师研修班。2019年学院共举办7期兰台读书会，举办第十届“薪火杯”学生课外学术科技作品竞赛，启动第四期“数字记忆拔尖创新人才培养计划”。

学院邀请国际iSchools联盟主席、韩国成均馆大学吴三均教授（Sam Gyun Oh），英国牛津布鲁克斯大学商学院孟捷副教授，丹麦哥本哈根商学院数字化系Rony Medaglia副教授，美国伊利诺伊大学香槟分校（UIUC）信息科学学院Abdul Alkalimat教授、Kate Williams副教授，英国谢菲尔德大学信息学院学者林怡嘉等来学院做学术报告，或做学术交流。其中，学院与美国伊利诺伊大学香槟分校信息科学学院Abdul Alkalimat教授、Kate Williams副教授联合举办RUC-UIUC研究设计训练营。

学院教师共计有33人次参加国际会议，包括2019 iConference（美国）、档案教育与研究协会2019年会（英国）、第九届科学与文化遗产的数字保存和数字呈现国际会议（保加利亚）、2019年国际档案大会年会（澳大利亚）、IEC智慧城市系统委员会会议等。学院学生共计有49人次出国进行国际学术交流，其中，做大会发言的博士研究生8人次、硕士生6人次、本科生11人次。

2019年学院与山东省档案馆、山西省档案馆、科大讯飞股份有限公司签订战略合作协议。

## ■ 教育学院

教育学院成立于2011年，其作为教学科研单位的前身可追溯至1950年成立的教育学教研室。1999年，中国人民大学成立了教育科学研究所，2003年更名为教育研究所。2005年成立高等教育研究室。2011年4月6日学校印发文件，决定在教育研究所和高等教育研究室的基础上组建教育学院。现任院长为刘复兴教授。

学院拥有教育经济与管理、行政管理（教育行政管理）、高等教育学、教育法学4个硕士点和教育学一级学科硕士学位授权点；拥有教育经济与管理、教育学2个博士点；教育经济与管理为北京市重点二级学科。

学院的教学科研主要集中于教育经济与管理、高等教育、教育法律与政策、教育基本理论等学术领域，近年来特别重视与加强马克思主义教育学研究、习近平总书记教育重要论述研究、算法教育学研究与新时代基础教育改革理论研究等领域的研究工作，相应的学术平台有基础教育研究中心、教育法律政策研究所、教育行政与院校研究所、教育学与课程研究所、教育调研与实验中心、职业教育研究所并产教融合协同创新中心、教育经济研究所等，另有教育部中国人民大学教育发展与公共政策研究中心、教育部文科教育改革发展研究基地、北京教育法治研究基地—中国人民大学基地、教育部教育立法研究基地（中国人民大学）等挂靠研究机构。中国教育发展战略学会高等教育专业委员会秘书处也设在教育学院。2019年，中国教育国际交流协会同意设立教育、女性与可持续发展专家委员会，专委会秘书处设在教育学院。

学院办有《中国人民大学教育学刊》学术季刊，并为人大复印报刊资料《教育学》《高等教育》月刊提供学术支持。

学院现有专任教师23人，其中教授10人，副教授8人，讲师5人。教师全部具有博士学位，其中获得海外高校博士学位者6人。专任教师中，杰出学者特聘教授3人，杰出学者青年学者2人，教育部“新世纪优秀人才”5人，人大讲座教授2人，高端外国专家1人，博士后与师资博士后3人。共有在校生125人，其中硕士研究生74人，博士研究生51人。

2019年，学院教师共计发表科研成果89项，包括论文80篇，著作9种。其中，SSCI发文共计6篇，A类（人大2017核心）13篇，B类19篇。横纵向项目共计立项18项，首次获批北京市社科基金重大项目。

学院先后举办各类学术研讨会10余场，如中日保育的理论与实践高端学术论坛、中国人民大学教育法律与政策论坛、习近平总书记教育“九个坚持”新理念新思想新观点研讨会、新时代中国教育公平与学生发展（2019）论坛、《职业教育法》修订专家研讨会、中国教育发展战略学会高等教育专业委员会2019年年会暨学术研讨会、《中国人民大学教育学刊》办刊战略与教育学院发展战略专家咨询会、“教育、女性与可持续发展专家委员会”成立仪式暨高等教育与女性发展专题研讨会。

学院派出国际交流的师生规模达到36人次，如选派教师代表团访问以色列特拉维夫大学和希伯来大学，参加“中意高等教育峰会”暨博洛尼亚大学孔子学院成立10周年活动，参加“一带一路”教育行动与留学人才培养研讨会等。先后接待日本中部大学、西班牙巴塞罗那大学、德国科隆大学、美国密歇根大学、加拿大西安大略大学、日本福山市立大学和中国香港大学等高校来访。

学院在习近平总书记关于教育的重要论述研究方面形成了系列研究成果，产生了较大学术影响力。在教育法治、教育公平、教育扶贫、乡村教育等热点领域持续发力，完善教育法律与政策决策支持平台，开展中国高等教育公平新进展与国家专项政策研究、乡村教师系列研究、中国院校管理与院校变革案例研究、学生心理健康系列研究、深度贫困地区教育扶贫调查研究，形成系列研究成果，实现学院关切教育、服务社会的使命。

## ■ 高瓴人工智能学院

高瓴人工智能学院于2019年1月获批，4月正式成立。作为中国人民大学下属学院，承担学校人工智能学科的规划与建设，开展本学科和相关交叉学科领域的本硕博人才培养和科学研究工作。学院由高瓴资本创始人、中国人民大学校友张磊先生捐资支持建设。学院的愿景是打造一所能够影响和塑造未来人工智能时代的世界一流学院，为全球思考并创造“智能而有温度”的未来。学院首任学术委员会主任由中国工程院原常务副院长、国家新一代人工智能战略咨询委员会主任潘云鹤院士担任，首任执行院长由中国人民大学信息学院院长文继荣教授担任。

2019年，人工智能学科建设稳步推进。自主设置目录外二级学科“人工智能”硕士点和博士点获批，中国科协—中国人民大学智能社会治理研究中心、中国外文局—中国人民大学国际传播大数据智能实验室获批建设。

学院推进建设人工智能核心知识课程体系，制定学术型硕士研究生培养方案、直博生培养方案、普通博士生培养方案等，探索本硕博分层次一体化人工智能培养方案。举办2019年高瓴人工智能学院优秀大学生夏令营，录取首批推免硕士生、直博生。校企合作育人方面，学院与浪潮、滴滴、爱奇艺等20家人工智能知名企业签订共建实践教学基地合作协议。

学院借鉴国际名校管理机制，专任教师全面实行长聘制。经过全球招聘，已与美国卡内基梅隆大学、微软研究院等海内外一流高校和研究机构的杰出学者达成聘任意向。

2019年，学院科学研究硕果累累。文继荣院长获北京高校卓越青年科学家计划项目资助，将围绕“大数据驱动的计算机智能读写”开展深入研究，实施周期为5年，经费总额度为 5 000万元。文继荣院长当选北京智源人工智能研究院“智能信息检索与挖掘”项目首席科学家，窦志成副院长担任项目经理。

学院举办首届智能社会治理论坛，围绕智能社会治理面临的新形势新挑战新理念，展开跨学科、跨领域的研讨交流。举办首期“高屋建瓴公开课——大师讲”和两期“高屋建瓴公开课——青年说”高端学术论坛，首期“大师讲”由中国工程院原常务副院长、学院学术委员会主任潘云鹤做题为《人工智能 2.0 与数字经济》的报告。举办大数据管理与分析方法研究北京市重点实验室第二届学术委员会第一次会议暨大数据智能研讨会。

徐君教授荣获 SIGIR 2019 Test of Time Award Honorable Mention（时间检验提名奖），这是该奖项设立以来首次被授予来自中国大陆的学者。学院获得中国外文局“建局 70 周年优秀合作伙伴奖”，国内外仅 12 家机构获此奖项。

## ■ 继续教育学院

继续教育学院是中国人民大学 2018 年 3 月将原继续教育学院和培训学院合并成立的。现任院长为丁凯教授。学院是学校组织开展学历继续教育和非学历教育培训的办学单位，是学校继续教育体制机制改革创新的示范平台，是学校服务社会的重要渠道，是构建终身教育体系和建设学习型社会的重要桥梁，也是学校“双一流”建设的重要组成部分。继续教育与本科生教育、研究生教育一道，共同构成了中国人民大学人才培养体系。

2019 年，学院圆满完成三项重点工作：深入开展“不忘初心、牢记使命”主题教育，积极配合巡察工作并认真落实整改，认真落实政治性培训任务。同时，全力排除经济形势严峻、业务急剧转型、市场竞争激烈等不利因素干扰，基本盘面稳中有升，且未来发展势头良好。截至 2019 年底，全年总收入达 25 318 万元，其中，非学历培训 13 081 万元，成人学历教育 875 万元，网络教育 11 362 万元。高端培训收入历史上首次突破 1 亿元大关。

## ■ 苏州校区（国际学院、中法学院、丝路学院）

苏州校区正式成立于 2012 年 9 月，全面负责国际学院（苏州研究院）、中法学院、丝路学院等教学科研机构与社会服务机构的管理。苏州校区位于江苏省苏州工业园区独墅湖科教创新区，是学校整体事业发展的重要组成部分和新的增长点，是学校国际化的重要窗口，是面向国际、探索中外合作办学和培养高端人才的实验基地，是优势学科国际化拓展与提升的重要平台。校长刘伟任苏州校区管理委员会主任，常务副校长王利明任丝路学院院长，副校长杜鹏任苏州校区管理委员会副主任，副校长朱信凯任丝路学院执行院长，黎玖高任苏州校区管理委员会副主任兼国际学院院长、中法学院院长、丝路学院副院长。

苏州研究院成立于 2004 年 3 月，2007 年 9 月更名为国际学院（苏州研究院）。国际学院（苏州研究院）是学校在新的历史条件下与苏州市人民政府合作共建的高层次、国际化教学研究机构。学院采取“延伸办学”和“自主办学”相结合的模式运行，现招收金融硕士（风险管理方向）、汉语国际教育硕士等专业硕士研究生。

中法学院成立于 2012 年 6 月，是学校与法国索邦大学、法国蒙彼利埃保罗-瓦莱里大学、法国

KEDGE 商学院合作共建，经中国教育部批准的中外合作办学机构，属于学校的非独立法人办学单位。中法学院招收金融学、国民经济管理、法语等专业本科生。

丝路学院成立于 2018 年 4 月，是属于学校的非独立法人办学单位，由重阳金融研究院、国际关系学院和苏州校区等单位合作共建，主要培养“一带一路”沿线国家和地区的硕士留学生。丝路学院依托学校在人文社会科学领域的学科优势和国际化办学的经验，通过体制机制创新，有效整合校内外优质资源，以一流的师资、完整的培养体系和现代化的教育方式为“一带一路”沿线国家和地区培养热爱中国文化，深刻理解中国发展道路、发展模式及发展经验的国际化复合型高端人才和未来精英领袖。

苏州校区设有全球化研究中心、食品安全治理协同创新中心南方基地、技术性贸易措施研究院等科研机构。中国人民大学国家大学科技园（苏州分园）、中国人民大学生物医学统计研究中心设在苏州校区。同时，中国人民大学出版社华东分社、中国人民大学书报资料中心华东分社等在苏州校区入驻。

苏州校区按照校本部派驻教师、校区专任教师和聘任教师相结合的原则组建教师队伍。校本部派驻教师 12 人，其中教授 5 人、副教授 4 人、讲师 1 人、助理教授 2 人；校区专任教师 10 人，其中副教授 6 人、讲师 4 人；聘任教师 67 人，其中教授 7 人、副教授 1 人、讲师 59 人。

苏州校区现有全日制在校生 1 496 人，其中本科生 1 109 人、硕士研究生 267 人、博士研究生 14 人、丝路留学生 106 人。此外，还有来自法方合作院校的交换学生 49 人、中美项目学生 28 人、中欧欧洲法项目学生 10 人。

截至 2019 年底，苏州校区共承担科学研究项目 156 项，其中纵向科研项目 6 项，江苏省、苏州市、苏州工业园区等单位委托课题近 50 项。

为推动创新型人才的培养，提高研究生科研创新能力和综合素质，全面提升研究生培养质量，截至 2019 年底，苏州校区共设立了 59 项研究生科研项目。

2019 年先后举办第九届人大独墅湖金融论坛暨湖畔论坛、金融风险管理学科全球顾问委员会（GAB）与风险建模全球专家委员会（GEC）2019 年度会议、新时代的“一带一盟”对接第七届中俄经济对话、华东七省（市）“协同育人·共铸栋梁”中学校长论坛等活动；举办学生课外学术科技作品竞赛、辩论赛、读史读经典实践活动、“人大使者”家乡行、“职海引航”培养计划、高雅艺术进校园等各类学术、实践、文化、体育、生活类活动。

在 2019 年全国高校法语专业四级考试中，中法学院 2017 级学生通过率达 96%，优秀率达 48%，平均分高于全国平均分 20.83 分；在法语专业八级考试中，中法学院 2015 级法语专业本科生通过率达 88%，优秀率达 14%，平均分高于全国平均分 12.06 分。在 2019 年全国大学生英语竞赛中，中法学院 2018 级牟雅睿获得 C 类（非英语专业本科生组）全国一等奖，2018 级高瑗、罗靖鸿、彭泳元获得 C 类全国二等奖，2018 级耿宇思、盛灵钰、王亚勋、董仔涵获得 C 类全国三等奖，牟雅睿的指导教师潘复琴老师获得“优秀指导教师”荣誉称号。在 2019 年全国大学生数学竞赛中，中法学院 2017 级金融学专业李济康获一等奖。中法学院代表队获中国人民大学第三十三届“一二·九”合唱音乐节 A 组银奖、最佳指挥单项奖。

2019 年，世界卫生组织前高级官员、世界卫生组织驻太平洋岛国大使、世界卫生组织太平洋岛国技术支援司首任司长陈恳，云南师范大学党委书记饶卫，苏州市副市长曹后灵，教育部国际合作与交流司副司长方军，中国教育国际交流协会副会长、秘书长赵灵山等先后考察苏州校区。法国驻上海总领事馆总领事纪博伟（Benoît Guidee）、教育领事夏睿思（Fabien Chareix），法国蒙彼利埃保罗-瓦莱里大学校长帕特里克·基利（Patrick Gilli），KEDGE 商学院校长何塞·米拉诺（José Milano），KEDGE 商学院董事会副主席吉·马霍希亚（Guy Marcillat）等法方领导先后来访苏州校区。

2019 年，苏州校区荣获中国人民大学学生就业创业工作先进集体，第十四届苏州阅读节“优秀活动奖”，苏州独墅湖科教创新区宣传工作优秀工作奖、绩效奖，苏州独墅湖科教创新区文化工作突出贡献奖、资源共享奖、绩效奖等荣誉。中法学院荣获中国人民大学本科招生工作先进单位，由中法学院负责组建的江苏招生组荣获中国人民大学2019年本科招生优秀招生组。

## ■ 深圳研究院

深圳研究院成立于2002年5月，是学校在深圳市委、市政府支持下，在深圳建立的集产学研于一体的高层次、综合性的教育、科研、服务机构，全权负责学校在华南地区的一切事务。法人代表、院长为中国人民大学常务副校长王利明教授，常务副院长为中国人民大学经济学院关雪凌教授。

截至2019年底，全院共有教职工7人。根据学校的总体安排和发展规划，研究院的主要任务集中在继续教育、智库建设和国际交流三个方面。

在继续教育方面，主要依托学校在人文社会科学领域独树一帜的学科群体优势和师资优势，为地方和企事业单位培养复合型人才提供教育服务。培训内容主要包括：经济学、艺术学等专业的同等学力课程研修班；为企事业单位定制的长、短期培训班；高端人才研修班，主要有企业经济管理、金融科技和领导力提升等专题；与校本部相关学院在华南地区合办同等学力课程研修班，主要开设经济学专业（企业经济学、西方经济学、网络经济学）。

在智库建设方面，依托学校在人文社会科学领域独树一帜的一流学者效应，发挥服务地方经济社会发展的智库功能。研究院组建由学校学科带头人、专业教授、青年教师等各类人才组成的专家库，围绕粤港澳大湾区和中国特色社会主义先行示范区“双区驱动”的重大需求，承担各级政府部门及行业的研究课题，为决策部门提供政策参考。

在国际交流方面，充分发挥学校优势学科资源，贯彻落实中国人民大学-圣彼得堡国立大学俄罗斯研究中心“一体两翼”式发展规划，整合中国人民大学“一带一路”经济研究院的学术研究和政策咨询资源，以俄罗斯研究中心和“一带一路”经济研究院独特的人文交流地位在粤港澳大湾区开展人员往来、文化交流和智库合作等方面工作。

## ■ 体育部

体育部是负责学校体育教学、学生课外体育活动与竞赛以及高水平运动队管理和学生体质测试的教学部门，下设“一拳一泳”教研室、体能体美教研室、球类教研室、办公室、团工委、体质测试中心、高水平运动队管理中心。现任主任为李树旺教授。

体育部在职在岗教师39人、党政教辅人员7人。在岗教师中含教授2人，副教授29人，讲师8人。专业方向分为体育教育训练学、体育人文社会学、运动人体科学三大类。

学校体育教学体系设计合理、特色鲜明，开设足球、篮球、游泳、养生、太极拳等15门体育必修课程及国际小学期课程，其中，“一拳（太极拳）一泳（游泳）”课程是体育教学的核心课程和特色课程。另外，在体育教学之余，体育部非常重视校园体育文化的塑造，通过“大学体育四年不断线”等一系列举措培养学生的体育精神，让学生在“流过汗、较过劲”的运动中与伙伴们一起分享体育的苦和乐，塑造健全的人格，培养团结拼搏的意志品质，使学生成长为未来的栋梁之才。学校体育赛事精彩纷呈，每年举办春季全校田径运动会、秋季新生田径运动会以及足球、篮球、排球、乒乓球、羽毛球等各类学生课外群体比赛。

2019年，学校有男足、女篮、男排、网球、田径、武术6支高水平代表队，各队在国家和北京市的重要比赛中取得多项优异成绩，部分学生运动员达到国家级运动健将标准；还有啦啦操、游泳、羽毛球、乒乓球、体育舞蹈、篮球、足球、排球、健身健美等普通学生组成的体育代表队伍，各支队伍在全国和北京市的各类比赛中取得多项冠军；临时组建参加各种校外活动赛事的队伍10余支，包括徒步、拓展、越野、自行车、登山、攀岩、冰球、滑雪、轮滑、帆船、龙舟等。群众体育的蓬勃发展和竞技体育的优异成绩共同构成了人大校园体育运动发展的靓丽图景，为学校各项事业发展特别是“双一流”建设注入了强大动力。

全校田径运动会于每年4月举办，是年度规模最大、项目最多、时间最长的赛事。2019年的第60届田径运动会首次在夜晚以嘉年华形式开幕，以“我为祖国强体魄”为口号，号召广大学子积极参与体育锻炼，全面提升身体素质。开幕式上首播的人大体育形象片是丰富多彩的校园体育文化生活之掠影，记录了人大学子驰骋拼搏于各类体育活动中的矫健身姿和顽强意志。

新生田径运动会于每年10月举办，参赛对象为入学新生，旨在让各位新同学通过参加新生运动会更好地融入大学生活，展现出人大学子积极向上的精神风貌。2019年新生运动会上，校领导们身着运动服来到田径场跑道，带领师生代表开启“砥砺七十年，健身再出发”的领跑活动。

“一二·九”校园越野赛于每年12月举办，是深受师生欢迎的校园品牌体育活动。2019年的“一二·九”越野赛在参赛规模、赛程设计、赛事筹备等方面都有较大突破与创新。一是比赛规模为历年之最，共有1 000余名参赛队员，包括师生和近百名校友。二是首次设置10公里赛程，打造了具有人大特色的校园迷你马拉松。三是赛事筹备智能化专业化，每位参赛队员的号码布附带计时芯片，可精确记录起终时间。另外，专业教练员在赛前赛后带领参赛队员进行热身和拉伸，专业配速员在比赛过程中为参赛队员提供稳定配速参考，赛道途中设紧急救护站、补给区等。

# 党建和思想政治工作



## ■ 综合工作

### 一、概况

2019年，学校党建和思想政治工作坚持以习近平新时代中国特色社会主义思想为指导，树牢“四个意识”，坚定“四个自信”，坚决做到“两个维护”，认真贯彻落实习近平总书记关于“不忘初心、牢记使命”主题教育重要论述，充分发挥党委领导核心作用，紧紧围绕立德树人的根本任务，加强党对学校工作的全面领导，加强领导班子思想政治建设和理论学习、民主办学和依法治校、安全稳定工作、保密工作等，为学校把准正确办学方向以及各项事业发展提供强有力的思想保证、政治保证和组织保证，推动学校党建思政和各项事业发展。

### 二、领导班子思想政治建设和理论学习

2019年，学校领导班子把学习宣传贯彻习近平新时代中国特色社会主义思想作为首要政治任务，围绕“不忘初心、牢记使命”主题教育，全面落实主题教育部署，扎实推进主题教育各项任务，确保取得预期成效。在中央第二指导组的指导下，学校党委认真贯彻落实习近平总书记关于“不忘初心、牢记使命”主题教育重要论述和中央主题教育领导小组决策部署，牢牢把握“守初心、担使命，找差距、抓落实”的总要求，牢牢把

握“深入学习贯彻习近平新时代中国特色社会主义思想、锤炼忠诚干净担当的政治品格、团结带领全国各族人民为实现伟大梦想共同奋斗”的根本任务，牢牢把握“理论学习有收获、思想政治受洗礼、干事创业敢担当、为民服务解难题、清正廉洁作表率”的目标，牢牢把握“为党育人为国育才、突出党的政治建设、紧扣立德树人根本任务、健全全员全过程全方位育人的体制机制”的着力点，坚持四项重点措施贯穿始终。通过主题教育，学校广大党员干部深化了对初心使命的感悟，进一步增强了坚守人民立场、办好人民满意大学的自觉性和主动性，增强了找准发展差距、推进“双一流”建设的紧迫感和责任感，增强了推动自我革命、全面加强高校党的领导和党的建设的决心和信心，取得了实实在在的成效。

2019 年，党委理论学习中心组集体学习 23 次，明确提出要把习近平总书记对国家教育工作的重要论述，特别是高校“双一流”建设的重要指示精神作为学校的指针路引，使学校为建设社会主义教育强国贡献自己的力量。为充分发挥高校在理论研究解读和阐释宣传中的作用，围绕党中央 2019 年的各项重大决策和部署，学校领导班子成员、校内专家学者共同解读新的重大理论和现实问题，发挥主流意识形态的引领作用。2019 年学校专家学者公开发表各类学习文章 1 600 余篇，其中校领导班子成员发表 140 余篇。

2019 年，各级领导干部认真学习贯彻《中共中央关于加强党的政治建设的意见》，通过督查、巡察等方式不定期对党员干部进行“政治纪律和政治规矩”专项党性体检。学校 28 个学院分党委（党总支）成立师德建设与监督委员会，设立学院教师思想政治工作联络员，研究制定《中国人民大学教师思想政治工作规划（2019—2022 年）》等文件，对师德失范行为“零容忍”。

## 三、民主办学和依法治校

2019 年，学校“民主办学，依法治校”工作继续扎实推进。学校领导班子自觉贯彻落实民主集中制和党委领导下的校长负责制，以学校章程建设为抓手，进一步健全和规范党委会、党委常委会等重要议事制度和规则，严格执行“三重一大”事项集体研究决定制度，充分发挥教代会作用，保障教职工参与民主管理和监督的民主权利，进一步拓展民主管理渠道，完善内部治理结构。同时，进一步加强制度建设，严格按照法律法规和学校各项规章制度办事，坚持依法治校。

学校法律学科优势突出，具有丰富的专家资源。学校依托法学院的学科和人才优势，较早就开展法律顾问服务。2008 年，学校正式设立法律事务室，聘任法学院为学校法律顾问单位，并根据学校诉讼案件特点，聘请诉讼法、劳动法、经济法、民商法、公司法、宪法行政法等领域的 10 余位专家作为学校法律顾问。法律事务室作为学校法律事务的归口管理机构，负责学校日常法律事务、合同审定等，推进学校依法治校进程。法律事务室由学校办公室主任直接领导，并由学校办公室副主任负责，设有专职工作人员一名，进行日常事务管理。2019 年 10 月《中国人民大学法律事务管理办法》（2019 年修订）颁布实施。法律事务处理实行申请—咨询—援助制度，做到全流程服务。相关单位遇到法律事务纠纷，首先向学校法律事务室提交《法律服务申请表》，由法律事务室根据事务类别，安排相同或相近领域法律顾问进行咨询，并安排专门会议商讨研究，提出应辩建议。对于诉讼案件，由法律顾问担任律师进行辩护，直接有效地提供全流程法律服务，确保援助效果。学校同时确定 2～3 家专业律所，作为学校日常合同审查、法律事务咨询、法律诉讼应诉机构，处理学校相关法律事务。学校法律事务室积极为学校重大活动和重要工作提供法律咨询，及时协调法律顾问及律师代表学校应诉。2019 年，学校法律顾问为校内各单位提供合同审定、出具法律意见、法律咨询、应诉等法律服务达 100 余次，其中参加诉讼案件近 20 起。

2019 年，学校持续推进健全信访工作长效机制，根据新形势、新需求修订完善《中国人民大学信访工作办法》，受理信访件 366 件，其中校长信箱 192 件、书记信箱 37 件、上级部门 19 件、校领导转3件、来访31件、来电57件、来信27件，有效解决了群众诉求，维护了校园和谐稳定。

学校高度重视发挥教代会、工会作用，不断完善教代会制度，保障教职工民主参与权利。学校高度重视教代会的地位和作用，始终将教代会工作作为凝聚人心、集中民智、促进发展的重要载体和有效途径。2019年学校第七届教职工代表大会暨第十六届工会会员代表大会第二次全体会议书面审议了校务公开报告、学校年度财务工作报告、教代会提案工作报告、周转住房管理实施细则及典型案例等，讨论了学校章程修改草案。代表们在分团讨论会中畅所欲言，对学校发展和一些具体工作提出许多宝贵的意见建议。大会圆满完成了各项既定任务，形成了大会决议，是一次发扬民主、集中民智、凝聚共识的重要会议，是学校民主办学、民主治校的重要体现。

## ■ 组织工作

### 一、概况

2019年，党委组织部按照中央和上级要求，在学校党委的统一部署和指导下，以习近平新时代中国特色社会主义思想和党的十九大精神、全国高校思想政治工作会议精神为指导，认真推进“不忘初心、牢记使命”主题教育常态化制度化，深入贯彻全面从严治党要求，不断推进基层组织建设、领导班子和干部队伍建设、党员和干部教育培训以及部门自身建设等，为学校各项事业的科学发展提供了有力保障。

### 二、“不忘初心、牢记使命”主题教育

详见“特载”。

### 三、干部工作

截至2019年底，全校共有处级中层干部360名，平均年龄45.58岁，其中正处级117人，平均年龄50.0岁，副处级243人，平均年龄43.3岁；男性干部240人，占66.7%，女性干部120人，占33.3%；党员干部315人，占87.5%，党外干部45人，占12.5%；双肩挑干部174人，占48.3%，专职干部186人，占51.7%。中层干部中具有博士学位的224人，占62.2%；具有硕士学位（研究生学历）的112人，占31.1%；具有本科学历的22人，占6.1%；具有大专及以下学历的2人，占0.6%。中层干部中具有副高级以上职称的242人，占67.2%；具有中级及以下职称的118人，占32.8%。

**干部基本情况统计表**

（截至2019年12月31日）

| | 总人数 | 男 | | 女 | | 专职 | | 兼职 | |
|---|---|---|---|---|---|---|---|---|---|
| | | 人数 | 比例（%） | 人数 | 比例（%） | 人数 | 比例（%） | 人数 | 比例（%） |
| 正处级 | 117 | 78 | 66.7 | 39 | 33.3 | 57 | 48.7 | 60 | 51.3 |
| 副处级 | 243 | 162 | 66.7 | 81 | 33.3 | 129 | 53.1 | 114 | 46.9 |
| 总人数 | 360 | 240 | 66.7 | 120 | 33.3 | 186 | 51.7 | 174 | 48.3 |

**干部学历情况统计表**

（截至2019年12月31日）

| | 总人数 | 博士 | | 硕士（研究生学历） | | 本科 | | 大专及以下 | |
|---|---|---|---|---|---|---|---|---|---|
| | | 人数 | 比例（%） | 人数 | 比例（%） | 人数 | 比例（%） | 人数 | 比例（%） |
| 正处级 | 117 | 80 | 68.4 | 24 | 20.5 | 12 | 10.3 | 1 | 0.9 |
| 副处级 | 243 | 144 | 59.3 | 88 | 36.2 | 10 | 4.1 | 1 | 0.4 |
| 总人数 | 360 | 224 | 62.2 | 112 | 31.1 | 22 | 6.1 | 2 | 0.6 |

**干部职称情况统计表**

（截至2019年12月31日）

| | 总人数 | 正高级 | | 副高级 | | 中级及以下 | |
|---|---|---|---|---|---|---|---|
| | | 人数 | 比例（%） | 人数 | 比例（%） | 人数 | 比例（%） |
| 正处级 | 117 | 60 | 51.3 | 38 | 32.5 | 19 | 16.2 |
| 副处级 | 243 | 69 | 28.4 | 75 | 30.9 | 99 | 40.7 |
| 总人数 | 360 | 129 | 35.8 | 113 | 31.4 | 118 | 32.8 |

**干部年龄情况统计表**

（截至2019年12月31日）

| | 总人数 | 55岁及以上 | | 51～54岁 | | 46～50岁 | | 41～45岁 | | 36～40岁 | | 35岁及以下 | |
|---|---|---|---|---|---|---|---|---|---|---|---|---|---|
| | | 人数 | 比例（%） | 人数 | 比例（%） | 人数 | 比例（%） | 人数 | 比例（%） | 人数 | 比例（%） | 人数 | 比例（%） |
| 正处级 | 117 | 32 | 27.4 | 31 | 26.5 | 21 | 17.9 | 27 | 23.1 | 6 | 5.1 | 0 | 0.0 |
| 副处级 | 243 | 19 | 7.8 | 23 | 9.5 | 43 | 17.7 | 52 | 21.4 | 86 | 35.4 | 20 | 8.2 |
| 总人数 | 360 | 51 | 14.2 | 54 | 15.0 | 64 | 17.8 | 79 | 21.9 | 92 | 25.6 | 20 | 5.6 |

### （一）坚持党管干部，贯彻党对高校工作的全面领导

一是强化党委领导把关作用，发挥民主集中制优势。按照“集体领导、民主集中、个别酝酿、会议决定”的原则，学校党委提拔任用一名干部，要经过动议、民主推荐、考察、讨论决定、任职等5个必要环节，至少要经过3次（一般为4次）干部选拔工作小组会研究和一次党委常委会讨论决定。2019年，学校党委共召开干部选拔工作小组会33次，研究干部人选534人次；召开有关人事问题的党委常委会23次，以无记名投票表决方式通过干部任免事项188项。新提拔68名干部到上一级岗位工作，包括23名“80后”干部（其中35岁及以下年轻干部8名）、17名女干部、6名少数民族干部、10名党外干部，体现了结构性配备要求和“五湖四海、任人唯贤”的原则。68名新提拔干部中，47人具有博士学位，占69.1%，27人为专职管理干部，41人为“双肩挑”干部，6人为教师党支部书记“双带头人”，充分发挥高校干部专业优势，体现了“高素质专业化”的选人用人导向。

二是突出政治标准，抓住本质识人用人。学校党委将党的政治建设贯穿选人用人工作始终，出台《关于考准考实干部政治表现的实施办法（试行）》，明确干部政治表现的评价标准、考察方式，并列出政治表现“负面清单10条”，将政治标准落细落实。拓宽征求意见渠道，用好大范围深入谈话，全年组织召开干部民主推荐会议39场，1 869人次干部群众表达了自己的推荐意见；个别谈话征求意见1 325人次，把群众口碑摸清摸透；坚持“凡提四必”，坚决防止“带病提拔”，对拟提拔或进一步使用人选的干部档案必审，对4名年龄存疑的干部，由组织部门派出专人赴干部出生地进行外调，经学校党委综合研判、集体认定后才继续选任程序；填报范围内的个人有关事项报告必核，查核比对35名拟提拔或进一步使用人选的个人有关事项报告，责令4名存在漏报但不影响继续使用的考察对象做出检查；纪检监察机关意见必听，全年对448人次拟提拔或平级调整、试用期满转正、换届考察人选

的党风廉政情况逐个征求意见；线索具体的信访举报必查，认真对待干部群众信访意见，对考察乃至公示阶段发现的问题逐一查核，对确实存在问题的，该纠正的纠正，该复议的复议。

三是开展党组织集中换届选举工作，促进“两项规则”落实落地，保障学院级党组织发挥政治功能。2019 年，学校党委成立集中选举和换届工作领导小组，启动 31 个学院级党组织的换届工作，对个别因种种原因长期未换届的学院级党组织加紧“清理旧账”，将换届工作与院系党组织会议规则、院系党政联席会议规则的落地实施结合起来，健全完善院系治理结构，促进学院级党组织在本单位发挥政治核心作用。换届过程中注重选优配强干部队伍，选配政治强、业务强、能力强的同志担任学院级党组织书记，每个学院配备 1 名专职或专任副书记，对于党政正职“一肩挑”的学院，还配备了常务副书记。20 个学院级党组织的换届选举工作已成功完成，党员副院长、党员工会主席全部进入党委（党总支）领导班子。

（二）主动对标新《条例》，调整和规范选人用人工作程序

一是调整优化民主推荐、组织考察程序。学校党委第一时间学习领会新《党政领导干部选拔任用工作条例》的新精神、新要求、新做法，对选人用人程序进行了相应优化：在民主推荐环节，一般先进行谈话调研推荐再组织会议推荐，会议推荐时提出差额参考人选，不搞“大会海推”“划票打钩”；在考察环节，运用好政治表现负面清单，落实政治标准“首问”，将同考察对象面谈作为考察干部的必要程序，考察对象所在党组织必须就考察对象政治表现和廉洁自律情况提出结论性意见，并由党组织书记、纪委书记（纪检委员）签字，发挥二级党组织把关作用；竞争上岗和公开选拔不再作为单独的选拔任用方式，而是作为动议阶段产生人选的一种方式，防止简单以票数、分数取人。

二是开展选人用人工作普遍性问题自查整改。主题教育期间，学校党委根据教育部相关要求，对 2016 年以来的选人用人工作开展了全面自查和整改，围绕选人用人工作 8 个方面 60 条问题表现逐条进行对照检查。经过自查，学校党委能够严格遵守选人用人工作的各项制度要求，但在干部队伍规划、制度体系建设、激励担当作为等方面还存在需要进一步改进完善的问题，学校党委将查摆出的问题列入整改台账。“内部机构违规设置助理岗位”“证照归还不及时”等问题已整改完成，个别干部“交流轮岗不及时”和“存在‘超龄服役’现象”等问题逐步统筹解决，涉及领导职数管理、激励担当作为、考核工作办法等多项制度文件已初步起草或修订完成。本次自查整改工作是对学校党委选人用人工作的一次全面体检，也为迎接新一轮中央巡视进行了“模拟考试”。

（三）围绕“双一流”建设，为学校事业发展提供干部保障

一是抓好各单位党政负责人的个别调整，选优配强各级领导班子。2019 年，学校党委共调整或续任干部 188 人次，包括：3 个教学单位的行政负责人（艺术学院、环境学院、教育学院），9 个学院级党组织书记（机关党委、文学院党委、历史学院党委、农业与农村发展学院党委、法学院党委、艺术学院党总支、环境学院党委、信息资源管理学院党委、国际关系学院党委、理学院党委），5 个机关部处和群团组织主要负责人（党委组织部、党委统战部、校园建设管理处、实验室管理与教学条件保障处、校工会），3 个直（附）属单位主要负责人（图书馆、附属中学、人大附中联合总校）。各级领导班子建设质量不断提高。

二是持续优化机构职能、充实干部队伍。学校事业发展到哪儿，干部保障就跟进到哪儿。2019 年，学校先后成立高瓴人工智能学院、经济学院（新）、应用经济学院、国际文化交流学院、国际组织学院；设置基础教育处、学术委员会秘书处办公室（挂靠人事处）、社会保险管理中心（挂靠人事处）、高级管理人员工商管理硕士（EMBA）教育中心（挂靠研究生院）、“双一流”建设办公室（挂靠发展规划处）、综合服务中心（挂靠学校办公室）、宁夏国际学院筹建工作领导小组办公室、本科人才培养委员会办公室（挂靠教务处）等新的内设管理机构；调整实验室管理与教学条件保障处、信息技术中心、资产与后勤管理处和校园建设管理处的职能，进一步明确相关部门职责权限，理顺业务关系、提高管理和服务水平。按照减少领导职数、因事择人、人岗相适的原则，学校党委充分挖掘干部

队伍潜力，为新设机构配备领导干部，保障了相关事业迅速走上正轨。

三是不断探索激励机制，强化新时代新担当新作为导向。学校党委按照“不忘初心、牢记使命”主题教育要求，集中开展了“整治干事创业精气神不够，患得患失，不担当不作为的问题”专项整治，组织全校各单位围绕不担当不作为突出问题开展自查，将查摆出来的问题纳入各单位主题教育整改台账。同时，协调有关职能部门针对突出问题共同发力，从健全激励机制、改进评价体系、完善待遇保障、提高服务水平、营造干事创业氛围等多方面拿出具体措施，激励广大干部以奋发有为的姿态投入学校改革发展事业。2019 年底，学校党委开展了综合服务中心副主任和国际文化交流学院副院长两个岗位的竞争上岗，共有 16 名同志报名参加，通过展示自我、比选择优，一批优秀年轻干部进入到组织视野里来，更多的年轻干部明确了自我成长的方向。

（四）加强顶层设计，统筹谋划干部队伍建设

一是专题调研优秀年轻干部工作。按照教育部有关文件精神和会议部署，学校党委开展了优秀年轻干部集中调研工作。党委组织部组成考察组，分层次开展调研，个别谈话 177 人次。学校党委根据调研情况，结合干部一贯表现和其他事项，经过反复酝酿和慎重研究，确定了不同层次的优秀年轻干部推荐人选，并保持动态管理、优进绌退，为上级部门的选人用人工作提供参考，也为学校干部队伍建设挖掘了潜力。在此基础上，学校党委制定了《新时代中国人民大学优秀年轻干部发现培养选拔工作实施办法》，为优秀年轻干部队伍建设的常态化、制度化提供了依据。

二是进一步畅通干部交流渠道。学校党委主动作为，积极向上级部门、地方党政机关、国有企事业单位和兄弟高校推荐优秀年轻干部，2019 年共推荐 4 名优秀领导干部、教师到校外任职，其中 2 名为提拔任职。接待了教育部、北京市、最高人民法院等单位来学校推荐考察干部，配合他们做好相关工作，拓宽干部交流渠道，提高干部队伍流动性。

三是有计划地选派干部到吃劲岗位、重要岗位经受锻炼。2019 年，学校共有 41 名优秀年轻干部人才在校外挂职或借调，其中，18 人为 2019 年新派出，13 人在新疆、西藏、云南、四川、贵州等西部艰苦地区挂职锻炼；2019 年，学校党委选拔 14 名青年教师和教师党支部书记“双带头人”到党委宣传部、发展规划处、教务处、科研处等机关部处挂职，让有良好专业背景的“双肩挑”干部积累行政经验；选派多名年轻管理干部参与学校房产和国有资产清查、纪委专项工作、巡察工作等重大专项工作，让他们经风雨、见世面、壮筋骨、长才干。学校党委和组织人事部门注重跟踪考察、做好联络保障，关注干部后续发展，把在脱贫攻坚、对口支援、重大专项工作中表现突出的优秀代表及时用起来，在 2019 年新提拔的中层领导人员中，8 人有援疆、援藏、援滇及其他重大专项工作经历。

（五）突出“不忘初心、牢记使命”主题，做好干部教育培训工作

在“不忘初心、牢记使命”主题教育中，学校处级以上领导干部在集中学习、给师生讲党课、对照党章党规找差距等各项重点措施中切实增强了理论武装、洗礼了思想政治，进一步加深了对习近平新时代中国特色社会主义思想重大意义、科学体系、丰富内涵、实践要求的理解，切实增强了树牢“四个意识”、坚定“四个自信”、带头做到“两个维护”的政治自觉、思想自觉和行动自觉。2019 年，学校党委组织 4 个干部培训班次，共有 64 名新上岗处级干部、380 名党支部书记、45 名年轻优秀干部接受了理论学习培训，并赴遵义、哈尔滨、大庆、威海等爱国主义教育基地开展党性教育，把理想信念教育贯穿始终。

（六）坚持严管就是厚爱、不断加强干部监督工作

一是在日常监督上下功夫，坚持抓早抓小、防微杜渐。组织人事部门用好提醒函询诫勉等手段，使咬耳扯袖、红脸出汗成为常态，2019 年组织人事部门共开展提醒函询诫勉 46 人次，其中提醒 39 人次、函询 5 人次、诫勉 2 人次，分别针对干部组织纪律、廉政勤政、不如实报告个人有关事项等几个方面的苗头性、倾向性问题及时敲响思想警钟。从严从实做好经济责任审计工作，全年委托审计部门对 24 名中层正职负责人及履行经济责任的副职领导人员进行任期或离任经济责任审计，做到离任

必审、任满必审、任中抽审，对审计结果显示的问题和隐患责成干部和所在单位及时整改。

二是严格落实请示报告制度，督促干部自觉做到忠诚老实。学校党委不断深化领导人员思想认识，加大个人有关事项工作培训力度，使学校中层领导人员个人事项查核一致率保持在较高水平。全年委托中组部查核干部个人有关事项报告92份，查核结果与本人填报情况一致的76人，查核一致率82.6%。出台《中国人民大学二级单位党政领导班子成员分工报备办法》，明确二级单位领导班子成员分工报备和分工调整报备的要求和程序，进一步严肃党内政治生活。落实外出报告与请假管理制度，初步建立有学校特色的请示报告在线管理体系，2019年，共为226人次办理因私出国（境）证照使用审批手续，为383人次办理因公出国（境）备案手续，为1 686人次办理境内请假与外出报告审批手续。学校党委还进一步加强了领导人员参加各类研讨会和论坛的审批管理，不断落实落细请示报告制度，严肃工作纪律，强化组织观念。

三是坚持严格管理和关心信任相统一，为干部撑腰鼓劲。扩大谈心谈话制度覆盖面，结合日常谈话、任免谈话、诫勉谈话、反馈谈话等多种方式，关心关爱干部，特别是在36名中层正职任职前由学校党委书记、校长、纪委书记进行“三必谈”，在明确权责和纪律的同时，为干部加油鼓劲。落实函询回复采信反馈制度，消除以往工作中的“模糊点”，对确实不存在问题的，该澄清的及时澄清，使得到组织采信的领导干部放下包袱、轻装上阵。坚持“为人才松绑”的原则，做好领导人员兼职管理工作，2019年，学校党委组织部共审批中层领导人员在社会团体、基金会、民办非企业单位兼职39项，党委常委会审批中层领导人员在企业兼职18项，保护了中层领导人员发挥智力优势、为社会做贡献的积极性，同时也对中层领导人员兼职数量统筹管理，防止兼职过多过滥，避免影响主责主业。

## 四、基层党组织建设

截至2019年底，学校共有基层党组织654个，其中院系党委32个，党总支5个，党支部617个；直属党委管理的直属党支部1个，学生党支部334个（本科生党支部45个，研究生党支部289个），在职教工党支部179个，离退休教职工党支部83个，师生混合党支部20个。党委组织部按照上级和学校党委的部署要求，扎实开展“不忘初心、牢记使命”主题教育，以“基层党组织制度建设年”为主题，从严从实推进基层党组织建设，推动基层党建工作迈上新台阶。

### （一）全面加强党的政治建设

一是注重学校顶层设计。通过制定学校党建工作领导小组的工作规则，强化党的建设工作领导小组职能和定位。按照党中央和北京市的整体部署和具体要求，制定《中国人民大学关于加强党的政治建设的若干措施》，细化100项重点任务，明确主责领导、牵头部门和完成时限，将党的政治建设融入到立德树人、“双一流”建设等各项工作中。

二是完善学院治理结构。党委组织部把贯彻执行《学院党组织会议规则》和《学院党政联席会议规则》（以下简称“两项规则”）和班子换届结合起来，既重视厘清党组织会议的议事范围、规则、程序及其与党政联席会的关系，又注重选配政治强、业务强、合力强的同志担任学院党组织书记，通过充分走访和调研，推进“两项规则”落实落地、动态完善。

三是做好专项整改工作。在“三专”工作中梳理整改突出问题27项；在“不忘初心、牢记使命”主题教育中开展包括党的政治建设专项在内的35场次调研，确定了学校层面推进整改的65项重点任务，以问题整改为抓手，夯实工作之基。

### （二）不断夯实基层党建质量

一是坚持以上率下。校院两级领导班子成员认真执行“双重组织生活”制度，以普通党员身份参与所在支部组织生活；认真执行“一联系一帮扶”制度，参加并指导所联系帮扶支部的组织生活，带头上讲台，讲授党课、团课、思政课，宣讲习近平新时代中国特色社会主义思想。建立校院两级领导班子成员联系师生入党积极分子工作机制，增强党组织对高层次人才、中青年教师、学生群体的政治吸纳力和引领力。

二是重视制度建设。以“基层党组织制度建设年”为党建工作年度主题，牢固树立抓基层、打基础的鲜明导向，推动全面从严治党向纵深发展，全年围绕基层党支部工作、发展党员流程、片区组织员工作职责、组织关系管理等印发制度性文件近 10 个，并将每月第二个周三确定为全校主题党日时间，进一步执行好“三会一课”、组织生活会和民主评议党员等基本制度。

三是培育先进示范。继续推进全国“双创”标杆院系、样板支部和“双带头人”工作室建设，抓好第一批成果中期验收工作和第二批的申报工作。在第二批全国“双创”申报中，马克思主义学院党委获评全国党建标杆院系，财政金融学院货币金融系教师党支部、机关党委学生工作部（处）党支部获评样板支部。同时，积极培育创建校级“双创”标杆院系和校院两级样板支部、“双带头人”先锋岗，推动基层党组织严格对标看齐，勇于改革创新，努力争创先进，突出政治功能，有效提升组织力。

四是开展专项整治。按照党中央、北京市委关于在“不忘初心、牢记使命”主题教育中开展专项整治的部署，结合学校加强党的政治建设和基层党建工作重点任务实际，下半年开展了软弱涣散基层党组织排查工作，学校党委对38个分党委、党总支、直属党支部，各学院级党组织对所属党支部进行全面排查，并对基层党组织按期换届、发展党员等工作开展专项自查自纠工作。

五是强化工作保障。编制组织工作制度文件汇编，面向基层党组织的党务工作人员开展业务培训，加强对各学院特别是新成立党组织党务工作的指导和帮助，强化队伍建设。增设片区专职组织员，制定印发工作要点，充分发挥专职组织员面向基层、指导督促的作用。按照北京市统一部署，用好学生党支部工作和活动经费，发放教学科研一线教师党支部书记考核激励经费，并对经费使用和绩效管理进行专项自查。同时，进一步扩大教职工党支部书记激励经费发放覆盖面，实现全校各学院、机关各部（处）所有教职工党支部书记激励经费全覆盖，加大对基层党建工作的保障力度。完善校院两级党员之家、党建微信公众号、学生党建促进会建设，打造基层党建工作阵地。

六是以研究促党建。作为成员单位参与 2019 年全国党建研究会重点课题“新时代党的组织路线研究”，承担其中“以习近平新时代中国特色社会主义思想为指导，贯彻落实新时代党的组织路线研究”子课题的研究工作；积极承担中组部、教育部、北京市等上级部门，全国、北京市各级党建研究会和学校的有关研究项目。高度重视、精心组织参与中组部“贯彻落实习近平新时代中国特色社会主义思想、在改革发展稳定中攻坚克难的生动案例”编写工作；承担中组部《基层党组织书记案例选编（高校版）》中有关章节的案例编写和统稿工作。

## 五、党员队伍建设

截至 2019 年底，学校总人数 34 618 人，党员 12 663 人，占全校总人数的 36.58%，其中，学生党员 7 153 人（约占学生 26 247 人总数的 27.3%），在岗教职工党员 3 052 人，离退休党员 1 679 人，其他组织关系暂存和部分合同制员工 779 人。2019 年发展党员 1 327 人，其中发展在岗教职工党员 17 人，发展学生党员 1 310 人。

从党员的职业（身份）构成看，学校共有在岗教职工党员 3 052 人，占全校党员总数的 24.10%；管理干部党员 852 人，占管理干部总数的 72.57%；专任教师党员 1 263 人，占专任教师总数的 66.93%；学生党员 7 153 人，占全校学生总数的 27.3%。在学生党员中，女性党员共 4 610 名，占学生党员总数的 64.45%；少数民族党员 538 名，占学生党员总数的 7.52%。

从党员年龄构成上来看，2019 年，学校 35 岁及以下中青年党员共有 8 744 人，占学校党员总数的 69.05%；36 岁至 45 岁党员共有 1 251 人，占学校党员总数的 9.88%；46 岁至 55 岁党员共有 709 人，占学校党员总数的 5.6%；56 岁至 60 岁的党员共有 333 人，占学校党员总数的 2.63%；60 岁以上的党员共有 1 626 人，占学校党员总数的 12.84%。35 岁以下的学生党员（包括研究生党员和本科生党员）、中青年在职教职工党员构成了学校党员人数的主体，也是学校党员管理工作和开展党建工作的重点。

2019 年，在上级党组织的领导下，学校党员教育管理和发展党员工作质量得到稳步提高。

一是抓好理论学习。依托中国共产党成立 98 周年、新中国成立 70 周年、五四运动 100 周年等重要时间节点，扎实有效开展党员思想政治教育。在主题教育期间，组织党员坚持集中学习与个人自学相结合，原原本本通读《习近平新时代中国特色社会主义思想学习纲要》《习近平关于“不忘初心、牢记使命”论述摘编》和党章、党内法规条例，对照检视自身问题，查找差距和不足，召开专题组织生活会并开展民主评议，督促认真做好整改。选派师生党员骨干参加“习近平新时代中国特色社会主义思想”教工党支部书记培训班、全国党员教育培训示范班、全国高校院系级党组织书记网络培训班、高校思想政治工作骨干示范培训班、学生党支部书记网络培训示范班等各类重要培训，进一步提升师生党员的党性修养和业务能力。

二是宣传榜样力量。通过开展校院党内表彰活动，在全校范围内形成评先进、学先进、赶先进的良好局面；通过组织拍摄制作《扶贫事业的亲历者——汪三贵》等专题教育片，组织参观主题教育家书展、观看《榜样 4》专题节目，引导广大党员汲取精神力量；通过精心设计主题党日活动，广泛开展重温入党誓词、党性教育基地学习实践、走访慰问老党员老同志老干部、共产党员献爱心捐献活动等，号召广大党员发挥先锋模范作用。

三是做好党员发展。制定印发规范党员发展流程、团组织推优、做好在高层次人才中发展党员工作等相关文件，建立校院两级领导班子联系师生入党积极分子和发展对象机制。鼓励教师入党积极分子、党员骨干参加“读懂中国”青年教师社会实践，鼓励学生党员、党支部参加“千人百村”“红色1+1”等活动，帮助青年师生端正入党动机、提高思想觉悟。加强党员发展工作的质量审查，形成学校党委—片区专职组织员—院系级党组织—党支部的联动格局，共同把好政治关、质量关。

四是规范党费和党员管理。制定印发《关于进一步规范党费工作的通知》《关于进一步规范党费工作中相关问题的答复口径》等相关制度规定，结合薪酬结构的变化同步调整党费基数，同时加强对党费收缴使用的流程管理，盘点 2017—2019 年清理收缴党费收支使用情况。制定印发《党员组织关系管理工作问答》，系统梳理了学校党员组织关系管理工作的依据、规范、程序，高质量完成党员组织关系转接工作，及时、妥善地处理 2017 年停止党籍满两年的失联党员处置工作。做好党员 E 先锋系统日常维护，指导基层修正问题数据。

五是加强工作指导。2019 年，党委组织部加强对基层党建工作特别是党员教育管理各环节的调查研究，并建立起重点指导、信息通报机制，有针对性地进行帮助解决问题，分别就发展党员工作、党支部组织生活会和民主评议党员、党支部建设督查、党支部组织生活评比向各基层党组织专题印发情况通报，总结工作开展情况，表扬先进单位和有效做法，列举存在问题并提出整改要求。同时，针对一些工作上出现问题、师生反映强烈的情况，约谈相关单位党组织负责同志和党务工作人员，进行面对面沟通指导。

全年共完成接转党员组织关系 4 164 人，其中转入党员组织关系 1 840 名，转出党员组织关系 2 324 名。

## 六、党校工作

2019 年，学校党校按照党中央、北京市及上级部门要求，结合学校事业发展需求和特色优势，以习近平新时代中国特色社会主义思想为指导，深入贯彻落实十九大和十九届二中、三中、四中全会精神，结合“不忘初心、牢记使命”主题教育，坚持“党校姓党”根本原则，在全校范围内分级分类开展教育培训工作，印发相关制度文件；突出党性教育，结合“不忘初心、牢记使命”主题教育，邀请学校领导、专家学者为各级各类班次讲授党课，切实推进主题教育往深里走、往实里走；创新培训方式，统筹开展好发展对象、新上岗中层干部、优秀年轻干部、党支部书记等培训班次，通过加强信息化建设、开展主题实践教育，不断丰富培训内容与培训方式，进一步提升培训教育的针对性有效性。

（一）坚持政治统领，完善制度建设，夯实党校事业发展基础

为深入贯彻落实党的十九大精神和十九届二中、三中、四中全会精神，推进习近平新时代中国特色社会主义思想入脑入心入行，学校党校围绕中心工作、着眼长远规划、聚焦主业主课，制定了《2019 年党校培训计划》，对 2019 年党校培训工作进行了系统科学的规划。同时结合学校实际，学校党校启动了学校干部教育培训调研工作，分别前往学院和机关部处等基层单位进行深入调研，通过一对一访谈和问卷填写等途径，对学校当前干部教育培训好的做法、存在的问题、改进的方向等进行了详细的调研，并在此基础上，制定了《中国人民大学 2018—2022 年干部教育培训规划》，为学校未来干部教育培训工作提供指导。

（二）突出党性教育，做好“不忘初心、牢记使命”主题教育

为做好学习习近平新时代中国特色社会主义思想和党的十九大精神主题教育培训，配合开展“不忘初心、牢记使命”主题教育，学校党校邀请校领导、知名专家学者，紧密结合习近平新时代中国特色社会主义思想、党的十九大精神以及“不忘初心、牢记使命”主题教育有关要求，从党章党史、时事政治、党员干部修养等多个角度进行主题报告。学校党委书记靳诺，学校党委副书记吴付来，副校长吴晓球、朱信凯，马克思主义学院教授吴美华、杨德山、何虎生为全体中层干部、新上岗干部、党支部书记和发展对象讲党课，教育引导全校师生从理论与实践相结合、历史与现实相贯通、国内与国际相关联的广阔视角，深入学习领会习近平新时代中国特色社会主义思想，努力做到心往一处想、劲往一处使，切实推进“不忘初心、牢记使命”主题教育向纵深发展。

（三）深化发展对象联合培养模式改革，做好发展对象教育培训工作

2019 年，学校党校先后举办第 33 期、34 期学生发展对象培训班暨第 33 期教工发展对象培训班，全年共培训学员 1 384 人。学校党校始终坚持高标准、严要求管理学员，完善辅导员队伍与学生组织管理机制，调动各单位优秀学员参与当期培训班管理，并做好教职工党员发展教育培训工作。

（四）创新培训形式，分级分类做好干部教育培训工作

5 月至 12 月，学校党校举办新上岗中层干部培训班。本次培训班分为三个阶段，采取理论学习结合实践考察、政治教育结合业务培训的形式，分为“理论与形势政策教育”、“领导能力与素质培训”、“学校工作实务”、“教育管理工作坊”和“实践活动”等模块，帮助新上岗中层干部提升党性修养、理论水平、业务能力及综合素质，加强学校干部队伍建设。

2 月至 6 月，学校党校开展 5 期吴玉章学术论坛暨优秀年轻干部学术沙龙系列培训学习活动，活动邀请了学校党委书记靳诺、校长刘伟、常务副校长王利明、学校党委副书记郑水泉、副校长杜鹏等学校领导出席并致辞，马克思主义学院教授秦宣、劳动人事学院院长杨伟国、社会与人口学院院长冯仕政、新闻学院执行院长胡百精和法学院院长王轶先后受邀做主题报告，帮助优秀年轻教师干部自觉思索“探索未知、传承学术、服务社会”的学术责任和社会责任。

5 月至 7 月，学校党校举办以“做一名合格的党支部书记”为主题的党支部书记轮训班。培训分为全体党支部书记培训和新上任党支部书记领头羊示范培训，先后开展主题讲座、业务技能培训、经验交流、分组研讨等环节，帮助党支部书记提升党性修养，夯实工作本领，提升支部工作开展的质量与水平。

7月，学校党校组织新上岗中层干部、党支部书记、优秀年轻干部等人员前往遵义、哈尔滨、大庆、威海等地开展实践教育，延伸党性教育课堂、拓宽党性教育视野，帮助广大党员、干部进一步熟悉党情国情世情，巩固深化理论学习成果，坚定理想信念，凝心聚力，为学校事业发展提供坚强的干部队伍保障。

（五）做好中组部、教育部干部教育专题研修工作

2019年，学校共承办中央和国家机关司局级干部专题研修班8个，教育部干部专题研修班5个。在中组部专题研修工作中特别做好住读制服务工作，加强各部门的沟通协调，及时解决出现的问题，顺利完成上级交办的各项工作任务，得到了上级的肯定与认可。举办2017—2019年全国干部教育培训中国人民大学基地总结表彰暨2020年工作部署会，对4个优秀组织单位、21名优秀讲师、16名优秀工作者进行表彰奖励，同时对下一年基地工作进行了整体部署。

（六）做好北京高校党校协作组换届工作并承办协作组各项培训工作

7月，学校在北京市教工委指导下组织开展北京高校党校协作组换届，并在会上当选为协作组组长单位。换届前后，学校同北师大党校密切配合，一同负责会务材料准备、通知联络、会场布置和会后总结等相关工作，确保换届工作顺利完成。随后，学校承办北京高校加强党的政治建设专项培训，北京市委教育工委常务副书记郑吉春讲话，北京市委教育工委副书记李军锋做专项培训报告，来自北京60余所高校的有关负责人参加培训。下半年，协作组承办2019年北京高校院（系）行政正职轮训班，轮训班共三期，来自北京市56所高校的近800名院长参加培训。

（七）提高信息化水平，优化“线上”学习环境

学校党校在现有基础上继续完善网站、微信订阅号、网上党校学习系统、党校培训管理系统等建设，重点搭建网络学习平台，实现电脑端与手机端同步运行，切实打造线上线下、校内校外、室内室外的“立体”学习格局，为全校师生提供更优质的理论学习环境。网上党校自投入运行以来，共上传课程1 181门，全站视频累计播放量超过13万次。其中学习党的十九大精神系列专题视频累计播放量达到4万余次，“不忘初心、牢记使命”专题视频累计播放量达到2万余次，学习全国教育大会精神专题视频累计播放量5 000余次，进一步提升了学校党员教育的灵活性、有效性与针对性。

## 2019年中国人民大学党校培训班一览表

| 培训班名称 | 举办时间 | 培训人数（人） |
|---|---|---|
| 第33期学生发展对象培训班 | 3—4月 | 598 |
| 吴玉章学术论坛暨优秀年轻干部“学术沙龙”系列培训学习活动 | 2—6月 | 45 |
| 2019年党支部书记轮训班 | 5—7月 | 380 |
| 2019年新上岗中层干部培训班 | 5—12月 | 61 |
| 第34期发展对象培训班暨第33期教工发展对象培训班 | 10—11月 | 786（其中教工发展对象35人） |
| 总计 | | 1 870 |

# 附录

## 2019 年中国人民大学优秀共产党员、优秀党务工作者、优秀党支部书记、先进基层党委、先进党支部名单

### 一、优秀共产党员（51 名）

| | |
|---|---|
| 文学院党委 | 罗　静 |
| 历史学院党委 | 吕学明 |
| 哲学院党委 | 罗　骞 |
| 国学院党委 | 孙闻博 |
| 经济学院党委 | 范志勇 |
| 应用经济学院党委 | 张可云 |
| 财政金融学院党委 | 丁大鹏　钱宗鑫 |
| 统计学院党委 | 黄丹阳 |
| 农业与农村发展学院党委 | 吕亚荣 |
| 法学院党委 | 宋　彪　邢海宝 |
| 马克思主义学院党委 | 刘建军 |
| 社会人口学院党委 | 朱　斌 |
| 国际关系学院党委 | 许　征 |
| 新闻学院党委 | 王树良 |
| 艺术学院党总支 | 杨　洁 |
| 外国语学院党委 | 王珠英 |
| 环境学院党委 | 王　克 |
| 信息学院党委 | 王晓彤（学生） |
| 数学学院党总支 | 胡丽杰（学生） |
| 理学院党委 | 胡　平 |
| 商学院党委 | 俞明轩　姜　明 |
| 公共管理学院党委 | 李文钊 |
| 劳动人事学院党委 | 王燊成（学生） |
| 信息资源管理学院党委 | 王　丹 |
| 教育学院党总支 | 崔　盛 |
| 体育部党总支 | 高富贵 |
| 继续教育学院党委 | 刘　震 |
| 苏州校区党委 | 王红丽 |
| 机关党委 | 陈蓝蓝　刘存东　王小虎　张　雁<br>郑淇允　崔金鹏　杨文娜 |
| 离退休党委 | 马周年　姜秀敏 |
| 图书馆党委 | 何雅琪 |

| | |
|---|---|
| 校医院党总支 | 李　婧 |
| 后勤集团党委 | 王　滨　曹春香　王祚荣 |
| 出版社党委 | 刘　志 |
| 书报资料中心党委 | 冯　琳 |
| 附属中学党委 | 蔡　芳 |
| 人大附中联合总校党委 | 谢泽运 |
| 新校区建设直属党支部 | 董　祎　曹辉林 |

**二、优秀党务工作者（26 名）**

| | |
|---|---|
| 文学院党委 | 胡玲莉 |
| 哲学院党委 | 徐　飞 |
| 国学院党委 | 汪永红 |
| 经济学院党委 | 李佩洁 |
| 统计学院党委 | 徐建萍 |
| 农业与农村发展学院党委 | 王　健 |
| 法学院党委 | 阎　芳 |
| 新闻学院党委 | 方　洁 |
| 艺术学院党总支 | 陈光曦 |
| 外国语学院党委 | 商　竞 |
| 环境学院党委 | 张煦昀 |
| 信息学院党委 | 孙亚琳 |
| 理学院党委 | 臧　虹 |
| 商学院党委 | 刘洪霞 |
| 劳动人事学院党委 | 唐　鑛 |
| 信息资源管理学院党委 | 徐拥军 |
| 教育学院党总支 | 屈敏超 |
| 体育部党总支 | 布　超 |
| 继续教育学院党委 | 李忆彤 |
| 苏州校区党委 | 袁倩雯 |
| 机关党委 | 林翌甲 |
| 离退休党委 | 钟兰芳 |
| 校医院党总支 | 王红军 |
| 出版社党委 | 张继清 |
| 书报资料中心党委 | 李明霞 |
| 人大附中联合总校党委 | 李　桦 |

**三、优秀党务工作者（学生思想政治工作专项）（40 名）**

| | |
|---|---|
| 学校办公室 | 黄一顺　吉昌华　姚思宇 |
| 党委宣传部 | 王大广　颜　梅 |
| 党委学生工作部（处） | 唐　杰　邓　晖　杨子强 |
| 发展规划处 | 罗　闻 |
| 教务处 | 赵晓宇 |
| 保卫处（部） | 补利军　邵泽开 |
| 校团委 | 李　晶 |

| | |
|---|---|
| 哲学院 | 张鹏举　单逸群　杨澜洁 |
| 经济学院 | 李　琼　程万昕 |
| 农业与农村发展学院 | 康　琳　陈乙瑶 |
| 马克思主义学院 | 蔡立庆　卢　垚　李晓雨 |
| 社会与人口学院 | 宋　健　唐　颖　庄溪瑞 |
| 国际关系学院 | 李佳伟　牛　彤　刘天中 |
| 新闻学院 | 蒙　彬　苏　怡 |
| 外国语学院 | 李　霞　黄　岩　谢江南　钟雪丹 |
| 劳动人事学院 | 吴自强　李佳琦　王语今 |
| 后勤集团 | 宋大我　冯诗松 |

**四、优秀党支部书记（23 名）**

| | |
|---|---|
| 文学院党委 | 段红梅 |
| 历史学院党委 | 萧凌波 |
| 国学院党委 | 陈　虹（学生） |
| 统计学院党委 | 陈嘉怡（学生） |
| 农业与农村发展学院党委 | 钟晓萍（学生） |
| 法学院党委 | 姜　栋 |
| 马克思主义学院党委 | 宋学勤 |
| 社会与人口学院党委 | 陶　涛 |
| 环境学院党委 | 何　俊（学生） |
| 信息学院党委 | 杜忠朝 |
| 理学院党委 | 白志坤（学生） |
| 公共管理学院党委 | 程永宏 |
| 信息资源管理学院党委 | 赵昆明（学生） |
| 教育学院党总支 | 陈　曦（学生） |
| 苏州校区党委 | 任伟明 |
| 机关党委 | 张大森 |
| 离退休党委 | 张秀荷 |
| 图书馆党委 | 洪先锋 |
| 校医院党总支 | 廖　洁 |
| 后勤集团党委 | 杨立伟 |
| 出版社党委 | 王宏霞 |
| 书报资料中心党委 | 许　晖 |
| 人大附中联合总校党委 | 郑瑞芳 |

**五、先进基层党委（6 个）**

农业与农村发展学院党委
新闻学院党委
信息学院党委
理学院党委
离退休党委
出版社党委

**六、先进党支部（51 个）**

| | |
|---|---|
| 文学院党委 | 行政党支部 |
| | 本科联合党支部 |
| 历史学院党委 | 2016 级硕士 2 班党支部 |
| | 行政党支部 |
| 哲学院党委 | 逻辑学教研室党支部 |
| 国学院党委 | 本科联合党支部 |
| 经济学院党委 | 政经、经济史和企业与网络经济学教研室党支部 |
| | 2017 级世界经济·国际贸易硕士班党支部 |
| | 2017 级国际商务传统方向硕士班党支部 |
| 应用经济学院党委 | 国民经济学博士班联合党支部 |
| 财政金融学院党委 | 货币金融系教师党支部 |
| | 2017 级金融博士党支部 |
| | 2017 级财金学硕党支部 |
| | 2018 级税务专硕党支部 |
| 统计学院党委 | 2016 级博士生党支部 |
| | 2018 级专业型硕士党支部 |
| 农业与农村发展学院党委 | 2018 级硕士 1 班及本科联合党支部 |
| | 农业经济教研室党支部 |
| 法学院党委 | 刑法教研室党支部 |
| | 知识产权教研室教师党支部 |
| | 2017 级法律硕士第一党支部 |
| 马克思主义学院党委 | 马克思主义理论党支部 |
| | 本科联合党支部 |
| 社会与人口学院 | 教工第二党支部 |
| 国际关系学院党委 | 2017 级硕士 1 班党支部 |
| 新闻学院党委 | 新闻学博士生党支部 |
| 艺术学院党总支 | 学生第一党支部 |
| 外国语学院党委 | 大学英语教研室党支部 |
| 信息学院党委 | 计算机系教工党支部 |
| | 数据仓库与商务智能实验室党支部 |
| | 2017 级本科党支部 |
| 商学院党委 | 行政党支部 |
| 公共管理学院党委 | 城市规划与管理系党支部 |
| 劳动人事学院党委 | 2017 级硕士社会保障班党支部 |
| 信息资源管理学院党委 | 行政党支部 |
| 教育学院党总支 | 2017 级硕士生党支部 |
| 继续教育学院党委 | 行政党支部 |
| 苏州校区党委 | 教师党支部 |
| | 2018 级金融硕士（全面）班党支部 |
| 机关党委 | 纪委办公室（监察处）党支部 |
| | 实验室建设与设备管理处党支部 |

| | |
|---|---|
| | 科研处国发院联合党支部 |
| 离退休党委 | 第三党支部 |
| | 第十七党支部 |
| | 第二十八党支部 |
| 校医院党总支 | 医技党支部 |
| 后勤集团党委 | 酒店管理部党支部 |
| 出版社党委 | 出版联合党支部 |
| 书报资料中心党委 | 第四党支部 |
| 附属中学党委 | 高中党支部 |
| 人大附中联合总校党委 | 综合党支部 |

## 2019年中国人民大学“光荣在党40年”党员褒扬名单
## （1978—1979年入党，共78人）

| | |
|---|---|
| 文学院党委 | 许　路　章炯林 |
| 历史学院党委 | 林铁军　李佩芬　张革非 |
| 哲学院党委 | 李　锬　安启念 |
| 经济学院党委 | 沈民鸣　沈明霞　庄次彭 |
| 应用经济学院党委 | 张镜清　高密来 |
| 财政金融学院党委 | 蒋永军 |
| 统计学院党委 | 林秋池　彭　非 |
| 农业与农村发展学院党委 | 罗伟雄 |
| 法学院党委 | 叶秋华　刘明祥　王宗贤　邵景华 |
| | 龙翼飞　莫于川　曹爱莲 |
| 马克思主义学院党委 | 王顺生　清庆瑞 |
| 社会与人口学院党委 | 李路路 |
| 国际关系学院党委 | 尹蔚平　陈　岳 |
| 新闻学院党委 | 汤世英　郭志海 |
| 环境学院党委 | 王　平 |
| 信息学院党委 | 王莲芬　王　珊 |
| 商学院党委 | 李国纲　信明堂　张初愚　陈立宪 |
| | 郑明身　张小英　李　平 |
| 公共管理学院党委 | 谢　明 |
| 劳动人事学院党委 | 周　石　秦宝跃　罗　琼 |
| 信息资源管理学院党委 | 胡鸿杰 |
| 继续教育学院党委 | 程志伟　邓琴涛　张志辉 |
| 机关党委 | 靳　诺 |
| 离退休党委 | 马小侠　杨亚琳　王伟农　吴桂兰 |
| | 关利英　彭和平　张胜先　牟武兵 |

| | |
|---|---|
| | 高建设　潘会武　王淑萱　刘　岱 |
| 图书馆党委 | 李亚先 |
| 校医院党总支 | 张桂华　果　雯　贺　琪　李富华 |
| 出版社党委 | 徐力坚　胡顺序　李六中 |
| 书报资料中心党委 | 赵玉智　杜传英　何丁萌 |
| 人大附中联合总校党委 | 李桂云　张桂英　黄金英　周　全 |
| | 杨正川　侯丽玲 |

## ■ 宣传工作

### 一、概况

2019年，学校宣传思想工作以习近平新时代中国特色社会主义思想为指引，深入学习宣传贯彻落实党的十九大和十九届二中、三中、四中全会精神，深入学习宣传贯彻落实全国教育大会、全国宣传思想工作会议、全国高校思想政治工作会议精神，坚持以党的政治建设为统领，把统一思想、凝聚力量作为宣传思想工作的中心环节，统筹推进学校思想政治工作和各项重点工作落实落细，牢牢把握意识形态工作主动权，着力传承弘扬“立学为民、治学报国”的光荣传统，着力提升凝练“始终奋进在时代前列”的人大精神，着力营造树立具有鲜明红色基因的校园文化，构建有温度、有深度、有力度的全方位宣传思想工作大格局。

### 二、理论教育工作

(一) 深入开展习近平新时代中国特色社会主义思想研究宣传工作

组织学校理论专家围绕习近平新时代中国特色社会主义思想的若干重大理论命题进行集中攻关，全年在主流媒体发表理论文章140余篇，多名理论专家受邀参加中央电视台等媒体的节目录制，发出了解读习近平新时代中国特色社会主义思想的人大之声。

(二) 紧紧围绕纪念五四运动100周年大会、庆祝中华人民共和国成立70周年大会、党的十九届四中全会等重要会议和庆典活动进行理论研究和阐释

提前谋划，组织全校师生收听收看会议报道；采访整理广大师生学习习近平总书记系列重要讲话和重要会议精神后的体会感想，通过权威媒体及时发布；制定印发学校深入学习贯彻重要会议和讲话精神的实施方案，周密部署、贯彻落实；组织理论专家撰文解读新的重大理论和现实问题，在《人民日报》《光明日报》《学习时报》等主流媒体刊发。

(三) 严格落实党委理论学习中心组学习制度，加大权威阐释宣讲力度

严格落实《中国人民大学党委理论学习中心组学习制度》《2019年中国人民大学党委理论学习中心组学习计划》，做好理论中心组学习服务保障工作。2019年共召开党委理论学习中心组学习会议23次（包括“不忘初心、牢记使命”主题教育校级领导班子成员集体学习），及时传达学习习近平总书记系列重要讲话精神和上级部门重要会议精神，坚持用先进的理论成果武装头脑、用正确的思想指导实践、用创新的精神开拓工作。2019年，学校党委书记靳诺、校长刘伟等学校领导带头宣传党的路线、方针和政策，先后在国内主流报刊发表50余篇重要理论文章，发挥主流意识形态的引领作用。

（四）大力加强高校思想政治工作创新发展中心建设，搭设高校思政工作研究和专门力量的孵化平台

积极承担高校思想政治工作咨询服务工作，及时报送思政建议等建议，参与中央教育工作领导小组秘书组秘书局委托研究课题工作，促进最新研究成果向政策、工作层面转化，推动形成思想政治工作的整体合力，不断夯实高校党建工作、思想政治工作的基础。

## 三、新闻宣传工作

（一）夯实日常新闻编辑工作，加强专题新闻报道力度

2019 年，人大新闻网共采编新闻 3 114 篇，编辑图片 13 652 张，制作图集 14 个，发布视频 7 个。新闻网加强报道选题策划和约稿工作，突出关于学术、学生、学者的报道比重，在人大主页、人大新闻网陆续制作推出三个专题网站，分别为 2019 思政课专题共 49 篇报道、2019 两会专题共 73 篇报道、“不忘初心、牢记使命”主题教育专题共 340 篇报道。电子显示屏共滚动播出新闻 5 000 余条（含重复播出），图集 50 余个，专题视频、页面 200 余个。

（二）加强主流媒体深度合作，不断发出人大“好声音”

不断加强与主流媒体的沟通合作，进一步密切与重要主流媒体尤其是其融媒体平台的联系，在《人民日报》、新华社、中央广播电视总台、《光明日报》等陆续推出学校重大事件、师生学术成果、观点等重点报道 1 386 篇，网络、客户端、微信等报道及转载量总计超过 35 万条次。其中，中央广播电视总台共对学校进行 139 次报道，《新闻联播》栏目共 16 次。2019 年联系和接待各主流媒体的记者逾 1 000 人次。

（三）“两微一抖”成绩亮眼，原创优秀作品源源不断

2019 年，官方微信共推送 219 期，发送图文消息 227 篇。总关注人数达 311 776 人，日均增长 244 人。图文总阅读量达 8 673 321 人次，篇均阅读量近 4 万人次，图文转发、收藏总数达 367 631 次，单篇最高阅读量 22 万人次。在全国和北京高校排行榜中，多次占据榜首。

官方微博共发布 802 条微博，平台总关注人数 350 755 人，一年涨粉近 26 万人，消息平均浏览数达 6.4 万人，最高浏览数达 98.2 万人。

官方抖音 2018 年 10 月 20 日开通，截至 2019 年底，已有 51.1 万个粉丝，获赞总数达 511.9 万，总浏览量过亿次。

（四）认真做好重大活动报道，着力营造团结和谐奋进的良好氛围

在国庆活动、“不忘初心、牢记使命”主题教育、国家勋章和国家荣誉称号评选颁授、“双一流”建设成就等宣传报道方面，新闻网、官微等各平台均开设专栏，连续刊发报道，集中展现学校深入开展主题教育、加强党的政治建设的举措与成效以及学校建设一流大学及一流学科的主要成就。特别是在新中国成立 70 周年的重要时间节点，全程参与了系列国庆重大活动的宣传工作。从前期相关工作筹备到后期纪念册的制作和资料整理，对校内参与新中国成立 70 周年的师生进行全程跟踪报道，指导视频拍摄共 14 822 条、照片拍摄共 66 842 张，向上级指挥部报送的通讯材料近 20 期，制作宣传动员视频共 3 个，策划制作“初心”“时光”“数说”“故事”“场景”“面孔”等六部分组成的国庆纪念册。完成了新中国成立 70 周年相关的内宣外宣工作，从新闻网、微信、微博、抖音等新媒体平台到外宣平台，宣传成果全面铺开。系列报道在微信平台的阅读量超过 40 万人次，其中，仅 10 月 1 日当天微信平台推出的《人大人向祖国报到，70 有我》单篇阅读量就超过 20 万人次。

（五）加强学生组织管理与融媒体平台建设，特色活动推陈出新

广播台编播节目 225 小时，协助各机关部处录制播放各类音频、主持各类活动；推送微信 163 次，微博 13 条（单条微博视频播放量最高 3.5 万次），线上电台发布节目 162 期，发布长视频 11 条，发布抖音短视频作品 38 条。

网络新闻社 2019 年共拍摄时讯和专题照片 5 万余张，其中精选照片 5 000 余张；共制作 140 次微

信推送（累计阅读量达到20万人次以上），13个新闻网图集，网络新闻社作品9次登上人大主页。

（六）各平台成绩亮眼，多次获得各类年度荣誉

2月，学校微博获评2018年度最具成长性高校官方微博；5月，新闻宣传科获颁中国人民大学2019年"五四青年先锋岗"称号；5月，人大官微作品《为五岁男孩点燃生命之光》获教育部思政司、中央网信办网络社会工作局颁发的第三届全国高校网络教育优秀作品推选展示活动网络文章优秀奖；10月，收到中央广播电视总台感谢函，感谢学校在《我和国旗同框》校园行和国庆70小时大直播活动中的突出贡献；11月，学校抖音账号获抖音2019年度最具影响力高校官方；12月，学校微博作品《书记校长当大厨，给人大人做菜了!》获人民网2019年度融媒体类优秀校园新闻作品；12月，学校新媒体（微博＋抖音）"人民教育家"系列报道获评教育部2019教育政务新媒体年度优秀案例。

## 四、校报编辑工作

（一）提高政治站位，履行党委机关报职能

校报编辑部深入学习宣传贯彻习近平新时代中国特色社会主义思想和党的十九届四中全会精神，按照学校总体工作规划和宣传工作要点，外出采访并撰写新闻稿件900余篇，完成深度策划稿件150余篇，合计采写新闻100余万字，全年共编辑校报44期，累计发行52.8万份，主要抓好"不忘初心、牢记使命"主题教育及十九届四中全会精神的学习宣传贯彻工作。

（二）抓好专题策划，提升宣传效果

加强专题策划，全方位展现学校在改革开放新征程中迸发的思想和实践力量。围绕新中国成立70周年，精编再版《人民共和国的建设者校友专访录》三卷本，推出庆祝新中国成立70周年专刊、校报子刊《静思》国庆特刊；围绕推进"双一流"建设，加强"学科建设成就巡礼""紧扣'双一流'建设，推进内涵式发展""师道今说""新时代，引路人""新时代，奋斗者"等栏目建设；制作袁宝华老校长纪念专版、"读懂中国"调研活动专版等。

（三）立足内容生产，筑牢校园原创新闻主阵地

鼓励编辑部记者为主流媒体提供原创新闻稿件，发表了近100篇消息、通讯和人物专访稿件。加强新闻采写策划，反映学校深化高等教育改革、繁荣发展人文社会科学、服务党和政府决策、建设新型智库等事业整体发展的突出进展，建设校园里采写原创新闻最多、稿件质量过硬、社会影响力较大的主阵地。

（四）促进平台联动，培养"大宣传"队伍

进一步加强和改进学校二级单位及附属研究机构宣传思想工作队伍建设，全校近90个单位均已确定分管宣传思想工作负责人和宣传通讯员各1名，建设了一支信念坚定、结构合理、能力突出的高素质宣传思想工作队伍。提升校报记者团内成员采写编辑、对外联络、组织策划能力，打造长期活跃在校园新闻采写舞台的优秀学生记者队伍。

# ■ 统战工作

## 一、概况

2019年，党委统战部围绕深入学习领会习近平总书记关于统一战线思想的重要论述，全面贯彻

落实中央统战工作会议、第二次全国高校统战工作会议、《中国共产党统一战线工作条例（试行）》、《中共中央统战部、中共教育部党组关于加强新形势下高校统一战线工作的意见》等中央和北京市最新统战工作文件的指示精神，紧紧围绕学校“扎根中国大地办大学”建设“人民满意、世界一流”大学的长远战略目标，从党的统战工作“团结一切可以团结的力量，调动一切可以调动的积极因素，并努力化消极因素为积极因素”之根本宗旨和根本任务出发，有机结合学校的基本校情和实际情况，积极探索高校统战工作的新模式新路径新方法。

根据《中共中央关于在全党开展“不忘初心、牢记使命”主题教育的意见》，按照中央“不忘初心、牢记使命”主题教育领导小组《关于开展第二批“不忘初心、牢记使命”主题教育的指导意见》，按照学校党委的要求，圆满完成主题教育各项工作。支持学校各民主党派、无党派人士开展“不忘合作初心，继续携手前进”主题教育活动。7月，中央统战部主要领导一行来校调研统战工作，走访学校党委统战部，召开党外知识分子工作座谈会。学校党委书记靳诺与北京其他高校分管统战工作的副书记和统战部部长共同参会并发言。

## 二、各级人大代表和政协委员工作

1月，学校召开2019年迎新春、迎两会座谈会。学校各级人大代表和政协委员、民主党派负责人和无党派代表人士、归侨和归国留学人员畅谈学校的改革发展和“双一流”建设工作，并就即将召开的北京市和全国两会积极建言献策。

1月，政协北京市海淀区第十届委员会委员、学校教师周建华、张秀智、汪昌云、许勤华等，北京市海淀区第十六届人民代表大会代表、学校教师翟小宁、张晓萌、朱晓琦、汤维建，参加了政协北京市海淀区第十届委员会第三次会议和北京市海淀区第十六届人民代表大会第五次会议。

1月，学校教师齐鹏飞、赵忠、文继荣、殷强、张丽华、王润泽作为十三届北京市政协委员，韩大元、翟晓宁、乌云毕力格、黄石松作为十五届北京市人大代表，参加了政协北京市十三届二次会议和北京市十五届人大二次会议。

3月，学校校长刘伟和教师杨光斌、汤维建、张风雷作为十三届全国政协委员，教师郑功成、庄毓敏作为十三届全国人大代表，参加了全国政协十三届二次会议和十三届全国人大二次会议。

3月，学校召开党委理论学习中心组（扩大）会议暨两会精神传达会，学习十三届全国人大二次会议和全国政协十三届二次会议精神。学校党委书记靳诺主持会议，校领导刘伟、张建明等出席会议。

9月，“同心同行七十年　建功海淀新发展——海淀统一战线庆祝新中国成立70周年主题展演活动”在学校举办。中共北京市委统战部副部长祁金利，中共海淀区委常委、组织部部长、统战部部长周志军，海淀区政协副主席刘恪，学校党委副书记郑水泉出席活动。

## 三、各民主党派基层组织建设及无党派代表人士工作

1月，民进中国人民大学支部在学校成功举办首届“民进论坛”。民进北京市委组织处处长鲁建，民进北京市委委员、民进海淀区委副主委、民进中国人民大学支部主任委员、学校新闻学院教授殷强等出席会议。

5月，北京市政协常委、副秘书长、民盟北京市委副主委宋慰祖应邀到学校与民盟盟员进行交流座谈，并在学校通识大讲堂学术讲座系列——“悲鸿讲堂”做《设计与乡村振兴》专题讲座。副校长、党委组织部部长、党委统战部部长杜鹏与宋慰祖进行了座谈。

6月，民盟中央组织工作会议在安徽合肥召开。民盟中国人民大学委员会主委郭国庆荣获民盟中

央“高校盟员盟务工作先进个人”荣誉称号。

6 月，致公党中国人民大学支部和海淀区委第二支部在学校联合举办了庆祝中国共产党成立 98 周年主题活动。中国共产党海淀区统战部常务副部长刘珍、致公党北京市委李满英、学校党委统战部副部长郝丽等出席了本次主题活动。

7 月，2018—2019 学年第 33 次校长办公会审议通过《关于民主党派组织负责人和无党派代表人士教学工作量减免的意见（试行）》，对学校民主党派组织负责人和无党派代表人士教学工作量进行减免，为其社会工作和社会活动提供必要支持和保障。

9 月，北京党外高级知识分子联谊会换届大会暨第三届理事会第一次会议召开。学校财政金融学院院长庄毓敏、哲学院教授张风雷、环境学院教授李岩、商学院教授支晓强任理事；经北京知联会第二届理事会第 12 次常务理事会审议通过，庄毓敏、张风雷任常务理事。

10 月，首都各界欢庆中华人民共和国成立 70 周年大会在天安门广场隆重举行。学校 15 位党外代表人士出席庆祝大会并现场观礼。全国人大常委、民盟中央副主席、学校劳动人事学院教授郑功成站在“民主法治”彩车上经过天安门。

10 月，民盟中国人民大学委员会开展“不忘合作初心、继续携手前进”主题教育活动，集中学习了《习近平关于“不忘初心、牢记使命”重要论述选编》等著作。

11 月，学校举办首届智能社会治理论坛暨第五届民生论坛，围绕智能社会治理面临的新形势新挑战新理念进行跨学科、跨领域研讨。中国科学技术协会书记处书记、副主席孟庆海，民盟中央副主席、北京市政协副主席、民盟北京市委主委程红，学校党委书记、智能社会治理研究中心主任靳诺出席论坛。本次论坛由学校主办，中国科协、民盟北京市委共同支持，民盟中国人民大学委员会，学校智能社会治理研究中心、国家发展与战略研究院、高瓴人工智能学院、文化科技园承办。

学校党外代表人士积极参政议政、建言献策，获得多项表彰。

4 月，2019 年民盟中央参政议政工作会议在北京召开。学校彭丽红、冯俊新两位盟员荣获“反映社情民意信息工作先进个人”。

4 月，北京市总工会、北京市人力资源和社会保障局决定，授予民革中央常委、民革北京市委副主委、民革海淀区工委主委、民革中国人民大学支部主委、学校法学院教授汤维建“2019 年首都劳动奖章”荣誉称号。

11 月，全国政协民族和宗教委员会办公室来函，表彰佛教与宗教学理论研究所所长张风雷参加了全国政协“宗教活动场所财务管理”专题调研，并提出有关意见建议。

12 月，民革榜样人物、示范支部、优秀党员之家表彰大会在北京召开，20 位民革榜样人物、200 个民革示范支部、200 个优秀民革党员之家受表彰。学校法学院汤维建教授荣获“民革榜样人物”荣誉称号。

12 月，民盟北京市委召开“庆祝中华人民共和国成立 70 周年暨基层组织建设总结表彰大会”，民盟中国人民大学委员会荣获先进基层组织称号。学校社会与人口学院教授邬沧萍、经济学院教授耿博新荣获荣誉纪念牌，民盟中国人民大学委员会副主委齐悦等五位盟员获优秀盟员称号。

12 月，九三学社北京市委来函，学校农业与农村发展学院教授刘金龙、外国语学院副教授徐园两位同志被评为“2019 年度优秀社员”。

## 四、港、澳、台及侨联工作

2 月，在北京市侨联十四届七次全委会（扩大）会议上，学校侨联的智库成果获 2018 年度北京市侨联课题研究优秀论文成果（建言献策类）一等奖。

7 月，“追梦中华·北京情思”2019 海外华文媒体北京行研修活动在学校举行启动仪式。中国侨联副主席齐全胜，副校长、党委统战部部长杜鹏及相关部门负责人出席了启动仪式。学校侨联主席殷强主持启动仪式。

7 月，北京市人大常委会华侨权益保护立法调研专题组一行来学校调研，征求学校对华侨权益保护立法工作的意见建议，并结合“不忘初心、牢记使命”主题教育对市人大和市人大民宗侨办的工作提出意见建议。

8 月，学校党委统战部副部长郝丽担任北京市海外知识分子联谊会理事、海淀区海外知识分子联谊会理事。

11 月，北京市第十五次归侨侨眷代表大会在北京会议中心开幕。学校侨联获得北京市侨联工作先进集体称号，学校新闻学院教授殷强荣获北京市侨联工作先进个人称号，学校教育学院副教授严平、理学院教授张芃同时荣获北京市归侨侨眷先进个人称号，孟虹等 8 位新老归侨荣获从事侨联工作 20 年、10 年以上专兼职干部荣誉证书。

12 月，学校党委副书记、台港澳研究中心主任、马克思主义学院教授齐鹏飞参加中央广播电视总台新闻频道“澳门回归祖国 20 周年特别报道”直播节目。

## 五、民族宗教工作

8 月，佛教与宗教学理论研究所所长张风雷参与了全国政协“培养爱国爱教的宗教界中青年代表人士”“依法加强和创新寺观教堂管理”双周协商座谈会和全国政协民宗委“积极引导宗教与社会主义社会相适应”等专题调研。

9 月，第十四期爱国宗教界人士研修班开学典礼在学校举行。中央统战部副部长、国家宗教事务局局长王作安，常务副校长王利明，中央统战部十一局局长韩松，教育部高教司副司长徐青森，学校党委副书记齐鹏飞出席开学典礼。

10 月，北京市民族宗教委员会副主任贺淑晶一行来学校调研。学校党委副书记兼统战部部长郑水泉出席并讲话。座谈会围绕高校佛教研究工作及专业人才培养问题展开讨论。

11 月，中央统战部办公厅来函，对中央统战部与学校合作举办的爱国宗教界人士研修班和研究生班予以充分肯定。

12 月，第十四期爱国宗教界人士研修班结业典礼在中央统战部多功能厅举行。来自全国各地的 56 名爱国宗教界中青年代表人士圆满完成了学业。常务副校长王利明、党委统战部常务副部长杨伟国、哲学院党委书记徐飞出席。

## 六、理论研究工作

2 月，学校党委统战部（中国统一战线理论研究会政党理论北京研究基地）获得“2018 年度北京市统战理论研究与调查研究优秀组织单位”称号。

3 月，学校与九三学社中央共同组建中国人民大学参政议政研究中心。九三学社中央常务副主席邵鸿、学校党委书记靳诺、副校长杜鹏等出席成立大会。

7 月，中国统一战线理论研究会政党理论北京研究基地调研座谈会在学校举行。中央统战部副秘书长、中国统一战线理论研究会副会长余波，学校党委副书记兼统战部部长郑水泉出席会议。

7 月，庆祝人民政协成立 70 周年理论研讨会在北京举行。中共中央政治局常委、全国政协主席汪洋出席会议并讲话。校长刘伟、国际关系学院院长兼党委书记杨光斌教授、中国统一战线理论研究会政党理论北京研究基地副主任兼首席专家周淑真教授、法学院莫于川教授出席研讨会，周淑真教授做大会发言。

9月，北京市委统战部常务副部长周开让一行到学校国家发展与战略研究院就大学智库建设、加强统战理论研究、强化双方联系等事宜进行调研和座谈。北京市委统战部副部长祁金利、副校长杜鹏参加调研。

12月，召开2019年中国人民大学参政议政研究中心工作总结会。学校党委副书记兼统战部部长、参政议政研究中心主任郑水泉出席并讲话，九三学社中央参政议政部副部长、参政议政研究中心主任张瑛，九三学社中央参政议政部副部长张福麟出席。

## 七、“统一战线理论与政策进高校、进课堂、进教材”工作

3月，“北京高校统战大讲堂”2019年第一讲、学校“统战理论与政策前沿系列学术讲座”第十六讲暨学校党校第33期学生发展对象培训班第三次专题讲座举办。学校党委教师工作部副部长冯玉军做了题为《学习习近平总书记关于宗教工作的重要论述》的学术讲座。党校第33期学生发展对象培训班全体学员、学校部分民主党派成员和无党派人士、北京市部分高校统战干部等800多人参加讲座。

10月，“北京高校统战大讲堂”2019年第二讲、学校“统战理论与政策前沿系列学术讲座”第十七讲暨学校党校第34期学生发展对象暨第33期教工发展对象培训班第三次专题讲座举办。中央统战部一局局长桑福华做了题为《加强多党合作增强制度自信》的学术讲座。党校第34期学生发展对象暨第33期教工发展对象培训班全体学员、学校部分民主党派成员和无党派人士、北京市部分高校统战干部等1 000余人参加讲座。

# 附录

学校共有32位全国、北京市和海淀区人大代表、政协委员。其中全国人大代表2人，全国人大常委会委员1人，全国政协委员4人，全国政协常委1人；北京市人大代表4人，北京市政协委员6人；海淀区人大代表4人，海淀区政协委员12人。其中民主党派成员、无党派人士22人。国务院参事1人：时殷弘。中央文史研究馆馆员1人：刘彭芝。

## 2019年中国人民大学全国人大代表、政协委员议案提案一览表

| 类别 | 姓名 | 议案提案 |
| --- | --- | --- |
| 全国人大代表 | 郑功成 | 关于尽快制定《医疗保障法》的议案<br>关于尽快修订《社会保险法》的议案<br>关于尽快制定《殡葬法》的议案<br>关于制定《非营利法人法》的议案<br>关于加快繁荣中国特色社会科学的建议 |
| | 庄毓敏 | 关于提高政府债务治理能力，尽快出台国债管理相关立法的建议 |

续表

| 类别 | 姓名 | 议案提案 |
|---|---|---|
| 全国政协委员 | 刘伟 | 关于完善部属大学附属中学和地方所属中学生均经费投入机制的建议 |
| | 汤维建 | 关于成立我国独立的“家事法院”的提案<br>关于制定我国独立的《家事案件特别程序法》的提案<br>关于废除人民法院立案庭的提案<br>关于建立全国统一的公益诉讼损害赔偿专项基金的提案<br>关于建立全国统一的破产管理人协会的提案<br>关于建立人民法院公益诉讼审判庭的提案<br>关于将检察院的抗诉或再审检察建议确定为民事再审启动唯一机制的提案<br>关于就检察机关支持公益诉讼做出司法解释的提案 |
| | 张风雷 | 无 |
| | 杨光斌 | 关于重点支持前往非西方国家留学和学术交流的提案 |

## 2019年中国人民大学北京市人大代表、政协委员议案提案一览表

| 类别 | 姓名 | 议案提案 |
|---|---|---|
| 北京市人大代表 | 翟小宁 | 关于保护非物质文化遗产的建议<br>关于加强幼儿园建设的建议 |
| | 韩大元 | 关于北京地区构建员额法官动态调配机制的建议<br>关于禁止在北京市中小学校使用转基因食用油的建议 |
| | 乌云毕力格 | 无 |
| | 黄石松 | 关于加快北京市养老服务业发展的建议<br>关于制定应对人口老龄化中长期发展规划的建议<br>关于制定《养老服务机构入住老人意外事故处理办法》的建议 |
| 北京市政协委员 | 齐鹏飞 | 无 |
| | 赵忠 | 关于优化残疾人就业保障金征缴办法，减轻企业负担的提案 |
| | 文继荣 | 无 |
| | 张丽华 | 关于尽快出台小客车存量号牌精细化管理规则，增加获取号牌新渠道的提案<br>关于缓解京藏高速公路（北京段）拥堵问题的提案 |
| | 王润泽 | 关于保护利用老《京报》馆建筑，成立北京新闻历史博物馆的建议<br>关于试行中学阶段分层教育、优化知识体系，推进教育现代化进程的建议 |
| | 殷强 | 关于在蓝靛厂河长春桥南北两侧增设桥梁，缓解长春桥早晚高峰严重拥堵的提案<br>关于进一步治理板井路周边长时间违规停车占路，完善立体停车、地下空间停车设施的提案<br>关于建立北京市华侨图书馆（数据中心）的提案<br>关于进一步促进“文化与科技融合发展”提升科技创新动力，改善首都营商环境的提案 |

# 2019年中国人民大学各民主党派组织机构情况

| 党派 | 委员会 | 支部（支社） | 成员数 | 备注 |
| --- | --- | --- | --- | --- |
| 中国国民党革命委员会 | | 1 | 20 | 联合支部 |
| 中国民主同盟 | 1 | 5 | 99 | 联合支部 |
| 中国民主建国会 | | 1 | 27 | 联合支部 |
| 中国民主促进会 | | 1 | 27 | 联合支部 |
| 中国农工民主党 | | 1 | 23 | |
| 中国致公党 | | 1 | 13 | |
| 九三学社 | | 1 | 39 | |
| 总计 | 1 | 11 | 248 | |

# 2019年中国人民大学民主党派成员在其党内任职情况

| 类别 | 在其党内任职情况 | 姓名 |
| --- | --- | --- |
| 全国（4人） | 民盟中央副主席 | 郑功成 |
| | 民盟中央委员 | 汪昌云 |
| | 民革中央委员（常委） | 汤维建 |
| | 农工党中央委员 | 卜健军 |
| 北京市（5人） | 民盟北京市委委员（常委） | 龙永红 |
| | 民盟北京市委委员 | 于春海 |
| | 民建北京市委副主委 | 黄石松 |
| | 民进北京市委委员 | 殷强 |
| | 农工党北京市委委员 | 卜健军 |
| 海淀区（6人） | 民革海淀区工委主委 | 汤维建 |
| | 民建海淀区委委员 | 李勇 |
| | 民进海淀区委副主委 | 殷强 |
| | 民进海淀区委委员 | 郭英剑 |
| | 农工党海淀区委委员 | 卜健军 |
| | 九三学社海淀区委委员 | 刘金龙 |
| 石景山区（1人） | 民革石景山区工委委员 | 陈小沁 |

# ■ 纪检监察工作

## 一、概况

2019 年，学校纪委以习近平新时代中国特色社会主义思想为指导，在学校党委和上级纪委的领导和支持下，深入学习贯彻党的十九大、十九届四中全会和十九届中央纪委三次全会以及 2019 年教育系统全面从严治党工作会议精神，严格落实上级部门的任务部署和工作要求，认真履行监督执纪问责职责，协助学校党委有效落实全面从严治党政治责任。

## 二、推动全面从严治党向纵深发展

（一）持续深入学习，提升全面从严治党的思想政治自觉

一是积极协助学校党委深入学习宣传贯彻习近平新时代中国特色社会主义思想和党的十九大、十九届四中全会精神，着力提升学校党员干部政治本领和纪律意识。通过党委理论中心组学习、纪委全会学习、纪检干部专题学习等方式，组织部分学校党委委员和全体纪委委员、纪检干部深入学习十九届中央纪委三次全会精神、2019 年教育系统全面从严治党工作会议精神、新修订的《中国共产党纪律检查机关监督执纪工作规则》及中央关于学校党委书记和校长列入中央管理的高校纪检监察体制改革的新思想新内容。

二是进一步提高专职纪检干部政治站位，牢固树立“四个意识”，坚决做到“两个维护”。立足于学校纪检监察工作实际，充分理解和准确把握全国教育大会、十九届中央纪委三次全会、北京市第十二届纪委四次全会和 2019 年教育系统全面从严治党工作会议、北京教育系统全面从严治党工作会议的精神实质，明确纪检工作部署和任务要求，制定纪检工作要点，围绕学习中央有关文件、监督执纪规则、防范和化解重大风险等主题开展各类学习活动 10 次。

（二）突出政治监督，协助落实全面从严治党政治责任

一是以学习贯彻习近平新时代中国特色社会主义思想为立足点，重点围绕习近平总书记在全国高校思想政治工作会议、全国教育大会和学校思想政治理论课教师座谈会上的重要讲话精神，结合中央巡视整改任务要求，协助推动学校整改落实情况“回头看”，突出强化对学校党的领导、党的建设、意识形态、立德树人等方面工作的政治监督。对违反政治纪律的问题立案查处 2 件，协助党委教师工作部处理师德失范问题案件 2 件。

二是健全工作沟通机制，做好学校党委参谋和助手。推动学校党委书记、纪委书记每周会商常态化，及时向学校党委书记请示报告、沟通交流学校政治生态出现的新情况新问题、纪检监察体制改革及相关工作落实情况、重大问题线索的处理处置情况。学校纪委分季度定期向学校党委提交信访举报及问题线索情况分析报告，分阶段不定期印发《纪检监察信息》；向学校党委常委会专题报告纪检监察问题线索处置工作情况。

三是协助学校党委开展全校干部警示教育和党性教育。通过放大“不敢腐”的震慑效应，强化“不能腐”的制度约束，推动形成“不想腐”的思想自觉，督促党员干部加强纪律意识，增强履职尽责、从严管党治党的行动自觉。其中召开干部警示教育大会 1 次，纪委书记为学校党校、机关党委、校办企业干部和学生党员先锋营等讲授党课、开展党性教育 4 次，主题教育期间为全校中层领导干部和纪检干部讲授专题党课 1 次。

(三) 紧盯"关键少数"和"四风"问题,做到监督重点不偏移

一是严防选人用人问题发生。按照"凡提四必"要求,完成涉及中层干部提拔、调整事项书面征求意见回复25次,涉及干部243人次,因廉政鉴定情况而暂缓试用期转正3人次,调整任职岗位1人次。同时坚持落实新任职或调整的中层领导干部"三必谈"制度,分批推动建立中层领导干部廉洁档案。此外,审核外单位拟调入人员廉洁情况57人,为各种评优评奖及其他工作事项提供廉洁鉴定意见64次,涉及党员干部1 107人次。

二是完善联动工作机制,力促形成监督合力。纪委办公室函复审计处经济责任审计对象廉洁情况21人次,积极协助学校经济责任审计工作,坚持党委组织部、纪委办公室(监察处)、审计处联席会制度,实现部门联动、信息共享,构建干部监督大格局;加强与党委巡察工作的衔接,协助党委巡察办和各巡察组了解被巡察单位党风廉政建设工作相关情况。

三是驰而不息纠正"四风"。紧盯重要节点,对各部门各单位落实中央八项规定精神情况进行监督检查,按照上级部门工作要求及时报送自查自纠情况。针对校内巡察发现的"四风"问题,积极配合学校专项工作组工作,协助落实巡察问题整改。按照中央和上级纪委的要求,中央八项规定精神是绝不容许触碰的高压线,对于违规公款吃喝、违规出国出境旅游、违规配备使用公车、违规配置占用办公用房、违规发放津补贴、违规收受礼品礼金等行为,露头就打。全年受理涉嫌违反中央八项规定精神问题线索5件,其中,1件已完成查处工作,落实诫勉谈话1人,2件正合并立案审查,另有2件正在核查。

## 三、聚焦监督执纪问责职责

(一) 聚焦主责主业,不断深化纪检监察"三转"工作

坚决退出与纪检监察主责主业不相关的工作,坚持纪检监察工作定位向监督执纪问责主责主业聚焦,通过向职能部门提出工作意见、发出整改建议、予以追责问责等方式,不断强化"监督的再监督"。学校纪委先后引导、督促研究生院落实对反映研究生招生复试问题、EMBA招生问题等线索的查处工作;引导和协助科研部门落实对涉嫌违规使用科研项目经费问题线索的查处工作等。通过不断强化主责部门监管责任,力促职能部门真正把担子担起来、腰杆子硬起来,对管理对象存在的问题及时制止、坚决纠正。

(二) 规范处置问题线索,严肃查处违规违纪问题

2019年,学校纪委共收到各类问题线索164件,其中受理的初次问题线索55件。对收到的问题线索,学校纪检监察部门严格落实问题线索处置集体决策制度,召开37次信访工作小组会集中研判,对于不属纪检监察受理范围的信访举报件按照有关规定分流并督促相关部门或单位处理;对于受理的问题线索按照纪检监察信访举报问题线索处置办法进行分类处理,其中初步核实21件,谈话函询11件,排查后了结18件,暂存待查4件,另外根据中央纪委国家监委转来有关案件线索直接立案1件。受理的问题线索现已办结41件。

根据问题线索的查核情况,学校纪检部门有效运用监督执纪"四种形态",对违规违纪问题进行严肃处理。其中,党纪处分2人,政纪处分4人,诫勉谈话9人,批评教育3人,提醒谈话4人,责令做出书面检查4人,责成退回违纪所得12人。此外,对问题单位集体诫勉谈话1次,向有关单位发出纪检监察建议书5份。

(三) 紧密结合职责,扎实开展"不忘初心、牢记使命"主题教育

坚持主题教育和纪检监察工作相融合同部署,在学校开展主题教育过程中发挥表率和监督作用。通过集中学习教育,强化理论武装。通过广泛深入调研,走好群众路线。坚持刀刃向内,检视反思找问题。开展专题研讨9次,聚焦形成涵盖落实管党治党责任、推进"三个三"、纪检干部队伍建设等

三方面13个工作薄弱点的问题清单及整改方案。突出问题导向，动真碰硬抓落实，有效推动问题整改。同时学校纪委还承担违反中央八项规定精神突出问题、漠视侵害群众利益问题专项整治的牵头落实工作。聚焦违反中央八项规定精神的7大类13个小项问题，完成整改6项，即将完成5项，其余2项正在积极推进；重点整治涉及教职工考核评价及薪酬待遇、校内公共资源使用、师生员工医疗卫生健康保障、校园安全保障及师生员工反映强烈的其他问题等5大类21个小项问题，完成整改3项，即将完成或明确时间表13项，其余5项正在努力推进。

## 四、其他工作

（一）积极配合研究探讨实现高校纪检监察体制机制转变的具体路径和有效措施

学校纪委积极配合完成中央纪委国家监委来校专题调研2次，参加中央纪委国家监委推进高校纪检监察体制改革、探讨高校纪检监察机构措施使用等专题调研座谈会4次；配合完成驻教育部纪检监察组来校对高校政治监督工作专题调研1次，参加教育部直属高校监督执纪问责工作等专题调研会议2次；完成北京市纪委市监委关于推进高校纪检监察体制改革调研课题2项，参与北京市纪委市监委专题工作座谈会5次；等等。

（二）严格落实“三个为主”的要求，接受上级纪委监委的领导和业务指导、检查、监督

向北京市纪委市监委及其驻市委教育工委纪检监察组报送统计数据及工作报告40余次，汇报重要问题线索及处置情况5次；向中央纪委国家监委驻教育部纪检监察组报送统计数据15次，提交工作报告10余篇。

（三）加强纪检体系建设，力促纪检监察工作高质量发展

一方面，推进二级单位纪检组织体系建设，对二级单位纪检干部集中组织业务培训1次，邀请北京市纪委市监委对口分管部门负责人做专题讲座，强化二级纪检干部监督责任意识，同时配合学校二级党组织换届工作，选优配强二级单位纪检干部。另一方面，加强纪检干部业务学习和培训，先后选派干部20余人次参加中央纪委国家监委驻教育部纪检监察组、北京市纪委市监委组织的纪检监察理论政策和业务技能培训，同时按照中央纪委的学习要求，每周定期组织专职干部开展业务学习。

（四）清理修订规范性文件，理顺内部工作机制

根据学校工作部署，对学校纪检监察部门制定的规章制度进行全面清查、整理，建议学校废止与上位法不一致、被新规章制度替代、不适应现实需要或适用期已过的规章、规范性文件共17项，需修订完善、继续执行的规章、规范性文件5项，相关制度修订完善工作正在开展过程中。

# ■ 巡察工作

## 一、校内巡察

1. 3月18日至4月21日、6月3日至7月7日、10月28日至12月2日分别完成了学校党委第二轮、第三轮和第四轮巡察工作。学校党委第二轮巡察对书报资料中心党委、外国语学院党委、新闻学院党委开展了巡察；学校党委第三轮巡察对马克思主义学院党委、继续教育学院党委、体育部党总支、校医院党总支、哲学院党委开展了巡察；学校党委第四轮巡察对财政金融学院党委、

法学院党委、苏州校区党委、国际关系学院党委开展了巡察。巡察共发现“四个落实”方面问题270个。

2. 4月和7月，分别完成学校党委第一轮、第二轮巡察情况反馈工作，商学院党委、环境学院党委、后勤集团党委、书报资料中心党委、外国语学院党委、新闻学院党委等6家二级党组织在巡察情况反馈完成后启动巡察整改工作。

3. 对于进入巡察整改阶段的第一轮被巡察单位（商学院党委、环境学院党委、后勤集团党委），党委巡察办会同党委组织部、纪委办公室等党委巡察工作领导小组成员单位，按照学校巡察制度规定，认真审核整改方案、工作台账等材料，督促被巡察单位落实好整改工作。11月18日和12月30日，中国人民大学十四届党委巡察工作领导小组第8次会议和第10次会议分别听取了学校党委第一轮、第二轮巡察整改情况汇报，并就如何改进巡察整改工作进行了研究讨论。

## 二、制度建设

1. 制定《中国人民大学巡察工作档案管理办法》，为巡察工作档案收集、管理和利用提供指导和依据。

2. 起草并印发《中共中国人民大学委员会关于加强巡察工作队伍建设的意见》和《中共中国人民大学委员会巡察工作人员遴选办法》，为加强学校巡察工作队伍建设，把巡察作为发现、培养、锻炼干部的一个重要平台提供制度保障。

3. 制定并印发《中共中国人民大学委员会巡察工作领导小组工作规则》、《中共中国人民大学委员会巡察工作领导小组办公室工作规则》、《中共中国人民大学委员会巡察组工作规则》和《中国人民大学党委关于被巡察单位配合巡察工作的规定》，为推动巡察工作的制度化、规范化、科学化打下基础。

## 三、队伍建设

1. 编印《党内法规及重要制度汇编》、《校内规章制度汇编》、《习近平重要讲话精神汇编》和《巡察组工作手册》等培训资料，并组织完成3轮巡察工作人员业务培训工作，邀请相关职能部门负责人从意识形态、党建工作、纪检监察、本科教学、“双一流”建设、巡察实践等方面开展业务培训，有针对性地提升工作能力，保证巡察工作的质量。2019年共培训巡察业务骨干160余人。

2. 根据相关制度文件要求，完成学校党委第一轮至第四轮巡察共108名工作人员的考核工作，并将考核结果抄送党委组织部、人事处，为学校干部选拔和教职工岗位评聘提供参考。

# ■ 教师工作

## 一、概况

2019年，在习近平新时代中国特色社会主义思想的指导下，学校贯彻落实党的十九大和十九届二中、三中、四中全会精神和高校思想政治工作会议、全国教育大会精神，贯彻落实党中央、国务院以及教育部、北京市关于教师思想政治工作、师德师风建设一系列文件要求，推动教师思想政治工作和师德师风建设水平得到进一步提升。

## 二、教师思想政治工作

(一) 开展思想政治教育

深入学习贯彻全国两会和习近平总书记关于高校教师队伍建设的重要论述精神。按照学校党委统一部署，结合“不忘初心、牢记使命”主题教育，在全校教师中深入开展习近平新时代中国特色社会主义思想的理论学习，通过形式多样的学习宣传教育活动，教师思想政治素养得到提升，崇高理想信念得到树立。

(二) 推进国情教育主题社会实践

继续深化“读懂中国”青年教师社会调研计划。2019年“读懂中国”青年教师社会调研以庆祝新中国成立70周年为契机，以在校青年教师和新入职教师为主要对象，围绕“伟大国家的奋进足迹”和“扶贫共进之路”两大主题，共开展5个集体调研项目，同时首次支持由教师自行组队的8个项目。

9月10日，以庆祝第35个教师节为契机，举办“读懂中国”青年教师社会调研座谈会暨成果展览，对活动进行全面总结和宣传。

(三) 创新推动课程思政建设

为切实发挥课程思政名师的示范引领作用，汇聚全员全过程全方位育人合力，全面落实立德树人根本任务，制定《中国人民大学“吴玉章课程思政名师工作室计划”实施办法（试行）》。“吴玉章课程思政名师工作室计划”旨在推动教师深度挖掘专业课程蕴含的思想政治教育资源，打造具有示范意义的育人课程，提升思想政治教育亲和力、针对性和教书育人实效，借此解决好各类课程与思政课相互配合的问题，发挥课程育人功能。

## 三、师德师风建设工作

(一) 完善机制制度

继成立学校党委教师思想政治工作领导小组和学校师德建设与监督委员会后，2019年推进在全校28个学院党委（党总支）成立师德建设与监督委员会，确定了工作联络员，形成了学校党委统一领导、党政齐抓共管、职能部门组织协调、基层院系部署落实、教师民主监督的工作格局，加强了党委教师工作部与学院党委（党总支）的工作衔接，有利于促进教师思想政治教育与师德建设在基层单位落细落实。

按照教育部要求，深入做好新时代教师职业行为十项准则系列文件的贯彻落实工作。制定《中国人民大学教师思想政治工作规划（2019—2022年）》《中国人民大学教师职业道德规范》等教师思政工作和师德建设重要文件，进一步完善了学校教师思政工作和师德建设制度，形成总章与专项相辅、实体与程序并重的规范体系，为开创新时代学校教师思想政治工作新局面、构建师德师风建设长效机制提供了重要支撑和有力保证。

(二) 开展师德宣教和典型选树

在新入职教职工培训活动中，开设师德师风专题教育，通过政策解读、案例警示等形式加强教师师德规则意识。同时注重讲好吴玉章、成仿吾、张腾霄、吴宝康、卫兴华、高铭暄等师德楷模的故事，组织广大青年教师学习老革命、老校友、老教师的先进事迹和奉献精神。

为进一步弘扬师德师风，展现榜样力量，激励教师增强立德树人、教书育人的责任感、荣誉感和使命感，争做“四有”好老师和“四个引路人”，出台《中国人民大学教师师德先进集体、师德标兵评选办法（试行）》。学校于11月启动首次教师师德先进集体、师德标兵评选活动，最终评选出师德先进集体 5 个、师德标兵 10 人。

师德先进集体 5 个：马克思主义学院马克思主义理论联合教研室、历史学院考古文博系、统计学院医学与生物统计教研室、财政金融学院货币金融系、经济学院政治经济学教研室。

师德标兵 10 人：经济学院方福前、信息资源管理学院卢小宾、文学院孙郁、财政金融学院张杰、物理学系张威、法学院宋彪、国际关系学院周淑真、马克思主义学院邱吉、统计学院袁卫、历史学院黄爱平。

（三）严格师德考评和师德监督

6 月出台《中国人民大学教师师德考核办法（试行）》，并于 10 月首次启动学校 2018—2019 学年教师师德考核工作，明确师德考核不合格者年度考核不合格。加强师德审核把关，对职称评审、评优奖励等各类活动涉及人选进行师德把关。

6 月出台《中国人民大学教师师德失范行为处理办法（试行）》，明确师德失范行为的受理、调查、处理等程序。坚持师德失范行为“零容忍”，对涉嫌师德失范行为的举报，认真开展调查核实和甄别处置，维护师生合法权益，维护校园良好教育生态。

## ■ 工会与教代会工作

### 一、概况

2019 年，在习近平新时代中国特色社会主义思想指引下，学校工会、教代会深入贯彻落实党的十九大和十九届二中、三中、四中全会精神，按照习近平总书记关于工会工作的重要论述，深入贯彻落实中国工会十七大、北京市工会十四大精神，结合“不忘初心、牢记使命”主题教育要求，深刻把握新时代工运事业和工会工作的特点与规律，充分发挥桥梁、纽带作用，围绕中心、服务大局，切实增强教职工获得感、归属感、幸福感，不断提高学校工会工作的能力和水平，为学校“双一流”建设做出贡献。

### 二、教代会工作

2019 年，学校工会在学校党委和上级工会的领导下，进一步规范教代会、工代会年会机制，推进教代会提案办理，积极组织教代会代表、专门委员会参与学校相关工作。

完成教代会、工代会年会。3 月 20 日召开中国人民大学第七届教职工代表大会暨第十六届工会会员代表大会第二次全体会议，共有 240 余名代表参会。会议听取 2018 年学校工作报告、学校财务工作报告、校务公开报告，审议 2018 年教代会、工会工作报告，2018 年提案工作报告，讨论学校章程修改草案，通报学校周转住房管理细则及典型案例。

加强教代会提案办理。2019 年第七届教职工代表大会第二次全体会议期间共征集教代会代表提案 43 件，经并案形成最终提案 41 件，涉及教学科研、学科建设、学生管理、人事人才、校园建设、教职工服务等内容。4 月 23 日，第七届教代会提案审查处理工作委员会召开全体会议审查提案，决定立案 7 件，作为意见、建议处理 27 件，不立案 7 件，同时还确定相应的承办部门。承办部门在规定时间内反馈答复意见，对于是否能够解决给予了具体说明。提案审查处理工作委员会秘书处请提案人对承办部门答复内容进行评价，满意、基本满意的 30 件。

组织教代会代表及专门委员会参与民主管理。2019 年，共有近 200 人次教代会代表、教职工代表参与学校大厂生活拓展区建设、学校考勤及请假管理办法、学校电动自行车管理办法、学校校门管理办法、北京市垃圾处理条例修订、教职工行政纪律处分、学校专业技术职务聘任和岗位聘用、学校奖励性绩效工资管理办法、明德地下车库管理办法等的制定、修订工作，保证相关工作信息公开、过程民主、决策科学、结果公正。

## 三、校园文化建设和文体社团工作

2019 年，学校工会坚持“月月有比赛、周周有活动、人人有特长”工作目标，围绕庆祝中华人民共和国成立 70 周年主题，开展丰富多彩的文体活动。

文体活动以提升教职工生活幸福感，缓解工作压力，提高生活品质，共创美好生活为宗旨。2019 年组织开展庆祝“三八”国际劳动妇女节教职工趣味运动会、第 60 届教职工田径运动会、“益智升级”双升比赛、“白羽惜别”羽毛球赛等传统体育赛事。围绕庆祝中华人民共和国成立 70 周年开展教职工六人制足球赛、“自由健走 70 华里”健步走、教职工网球赛、教职工乒乓赛、教职工三人制篮球赛、教职工“一二・九”越野赛、教职工羽毛球赛等系列活动。全年共计 8 000 余人次参与各类活动。其中，教职工三人制篮球赛是继 2010 年后时隔九年举办的全校教职工篮球比赛，得到了全校教职工的充分关注和积极参与。

此外，积极响应上级工会及学校相关部门活动号召。3 月，选送学校乒乓球选手参加第一届全国教科文卫体系统职工乒乓球赛北京市选拔赛；6 月，教职工合唱团首次亮相学校毕业晚会舞台，通过小合唱《放心去飞》向 2019 届毕业生表达衷心祝愿；11 月，向北京市教育工会投稿学校优秀“七十载盛世画卷 与国同行同梦”主题书画作品，学校参展作品数量位居各高校首位，共有 6 位教职工作品入选此次展览；12 月，教职工合唱团首次参加学校“一二・九”合唱展演。

加强社团建设，推动社团规范化发展。2019 年，切实突出社团工作主体地位与校工会平台作用，同时充分调动教职工社团积极性，满足不同教职工群体兴趣爱好。全年进一步加强各社团活动的预算申报、报销审核制度，规范社团组织运行机制，给予活动组织经费、场地、资源平台支持。3 月，梳理教职工游泳协会的发展历程及财务状况，规范游泳协会海豚票办理管理机制；9—12 月，进一步加强与社团负责人沟通机制，逐步形成工会搭台、社团为主体、专业教师指导的工作三角。

继续完善午间课堂课程体系，打造午间课堂品牌。根据前期充分调研的教职工需求结果，积极协调场地，扩大培训项目，适当增加课时，开设书法、国画、太极拳、舞蹈、古琴、中华韵、瑜伽、合唱、尤克里里课程，在静、动、雅、乐、潮各方面，立体安排，同时部分课程细分类别，针对教职工学习程度设立了初级、高级两种层次的课程，专精有别，体系全面，全年共计 15 类 20 门课程，开展 400 余个课时，吸引教职工 2 000 人次报名参加。同时加强课堂管理，组织结业展示，在全校范围内进一步推动教职工素质提升。

## 四、师德建设和职业技能竞赛工作

组织开展各类先进评选。57 人获 2019 年中国人民大学“优秀工会工作者”荣誉称号，80 人获 2019 年中国人民大学“校级工会积极分子”荣誉称号，4 人获 2019 年中国人民大学“优秀社团工作者”荣誉称号，2 个社团获 2019 年中国人民大学“优秀教职工社团”荣誉称号，8 家分工会获 2019 年中国人民大学“优秀建家项目”荣誉称号。

组织“从事教育工作满三十年”荣誉称号教职工拍摄工作纪念照，展现学校教职工风貌，100 人获“从事教育工作满三十年”荣誉称号。

拓展服务内涵，助力教育扶贫，传递温暖。3 月 25 日—27 日、10 月 14 日—16 日，分两次联合离退休工作处组织全校在职教职工为云南省兰坪县第三小学、第四小学捐赠爱心书籍，助力当地精准教育扶贫，传递温暖爱心。

承办北京市青教赛，展示学校学科特色。2019年，根据上级工会及学校工作部署安排，分别于5月9日、5月30日—6月2日承办北京高校第十一届青年教师教学基本功比赛开幕式及社会科学与思想政治课程类比赛。学校哲学院刘玮获人文类A组一等奖第一名，马克思主义学院马慎萧获思政类A组一等奖第一名，公共管理学院张书海获社科类A组一等奖，体育部吴升扣获社科类A组二等奖，公共管理学院梁海伦和商学院张博2人获社科类A组三等奖。

引导教职工提升职业技能。在总结前两届赛事成功举办的经验基础上，为进一步助力学校“双一流”建设，贯彻“不忘初心、牢记使命”主题教育，切实提高教职工的综合素质和专业技能，促进科学发展，加强与一流大学建设相匹配的一流管理服务队伍建设，联合学校办公室、党委组织部、党委宣传部、人事处和机关党委，组织举办中国人民大学第三届青年管理干部岗位技能竞赛。全校共有34家单位的67名教职工报名参赛。以“我为祖国学本领”为主题，联合后勤集团开展第四届后勤职工岗位技能比赛，以赛促练，助力学校后勤保障服务水平提升。

## 五、女教职工工作及职工互助保障工作

2019年，女教职工工作在上级主管部门和学校党委的领导下，着力关注女教职工的发展成长，切实维护女教职工的合法权益，以女教职工健康生活、快乐工作为目标，努力做好广大女教职工的贴心“娘家人”。

以女教职工委员会为纽带，建立健全制度规范，夯实组织建设基础。召开女教职工委员会工作会议，确立女教职工工作计划，并结合工作实际进行讨论修改，完善女教职工工作规范，进一步夯实组织建设基础。

以教职工心理关爱工作坊为推手，以人文关怀为指引，维护女教职工合法权益和特殊利益。联合学生处心理健康中心搭建教职工心理关爱工作坊平台，指导女教职工建立并维护良好的亲密关系；分两次组织开展女教职工体质测试活动，聘请健康专家一对一进行分析，定制运动方案；邀请专家开展乳腺疾病预防讲座，使女教职工全面了解自身健康状况，切实做到有病早发现、早预防、早治疗；联合海淀街道计生办举办优生优育讲座，为广大女教职工普及备孕知识。

以需求为导向，以品牌活动为载体，打造工作新模式，搭建女教职工综合素质平台。以庆祝“三八”国际妇女节为载体，以“健康身心，美丽人生”为主题开展系列女性关爱活动，举办庆“三八”趣味运动会；组织三期“美好生活”主题活动，覆盖手工制作纯天然口红、服饰搭配讲座、香薰蜡制作等内容；组织观看爱国主题电影《流浪地球》、女性主题话剧《小妇人》；举办亲子主题摄影大赛；举办亲子讲座，促进女教职工建立良好的亲子关系。

全力保障子女托补费、独生子女家庭一次性奖励费的发放。2019年为140余人发放了托补费，为73名退休教职工发放了独生子女家庭一次性奖励费。

2019年，继续开展大病教职工帮扶。继续做好学校关爱师生基金、在职职工爱心互助金、北京市互助保障活动和北京市温暖基金等保障项目申报工作。2019年关爱师生基金资助师生27人次，资助金额约63万元；在职职工爱心互助金资助10人，资助金额约33.5万元。为3名教职工申请北京市温暖基金6万元。为13人办理在职职工互助保险理赔约12万元。加大工作力度和经费投入，扩大保障体系覆盖面，2019年优化在职职工爱心互助金办理程序和工作材料，共有1 400余人加入在职职工爱心互助金，缴纳互助费约37万元。启动2019年全员互助保障计划，使用工会经费约43万元为3 700余名符合条件的在职教职工办理北京市职工互助保障项目。为约180名新入职教职工办理京卡·互助卡。

## 六、组织宣传及其他工作

5月，经中国人民大学工会第十六届委员会第五次全体会议选举，北京市总工会任命，郑水泉同志为学校工会主席，吴付来同志不再担任工会主席职务。

5月，经中国人民大学工会第十六届经费审查委员会第四次全体会议选举，张雁同志为中国人民大学工会经费审查委员会主任，叶康涛同志不再担任经费审查委员会主任职务。

9月，经中国人民大学工会第十六届委员会第六次全体会议选举，北京市总工会任命，宋莉芳同志为工会常务副主席，张玲玲同志不再担任工会常务副主席职务。

组织开展工会干部培训和青年教职工社会实践活动。组织“加强思想引领、提升政治站位”系列培训，邀请知名教授做专题讲座，帮助工会干部正确理解共产主义理想科学内涵。组织分工会主席、委员代表赴“没有共产党就没有新中国”纪念馆开展弘扬革命传统主题学习，深入了解中国革命历史，以主题实践方式在工会系统中传承优秀革命传统，坚定听党话、跟党走的决心。积极参与学校“读懂中国”社会实践活动，协助组织新入职教职工前往福州、福鼎、寿宁、福安、厦门进行专题学习与现场调研，深入了解国情、民情，坚定爱国主义信念。

继续加强非事业编制教职工入会研究。承担北京市教育工会“北京市属高校非在编人员入会经费来源问题研究”专项课题，广泛调研北京市属高校非事业编制教职工工会经费来源情况，梳理共性问题，形成提案提交北京市教育工会，作为完善相关政策文件的重要依据。

探索活动建家项目拨款制，向58家分工会下拨全年建家活动经费约42万元，实行活动经费动态管理，激活基层建家活力。同时，提高实体建家工作效率，为22家分工会购置家电、家具、健身器材等设备83件，资助金额近11万元。机关一分工会（学校办公室）、机关四分工会（信息技术中心）、文学院分工会、外国语学院分工会、财政金融学院分工会、理学院分工会、书报资料中心分工会7家分工会入选北京市总工会“暖心驿站”。

加大工会经费普惠制力度。根据上级工会文件精神，结合学校精准扶贫，采购学校定点扶贫的云南省兰坪县农产品作为“五一”国际劳动节、中秋节和国庆节慰问品向全校教职工发放。

# ■ 学生工作

## 一、概况

2019年，学校认真学习贯彻中央精神，紧密围绕立德树人根本任务，结合新中国成立70周年、五四运动100周年等重要时间节点，全面加强学生思想引领，积极推进“三全育人”综合改革试点建设，探索落实精准思政，提升学生管理工作实效，服务学生成长成才。

## 二、思想政治教育工作

### （一）推进落实“三全育人”综合改革试点建设

按照强化党的领导、优化育人协同、完善评价机制、落实精准思政的综合改革总体目标，进一步细化，形成围绕立德树人根本任务，坚持政治、实效两个原则，破解育人协同、质量管理、思想认识三大难题，打造领导推进、信息共享、互动育人、网络思政四大平台，重点强化课程育人、科研育人、管理育人、服务育人、组织育人五项建设的推进方案，召开学校“三全育人”综合改革建设推进专题会，部署落实各项改革任务。

（二）全面深化理想信念和爱国主义教育

2019年是中华人民共和国成立70周年，学校围绕“我和我的祖国”主题，以理想信念、精神传承、纪念庆祝、学习学术、体育锻炼、实践调研、奉献公益、创新创意、文化艺术、宣传展示十个特色模块活动在全校广泛开展理想信念和爱国主义教育。举办中船重工第七六〇研究所抗灾抢险英雄群体先进事迹专场报告会，组织师生观看庆祝中华人民共和国成立70周年阅兵、群众游行与联欢直播活动，参观“伟大历程 辉煌成就”庆祝中华人民共和国成立70周年大型成就展，落实好国庆游行、表演等大型庆祝活动的组织协调工作任务。依托微信平台，开展“青春告白祖国”活动，开展“祖国我想对你说”主题创作征集活动，引领青年学子做爱国主义精神最坚定的弘扬者、实践者、传播者。将庆祝中华人民共和国成立70周年融入“形势与政策”教育，邀请中国科学院院士、理学院院长解思深教授，学校党委副书记吴付来，副校长刘元春，国际关系学院金灿荣教授，马克思主义学院杨凤城教授，法学院王旭教授，农业与农村发展学院郑风田教授等专家做“形势与政策”讲座。组织召开师生座谈会，学习习近平总书记在学校思想政治理论课教师座谈会、纪念五四运动100周年大会上的重要讲话精神。组织师生代表前往人民大会堂参加学习贯彻党的十九届四中全会精神中央宣讲团首场报告会。继续通过在各学院确立“形势与政策”辅导员，依托微人大“学务中心”网络平台，全面加强“形势与政策”教育活动管理评估。各学院、班级2019年累计开展座谈、研讨、沙龙、参观、观影讨论、征文、竞赛、演讲、辩论、调研、宣讲、实践等“形势与政策”学习活动910余场。

（三）积极涵育社会主义核心价值观

在全校开展“我和我的祖国”主题班会活动，由本硕博各班班主任及班级辅导员组织班级学生，通过主旨演讲、集体讨论、知识竞赛、工作坊等多种形式召开主题班会，进行社会主义核心价值观教育。开展优秀班会评选工作，评选优秀组织单位、优秀班会，推广成功经验。依托学校国旗护卫队，在学雷锋纪念日、五四运动100周年纪念日、“九一八”纪念日、国庆节、国家宪法日、“一二·九”运动纪念日、国家公祭日等重要纪念日举办升国旗主题教育活动，组织开展学雷锋倡议、“12·4”国家宪法日宪法宣传周、世界艾滋病日宣传等系列活动，引领学生结合自身实际学习践行社会主义核心价值观。组织师生代表赴人民大会堂现场聆听2019年全国科学道德和学风建设宣讲教育报告会，并发动各学院组织学生集中收看直播、录播，鼓励学生自发观看，并收集互动开展情况和学生感想向北京市委教工委反馈。

（四）着力探索校企合作共育机制

抓住机遇，深入推进与国家电网有限公司的校企合作共育实践。举办“国企公开课”中国人民大学报告会暨“国企骨干担任校外辅导员”聘任仪式，国家电网董事长寇伟做报告，聘任“时代楷模”“改革先锋”张黎明、“全国道德楷模”“大国工匠”许启金为校外辅导员。春假期间，邀请许启金同人大师生共赴山东临沂，参与实践调研活动并开展座谈交流。6月25日，组织学工系统学生骨干培养计划成员代表和“红船领航”计划学员代表前往国网天津市电力公司滨海供电分公司与张黎明座谈交流。7月2日，带领学生骨干前往安徽宿州实践调研，与许启金座谈交流。10月26日，举办许启金“奋斗的人生最美丽”主题报告会。12月14日，举办张黎明“爱国奋斗 勇敢追梦”主题报告会。12月22日，举办“国企领导干部上讲台”活动，邀请国家电网总经理辛保安做报告。系列活动在师生中引起热烈反响。学校与国家电网有限公司的合作在校企共建开展大学生思想政治教育中表现突出，起到了示范作用，得到了教育部的充分肯定。9月23日，在全国高校辅导员优秀骨干培训班开班仪式上，张黎明作为全国高校唯一一位校外辅导员代表，在大会上做交流发言。

（五）拓展完善特色育人品牌

“精彩第一年”新生引航计划继续面向新生开展，强化对学生的思想引领、学业指导、生涯规划、生活辅导和心理辅导，围绕“适应、融入、引领和发展”四个主题设计并开展新生入学适应与辅导项目，结合庆祝中华人民共和国成立70周年“我和我的祖国”主题教育十大模块活动，主要划分为“学习生活适应”、“归属感建立”、“理想信念引领”及“成长与发展”四个模块。2019—2020学年开学典礼上，学校党委书记靳诺以《牢记人大人的初心与使命》为题，为2019级新生带来开学第一课。邀请疾控部门、北京市公安局以及学校教务处、国际交流处、保卫处、校医院、图书馆等多个单位为新生做健康教育、安全教育、图书馆使用培训、大学学习生活导航系列入学教育报告会。采取集中教育与分散教育相结合、教师引导与自我教育相结合、课程教学与校园活动相结合的形式，全面做好新生入学教育工作。采取立项申报制，支持经费鼓励各学院结合学院实际开展具有针对性的新生引航活动。

“红船领航”计划党员先锋营认真学习贯彻中央精神和习近平总书记重要指示，以军政结合的形式开展教育活动，以量化积分考核落实日常管理。上半年，2018级“红船领航”计划党员先锋营208名学员累计开展体能训练15次，达到男生5 000米、女生3 000米的训练强度，组织学员进行队列训练7次、擒敌拳训练21次、篮球赛1次，组织奥林匹克公园定向越野1次，在校运会开幕式上进行队列方阵、擒敌拳方阵汇报表演1次；开展马克思主义经典研习实践活动并做交流汇报4次；开展全营集体学习活动6次；各小组累计开展志愿服务活动40次，提交微博式思想汇报3 486条、读书报告640篇。下半年，2019级“红船领航”计划党员先锋营246名学员累计开展体能训练23次，达到2 000米的训练强度，组织学员进行队列训练10次，跑操教官训练6次，队列教官训练5次；各排分别开展政治学习活动18次，开展全营集体学习活动6次，提交微博式思想汇报2 932条。“红船领航”计划还组织优秀学员代表前往校史馆、北京展览馆、抚顺市雷锋纪念馆、沈阳“九·一八”历史博物馆、临沂等地学习实践。

“求是思源”优秀学生培养计划完成四期结业、七期学员的招募工作，校友导师累计达到71名。五期、六期、七期团队于暑假分别赴美国以及中国长三角地区、湖南益阳等地按计划开展相应主题学习、调研和支教志愿服务活动，总计参访各类单位50余所，完成调研报告18篇，累计达20万字，支教受益学生达450余人。除暑期活动外，项目还开展日常活动及能力提升训练，举办各类活动10余场，包括六校暑期实践分享交流会、校友导师讲座、读书会、暑期分享会、领导力提升工作坊，以及筹备新年校友会等。

“石榴花开”优秀学生培养专项计划持续完善，推进项目运行制度化，为来自各民族的人大师生提供加强交流、促进成长的平台。全年举办喜迎国庆、新老成员集体见面会、故宫参观学习、小组团建交流等活动6次。其中5月，组织学员利用周末时间赴河北雄安新区开展以“问道雄安新区，建功奋进新时代”为主题的社会实践。通过系列国情主题教育，积淀“石榴花开”红色元素，引领“石榴籽”学员沉淀思考，关心国事天下事，关心民生发展，心怀家国理想。2019年完成学校第二期“石榴花开”优秀学生培养专项计划招新工作，来自汉、满、回、壮、苗、傣、藏、彝、土家、蒙古、朝鲜、哈萨克、维吾尔等13个民族的同学加入项目。

“毕业季”主题教育活动结合庆祝中华人民共和国成立70周年主题教育活动，着力推进思想引领、学习实践、成长发展、奉献公益、经验传承、毕业文化、体育竞技、创新创意、情感交融、仪式庆典等10大类毕业活动的全面开展。2019届毕业誓词确定为：“明德博学，求是笃行；勤勉为新，朴实友爱。不忘初心，争做国民表率；牢记使命，勇为社会栋梁。胸怀鸿鹄志，激扬爱国情。扬帆新征程，建功新时代！”王翌楷、贺泳霖、邓远豪、程路、李阳、张钶浥、范雨洁、曹瑜、李海玉、吕金蔚等10人荣获“毕业十星”荣誉称号，另有20人获提名奖。毕业成长拍卖会热度依旧，总成交额为 1 169.3 万 iRUC 毕业纪念币。与各学院合作，开展了“时光博物馆”“游忆校园，心系家国”等活动。2019 年毕业典礼继续在典礼开始前组织各学院演唱毕业歌曲，结合“礼赞青春，祝福祖国”毕业主题，全场同唱一首歌，将毕业氛围推向高潮。精心制作毕业视频《人大拾光，未来可期》，回顾毕业生在学校点滴岁月，展现学生成长历程，流露学生真挚情谊，祝福祖国母亲 70 岁生日快乐。

（六）创新探索“互联网＋”思政有效途径

“学务中心”网络平台十大类活动全面开花，2019 年在该平台成功创建并通过审核的活动超 2 000 个，活动总计超 10 000 个。组建活动积分认证督查专业队伍，对在学务中心创建、申请积分的活动及时进行线上认证和线下督查，确保课外活动的真实性、有效性。4 月，开发校团委第二课堂成绩单系统。10 月，进一步开发完善学生信息一张表、课外活动管理及成绩单打印，积分商城开发及移动端等“学务中心”平台功能。继续完善党委学生工作部（处）网站、官方微信、官方微博平台建设，坚持管建结合、善管善用。完成党委学生工作部（处）网站内容的上传、维护、更新，累计上传公告、新闻 100 余条，“中国人民大学学生处”官方微信公众账号推送图文消息 178 条，在重大事件发生时期及时发声、正面引导，微信平台粉丝突破 25 870 人，官方微博账号发布图文消息 176 条。

（七）挖掘选树学生先进典型

新闻学院 2017 级博士生、退役大学生周晓辉获评“全国模范退役军人”荣誉称号，是全国获此荣誉的唯一在校学生。艺术学院 2013 级本科生邓远豪荣获 2019 年北京市优秀在校退役大学生士兵荣誉称号，获得第十四届大学生年度人物入围奖，入选北京市征兵宣讲团、北京市征兵宣传典型人物。

## 三、学生工作队伍建设

（一）启动“新生导师引航计划”

学校以“三全育人”的理念推进学生深度辅导，于 2019 年秋季学期启动实施“新生导师引航计划”，学校领导班子带头，发动知名教授、中青年教师骨干及离退休教工 1 300 余人，为每名 2019 级本科新生配置 1 名成长导师，并建立“师友工作站”，搭建师生互动平台，促进师生之间“面对面”交流、“心贴心”互动，实现“手拉手”进步。

（二）设计实施《中国人民大学基层学院学生工作绩效考核办法》

自 2019 年起，党委学生工作部（处）每学期发布学院学生工作重点任务清单，根据清单任务完成情况和特色工作、突出表现，对基层学院学生工作进行量化积分考核，发挥考核工作对基层学院学生工作队伍履职情况的鉴定、激励和导向作用，推进思想政治工作的目标管理、质量管理，提升基层学院学生工作队伍专业化职业化水平，推动学院学生工作朝着精准化、精细化和高质量方向发展。

（三）加强专职辅导员队伍建设

持续做好专职辅导员基础数据采集工作，设置辅导员聘任和离任审批表以及微人大专职辅导员信息采集表，加强队伍动态管理。推荐专职辅导员参加各类培训，组织专、兼职辅导员参加中船重工第七六〇研究所抗灾抢险英雄群体先进事迹专场报告会、2019 级新生班主任班级辅导员岗前培训会、十九届四中全会精神中央宣讲团首场报告会和 2019 年度学生思政暑期研讨会暨 2019—2020 学年学工系统专职辅导员培训会等校内培训，推荐优秀辅导员参加北京市各项培训和教育部思政骨干培训，推荐新上岗辅导员参加在北京市举办的新上岗辅导员培训，2019 年共推荐 30 名专职辅导员参加 30 场次思政骨干培训。完善辅导员工作室建设，细化完善辅导员工作室预算申报、中期考核、结项制度，制定工作室经费管理、中期考核、结项办法，完成第四期辅导员工作室项目立项。继续做好学工系统学生骨干培养计划选拔工作，选拔2020届学工系统骨干计划学员33人，主要配置在学院基层学工岗位。

（四）优化学生兼职辅导员队伍建设

启动学校优秀学生辅导员发展品牌项目“蒲公英计划”，着力培养优秀研究生骨干。首批招募学员24人，邀请3名来自党委学生工作部（处）和就业指导中心的老师组建导师团，发挥朋辈在思想引领和教育互助方面的积极作用，完善面向学生的精准辅导。优化学生兼职辅导员的管理考评制度，完成2017级和2018级班级辅导员的考核评优。

（五）持续推进“三班”建设工作

完成全校224名班主任和85名班级辅导员的岗前培训，完成全校27个院（系）的“三班”基础信息采集，为“三班”工作精细化管理奠定基础。优化“三班”评奖细则，简化评奖流程，提高奖金额度，首次对学生兼职辅导员评优配套奖金，完成2018—2019学年先进班集体、优秀班主任、优秀学生兼职辅导员评奖评优等工作。

## 四、学籍管理工作

（一）加强制度建设，推进信息化建设

根据教育部《普通高等学校学生管理规定》的要求，2019年修订并以校政字文件印发了《中国人民大学本科生学籍管理规定》和《中国人民大学研究生学籍管理规定》。建设学校学生信息管理系统，有效建立“互联网＋”学籍管理服务平台，于8月起全面投入使用，进一步完善学校学生的学籍信息。

（二）完善工作机制，做好日常管理

自9月起，将部分学生学籍相关业务迁至综合服务中心，简化部分学籍业务的办理流程，缩短办理周期。累计补办学生证件、补办火车票优惠磁条共1 600人次；累计为学生开具《在读证明》和《北京高校非北京户籍大学生在学证明》等共计6 300余份；累计办理因公出国（境）政审手续1 896人次。在为新生制作学生证时，首次改变原有的手动填写学生信息的方式，将学生基础信息直接打印于学生证上，进一步规范了新生学生证管理。

2019年，累计办理学籍变动手续2 436人次，按照学籍变动原因划分，复学及恢复学籍或者恢复入学资格904人，休学及保留入学资格375人次，放弃入学资格232人，退学159人，其他学籍变动（更改姓名、变更证件号码、专业分流等）766人次。组织开展学校2020届毕业生图像采集工作，完成6 345名预计毕业生的现场图像采集。

（三）做好迎新和新生入学资格复查工作

2019年，按照迎新工作总体要求，认真开展迎新工作，为新生编制学号并将新生数据导入学籍系统，参与建设新生网络报到系统，牵头开展新生入学资格复查工作，拟定《中国人民大学新生入学资格复查工作方案》，汇总复查情况报告，并初拟《中国人民大学新生入学资格复查总结报告》。

## 五、学生违纪处理

根据2019年新出台的《中国人民大学学生违纪处分管理办法》，坚持以惩戒为手段，以教育为目的，做好学生违纪处分管理工作，截至12月，累计对42人次学生给予了违纪处分，对22人次学生按照新办法开展解除处分工作。2019年全面整理了2012年以来学校学生违纪处分的基础数据信息，为做好处分管理工作提供基础数据支持。

## 六、奖励与资助工作

（一）完善学生资助政策，优化奖助项目

修订《中国人民大学“厚重人才成长支持计划”实施方案》、《中国人民大学家庭经济困难学生认定管理办法》、《中国人民大学学生勤工助学管理办法》、《中国人民大学新生奖励性贷学金实施管理办法》和《中国人民大学学生临时困难补助管理办法》，进一步完善学生资助政策。对学校奖助基金支持设立的奖助项目进行调整优化，增设“基本助学金”和“学习进步奖学金”，将研究生纳入“学习优秀奖学金”参评范围，提高“三好学生”获奖比例，不再设立“优秀研究生”荣誉称号，加强优秀学生辅导员奖励，面向参加中华人民共和国成立70周年重大活动的学生设立专项奖励。

（二）建设育人项目，推进资助育人

着力建设“厚重人才成长支持计划”、“人大使者家乡行”和“82公益领袖培育计划”等资助育人项目，全面构建以价值引领、学业辅导、社会实践、能力发展为着力点的发展型学生资助育人体系，推动学校资助育人工作新发展。其中“厚重人才成长支持计划”共有15个项目获批立项并进入实施阶段，育人实效逐步显现。“人大使者家乡行”项目于2019年寒假组织家庭经济困难学生利用返乡时间，围绕“共享美好”政策讲习、“家国新时代”返乡调研、“学长来啦”文化宣讲等主题开展实践活动。“82公益领袖培育计划”2019年以环境保护为公益主题，前往日本上智大学开展研学活动。

（三）创新组织育人，鼓励自助助人

加强对校级公益性学生组织阳光公益协会的建设，组织团建凝聚队伍，组织活动锻炼能力，志愿服务自助助人，构建“解困—育人—成才—回馈”的人才培养循环机制。开展“青春奔跑月”、“急救培训”、“环保知识答题”和“校园定向越野”等多项全校性综合活动。制作《过年·回家》暖心视频，组织“让爱吉时回家”系列送温暖活动，接听绿色通道暑期热线，参与迎新“绿色通道”服务，联络中国国际航空公司为家庭经济困难新生提供一折机票，与京东公益合作旧衣回收，编辑系列《人大萌新宝典》，参与迎新志愿服务，开展“衣生有你，青春不散”2019届毕业衫设计大赛、优秀毕业生纪念品发放活动。在公安部、教育部于学校共同启动“守护青春”——百城千校防“套路贷”、防电信网络诈骗集中宣传活动中，学校阳光公益协会受聘担任“学生安全教育宣传大使”，并与海淀公安局合作开展多项安全教育活动，发动学校学生围绕防“套路贷”、防电信网络诈骗主题创作微电影、短视频、动漫、海报等。

## 七、心理健康教育与咨询

（一）开设心理健康课程

继续开设心理健康通识（必修课），有36个教学班共2783名本科生（含留学生）修读了该课程。此外，有378名本科生选修中心开设的10门选修课。在教务处教学评估中，得到了最高分99.9最低分90.42的成绩，受到广大学生喜爱与好评。

（二）做好日常心理咨询服务

设置4间心理咨询室，每周开放90个小时以上，学校暑期期间持续服务。2019年共计接待个体咨询2684人次，其中男生644人次，女生2040人次；本科生1437人次；硕士生904人次；博士生208人次；其他135人次（包括教师、职工、校友）。开展危机干预238人次。

（三）推动心理健康教育进学院

组织“心理健康进学院”活动 61 场次，其中面向学生群体的 42 场，面向教职工群体的 7 场，面向新生家长的 12 场；开设科普讲座 21 场、专业培训 29 场、团体及沙龙 11 场，心理健康普查 1 次，活动全面覆盖 25 个学院。活动主题以普及心理健康知识、正确处理人际关系及转换社会角色为主，兼具实用性和趣味性。着力加强研究生心理健康教育，在秋季学期组织硕博新生心理委员培训，共计 137 位班级心理委员和 66 位班级及宿舍辅导员参加了培训，覆盖硕博全部新生班级。

（四）开展心理健康教育活动

指导朋辈心理中心（心宇社）举办“朋辈宿舍送微笑”新生迎新、“缓解焦虑、团体减压”心理调试、“做自己”秋季心理健康节游园会、开学情商提高课、七日谈等 18 场大型室外活动和 12 场心理知识普及活动，与理学院合作举办第十一届“心里乐翻天”趣味心理竞赛活动，以多样化的主题、轻松有趣的形式向师生普及心理知识，推介校园心理健康服务渠道。加强与兄弟院校的交流，受邀参加北京部分高校心理文化月相关活动。中心获得北京市委教育工委 2019 年大学生心理健康节最佳组织奖、2019 年大学生心理素质教育工作先进集体奖。

## 八、住宿辅导工作

（一）优化工作机制

进一步落实教育部和北京市教工委关于高校宿舍管理的相关文件精神，开展教师公寓辅导员和学生公寓辅导员队伍建设工作，把加强三支学生兼职住宿辅导队伍（公寓辅导员、院系住宿专项辅导员、公寓文化协会）的能力建设与解决学生实际问题结合起来。推进公寓文化协会职能和岗位改革方案的实施，招募 30 余名公寓辅导员，进一步优化改进公寓辅导员内部管理结构。形成与后勤集团国内公寓部的负责人员和公寓管理员的定期沟通机制，频率不低于每周一次。

（二）加强学生宿舍安全卫生督察力度

结合教育部关于“思政工作进社区”和北京市关于宿舍大检查等工作部署，组织公寓辅导员通过宿舍安全文明卫生督查，做好思想引导与行为规范，提升学生的住宿规则意识，构建安全文明的学生公寓环境。住宿辅导中心联合后勤集团国内公寓部开展校级学生宿舍安全卫生文明集中督查 6 次，累计督查本科生宿舍 11 422 间次、硕博生宿舍 5 085 间次。

（三）构建和谐互助的宿舍文化

指导公寓文化协会组织各类公寓文化活动，通过举办新生宿舍长培训大会、“早餐、早读、早锻炼”三早打卡活动、新生宿舍成长计划等品牌文化活动，引导学生养成积极健康的生活方式和团结和谐的价值观念。

## 九、学业辅导工作

（一）积极推进“三全育人”

为引导本科新生扣好人生“第一粒扣子”，顺利开启“精彩第一年”，学校于 2019 年秋季学期正式实施“新生导师引航计划”。该项计划为每名 2019 级本科新生配置 1 名成长导师，导师队伍涵盖全体校领导、知名教授、中青年教师骨干及离退休教工等共计 1 300 余人。师生通过“面对面”交流、“心贴心”互动，实现“手拉手”进步。

（二）打造精品型经典阅读

完成 2017 级本科生读史读经典项目收尾工作，聘请 104 位优秀老师担任研读导师，聘请 100 位研究生担任读史辅导员；学生完成读书报告 14 000 余篇，完成论文 5 500 余篇。启动 2018 级本科生通史、断代史阶段阅读工作，聘请 103 位优秀老师担任研读导师，聘请 91 位研究生担任读史辅导员；学生完成读书报告 14 000 余篇，完成论文 5 700 余篇。

（三）深入推进学业辅导

继续加强学业辅导中心兼职辅导员团队、学生学业发展协会与朋辈学业咨询师团队建设。通过岗前培训、岗中督导、岗后考核等制度，提高协作能力、工作效率及服务专业性；协同相关单位联动推进“励学人大”学业辅导项目，对标学生分类指导需求，以校院品牌项目等为载体，打造贯穿“适应、发现、成长、拓展”模块的学生成长地图。

## 十、国防教育工作

（一）完成军事理论课教学和军事技能训练任务

2018—2019 学年春季学期，组织 2018 级在京本科生共计 2 664 人、苏州校区本科生 277 人参加军事理论课学习，依据教学大纲完成 36 学时的教学。7 月 16 日至 30 日，组织 2018 级本科生军训，共计 2 775 人完成军事技能训练任务。在完成军事教育和训练项目的同时，军训团发挥党员师生和入党积极分子的先锋模范作用，在军训期间开展理论学习、读书分享等活动，共提交思想汇报 3 544 份。军训结束后，军训团组织参训学生在校开展消防安全演习。

（二）深入开展国防教育活动

指导中国人民大学国旗护卫队、军事爱好者协会等学生组织和社团深入开展“升国旗”主题教育、全民国家安全教育日、2019 年国家网络安全宣传周等系列国防教育活动。学校国旗护卫队圆满完成学校各项运动赛事、典礼仪式的国旗护卫任务，参加北京高校国旗护卫队培训以及北京高校国防类社团评比，并参与北京高校仪仗队检阅式。

（三）圆满完成年度征兵工作任务

全面加大征兵工作宣传力度，积极动员学生参军入伍报效国家，共有男生 33 人、女生 6 人报名参军，其中男生 14 人通过体检审核光荣入伍。学校对在学校国防教育中表现突出的 16 位个人以及在征兵工作中表现突出的 9 个先进集体和 10 个先进个人进行了表彰。

（四）落实完善学校退役大学生优抚政策

完成退役大学生保研推荐工作，4 名退役复学学生推免攻读研究生。向 6 名退役学生发放 2018—2019 学年国防教育奖学金，为退役大学生提供一对一专项学业辅导支持，继续设置退役大学生培养专项经费，选送优秀退役大学生参与社会实践活动。

## 十一、就业工作

2019 年，学校毕业生总人数 6 876 人（就业工作学生数据均不含港澳台侨学生、留学生），总体落实率为 98.18%，其中本科生落实率 96.06%，研究生落实率 99.48%。

（一）毕业本科生就业情况

2019 年，学校共有本科毕业生 2 614 人，其中，就业 824 人（占 31.52%），升学 893 人（占 34.16%），出国留学 794 人（占 30.37%），待就业 103 人（占 3.94%）。

2019 届已落实就业去向的 824 名毕业本科生中，到党政机关就业 86 人（占 10.44%），科研教学单位 34 人（占 4.13%），其他事业单位 25 人（占 3.03%），国有企业 110 人（占 13.35%），三资企业 53 人（占 6.43%），民营企业 236 人（占 28.64%），部队 23 人（占 2.79%），自主创业 15 人（占 1.82%），自由职业 241 人（占 29.25%），其他 1 人（占 0.12%）。

（二）毕业研究生就业情况

2019 年，学校共有硕士和博士毕业生 4 262 人，其中就业 3 828 人（占 89.82%），攻读博士研究生 319 人（占 7.48%），出国留学 93 人（占 2.18%），待就业 22 人（占 0.52%）。

2019 届已落实就业去向的 3 828 名毕业研究生中，到党政机关就业 725 人（占 18.94%），科研教学单位 443 人（占 11.57%），其他事业单位 397 人（占 10.37%），国有企业 1 112 人（占 29.05%），三资企业 262 人（占 6.84%），民营企业 743 人（占 19.41%），部队 15 人（占 0.39%），自主创业 24 人（占 0.63%），自由职业 86 人（占 2.25%），其他 21 人（占 0.55%）。

## 十二、创业工作

（一）扎实推进创新创业课程建设

创业学院继续扎实推进创新创业课程建设，总结以往创新创业教育课程开设情况，结合反馈及需求，将部分师资及课程内容整合，新开设“大数据、区块链、金融科技创业与实践”和“创业故事：管理、金融与法律”课程。为鼓励学生密切关注社会问题，唤起学生社会责任感和使命担当意识，研发“社会创业与社会企业家精神”课程。创业教育课程总数达 19 门，选修人数近 1 200 人次。

（二）发布《2018 中国大学生创业报告》

5 月，创业学院发布《2018 中国大学生创业报告》，主报告延续往年报告调研主线，对调研案例进行持续跟踪，完善了调研数据和调研网络，提高了抽样合理性；特色报告以“女大学生创业”为主题，首次在全国层面开展女大学生创业研究，提供了不同层次、不同地区、不同类型高校女大学生创业全国性数据。

（三）梳理查摆工作问题并制定整改措施

创业学院按照学校“不忘初心、牢记使命”主题教育统一部署，对照“守初心、担使命，找差距、抓落实”主题教育总要求，对创新创业工作现存问题进行查摆，并制定整改方案。学院对教育引导类活动进行创新设计，推出了开拓学生思维、倡导服务社会的创新创业公益大讲堂；在创业沙龙中专门开设“毕业季”主题系列讲座，引导转变学生固有择业观；为精细化打磨创业项目，开办了为创业项目对接智本、资本和资源的人大创投会；为促进投资人、校友、企业家深度交流，推进创业生态体系建设，组织了人大创投俱乐部见面会；为扩大创新创业教育成果的教育效果与示范影响，帮助人大学子打造创业项目品牌与知名度，举办首届人大创业集市。

（四）创新创业教育国际交流

10 月，创业学院代表团应邀赴美出席美国知名孵化器 PLUG & PLAY 秋季创业峰会，其间访问了斯坦福大学、南加州大学、谷歌、Airbnb 等美国知名高校和创业企业。代表团与高校及企业有关部门负责人就创新创业培养交流合作事宜进行深入洽谈，并达成初步合作意向。

（五）创新创业赛事活动及获奖情况

创业学院积极组织学生项目参加各类创业赛事活动，在第五届中国“互联网+”大学生创新创业大赛中，“小物·超写实青铜植物雕塑艺术”团队荣获国赛铜奖、北京赛区一等奖，“工业 AI 视觉 SaaS 云平台提供商”团队荣获北京赛区一等奖，“秦巴茶帮社会型企业创业计划”团队荣获北京赛区二等奖，“皮皮班奢护魔法工厂”等 4 支团队荣获北京赛区三等奖；在 2019 年北京地区高校大学生优秀创业团队评选活动中，创业学院推荐的“NeuroBot”团队荣获一等奖，“必杰”“德孜人文” 2 支团队荣获三等奖。举办中国人民大学第十届学生“创业之星”大赛，评选出 12 支优秀团队，提供创业启动资金总额 30 余万元，全方位支持学生进行创新创业活动。

附录

## 2019年中国人民大学在校学生分学院、类别、年级人数统计表

| 学院 | 博士研究生 | | | | | 硕士研究生 | | | | 本科生 | | | | | | 总计 |
|---|---|---|---|---|---|---|---|---|---|---|---|---|---|---|---|---|
| | 2019级 | 2018级 | 2017级 | 2016级及其他 | 合计 | 2019级 | 2018级 | 2017级及其他 | 合计 | 2019级 | 2018级 | 2017级 | 2016级 | 2015级 | 合计 | |
| 财政金融学院 | 53 | 56 | 52 | 97 | 258 | 359 | 282 | 33 | 674 | 273 | 273 | 280 | 289 | | 1 115 | 2 047 |
| 法学院 | 68 | 69 | 61 | 174 | 372 | 482 | 495 | 250 | 1 227 | 152 | 153 | 154 | 154 | | 613 | 2 212 |
| 公共管理学院 | 62 | 53 | 55 | 125 | 295 | 403 | 418 | 373 | 1 194 | 159 | 86 | 86 | 96 | | 427 | 1 916 |
| 国际关系学院 | 45 | 41 | 38 | 102 | 226 | 114 | 103 | 17 | 234 | 98 | 106 | 107 | 103 | | 414 | 874 |
| 国际学院 | | | | 14 | 14 | 60 | 56 | 1 | 117 | | | | | | | 131 |
| 国学院 | 17 | 15 | 17 | 25 | 74 | 40 | 36 | 17 | 93 | 24 | 15 | 18 | 25 | | 82 | 249 |
| 汉青经济与金融高级研究院 | 9 | 6 | 2 | | 17 | 107 | 108 | 11 | 226 | | | | | | | 243 |
| 环境学院 | 20 | 19 | 20 | 25 | 84 | 79 | 76 | 52 | 207 | 32 | 69 | 73 | 81 | | 255 | 546 |
| 教育学院 | 14 | 12 | 14 | 17 | 57 | 38 | 36 | 11 | 85 | | | | | | | 142 |
| 经济学院 | 50 | 57 | 55 | 119 | 281 | 177 | 180 | 37 | 394 | 191 | 163 | 168 | 168 | | 690 | 1 365 |
| 劳动人事学院 | 39 | 38 | 42 | 89 | 208 | 130 | 131 | 16 | 277 | 134 | 134 | 142 | 140 | | 550 | 1 035 |
| 理学院 | 46 | 49 | 49 | 51 | 195 | 89 | 88 | 78 | 255 | 13 | 90 | 88 | 100 | | 291 | 741 |
| 历史学院 | 36 | 33 | 34 | 64 | 167 | 95 | 101 | 101 | 297 | 29 | 42 | 43 | 31 | | 145 | 609 |
| 马克思主义学院 | 74 | 67 | 50 | 69 | 260 | 109 | 110 | 6 | 225 | 44 | 41 | 46 | 32 | | 163 | 648 |
| 农业与农村发展学院 | 25 | 24 | 26 | 41 | 116 | 138 | 143 | 53 | 334 | 11 | 37 | 37 | 44 | | 129 | 579 |
| 商学院 | 76 | 72 | 65 | 114 | 327 | 803 | 778 | 244 | 1 825 | 297 | 322 | 309 | 331 | | 1 259 | 3 411 |

续表

| 学院 | 博士研究生 | | | | | 硕士研究生 | | | | 本科生 | | | | | | 总计 |
|---|---|---|---|---|---|---|---|---|---|---|---|---|---|---|---|---|
| | 2019级 | 2018级 | 2017级 | 2016级及其他 | 合计 | 2019级 | 2018级 | 2017级及其他 | 合计 | 2019级 | 2018级 | 2017级 | 2016级 | 2015级 | 合计 | |
| 社会与人口学院 | 39 | 35 | 36 | 76 | 186 | 125 | 124 | 9 | 258 | 76 | 83 | 84 | 86 | | 329 | 773 |
| 数学科学研究院 | 3 | | | | 3 | 5 | | | 5 | | | | | | | 8 |
| 数学学院 | 15 | 12 | 10 | 18 | 55 | 42 | 25 | 18 | 85 | 44 | | | | | 44 | 184 |
| 体育部 | | | | | | 5 | 2 | | 7 | | | | | | | 7 |
| 统计学院 | 24 | 23 | 20 | 27 | 94 | 116 | 110 | 43 | 269 | 324 | 130 | 126 | 117 | | 697 | 1 060 |
| 统计与大数据研究院 | 9 | 11 | 11 | 9 | 40 | | | | | | | | | | | 40 |
| 外国语学院 | 18 | 17 | 15 | 35 | 85 | 112 | 106 | 89 | 307 | 108 | 109 | 107 | 107 | | 431 | 823 |
| 文学院 | 33 | 33 | 28 | 60 | 154 | 171 | 145 | 145 | 461 | 72 | 71 | 50 | 38 | | 231 | 846 |
| 新闻学院 | 33 | 33 | 38 | 64 | 168 | 143 | 142 | 15 | 300 | 142 | 142 | 134 | 162 | | 580 | 1 048 |
| 信息学院 | 27 | 25 | 25 | 54 | 131 | 147 | 134 | 113 | 394 | 54 | 165 | 152 | 153 | | 524 | 1 049 |
| 信息资源管理学院 | 21 | 20 | 24 | 18 | 83 | 95 | 95 | 2 | 192 | 38 | 72 | 74 | 91 | | 275 | 550 |
| 艺术学院 | | | | | | 52 | 52 | 52 | 156 | 106 | 106 | 105 | 123 | 6 | 446 | 602 |
| 应用经济学院 | 20 | 26 | 31 | 57 | 134 | 71 | 71 | 4 | 146 | 43 | 65 | 58 | 66 | | 232 | 512 |
| 哲学院 | 69 | 70 | 68 | 115 | 322 | 80 | 100 | 81 | 261 | 75 | 80 | 70 | 72 | | 297 | 880 |
| 中法学院 | | | | | | | | | | 274 | 274 | 276 | 293 | | 1 117 | 1 117 |
| 总计 | 945 | 916 | 886 | 1 659 | 4 406 | 4 387 | 4 247 | 1 871 | 10 505 | 2 813 | 2 828 | 2 787 | 2 902 | 6 | 11 336 | 26 247 |

注：此表不包含延期毕业本科生。

# 2019 年中国人民大学学生奖学金类别及额度

| 类型 | 类别 | 奖励项目 | 等级及奖励金额（元） | 学历层次 | 设立方 |
|---|---|---|---|---|---|
| 荣誉称号 | | 优秀学生干部 | 不分等级/0 | 本/硕/博 | 学校 |
| | | 优秀毕业生 | 不分等级/0 | 本/硕/博 | 北京市、学校 |
| | | 毕业十星 | 不分等级/0 | 本/硕/博（毕业年级） | 学校 |
| | | 三好学生 | 不分等级/0 | 本/硕/博 | 学校 |
| 奖学金 | 特设类 | 吴玉章奖学金 | 不分等级/10 000 | 本/硕/博 | 学校 |
| | | 宝钢优秀学生奖 | 不分等级/10 000 | 本/硕/博（毕业年级） | 宝钢教育基金会 |
| | | 京东特等奖学金 | 不分等级/10 000 | 本/硕/博（毕业年级） | 北京京东公益基金会 |
| | | 校长特别奖学金 | 不分等级/10 000 | 本/硕/博 | 学校 |
| | 学习学术类 | 本科生国家奖学金 | 不分等级/8 000 | 本 | 教育部 |
| | | 硕士研究生国家奖学金 | 不分等级/20 000 | 硕 | 教育部 |
| | | 博士研究生国家奖学金 | 不分等级/30 000 | 博 | 教育部 |
| | | 本科生国家励志奖学金 | 不分等级/5 000 | 本 | 教育部 |
| | | 台湾、港澳及华侨学生奖学金 | 特等：本/8 000、硕/20 000、博/30 000<br>一等：本/6 000、硕/10 000、博/15 000<br>二等：本/5 000、硕/7 000、博/10 000<br>三等：本/4 000、硕/5 000、博/7 000 | 本/硕/博 | 国家 |
| | | 学习优秀奖学金 | 一等/5 000、二等/3 000、三等/2 000 | 本 | 学校 |
| | | 学习进步奖学金 | 一等/1 500、二等/1 000 | 本 | 学校 |
| | | 中国嘉德徐邦达艺术教育奖学金 | 不分等级/10 000 | 本 | 中国嘉德国际拍卖有限公司 |
| | | 苏州工业园区奖学金 | 不分等级/8 000 | 本/硕/博 | 中国共产党苏州工业园区工作委员会组织部 |
| | | 协鑫奖学金 | 不分等级/8 000 | 本/硕/博 | 江苏协鑫阳光慈善基金会 |
| | | 中国石油奖学金 | 不分等级/8 000 | 本/硕/博 | 中国石油天然气集团公司 |
| | | 京东奖学金 | 不分等级/6 000 | 本/硕/博 | 北京京东公益基金会 |
| | | 费孝通奖学金 | 不分等级/6 000 | 本 | 北京中国高校校友海外联谊会 |

续表

| 类型 | 类别 | 奖励项目 | 等级及奖励金额（元） | 学历层次 | 设立方 |
|---|---|---|---|---|---|
| 奖学金 | 学习学术类 | 华为奖学金 | 本/5 000、硕/博/6 000 | 本/硕/博 | 华为技术有限公司 |
| | | 三星奖学金 | 不分等级/6 000 | 本/硕/博 | 三星（中国）投资有限公司 |
| | | 中国农业银行奖学金 | 不分等级/5 000 | 本/硕/博 | 中国农业银行股份有限公司 |
| | | 光华奖学金 | 不分等级/3 000 | 本/硕/博 | 光华教育基金会 |
| | | 信善奖学金 | 不分等级/3 000 | 本/硕/博 | 陈宗武 |
| | | 时尚奖学金 | 不分等级/3 000 | 本/硕/博 | 北京时之尚广告有限责任公司 |
| | 创新创业类 | 科研创新奖学金 | 不分等级/5 000 | 本/硕/博 | 学校 |
| | | 实践创新奖学金 | 不分等级/5 000 | 本/硕/博 | 学校 |
| | 文艺体育类 | 文体优秀奖学金 | 一等/2 000、二等/1 000、三等/600 | 本/硕/博 | 学校 |
| | 服务贡献类 | 优秀学生干部奖学金 | 一等/2 000、二等/1 500、三等/1 000 | 本/硕/博 | 学校 |
| | | 优秀社团骨干奖学金 | 一等/2 000、二等/1 000、三等/600 | 本/硕/博 | 学校 |
| | | 社会工作与志愿服务奖学金 | 一等/2 000、二等/1 000、三等/600 | 本/硕/博 | 学校 |
| 竞赛展评奖励 | | 先进班集体 | 不分等级/2 000 | 本/硕/博 | 学校 |
| | | 十佳班级辅导员 | 十佳/2 000、十佳提名/1 200 | 本/硕/博 | 学校 |
| | | 文明宿舍 | 十佳/2 000、文明/600 | 本/硕/博 | 学校 |
| | | 得到奖学金 | 不分等级/5 000 | 本/硕/博 | 学校 |
| 发展支持奖励 | | 国学基础奖学金 | 不分等级/2 000 | 本/硕/博 | 学校 |
| | | 基础学科奖学金 | 不分等级/2 000 | 本 | 学校 |
| | | 国际实习奖学金 | 一等/12 000、二等/10 000、三等/6 000 | 本/硕/博 | 学校 |

## 2019 年中国人民大学主要学生奖励获奖名单

| 奖励项目 | 获奖名单 |
|---|---|
| 校长特别奖学金 | 罗家棋、宋书准、丁猛等 3 人 |
| 吴玉章奖学金 | 林子、赵豫立、张雨蓁、陈兆源、杨奇光、翁智雄、王诗杼、张子墨、王聪、周楷雅等 10 人 |

续表

| 奖励项目 | 获奖名单 |
|---|---|
| 宝钢优秀学生奖 | 黄智杰、周思宇、欧美如、朱蕙桢、张当、李恒森、曾剑宇、曾佳静、刘宇浩、黄伊静、林佳桦、林郁婷等12人 |
| 京东特等奖学金 | 宋健林等20人 |
| 本科生国家奖学金 | 王铭梓等145人 |
| 硕士研究生国家奖学金 | 梁晋雯等185人 |
| 博士研究生国家奖学金 | 杨文等103人 |
| 本科生国家励志奖学金 | 王畅等356人 |
| 学习优秀奖学金 | 许若容等2 606人 |
| 学习进步奖学金 | 高灵琪等1 157人 |
| 中国嘉德徐邦达艺术教育奖学金 | 赵雨欣、张镴等2人 |
| 台湾、港澳及华侨学生奖学金 | 洪若欣等61人 |
| 苏州工业园区奖学金 | 谢东虹等40人 |
| 协鑫奖学金 | 陈世国、刘琳箫、黄恩陆、乔思雨、范瑞雪、唐笑薇、罗琴、谭悦、许子恺、秦智然等10人 |
| 中国石油奖学金 | 张锦森等30人 |
| 京东奖学金 | 杨洋等200人 |
| 费孝通奖学金 | 马光琳、林泽玮、黄哲敏、范韫仪、崔若凡、张媛媛等6人 |
| 华为奖学金 | 曾韬、李丹、冯梦龙、张璋、孙文文、孙河涛、周诗琪、何金秋等8人 |
| 三星奖学金 | 王苹等16人 |
| 中国农业银行奖学金 | 高宇彤等80人 |
| 光华奖学金 | 赵越超等90人 |
| 信善奖学金 | 董博豪等200人 |
| 时尚奖学金 | 张渟蔚等15人 |
| 科研创新奖学金 | 吴施美等16人 |
| 实践创新奖学金 | 林子、陈梦芝、王康等3人 |
| 文体优秀奖学金 | 黄亦嵩等253人 |
| 优秀学生干部奖学金/荣誉称号 | 李睿婷等1 550人 |
| 优秀社团骨干奖学金 | 任博远等31人 |
| 社会工作与志愿服务奖学金 | 吕芳锐等1 435人 |
| “壮丽70同心人大”专项奖学金 | 顾芷祺等1 943人 |
| 得到奖学金 | 吴新任等20人 |
| 国学基础奖学金 | 胡嘉奇等115人 |
| 基础学科奖学金 | 余金珄等493人 |
| 三好学生 | 李建蓬等3 014人 |

# 中国人民大学 2018—2019 学年十佳班主任名单

| 学院 | 姓名 |
|---|---|
| 理学院 | 张　芃 |
| 公共管理学院 | 刘　颖 |
| 信息资源管理学院 | 钱明辉 |
| 财政金融学院 | 黄继承 |
| 社会与人口学院 | 朱　斌 |
| 信息学院 | 赵　鑫 |
| 哲学院 | 田　洁 |
| 外国语学院 | 张　凌 |
| 环境学院 | 龚亚珍 |
| 新闻学院 | 张辉锋 |

# 中国人民大学 2018—2019 学年优秀班主任名单

| 学院 | 姓名 |
|---|---|
| 文学院 | 常培杰　丁　健　饶　静　陈　倩 |
| 历史学院 | 王文婧　安海燕　王　静　曹　雯 |
| 哲学院 | 余开亮　单逸群 |
| 国学院 | 郭文仪　特尔巴衣尔 |
| 经济学院 | 程万昕　胡曙光　冯俊新　李　琼　李三希　陆方文　门淑莲　石慧敏　宋　扬 |
| 应用经济学院 | 张晓兵　苏汝劼　陈占明　文余源　张国凤 |
| 财政金融学院 | 阿勒泰・赛肯　方　坤　徐　靖　张　静　冯鹏达　罗　煜　吕　雁　毛一丞<br>郭　颖　禹　奎　秦　聪　胡天龙　戴稳胜 |
| 财政金融学院（汉青） | 贾　盾　邓凯骅 |
| 统计学院 | 王雨溪　边　策　蒋　妍　李静萍　党之玉 |
| 农业与农村发展学院 | 田晓晖　龚钰莹　生吉萍　马九杰　钟　真 |
| 法学院 | 张吉豫　张　永　阎　芳　万　勇　郭　锐　郑维炜　路　磊　肖　晶　邢　姝 |
| 马克思主义学院 | 赵淑梅　张苗苗　庄忠正　卢　垚 |
| 社会与人口学院 | 卫小将　林　丹　韩　佳　赵梦晗 |

续表

| 学院 | 姓名 |
| --- | --- |
| 国际关系学院 | 李佳伟 金　茜 刘　鹏 黄　晨 保建云 |
| 新闻学院 | 塔　娜 吴翼翔 苏　怡 罗　闻 刘晓阳 唐　铮 孙利军 张金玺 张　迪 |
| 艺术学院 | 唐晓刚 吴　玥 裴　莹 陈浩波 吴　峭 马蹦非 |
| 外国语学院 | 刘　丽 韦妮斯 周　铭 李　欣 黄晓敏 郭庆民 王建华 |
| 环境学院 | 张　涛 苏明明 冯　琳 靳　敏 许绩辉 |
| 信息学院 | 张　静 王璞巍 战　疆 曹　巍 王永才 金　琴 王秋月 姜　昊 |
| 理学院 | 王善才 邢　采 陈珊珊 闫晓宇 刘　凯 |
| 商学院 | 马　芮 俞明轩 汪　玲 付　彦 葛建华 柯惠玲 王银屏 付　朋 吴武清 张孟娇 王美莹 曾　琪 都　蓝 |
| 公共管理学院 | 张秀智 于　洋 夏方舟 杨　帆 胡宏伟 梁海伦 |
| 劳动人事学院 | 陈　轩 刘相波 黄宾华 李　洁 王　哲 王天宇 刘慧卓 |
| 信息资源管理学院 | 闫　慧 周晓英 马　晴 韩曙光 |
| 教育学院 | 高　杭 |
| 苏州校区 | 曾子轩 窦小丽 梁　帅 袁倩雯 徐　莉 董振岩 潘复琴 |

## 中国人民大学 2018—2019 学年优秀辅导员名单

| 单位 | 姓名 |
| --- | --- |
| 文学院 | 罗　观 |
| 历史学院 | 郭相宜 |
| 国学院 | 华建光 |
| 经济学院 | 白天鹏 |
| 财政金融学院 | 兰　青 |
| 财政金融学院 | 蔡　泓 |
| 汉青经济与金融高级研究院 | 付　朋 |
| 统计学院 | 边　策 |
| 法学院 | 徐岩波 |
| 法学院 | 杨　硕 |
| 马克思主义学院 | 宋汉骋 |
| 国际关系学院 | 李佳伟 |
| 新闻学院 | 苏　怡 |
| 艺术学院 | 别　敏 |

续表

| 单位 | 姓名 |
|---|---|
| 外国语学院 | 钟雪丹 |
| 信息学院 | 刘沛然 |
| 数学学院 | 蔡晓雨 |
| 商学院 | 张煦昀 |
| 商学院 | 张孟娇 |
| 苏州校区 | 杨　纯 |
| 党委组织部 | 田　野 |
| 党委宣传部 | 孙浩爽 |
| 新疆内派工作组 | 阿孜古丽·吾斯曼 |
| 党委学生工作部 | 王瞳瞳 |
| 党委学生工作部 | 黄彦菲 |
| 党委学生工作部 | 袁　萌 |
| 党委学生工作部 | 杨　琳 |
| 招生就业处 | 刘亚丽 |
| 校团委 | 任昊晨 |
| 校团委 | 李　晰 |

## 中国人民大学 2018—2019 学年十佳班级辅导员名单

| 学院 | 姓名 |
|---|---|
| 公共管理学院 | 胡依洁 |
| 环境学院 | 李胜红 |
| 劳动人事学院 | 黄又黄 |
| 商学院 | 尹荣潇 |
| 应用经济学院 | 卿真巧 |
| 经济学院 | 金　山 |
| 信息资源管理学院 | 赵昆明 |
| 新闻学院 | 刘　畅 |
| 信息学院 | 赵　欣 |
| 财政金融学院 | 李建阳 |
| 统计学院 | 冯艺超 |

## 中国人民大学2018—2019学年优秀学生兼职辅导员名单

| 学院（校区） | 姓名 |
| --- | --- |
| 文学院 | 王　刚　李茂婷　李旺成　唐小祥　魏　丹　张焕军 |
| 历史学院 | 王　刚　郝雨婕　杜鹏飞　韩文涛　李京泽　马灿灿　王　康　韦立慧　赵芷琦 |
| 哲学院 | 林逸航　程　鑫 |
| 国学院 | 何赟超 |
| 经济学院 | 周　堃　陈　诚　郝劲挺　郑振锋　付梦妮　马向鹏 |
| 财政金融学院 | 刘　欣　黄天巧　李咚咚　雍红艳　王　平　武芳芳　翟丽芳 |
| 汉青研究院 | 申燮阳 |
| 统计学院 | 薛　娜　董浩田　洪杨垒 |
| 农业与农村发展学院 | 杨　柳　张安琪 |
| 法学院 | 王子晨　吴　竞　丁　畅　黄中意　黄　昊 |
| 马克思主义学院 | 王一淞　王璐源　党方圆　林　晨 |
| 社会与人口学院 | 刘　洋　谭雁潇　潘　越　鹿　杨　韩文婷 |
| 国际关系学院 | 张　珊　孙　妍　薛　双 |
| 新闻学院 | 李佳育　陈庭玉　邹韵婕　徐也晴 |
| 艺术学院 | 崔　旺　刘丹宁　王心彤　高静怡　王东辉 |
| 外国语学院 | 寿　盼　王晓宇　徐　坤　杨轶文　仇小羽 |
| 环境学院 | 陈　冉　尹昭森　姜晓群 |
| 信息学院 | 屈蕾蕾　王永璐　何高乐　禹彦磊 |
| 理学院 | 路梦繁　施婷婷　秦子玉 |
| 商学院 | 邵贞棋　马　冲　王　超　李　萌　左林飞　占　烁　郭安琪 |
| 公共管理学院 | 康程浩　颜梦洁　徐　萌　刘广昕 |
| 劳动人事学院 | 刘柯滟　林冰婕 |
| 信息资源管理学院 | 戴梦婷 |
| 教育学院 | 马晓雪 |
| 苏州校区 | 何　昆　傅美燕 |

## 中国人民大学2018—2019学年先进班集体名单

| 学院（校区） | 班级名称 |
| --- | --- |
| 文学院 | 2018级硕士1班 |
| 文学院 | 2017级本科古典学实验班 |
| 文学院 | 2017级硕士2班 |
| 历史学院 | 2018级本科班 |

续表

| 学院（校区） | 班级名称 |
|---|---|
| 历史学院 | 2016 级本科班 |
| 哲学院 | 2017 级本科 PPE 实验班 |
| 哲学院 | 2018 级硕士普通班 |
| 国学院 | 2018 级硕士班 |
| 经济学院 | 2018 级国际商务互联网＋硕士班 |
| 经济学院 | 2017 级本科经济学 1 班 |
| 经济学院 | 2018 级本科经济学数学双学位实验班 |
| 经济学院 | 2018 级本科经济学类 1 班 |
| 经济学院 | 2018 级世经国贸博士班 |
| 经济学院 | 2018 级本科经济学类 3 班 |
| 经济学院 | 2018 级本科经济学类 6 班 |
| 应用经济学院 | 2018 级区域与城市经济学硕博班 |
| 应用经济学院 | 2016 级本科能源经济学班 |
| 应用经济学院 | 2016 级国民经济学博士班 |
| 应用经济学院 | 2018 级本科国民经济管理班 |
| 财政金融学院 | 2017 级金融博士班 |
| 财政金融学院 | 2018 级本科金融 2 班 |
| 财政金融学院 | 2018 级本科财税实验班 |
| 财政金融学院 | 2018 级本科金融 4 班 |
| 财政金融学院 | 2016 级本科金融 5 班 |
| 财政金融学院 | 2017 级本科金融 2 班 |
| 财政金融学院 | 2017 级本科财税班 |
| 财政金融学院 | 2017 级本科金融实验班 |
| 财政金融学院 | 2017 级学硕班 |
| 财政金融学院 | 2016 级本科金融 2 班 |
| 财政金融学院 | 2017 级本科金融 3 班 |
| 汉青研究院 | 2017 级硕博连读班 |
| 汉青研究院 | 2018 级硕博连读班 |
| 统计学院 | 2017 级本科 2 班 |
| 统计学院 | 2018 级本科 4 班 |
| 统计学院 | 2018 级本科 2 班 |
| 农业与农村发展学院 | 2018 级本科 1 班 |
| 农业与农村发展学院 | 2017 级本科 1 班 |
| 法学院 | 2018 级法律硕士（法学） |
| 法学院 | 2017 级本科法学 1 班 |
| 法学院 | 2017 级本科法学 3 班 |
| 法学院 | 2016 级本科法学新闻实验班 |

续表

| 学院（校区） | 班级名称 |
|---|---|
| 法学院 | 2017 级本科法学工商管理实验班 |
| 法学院 | 2018 级法律硕士（非法学）1 班 |
| 法学院 | 2018 级法律硕士（非法学）3 班 |
| 法学院 | 2018 级知识产权（理工农医）班 |
| 马克思主义学院 | 2018 级硕士 3 班 |
| 马克思主义学院 | 2018 级硕士 1 班 |
| 马克思主义学院 | 2018 级本科中共党史班 |
| 社会与人口学院 | 2016 级本科社会学班 |
| 社会与人口学院 | 2018 级本科社会学类 1、2 班 |
| 国际关系学院 | 2018 级本科国际政治 3 班 |
| 国际关系学院 | 2018 级本科国际政治 2 班—国新实验班 |
| 国际关系学院 | 2017 级本科国际政治 2 班 |
| 国际关系学院 | 2017 级本科国际政治 3 班 |
| 国际关系学院 | 2018 级博士班 |
| 新闻学院 | 2016 级本科国防班 |
| 新闻学院 | 2018 级本科新闻 5 班 |
| 新闻学院 | 2018 级本科新闻 1 班 |
| 新闻学院 | 2018 级本科新闻 3 班 |
| 新闻学院 | 2018 级本科新闻 4 班 |
| 新闻学院 | 2018 级本科新闻国政实验班 |
| 新闻学院 | 2018 级本科新闻法学实验班 |
| 艺术学院 | 2016 级本科景观建筑班 |
| 艺术学院 | 2018 级本科绘画班 |
| 艺术学院 | 2018 级研究生班 |
| 艺术学院 | 2018 级本科景观建筑班 |
| 艺术学院 | 2018 级本科创意传播实验班 |
| 艺术学院 | 2018 级本科美术学班 |
| 外国语学院 | 2018 级博士班 |
| 外国语学院 | 2018 级本科法语班 |
| 外国语学院 | 2018 级本科英语 2 班 |
| 外国语学院 | 2018 级非通用语种硕士班 |
| 外国语学院 | 2016 级本科西班牙语班 |
| 环境学院 | 2018 级本科理科试验 1 班 |
| 环境学院 | 2016 级本科资源与环境经济学班 |
| 环境学院 | 2018 级本科理科试验 3 班 |
| 环境学院 | 2018 级博士班 |
| 信息学院 | 2017 级本科图灵实验班 |

续表

| 学院（校区） | 班级名称 |
|---|---|
| 信息学院 | 2018 级本科图灵实验班 |
| 信息学院 | 2017 级本科理科试验班 3 班 |
| 信息学院 | 2017 级本科理科试验班 6 班 |
| 信息学院 | 2017 级本科理科试验班 1 班 |
| 信息学院 | 2017 级本科理科试验班 4 班 |
| 信息学院 | 2018 级本科理科试验班 3 班 |
| 信息学院 | 2017 级本科理科试验班 5 班 |
| 理学院 | 2018 级物理硕博班 |
| 理学院 | 2018 级本科心理班 |
| 理学院 | 2018 级本科物理班 |
| 理学院 | 2018 级本科化学班 |
| 理学院 | 2018 级博士化学班 |
| 商学院 | 2018 级博士 2 班 |
| 商学院 | 2018 级本科 6 班 |
| 商学院 | 2018 级硕士 MV 班 |
| 商学院 | 2018 级本科 4 班 |
| 商学院 | 2018 级本科 7 班 |
| 商学院 | 2016 级本科国际商务班 |
| 商学院 | 2018 级本科 3 班 |
| 商学院 | 2018 级本科 5 班 |
| 商学院 | 2018 级硕士 MIB 班 |
| 公共管理学院 | 2018 级本科 1 班 |
| 公共管理学院 | 2017 级博士 1 班 |
| 公共管理学院 | 2018 级硕博连读 2 班 |
| 公共管理学院 | 2018 级全日制 MPA 新疆班 |
| 劳动人事学院 | 2016 级本科劳动经济班 |
| 劳动人事学院 | 2018 级硕士劳动关系班 |
| 劳动人事学院 | 2016 级本科人力资源管理 2 班 |
| 劳动人事学院 | 2018 级本科人力资源管理类 1 班 |
| 劳动人事学院 | 2018 级本科人力资源管理类 3 班 |
| 信息资源管理学院 | 2018 级本科 3 班 |
| 信息资源管理学院 | 2017 级本科 1 班 |
| 苏州校区 | 2018 级本科国民经济管理班 |
| 苏州校区 | 2018 级本科金融 4 班 |
| 苏州校区 | 2018 级本科法语班 |
| 苏州校区 | 2018 级金融专硕计量班 |
| 苏州校区 | 2018 级金融专硕全面班 |

# 中国人民大学 2018—2019 学年十佳宿舍、文明宿舍名单

## 一、十佳宿舍名单

| 学院 | 宿舍 |
|---|---|
| 马克思主义学院 | 品园一楼 311 |
| 中法学院 | 文星人才公寓 A04 区 1209 |
| 法学院 | 东风六楼 512 |
| 商学院 | 品园一楼 348 |
| 艺术学院 | 知行一楼 1207 |
| 公共管理学院 | 东风六楼 211 |
| 国际关系学院 | 东风六楼 225 |
| 信息资源管理学院 | 品园六楼 625 |
| 商学院 | 品园六楼 535 |
| 文学院 | 品园五楼 1018 |

## 二、文明宿舍名单

| 学院（校区） | 宿舍 |
|---|---|
| 文学院 | 品园四楼 207 |
| 文学院 | 东风六楼 303 |
| 文学院 | 知行一楼 1308 |
| 历史学院 | 知行一楼 1208 |
| 哲学院 | 品园三楼 740 |
| 哲学院 | 品园三楼 831 |
| 哲学院 | 品园三楼 922 |
| 经济学院 | 东风六楼 420 |
| 经济学院 | 知行三楼 1109 |
| 经济学院 | 知行三楼 1110 |
| 应用经济学院 | 东风六楼 427 |
| 应用经济学院 | 品园一楼 625 |
| 财政金融学院 | 东风六楼 129 |
| 财政金融学院 | 知行二楼 1012 |
| 财政金融学院 | 东风六楼 202 |
| 财政金融学院 | 东风六楼 203 |

续表

| 学院（校区） | 宿舍 |
| --- | --- |
| 财政金融学院 | 品园六楼 1142 |
| 统计学院 | 品园一楼 307 |
| 农业与农村发展学院 | 品园四楼 902 |
| 农业与农村发展学院 | 东风七楼 218 |
| 农业与农村发展学院 | 东风七楼 220 |
| 法学院 | 品园三楼 416 |
| 法学院 | 北园二楼 315 |
| 法学院 | 知行三楼 510 |
| 马克思主义学院 | 品园一楼 309 |
| 马克思主义学院 | 品园五楼 827 |
| 社会与人口学院 | 东风六楼 617 |
| 社会与人口学院 | 品园六楼 406 |
| 国际关系学院 | 东风六楼 224 |
| 国际关系学院 | 知行二楼 404 |
| 艺术学院 | 品园六楼 208 |
| 外国语学院 | 品园六楼 616 |
| 外国语学院 | 宜园三楼 704 |
| 环境学院 | 品园一楼 230 |
| 环境学院 | 知行一楼 1328 |
| 信息学院 | 东风六楼 402 |
| 理学院 | 东风六楼 611 |
| 理学院 | 知行二楼 302 |
| 商学院 | 知行四楼 316 |
| 商学院 | 知行四楼 302 |
| 商学院 | 知行四楼 415 |
| 商学院 | 知行四楼 417 |
| 商学院 | 知行四楼 418 |
| 商学院 | 品园一楼 350 |
| 商学院 | 品园一楼 605 |
| 商学院 | 品园一楼 610 |
| 商学院 | 品园一楼 611 |
| 公共管理学院 | 知行五楼 1210 |
| 劳动人事学院 | 品园六楼 713 |
| 劳动人事学院 | 品园一楼 207 |
| 信息资源管理学院 | 东风六楼 309 |
| 苏州校区 | 文星人才公寓 A04 区 1315 |
| 苏州校区 | 文星人才公寓 A04 区 5515 |

# 中国人民大学 2018—2019 学年十佳宿舍长名单

| 学院（校区） | 姓名 | 宿舍 |
| --- | --- | --- |
| 马克思主义学院 | 徐鸣威 | 品园一楼 311 |
| 苏州校区 | 胡智翔 | 文星人才公寓 A04 区 1209 |
| 法学院 | 周玮婷 | 东风六楼 512 |
| 商学院 | 唐鹏飞 | 品园一楼 348 |
| 艺术学院 | 邓　晔 | 知行一楼 1207 |
| 公共管理学院 | 姚逸雪 | 东风六楼 211 |
| 国际关系学院 | 辛美仪 | 东风六楼 225 |
| 信息资源管理学院 | 郝梦瑶 | 品园六楼 625 |
| 商学院 | 徐　然 | 品园六楼 535 |
| 文学院 | 李笑然 | 品园五楼 1018 |

# 中国人民大学 2019 届毕业生分院系人数统计表

| 学院 | 本科生 | 硕士生 | 博士生 | 总计 |
| --- | --- | --- | --- | --- |
| 财政金融学院 | 265 | 331 | 20 | 616 |
| 法学院 | 149 | 415 | 39 | 603 |
| 公共管理学院 | 84 | 256 | 17 | 357 |
| 国际关系学院 | 110 | 109 | 25 | 244 |
| 国际学院 | — | 57 | 4 | 61 |
| 国学院 | 29 | 35 | 10 | 74 |
| 汉青经济与金融高级研究院 | — | 106 | 5 | 111 |
| 环境学院 | 74 | 80 | 8 | 162 |
| 教育学院 | — | 31 | 7 | 38 |
| 经济学院 | 151 | 188 | 23 | 362 |
| 劳动人事学院 | 121 | 131 | 20 | 272 |
| 理学院 | 65 | 62 | 14 | 141 |
| 历史学院 | 28 | 91 | 29 | 148 |
| 马克思主义学院 | 24 | 79 | 19 | 122 |
| 农业与农村发展学院 | 35 | 111 | 11 | 157 |
| 商学院 | 293 | 730 | 64 | 1 087 |
| 社会与人口学院 | 85 | 151 | 7 | 243 |

续表

| 学院 | 本科生 | 硕士生 | 博士生 | 总计 |
|---|---|---|---|---|
| 数学学院 | — | 22 | 4 | 26 |
| 统计学院 | 95 | 100 | 19 | 214 |
| 外国语学院 | 108 | 98 | 7 | 213 |
| 文学院 | 51 | 196 | 23 | 270 |
| 新闻学院 | 143 | 147 | 10 | 300 |
| 信息学院 | 140 | 80 | 11 | 231 |
| 信息资源管理学院 | 79 | 106 | 6 | 191 |
| 艺术学院 | 121 | 54 | — | 175 |
| 应用经济学院 | 50 | 71 | 4 | 125 |
| 哲学院 | 52 | 97 | 55 | 204 |
| 中法学院 | 300 | — | — | 300 |
| 总计 | 2 652 | 3 934 | 461 | 7 047 |

## 中国人民大学2019届毕业生落实情况统计表

| 学历 | 总人数 | 落实人数 | 落实率 | 落实 | | | | | | 待就业 | 比例 |
|---|---|---|---|---|---|---|---|---|---|---|---|
| | | | | 就业 | 比例 | 出国 | 比例 | 升学 | 比例 | | |
| 本科生 | 2 614 | 2 511 | 96.06% | 824 | 31.52% | 794 | 30.37% | 893 | 34.16% | 103 | 3.94% |
| 硕士生 | 3 848 | 3 829 | 99.51% | 3 418 | 88.83% | 92 | 2.39% | 319 | 8.29% | 19 | 0.49% |
| 博士生 | 414 | 411 | 99.28% | 410 | 99.03% | 1 | 0.24% | — | — | 3 | 0.72% |
| 总计 | 6 876 | 6 751 | 98.18% | 4 652 | 67.66% | 887 | 12.90% | 1 212 | 17.63% | 125 | 1.82% |

## 中国人民大学2019届毕业生就业地区分布情况表

| 学历 | 工作总人数 | 北京 | 比例 | 上海 | 比例 | 广州 | 比例 | 深圳 | 比例 | 西部 | 比例 | 其他省份 | 比例 |
|---|---|---|---|---|---|---|---|---|---|---|---|---|---|
| 本科生 | 824 | 384 | 46.60% | 32 | 3.88% | 29 | 3.52% | 31 | 3.76% | 121 | 14.68% | 227 | 27.55% |
| 硕士生 | 3 418 | 1 969 | 57.61% | 183 | 5.35% | 81 | 2.37% | 243 | 7.11% | 261 | 7.64% | 681 | 19.92% |
| 博士生 | 410 | 231 | 56.34% | 15 | 3.66% | 7 | 1.71% | 5 | 1.22% | 31 | 7.56% | 121 | 29.51% |
| 总计 | 4 652 | 2 584 | 55.55% | 230 | 4.94% | 117 | 2.52% | 279 | 6.00% | 413 | 8.88% | 1 029 | 22.12% |

## 中国人民大学2019届毕业生就业单位性质统计表

| 学历 | 总计 | 党政机关 | 比例 | 高校 | 比例 | 科研单位 | 比例 | 其他事业单位 | 比例 | 国有企业 | 比例 | 三资企业 | 比例 | 民营企业 | 比例 | 部队 | 比例 | 自由职业 | 比例 | 自主创业 | 比例 | 其他 | 比例 |
|---|---|---|---|---|---|---|---|---|---|---|---|---|---|---|---|---|---|---|---|---|---|---|---|
| 本科生 | 824 | 86 | 10.44% | 32 | 3.88% | 2 | 0.24% | 25 | 3.03% | 110 | 13.35% | 53 | 6.43% | 236 | 28.64% | 23 | 2.79% | 241 | 29.25% | 15 | 1.82% | 1 | 0.12% |
| 硕士生 | 3 418 | 670 | 19.60% | 137 | 4.01% | 47 | 1.38% | 366 | 10.71% | 1 074 | 31.42% | 254 | 7.43% | 729 | 21.33% | 13 | 0.38% | 85 | 2.49% | 22 | 0.64% | 21 | 0.61% |
| 博士生 | 410 | 55 | 13.41% | 229 | 55.85% | 30 | 7.32% | 31 | 7.56% | 38 | 9.27% | 8 | 1.95% | 14 | 3.41% | 2 | 0.49% | 1 | 0.24% | 2 | 0.49% | — | — |
| 总计 | 4 652 | 811 | 17.43% | 398 | 8.56% | 79 | 1.70% | 422 | 9.07% | 1 222 | 26.27% | 315 | 6.77% | 979 | 21.04% | 38 | 0.82% | 327 | 7.03% | 39 | 0.84% | 22 | 0.47% |

# ■ 共青团工作

## 一、概况

2019 年，在学校党委和上级团组织的领导下，校团委深入贯彻习近平新时代中国特色社会主义思想和党的十九大精神，认真学习习近平总书记在纪念五四运动 100 周年大会及庆祝中华人民共和国成立 70 周年大会上的重要讲话精神，始终围绕立德树人核心使命，立足引领和服务青年学生成长成才，以改革创新的行动不断增强学校共青团思想政治工作的针对性、时代感和亲和力，扎实开展了各项团学工作。

2019 年是五四运动 100 周年，校团委开展“青春心向党、建功新时代”系列主题团日（团课）活动，加深青年师生对主题教育的理解与感悟；创新举办青春榜样分享会、五四青春接力跑、优秀团支部公益扶贫、“我们都是追梦人”主题快闪等专项活动，潜移默化地引导青年师生树立社会主义核心价值观；首次开展“五四青年先锋岗”评选活动，产生一批在理论学习上堪当表率、岗位建功中可做标杆、担当奉献中堪称楷模的先进集体。

在服务保障中华人民共和国成立 70 周年庆祝活动中，校团委成立中国人民大学国庆重大活动工作指挥部，积极承担群众游行、广场联欢、志愿服务、技术支持等一系列重要任务，组织 1 413 名人大师生与 400 名医护人员、400 名应急安全员、50 名消防指战员共同组成“众志成城”方阵；92 名师生参与阅兵游行合唱，80 名师生参与广场联欢合唱；600 余位人大师生参与了广场庆典、联欢活动、大型成就展、远端外围保障、游园引导等 5 类岗位、10 余个工作地点的志愿服务工作。此外，还有 800 余名人大师生参与了综合协调、训练保障、艺术指导、物资运输、安保集散、医疗支持、餐饮服务等全员全方位全过程保障。同时，以国庆活动为契机，校团委抓住机遇做好对广大青年师生的爱国主义教育，传播和弘扬国庆活动留下的宝贵精神财富，持续推动爱国主义教育走深走实，引导广大师生把“壮丽 70”的珍贵记忆转化成建设“双一流”、奋进新时代的强大动力。

## 二、加强思想政治教育引导

扎实开展理论培训，通过新生团校、高阶团校、专职团干部培训、团支部专题学习、集中观看重要会议视频直播等面向不同人群、不同层次、不同规模的共青团系统理论学习活动，累计覆盖在校青年 17 600 余人。在五四青年节、毕业季、国庆节期间，在明德广场、学生活动中心等地设立主题校园景观，生动展现青年学子昂扬向上的青春风采和立志报国的时代心声，引导青年师生不忘初心跟党走。

## 三、扎实推进学校共青团改革

持续深化共青团改革，依照《中国人民大学共青团改革实施方案》等相关文件，对标对表，确保改革实效。构建共青团工作标准评价体系，综合运用工作述职、党政评价、互学互评等多种形式，建立共青团校院两级组织评价考核制度。健全学生权益维护工作机制，关注普遍性利益诉求，形成权益工作月报、权益开放日、权益联席会等学生权益维护常态化机制。夯实团组织的基层基础工作，组织开展“百团竞优”“百团成长”双百计划，深入实施全校团支部“活力提升工程”，严格执行“三会两制一课”基础团务制度，推行班级团支部与班委会一体化运行机制，由班长兼任团支部副书记。实施共青团“第二课堂成绩单”制度，整合思想引领、校园文化、社会实践、志愿服务、社团活动等多元产品供给，推动学生综合发展评价体系转型。推进“共青团＋互联网”建设，落实“智慧团建”，通过网络平台实现团籍管理、团员注册、团情统计等功能。

## 四、组织建设

夯实组织基础建设，激发基层支部活力。开展基层业务指导和团日团课督查，加强基层组织生活规范化建设；通过五四表彰等评奖评优活动选树典型，推进团员教育评议实效化建设；优化学校共青团管理系统便捷活动记录管理，推动网上共青团标准化建设；开展团建专项整改行动，实现团务管理精细化建设。持续开展“双百团支部工程”，通过匹配团课教师、提供建设经费、保障活动场地、制定《中国人民大学基层团支部标准评价体系》等措施，进一步激发基层团组织的内生创造力，充分发挥基层团支部“单元格”优势。

着力推动学生兼职团干部与学生组织骨干培养机制的系统改革，推行双岗历练制度，建立校级学生组织负责人兼任团干部的机制，在团委各部门增设专项工作组组长。此外，严格落实上级团组织要求，着手制定学生会组织改革方案，缩减合并学生会、研究生会部门和人员，指导学生会组织聚焦主责主业，召开研究生代表大会、开展理论专题学习、制作理论学习周刊，强化政治引领；举办校园歌手大赛、健美操大赛、辩论赛等品牌活动丰富校园文化生活；开展权益开放日、明德论坛、人大代表人大行、博士生服务团等活动全心全意服务同学。

## 五、宣传工作

围绕党和国家的要闻大事和青年思政教育重点，把握舆论方向，丰富宣传手段，扩大传播渠道，有效利用《青年人大》、团学系统新媒体公众号等载体，构建传统媒体与新媒体相结合、深度报道和消息速递相补充的全方位、多维度宣传体系，积极推动学校共青团工作理论宣传研究，以国庆活动为契机，做好对广大青年师生的爱国主义教育，凝聚人心、汇聚力量，取得良好育人实效。

推进媒介建设，筑牢宣传阵地。推进《青年人大》报社全媒体转型，整合报社资源，加强新媒体队伍建设，优化报社部门结构，提升报纸内容质量，打造网上精品栏目，适应并满足新媒体环境下的高校共青团系统宣传要求。“中国人民大学团委”微信公众号选题涵盖国家大事、校园要闻、学生权益、文化活动等多方面内容，形成“团团学习”“团闻团事”“服务驿站”三大特色栏目。

## 六、课外学术活动

校团委组织开展各类学术讲座和跨学科工作坊活动。举办第二十一届“创新杯”学生学术科技作品竞赛，共收到 281 件学术调研类作品、109 件创业计划类作品，涵盖了文史哲、法学、经济、管理、社会、教育、创业计划设计、应用艺术和其他等 9 大类别，参赛人数达 1 000 余人，共评选出学术调研类作品特等奖 17 篇、一等奖 30 篇、二等奖 45 篇、三等奖 152 篇，创业类作品特等奖 4 篇、一等奖 9 篇、二等奖 17 篇、三等奖 57 篇。2019 年，学校在各类高校学生课外学术科技作品竞赛中斩获佳绩。首都“挑战杯”竞赛中，学校共有 1 件作品获特等奖，4 件作品获一等奖，5 件作品获二等奖，3 件作品获得三等奖，同时学校获得优秀组织奖，并再度捧得“优胜杯”。“挑战杯”全国大学生课外学术科技作品竞赛中，学校推荐的《宅基地“三权分置”的实践探索与制度重建》《老龄化背景下养老驿站的定位发展分析》《乡村振兴背景下农民合作社理事长胜任素质与合作社绩效关系研究》

均获得三等奖。

## 七、社会实践活动

寒假“街巷中国”城市调查规模扩大，调研地涵盖31个省、自治区、直辖市和香港、澳门两个特别行政区约230个地市近800个街道或办事处；暑假“千人百村”社会调研以“做到‘五个一’，献礼新时代”为主题，将实践育人与劳动育人相结合，共选拔445名同学赴全国134个行政村。

为纪念五四运动100周年，专项启动“百年青春梦·美好新生活”五四专项社会实践。“问道新时代”思想政治课社会实践深入推进，1 340名学习“毛泽东思想和中国特色社会主义理论体系概论”课程的2017级本科学生，围绕“学习领会习近平新时代中国特色社会主义思想和党的十九大精神”开展主题社会实践。

学生社会实践工作受到上级单位的高度肯定，荣获多项荣誉称号。“千人百村”实践育人项目入选教育部首批高校思想政治工作精品项目，学校获评团中央2019年全国大中专学生志愿者暑期“三下乡”社会实践优秀组织单位、北京团市委2019年“青年服务国家”首都大中专学生暑期社会实践先进单位。

## 八、校园文化活动

校团委坚持以文育人、以文化人，充分发挥校园文化建设的思想引领、文化引领作用。

举办“筑梦四十载，奋进再出发”中国人民大学2019新年联欢晚会，为全校师生送上新年祝福；举办第二十五届“五四”文化艺术节，校院联动共筑美好青春梦；举办“向祖国报到”2019年中国人民大学毕业生文艺晚会；举行话剧《吴玉章》国庆新生专场演出；组织在校师生174人参与国庆70周年庆祝大会与联欢活动合唱演出，圆满完成祖国赋予的光荣任务；举办学生艺术团春季、秋季学期演出季专场演出共计13场，增添校园人文气息；京剧社应邀参加“2019中国戏曲文化周”活动，展演剧目《武家坡》广获好评，并在第十届“国戏杯”学生戏曲大赛中凭借《游龙戏凤》《艳云亭》斩获集体、个人两项金奖与指导教师奖，学校同时获得优秀组织奖；“艺先锋·艺实践”艺术公益行动获评2019年“乡村振兴青年作为”阳光使者专项活动优秀实践团队，并获2019年三下乡“丝路新世界·青春中国梦”专项计划优秀团队、优秀组织单位，2019年“立邦·为爱上色”农村支教奖全国铜奖，全国大中专学生志愿者暑期“三下乡”社会实践活动优秀个人奖，调研成果入选2019年全国大中专学生暑期“三下乡”社会实践活动百篇优秀调研报告；举办第三十三届“一二·九”合唱音乐节，创新赛程赛制，自然融合爱国主义与高雅艺术。

## 九、学生社团工作

校团委共有注册的学生社团共86个，分为思想理论类、公益实践类、民族特色类、国际拓展类、学术研究类、文化体育类6大类。同时，校团委将原有学生社团联合会的学生组织架构调整为学生社团服务中心，优化内部结构。

各类学生社团共举办活动500余场。推出“精品社团项目扶持计划”，扶持社团品牌活动20个；开展2018—2019学年中国人民大学学生社团风云榜评比活动，评选出“十佳社团”10个、“突出社团”10个、“最佳进步社团”1个、“最佳新社团”1个；开展“百团大战”学生社团集体招新活动，各学生社团顺利完成招新目标；举办“萌之韵”学生社团文艺汇演，展示各类学生社团风采；“中国人民大学学生社团服务中心”微信公众号共推送60余篇，总浏览量达45 000余次。

## 十、志愿者工作

校团委积极组织校内团员志愿者参与重大赛事服务工作，先后参与了“一带一路”国际合作高峰论坛、世园会、亚洲文明对话大会和庆祝中华人民共和国成立70周年系列活动等志愿服务工作。组织参与2019年第二届“一带一路”国际合作高峰论坛志愿服务工作，共选拔出81名志愿者，服务总时长达1 803小时。组织参与世园会志愿服务工作，共选送156名志愿者，服务总时长达9 590小时。组织参与亚洲文明对话大会志愿服务工作，共选派60名志愿者，志愿者累计上岗138人次，总服务时长逾1 524小时。培训选送325名志愿者参与庆祝中华人民共和国成立70周年庆典联欢、远端集结、后勤保障、展览服务等志愿保障任务，其中172名志愿者参与了十一当天的志愿服务工作，200名志愿者在北京展览馆为“庆祝中华人民共和国成立70周年大型成就展”承担了游客引导、支援保障等工作，累计服务时长逾408 254小时。

校团委进一步、规范志愿服务时长认证和志愿者登记注册流程。2019年学校志愿北京平台注册志愿者人数已超过9 100人，全年学生参与志愿服务活动达10 739人次，累计志愿服务时长479 478.5小时。

## 十一、学生会和研究生会工作

（一）学生会

4月，中国人民大学第三十三届学生会委员会第五次全体会议选举产生了新一届学生会主席团，国际关系学院2016级本科生杨明聪任中国人民大学第三十三届学生会第二任主席。

校学生会加强思想引领，完善组织建设，不断提升工作水平，呈现出更加蓬勃奋进的良好风貌。校学生会积极组织开展理论学习，推出时政热议推送，学生会成员踊跃参与新中国成立70周年重大活动的服务和保障工作，彰显青年学子风采。学生会着力提升权益服务水平，开通的“RUC权小益”公众号畅通了权益问题反映渠道，“学生惠”、秋实卡等福利活动受到广大同学的好评。学生会持续完善品牌活动，创新丰富活动内容，校园歌手大赛、辩论赛、“一二·九”合唱比赛等项目影响力和参与度有所提升，新生篮球赛、跨年灯光秀等创新项目收获广泛认可。

（二）研究生会

6月，中国人民大学第十八次研究生代表大会举办，选举产生了中国人民大学第十八届研究生会常任代表及新一届研究生会主席团成员，魏嘉希当选第十八届研究生会主席，沈冰阳当选第十八届研究生会常任代表委员会主任。

研究生会结合新中国成立70周年、五四运动100周年、研究生会成立35周年等重要时间节点，紧扣时代脉搏，积极响应改革号召，开创和组织了众多贴近同学、呼应时代的高质量活动，包括“人大代表人大行”“青年发展论坛”“院长论坛”“文华讲堂”“59号讲堂”“59号读书会”“学术新星评选”“59号博士生沙龙”等8大品牌活动。组织博士生服务团与研究生实践团，先后派出10支调研队伍奔赴福建、安徽、江西、四川、山西等地展开调研。助力人大学子就业创业，举办“职发季”、“国考大讲堂”、勇往“职”前系列活动。服务同学留学需求，开展“59号英语角”“59号留学记”等国际交流与留学栏目。丰富校园文化生活，举办“峥嵘七十载·逐梦新时代”研究生迎新晚会、羽毛球赛等文体活动。提供多样阅读窗口，开办“人大人到基层”“校院云窗”“人大学人”“新青年”等线上系列栏目。加强校院沟通联系，举办“新时代青年思想工作研讨会暨中国人民大学校院研究生会工作座谈会”。打造以骨干培训为核心的“星塔计划”，助力研究生骨干成长，更好地服务广大研究生同学全面发展。

# 附录

## 2019 年中国人民大学“创新杯”学生课外学术科技作品获奖情况统计

| 奖项等次 | 数量（项） |
|---|---|
| 特等奖 | 21 |
| 一等奖 | 39 |
| 二等奖 | 62 |
| 三等奖 | 209 |
| 获奖总数 | 331 |

## 2019 年“挑战杯”首都大学生课外学术科技作品竞赛中国人民大学获奖情况统计

| 奖项等次 | 数量（项） |
|---|---|
| 特等奖 | 1 |
| 一等奖 | 4 |
| 二等奖 | 5 |
| 三等奖 | 3 |
| 获奖总数 | 13 |

## 第十六届“挑战杯”全国大学生课外学术科技作品竞赛中国人民大学获奖情况统计

| 奖项等次 | 数量（项） |
|---|---|
| 特等奖 | 0 |
| 一等奖 | 0 |
| 二等奖 | 0 |
| 三等奖 | 3 |
| 获奖总数 | 3 |

# 2019年中国人民大学共青团系统获评各类奖励情况统计

**1. 北京市三好学生（32人）**

谭嘉怡　张钧陶　胡逸帆　杨明聪　何赟超　金诗佳
朱镁铷　田程依一　王　振　丁相元　黄炯芮　傅子恺
赛达尔·阿德力　钟　毅　何雨辰　张　艺　张东白
胡夏新　王君尧　姚懿洺　李佳育　冯泽宇　张梦雨
范名简　文天懿　朱智通　徐　萌　刘广昕　孙玙凡
杨梓岩　王东升　姜盛新

**2. 北京市优秀学生干部（11人）**

黄　昊　魏嘉希　甄　筱　李　浩　马晔清　肖文钰
欧美如　李建蓬　张明昊　秦　天　李睿哲

**3. 2018—2019年度首都大学、中职院校“先锋杯”优秀团员（23人）**

王　巍　魏延明　孙召伟　陈泽凯　阿尔曼·艾克拜
孙　震　王琳钧　陈一鑫　温潇瑞　王　阳　马　菲
燕双双　李　桢　吴梦玥　崔一珂　任美霖　薛　扬
孙汪洋　刘兆恺　马晓雪　刘　臻　李书慧　马尔蒂

**4. 2018—2019年度首都大学、中职院校“先锋杯”优秀基层团干部（23人）**

秦　天　杨　硕　孙　荃　刘天中　程万昕　李佳琦
李晓雨　龚钰莹　王　正　庄溪瑞　李一繁　许艳艳
陈韵飞　王亨鑫　杨澜洁　何　昆　王　罂　周元恺
徐　萌　任昊晨　车宗凯　徐贵荣　孙　琳

**5. 2018—2019年度首都大学、中职院校“先锋杯”优秀团支部（22个）**

中国人民大学财政金融学院2017级本科金融4班团支部
中国人民大学法学院2018级法学本科1班团支部
中国人民大学国际关系学院2018级本科3班团支部
中国人民大学环境学院2017级资源与环境经济学本科团支部
中国人民大学经济学院2017级本科经济数学双学位实验班团支部
中国人民大学劳动人事学院2017级本科人力资源管理4班团支部
中国人民大学理学院2018级本科3班团支部
中国人民大学历史学院2018级硕士2班团支部
中国人民大学历史学院2015级本科班团支部
中国人民大学马克思主义学院2017级本科中共党史班团支部
中国人民大学商学院2017级市场营销班团支部
中国人民大学商学院2018级本科4班团支部
中国人民大学社会与人口学院2015级本科公共事业管理团支部
中国人民大学统计学院2017级本科3班团支部
中国人民大学外国语学院2018级非通用语种硕士班
中国人民大学新闻学院2017级本科新闻4班团支部
中国人民大学信息学院2017级图灵实验班团支部
中国人民大学信息资源管理学院2018级硕士1班团支部

中国人民大学艺术学院 2018 级国画班团支部
中国人民大学教育学院 2018 级硕士研究生团支部
中国人民大学中法学院 2017 级金融 2 班团支部
中国人民大学中法学院 2018 级本科法语班支部

**6. 北京市筹备和服务保障中华人民共和国成立 70 周年庆祝活动先进个人（6 人）**

李　晰　　金　霞　　孙浩爽　　特木钦　　孙　琳　　周元恺

# 教育教学和学科建设



## ■ 本科生教育

### 一、概况

2019 年，中国人民大学本科教学工作深入贯彻落实全国教育工作会议和新时代全国高等学校本科教育工作会议精神，扎实推进“双一流”建设和改革任务，对标世界一流本科教育，坚持立德树人根本任务，进一步强化“价值引领、通专结合、实践创新”的人才培养理念，坚持“宽口径、厚基础、多选择、重创新、国际性”的人才培养模式，紧紧抓住人才培养关键要素、关键环节，突破重点难点问题，稳步推进各项本科教学改革。

2019 年，教育部教育教学教改专项资金共支持学校各项改革项目共计 2 117 万元，支持建设项目以强化和巩固人才培养的中心地位，深化大类人才培养改革、优化专业设置、建设一流本科课程、强化创新创业教育、提升教师教学水平，培养一批具有优秀的人文与科学素养、宽厚的专业基础、开阔的国际视野、强烈的社会责任感的优秀本科生为总体目标。全年组织建设创新创业项目 278 项、实践育人项目 25 项、教育教学改革项目 98 项、课程项目 269 门、教材项目 266 部等，有效推进了本科教学管理体系、教学体系和培养体系改革，显著提升了本科人才培养质量。

2019 年，学校有 1 名教师获国家“万人计划”教学名师奖，2 名教师获北京市高等学校教学名师奖，3 名教师获北京市高等学校青年教学名师奖，1 名教师获宝钢教育基金优秀教师特等奖提名奖，3 名教师获宝钢教育基金优秀教师奖，5 名教师获学校大华杰出教学贡献奖，10 名教师获学校教学标兵，9 名教师获学校教学标兵提名奖。

2019 年，学校本科学生在各类学科竞赛中取得优异成绩。在美国大学生数学建模竞赛（MCM/ICM）中，学校代表队共获得 1 项特等奖（Outstanding Winner），18 项一等奖（Meritorious Winner），39 项二等奖（Honorable Mention）。在大学生数学建模与计算机应用竞赛中，获得全国一等奖 3 项、二等奖 2 项，北京市一等奖 17 项、二等奖 40 项。在全国大学生数学竞赛中，获得国家级一等奖 12 项、二等奖 17 项、三等奖 24 项，北京市一等奖 14 项、二等奖 18 项、三等奖 25 项。在第 44 届 ACM-ICPC 国际大学生程序设计竞赛亚洲东大陆决赛中，共获得 2 枚银牌、2 枚铜牌。在第十二届全国大学生信息安全竞赛中，最终获得两项全国二等奖，获奖学生共计 8 人。在第四届 CCSP 大学生计算机系统与程序设计竞赛中，获得 3 个金奖、3 个银奖和 1 个铜奖。在第十二届全国大学生信息安全竞赛中，最终获得两项全国团队二等奖，获奖学生共计 8 人。在第四届 CCSP 大学生计算机系统与程序设计竞赛中，获得 3 个金奖、3 个银奖和 1 个铜奖。在第十一届全国大学生广告艺术大赛中，获得一等奖 2 项、二等奖 2 项、三等奖 3 项、优秀奖 16 项。在首届牡丹亭微电影盛典暨第五届万峰林微电影盛典中，获得二等奖 1 项、三等奖 3 项。在第四届中国数据新闻大赛中，获得二等奖 1 项。在 2019 年中国数据可视化创作大赛中，获得铜奖 1 项。在第 27 届时报金犊奖中，获得优秀奖 6 项。在第十一届“尖峰时刻”全国商业决策模拟大赛中，4 人获得二等奖，4 人获得三等奖。

## 二、本科生招生工作

2019 年，学校录取本科生 2 841 人，包括中法学院 280 人，国家专项计划 221 人，圆梦计划 79 人，自主招生 75 人，外语类保送生 20 人，高水平艺术团 14 人，高水平运动队 34 人，艺术类学生 106 人，港澳台侨联招 10 人，澳门保送生 20 人，台湾免试生 9 人，香港免试生 5 人，内地新疆、西藏高中班 35 人。

2 841 名新生中，男生 1 103 人，占 38.82%，女生 1 738 人，占 61.18%；应届生 2 670 人，占 93.98%，往届生 171 人，占 6.02%；不满 17 周岁的 36 人，17 至 19 周岁的 2 775 人，20 周岁及以上的 30 人。来自中西部地区的新生占 58.39%，来自河南、山东、山西等重点高校录取比例较低省份的新生占 52.59%；共青团员 2 684 人。

在学校统一领导下，全体招生人员齐心协力，攻坚克难，圆满完成各项工作任务。2019 年，学校在各省（区、市）录取情况良好，提档线与录取位次稳中有升，生源质量较好。

从提档线排名情况来看，2019 年，文科一批次提档线对应位次在 100 名以内的有 17 个省份，150 名以内的有 25 个省份。有 12 个省份文科提档线排名比 2018 年有所上升，3 个省份持平。理科一批次提档线对应位次在 300 名以内的有 9 个省份，在 600 名以内的有 20 个省份。有 13 个省份理科提档线排名比 2018 年有所上升。另外，北京、广东、海南、江苏、四川、云南 6 个省份文理科提档线排名比 2018 年均有提升。（注：文科有 5 个省份，理科有 5 个省份，因无准确排名变化情况，未纳入统计。）

从录取位次来看，在部分知名高校本科一批投放计划数较少的客观压力下，学校录取位次依然稳居前列。学校文科一批次提档线有 1 个省份（海南）位列第三，5 个省份位列第四，20 个省份位列第五，2 个省份位列第六。学校理科一批次提档线有 1 个省份（内蒙古）位列第四，3 个省份位列第五，6 个省份位列第六，9 个省份位列第七，6 个省份位列第八，3 个省份位列第九。高考改革的省份中，上海、浙江分别位列第五、第七。

2019 年，学校进一步扩大跨院系大类招生试点范围，深入实施“宽口径招生”改革。由主管校领导牵头，教务处、学生处、招生就业处多次调研、修订大类招生和培养方案，两次提交招生工作领导小组审议，多次向教育部主管部门请示汇报，于 5 月 24 日获批通过，从 2019 年开始实施。新方案共设 4 个跨院系招生大类：文学院、历史学院、哲学院、国学院、马克思主义学院按“人文科学试验班”招生和培养；经济学院、应用经济学院按“经济学类”招生和培养；统计学院、信息学院、数学学院、环境学院、理学院按“理科试验班”招生和培养；公共管理学院、信息资源管理学院、农业与农村发展学院按“社会科学试验班（管理学科类）”招生和培养。全校本科招生专业共计 22 个，其中普通一批投放专业 15 个。校本部一批专业志愿满足率（有志愿率）98.55%，较 2018 年提高 2.62 个百分点。

学校继续严格按照教育部相关政策文件，先后组织实施 2019 年外语类保送生、高水平艺术团、高水平运动队、艺术类（音乐表演）、自主招生、圆梦计划、香港免试生、台湾免试生和澳门保送生等特殊类型项目招考工作。共计 4 169 人报名，2 233 人参加校考，644 人取得资格生资格，288 人被录取。这部分学生占新生的 10.14%，对优化生源结构、支持基础特色学科发展和繁荣校园文化具有重要意义。

学校完成 2019—2021 年本科生招生组队伍组建工作，实行以学院主体责任制为基础的组长负责制，组长全部由教师担任。学校共设 30 个招生组（青海、西藏为一个组），成员为来自学院（系）、机关部处等 68 个单位的 492 名教职工，其中，教师共计 290 人。招生组规模由约 300 人增加至近 500 人，其中教师占比由不足三分之一增加至近六成。

## 三、教材建设

2019 年，为全面落实党组织审核制度，严把教材出版关，根据国家教材委员会及教育部教材局相关文件要求，学校协同教师所在学院及相关部门对学校参加新一批“马工程”重点教材编写的 12 位教师、参加普通高中统编教材编写的 7 位教师以及研制法学教材编写指南的 2 位专家进行综合考察后上报教育部；组织法学院排查宪法学教材使用情况并上报教育部。2019 年，根据教育部教材局要求，学校承接并组织完成《社会心理学》、《国际政治经济学概论》、《中国社会思想史》和《中国新闻传播史》四本“马工程”重点教材审读工作。

学校继续实行“马工程”重点教材使用情况年报制度，完成高等教育质量监测国家数据平台 2018—2019 学年 264 个“马工程”重点教材相关课堂实际使用情况数据填报。对于应使用但未使用“马工程”重点教材的课程信息，学校及时反馈开课单位，并督促其使用“马工程”重点教材。

为帮助任课教师吃准吃透教材的主要精神和基本内容，提高教学能力和水平，进一步推进“马工程”重点教材在高校的统一使用，教育部举办第十、第十一、第十二期“马工程”重点教材任课教师示范培训班，对新出版的 29 种“马工程”重点教材进行示范培训，学校按照培训教材所属学科，组织选派 16 名教师参加。

为促进学校“十三五”本科规划教材立项项目按计划实施并取得预期成效，宣传和共享教材建设的先进经验，推广优秀的教材成果，根据《中国人民大学“十三五”本科规划教材立项项目实施管理办法（试行）》，学校于 2019 年组织开展第一批“十三五”本科规划教材立项项目结项验收申请工作。截至 2019 年底，结项 82 项。

## 四、教学改革与教学管理

### （一）全面深化大类招生培养模式

1. 明确大类培养改革宗旨，凝聚学院共识

2019 年，学校系统总结国内高校大类培养前期试点探索经验，明确大类培养改革宗旨：破除传

统单纯专业导向的培养理念观念和培养模式体系，改变专业划分过细、培养口径过窄的现象，强化本科阶段“宽口径、厚基础、跨学科、复合型、个性化”培养，打破院系壁垒专业壁垒，充分赋予学生选择学习的权利，扩大学生个性发展空间，丰富学生多样化发展路径，激发学生学习兴趣和潜能，培养面向未来具有长远发展、综合发展、创新发展能力的优秀人才。在此基础上，联合学院开展广泛深入的调研论证，凝聚大类培养改革的共识。

2. 设置跨学院招生大类，改革专业分流机制

2019年，学校在以学院为单位实施大类招生和培养的基础上，进一步推进跨院系大类招生改革。2019年4月，与本科招办联合组织召开大类招生培养改革讨论会，在征求学院意见的基础上，设置人文科学试验班、理科试验班、社会科学试验班、经济学类4个跨院系大类招生专业，涉及17个学院共43个专业。其他均按学院大类或专业大类招生，实现招生与培养的有机衔接，实行“第一年选择托管制＋一年后基本分流＋四年一贯制无时点分流”的专业机制，充分尊重学生兴趣和意愿，保障学生自主选择学习的机会和权利。

3. 科学规划培养大类，重构本科生培养方案

科学设计培养方案和培养机制，按照宽口径、厚基础、遵从兴趣、自主发展的大类培养理念，打破学院隔阂、理顺体制机制，以学部、学科、学理为依据，全面系统地规划本科培养大类。2019级本科生中，除外国语学院、艺术学院各专业外，其余70个专业无论是否按大类招生，均划分为5个培养大类：理工学科类、人文学科类、管理学科类、经济学科类、法政与社会学科类。每个大类制定统一的培养方案，构建部类共同课和核心课，打通选修课。自2019年4月起，组织5个学部召开10多次大类培养方案讨论会，对2019级本科生培养方案的体系结构、课程设置、培养目标和要求等内容进行研究论证。2019级本科生培养方案相对以往培养方案进行了全面调整和重新设计，主要特点如下：

（1）全面修订专业培养目标和要求，进一步明确马克思主义的指导地位和立德树人的根本要求，明确专业定位和专业培养目标，细化专业人才培养在素养、知识、能力等方面的要求。

（2）顶层设计形成“通识教育、专业教育、创新研究与实践、素质拓展与发展指导”四大课程模块。

（3）强化通专结合，明晰课程关联定位，系统构建“根基通识、大类基础、专业核心、个性选修”的四级课程架构。

（4）强化思想引领，在思想政治理论课中增设2学分的“习近平新时代中国特色社会主义思想概论”必修课程，思想政治理论课总学分增加为18学分。

（5）立足根基上的通识，全面规划形成通识核心课程体系，设计哲学与伦理、历史与文化、思辨与表达、审美与诠释、世界与中国、科学与技术、实证与推理、生命与环境8个课程模块，各专业设置8～18学分通识核心课学分要求。

（6）设置部类共同课和模块化的部类基础课，打通专业选修课并实施模块化设计，夯实宽厚基础，拓宽培养口径，实现深层融通，扩大选择空间，建立“开放、自主、灵活”的学习选择机制。

（7）压缩公共外语课程教学学分，由原来的12学分减为10学分，提高学生课外学习要求；优化公共数学课程分层教学要求，其中C级课程学分要求由原来的4学分减为3学分，另配置2学分习题课。

（8）着力提升学生国防意识和军事素养，将“国防教育”模块的学分要求由原来的2学分提高至4学分，设置2学分“军事理论”必修课程和2学分“军事技能”必修实训。

共编制完成86个专业（含方向）的主修培养方案，12个拔尖创新复合型人才培养实验班培养方案，68个专业（含方向）的辅修培养方案，52个专业（含方向）的留学生培养方案，以及2个专业的双培计划培养方案。

（二）积极探索拔尖创新复合型人才培养模式改革

1. 加强学科交叉融合，注重培养跨学科复合型人才

在原有11个跨学科人才培养实验班的基础上，2019年新设立金融—大数据科学与技术（工学）实验班、国际新闻全英文实验班2个跨学院跨学科复合型人才培养实验班，面向相关学院2019级本科生进行二次选拔，旨在培养面向国家战略、社会发展需求的综合创新型人才。2019年1月，制定发布《中国人民大学本科生荣誉辅修学位项目实施办法》，以知名教授挂帅，发挥学校优势科研团队、科研机构和平台的力量，创新性地开展本科生荣誉辅修学位项目，以“微专业、微学位”的形式推进学科交叉复合。组织荣誉辅修项目申报评审与宣传招生工作，首批共批准设立数据法学、认知科学与哲学、创新创业等19个项目。2019年11月，组织召开本科生荣誉辅修学位项目交流研讨会，会议总结了首批项目开展的实施情况和取得的成效，对项目运行、管理、师资队伍建设等方面提出了意见建议，为项目进一步发挥特色，做精做实，并为后续项目引领示范奠定了基础，并启动第二批荣誉辅修学位项目申报工作。

2. 围绕现有基础学科，重点建设拔尖人才培养体系

按照《教育部等六部门关于实施基础学科拔尖学生培养计划2.0的意见》，全面推进学校基础学科拔尖人才培养工作。一是积极动员，开展专题研究。4—6月，分别组织经济学院、文学院、历史学院、哲学院、国学院、马克思主义学院、信息学院、数学学院、物理学系、化学系、心理学系、环境学院等相关单位制定各基础学科拔尖人才培养计划。7月，组织召开基础学科拔尖人才培养计划专题研讨会，强调基础学科拔尖人才培养计划的目标和理念，明确拔尖人才培养模式改革举措和方向。二是整合资源，进行系统规划。依托学校精干的理工科，全面整合学校及相关合作机构的优质资源，全面规划理工基础学科拔尖人才培养体系，制定《中国人民大学理工基础学科拔尖人才培养计划》，设立数学、物理学、化学、心理学、信息学、环境科学6个基础学科拔尖实验班，突出导师制、小班教学、国际交流、本硕博一体化、高水平师资团队、科研训练等方面优势，旨在培养能够潜心学术，关注重大科学和人类发展问题，勇攀科学高峰，推动科学文化发展的优秀拔尖人才。同时，组织各学院编制拔尖实验班的人才培养方案，对各拔尖实验班人才培养计划进行广泛宣传，协助各拔尖实验班完成2019级本科生招生选拔工作。三是扶优扶特，建设拔尖基地。根据《教育部关于2019—2021年基础学科拔尖学生培养基地建设工作的通知》《教育部办公厅关于2019年度基础学科拔尖学生培养基地建设工作的通知》等文件要求，组织召开基础学科拔尖学生培养基地建设工作讨论会，在总结近年来文理基础学科拔尖创新人才培养经验基础上，制定《中国人民大学“拔尖计划2.0”总体工作方案》，提出实施根基宽厚通识教育、强化科教融合专业教育、注重大师引领全面发展、构建研读中心学习社区、建立常态国际合作平台、实行科学分流动态退出机制等重要育人举措。同时按照扶优扶特的基本原则，推动经济学、文学、历史学、哲学、数学、计算机科学6个基础学科建设拔尖学生培养基地，制定各学科拔尖基地工作方案，并推荐申报教育部基础学科拔尖学生培养基地。

（三）推动实施本科人才培养委员会制度

6月，修订发布《中国人民大学本科人才培养委员会章程》（以下简称《章程》），完善本科人才培养委员会的设置和组织，进一步明确和强化其职能。按照《章程》要求，建立学校、学部和院系三级本科人才培养委员会，并在学校本科人才培养委员会下设9个专业委员会：专业设置与建设委员会、课程设置与建设委员会、教材建设委员会、通识教育指导委员会、实验与实践教学指导委员会、交叉学科教学指导委员会、质量保障与评价咨询委员会、教学信息化工作委员会、创新创业教育指导委员会。

10月，制定发布《中国人民大学本科人才培养委员会工作实施细则》，设立本科人才培养委员会办公室，实施本科人才培养委员会每周例会制度，明确各级本科人才培养委员会的委员设置要求，完善本科人才培养委员会的运行机制。本科人才培养委员会每周例会由主管本科教学工作的副校长主

持，专题研究解决本科人才培养过程中存在的问题和挑战。全年共召开8次办公会，每次办公会均形成会议纪要全校印发，以便全校各单位了解学校本科人才培养工作推动进展和重大决策。

10月，组织召开中国人民大学“不忘初心、牢记使命”主题教育全面深化“三全育人”协同育人体系人才培养工作会议，学生处、教务处、研究生院、应用经济学院、新闻学院等人才培养相关单位做主题报告。会议总结了各单位人才培养相关工作取得的成效和面临的挑战，为开创学校人才培养工作新局面起到重要作用。

（四）持续推进一流本科专业建设

1. 以“四新”建设为引领，推动新工科新文科融合发展

通过强化数学、统计、信息技术、人工智能、数据科学等具有特色优势的理工学科建设，优化布局“数据科学”“数学”“人工智能”等战略支撑学科。4月，学校成立高瓴人工智能学院。随后，教务处组织高瓴人工智能学院开展增设人工智能专业的专家论证工作，并按照教育部相关文件要求和学校实际制定详细的专业建设规划和专业人才培养方案，提交至教育部备案审批。4月，组织召开学校新工科新文科建设研讨会，强调各学院要促进以信息技术、大数据技术、人工智能技术的创新应用为核心的理、工、文融合发展，促进新时代人文社会科学转型升级。

2. 以“卓越人才培养计划2.0”为契机，促进专业升级

按照教育部“卓越人才培养计划2.0”相关文件要求，全面实施学校“卓越新闻”、“卓越法治”和“卓越农林”人才培养计划2.0，积极推动新一轮专业升级，加强以学生学习为中心，推动思政体系、培养模式、课程体系、教材体系、管理体系、条件保障全环节全要素均为一流的一流本科专业建设。

3. 开展国家级和北京市级一流本科专业申报推荐工作

按照《教育部办公厅关于实施一流本科专业建设“双万计划”的通知》《北京市教育委员会关于开展2019年北京市级一流本科专业申报与遴选工作的通知》《北京市教育委员会关于开展“重点建设一流专业”遴选建设的通知》，开展国家级和北京市级一流本科专业、北京市重点建设一流专业的校内申报评审工作，对申报专业建设重点和方向提出要求，要求各专业按照要求制定并论证专业建设规划。2019年学校共申报推荐22个国家级一流本科专业、6个北京市级一流本科专业、4个北京市重点建设一流专业。12月24日，教育部发布《关于公布2019年度国家级和省级一流本科专业建设点名单的通知》，学校哲学等22个专业被认定为2019年度国家级一流本科专业建设点，伦理学等6个专业被认定为2019年度省级一流本科专业建设点，覆盖哲学、经济学、文学、历史学、法学、管理学、理学、工学等8个学科门类。12月26日，北京市教委发布《关于公布北京高校“重点建设一流专业”名单的通知》，学校经济学等3个专业入选。

（五）大力加强课程建设，不断丰富课程资源，切实规范课堂教学环节

1. 严格课程教学要求，规范教学大纲管理

1月，学校制定发布《关于加强和改进本科课程教学的若干意见》，强化落实立德树人根本任务，加强教学基础地位和课程教学工作责任，严格课程体系和教学内容设置、课程审核和审批程序等方面要求。同时加强教学大纲管理，规范大纲内容，严格提交时间，坚持大纲公示。2019年，完成2018—2019学年春季学期和2019—2020学年秋季学期本科课程教学大纲上传录入的审核、通报工作。2018—2019学年春季学期，全校共开设2 145个课堂，上传教学大纲的课堂数为2 046个，提交率为95.4%；2019—2020学年秋季学期，全校共开设2 439个课堂，上传教学大纲的课堂数为2 230个，提交率为91.4%。启动2019—2020学年春季学期教学大纲录入工作，对按时录入大纲提出更加严格的要求，未按时提交教学大纲的课程将无法进入选课系统供学生选择，并按教学事故认定。加强完善新开课审批程序，继续落实学院课程新开与培养方案同步制定、同步论证制度措施，严格新开课要求，强调按课程模块体系化建设、教学团队建设等作为课程新开申报的必要条件，重点建设荣誉辅修学位项目课程和通识核心课程。

2. 规划部署金课计划，建设一流本科课程

制定发布《中国人民大学“123”金课计划实施方案》，提出“系统规划、整体推进，强化通识教育为根本，专业教育为核心，突出课内课外结合、教师讲授与学生自主研学结合的教学要求，围绕优质课程的全过程、全要素，开展教材、课堂、教学资源、教学手段、教学队伍五位一体的立体化课程建设”要求，推进实施“123”金课计划，精心建设100门通识核心课、200门专业核心课、300门线上线下混合式教学课程。同时，制定发布《通识核心课程建设实施要求与建设标准》《部类基础与专业核心课程建设实施要求与建设标准》，对几类课程的建设组织、目标定位、体系结构、师资队伍、设计要求、考试考核等提出要求，明确方向。10月，按照《北京市教育委员会关于开展北京高校“优质本科课程”和“优质本科教材课件”建设的通知》，组织各院系开展优质课程和教材（课件）的校内申报，组织专家开展校内评审，遴选出5门课程和5本教材（课件）推荐至北京市教委参与评选。11月，按照《教育部关于一流本科课程建设的实施意见》《教育部办公厅关于开展2019年线下、线上线下混合式、社会实践国家级一流本科课程认定工作的通知》，组织各院系开展国家级一流本科课程的申报推荐工作，要求各学院将一流课程推荐工作与建设工作结合起来，以推荐为契机，做好五年课程建设规划和三年课程推荐计划，有计划培育相关课程。

3. 系统梳理课程体系，重新设计课程编码

以编制大类培养方案为契机，对公共课的课程体系进行全面梳理。一是加强公共外语课程建设，进一步提高课程教学质量，减少课程教学学分，提高学生课外学习要求，全面建设公共英语选修课程群，包括6个模块约30门课程。二是继续优化公共数学课程体系，取消原E级数学公共课“大学文科数学”，设置更符合人才培养需要的通识核心课“量化与推理”，并以C级课程为试点进行公共数学课程改革，减少课程教学学分，另外配置2学分习题课，加强学生对数学知识的实际运用能力训练。三是加强公共计算机课程内容改革，把最新的信息技术，如大数据、人工智能等加入公共计算机课程，全面提高学生信息素养。四是启动公共艺术教育、体育、劳动教育教学改革，在本科人才培养办公会上多次开展专题讨论，组织公共艺术教育中心、体育部、后勤集团分别制定学校公共艺术教育教学改革方案、体育课程教学改革方案、劳动教育教学实施方案。调整专业教育课程体系，设置部类核心课、专业核心课和个性化选修课3个模块，其中部类核心课由学部从部类人才培养最核心、最基础的要求出发，从学科基础课中挑选或重新建设；专业核心课选择范围扩大为整个大部类内课程；个性化选修课全面打破院系各专业界限，按照课程内容重新组合成课程模块。为适应大类培养改革，重新设计课程编码，由原来的以开课院系和专业为主要编码内容改为以课程内容为主要编码内容，并加入课程分级和特殊课程标志，解决了原有课程编码编而不用的问题。对2019级本科生培养方案中400余门重复课程进行了全面梳理，可以互相认定的要求建立课程教学团队统一建设，并使用统一的课程编码，不可互相认定的要求针对不同专业不同需求进行分级，形成课程分级体系。在此基础上，对2019级本科生培养方案中2 800余门课程进行了重新编码。

4. 全面升级通识课程，打造丰富课程资源

配合大类培养改革，全面升级通识课程，大力推进通识核心课程建设。在2018年评审出的31门通识核心课立项建设课程的基础上，转变建设思路，由教师报课改为专家找课，组建通识核心课专家组，根据通识核心课8大类课程模块，提出课程需求，并结合学校现有课程，提出通识核心课程建设目录并逐步推进。已基本建成6门通识核心课程，其他课程还处于培育阶段。继续推进各类课程建设，丰富课程资源和课程形式。2019年，开设通识教育大讲堂课程29门，原典研读课程21门，公共艺术教育课程27门，跨学科专业选修课程158门（50个课程模块，其中含“创新通识”课程1门），发展指导类课程59门（7大类，其中含“创新创业指导类”课程6门），国际小学期邀请国内外一流大学的著名学者开设全英文课程122门左右。开展智慧课堂试点建设工作，鼓励教师结合智慧教室建设创新教学理念和教学方式，提升教学信息化水平，首批立项的智慧课堂建设项目共包括12

个院系于2018—2019学年春季学期在智慧教室开设的22门课程。继续联合学院举办通识教育大讲堂系列公开讲座，促进学科融通，优化教学资源配置，为学生提供不同平台，营造良好通识教育氛围。2019年，先后联合环境学院和数学学院举办院士系列讲座2讲，联合艺术学院举办悲鸿讲堂系列讲座19讲，联合统计学院举办数据科学讲坛系列讲座3讲，联合哲学院举办哲学通识系列讲座6讲，联合法学院举办法治与宪法系列讲座2讲。

5. 激活基层教学组织，强化课程建设主体

6月，制定发布《中国人民大学教研室和教学团队管理办法》，完善和规范学校基层教学组织建设和管理，创新组织形式，明确职能定位，健全管理制度，完善运行机制，充分调动广大教师教育教学的积极性，并以教研室和教学团队为主体单位，推进课程建设工作落地做实。10月，根据大类培养改革的课程体系，启动跨学院校级教学团队组建工作，计划通过教学团队落实金课建设，制定课程建设方案，开展集体备课，每门课程形成统一的教学纲要和教学标准。针对大类培养方案中88门跨学院开设或分级的课程，向各开课院系征求组建教学团队的意见，初步明确了教学团队牵头学院和团队负责人。

6. 继续做好新生研讨课建设

2019年秋季学期，学校教师教学发展中心组织遴选和聘任来自全校27个院系（含苏州校区）的共178名新生导师，开设新生研讨课170门。以理工学部为试点，采取“大类讲座＋复合型小班研讨”的方式，既更好地适应大类培养理念并与大类培养方案有机衔接，同时又确保了新生研讨课“人生引导和学术引导”双重育人目标的实现。教师教学发展中心编制并向每一位新生导师和大一新生分别发放了《2019本科新生研讨课教师手册》和《2019本科新生研讨课学生手册》，明确了教师教学目标和学生未来发展路径，鼓励新生导师充分采用小班研讨式教学，积极引导学生增进专业认同和学校认同。作为本科人才培养路线图八项研究型学习制度之一的“名师沙龙”制度，由学校教师教学发展中心组织开设，是新生研讨课的有机延伸。教师教学发展中心在2019年组织开设12门以小班研讨为特色的名师沙龙，邀请12位知名教授主讲。每门沙龙设计6～8次课程，每次2～3学时，遴选来自不同专业的15～20位学生，与名师面对面研讨交流，共同探讨学科领域热点、难点和重点问题。

7. 理念先行，以课程为载体，推进教学信息化建设

教学信息化不等同于传统课堂的简单数字化，需要教师在教学观念、方式方法、教学内容等方面进行全面改革。2019年，学校教师教学发展中心共建设完成3大类112门在线课程，共5门课程入选教育部“国家精品在线开放课程”。同时，基于学科特点及学生的学习兴趣设计开发信息化课程，教师教学发展中心进一步完善MOOC（慕课）的建设流程和规章制度，重在以信息化课程为支撑，推动教学改革，构建以学生为中心的研究型教学模式；在积极推进信息化课程建设的过程中，通过举办信息化教学培训等方式，促进教师对信息化教学从认识到认同；加强课程信息化平台建设和管理，2019年共组织开设45门线上副修课程、26门线上副修课程考试以及考试合格后的学分认证工作。

（六）落实国际研学制度，提升人才培养国际性

7月1日至26日，学校成功举办2019年国际小学期，共有26个学院（系、部）开设127门课程，128名来自学校和国际一流大学的优秀师资承担国际小学期课程。其中，学校教师25人，境外大学和机构教师103人。1 826名来自校内外的学生选修国际小学期课程，包括497名境外高校学生和61名国内其他高校学生。除开展高质量多样化的课堂教学外，学校还组织了丰富多彩的文化体验活动，带领学生走出课堂、感受中国文化，促进中外学生交流、增进沟通和理解。

为做好国际小学期各项工作，教务部门完成2019年国际小学期的课程申报、师资聘请、宣传招生、助教和教务秘书及志愿者培训、学生录取等国际小学期开学前的各项工作。同时，完成了开学典

礼、学生报到、教学运行、学生管理和学生活动组织等各项国际小学期运行期间的各项工作。在国际小学期结束后，组织开展了教师教学质量评估和学生各项满意度评估等工作。

国际小学期作为学校本科人才培养路线图中国际研学制度的重要内容，是学校提升人才培养国际性四阶段接力计划中的一环。它坚持“在地国际化”和“双向国际化”的办学理念，克服了单向出国学习和少数学生受益的局限，以最小的经济和社会成本，推动全球优质教学资源共享，立足学校，为学生提供了可直接感受国际化育人氛围和享受国际优质教学资源的机会。同时，国际小学期始终在探索搭建高水平、国际化的教学科研协同创新平台。很多国际教师在暑期除开设课程外，还在聘请学院开设讲座、参加学术研讨会，与学校教师团队开展科研合作与交流。

同时，在2019年，学校共组织了78个境外学习项目，共有523人次学生申请，共选拔291人次学生。另外，根据《中国人民大学本科学生境外交换学习奖学金评选办法》，全校共有96名学生获得中国人民大学2018—2019学年本科生境外交换学习奖学金。通过开展境外交换学习，学生们在完成专业学习任务的同时，积极参加境外学校的各类学习交流和文化体验活动，加深了对多元文化的理解，拓宽了国际视野，提升了跨文化沟通能力，增强了综合素质。

(七) 加强本科实验教学建设

学校继续加大实验教学经费投入，用于实验设备更新及软件购置经费、国家级实验教学示范中心建设费100余万元，多方筹措460万元，重点建设虚拟仿真实验教学项目。在教育部相关文件精神的指导下，学校成立了4个国家级实验教学示范中心教学指导委员会，每个教学指导委员会的1/3以上成员为校外专家，对学校国家级实验教学示范中心发展运行的顶层设计与方向性指导提供咨询支持和校际经验借鉴。

(八) 探索课外教学体系，深化创新创业教育实践

1. 扎实推进创新创业训练项目

2019年，设立大学生创新训练项目（大创项目）国家级88个、北京市级80个、校级45个；设立大学生创业训练国家级项目20个，创业实践项目2个；设立大学生科研基金校级项目43个。

组织了2017、2018两年立项的大学生创新实验计划项目、科研基金项目的结项评审工作。

2017年大创项目205个，其中优秀项目33个，优秀率为16.1%；不合格项目7个，合格率为96.6%。2017年大科生科研基金项目65个，其中优秀项目10个，优秀率为15.4%；不合格项目3个，合格率为95.4%。

2018年大创项目212个，其中优秀项目33个，优秀率为15.6%；不合格项目2个，合格率为99.1%。2018年大科生科研基金项目41个项目，其中优秀项目8个，优秀率为19.5%；不合格项目2个，合格率为95.1%。

2018年的大学生创业训练20个项目全部通过结项评审，通过率为100%。优秀项目8个，优秀率40%。3个项目进入实践环节。

2019年参加全国创新创业年会交流项目2个，其中1个是论文交流，1个是展示项目。

2. 推进优秀实践教学团队建设，开展本科实践教学品牌项目和课外教学优秀奖评选

2019年，学校共评选出10个实践教学品牌项目，其中6个是实习实训项目、4个是学科竞赛项目；评选出23名课外教学业绩较为突出的教师，授予本科课外教学优秀奖。

(九) 继续推进和深化学校教育教学综合改革

2019年完成第五批（2018）校级本科教育教学改革立项项目的中期检查工作。采取校院项目负责人三级管理的方式，对2018年设立的98个校级教改项目开展中期检查工作。2019年，校级教改立项项目进展顺利且均取得了中期阶段性的成果。

(十) 以教师为主体，构筑教学学术社区

新入职教师考核与培训方面，2018—2019学年春季学期“微格教学”考核于3月26日启动，5

月 21 日完成，学校教师教学发展中心邀请 32 位资深专家评委、优秀青年教师评委以及 40 位学生代表评委，对取得考核资格的 30 位新入职教师分 10 场进行教学展示与考核。2019 年学校新入职教师岗前教学提升培训从 9 月开始，至 12 月底结束，培训由“教学视频采集”、“教学理念提升”、“教学反思与专业提升”和“教师素养提升”4 大模块组成，共设计安排 18 讲课程。采取“线上”与“线下”相结合、“必修”与“选修”相结合、讲授研讨与教学观摩相结合的形式。全校 29 个学院（系）的 53 位新入职教师参加。

教师教学发展与提升方面，2019 年，学校教师教学发展中心分别举办了“新时代大学课堂教学改革与创新路径探索”、“交叉学科在本科教学中的应用——以中国人民大学 PPE 为例”、“智慧教室使用教学培训”和“智慧教室环境中主题式教学模式的具体实施”等主题的教师教学发展沙龙，为广大教师、教育管理人员搭建分享经验、碰撞思想、升华意识的新型交流平台，打造教学学术共同体和高校教师发展孵化基地。

（十一）完成本科毕业审核和学位授予工作

2019 届本科毕业生中，共有 2 778 人获主修学士学位，334 人获副修第二学士学位，155 人获副修第二专业证书。

## 五、教学质量监控

（一）发布本科教学奖励体系，创新本科教学激励机制

1 月，学校发布实施《中国人民大学本科教学奖励体系（试行）》。奖励体系有两个维度，即横向上将各类奖励分为“团队类”和“个人类”，纵向上按照从高至低分为五个等级。体系化制度化的本科教学奖励，使原本分散的各类奖项能够相辅相成，相互促进和强化，最终形成激励教师投入本科教学和人才培养工作的强大合力。奖励体系大幅提升了对本科教学的奖励力度。

（二）继续实施开展教学质量常态监控，保证课堂教学质量

2019 年，学校继续开展课堂教学质量评估工作。2018—2019 学年春季学期共有 1 381 名教师参加评估，学生提交问卷 58 812 份，全校课堂总平均分为 95.99 分。学校及时总结、分析评估结果，形成学校本科课堂教学质量网络评估情况通报，在秋季学期初召开的本科教学工作部署会上反馈给各学院。学校要求相关学院高度重视学生在课堂教学评估中反映的意见和建议，对突出问题进行核实，对查实的问题提出整改措施并上报学校，同时组织相关教师及时回应学生意见和建议。

学校继续组织开展试卷检查工作。试卷检查采取抽查方式，学校层面的抽查按照覆盖各院系、各性质课程的原则进行。2018—2019 学年春季学期，学校抽查了上一学期的 123 个课堂，4 323 份试卷；2019—2020 学年秋季学期，学校抽查了上一学期的 95 个课堂，3 763 份试卷。学院层面的抽查按照不少于本单位课堂总数 20%、覆盖各性质课程的原则进行。在此基础上，学校形成期末考试试卷检查情况通报并反馈给学院，要求学院关注试卷检查中的主要问题，尤其是长期存在的问题，制定针对性整改措施，加强试卷管理相关制度建设，进一步提升试卷管理质量水平。

学校继续落实校院两级本科教学质量报告制度。各院（系）围绕人才培养目标、教学基本条件、教学建设与改革、教学质量保障和学生学习效果等方面对本学院的本科教学工作开展自评，编写学院（系）本科教学质量报告。学校总结全校本科教学基本情况，编写《中国人民大学 2018—2019 学年本科教学质量报告》，并向社会发布，接受社会监督。

学校继续面向全体本科生开展学情调查。本次调查参与学生数超过 4 000 名。学情调查将学生在校学习过程相关数据与学生学习体验、投入、效果及对学校人才培养制度的满意度等整合，形成 2019 年中国人民大学本科生学情调查报告。报告为学校教育教学质量的持续改进、教学改革和相关制度的完善提供来自学生的意见和建议，为学校评价各项教学改革成效提供依据。

(三) 坚持以评促建，推动本科教学质量保障体系持续改进

对标“双一流”建设目标，全面落实审核评估整改工作。学校贯彻落实“以评促建、以评促改、以评促管、评建结合、重在建设”审核评估精神，根据《中国人民大学本科教学工作审核评估整改方案》要求，对标学校“双一流”建设目标，布置各单位整改工作任务，切实着手解决制约本科教学工作的重点难点问题和体制机制约束，全面提升本科人才培养质量。4 月，学校召开本科教学工作审核评估整改方案落实情况汇报会，校长刘伟、副校长朱信凯出席会议，各学院和相关单位参加会议。会议系统梳理和总结了学校开展审核评估整改工作所取得的进展和成效，同时明确应进一步将整改方案落到实处，持续推进学校的本科教学工作迈上新台阶。

2019 年，学校继续实施本科教学基本状态数据采集与数据报告发布，采集数据包括学校基本信息、学校基本条件、教职工信息、学科专业、人才培养、学生信息、教学管理与质量监控、工科类专业情况等 8 个方面共 85 张数据表 1 000 余个数据项，涉及 18 个机关部（处）和 26 个学院。基于数据采集形成的《中国人民大学本科教学基本状态数据分析报告》，全面展现了学校本科教学状态。数据库有效地整合分散在各单位、各学院的教学数据，有利于对学校办学基本情况开展精准分析，为学校科学决策和管理、推动本科教学质量持续改进提供数据支持。

(四) 本科教学督导工作

自 2018 年 11 月《中国人民大学本科教学督导工作条例》发布实施、新一届本科教学督导团（2019—2021）组建以来，组织开展了本科教学常规督导工作和本科课程专项督导工作，并形成相关督导工作总结报告，提出建设性的意见和建议，为本科教学的平稳运行和教学质量的提升提供了保障和助力。

1. 组织开展本科教学常规教学督导工作

2018—2019 学年春季学期，9 位专职督导专家共听课 240 堂，平均每人听课 26.67 堂；共计 506 学时，平均每人听课 56.22 学时。在专家督导的 240 堂课中，全校共同课 42 堂，应用基础课 3 堂，学科基础课 26 堂，专业必修课 84 堂，专业选修课 40 堂，通识教育课 16 堂，原典选读课 9 堂，其他课程 20 堂（含校选课等）。督导专家共计推荐 31 个课堂为示范课堂。教学督导室在各位专家个人督导工作报告基础上，经过整理、分析、汇编，形成《中国人民大学本科教学常规督导工作报告（2018—2019 学年春季学期）》。

2019—2020 学年秋季学期，9 位专职督导专家共听课 239 堂，平均每人听课 26.56 堂；共计 534 学时，平均每人听课 59.33 学时。在专家督导的 239 堂课中，通识教育类课 41 堂（其中思想政治理论课 15 堂、大学英语 9 堂、公共数学 2 堂、通识教育核心课或通识教育大讲堂课 11 堂、原著原典选读课程 4 堂），专业教育类课 173 堂（其中部类共同课 4 堂、部类基础课 13 堂、学科基础课 44 堂、专业核心课 6 堂、专业必修课 39 堂、专业选修课 56 堂、跨学科专业选修课 11 堂），素质拓展类课 9 堂（其中体育课 1 堂、公共艺术教育课 2 堂、新生研讨课 2 堂、发展指导课 4 堂），其他课程 16 堂。督导专家共计推荐 54 个课堂为示范课堂。教学督导室按照秋季学期常规督导听课情况、课程分布情况、授课教师职称情况、示范课堂推荐情况以及督导专家提到的问题、意见和建议（包括学风学纪、课程设置、教学方法和手段、教师教学能力建设、教学设施条件、教学管理与服务）等，进行整理、分析、汇总和审核、汇编，形成《中国人民大学本科教学常规督导工作报告（2019—2020 学年秋季学期）》。

7 月 3 日，教学督导室在艺术学院教师发展中心组织召开 2018—2019 学年春季学期本科教学督导期末工作会议。本科教学督导团团长赵国俊教授、副团长张志伟教授以及学校本科教学督导团专家成员共 24 人参加会议。

2. 组织开展本科课程专项教学督导工作

课程专项督导以具体课程为抓手，通过课堂听课、访谈座谈、调查问卷、查阅资料等方式，对课

程教学与建设情况进行全方位全过程的深度考察。

2018—2019 学年春季学期，学校兼职督导专家（15 人）和部分学院领导（11 人）共督导本科课程 32 门，其中全校共同课 4 门（思想政治理论课 1 门、数学公共课 1 门、计算机公共课 1 门、职业生涯规划课 1 门），学科基础课 16 门，专业必修课 11 门，跨学科专业选修 1 门。涉及开课学院（系）19 个，覆盖五大学部，其中法政学部 1 门、管理学部 5 门、经济学部 3 门、理工学部 14 门、人文学部 9 门。完成课程教学与建设专项督导报告 31 份。在此基础上，教学督导室进行整理、修订、反馈、总结和完善，最终遴选 24 篇督导报告编印形成《中国人民大学课程建设专项督导工作报告（2018—2019 学年春季学期）》。

2019—2020 学年秋季学期，学校兼职督导专家（14 人）和部分学院领导（16 人）共督导本科课程 37 门，其中通识教育课 14 门，专业教育课 23 门。通识教育课 14 门中，思想政治理论课 1 门，数学公共课 1 门，通识教育核心立项课 3 门，通识教育大讲堂课 8 门，原著原典选读课 1 门；专业教育课 23 门中，部类核心课 5 门，专业核心课 6 门，学科基础课 3 门，专业必修课 8 门，荣誉辅修课（跨学科专业选修）1 门。涉及开课学院（系）21 个，覆盖五大学部，其中人文学部 7 门、社会学部 8 门、经济学部 11 门、法政学部 2 门、理工学部 9 门。完成课程教学与建设专项督导报告 36 份。在此基础上，教学督导室进行整理、修订、反馈、总结和完善，最终遴选 29 篇督导报告编印形成《中国人民大学课程建设专项督导工作报告（2019—2020 学年秋季学期）》。

3. 组织召开学校本科课程专项教学督导报告发布会

12 月 11 日，组织召开了本科课程专项督导报告发布会，是学校有史以来首次召开专项督导报告发布会。会议由副校长杜鹏主持，校长刘伟出席会议并讲话。校长刘伟充分肯定了教学督导工作的探索和创新，对下一步督导工作也提出了更高的期望和要求。会上，教务处处长龙永红、督导团团长赵国俊以及督导专家代表、学院代表和授课老师代表分别从不同的视角对课程专项督导工作的经验和体会进行了分享和交流。

## 六、体育教学

为落实《教育部关于狠抓新时代全国高等学校本科教育工作会议精神落实的通知》要求，体育部 2019 年的教学工作主要围绕提高教学质量展开，具体开展以下工作：

（一）持续落实听课制度，采取多种渠道和方式了解课堂教学情况

每学期开学首日体育部领导班子成员、教研室主任、教学指导委员会成员及本科教务秘书到教学场地查看上课情况，了解场地及器材需求，为本科教学的正常运行做好保障。针对以往学期存在问题较多的课堂，体育部领导采取深入课程、与教师谈话等方式了解具体情况，及时发现并解决教学过程中存在的问题。

（二）加强制度建设，持续推进本科教学评估和质量改进工作

2018—2019 学年春季学期，体育部就现行教学质量评价制度开展问卷调查，该学期总计 38 位在岗在编教师中有 30 人参与此项调查。其中 80%的老师认为学生评价占 70%、院系评价占 30%的评估比例不合理。54.4%的教师认为院系评估占比应在 50%以上。结合体育教学工作的实际情况，体育部教师认为教学督导看课评价、教学出勤情况、教学文件准备情况、学生成绩登录是否无误以及业务学习参加情况等也应作为综合评价的依据。以此调查为依据，体育部形成了《体育部教师本科课堂教学质量考核办法（草案）》，于 2019—2020 学年秋季学期征求教师意见修改后印发。

2019—2020 学年秋季学期体育部制定了一系列教学管理相关规章制度，形成了《中国人民大学体育部规章制度汇编》，其中本科教学、科研 8 项，人事财务方面有关教学考务费和评审费发放相关制度 2 项，本科及研究生新开课流程 2 项。

（三）加强和完善教学督导工作，落实立德树人任务

4月8日，体育部党政联席会第11次会议决定成立体育部师德建设与监督委员会，决定由高燕燕、李树旺担任委员会主任，王勇、吴永宏、王建军、张洁、侯力、吴广亮、墨楠、彭玉媛担任委员会委员，布超担任委员会秘书处联络员。自2019—2020学年春季学期起，师德师风考核纳入教师工作量考核，执行师德一票否决制。此外，体育部继续修改完善《体育部本科教学督导条例》并制定符合体育教学实际的听课表，于2019—2020学年秋季学期印发。

（四）加强推进课程建设和教学改革创新，丰富体育课程资源

体育部紧跟当前教学信息化建设的发展趋势，创新教学模式，积极争取学校资源，启动太极拳及游泳慕课项目，成立相关慕课拍摄小组，组织教师撰写慕课教学大纲，于2019—2020学年秋季学期拍摄完成慕课《学练太极拳》。

（五）整顿和规范教学秩序，强化课堂教学和教学环节管理

加强学生上课秩序和纪律要求，及时向教师宣传学校新出台的《中国人民大学学生学习纪律及考勤管理办法》《中国人民大学学生违纪处分管理办法》。继续严格落实课堂考勤制度，每学期初向全体教师发放课堂考勤表，要求教师及时上报缺勤学生信息，由教务秘书联系学生所在学院督促其出勤。

（六）严格教育教学管理，特别是严把考试和毕业出口关，坚决取消“清考”

针对缺课达到总课时三分之一及以上的大四学生，取消该门课考试资格。

## 七、艺术教育

2019年，学校发挥第一课堂的主渠道作用，共开设32门次公共艺术教育课程。课程包括“国剧艺术大观”“合唱艺术与发声技巧”“摄影艺术概论”“舞蹈作品赏析”“新媒体艺术概论”“音乐基础理论与视唱练耳（简谱）”“中国民间舞蹈”“中外名歌赏析与比较”“书法基本技能训练”“文艺与音乐传播研究”“欧洲铭文学和书法史”“中国音乐赏析”“西方古典音乐赏析”“篆刻学”“聆听民乐”“电影导论”等，涵盖了音乐与舞蹈、绘画与书法、戏剧与影视等艺术学一级学科。2019年公共艺术教育类课程由文学院、艺术学院、信息资源管理学院、新闻学院等单位10名教师讲授，共有2 115名学生选修公共艺术教育课程。

结合美育教育第一课堂，学校以学生艺术团为主要抓手，开展多样的校园文化艺术活动，丰富学生的校园文艺生活，推进正向文化、高雅艺术与民族传统文艺在学生中的普及，开辟和完善艺术教育的第二课堂。

2019年，公共艺术教育中心开展了“中国文联艺术家走进中国人民大学活动”、“耶路撒冷钢琴三重奏”、“国音四重奏”和“《我和我的祖国》快闪”等文艺活动，邀请中国文联艺术家、知名演奏家走进校园，带来高水平的艺术演出；同时也组织学生代表走出校园，参加“丝路青年国际音乐会”等活动，与其他高校同学开展广泛的文艺交流。学生艺术团7个分团（社）在校内共举办演出季专场演出、校园音乐角、《吴玉章》新生专场演出等校园文化活动15场，京剧社应邀参加“2019中国戏曲文化周”活动，展演曲目《武家坡》广受好评，参与国庆70周年庆祝大会与联欢活动合唱演出。4月30日至5月6日，学生艺术团近20个学院部处代表学校赴意大利参加博洛尼亚大学孔子学院10周年系列活动，在庆典音乐会和第十二届“汉语桥”世界中学生中文比赛意大利暨圣马力诺赛区赛后演出上，艺术团通过传统民乐表演为中华优秀传统文化走出国门发出人大声音，贡献人大力量，同时收获了广泛赞誉。此外，学生艺术团成员还充分发挥自身艺术特长，利用暑期开展“艺先锋·艺实践”艺术公益行动，通过开展走访、实地调研、公益演出和公益支教等形式，探访和学习非物质文化遗产，追忆校史，服务社会。

2019年，学生艺术团在各项赛事、活动中斩获多个奖项。在第十届“国戏杯”学生戏曲大赛中

获得戏剧表演类业余组集体项目一等奖、个人项目一等奖、指导教师奖和优秀组织奖；“艺先锋·艺实践”艺术公益行动获评“乡村振兴　青年作为”阳光使者专项活动优秀志愿服务小队，2019年“立邦·为爱上色”农村支教奖全国铜奖，2019年三下乡“丝路新世界·青春中国梦”专项计划优秀团队、优秀组织单位；此外，学生艺术团话剧团排演的红色主题教育戏剧《吴玉章》被评为北京文化艺术基金艺术人才培养资助项目精品项目。

## 附录

# 中国人民大学本科专业目录

| 序号 | 学科门类 | 专业代码 | 专业名称 | 修业年限 | 所属学院 | 设置年份 |
|---|---|---|---|---|---|---|
| 1 | 哲学 | 010101 | 哲学 | 四年 | 哲学院 | 1956 |
| 2 | 哲学 | 010103K | 宗教学 | 四年 | 哲学院 | 1999 |
| 3 | 哲学 | 010104T | 伦理学 | 四年 | 哲学院 | 1986 |
| 4 | 经济学 | 020101 | 经济学 | 四年 | 经济学院 | 1951 |
| 5 | 经济学 | 020102 | 经济统计学 | 四年 | 统计学院 | 1950 |
| 6 | 经济学 | 020103T/020105H | 国民经济管理 | 四年 | 经济学院/中法学院 | 1950/2012 |
| 7 | 经济学 | 020104T | 资源与环境经济学 | 四年 | 环境学院 | 2013 |
| 8 | 经济学 | 020106T | 能源经济 | 四年 | 经济学院 | 2011 |
| 9 | 经济学 | 020107T | 劳动经济学 | 四年 | 劳动人事学院 | 2017 |
| 10 | 经济学 | 020201K | 财政学 | 四年 | 财政金融学院 | 1950 |
| 11 | 经济学 | 020202 | 税收学 | 四年 | 财政金融学院 | 2006 |
| 12 | 经济学 | 020301K/020104H | 金融学 | 四年 | 财政金融学院/中法学院 | 1950/2010 |
| 13 | 经济学 | 020302 | 金融工程 | 四年 | 财政金融学院 | 2002 |
| 14 | 经济学 | 020303 | 保险学 | 四年 | 财政金融学院 | 1997 |
| 15 | 经济学 | 020306T | 信用管理 | 四年 | 财政金融学院 | 2002 |
| 16 | 经济学 | 020401 | 国际经济与贸易 | 四年 | 经济学院 | 1978 |
| 17 | 经济学 | 020402 | 贸易经济 | 四年 | 商学院 | 1950 |
| 18 | 法学 | 030101K | 法学 | 四年 | 法学院 | 1950 |
| 19 | 法学 | 030201 | 政治学与行政学 | 四年 | 国际关系学院 | 1960 |
| 20 | 法学 | 030202 | 国际政治 | 四年 | 国际关系学院 | 1985 |
| 21 | 法学 | 030203 | 外交学 | 四年 | 国际关系学院 | 1950 |
| 22 | 法学 | 030205T | 政治学、经济学与哲学 | 四年 | 哲学院 | 2016 |
| 23 | 法学 | 030301 | 社会学 | 四年 | 社会与人口学院 | 1985 |
| 24 | 法学 | 030302 | 社会工作 | 四年 | 社会与人口学院 | 1993 |

续表

| 序号 | 学科门类 | 专业代码 | 专业名称 | 修业年限 | 所属学院 | 设置年份 |
|---|---|---|---|---|---|---|
| 25 | 法学 | 030501 | 科学社会主义 | 四年 | 国际关系学院 | 1956 |
| 26 | 法学 | 030502 | 中国共产党历史 | 四年 | 马克思主义学院 | 1956 |
| 27 | 法学 | 030503 | 思想政治教育 | 四年 | 马克思主义学院 | 2001 |
| 28 | 法学 | 030504T | 马克思主义理论 | 四年 | 马克思主义学院 | 2018 |
| 29 | 文学 | 050101 | 汉语言文学 | 四年 | 文学院 | 1960 |
| 30 | 文学 | 050102 | 汉语言 | 四年 | 文学院 | 1960 |
| 31 | 文学 | 050201 | 英语 | 四年 | 外国语学院 | 1990 |
| 32 | 文学 | 050202 | 俄语 | 四年 | 外国语学院 | 1950 |
| 33 | 文学 | 050203 | 德语 | 四年 | 外国语学院 | 1997 |
| 34 | 文学 | 050204/050204H | 法语 | 四年 | 外国语学院/中法学院 | 2001/2012 |
| 35 | 文学 | 050205 | 西班牙语 | 四年 | 外国语学院 | 2016 |
| 36 | 文学 | 050207 | 日语 | 四年 | 外国语学院 | 1992 |
| 37 | 文学 | 050301 | 新闻学 | 四年 | 新闻学院 | 1955 |
| 38 | 文学 | 050302 | 广播电视学 | 四年 | 新闻学院 | 1985 |
| 39 | 文学 | 050303 | 广告学 | 四年 | 新闻学院 | 1996 |
| 40 | 文学 | 050304 | 传播学 | 四年 | 新闻学院 | 2013 |
| 41 | 文学 | 050305 | 编辑出版学 | 四年 | 新闻学院 | 2003 |
| 42 | 历史学 | 060101 | 历史学 | 四年 | 历史学院 | 1950 |
| 43 | 历史学 | 060102 | 世界史 | 四年 | 历史学院 | 2017 |
| 44 | 历史学 | 060103 | 考古学 | 四年 | 历史学院 | 2013 |
| 45 | 理学 | 070101 | 数学与应用数学 | 四年 | 信息学院 | 1984 |
| 46 | 理学 | 070201 | 物理学 | 四年 | 理学院 | 2005 |
| 47 | 理学 | 070301 | 化学 | 四年 | 理学院 | 2005 |
| 48 | 理学 | 071102 | 应用心理学 | 四年 | 理学院 | 2002 |
| 49 | 理学 | 071201 | 统计学 | 四年 | 统计学院 | 1950 |
| 50 | 理学 | 071202 | 应用统计学 | 四年 | 统计学院 | 1950 |
| 51 | 理学 | 080402 | 材料物理 | 四年 | 理学院 | 2011 |
| 52 | 理学 | 082503 | 环境科学 | 四年 | 环境学院 | 2001 |
| 53 | 工学 | 080901 | 计算机科学与技术 | 四年 | 信息学院 | 1999 |
| 54 | 工学 | 080902 | 软件工程 | 四年 | 信息学院 | 2013 |
| 55 | 工学 | 080904K | 信息安全 | 四年 | 信息学院 | 2010 |
| 56 | 工学/理学 | 080910T | 数据科学与大数据技术 | 四年 | 信息学院/统计学院、统计与大数据研究院 | 2017/2018 |
| 57 | 工学 | 082502 | 环境工程 | 四年 | 环境学院 | 2012 |
| 58 | 管理学 | 120101 | 管理科学 | 四年 | 商学院 | 2007 |
| 59 | 管理学/工学 | 120102 | 信息管理与信息系统 | 四年 | 信息资源管理学院/信息学院 | 1978 |

续表

| 序号 | 学科门类 | 专业代码 | 专业名称 | 修业年限 | 所属学院 | 设置年份 |
|---|---|---|---|---|---|---|
| 60 | 管理学 | 120103 | 工程管理 | 四年 | 商学院 | 2001 |
| 61 | 管理学 | 120201K | 工商管理 | 四年 | 商学院 | 1950 |
| 62 | 管理学 | 120202 | 市场营销 | 四年 | 商学院 | 1993 |
| 63 | 管理学 | 120203K | 会计学 | 四年 | 商学院 | 1962 |
| 64 | 管理学 | 120204 | 财务管理 | 四年 | 商学院 | 1999 |
| 65 | 管理学 | 120206 | 人力资源管理 | 四年 | 劳动人事学院 | 1983 |
| 66 | 管理学 | 120211T | 劳动关系 | 四年 | 劳动人事学院 | 2013 |
| 67 | 管理学 | 120301 | 农林经济管理 | 四年 | 农业与农村发展学院 | 1954 |
| 68 | 管理学 | 120302 | 农村区域发展 | 四年 | 农业与农村发展学院 | 2000 |
| 69 | 管理学 | 120401 | 公共事业管理 | 四年 | 环境学院/社会与人口学院 | 1995 |
| 70 | 管理学 | 120402 | 行政管理 | 四年 | 公共管理学院 | 1995 |
| 71 | 管理学 | 120403 | 劳动与社会保障 | 四年 | 劳动人事学院 | 1998 |
| 72 | 管理学 | 120404 | 土地资源管理 | 四年 | 公共管理学院 | 1985 |
| 73 | 管理学 | 120405 | 城市管理 | 四年 | 公共管理学院 | 2008 |
| 74 | 管理学 | 120502 | 档案学 | 四年 | 信息资源管理学院 | 1952 |
| 75 | 管理学 | 120503 | 信息资源管理 | 四年 | 信息资源管理学院 | 2013 |
| 76 | 艺术学 | 130201 | 音乐表演 | 四年或五年 | 艺术学院 | 2000 |
| 77 | 艺术学 | 130310 | 动画 | 四年 | 艺术学院 | 2000 |
| 78 | 艺术学 | 130401 | 美术学 | 四年 | 艺术学院 | 2000 |
| 79 | 艺术学 | 130402 | 绘画 | 四年 | 艺术学院 | 2000 |
| 80 | 艺术学 | 130502 | 视觉传达设计 | 四年 | 艺术学院 | 2000 |
| 81 | 艺术学 | 130503 | 环境设计 | 四年 | 艺术学院 | 2000 |
| 82 | 文学、哲学或历史学 | 学校自设专业 | 国学 | 四年 | 国学院 | 2005 |

注：专业代码后带“T”表示特设专业，专业代码后带“K”表示国家控制布点专业，“H”表示中外合作办学专业。除“音乐表演”专业学制为四年或五年，其余专业学制均为四年。“环境科学”和“材料物理”属于工学门类，但学校授予理学学士学位。

## 2019年中国人民大学各学院分专业招生计划及录取情况

| 2019年招生专业 | 所属院系 | 计划数 | 录取数 |
|---|---|---|---|
| 绘画 | 艺术学院 | 25 | 24 |
| 设计学类 | | 39 | 40 |
| 美术学（艺术管理与策划方向） | | 10 | 10 |
| 音乐表演 | | 32 | 32 |

续表

<table>
<tr><th>2019 年招生专业</th><th>所属院系</th><th>计划数</th><th>录取数</th></tr>
<tr><td rowspan="6">外国语言文学类</td><td>英语</td><td rowspan="6">120</td><td rowspan="6">123</td></tr>
<tr><td>日语</td></tr>
<tr><td>俄语</td></tr>
<tr><td>德语</td></tr>
<tr><td>法语</td></tr>
<tr><td>西班牙语</td></tr>
<tr><td rowspan="5">人文科学试验班</td><td>文学院</td><td rowspan="5">222</td><td rowspan="5">218</td></tr>
<tr><td>历史学院</td></tr>
<tr><td>哲学院</td></tr>
<tr><td>国学院</td></tr>
<tr><td>马克思主义学院</td></tr>
<tr><td rowspan="2">经济学类</td><td>经济学院</td><td rowspan="2">238</td><td rowspan="2">239</td></tr>
<tr><td>应用经济学院</td></tr>
<tr><td rowspan="7">理科试验班</td><td>统计学院</td><td rowspan="7">459</td><td rowspan="7">435</td></tr>
<tr><td>环境学院</td></tr>
<tr><td>信息学院</td></tr>
<tr><td>数学学院</td></tr>
<tr><td>物理学系</td></tr>
<tr><td>化学系</td></tr>
<tr><td>心理学系</td></tr>
<tr><td rowspan="3">社会科学试验班（管理学科类）</td><td>农业与农村发展学院</td><td rowspan="3">224</td><td rowspan="3">230</td></tr>
<tr><td>公共管理学院</td></tr>
<tr><td>信息资源管理学院</td></tr>
<tr><td>金融学类</td><td rowspan="2">财政金融学院</td><td>220</td><td>219</td></tr>
<tr><td>财政学类</td><td>50</td><td>55</td></tr>
<tr><td>法学</td><td>法学院</td><td>140</td><td>144</td></tr>
<tr><td>社会学类</td><td>社会与人口学院</td><td>84</td><td>86</td></tr>
<tr><td>国际政治</td><td>国际关系学院</td><td>120</td><td>119</td></tr>
<tr><td>新闻传播学类</td><td>新闻学院</td><td>140</td><td>145</td></tr>
<tr><td>工商管理类</td><td>商学院</td><td>300</td><td>301</td></tr>
<tr><td>人力资源管理</td><td>劳动人事学院</td><td>140</td><td>141</td></tr>
<tr><td>法语（中外合作办学）</td><td rowspan="3">中法学院</td><td>30</td><td>30</td></tr>
<tr><td>国民经济管理（中外合作办学）</td><td>50</td><td>49</td></tr>
<tr><td>金融学（中外合作办学）</td><td>200</td><td>201</td></tr>
<tr><td colspan="2">总计</td><td>2 843</td><td>2 841</td></tr>
</table>

# 2019年中国人民大学各省提前批、一批分数线统计表

| 省份 | 录取总数 | | 提前批 | | 中法学院 | | 本部一批 | | | | | | | |
|---|---|---|---|---|---|---|---|---|---|---|---|---|---|---|
| | | | 文科（综改） | 理科 | 文科（综改） | 理科 | 录取人数 | | 文科（综改）录取分数 | | | 理科录取分数 | | |
| | 文科（综改） | 理科 | 录取线 | 录取线 | 录取线 | 录取线 | 文科（综改） | 理科 | 最高 | 最低 | 平均 | 最高 | 最低 | 平均 |
| 北京 | 132 | 103 | 649 | 666 | 626 | 648 | 87 | 75 | 664 | 651 | 656 | 679 | 671 | 674 |
| 天津 | 27 | 21 | 634 | | 622 | 669 | 20 | 19 | 647 | 637 | 641 | 695 | 687 | 690 |
| 河北 | 74 | 46 | 663 | 672 | 636 | 641 | 32 | 33 | 675 | 666 | 669 | 693 | 679 | 683 |
| 山西 | 46 | 41 | | | 590 | 605 | 28 | 28 | 631 | 622 | 626 | 662 | 645 | 651 |
| 内蒙古 | 27 | 25 | | | 634 | 643 | 21 | 19 | 658 | 648 | 652 | 678 | 665 | 671 |
| 辽宁 | 43 | 33 | 650 | 659 | 633 | 648 | 23 | 20 | 660 | 652 | 655 | 683 | 672 | 677 |
| 吉林 | 46 | 41 | 632 | 659 | 594 | 634 | 26 | 26 | 646 | 626 | 637 | 680 | 666 | 670 |
| 黑龙江 | 38 | 34 | 631 | 659 | 601 | 645 | 19 | 18 | 643 | 633 | 637 | 680 | 673 | 676 |
| 上海 | 24 | | | | 557 | | 14 | | 600 | 579 | 585 | | | |
| 江苏 | 54 | 52 | | | 381 | 391 | 31 | 32 | 407 | 400 | 402 | 417 | 406 | 410 |
| 浙江 | 124 | | 682 | | 655 | | 73 | | 703 | 685 | 691 | | | |
| 安徽 | 59 | 54 | 642 | 654 | 623 | 619 | 37 | 36 | 654 | 644 | 648 | 676 | 657 | 661 |
| 福建 | 66 | 59 | 636 | 644 | 607 | 614 | 50 | 47 | 651 | 636 | 641 | 671 | 648 | 656 |
| 江西 | 54 | 44 | 633 | 655 | 613 | 626 | 33 | 32 | 646 | 636 | 641 | 674 | 660 | 664 |
| 山东 | 72 | 54 | 639 | 665 | 618 | 637 | 40 | 40 | 649 | 636 | 642 | 679 | 665 | 671 |
| 河南 | 76 | 72 | 635 | 658 | 616 | 640 | 42 | 43 | 649 | 637 | 640 | 677 | 658 | 666 |
| 湖北 | 65 | 55 | 636 | | 609 | 628 | 47 | 45 | 649 | 638 | 641 | 679 | 662 | 669 |
| 湖南 | 73 | 59 | 643 | 647 | 620 | 617 | 37 | 35 | 657 | 650 | 653 | 671 | 653 | 657 |
| 广东 | 73 | 63 | 634 | 649 | 607 | 625 | 55 | 52 | 652 | 637 | 641 | 673 | 654 | 661 |
| 广西 | 31 | 30 | | | | | 26 | 26 | 656 | 640 | 645 | 688 | 676 | 681 |
| 海南 | 11 | 7 | | | | | 10 | 7 | 865 | 847 | 854 | 857 | 843 | 847 |
| 重庆 | 59 | 50 | 645 | | 625 | 640 | 37 | 36 | 660 | 647 | 651 | 685 | 670 | 674 |
| 四川 | 72 | 67 | 643 | 688 | 623 | 673 | 41 | 42 | 656 | 646 | 649 | 702 | 692 | 695 |
| 贵州 | 32 | 32 | | | | | 23 | 24 | 678 | 665 | 670 | 668 | 654 | 660 |
| 云南 | 44 | 43 | | | 646 | 656 | 30 | 32 | 680 | 664 | 671 | 705 | 687 | 693 |
| 西藏 | 13 | 12 | | | | | 汉:1 | 汉:2 | 630 | 630 | 630 | 698 | 690 | 694 |
| | | | | | | | 藏:2 | 藏:1 | 481 | 481 | 481 | 516 | 516 | 516 |
| 陕西 | 45 | 42 | | | 653 | 662 | 28 | 26 | 675 | 663 | 667 | 691 | 679 | 682 |
| 甘肃 | 30 | 28 | | | | | 17 | 17 | 647 | 636 | 640 | 665 | 648 | 652 |

续表

| 省份 | 录取总数 | | 提前批 | | 中法学院 | | 本部一批 | | | | | | | |
|---|---|---|---|---|---|---|---|---|---|---|---|---|---|---|
| | | | 文科（综改） | 理科 | 文科（综改） | 理科 | 录取人数 | | 文科（综改）录取分数 | | | 理科录取分数 | | |
| | 文科（综改） | 理科 | 录取线 | 录取线 | 录取线 | 录取线 | 文科（综改） | 理科 | 最高 | 最低 | 平均 | 最高 | 最低 | 平均 |
| 青海 | 5 | 5 | | | | | 4 | 3 | 629 | 620 | 623 | 640 | 636 | 638 |
| 宁夏 | 9 | 9 | | | | | 7 | 7 | 655 | 646 | 649 | 654 | 629 | 637 |
| 新疆 | 47 | 45 | | | | | 汉:23 | 汉:22 | 644 | 629 | 633 | 661 | 649 | 653 |
| | | | | | | | 民:10 | 民:10 | 628 | 612 | 620 | 652 | 602 | 614 |
| 港澳台侨 | 40 | 4 | | | | | 6 | 4 | 656 | 648 | 651.7 | 667 | 648 | 656.3 |

注：合并批次省份的重点线为本科普通批录取控制分数线；未合并批次省份的重点线为本科一批录取分数线；浙江省重点线为第一段录取分数线；其中，上海高考满分660分，江苏480分，云南750+22分。

# 2019年中国人民大学教学名师、教学类奖项

### 第五届（2019年）国家“万人计划”教学名师奖

| 所在学院 | 姓名 |
|---|---|
| 商学院 | 王化成 |

### 第十五届（2019年）北京市高等学校教学名师奖

| 所在学院 | 姓名 |
|---|---|
| 社会与人口学院 | 冯仕政 |
| 商学院 | 徐经长 |

### 第三届（2019年）北京市高等学校青年教学名师奖

| 所在学院 | 姓名 |
|---|---|
| 新闻学院 | 胡百精 |
| 商学院 | 周　华 |
| 数学学院 | 柯媛元 |

### 2019年宝钢教育基金优秀教师特等奖提名奖

| 所在学院 | 姓名 |
|---|---|
| 法学院 | 竺　效 |

### 2019年宝钢教育基金优秀教师奖

| 所在学院 | 姓名 |
|---|---|
| 统计学院 | 李　扬 |
| 外国语学院 | 陈　方 |
| 马克思主义学院 | 董　佳 |

## 2019 年大华杰出教学贡献奖

| 所在学院 | 姓名 |
| --- | --- |
| 经济学院 | 方福前 |
| 社会与人口学院 | 刘少杰 |
| 信息资源管理学院 | 张　斌 |
| 财政金融学院 | 岳树民 |
| 哲学院 | 龚　群 |

## 2019 年中国人民大学教学标兵

| 所在学院 | 姓名 | 所在学院 | 姓名 |
| --- | --- | --- | --- |
| 社会与人口学院 | 冯仕政 | 新闻学院 | 任　悦 |
| 艺术学院 | 顾亚奇 | 新闻学院 | 王树良 |
| 财政金融学院 | 李凤云 | 环境学院 | 吴　健 |
| 外国语学院 | 刘启升 | 马克思主义学院 | 杨德山 |
| 哲学院 | 刘　玮 | 化学系 | 张　璞 |

## 2019 年中国人民大学教学标兵提名奖

| 所在学院 | 姓名 | 所在学院 | 姓名 |
| --- | --- | --- | --- |
| 体育部 | 白永正 | 物理学系 | 夏天龙 |
| 农业与农村发展学院 | 吕　捷 | 法学院 | 尤陈俊 |
| 商学院 | 宋建波 | 商学院 | 袁蓉丽 |
| 文学院 | 王　昕 | 公共管理学院 | 郑　国 |
| 信息学院 | 魏哲巍 | | |

## 2019 年中国人民大学本科课外教学优秀奖

| 推荐单位 | 姓名 | 职称 | 所在单位 |
| --- | --- | --- | --- |
| 财政金融学院 | 罗　煜 | 副教授 | 财政金融学院 |
| 法学院 | 杜焕芳 | 教授 | 法学院 |
| 公共管理学院 | 曲卫东 | 教授 | 公共管理学院 |
| 艺术学院 | 周　源 | 副教授 | 公共艺术教育中心 |
| 环境学院 | 常化振 | 教授 | 环境学院 |
| 环境学院 | 石　磊 | 副教授 | 环境学院 |
| 经济学院 | 宋　扬 | 副教授 | 经济学院 |
| 经济学院 | 赵　勇 | 副教授 | 经济学院 |
| 马克思主义学院 | 王　衡 | 讲师 | 马克思主义学院 |
| 农业与农村发展学院 | 吕亚荣 | 副教授 | 农业与农村发展学院 |
| 商学院 | 郭　海 | 副教授 | 商学院 |
| 社会与人口学院 | 杨　凡 | 副教授 | 社会与人口学院 |
| 信息学院 | 卢　卫 | 副教授 | 数据工程与知识工程教育部重点实验室 |
| 数学学院 | 姜　昊 | 副教授 | 数学学院 |
| 外国语学院 | 刘启升 | 讲师 | 外国语学院 |
| 外国语学院 | 要新乐 | 讲师 | 外国语学院 |
| 新闻学院 | 王树良 | 副教授 | 新闻学院 |
| 信息学院 | 窦志成 | 教授 | 信息学院 |

续表

| 推荐单位 | 姓名 | 职称 | 所在单位 |
|---|---|---|---|
| 信息资源管理学院 | 钱明辉 | 副教授 | 信息资源管理学院 |
| 信息资源管理学院 | 加小双 | 讲师 | 信息资源管理学院 |
| 艺术学院 | 甘　华 | 讲师 | 艺术学院 |
| 艺术学院 | 陈　炯 | 副教授 | 艺术学院 |
| 应用经济学院 | 宋　枫 | 副教授 | 应用经济学院 |

# 2019 年中国人民大学学生竞赛获奖情况

## 2019 年美国大学生数学建模竞赛获奖名单

| 序号 | 队员 1 | 队员 2 | 队员 3 | 所获奖项 |
|---|---|---|---|---|
| 1 | 沈　璐 | 李乐珊 | 贾媛欣 | Outstanding Winner |
| 2 | 赵豫立 | 李平山 | 陈　润 | Meritorious Winner |
| 3 | 范德扬 | 傅俊翔 | 陈振华 | Meritorious Winner |
| 4 | 李思颖 | 丁渝洲 | 黄成龙 | Meritorious Winner |
| 5 | LIU Qiming | LONG Zheng | ZHANG Yubo | Meritorious Winner |
| 6 | 陈力睿 | 胡一凡 | 徐洪雪 | Meritorious Winner |
| 7 | 粟寒婷 | 范欣妍 | 张煜昭 | Meritorious Winner |
| 8 | 许晓佳 | 杜昊昱 | 冯锦超 | Meritorious Winner |
| 9 | 李卜诺 | 牛聆宇 | 徐少东 | Meritorious Winner |
| 10 | 林为栋 | 肖智文 | 张艺邻 | Meritorious Winner |
| 11 | 汪子涵 | 段宇嘉 | 曾逸凡 | Meritorious Winner |
| 12 | 陆　绿 | 李德威 | 原思聪 | Meritorious Winner |
| 13 | 任浩华 | 朱　童 | — | Meritorious Winner |
| 14 | 蔡晓琦 | 欧阳泉 | 孔祥宇 | Meritorious Winner |
| 15 | 宋　颖 | 王艺蓓 | 吴佳琪 | Meritorious Winner |
| 16 | 陈绍扬 | 邱雨佳 | YANG Jiong | Meritorious Winner |
| 17 | 陈玮婧 | 胡夏新 | 王　芃 | Meritorious Winner |
| 18 | 马贤哲 | 王子文 | 骆远辉 | Meritorious Winner |
| 19 | 乌若凡 | 贺　涵 | 卢浩宇 | Meritorious Winner |
| 20 | 李长昊 | 李　植 | 庆行健 | Honorable Mention |
| 21 | 高嘉琪 | 郭宁洋 | 谷宇晴 | Honorable Mention |
| 22 | 乔思雨 | 陆歆韵 | 夏婧睿 | Honorable Mention |
| 23 | WANG Yulan | ZHU Qian | CHENG Siyao | Honorable Mention |
| 24 | 田　睿 | 袁　阳 | 秦　天 | Honorable Mention |
| 25 | 陆　齐 | 周子文 | 陈可欣 | Honorable Mention |
| 26 | WANG Jiawen | PENG Yuhui | QIN Zhiran | Honorable Mention |
| 27 | 贾静雯 | 卢卿华 | 涂荐泓 | Honorable Mention |
| 28 | 范　迪 | 张　宵 | 霍汉琳 | Honorable Mention |
| 29 | 林锦锋 | 李嘉懿 | 彭浩旸 | Honorable Mention |
| 30 | 朱子恒 | 陶云浩 | 程　静 | Honorable Mention |

续表

| 序号 | 队员 1 | 队员 2 | 队员 3 | 所获奖项 |
|---|---|---|---|---|
| 31 | 薛钦亮 | 刘景浩 | 陈卓宇 | Honorable Mention |
| 32 | 丁相元 | 齐雨晨 | 刘奇伟 | Honorable Mention |
| 33 | 夏　雪 | 卿碧钏 | 马晔清 | Honorable Mention |
| 34 | 李根宇 | 张利华 | 李昀蔚 | Honorable Mention |
| 35 | YANG Yifan | LI Fangyi | LI Jintao | Honorable Mention |
| 36 | 苏琬晶 | 高家擎 | 陈颖姗 | Honorable Mention |
| 37 | 王子寒 | 谢涵章 | 李湛枷 | Honorable Mention |
| 38 | 关皓月 | 崇　丽 | 钟慧仪 | Honorable Mention |
| 39 | 段依田 | 高浩铭 | 王子恺 | Honorable Mention |
| 40 | 魏泽新 | LI Qing | CAO Kefan | Honorable Mention |
| 41 | 于利民 | 董怡婷 | 盛培赞 | Honorable Mention |
| 42 | 王艺臻 | 何贤文 | 李成远 | Honorable Mention |
| 43 | 苏锦华 | 刘馨宇 | 李小可 | Honorable Mention |
| 44 | 张腾甘 | 刘春妍 | 潘文心 | Honorable Mention |
| 45 | 邓和明 | 高钰婷 | 李欣蔚 | Honorable Mention |
| 46 | 唐天一 | WU Yuning | GUO Jianan | Honorable Mention |
| 47 | XIONG Jie | 任　焱 | 赵紫菡 | Honorable Mention |
| 48 | QIN Zihan | LU Keming | ZHOU Yuxiang | Honorable Mention |
| 49 | 陈宇飞 | 王　蕾 | 沈雨薇 | Honorable Mention |
| 50 | ZENG Yue | HUANG Fengyi | ZHANG Ailin | Honorable Mention |

注：美国数学建模奖项设置情况为：Outstanding Winner，特等奖，获奖比例为 0.14%，简称 O 奖；Finalist，特等奖提名奖，获奖比例为 0.17%，简称 F 奖；Meritorious Winner，一等奖，获奖比例为 7.09%，简称 M 奖；Honorable Mention，二等奖，获奖比例为 15.35%，简称 H 奖。

**2019 年大学生数学建模与计算机应用竞赛获奖名单**

| 序号 | 队员 1 | 队员 2 | 队员 3 | 所获奖项 |
|---|---|---|---|---|
| 1 | 张灵溪 | 陈玮婧 | 王　芃 | 全国一等奖 |
| 2 | 杨心梅 | 尹纪元 | 刘倬嫣 | 全国一等奖 |
| 3 | 王子文 | 陈瑞齐 | 江　艳 | 全国一等奖 |
| 4 | 曹祯悦 | 秦琪瑶 | 杨宝旭 | 全国二等奖 |
| 5 | 刘奕凡 | 周念欣 | 潘思璇 | 全国二等奖 |
| 6 | 何寅聪 | 侯天歌 | 何宗炎 | 北京市一等奖 |
| 7 | 邹炬伸 | 涂海洋 | 黄钊恒 | 北京市一等奖 |
| 8 | 陈婧婕 | 尚志伟 | 姚欣铭 | 北京市一等奖 |
| 9 | 熊　芮 | 宛子远 | 行子龙 | 北京市一等奖 |
| 10 | 聂仪珂 | 黄依诺 | 刘雨佳 | 北京市一等奖 |
| 11 | 曾文琦 | 操　懿 | 麻世钰 | 北京市一等奖 |
| 12 | 胡欣婷 | 鲁一恒 | 阚慧瑜 | 北京市一等奖 |
| 13 | 李宇昂 | 刘馨宇 | 周子文 | 北京市一等奖 |
| 14 | 丁相元 | 刘奇伟 | 张隽若 | 北京市一等奖 |
| 15 | 林　珊 | 方滢艺 | 王梦蝶 | 北京市一等奖 |

续表

| 序号 | 队员 1 | 队员 2 | 队员 3 | 所获奖项 |
|---|---|---|---|---|
| 16 | 李祎杰 | 杨春陶 | 邝江浩 | 北京市一等奖 |
| 17 | 彭　誉 | 林毓菁 | 刘雨航 | 北京市一等奖 |
| 18 | 陈雪昂 | 苏国林 | 刘欣然 | 北京市一等奖 |
| 19 | 任　焱 | 林嘉琦 | 史俊洁 | 北京市一等奖 |
| 20 | 洪婧亚 | 马伊莎 | 杨昊翰 | 北京市一等奖 |
| 21 | 段依田 | 高浩铭 | 王子恺 | 北京市一等奖 |
| 22 | 耿佳铭 | 刘炯楠 | 冯晨程 | 北京市一等奖 |
| 23 | 杨晨宇 | 陈哲琦 | 何文宇 | 北京市二等奖 |
| 24 | 盛子森 | 王一鸣 | 姜朋佐 | 北京市二等奖 |
| 25 | 刘浩宇 | 何泓锴 | 周　涛 | 北京市二等奖 |
| 26 | 闵　劼 | 齐恒慧 | 王　萍 | 北京市二等奖 |
| 27 | 冉桂全 | 叶　达 | 代诗琦 | 北京市二等奖 |
| 28 | 任立峥 | 赵雅馨 | 崇　丽 | 北京市二等奖 |
| 29 | 于高杰 | 刘雨浩 | 陈海硕 | 北京市二等奖 |
| 30 | 袁昊雨 | 翁一如 | 吴竞卓 | 北京市二等奖 |
| 31 | 杨迦崴 | 李澄诚 | 程　俊 | 北京市二等奖 |
| 32 | 何龙江 | 璩清如 | 王文佳 | 北京市二等奖 |
| 33 | 赵增辉 | 谢泽君 | 王俊乔 | 北京市二等奖 |
| 34 | 陈振华 | 汪靓玲 | 薛舒宁 | 北京市二等奖 |
| 35 | 李　政 | 巩芳哲 | 沈欣怡 | 北京市二等奖 |
| 36 | 吴焕力 | 马丽君 | 王智琛 | 北京市二等奖 |
| 37 | 向　悦 | 刘之源 | 刘　洁 | 北京市二等奖 |
| 38 | 张贵丽 | 周启帆 | 张诗情 | 北京市二等奖 |
| 39 | 刘　洋 | 魏昭婧 | 李钰坤 | 北京市二等奖 |
| 40 | 狄安翔 | 汪胤恒 | 王靖宇 | 北京市二等奖 |
| 41 | 易　文 | 孙文峥 | 程　融 | 北京市二等奖 |
| 42 | 王艺臻 | 何贤文 | 李成远 | 北京市二等奖 |
| 43 | 杨远航 | 黄昱翔 | 冷　杉 | 北京市二等奖 |
| 44 | 刘怡娜 | 熊从为 | 陈佳欣 | 北京市二等奖 |
| 45 | 李佩颖 | 李童鑫 | 刘景浩 | 北京市二等奖 |
| 46 | 薛博元 | 邱煜群 | 吴隆仁 | 北京市二等奖 |
| 47 | 陆　绿 | 李德威 | 原思聪 | 北京市二等奖 |
| 48 | 柯习睿 | 胡榕珊 | 林海斓 | 北京市二等奖 |
| 49 | 张腾甘 | 刘春妍 | 潘文心 | 北京市二等奖 |
| 50 | 商钊铁 | 李中信 | 许宇星 | 北京市二等奖 |
| 51 | 曾千涵 | 康欣来 | 苏锦华 | 北京市二等奖 |
| 52 | 张　涛 | 张君翔 | 张红艳 | 北京市二等奖 |

续表

| 序号 | 队员 1 | 队员 2 | 队员 3 | 所获奖项 |
|---|---|---|---|---|
| 53 | 万世龙 | 李泽轩 | 余梓楠 | 北京市二等奖 |
| 54 | 袁浩洋 | 傅俊翔 | 涂方林 | 北京市二等奖 |
| 55 | 李思奥 | 师晓泉 | 邵含蝶 | 北京市二等奖 |
| 56 | 刘中渊 | 胡闻一 | 许　晴 | 北京市二等奖 |
| 57 | 李小可 | 李金清 | 吴　凡 | 北京市二等奖 |
| 58 | 薛钦亮 | 刘琳箫 | 郭云达 | 北京市二等奖 |
| 59 | 朱子恒 | 陶云浩 | 刘佳旭 | 北京市二等奖 |
| 60 | 赵仪千 | 潘熔熔 | 刘祥盟 | 北京市二等奖 |
| 61 | 赵家祥 | 陈　润 | 李平山 | 北京市二等奖 |
| 62 | 王澔岳 | 韦淞昱 | 周雨瑄 | 北京市二等奖 |

**2019 年全国大学生数学竞赛获奖名单**

| 序号 | 姓名 | 参赛类型 | 获奖情况 |
|---|---|---|---|
| 1 | 丁俊锴 | 数学类甲组 | 二等奖 |
| 2 | 胡欣婷 | 数学类甲组 | 二等奖 |
| 3 | 黄钊恒 | 数学类甲组 | 二等奖 |
| 4 | 张　蕾 | 数学类甲组 | 二等奖 |
| 5 | 刘沐东 | 数学类甲组 | 三等奖 |
| 6 | 徐澜玲 | 数学类甲组 | 三等奖 |
| 7 | 张汝洹 | 数学类甲组 | 三等奖 |
| 8 | 赵佳睿 | 数学类甲组 | 三等奖 |
| 9 | 陈　骞 | 非数学类 | 一等奖 |
| 10 | 陈　诺 | 非数学类 | 一等奖 |
| 11 | 陈瑞齐 | 非数学类 | 一等奖 |
| 12 | 黄庆玲 | 非数学类 | 一等奖 |
| 13 | 李济康 | 非数学类 | 一等奖 |
| 14 | 李子晔 | 非数学类 | 一等奖 |
| 15 | 马　克 | 非数学类 | 一等奖 |
| 16 | 石沁雅 | 非数学类 | 一等奖 |
| 17 | 姚志锋 | 非数学类 | 一等奖 |
| 18 | 钟兴琦 | 非数学类 | 一等奖 |
| 19 | 周美丽 | 非数学类 | 一等奖 |
| 20 | 朱炳姮 | 非数学类 | 一等奖 |
| 21 | 邓娜雯 | 非数学类 | 二等奖 |
| 22 | 胡雨欣 | 非数学类 | 二等奖 |
| 23 | 蒋艺璇 | 非数学类 | 二等奖 |
| 24 | 匡雨静 | 非数学类 | 二等奖 |

续表

| 序号 | 姓名 | 参赛类型 | 获奖情况 |
|---|---|---|---|
| 25 | 李梓童 | 非数学类 | 二等奖 |
| 26 | 林海斓 | 非数学类 | 二等奖 |
| 27 | 王　乐 | 非数学类 | 二等奖 |
| 28 | 薛博元 | 非数学类 | 二等奖 |
| 29 | 余胜前 | 非数学类 | 二等奖 |
| 30 | 虞梓钰 | 非数学类 | 二等奖 |
| 31 | 张帅鑫 | 非数学类 | 二等奖 |
| 32 | 赵辰翀 | 非数学类 | 二等奖 |
| 33 | 郑子浩 | 非数学类 | 二等奖 |
| 34 | 陈浩邦 | 非数学类 | 三等奖 |
| 35 | 陈令祚 | 非数学类 | 三等奖 |
| 36 | 陈　莘 | 非数学类 | 三等奖 |
| 37 | 陈星锐 | 非数学类 | 三等奖 |
| 38 | 陈悦虹 | 非数学类 | 三等奖 |
| 39 | 房书影 | 非数学类 | 三等奖 |
| 40 | 龚　凯 | 非数学类 | 三等奖 |
| 41 | 季　圆 | 非数学类 | 三等奖 |
| 42 | 金泊翰 | 非数学类 | 三等奖 |
| 43 | 康诗潇 | 非数学类 | 三等奖 |
| 44 | 林　珊 | 非数学类 | 三等奖 |
| 45 | 刘一鸣 | 非数学类 | 三等奖 |
| 46 | 申　奥 | 非数学类 | 三等奖 |
| 47 | 孙薇薇 | 非数学类 | 三等奖 |
| 48 | 吴隆仁 | 非数学类 | 三等奖 |
| 49 | 吴宜孺 | 非数学类 | 三等奖 |
| 50 | 元郁哲 | 非数学类 | 三等奖 |
| 51 | 张明圣 | 非数学类 | 三等奖 |
| 52 | 赵仪千 | 非数学类 | 三等奖 |
| 53 | 左玮琳 | 非数学类 | 三等奖 |

**2019 年全国大学生数学竞赛北京市级获奖名单**

| 序号 | 姓名 | 参赛类型 | 获奖情况 |
|---|---|---|---|
| 1 | 丁俊锴 | 数学类甲组 | 二等奖 |
| 2 | 胡欣婷 | 数学类甲组 | 二等奖 |
| 3 | 黄钊恒 | 数学类甲组 | 二等奖 |
| 4 | 张　蕾 | 数学类甲组 | 二等奖 |
| 5 | 刘沐东 | 数学类甲组 | 三等奖 |

续表

| 序号 | 姓名 | 参赛类型 | 获奖情况 |
|---|---|---|---|
| 6 | 徐澜玲 | 数学类甲组 | 三等奖 |
| 7 | 张汝洹 | 数学类甲组 | 三等奖 |
| 8 | 赵佳睿 | 数学类甲组 | 三等奖 |
| 9 | 陈　骞 | 理工类甲组 | 一等奖 |
| 10 | 陈瑞齐 | 理工类甲组 | 一等奖 |
| 11 | 李济康 | 理工类甲组 | 一等奖 |
| 12 | 李子晔 | 理工类甲组 | 一等奖 |
| 13 | 姚志锋 | 理工类甲组 | 一等奖 |
| 14 | 钟兴琦 | 理工类甲组 | 一等奖 |
| 15 | 李梓童 | 理工类甲组 | 二等奖 |
| 16 | 林海斓 | 理工类甲组 | 二等奖 |
| 17 | 薛博元 | 理工类甲组 | 二等奖 |
| 18 | 虞梓钰 | 理工类甲组 | 二等奖 |
| 19 | 张帅鑫 | 理工类甲组 | 二等奖 |
| 20 | 郑子浩 | 理工类甲组 | 二等奖 |
| 21 | 陈令祚 | 理工类甲组 | 三等奖 |
| 22 | 陈　莘 | 理工类甲组 | 三等奖 |
| 23 | 陈星锐 | 理工类甲组 | 三等奖 |
| 24 | 龚　凯 | 理工类甲组 | 三等奖 |
| 25 | 金泊翰 | 理工类甲组 | 三等奖 |
| 26 | 申　奥 | 理工类甲组 | 三等奖 |
| 27 | 吴宜孺 | 理工类甲组 | 三等奖 |
| 28 | 元郁哲 | 理工类甲组 | 三等奖 |
| 29 | 陈　诺 | 经管类 | 一等奖 |
| 30 | 邓娜雯 | 经管类 | 一等奖 |
| 31 | 黄庆玲 | 经管类 | 一等奖 |
| 32 | 蒋艺璇 | 经管类 | 一等奖 |
| 33 | 马　克 | 经管类 | 一等奖 |
| 34 | 石沁雅 | 经管类 | 一等奖 |
| 35 | 周美丽 | 经管类 | 一等奖 |
| 36 | 朱炳姮 | 经管类 | 一等奖 |
| 37 | 胡雨欣 | 经管类 | 二等奖 |
| 38 | 季　圆 | 经管类 | 二等奖 |
| 39 | 匡雨静 | 经管类 | 二等奖 |
| 40 | 孙薇薇 | 经管类 | 二等奖 |

续表

| 序号 | 姓名 | 参赛类型 | 获奖情况 |
| --- | --- | --- | --- |
| 41 | 王　乐 | 经管类 | 二等奖 |
| 42 | 余胜前 | 经管类 | 二等奖 |
| 43 | 赵辰翀 | 经管类 | 二等奖 |
| 44 | 左玮琳 | 经管类 | 二等奖 |
| 45 | 蔡淅婧 | 经管类 | 三等奖 |
| 46 | 陈浩邦 | 经管类 | 三等奖 |
| 47 | 陈悦虹 | 经管类 | 三等奖 |
| 48 | 杜海涛 | 经管类 | 三等奖 |
| 49 | 房书影 | 经管类 | 三等奖 |
| 50 | 康诗潇 | 经管类 | 三等奖 |
| 51 | 梁月栋 | 经管类 | 三等奖 |
| 52 | 林　珊 | 经管类 | 三等奖 |
| 53 | 刘一鸣 | 经管类 | 三等奖 |
| 54 | 马睿文 | 经管类 | 三等奖 |
| 55 | 吴隆仁 | 经管类 | 三等奖 |
| 56 | 张明圣 | 经管类 | 三等奖 |
| 57 | 赵仪千 | 经管类 | 三等奖 |

**2019 年首届牡丹亭微电影盛典暨第五届万峰林微电影盛典获奖名单**

| 序号 | 作品名称 | 作者 | 指导教师 | 获奖等级 |
| --- | --- | --- | --- | --- |
| 1 | 杭坪摆祭 | 柳依然、艾雪 | 刘宏宇 | 三等奖 |
| 2 | 何以为家 | 刘智妍、何云飞 | 刘宏宇 | 三等奖 |
| 3 | 京西的歌声 | 黄筱晴、刘杰航 | 刘宏宇 | 三等奖 |
| 4 | 爱在黄昏时 | 杨洋、张怡然、宋欣然 | 刘宏宇 | 二等奖 |

**2019 年第四届中国数据新闻大赛获奖名单**

| 作品名称 | 作者 | 指导教师 | 获奖等级 |
| --- | --- | --- | --- |
| 医患冲突：十年复诊 | 李江梅、赵家琦 | 方　洁 | 二等奖 |

**2019 年第十届“挑战杯”首都大学生课外学术科技作品竞赛获奖名单**

| 作品名称 | 作者 | 指导教师 | 获奖等级 |
| --- | --- | --- | --- |
| 大学生抑郁症群体在社交媒体上的自我呈现——基于北京市高校的实证研究 | 任美霖、宋思静、杨茂坤、宋思静、闫晓丹 | 张　迪 | 二等奖 |

**2019 年中国数据可视化创作大赛获奖名单**

| 作品名称 | 作者 | 指导教师 | 获奖情况 |
| --- | --- | --- | --- |
| 北京“老漂族”：随迁老人的异乡困境 | 欧阳婕、叶文茜、张昆昆 | 方　洁 | 最佳数据新闻铜奖 |

**2019 年第七届中国大学生公共关系策划创业大赛获奖名单**

| 序号 | 作品名称 | 作者 | 指导教师 | 获奖等级 |
|---|---|---|---|---|
| 1 | 益起来，让星星绽放微笑 | 李宇轩、王雪莹、杨雅涵、湛玛钰、张翊飞 | 张　迪 | 金奖 |
| 2 | 不要白不要 | 黄语嫣、陆安娜、曹华杰 | 张　迪 | 金奖 |
| 3 | 回归本原，种草喜马拉雅 | 赵倩誉、吴暗知、吕轩昂、廉欣培、王思未 | 张　迪 | 一等奖 |
| 4 | 澳优乳业年度品牌推广传播方案 | 董慧、林子璐、李丹妮、郭忆馨、顾田君 | 王树良 | 二等奖 |
| 5 | 肆无忌惮重口味 | 姜冬雨、冯韵洁 | 张　迪 | 二等奖 |
| 6 | 酸甜苦辣　我懂你 | 姜冬雨、曹翔、万怡汝、冯韵洁、庄乐言 | 张　迪 | 三等奖 |
| 7 | “源力觉醒”——种草喜马拉雅整合营销传播方案 | 尹梦瑶、应滢、何东婷、彭美琪、胡雨 | 张　迪 | 优秀奖 |

**2019 年第十一届全国大学生广告艺术大赛获奖名单**

| 序号 | 作品名称 | 作者 | 指导教师 | 获奖等级 |
|---|---|---|---|---|
| 1 | 我有 300 个兄弟 | 李　真　崔由美 | 王树良 | 一等奖 |
| 2 | 杜蕾斯广告文案 | 斯宇西 | 王树良 | 一等奖 |
| 3 | 声音与距离 | 谢望海 | 王树良 | 二等奖 |
| 4 | 京东便利店，你的便利男友 | 赵江浦　姜冬雨　张思茗 | 王树良 | 二等奖 |
| 5 | 杜蕾斯广告 | 袁　跃 | 王树良 | 三等奖 |
| 6 | 陪你做回 5 分钟小孩 | 刘静娴 | 王树良 | 三等奖 |
| 7 | 好朋友 | 姜冬雨　张思茗　赵江浦 | 王树良 | 三等奖 |
| 8 | 爱华仕潮不是叛逆 | 杨家齐　曹　越　段靖宇 | 王树良 | 优秀奖 |
| 9 | 杜蕾丝- Intense 三部曲 | 雷雨哲 | 王树良 | 优秀奖 |
| 10 | 重现瓷肌美 | 韩舒尧　尹家豪 | 王树良 | 优秀奖 |
| 11 | 你的美，无需隐藏 | 姜冬雨　杜天舒 | 王树良 | 优秀奖 |
| 12 | “发现裸肌美”——薇婷创意广告 | 黄思琪 | 王树良 | 优秀奖 |
| 13 | 拒绝套路 | 彭美琪　何京蔚 | 王树良 | 优秀奖 |
| 14 | 小迷糊，不走寻常路 | 冯韵洁　施星言 | 王树良 | 优秀奖 |
| 15 | “迷”住多“彩”世界 | 蒋雨彤　刘雪南　段靖宇　陈昱希 | 王树良 | 优秀奖 |
| 16 | 职业梦工厂 | 王兆昱　王靖凯　任翔宇　韩逸伦　韩心笛 | 王树良 | 优秀奖 |
| 17 | 小迷糊——电梯里的 30 秒 | 吴暗知　刘雨欣 | 王树良 | 优秀奖 |
| 18 | 莫待此情成追忆 | 刘雪南　蒋雨彤　段靖宇　陈昱希 | 王树良 | 优秀奖 |
| 19 | 懒惰的杜蕾斯 | 曹华杰 | 王树良 | 优秀奖 |
| 20 | 我的个性不用“装” | 王思未 | 王树良 | 优秀奖 |
| 21 | 京东便利店广告语 | 李新溶 | 王树良 | 优秀奖 |
| 22 | 我是一只叫 KIM 的行李箱 | 杨秋芳 | 王树良 | 优秀奖 |
| 23 | 慢慢成了习惯 | 谢望海 | 王树良 | 优秀奖 |

**2019 年第十一届全国大学生广告艺术大赛北京赛区获奖名单**

| 序号 | 作品名称 | 作者 | 指导教师 | 获奖等级 |
|---|---|---|---|---|
| 1 | 小商品，大世界 | 周晨曦　张子涵 | 王树良 | 一等奖 |
| 2 | 陪你做回 5 分钟小孩 | 刘静娴　王婧雯 | 王树良 | 一等奖 |
| 3 | 都会! | 周子杰　赵　薇 | 王树良 | 一等奖 |

续表

| 序号 | 作品名称 | 作者 | 指导教师 | 获奖等级 |
|---|---|---|---|---|
| 4 | 京东便利店，你的便利男友 | 赵江浦　姜冬雨　张思茗 | 王树良 | 一等奖 |
| 5 | 义乌小商品之都 | 王思未 | 王树良 | 一等奖 |
| 6 | 只有青春装不下 | 岑玥瞳 | 王树良 | 一等奖 |
| 7 | 探歌三行情书 | 郭皓鑫 | 王树良 | 一等奖 |
| 8 | 爱华仕陪你看世界 | 刘静娴 | 王树良 | 一等奖 |
| 9 | 抬头 | 田宇浩 | 王树良 | 二等奖 |
| 10 | 爱情的感觉 | 董　慧　蹇佳李 | 王树良 | 二等奖 |
| 11 | 我是一只叫 KIM 的行李箱 | 杨秋芳 | 王树良 | 二等奖 |
| 12 | Live with you | 杨秋芳 | 王树良 | 二等奖 |
| 13 | 花香满茶杯 | 刘雪南　蒋雨彤 | 王树良 | 二等奖 |
| 14 | 日夜兼程（Logo 演变） | 周子杰　赵　薇 | 王树良 | 二等奖 |
| 15 | 陪你做回 5 分钟小孩 | 刘静娴 | 王树良 | 二等奖 |
| 16 | 哈哈大闯关 | 于晓彤 | 王树良 | 二等奖 |
| 17 | 莫待此情成追忆 | 刘雪南　蒋雨彤　段靖宇　陈昱希 | 王树良 | 二等奖 |
| 18 | “发现裸肌美”——薇婷创意广告 | 黄思琪 | 王树良 | 二等奖 |
| 19 | 好朋友 | 姜冬雨　张思茗　赵江浦 | 王树良 | 二等奖 |
| 20 | 我有 300 个兄弟 | 李　真　崔由美 | 王树良 | 二等奖 |
| 21 | “迷”住多“彩”世界 | 蒋雨彤　刘雪南　陈昱希 | 王树良 | 三等奖 |
| 22 | 时光尚好，心不宜迟 | 韩舒尧　单诗雅　钟祎鸣　吕轩昂 | 王树良 | 三等奖 |
| 23 | 宜茶时广告 | 金现珍 |  | 三等奖 |
| 24 | 潮不是叛逆 | 杨家齐　曹　越　段靖宇 | 王树良 | 三等奖 |
| 25 | 伴我芳华 | 吴海晴 | 王树良 | 三等奖 |
| 26 | 拒绝套路 | 彭美琪　何京蔚 | 王树良 | 三等奖 |
| 27 | 一个都不能倒 | 廉欣培 | 王树良 | 三等奖 |
| 28 | 宜茶时：品茶不牛饮 | 刘雪南　蒋雨彤 | 王树良 | 三等奖 |
| 29 | 跟世界去旅行 | 赵梓涵 | 王树良 | 三等奖 |
| 30 | 放得下，世界就是你的 | 曹华杰　王　沐 | 王树良 | 三等奖 |
| 31 | 感受进化之美 | 曹华杰　孙悦奇 | 王树良 | 三等奖 |
| 32 | 纯色才是你 | 吕轩昂　单诗雅 | 王树良 | 三等奖 |
| 33 | 你的美，无需隐藏 | 姜冬雨　杜天舒 | 王树良 | 三等奖 |
| 34 | 猕“侯”桃 | 刘奕婷 | 王树良 | 三等奖 |
| 35 | 小迷糊面膜 | 王夏韵 |  | 三等奖 |
| 36 | 爱家，让产后抑郁远离她 | 赵倩誉　张子涵　张子涵　纪一帆 | 王树良 | 三等奖 |
| 37 | AD 钙奶——做你自己 | 马懿欣 | 王树良 | 三等奖 |
| 38 | 生活，不套路 | 刘心如　王夏韵　吴姝萍 | 王树良 | 三等奖 |
| 39 | 生活不套路，我用小迷糊 | 王夏韵　刘心如　吴姝萍 |  | 三等奖 |

续表

| 序号 | 作品名称 | 作者 | 指导教师 | 获奖等级 |
|---|---|---|---|---|
| 40 | 小迷糊——电梯里的 30 秒 | 吴暗知　刘雨欣 | 王树良 | 三等奖 |
| 41 | 莫待此情成追忆 | 刘雪南　蒋雨彤　段靖宇　陈昱希 | 王树良 | 三等奖 |
| 42 | 懒惰的杜蕾斯 | 曹华杰 | 王树良 | 三等奖 |
| 43 | 玩转你的箱子 | 徐培琪 | 王树良 | 三等奖 |
| 44 | 京东便利店广告语 | 李新溶 | 王树良 | 三等奖 |
| 45 | 老地方等你，老样子待你 | 何京蔚 | 王树良 | 三等奖 |
| 46 | 素颜武器 | 张绪延　蒋雨彤 | 王树良 | 三等奖 |
| 47 | 从前，现在 | 宋佳星 | 王树良 | 三等奖 |
| 48 | 性感大家 | 张思茗 | 王树良 | 三等奖 |
| 49 | “母女星球论” | 杨天慧 | 王树良 | 三等奖 |
| 50 | 从前，现在 | 宋佳星 | 王树良 | 三等奖 |
| 51 | 性感大家 | 张思茗 | 王树良 | 三等奖 |
| 52 | 大众探歌——探索未知 | 吴语嫣 | 王树良 | 优秀奖 |
| 53 | 探歌：终于等到你，还好没放弃 | 杨超凡　赵倩誉 | 王树良 | 优秀奖 |
| 54 | 街头霸王——探歌平面广告 | 郭皓鑫　崔煜洁 | 王树良 | 优秀奖 |
| 55 | AD 钙奶平面广告 | 肖　潇 | 王树良 | 优秀奖 |
| 56 | 宜茶时日历提醒你喝茶 | 张凯怡 | 王树良 | 优秀奖 |
| 57 | AD 钙奶，每日动力 | 刘佳文　曲彩维 | 王树良 | 优秀奖 |
| 58 | 芳华之泪 | 王兆昱　王晨昕 | 王树良 | 优秀奖 |
| 59 | 茶与花的舌尖共舞 | 王思未　胡忆澜 | 王树良 | 优秀奖 |
| 60 | 看到 AD 钙，看到世界 | 杨家齐　费　璠 | 王树良 | 优秀奖 |
| 61 | 娃哈哈平面 | 涂心如 | 王树良 | 优秀奖 |
| 62 | 宜茶时 | 王　沐 | | 优秀奖 |
| 63 | AD 钙奶平面广告 | 金雨甜 | 王树良 | 优秀奖 |
| 64 | 当心，乱如麻 | 王思琪　李宇轩 | 王树良 | 优秀奖 |
| 65 | 当初忙补钙，现在该补爱了 | 李明圆 | 王树良 | 优秀奖 |
| 66 | 以茶养花 | 蒋雨彤　刘雪南 | 王树良 | 优秀奖 |
| 67 | AD 钙奶　梦想　触手可及 | 李明圆 | 王树良 | 优秀奖 |
| 68 | 强迫症：有你刚刚好 | 蒋雨彤　刘雪南 | 王树良 | 优秀奖 |
| 69 | 依时而动，宜时饮茶 | 刘雪南　杜天舒 | 王树良 | 优秀奖 |
| 70 | 娃哈哈宜茶时 | 王雪莹　刘黾闻 | 王树良 | 优秀奖 |
| 71 | 持久・翻转 | 张绪延　蒋雨彤 | 王树良 | 优秀奖 |
| 72 | 杜蕾斯“Closefit”产品 | 高　铢 | 王树良 | 优秀奖 |
| 73 | 不惧怕风雨，只把爱守护 | 伦诵敏 | 王树良 | 优秀奖 |
| 74 | 生活加热，快乐升温 | 伦诵敏 | 王树良 | 优秀奖 |
| 75 | 杜杜的“超能力” | 王馨婉 | 王树良 | 优秀奖 |

续表

| 序号 | 作品名称 | 作者 | 指导教师 | 获奖等级 |
|---|---|---|---|---|
| 76 | 爱情实验室 | 谢望海　阿拉腾 | 王树良 | 优秀奖 |
| 77 | 紧密贴合的你我 | 钟祎鸣 | 王树良 | 优秀奖 |
| 78 | 更紧·更贴合 | 钟祎鸣 | 王树良 | 优秀奖 |
| 79 | 工科生的浪漫 | 杨家齐　曹　越 | 王树良 | 优秀奖 |
| 80 | 杜蕾斯 AIR 空气套 | 姜现诊 | | 优秀奖 |
| 81 | 杜蕾斯——closefit | 欧云别力克　陈文昕 | 王树良 | 优秀奖 |
| 82 | 我的孤独谁来解救 | 吴海晴 | 王树良 | 优秀奖 |
| 83 | 飞一般的感觉 | 朴慧玲 | 王树良 | 优秀奖 |
| 84 | 杜蕾斯平面广告 | 张桀晗 | | 优秀奖 |
| 85 | 装下的不只是世界 | 陈敏睿　魏　冕 | 王树良 | 优秀奖 |
| 86 | 爱华仕平面广告 | 周晨曦　张子涵 | 王树良 | 优秀奖 |
| 87 | 投桃报李 | 袁　跃 | 王树良 | 优秀奖 |
| 88 | 重现瓷肌美 | 韩舒尧　尹家豪 | 王树良 | 优秀奖 |
| 89 | 太滑啦——薇婷平面广告 | 郭皓鑫　崔煜洁 | 王树良 | 优秀奖 |
| 90 | 夏日“柠檬精” | 李书宁 | 王树良 | 优秀奖 |
| 91 | 进化 | 赵倩誉　张子涵 | 王树良 | 优秀奖 |
| 92 | 薇婷平面广告 | 邹伟杰　王　沐 | 王树良 | 优秀奖 |
| 93 | 小迷糊包装设计 | 金现珍 | | 优秀奖 |
| 94 | 勾住你的升职高薪 | 刘静娴 | 王树良 | 优秀奖 |
| 95 | 技能充电 | 刘心如 | 王树良 | 优秀奖 |
| 96 | 娃哈哈 AD 钙奶～ | 王雪莹　刘黾闻 | 王树良 | 优秀奖 |
| 97 | 不管你是谁的 FIT | 林未素 | | 优秀奖 |
| 98 | 贴合，更舒爽 | 王鸿印 | 王树良 | 优秀奖 |
| 99 | 杜蕾斯——intense | 欧　云　赵珉庆 | 王树良 | 优秀奖 |
| 100 | 潮不是叛逆 | 杨家齐　曹　越　段靖宇 | 王树良 | 优秀奖 |
| 101 | 来京东便利店，给你最想要的 | 曹华杰　王　沐　王鸿印 | 王树良 | 优秀奖 |
| 102 | 爱，最简单 | 肖　潇　郭皓鑫　崔煜洁　金雨甜 | 王树良 | 优秀奖 |
| 103 | 断舍离 | 吴海晴 | 王树良 | 优秀奖 |
| 104 | 小迷糊，不走寻常路 | 冯韵洁　施星言 | 王树良 | 优秀奖 |
| 105 | 陪你当小迷糊 | 冯韵洁　施星言 | 王树良 | 优秀奖 |
| 106 | “迷”住多“彩”世界 | 蒋雨彤　刘雪南　段靖宇　陈昱希 | 王树良 | 优秀奖 |
| 107 | 课工场　随学你所想 | 伦诵敏 | 王树良 | 优秀奖 |
| 108 | 职业梦工厂 | 王兆昱　王靖凯　任翔宇　韩逸伦　韩心笛 | 王树良 | 优秀奖 |
| 109 | 别忘了你的神通广大 | 夏雨飞 | 王树良 | 优秀奖 |
| 110 | 莫待此情成追忆 | 刘雪南　蒋雨彤　段靖宇　陈昱希 | 王树良 | 优秀奖 |
| 111 | 娃哈哈 | 刘奕婷 | 王树良 | 优秀奖 |

续表

| 序号 | 作品名称 | 作者 | 指导教师 | 获奖等级 |
| --- | --- | --- | --- | --- |
| 112 | 拒绝平庸 | 谢望海　曹华杰　徐辰烨 | 王树良 | 优秀奖 |
| 113 | 素颜有自信，小迷糊 | 赵俞近 |  | 优秀奖 |
| 114 | 安适与奋斗我都在 | 廉欣培 | 王树良 | 优秀奖 |
| 115 | VEET | 李至镛 |  | 优秀奖 |
| 116 | 就要简单点 | 单诗雅　吕轩昂　郑文媛　韩舒尧　钟祎鸣 | 王树良 | 优秀奖 |
| 117 | 比悲伤更悲伤的故事 | 吴海晴 | 王树良 | 优秀奖 |
| 118 | 娃哈哈宜茶时茶饮料 | 吴语嫣 | 王树良 | 优秀奖 |
| 119 | 杜蕾斯广告 | 袁　跃 | 王树良 | 优秀奖 |
| 120 | 生不生孩子的问题 | 张思茗 | 王树良 | 优秀奖 |
| 121 | 杜蕾斯 closefit 广告语 | 徐辰烨　李宇轩 | 王树良 | 优秀奖 |
| 122 | 一片炽·骋 | 伦诵敏 | 王树良 | 优秀奖 |
| 123 | 探索 | 刘静娴 | 王树良 | 优秀奖 |
| 124 | 三重爽利，从赤道嗨到南北极 | 吕轩昂　单诗雅 | 王树良 | 优秀奖 |
| 125 | 杜蕾斯广告语 | 刘奕婷 | 王树良 | 优秀奖 |
| 126 | 多情善感 | 欧阳婕　岳永婕 | 王树良 | 优秀奖 |
| 127 | 我的个性不用“装” | 王思未 | 王树良 | 优秀奖 |
| 128 | 把另一只手留给她 | 王　沐 | 王树良 | 优秀奖 |
| 129 | 小迷糊鲜颜多效小彩膜面膜文案 | 杨雅涵 | 王树良 | 优秀奖 |
| 130 | 一键上妆 | 陈昱希 | 王树良 | 优秀奖 |
| 131 | 爱与责任 | 胡滢滢 | 王树良 | 优秀奖 |
| 132 | 探歌——做世界的可能性 | 韩心笛　王靖凯 | 王树良 | 优秀奖 |
| 133 | 年轻尚好，宜爱自己，不宜迟 | 万怡汝 | 王树良 | 优秀奖 |
| 134 | 声音与距离 | 谢望海 | 王树良 | 优秀奖 |
| 135 | 女朋友生气的样子 | 夏雨飞 | 王树良 | 优秀奖 |
| 136 | Intense 文案：告白体验 | 廖　婧 | 王树良 | 优秀奖 |
| 137 | 世界为你装下 | 刘佳文　陈敏睿 | 王树良 | 优秀奖 |
| 138 | 走向世界 | 刘佳文　陈敏睿 | 王树良 | 优秀奖 |
| 139 | 京东便利店的秘密 | 韩舒尧 | 王树良 | 优秀奖 |
| 140 | 慢慢成了习惯 | 谢望海 | 王树良 | 优秀奖 |
| 141 | 恋爱的她 | 钟祎鸣 | 王树良 | 优秀奖 |
| 142 | 拒绝毛手毛脚 | 谢望海 | 王树良 | 优秀奖 |

**2019 年校园学报新闻奖获奖名单**

| 序号 | 作品名称 | 作者 | 指导教师 | 获奖等级 |
| --- | --- | --- | --- | --- |
| 1 | 古风音乐之辨：当我们谈论古风时，我们在谈些什么？ | 张何莞尔、李宇皓、穆哲、高心莹、田宁欣、田宁欣 | 方　洁 | 特等奖 |
| 2 | 医患冲突：十年复诊｜数据新闻作品系列 | 李江梅、赵家琦 | 方　洁 | 特等奖 |

**2019 年大学生创新实验计划获奖名单**

| 序号 | 作品名称 | 作者 | 指导教师 | 获奖等级 |
|---|---|---|---|---|
| 1 | “网课直播”对贫困地区教育资源的优化效果及模式改良研究——以成都七中网校直播课为例 | 孙琦、黄维芳、曲秀芝、寥一舜、王一凡 | 周 俊 | 国家级 |
| 2 | 传播效果视角下居民社会认同对网红旅游城市品牌形象延续性的影响——基于对厦门、重庆两地的实地调研 | 王雪莹、张翊飞、杨雅涵、陶俊屹、陈明骏 | 张辉锋 | 国家级 |
| 3 | 共存之后：传统文化和青年亚文化在哔哩哔哩平台上的互动交流探析 | 王思琪、关静静、吴暗知、李钰坤 | 翁昌寿 | 国家级 |
| 4 | 互联网语境下社群形成和巩固——以虎扑 APP 用户群体为例 | 王兆昱、韩心笛、钟瑛琪、卢征宇、许文心 | 董晨宇、张辉峰 | 国家级 |
| 5 | 青年女性在社交媒体平台和网络社群中共享 HPV 疫苗信息的行为研究 | 冯韵洁、刘静娴、黄思琪、李真、胡舒琪 | 潘曙雅、潘文静 | 国家级 |
| 6 | “助推器”还是“安抚剂”：微信家长群中的社群参与对家长教育焦虑的影响机制探究——基于北京、郑州、伊春三地六所初级中学的调研 | 杨超凡、姚雨彤、李书宁、李佩云、孙博 | 潘曙雅 | 北京市级 |
| 7 | VR 社交环境中用户在场感与媒介丰富度对人际交往满意度的影响——基于 VRChat 的研究 | 韩舒尧、姜冬雨、张绪延、段靖宇、朱琪睿卿 | 刘海龙 | 北京市级 |
| 8 | 符号互动论视角下传统文化虚拟社群对社群成员自我建构的影响研究——基于北京、嘉兴的实地调研及百度汉服吧网络民族志调研结果 | 岑玥曈、梁莹、蒋雨彤、徐泰英华、刘羽乔 | 潘曙雅 | 北京市级 |
| 9 | 受众框架视角下政务抖音在青年群体中的传播效果探究——基于北京、广州、银川三地的实证研究 | 彭美琪、刘雨欣、何东婷、马懿欣、吴焕力 | 匡文波、胡百精 | 北京市级 |
| 10 | 乡村振兴视角下特色小镇品牌建设的现状与出路研究——以浙江省特色小镇为例 | 王馨婉、万怡汝、程铄淇、周沫言、曹翔 | 胡百精 | 北京市级 |

**2019 年第 44 届 ACM-ICPC 国际大学生程序设计竞赛获奖名单**

| 序号 | 赛区 | 获奖学生 | 获奖等级 |
|---|---|---|---|
| 1 | ACM-ICPC 区域邀请赛西安站 | 杨铭基、徐炜、丁海鹏 | 金牌 |
| 2 | ACM-ICPC 区域邀请赛南昌站 | 杨铭基、徐炜、丁海鹏 | 金牌 |
| 3 | ACM-ICPC 区域邀请赛西安站 | 何宗炎、唐熙霖、杨越千 | 铜牌 |
| 4 | ACM-ICPC 区域邀请赛西安站 | 侯宇蓬、冯宁轩、梁钧凯 | 铜牌 |
| 5 | ACM-ICPC 区域邀请赛南昌站 | 潘星宇、李平山、林润博 | 铜牌 |
| 6 | ACM-ICPC 区域赛银川站 | 刘佳伟、汪文锋、汪元森 | 金牌 |
| 7 | ACM-ICPC 区域赛南京站 | 杨铭基、徐炜、丁海鹏 | 金牌 |
| 8 | ACM-ICPC 区域赛南京站 | 罗碚、刘书玮、陈志朋 | 金牌 |
| 9 | ACM-ICPC 区域赛南昌站 | 杨铭基、徐炜、丁海鹏 | 金牌 |
| 10 | ACM-ICPC 区域赛徐州站 | 侯宇蓬、冯宁轩、梁钧凯 | 银牌 |
| 11 | ACM-ICPC 区域赛沈阳站 | 何宗炎、唐熙霖、杨越千 | 银牌 |

续表

| 序号 | 赛区 | 获奖学生 | 获奖等级 |
|---|---|---|---|
| 12 | ACM-ICPC 区域赛上海站 | 唐天一、刘炯楠、于倬浩 | 银牌 |
| 13 | ACM-ICPC 区域赛上海站 | 王成瑞、李林豇、农钧翔 | 铜牌 |
| 14 | ACM-ICPC 区域赛南昌站 | 张灵溪、杨爽、曾乐天 | 铜牌 |
| 15 | ACM-ICPC 区域赛银川站 | 王子恒、舒文桐、高一鸣 | 铜牌 |
| 16 | ACM-ICPC 区域赛香港站 | 侯宇蓬、冯宁轩、梁钧凯 | 铜牌 |
| 12 | ACM-ICPC 东亚赛区总决赛（西安） | 杨铭基、徐炜、丁海鹏 | 银牌 |
| 13 | ACM-ICPC 东亚赛区总决赛（西安） | 罗碚、刘书玮、陈志朋 | 银牌 |
| 14 | ACM-ICPC 东亚赛区总决赛（西安） | 何宗炎、唐熙霖、杨越千 | 铜牌 |
| 15 | ACM-ICPC 东亚赛区总决赛（西安） | 侯宇蓬、冯宁轩、梁钧凯 | 铜牌 |

**2019 年第十二届全国大学生信息安全竞赛（团体）获奖名单**

| 序号 | 获奖学生 | 获奖等级 |
|---|---|---|
| 1 | 杨子涵、袁江风、聂江磊、肖若瑾 | 二等奖 |
| 2 | 陈政、冯宁轩、连迪迪、赵正朋 | 二等奖 |

**2019 年第四届 CCSP 大学生计算机系统与程序设计竞赛获奖名单**

| 序号 | 获奖学生 | 获奖等级 |
|---|---|---|
| 1 | 何宗炎 | 金奖 |
| 2 | 唐天一 | 金奖 |
| 3 | 刘佳伟 | 金奖 |
| 4 | 杨越千 | 银奖 |
| 5 | 汪文锋 | 银奖 |
| 6 | 梁钧凯 | 银奖 |
| 7 | 张若琦 | 铜奖 |

**2019 年北京市大学生人文知识竞赛获奖名单**

| 序号 | 奖项类型 | 学生姓名 | 学院 | 指导教师 | 奖项等级 |
|---|---|---|---|---|---|
| 1 | 团队赛 | 廖浩天 | 国学院 | 吴 洋 | 一等奖 |
| 2 | 团队赛 | 李浩源 | 法学院 | 吴 洋 | 一等奖 |
| 3 | 团队赛 | 徐 杰 | 文学院 | 吴 洋 | 一等奖 |
| 4 | 团队赛 | 张艺宣 | 文学院 | 吴 洋 | 一等奖 |
| 5 | 团队赛 | 王 鑫 | 国学院 | 吴 洋 | 一等奖 |
| 6 | 团队赛 | 林修能 | 哲学院 | 张耐冬 | 二等奖 |
| 7 | 团队赛 | 石梦帆 | 公共管理学院 | 张耐冬 | 二等奖 |
| 8 | 团队赛 | 郭泽钰 | 文学院 | 张耐冬 | 二等奖 |
| 9 | 团队赛 | 黄焕波 | 文学院 | 张耐冬 | 二等奖 |
| 10 | 团队赛 | 赵青林 | 文学院 | 张耐冬 | 二等奖 |
| 11 | 个人赛 | 徐 杰 | 文学院 | 华建光 | 一等奖 |
| 12 | 个人赛 | 张艺宣 | 文学院 | 华建光 | 一等奖 |

**2019 年中国人民大学新闻学院第 27 届时报金犊奖大陆赛区获奖名单**

| 序号 | 作品名称 | 作者 | 指导教师 | 获奖等级 |
|---|---|---|---|---|
| 1 | 漂洋过海，只为那份甜 | 陈敏睿、张昊晨、丁一凡、魏冕 | 王树良 | 优秀奖 |
| 2 | 现代 24 孝 | 周子杰、王汝灏、陈紫瑄 | 王树良 | 优秀奖 |
| 3 | 愿你童心依旧，永远年轻 | 吴海晴 | 王树良 | 优秀奖 |
| 4 | 其实，你知道该怎么做 | 沙金涛、周子杰、张晋国 | 王树良 | 优秀奖 |
| 5 | 统帅电器，年轻人的时尚 | 金婵、王唯臣 | 王树良 | 优秀奖 |
| 6 | 其实，你知道该怎么做 | 沙金涛、周子杰、张晋国 | 王树良 | 优秀奖（技术类） |

**2019 年第十一届“尖峰时刻”全国商业决策模拟大赛获奖名单**

| 序号 | 获奖学生 | 获奖等级 |
|---|---|---|
| 1 | 贺　涵 | 二等奖 |
| 2 | 李锦璇 | 二等奖 |
| 3 | 王智业 | 二等奖 |
| 4 | 李　植 | 二等奖 |
| 5 | 钱亦潇 | 三等奖 |
| 6 | 喻邦禄 | 三等奖 |
| 7 | 黄鼎然 | 三等奖 |
| 8 | 曹倚凡 | 三等奖 |

# 2019 年中国人民大学大学生创新实验计划结项优秀项目（2017 年立项项目）

| 序号 | 项目所在学院 | 项目名称 | 项目负责人 | 项目其他成员 | 指导教师 | 项目等级 |
|---|---|---|---|---|---|---|
| 1 | 信息学院 | 支持 OBE 工程教育认证的课程管理与目标达成度评价系统开发与应用 | 马正一 | 王湘博　左笑晨<br>张心怡　李　睿 | 杜小勇 | 国家级 |
| 2 | 信息学院 | 基于深度学习的电子银行欺诈监测系统 | 杨昆霖 | 林子睿　史嘉彤<br>樊树霖　张宇昕 | 许　伟 | 国家级 |
| 3 | 理学院（化学系） | 化学组成对钙钛矿光伏电池载流子动力学过程及性能的影响 | 朱梦嘉 | 李虹萦　汪昕玥<br>南芝钰 | 艾希成 | 国家级 |
| 4 | 财政金融学院 | 金融市场化下农民信贷条件及贷款偏好、经济增长的关系研究——基于新疆喀什地区疏勒县实地调研及数据库实证研究 | 黄文傑 | 肖　寒　赵天浩<br>陈泽龙　师鸿昕 | 汪昌云<br>王　姮 | 北京市级 |
| 5 | 商学院 | 走进新时“贷”：现金贷借款人风险承受能力与借款决策的研究——基于北京、杭州、深圳的实地调研 | 李婧璧 | 田唯桢　陈邦庆<br>郭洁琼　黄尔越 | 杨　东<br>李　焰 | 国家级 |
| 6 | 劳动人事学院 | 从去产能行业到“互联网+”服务业：职工就业转型的影响因素和效果分析——基于冀鲁豫三地的实证研究 | 席若冰 | 郑培苗　赵月欣<br>赵　媛　戴逸潇 | 赵丽秋<br>骆南峰 | 国家级 |
| 7 | 理学院（物理学系） | 碱土金属原子气体的特性研究 | 高　岚 | 韩　毓　周伊能 | 张　威 | 北京市级 |

续表

| 序号 | 项目所在学院 | 项目名称 | 项目负责人 | 项目其他成员 | 指导教师 | 项目等级 |
|---|---|---|---|---|---|---|
| 8 | 信息资源管理学院 | 基于游客体验需求的物质文化遗产虚拟旅游产品开发研究——以颐和园为例 | 胡赟豪 | 熊欣宇　郭　琪<br>陈孜文　占恩佐 | 王　健<br>梁继红 | 北京市级 |
| 9 | 马克思主义学院 | 双重委托代理视角下的“村·民·企”合作模式——基于福建省J县S村林业合作模式的实证研究 | 车宗凯 | 于　磊　欧阳志成<br>黄　筝　陈根锋 | 吉昌华<br>吕　捷 | 校级 |
| 10 | 农业与农村发展学院 | 餐前信息干预对就餐者食物浪费量的影响研究——基于实验经济学视角 | 马雨珮 | 高　林　马亿珂<br>方一弛　王玉迪 | 刘晓鸥<br>生吉萍 | 国家级 |
| 11 | 信息资源管理学院 | 新媒体背景下乡村记忆构建公众参与模式研究——以北京市爨底下村与浙江省李宝村年俗为例 | 成卓兰 | 韩蕾倩　刘泽华<br>刘雪薇　李炜烜 | 王　健<br>徐拥军 | 国家级 |
| 12 | 新闻学院 | 权利贫困视角下新生代农民工网络话语权问题研究——基于北京、西安、绍兴三地及虚拟社区网络民族志调研的结果 | 姚京宏 | 张含笑　黄译娴<br>陆泳鑫　王喆亮 | 胡百精 | 国家级 |
| 13 | 商学院 | 互联网“商圈”“社交圈”平台双向交融关系及其良性发展模式探究——基于中国典型电子商务、第三方支付和社交平台的实证分析 | 舒诗雅 | 王倩怡　方琳芝<br>曾　昊　周锦婷 | 赵　晶<br>秦志华 | 国家级 |
| 14 | 社会与人口学院 | 返乡流动儿童的生活志：基于北京、河南、河北的多案例追踪研究 | 陈　锐 | 何奕霖　朱绮雯<br>吴晓瑶　杨镓萁 | 段成荣<br>富晓星 | 北京市级 |
| 15 | 新闻学院 | 慈善议题的网络动员机制——基于北京、杭州两地的实证研究 | 王国桢 | 杨可歆　李雅欣<br>王婉丽　袁梓航 | 李　彪<br>冯仕政 | 国家级 |
| 16 | 经济学院 | 疏解非首都功能对于北京居民生活质量的影响及政策向对策分析——基于消费束与模糊消费效用视角 | 满　诚 | 石瀚文　徐　夏<br>刘　镇　吕金蔚 | 张可云 | 国家级 |
| 17 | 法学院 | 微博视角下的消费者维权——着眼于经营者名誉权与消费者言论自由的平衡 | 陈思含 | 叶秋铖　崔卓群<br>林　颖　肖智鸣 | 郭　锐 | 国家级 |
| 18 | 法学院 | 法抚幼弱，律入室家：涉家暴离婚诉讼中的保护措施——基于北京、四川、广东三地实证研究 | 张雨婷 | 杨　倩　刘可昊<br>昌雨莎　吕　凡 | 肖建国 | 国家级 |
| 19 | 经济学院 | 信息干预对我国居民节能行为的影响探究——基于天津市某居民小区的实验分析 | 冯紫茹 | 方可育　费吟昕<br>何　锐　尹　宁 | 陈占明<br>谢伦裕 | 国家级 |
| 20 | 经济学院 | “医药分开”改革对于患者费用及结构影响的计量研究——基于北京市、济南市医疗机构的定点调研 | 王　晨 | 郭佳铭　宋甫心<br>周钰丁　高　欣 | 刘小鲁 | 国家级 |

续表

| 序号 | 项目所在学院 | 项目名称 | 项目负责人 | 项目其他成员 | 指导教师 | 项目等级 |
|---|---|---|---|---|---|---|
| 21 | 艺术学院 | 互联网背景下艺术产业的运营模式研究——基于艺术品牌网络传播的实证分析 | 王琳茜 | 郭喻婷　李思妤<br>蔺则玮　孜吾丽加尼 | 顾亚奇 | 北京市级 |
| 22 | 环境学院 | 从农户视角出发对散煤替代政策的研究与改进——基于京津冀地区的现状调查和不同替代能源的成本效益分析 | 谢淑倩 | 邓　旭　徐洁菲<br>吴　怡 | 石　磊 | 北京市级 |
| 23 | 艺术学院 | 北京画廊业发展现状及对策研究 | 刘思言 | 孟　垚　王佳琪<br>单范悦　杨意茹 | 王英健<br>顾亚奇 | 校级 |
| 24 | 经济学院 | 不同补偿安置方式对被征地农民生活水平影响的对比评估——基于上海市和郑州市的调研 | 谭　歆 | 任梦瑶　赵妙琳 | 章永辉 | 北京市级 |
| 25 | 财政金融学院 | 基于Shapley值法的易地扶贫搬迁政策下三方利益分配机制研究——以陕南三市的实地调研为例 | 薛　雨 | 周小訸　曲一鸣<br>郭逸默　陈沭彤 | 宋　玮 | 国家级 |
| 26 | 新闻学院 | 反转新闻对机构媒体信任度的影响——以央视2017年315晚会和于欢案为例 | 田　垚 | 肖　婕　孙嘉晨<br>林安琪　马宁怿 | 陈　阳 | 北京市级 |
| 27 | 社会与人口学院 | 老龄化背景下家庭医生制度的推行模式探究——基于广州、厦门、南靖三地的探究 | 张逸杨 | 张艺菲　董艺琳<br>姚　璐　陈凯昊 | 张耀军 | 国家级 |
| 28 | 经济学院 | 网络化条件下共享单车的诚信体系构建——基于社会资本理论的分析框架 | 鲍仁杰 | 于鸿锋　何翘楚<br>郝　艺　周玉航 | 杨瑞龙 | 国家级 |
| 29 | 社会与人口学院 | 失独自组织集体行动的原因、形成机制及其结果的探究——基于武汉、南京两地的实地调研 | 黄芊源 | 阳光明媚　李亚丽<br>余奈叶 | 隋玉杰 | 北京市级 |
| 30 | 文学院 | “从马背到学堂”——基于内蒙古自治区四子王旗生态移民文化教育问题的调研 | 李思凝 | 左诗琪　段旭升<br>亢琛颢　李　捷 | 陈奇佳<br>杨庆祥 | 北京市级 |
| 31 | 中法学院 | 大众体育赛事组织策划中主要利益影响因素分析——基于对中法两国马拉松赛事的探究 | 张皖秦 | 张　卓　陈星伊<br>杜天宇 | 朱信凯 | 北京市级 |
| 32 | 财政金融学院 | “挤入”还是“挤出”？农村公共学前教育支出对家庭学前教育投资的影响探究——基于江西省余干县的实地调研 | 刘子杰 | 余孟超　李　多<br>余舒嘉铭　王翌楷 | 张　静 | 国家级 |
| 33 | 文学院 | 佛道文化的竞争与融合及其当代意义——基于太姥娘娘信仰的研究 | 章华哲 | 缪童昕　常伶颖<br>付迎港 | 徐　楠<br>吴　真 | 国家级 |

# 2019年中国人民大学大学生创新实验计划结项优秀项目（2018年立项项目）

| 序号 | 项目所在学院 | 项目名称 | 项目负责人 | 项目其他成员 | 指导教师 | 项目等级 |
|---|---|---|---|---|---|---|
| 1 | 信息学院 | 基于自然语言处理及关联视频网络等多因素的人工神经网络视频平台视频分级系统 | 邢菁凡 | 艾宇彤 李想 黄帅 金可欣 | 王良 | 北京市级 |
| 2 | 理学院（化学系） | pH响应的“智能型”黑材料用于癌症光热疗法 | 刘浩诚 | 易文天 | 王亚培 | 国家级 |
| 3 | 哲学院 | 当代中国佛教慈善活动中的女性居士群像探究——以福建地区一百位女性居士为例 | 李国茵 | 熊婉吟 董雁铃 张政 郭宇 | 曹南来 惟善 | 国家级 |
| 4 | 农村与发展学院 | “扶智”与“扶志”相结合的脱贫内生动力助推——基于行为经济学的随机实地实验 | 马琪炜 | 赵嘉言 金铭 俞钰绮 白乐 | 尤婧 汪三贵 | 国家级 |
| 5 | 信息资源管理学院 | “不只是一个按钮”：从政务服务窗口即时评价器看人机交互中的用户体验 | 魏洋楠 | 武煜熹 门高翔 迪丽娜·欧汗 | 钱明辉 | 校级 |
| 6 | 新闻学院 | 媒体话语与公众“弱势感”的建构——基于2017年热点争议性事件报道的研究 | 赵家琦 | 柳依然 张博奕 李曜宇 翟耀媛 | 陈阳 | 北京市级 |
| 7 | 理学院（物理学系） | 单元素二维量子材料的分子束外延生长及其物性研究 | 刘心萌 | 王懿 王昊 | 程志海 | 国家级 |
| 8 | 文学院 | 闽北“上庵”民俗下的女性研究——以福建南平市建阳区漳墩镇为例 | 许欣怡 | 刘歌风 孙茜 周梦琪 | 姚丹 | 北京市级 |
| 9 | 艺术学院 | 蒹葭意匠，白洋寻“商”：传统芦苇手工艺品创新与商业化运营模式——基于雄安新区安新县及白洋淀周边的实地调研 | 陈文昕 | 赵乾 王一璇 张雯 朴园霞 | 陈炯 | 校级 |
| 10 | 经济学院 | 基于断点回归设计的产业扶贫政策对于家庭生存状况的中期效应分析——以江西省上饶市玉山县为例 | 王潇麟 | 钱亦潇 冯晟 蒋瑞平 | 宋扬 | 北京市级 |
| 11 | 经济学院 | 减负让寒门更难出贵子吗——基于重庆、山西两地的实证分析 | 谢禾佳 | 赵芮宏 王紫 曹淑洁 张凌越 | 赵峰 | 北京市级 |
| 12 | 环境学院（理论经济学与公共管理） | 基于CVM法及Type Ⅱ Tobit模型对村民的生活污水处理支付意愿及其影响因素分析——以天津市武清区为例 | 张友谊 | 欧美如 许诗淇 颜雨含 李子贤 | 吴健 | 校级 |
| 13 | 历史学院 | 中国历史剧发展历程及现状研究 | 屈家桢 | 陈路 武喆涵 孙雨彤 周楷雅 | 姜萌 | 国家级 |
| 14 | 统计学院 | 二线城市人才引进政策研究——基于杭州与南京、成都与重庆两组城市的对比研究 | 王屿凌 | 李迪敏 林锦锋 刘钰湘 桂天舒 | 吴翌琳 | 北京市级 |

续表

| 序号 | 项目所在学院 | 项目名称 | 项目负责人 | 项目其他成员 | 指导教师 | 项目等级 |
|---|---|---|---|---|---|---|
| 15 | 法学院 | “知假买假”行为的社会效应和治理体系研究——基于对海量司法判决的数据统计分析 | 胡步维 | 张高媛　杨　颖<br>岳姿含　李建蓬 | 熊丙万 | 国家级 |
| 16 | 法学院 | “监察委员会组织法”机构设置和检察官制度研究——基于浙、皖、京、粤的实证调研 | 李　卿 | 李依明　周佳美<br>许　可　朱光伟 | 邵　明<br>王　旭 | 国家级 |
| 17 | 理学院（心理应用） | 网络社会排斥与关系重连归属需求的中介与社会阶层的调节 | 林铭潇 | 杨　昊　李婵艳<br>杨海迪　刘善柔 | 韦庆旺 | 北京市级 |
| 18 | 统计学院 | “互联网＋非遗”背景下，非物质文化遗产现有宣传方式与线上个性化推荐研究 | 张　谦 | 覃子涵　陈洁婷<br>张树志　岳　圆 | 吕晓玲 | 北京市级 |
| 19 | 理学院（文理交叉） | 历史怀旧与社会排斥的关系 | 陈蕴蛟 | 杨雨童　柏万谦<br>徐宁宁　崇智迪 | 刘聪慧 | 国家级 |
| 20 | 经济学院 | 不同统筹模式下城乡居民享有医保权益的公平性的研究——基于山东省枣庄、泰安两市的实地调研 | 赵胜男 | 王源清　张悦洲<br>刘兰婷　宫小媛 | 刘小鲁 | 北京市级 |
| 21 | 经济学院 | 行为经济学视角下婚姻匹配模式研究——基于北京和上海的随机实地实验 | 包燕平 | 卢春蕾　陈艺博<br>任羽卓　陈　杰 | 赵　勇<br>尤　婧 | 北京市级 |
| 22 | 马克思主义学院 | “互联网＋党建”对党员学习教育及关联行动的影响——基于G市“党建云”推广应用的实证研究 | 林　子 | 郭昊天　李睿哲<br>宋若凡<br>阿依开林·赛肯 | 王　衡 | 国家级 |
| 23 | 财政金融学院 | 基于DID模型的厂房式“扶贫车间”的扶贫效果及影响因素实证研究——以山东省菏泽市牡丹区为例 | 徐　硕 | 王　燕　蒋铃芳<br>谭　旭　刘德贤 | 宋　玮 | 北京市级 |
| 24 | 经济学院 | “租购同权”对不同群体教育公平的差异性影响研究——基于北京和广州的实证调研 | 马科伟 | 袁佳圻　张　宵<br>黄凤旖　李　珂 | 于春海 | 国家级 |
| 25 | 法学院 | 助力乡村振兴：宅基地“三权分置”改革研究——以浙江义乌、安徽旌德为例 | 黄智杰 | 周雷力　李佳临<br>龚曼迪　李冰阳 | 高圣平 | 北京市级 |
| 26 | 劳动人事学院 | “让教师成为令人羡慕的职业”：义务教育阶段教师相对剥夺感的影响因素及作用机制——基于京津杭三地的实证研究 | 李　芳 | 张源龙　马　倩<br>汪振涛　张煜昭 | 骆南峰<br>于　坤 | 校级 |
| 27 | 新闻学院 | 健康传播视角下健身app中的社交行为及其运动效果探析——以“keep”为例 | 李睿康 | 杨怿璇　邹德民<br>褚诗雨　喻子豪 | 潘曙雅<br>塔　娜 | 国家级 |
| 28 | 劳动人事学院 | 挥之不去的“影子”：“减负”背景下家庭资本对城镇小学生参与课外辅导的影响机制研究——基于北京、重庆、郑州、石家庄、兰州五地的调研 | 罗昱宏 | 马梦音　张瀛浩<br>刘满楸 | 翁　茜 | 国家级 |

续表

| 序号 | 项目所在学院 | 项目名称 | 项目负责人 | 项目其他成员 | 指导教师 | 项目等级 |
|---|---|---|---|---|---|---|
| 29 | 统计学院 | 医养结合，成效几何？入住老人满意度视角下，医养结合成效的量化及对比研究——基于青岛市三种模式医养结合机构的实地调研 | 范　迪 | 朱泽兰　鲁　瑶<br>杨仁杰　张　倩 | 杜　鹏<br>蒋　妍 | 国家级 |
| 30 | 环境学院（理论经济学与公共管理） | 关于农户对“煤改气”工程的满意度及价格承受能力的调查——基于北京、保定两地农村的实地调研 | 张峰华 | 郭　地　张子彤<br>邓奥纯　葛　雯 | 庞　军 | 国家级 |
| 31 | 统计学院 | 全面二孩背景下职业女性家庭：工作角色冲突的影响因素研究——以北京等一线城市生育二孩教师群体为例 | 林圆圆 | 段诗涵　余梦舸 | 吴翌琳 | 国家级 |
| 32 | 统计学院 | “租购同权”政策对学区房价格及租金的影响——基于广州、合肥两地的调研 | 韩东方 | 凌骏达　叶昊文<br>贾静雯　粟寒婷 | 吴翌琳 | 北京市级 |
| 33 | 财政金融学院 | 气象指数保险对农户融资影响的实证分析——以江苏大闸蟹气象指数保险为例 | 王裕钧 | 杜　晨　周易航<br>刘小凡　滕文博 | 戴稳胜 | 国家级 |

## 2019年中国人民大学大学生科学研究基金结项优秀项目（2017年立项项目）

| 序号 | 项目所在学院 | 项目名称 | 项目负责人 | 项目其他成员 | 指导教师 |
|---|---|---|---|---|---|
| 1 | 文学院 | 基于满蒙汉文对勘的多版本《老乞大》校勘及语言研究 | 赵　昕 | 赵帅淇　刘　增<br>程佳璇 | 乌云毕力格<br>朱冠明 |
| 2 | 理学院（化学系） | 基于液体磁热转换材料的生物解冻技术 | 潘乾灏 | 唐一凡 | 王亚培 |
| 3 | 马克思主义学院 | 基督教私人聚会点与传教主体考察及对策研究——基于北京市的实地调研 | 何成云 | 吕晓莹　秦　泽<br>田自豪　田　垚 | 何虎生 |
| 4 | 公共管理学院 | 基于人力资本理论分析二孩生育行为对女性职业发展影响——以深圳、合肥、赣州三地为例 | 张振垚 | 邱　骏　林　馨 | 程秀英 |
| 5 | 财政金融学院 | 人情网络中个人信用体系建立与农村信贷发展——基于浙江省云和县农村资金互助会的调查报告 | 兰晶晶 | 靳新莹　李一繁<br>王玥霓　梁明珠 | 薛涧坡 |
| 6 | 经济学院 | 京津冀协同治霾视角下对三地居民雾霾治理支付意愿的研究 | 熊甜甜 | 胡　弦　任向凡<br>曾籽茂　徐子桐 | 夏晓华 |

续表

| 序号 | 项目所在学院 | 项目名称 | 项目负责人 | 项目其他成员 | 指导教师 |
|---|---|---|---|---|---|
| 7 | 理学院（心理学系） | 基于惩罚的“仇富”心理机制：不同阶层下，公正世界信念对惩罚判断的影响 | 崔凤骁 | 杨雨童 林铭潇 廖思华 胡 苗 | 韦庆旺 |
| 8 | 新闻学院 | 权利贫困视角下农民工网络话语权问题研究——基于雄安新区调研结果 | 邓海滢 | 姚京宏 杨欣悦 方作为 宋奕良 | 李 彪 |
| 9 | 农业与农村发展学院 | 非农收入对农民土地流转意愿的影响 | 徐 玥 | 鲍培培 刘颖鑫 孙子建 刘子豪 | 陈卫平 |
| 10 | 劳动人事学院 | 长期支教对大学毕业生流向的影响机制 | 蔡锶墁 | 叶子瑞 张 迅 徐 坤 刘满楸 | 周 石 |

## 2019 年中国人民大学大学生科学研究基金结项优秀项目（2018 年立项项目）

| 序号 | 项目所在学院 | 项目名称 | 项目负责人 | 项目其他成员 | 指导教师 |
|---|---|---|---|---|---|
| 1 | 经济学院 | 个人信息产权分配的福利分析——基于信息经济学的研究 | 王泰茗 | 保国伟 韩天浩 | 李三希 |
| 2 | 统计学院 | 智能养老模式发展情况及用户采纳行为影响因素研究 | 杨 光 | 朱 倩 李 文 | 王晓军 吕晓玲 |
| 3 | 理学院（化学系） | 水热法制备二硫化钼纳米片用于电催化还原二氧化碳生成甲醇的研究 | 白希悦 | 王嘉琪 戴雨轩 | 牟天成 |
| 4 | 历史学院 | “黄沙漫漫征人去”河陇天水地区武将信仰研究——以赵充国和南霁云的信仰为例 | 索朗旺青 | 李 昊 闫家诚 | 皮庆生 |
| 5 | 新闻学院 | 互联网短视频对青少年反霸凌意识的影响机制研究——基于重庆市的调研 | 马宁怿 | 林安琪 朱国成 | 韩晓宁 |
| 6 | 社会与人口学院 | “拼妈”时代，好爸爸不如好妈妈——家庭背景中母亲对子女教育获得的影响研究 | 赵汗青 | 张耘峣 郭光泽 | 朱 斌 |
| 7 | 法学院 | 被忽视的群体：“互联网+”新型用工模式下隐蔽雇佣劳动者的权益保障——以认定平台与个人之间的劳动关系为切入口 | 王恬静 | 冯心怡 高瑞鑫 | 林 嘉 |
| 8 | 商学院 | 有钱不还的“老赖”何以产生——基于三方博弈模型探究失信被执行人问题的产生原因及制度构建 | 谢安宁 | 朱俊龙 | 刘瑞明 |

# 2019 年中国人民大学高水平运动队成绩汇总

| 序号 | 项目 | 时间 | 比赛名称 | 组别 | 成绩 | 备注 |
|---|---|---|---|---|---|---|
| 1 | 网球 | 2019.5 | 2019 年首都高等学校大学生网球联赛春季团体赛 | 女子乙组团体 | 第一名 | |
| 2 | | 2019.5 | 第二十四届全国大学生网球锦标赛（东北赛区） | 男子乙组团体 | 第一名 | |
| 3 | | | | 女子乙组团体 | 第二名 | |
| 4 | | 2019.7 | 第二十四届全国大学生网球锦标赛 | 女子乙组双打 | 第一名 | 钟愉靖<br>徐也晴 |
| 5 | | | | 女子乙组团体 | 第四名 | |
| 6 | | 2019.10 | 首都高校大学生网球联赛秋季单项赛 | 女子甲 A 组双打 | 第一名 | 钟愉靖<br>边　靓 |
| 7 | | | | 女子甲 A 组单打 | 第一名 | 段小涵 |
| 8 | | | | 女子甲 A 组单打 | 第三名 | 王雨帆 |
| 9 | | | | 男子甲 A 组双打 | 第一名 | 张　未<br>熊庶然 |
| 10 | | | | 男子甲 A 组单打 | 第三名 | 高健哲 |
| 11 | | 2019.10 | 首都高校大学生网球精英赛 | 女子甲 A 组双打 | 第二名 | 钟愉靖<br>边　靓 |
| 12 | | | | 女子甲 A 组单打 | 第二名 | 段小涵 |
| 13 | | | | 女子甲 A 组单打 | 第三名 | 王雨帆 |
| 14 | | | | 男子甲 A 组双打 | 第二名 | 张　未<br>熊庶然 |
| 15 | | | | 男子甲 A 组单打 | 第五名 | 高健哲 |
| 16 | 男足 | 2019.6 | 2018—2019 全国青少年校园足球联赛大学男子高水平组超冠联赛 | 男子高水平组 | 第五名 | |
| 17 | | 2019.11 | 2019 年首都大学生足球联赛 | 甲组 | 第二名 | |
| 18 | | 2019.12 | 2019—2020 阿迪达斯全国青少年校园足球联赛大学男子超级冠军联赛第一阶段（24 强赛） | 男子高水平组 | 小组<br>第三名 | |
| 19 | 男排 | 2019.5 | 首都高校 2019 年阳光体育排球挑战赛 | 甲组 | 第九名 | |
| 20 | | 2019.11 | 首都高校大学生排球联赛 | 甲组 | 第八名 | |

续表

| 序号 | 项目 | | 时间 | 比赛名称 | 组别 | 成绩 | 备注 |
|---|---|---|---|---|---|---|---|
| 21 | 田径 | 短跨 | 2019.12 | 北京市大学生第三十六届田径精英赛 | 男子甲组60米栏 | 第二名 | 文　汐 |
| 22 | | 中长跑 | 2019.5 | 首都高等学校第57届学生田径运动会 | 女子甲A组800米 | 第三名 | 唐梦洁 |
| 23 | | | | | 男子甲A组800米 | 第四名 | 杨长青 |
| 24 | | | | | 女子甲A组1 500米 | 第四名 | 唐梦洁 |
| 25 | | | | | 男子甲A组800米 | 第六名 | 李京宬 |
| 26 | | | 2019.7 | 第十九届全国大学生田径锦标赛 | 男子甲A组3 000米障碍 | 第八名 | 杨长青 |
| 27 | | | | | 女子甲A组1 500米 | 第八名 | 唐梦洁 |
| 28 | | | 2019.3 | 2019年全国室内田径锦标赛分区赛4 | 女子800米 | 第四名 | 唐梦洁 |
| 29 | | | | | 女子1 500米 | 第六名 | 唐梦洁 |
| 30 | | | 2019.5 | 2019年全国田径省市区分区邀请赛西南赛区 | 女子800米 | 第三名 | 唐梦洁 |
| 31 | | | | | 女子1 500米 | 第五名 | 唐梦洁 |
| 32 | | | 2019.5 | 2019年全国田径省市区分区赛东北赛区 | 女子800米 | 第五名 | 唐梦洁 |
| 33 | | | | | 女子1 500米 | 第三名 | 唐梦洁 |
| 34 | | | 2019.5 | 2019全国田径大奖赛3 | 女子800米 | 第二名 | 唐梦洁 |
| 35 | | | 2019.5 | 2019全国田径大奖赛4 | 女子800米 | 第八名 | 唐梦洁 |
| 36 | | | | | 女子1 500米 | 第七名 | 唐梦洁 |
| 37 | | | 2019.12 | 北京市大学生第三十六届田径精英赛 | 女子甲A组5 000米 | 第一名 | 唐梦洁 |
| 38 | | | | | 女子甲A组800米 | 第四名 | 唐梦洁 |
| 39 | | | | | 男子甲A组10 000米 | 第五名 | 李京宬 |
| 40 | | | | | 男子甲A组800米 | 第七名 | 李京宬 |
| 41 | | | | | 男子甲A组4×400米接力 | 第五名 | 李京宬 |
| 42 | | | | | | | 杨长青 |
| 43 | | | | | | | 龙鹏展 |
| 44 | | | | | | | 夏振洋 |
| 45 | | | | | 男子甲A组5 000米 | 第五名 | 杨长青 |
| 46 | | | | | 男子甲A组800米 | 第二名 | 杨长青 |
| 47 | | | | | 男子甲A组5 000米 | 第八名 | 龙鹏展 |
| 48 | | | | | 男子甲A组800米 | 第六名 | 龙鹏展 |
| 49 | | | | | 男子甲A组10 000米 | 第七名 | 夏振洋 |
| 50 | | | | | 男子甲A组1 500米 | 第六名 | 夏振洋 |
| 51 | | | 2019.12 | 2019年首都高等学校校园越野赛 | 女子甲组 | 第三名 | 唐梦洁 |
| 52 | | | | | 女子甲A组团体 | 第三名 | |
| 53 | | | | | 男子甲A组 | 第六名 | 李京宬 |
| 54 | | | | | 男子甲A组团体 | 第二名 | |
| 55 | | | | | 男子甲A组 | 第五名 | 龙鹏展 |
| 56 | | | | | 男子甲A组 | 第三名 | 夏振洋 |
| 57 | | 跳高 | 2019.12 | 北京市大学生第三十六届田径精英赛 | 女子甲A组跳高 | 第四名 | 史雨薇 |
| 58 | | | 2019.5 | 首都高等学校第57届学生田径运动会 | 女子甲A组跳高 | 第四名 | 史雨薇 |

续表

| 序号 | 项目 | 时间 | 比赛名称 | 组别 | 成绩 | 备注 |
|---|---|---|---|---|---|---|
| 59 | 武术 | 2019.6 | 2019年首都高校武术比赛 | 男子长拳 | 第一名 | 曹　毅 |
| 60 | | | | 男子四类拳 | 第一名 | 曹　毅 |
| 61 | | | | 男子刀术 | 第三名 | 曹　毅 |
| 62 | | | | 女子对练 | 第一名 | 唐羽忻 |
| 63 | | | | 女子传统四类拳 | 第一名 | 唐羽忻 |
| 64 | | | | 女子自选剑术 | 第三名 | 唐羽忻 |
| 65 | | | | 男子刀术 | 第一名 | 马洪政 |
| 66 | | | | 男子棍术 | 第一名 | 马洪政 |
| 67 | | | | 男子长拳 | 第二名 | 马洪政 |
| 68 | | | | 女子对练 | 第一名 | 王靖楠 |
| 69 | | | | 女子传统双器械 | 第一名 | 王靖楠 |
| 70 | | | | 女子传统四类拳 | 第五名 | 王靖楠 |
| 71 | | | | 男子传统一类拳 | 第三名 | 戴少凡 |
| 72 | | | | 男子传统单器械 | 第五名 | 戴少凡 |
| 73 | | | | 男子传统四类拳 | 第六名 | 戴少凡 |
| 74 | | | | 女子各式太极器械 | 第一名 | 邢　蓉 |
| 75 | | | | 女子孙式太极拳 | 第一名 | 邢　蓉 |
| 76 | | 2019.12 | 2019年首都高校武术套路精英赛 | 男子自选短器械 | 第一名 | 曹　毅 |
| 77 | | | | 男子自选长拳 | 第一名 | 马洪政 |
| 78 | | | | 女子自选短器械 | 第一名 | 俞慧琳 |
| 79 | | | | 女子自选南拳 | 第二名 | 俞慧琳 |
| 80 | | | | 男子四类拳 | 第一名 | 丁子斐 |
| 81 | | | | 男子传统其他器械 | 第二名 | 丁子斐 |
| 82 | | | | 女子各式太极拳 | 第一名 | 李宇萌 |
| 83 | | | | 女子四十二式太极剑 | 第一名 | 李宇萌 |
| 84 | | | | 男子二类拳 | 第一名 | 高任飞 |
| 85 | | | | 男子传统单器械 | 第二名 | 高任飞 |
| 86 | | | | 女子四类拳 | 第二名 | 王靖楠 |
| 87 | | | | 女子其他拳术 | 第四名 | 唐羽忻 |
| 88 | 女篮 | 2019.11 | CUBA中国大学生篮球联赛北京赛区选拔赛 | 甲组 | 第六名 | |

# ■ 研究生教育

## 一、概况

2019 年，在学校党委和校领导的大力支持和指导下，学校研究生教育及管理工作坚持以习近平新时代中国特色社会主义思想为指导，以立德树人为根本任务，坚持贯彻“注重内涵发展、强化质量核心、优化分类选拔、凸显学术评价”的工作理念，积极探索学校研究生教育“高质量内涵式发展”的形式与路径，以“不忘初心、牢记使命”主题教育为契机，以“培养卓越而有灵魂的研究生”为奋斗目标，全力推进研究生教育管理改革创新工作，不断完善学校内部管理，加强培养质量保障体系建设，积极落实各项改革措施，出色地完成了各项具体工作任务。

1. 面对异常复杂严峻的外部环境，不畏压力，攻坚克难，严守安全保密纪律和规章规则，顺利完成各级各类考试的组织工作与招生录取工作。2019 年学校共录取硕士研究生 4 422 人（含推免生 1 509 人），其中全日制学术学位 2 003 人，全日制专业学位 1 331 人，非全日制专业学位 1 088 人；录取博士研究生 950 人，其中硕博连读和直博生 306 人；录取港澳台地区硕士研究生 49 人，其中推免 19 人，统考 30 人；录取外国来华留学研究生 394 人，其中硕士研究生 364 人，博士研究生 30 人。从考生所在高校层次及专业排名来看，录取质量持续保持在高水平。顺利完成了同等学力申请硕士学位全国统考组考工作，考生 7 602 人次；完成了同等学力全国统考 10 个学科 6.9 万份试卷的阅卷工作；组织完成题库课考试约 5.9 万人次。

2. 进一步扩大直博生招生试点范围。2019 年，招生学院从 9 个增加到 15 个，共接收直博生 94 人，其中人文社会科学类一级学科 52 人，理工类一级学科 42 人。稳步扩大“申请—考核制”招生模式试点，范围已达到 21 个学院。为在优质生源争夺中占据有利位置，研究生院适时适度地放宽学院的招生工作时间进度安排，赋予学院更大的灵活性和自主权。

3. 支持国家战略需求，开展各类专项招生。博士研究生层面，录取“习近平关于教育思想的重要论述”方向专项招生 4 人，“高校思想政治理论课教师队伍后备人才培养专项支持计划”30 人，“高校思想政治工作骨干在职攻读博士生学位专项计划”3 人，“少数民族高层次骨干人才”14 人，对口支援院校 12 人；硕士研究生层面，录取首批“北京冬奥会赛事实习生”专项计划考生 10 人，单独考试考生 23 人（创造性写作、行政管理专业），援藏计划考生 16 人，少数民族骨干计划考生 66 人，退役大学生士兵 19 人。

4. 全力推动博士研究生教育综合改革试点工作。继续实施“哲学社会科学卓越人才培养支持计划”，深入研究哲学社会科学本科直博生培养模式和管理方法，支持学院解放思想、先行先试，配合、指导学院新制定直博培养方案 11 个。

5. 整合全校之力，做好研究生思想政治理论课和“课程思政”建设。继续实施《中国人民大学研究生思想政治工作理论课教育教学改革计划（2017 年）》，专业学位思想政治理论课程管理更加完善；在博士研究生层面推动实施“中国马克思主义与当代”博士研究生思政课，“名师进课堂”计划实现全覆盖；在硕士研究生层面实施“中国特色社会主义理论与实践研究”专题模块设置；辅导读本《博导说——在人大听思想政治理论课》已于 10 月由中国人民大学出版社出版。

6. 全面开设学术规范和研究方法指导课，强化学术道德和学风建设教育。自 2019 级起统一开设“学术规范和论文写作”，作为必修课纳入研究生培养环节中，课程内容注重宣扬科学精神，讲解研究方法，培育学术理想，明晰学术规范，塑造优良学风。

7. 在深入研究基础上，利用学位中心组织的调研会、研讨会、论坛等多种场合，以《2020 年学科评估研讨会建议》、《中国人民大学对开展哲学社会科学评价体系专题研究的有关建议》、《中国人民大学关于“法学”门类第五轮学科评估指标体系的建议》和《对构建中国特色哲学社会科学学科评价体系的若干思考》等报告或演讲稿形式，提出学校对于下一轮一级学科评估指标体系设计的基本意见和具体建议。参与国务院学位办《专业学位发展方案（2020—2025 年）》重大课题研究，积极参加全国一级学科评估指标体系调研工作。

8. 顺利完成学位授权自主审核工作。经学校研究部署，启动学校首次学位授权自主审核工作，新增化学一级学科博士学位授权点，并按照教育部要求报请国务院学位委员会批准。完成物理学系理论物理、原子分子物理、凝聚态物理 3 个目录内二级学科设置；完成物理学、化学、教育学 3 个目录外二级学科的撤销与更名；完成发展经济学、能源经济学、人工智能、大数据公共治理 4 个目录外二级学科的设置与备案。

9. 依照新办法组织实施 2019 年导师备案工作。贯彻《中国人民大学博士研究生指导教师选用和考核办法（试行）》以及《中国人民大学兼职博士研究生指导教师选用和考核办法（试行）》等新文件要求，组织各个学院起草并备案学院一级的选用和考核办法，开展考核、选用、备案上报工作。截至 6 月 12 日，博导备案 813 名，比 2018 年减少 32 人；兼职博导从原 80 人下降到 55 人；离退休返聘博导从 2018 年的 19 人下降到 2019 年的 9 人。

10. 全力落实研究生学位论文质量保障体系建设的各项具体措施。12 月 23 日，学校召开研究生学位论文质量保障体系建设专题会。校长刘伟在总结发言中指出，希望各学院能够相互学习，加强交流，在执行制度的过程中注重实效，将研究生学位论文质量保障的一系列措施进一步落到实处。部分学院在会上介绍了近年来在学位论文质量保障体系方面的探索和举措。研究生院进一步对学位论文答辩环节进行严格管理，旁听覆盖全部学院，并对于近年来出现过问题博士学位论文的学院给予了重点关注。

11. 进一步落实上级要求，控制研修班办学规模，规避政策风险。加强对各学院课程研修班办班的管理监督，严格落实办班审批备案制，实行按招生计划申报管理模式，对往年办班规模偏大、明显超出办学实力的学院压缩计划，实现学校办班规模的总体调控，共接收注册新学员 11 774 人，同比减少 10.7%。

12. 坚持深入学院和师生，打造“研究生教育工作坊”交流平台。2019 年，研究生院“研究生教育工作坊”邀请各学部下属学院师生交流研讨，已举办 6 场系列活动，涉及“海归教师谈培养”、“博士论文质量大家谈”、“主文献制度分享交流”和“导师与博士生教育质量提升大家谈”等主题，凝聚师生智慧力量，共同为学校研究生教育事业发展和“双一流”建设献言献策。

13. 研究生毕业证书改版。从 2019 年 6 月毕业的 2017 级研究生开始，研究生（含专业学位）毕业证书样式改版。依据教育部相关文件要求，学校应当严格按照招生时确定的办学类型和学习形式，以及学生招生录取时填报的个人信息，填写、颁发学历证书、学位证书及其他学业证书。因此，毕业证书的版式在 2017 级研究生发生变化，即 2016 级及之前入学的学生仍使用旧版毕业证书，2017 级及以后入学的学生均使用新版毕业证书。

14. 稳步推进信息化建设。积极参与学校数据共享，落实网络安全防范措施，确保内部系统运行稳定，网站及微信公众号运行维护得力，工作扎实有成效。研究生教育信息系统已经完成全部基本模块的开发工作，新系统已经整合到微人大数字校园平台，实现了和学校平台统一数据编码以及数据共享。研究生招生信息系统、同等学力信息系统顺利完成项目招投标工作，进入开发阶段。

15. 学位评定工作。2019 年，学校第九届学位评定委员会召开了第 7 次、第 8 次共 2 次会议，授予 416 人博士学位、7 008 人硕士学位（其中全日制 2 073 人、同等学力 2 689 人、专业学位 2 246 人）。

## 二、招生工作

2019 年，学校深入贯彻落实党的十九大精神和全国教育大会精神，积极稳妥推进考试招生制度改革。

(一)研究生报名、录取情况

1. 大陆硕士研究生招生

2019 年，大陆共有 26 862 人(含“少数民族骨干人才计划”262 人，“大学生退役士兵专项计划”105 人)报考中国人民大学硕士研究生，其中推荐免试 2 474 人，全国统考 16 141 人，专业学位联考 8 116 人，单独考试 56 人，援藏计划 75 人。

最终，学校共录取硕士研究生 4 422 人(不含往年录取、2019 年资格返回 49 人)，其中学术型硕士研究生 2 003 人，专业学位硕士研究生 2 419 人。接收优秀本科毕业生推荐免试攻读硕士学位 1 509 人(含“大学生退役士兵专项计划”9 人)，其中本校应届推免生 531 人，外校应届推免生 978 人；全国统考、联考硕士研究生 2 877 人(含“少数民族高层次骨干人才计划”66 人，“大学生退役士兵专项计划”10 人，“国家急需人才马克思主义理论专项计划”30 人，北京冬奥会实习生 10 人)；单独考试硕士研究生 20 人；援藏计划专项硕士生 16 人。录取专业学位硕士研究生占录取硕士研究生总数的比例为 54.7%。录取的 4 422 名硕士生中，男生 1 583 人，女生 2 839 人；中国共产党党员 1 696 人(含预备党员)，共青团团员 2 257 人；汉族 4 116 人，少数民族 306 人。2019 年，以国际学院(苏州研究院)名义共招收金融(专业学位)硕士研究生 60 人。

2. 大陆博士研究生招生

2019 年，大陆共有 5 063 人报考中国人民大学博士研究生，其中男生 2 221 人，女生 2 842 人；党员 2 898 人，团员 1 479 人；汉族考生 4 600 人，少数民族考生 463 人。报名人数在 100 人以上的专业共 7 个，依次是金融学、思想政治教育、社会学、企业管理、人力资源管理、马克思主义中国化研究、中国现当代文学。经过初试、复试、政审等环节，共录取 950 人，其中，男生 425 人，女生 525 人；党员 545 人，团员 336 人；汉族 867 人，少数民族 83 人；硕博连读 244 人，本科直博 62 人。

2019 年学校研究生招生专项计划中，“高校思想政治理论课教师在职攻读马克思主义理论博士学位专项计划”共有 40 人报考，录取 5 人；“高校思想政治工作骨干在职攻读博士学位专项计划”共有 29 人报考，录取 3 人；“少数民族高层次骨干人才”专项计划共有 176 人报考，录取 14 人，其中少数民族考生 13 人；“高校思想政治课教师队伍后备人才培养专项支持计划”录取 30 人；录取“援疆师资专项计划”新疆大学教师 2 人，录取对口支援院校西藏民族大学教师 2 人、延安大学教师 6 人、新疆农业大学教师 1 人、青海民族大学教师 2 人。深圳研究院招收博士研究生 10 人。

3. 港澳台地区招生

2019 年，港澳台地区考生共有 104 人报考学校研究生，其中，报考攻读博士学位研究生 16 人，报考攻读硕士学位研究生 88 人。共录取港澳台地区硕士研究生 49 人(含推免生 19 人，统考生 30 人)，其中，台湾地区生源 28 人，香港地区生源 17 人，澳门地区生源 4 人。

4. 留学研究生招生

2019 年，学校招收外国来华留学研究生主要有以下四种方式：一是“中国政府奖学金计划(CSC)”；二是普通面试招考；三是全英文硕士研究生项目；四是“孔子新汉学计划”。全年共录取外国来华留学生 394 人(硕士研究生 364 人，博士研究生 30 人)，其中，中文项目硕士研究生 110 人，中文项目博士研究生 18 人，全英文项目硕士研究生 218 人(丝路学院招收 69 人)，“中国政府奖学金计划(CSC)”研究生 39 人(硕士研究生 36 人，博士研究生 3 人)，“孔子新汉学计划”博士研究生 9 人。

(二)研究生招生工作的新进展

2019 年，学校在坚持严格管理、科学管理的基础上，结合实际工作需要，积极推行了以下新举措：

1. 根据教育部办公厅《关于做好 2019 年招收攻读博士研究生工作的通知》规定，“具有一级学科博士学位授权的招生单位可在相关一级学科内招收具有推荐免试资格的优秀应届本科毕业生直接攻博，招生人数一般不超过本单位博士生招生计划的20%”，学校在理工类一级学科和人文社科试点领域的基础上，进一步推动直博生招生，招生学院从9个增加到15个。

2.《中国人民大学博士研究生招生计划管理办法》在2019年招生年度全面实施。

3. 2019年所录取的博士研究生中，学校教职工、部分专项计划的在职人员为非全日制学习，人数23人，占当年录取总数的2.4%，其余博士生均为全日制学习。

4. 博士研究生申请考核制改革稳步推行。实行此项改革的院系达18个，包括哲学院、法学院、商学院、新闻学院、信息学院、农业与农村发展学院、统计与大数据研究院、统计学院、数学科学研究院、理学院物理系、理学院化学系、理学院心理学系、公共管理学院、外国语学院、劳动人事学院的劳动经济学专业、国际关系学院、社会与人口学院及数学学院，2019年录取576人，占学校录取总数的60.6%，申请考核制成为学校招收博士研究生的主要形式。

（三）全国硕士生2020年统考初试的组织考试工作

2020年全国共有23 880名考生报考中国人民大学，涉及考点569个，在校本部参加考试的考生共有6 507名，各类自命题试卷印制份数达4.5万，制卷数量依然保持在历史高位。12月底，研究生院组织动员近600名学校教职工参与本次考试的监考及其他相关组织工作，考试得以顺利平安地结束。

（四）研究生招生信息化

作为学校信息系统安全等级保护二级备案，研究生教育管理系统于2019年9月顺利完成测评；微信公众号推送维护正常，关注人数持续增加，达10万人；2019年底增加北京教育考试远程电子巡查指挥系统，运行良好；研究生院保密室监控系统正常运行。

## 三、培养工作

（一）学术型研究生

1. 全面推动习近平新时代中国特色社会主义思想进教材、进课堂、进头脑

(1) 在学校研究生中统一开设“习近平新时代中国特色社会主义思想研究”“习近平教育思想研究”两门思想政治理论选修课，并将这两门课程纳入学校2018级、2019级博士、硕士层次的各专业培养方案。2019—2020学年秋季学期，经济学院开设的“习近平新时代中国特色社会主义经济思想系列讲座”和法学院开设的“习近平全面依法治国思想”纳入2020级研究生培养方案，进一步丰富习近平新时代中国特色社会主义思想系列课程体系。

(2) 创新博士生思政课堂教学模式，形成以大师、名师为主体的博士研究生思想政治理论课教学团队。为切实提高博士生思想政治理论课教学质量，实现2018年新修订教材的系统性与教学的专题性有机结合，由学校党委书记靳诺主编，研究生院和马克思主义学院组织博士生思想政治理论课任课教师编写的博士生思想政治理论课读本《博导说——在人大听思想政治理论课》于2019年正式出版。该读本为进一步构建全方位、全领域、全要素的哲学社会科学学科体系，探索推进科教结合型博士研究生人才培养模式打下了良好基础。

(3) 全面开设学术规范和研究方法指导课，强化学术道德和学风建设教育。依据《教育部办公厅关于进一步规范和加强研究生培养管理的通知》，“加强学术规范和学术道德教育，把论文写作指导课程作为必修课纳入研究生培养环节”。为此，博士生层次培养方案将原有2018级各学院自设方法课“博士论文写作规范和方法”，自2019级起统一改为“学术规范和论文写作”，作为必修课纳入研究生的培养环节中。在侧重学术规范、论文写作科学指导、研究方法指导的同时，宣扬科学精神，培育学术理想，明晰学术规范，塑造优良学风，实现学术道德和学风建设培养在博士研究生中的全覆盖。

2. 开展“哲学社会科学卓越人才培养支持计划”试点，积极探索中国特色、世界一流的哲学社会科学卓越人才培养体系

(1) 自 2019 级起，新增 11 个人文社科直博培养方案作为博士生教育综合改革“哲学社会科学卓越人才培养支持计划”的重要内容：哲学一级学科下政治哲学、马克思主义哲学、中国哲学、科学技术哲学共 4 个专业招收直博生；商学院产业经济学、商业经济学、会计学、企业管理、技术经济及管理、市场营销管理、财务学共 7 个专业招收直博生。为 2020 年直博生培养模式扩大试点，新闻学院、应用经济学院、马克思主义学院、公共管理学院已开展优秀本科毕业生夏令营，预备选取优质生源和真正具有学术理想的学生进入直博生培养模式。

(2) 不断探索哲学社会科学卓越人才培养模式的内涵。在学校的支持下，鼓励二级单位先行先试。应用经济学院率先落实博士研究生培养的主体责任意识，举学院之力在应用经济学一级学科层面上开设学院通开课程，将高级宏观经济学、高级微观经济学、高级计量经济学作为博士研究生的必修课程。商学院探索支持直博生未来学术职业发展能力，不仅培养和考核学生的科研能力，而且要求学生进行教师职业技能培训，以增强其未来寻求一流大学教职的核心竞争力。

3. 研究生培养方案修订（增订）

2019 年共修订（增订）普通博士研究生培养方案 151 个、直博生培养方案 24 个、来华留学博士研究生培养方案 18 个。组织修订学术型硕士研究生学科专业培养方案 253 个。

(1) 马克思主义理论一级学科下增设“高校思想政治理论课教师队伍后备人才培养专项支持计划”马克思主义基本原理、马克思主义发展史、马克思主义中国化研究、国外马克思主义研究、思想政治教育、中国近现代史基本问题研究、党的建设共 7 个专业。按照教育部要求，设置 4 个“习近平关于教育的重要论述研究”独立培养方案，分立在马克思主义学院科学社会主义与国际共产主义运动、中国特色社会主义理论、马克思主义中国化研究、思想政治教育 4 个专业下。党内法规研究方向单立培养方案，放在党的建设专业下。

(2) 新增 12 个直博培养方案作为博士生教育综合改革“哲学社会科学卓越人才培养支持计划”重要内容。哲学一级学科下政治哲学、马克思主义哲学、中国哲学、科学技术哲学共 4 个专业招收直博生。商学院产业经济学、商业经济学、会计学、企业管理、技术经济及管理、市场营销管理、财务学共 7 个专业招收直博生。

(3) 单独设立留学生培养方案，规范外国留学研究生培养管理。

4. 继续实施“中国人民大学拔尖创新人才培育资助计划”

从 2014 年起，学校每学年从二年级博士研究生中选拔部分具有学术研究潜质的优秀学生进入“中国人民大学拔尖创新人才培育资助计划”，给予研究经费资助，着力提高学术研究水平和学位论文质量。2019 年首次选拔分配学院名额 103 人，审核通过 78 人。2018 年入选人员二次审核总计 89 人，不通过 34 人，通过 55 人。2017 年入选人员共计 56 人三次审核，已毕业 5 人，参加审核 51 人，其中通过 36 人，不通过 15 人。

5. 进一步完善博士点学科专业主文献制度，更加充分发挥主文献在培养过程中的重要作用

进一步完善主文献资源库动态更新制度，共有 11 个学院 35 个专业文献完成第 10 次动态更新。为更好地体现主文献“主流、经典、前沿”的特点，尊重学科学术发展特点，提高文献甄选质量，依据“分类指导、兼容并包”的甄选组织原则，2019 年，按学科目录编排了学校所有博士点学科专业主文献名录。

6. 召开 2019 级博士生暨新博导大会

9 月 25 日，“中国人民大学 2019 级博士生暨新博导大会”召开。校长刘伟出席大会并讲话，常务副校长王利明主持会议。研究生院常务副院长刘凤良对学校博士生教育基本情况、存在问题、博士生教育综合改革进展等情况做具体介绍。博士生导师代表马克思主义学院教授杨凤城、经济学院教授

陆方文先后发言。2019 级 955 名博士新生与各学院新增备案的 70 多名博士生导师以及各学院研究生工作负责人参加大会。

7. 硕博连读研究生培养

学校继续推进硕士阶段和博士阶段课程打通的硕博连读研究生培养模式。2019 年，参与试点的学院有商学院、哲学院、汉青经济与金融高级研究院、统计学院、农业与农村发展学院、财政金融学院、公共管理学院、经济学院、应用经济学院、历史学院。同时，学校继续在其他学院实行原有的硕士研究生入学一年后的硕博连读研究生选拔工作，经过学生本人申请、导师和学院审核、学校评审，2019 年共选拔批准 108 人。

8. 研究生奖助工作

组织完成 2016 级、2017 级、2018 级和 2019 级研究生学业奖学金的评定管理与发放工作，总计发放奖学金 8 926.72 万元。

组织完成研究生助研、助教岗位的申报、考核、管理工作。完成设立助研岗位 348 人次，发放津贴 367.8 万余元；完成设立助教岗位 4 217 人次，发放津贴 1 271.59 万余元。

组织完成 2019 年研究生科研基金项目结项通知、成果审核、名单公示、项目拨款等工作，2019 年达到结项要求的项目共 93 项，结项率为 70%。其中，发表核心期刊论文 82 篇，核心期刊率为 87%。发放结项资金总计 45.02 万元。

组织完成 2019 年研究生拔尖创新人才培育资助计划年度审核通过人员的资金立项、拨款等工作，发放博士生资助资金共计 260 万元，指导教师指导费共计 91 万元。

9. 开设研究生教育工作坊

2019 年，专门开设研究生教育工作坊系列活动。就“海归教师谈培养”、“博士论文质量大家谈”、“主文献制度分享交流”和“导师与博士生教育质量提升大家谈”等主题展开交流，提升学校研究生培养质量，凝聚广大教师的智慧和力量，服务学校的“双一流”建设。

10. 推动完成学校研究生国际交流相关工作

2019 年，依据学校研究生教育综合改革方案中关于进一步加强国际化的要求，在学校范围内积极组织国际交流项目的宣讲和动员工作，统筹协调资源，强化管理，积极推进研究生教育国际化。第一，在国家资助层面，113 人获国家留学基金委联合培养博士项目资助，7 人获攻读博士学位研究生项目资助。与此同时，区域国别项目、国际组织实习项目、中美富布赖特联合培养博士研究生项目也有多人获得资助。第二，在学校资助层面，“中国人民大学境内外联合培养研究生项目”选拔并派出 56 人赴哈佛大学、芝加哥大学、斯坦福大学、慕尼黑大学等 40 余所世界知名高水平大学进行联合培养，资助经费 240 余万元；校际交换生项目，共推荐 127 名研究生到美国哥伦比亚大学、法国巴黎政治学院、日本一桥大学等 40 余所高校交换学习；“中国人民大学研究生境外学术活动资助项目”共资助 207 人次赴境外参加国际学术活动，资助经费 100 万余元。整体资助人数和资助力度较 2018 年有一定提升。

11. 研究生教务工作

（1）2019 年，学校共开设研究生课程 2 444 门，处理调停课 136 门次。研究生院负责对全部课程进行课程评估，审核学校教师研究生课程工作量考核，组织和安排近 100 门（场）学校研究生期末考试和考场巡视工作，其中参加英语公共课考试硕士研究生和博士研究生共 2 429 人。

（2）全国英语四、六级考试工作。每学年组织两次研究生四、六级报名工作，2019 年上、下半年分别组织 884 名和 951 名研究生参加全国英语四、六级考试，并按照四、六级报名形式新规定，将所有在校生的学籍信息和照片全部上传至四、六级考试中心。

（3）为 2 500 名研究生办理了毕业手续，为 41 名研究生办理了结业手续，为 9 名研究生办理了肄业手续。组织毕业研究生的毕业信息采集，毕业照片采集，电子注册，毕业证书的打印和发放。其中，硕士研究生毕业 2 071 人，结业 8 人；博士研究生毕业 429 人，结业 33 人，肄业 9 人。

(4) 研究生培养业绩奖励。按照对研究生培养业绩奖励的指导意见，分别对各学院学生人数、课程及项目进行筛选统计，核算金额共计 2 905 万元。

(5) 处理转专业学生 6 人，指导学院组织出题、考试、评分，审核考核过程材料，将审核结果报学籍管理部门做学籍异动操作。

12. 完成北京市高等教育学会研究生教育研究分会秘书处相关工作

学校是北京市高等教育学会研究生教育研究分会的理事长单位，秘书处设在研究生院，研究生院培养办公室承担了研究分会秘书处全部日常工作。2019 年主要完成了以下几项工作：

(1) 1 月 15 日，在学校召开 2019 年秘书长联席会。研究分会理事长、常务副校长兼研究生院院长王利明教授出席会议并致辞。会议听取并通过了研究分会 2018 年工作报告及研究分会 2018 年财务收支情况报告，审议并通过了第十一届优秀论文评选活动结果和奖励表彰方案。

(2) 4 月 24 日，研究分会首先召开 2019 年常务理事会。会议审议并通过了研究分会秘书长变更情况。会议决定在原有招生、培养、学位、思政、专业学位五个专题组的基础上成立同等学力专题组，北京交通大学研究生院常务副院长李国岫教授出任组长，中国政法大学、对外经贸大学、首都医科大学、中国人民大学相关的负责人出任副组长。会议审议并通过了中国环境科学研究院的入会申请，成为研究分会的第 62 个会员单位。随后，召开研究分会 2019 年学术年会，并举行了第十一届优秀论文评选活动获奖论文表彰。本次大会由中国农业大学和中国人民大学共同承办，大会主题是“以质量为核心，以创新为引领，持续深化研究生教育内涵式发展”。副校长朱信凯代表中国人民大学出席了大会开幕式并致辞。会议还邀请了教育部学位管理与研究生教育司、北京市高等教育学会、北京市教育委员会、中国农业大学等单位的有关领导出席会议。

(3) 4 月 26 日，研究分会秘书长臧峰宇教授参加北京高等教育学会第十届理事会 2019 年常务理事会。

(二) 硕士专业学位研究生

1. 顺利召开 2019 年专业学位研究生教学案例支持计划立项评审会

1 月 9 日，2019 年专业学位研究生教学案例支持计划立项评审会召开，来自研究生院和有关学院的 12 位专家委员对财政金融学院、法学院、公共管理学院、国际学院、经济学院、农业与农村发展学院、商学院、统计学院、信息学院、社会与人口学院、新闻学院、文学院、外国语学院等院系教师申报的 88 项立项申请进行匿名评审，“艰难的重组：长电科技并购星科金朋后的扭亏之路”等 60 个教学案例项目通过立项。

2. 组织召开《教育部专业学位发展方案（2020—2025 年）》课题组第五次全体会议

9 月 5 日，研究生院组织召开《教育部专业学位发展方案（2020—2025 年）》课题组第五次全体会议。会议由课题组委托负责人刘惠琴教授主持，国务院学位办学位管理处处长栾宗涛，学校研究生院常务副院长刘凤良、劳动人事学院副院长周文霞，北京大学研究生院副院长杨立华等课题组专家参加会议。

3. 召开专业学位数字化课程录制项目验收会

为推进学校 3G+6+2 专业学位研究生课堂教学模式改革，10 月 16 日，研究生院对 2018 年立项的专业学位数字化课程录制项目开展结项验收工作。验收专家组由研究生院胡涛、张志军及法学院宋晔组成，北京人大数字科技有限公司相关负责人参加验收会并做项目汇报。

4. 顺利完成 2019 年专业学位教学案例支持计划结项评审

10—11 月，2019 年专业学位教学案例支持计划结项工作展开，共计收到 68 项已立项项目的结项申请。经中国社会科学案例中心组织专家匿名评审，“中层的迷思：毁灭或是新生？——海尔组织转型中的中层危机”等 57 项项目获准结项。

5．成功举办第五届中国社会科学案例论坛

11 月 15 日，第五届中国社会科学案例论坛在学校举办，主题为“跨学科案例与新时代国际商务专业学位研究生教育”。论坛由中国人民大学、全国国际商务专业学位研究生教育指导委员主办，教育部学位与研究生教育发展中心特别指导，学校研究生院、经济学院、科研处、中国社会科学案例中心承办，旨在开创和弘扬跨学科的案例研究和案例教学。学校党委副书记、校长刘伟教授，教育部学位与研究生教育发展中心副主任林梦泉，学校原副校长、中国社会科学案例中心主任伊志宏教授，全国国际商务专业学位研究生教学指导委员会秘书长、山东财经大学校长赵忠秀教授等参加本次论坛并做主题报告。

6．承办中国研究生院院长联席会 2019 年年会，题为“新时代中国专业学位研究生教育平行论坛”

11 月 14—16 日，中国研究生院院长联席会 2019 年年会、联席会成立 20 周年庆典大会暨 ACGS International Forum（2019）在广州召开。学校研究生院于 16 日上午承办了“新时代中国专业学位研究生教育平行论坛”，教育部学位与研究生教育发展中心质量监测与专业学位处处长李恒金、北京航空航天大学高等教育研究院研究生教育研究中心主任马永红做题为《构建新时代专业学位研究生教育质量保障新格局和专业学位发展质量与未来展望》的主题报告，全国农业专业学位研究生教育指导委员会秘书长李健强、全国工程专业学位研究生教育指导委员会秘书处办公室主任沈岩、全国会计专业学位研究生教育指导委员会副主任委员兼秘书长王化成就“有成效、可持续、待攀登”“产教融合——培养创新型复合型应用型人才是初心更是使命”“会计专业学位研究生教育综合改革的探索与实践”做演讲。

7．学校高级管理人员工商管理硕士（EMBA）教育管理委员会及中心成立

11 月 22 日，学校发布《关于成立中国人民大学高级管理人员工商管理硕士（EMBA）教育管理委员会及中心的通知》，成立学校高级管理人员工商管理硕士（EMBA）教育管理委员会及中心。

8．全国审计专业学位研究生教育指导委员会主任委员孙宝厚一行来访

12 月 2 日，全国审计专业学位研究生教育指导委员会主任委员孙宝厚一行到访学校。学校党委书记靳诺、常务副校长兼研究生院院长王利明会见孙宝厚一行，并举行座谈会。

9．专业学位教务管理工作

开课 1 073 门次，共计 39 272 课时；开课教师 861 人次，人均开课约 46 学时。学校共有 20 种专业学位类别，分布在 18 个学院，共计招收专业学位硕士研究生 2 419 人，占 2019 年全校硕士研究生招生总数的 53%，较 2018 年同比增长 5.4%。专业学位奖学金获奖人数共计 2 055 人，奖学金金额共计 1 381.66 万元。共有 2 286 人毕业，其中 1 月毕业 81 人（含双证 46 人，单证 35 人）；6 月毕业 1 955 人（含双证 1 834 人，单证 121 人）；12 月毕业 250 人（含双证 100 人，单证 150 人）。共授予硕士专业学位 2 286 人。

## 四、学位管理与学科建设工作

*（一）召开学校研究生学位论文质量保障体系建设专题会*

为进一步严守研究生学位论文质量底线，提升研究生培养质量，12 月 23 日，学校召开研究生学位论文质量保障体系建设专题会。校长刘伟，常务副校长、研究生院院长王利明，研究生院常务副院长刘凤良、副院长臧峰宇，各学院主要负责人及分管院领导出席会议。会议由王利明主持。王利明介绍了会议召开的背景，希望各学院通过会议增强交流、互相学习，发现问题，总结经验，促进学位论文质量保障工作更好地开展。刘凤良对于学校研究生学位论文抽检详细情况、现行学位论文质量管理制度以及下一步质量保障措施等进行了报告。商学院、法学院、财政金融学院、社会与人口学院、公

共管理学院等在会上介绍学院近年来在学位论文质量保障体系方面的进展和举措。校长刘伟在总结发言中指出，近几年学校和学院通过一些举措对学位论文进行严格把关，初具成效，希望各学院能够相互学习，加强交流，在执行制度的过程中注重实效，将研究生学位论文质量保障的一系列措施进一步落到实处。

（二）召开“导师与博士生教育质量提升大家谈”研讨会

10 月 22 日至 11 月 5 日，研究生院分别召开了第三期至第五期中国人民大学研究生教育工作坊“导师与博士生教育质量提升大家谈”研讨会，广泛征求学校经济学部、人文学部、法政学部、社会学部、理工学部等五大学部所属共 29 个学院（系）负责人、博导代表和博士生代表共 70 多人（其中在校博士生 22 人）的意见。研究生院与学院（系）领导、博导代表，结合 2019 年初学校公布实施的《关于加强责任意识　完善管理制度　全面提升博士学位论文质量的意见》文件精神，重点围绕博士生导师资格备案制度、博士生培养模式、博士学位论文质量等进行深入研讨。

（三）学位管理工作

1. 组织开展博士学位论文质量监督和事后评估工作

2019 年学校博士学位论文前期全部参加了不端行为软件检测。

根据博士学位论文抽检办法，组织学校所有学院开展了博士学位论文事后评估。各学院采取自检、抽查、匿名评审等方式，对拟授予学位的博士学位论文进行全面把关。

2. 学位申请和授予工作

按照资格审查、专家评阅、学位论文答辩、分会审议、校学位评定委员会核准的程序对申请博士学位、硕士学位人员进行了审核、学位授予并颁发证书。6 月 19 日，学校举办 2019 年博士学位授予仪式。硕士及学士学位仪式由学校统筹、以学院为单位进行。

3. 组织开展硕士学位论文质量抽查工作

按照北京市人民政府教育督导室《关于做好 2018 年硕士学位论文抽检工作的通知》，组织整理并提交学校已毕业研究生硕士论文 182 篇（含同等学力论文 102 篇），供其开展硕士学位论文质量审查工作。

（四）学位授权审核工作

1. 开展学校首次学位授权自主审核工作

按照教育部自主审核工作的要求和《中国人民大学学位授权点设置与调整管理办法（试行）》的规定，组织开展了学校一级学科的学位授权自主审核工作。经学院申请及论证、研究生院初审、国内外同行专家论证、校学位评定委员会审议、校长办公会和党委常委会审议、校内公示等环节，学校完成了新增化学一级学科博士学位授权的自主审核程序，并按照教育部要求报请国务院学位委员会批准。

2. 组织目录内二级学科的增设工作

物理学系申请在物理学一级学科下增设理论物理、原子与分子物理、凝聚态物理 3 个二级学科博士点。按照教育部和学校相关规定完成了这三个学科的设置论证和审核。

3. 组织目录外二级学科的撤销与调整工作

按照国务院学位委员会办公室的要求，对学校“0701Z1 物理学”、“0701Z2 化学”和“1204Z3 教育学”3 个目录外二级学科进行了撤销与调整。经学院论证申请、学校审核同意，完成了“0701Z1 物理学”和“1204Z3 教育学”两个目录外二级学科的撤销，完成了“0701Z2 化学”更名为“0701Z2 计算化学”目录外二级学科的更名程序。

4. 组织目录外二级学科的增设工作

经济学院申请在理论经济学一级学科下增设“0201Z3 发展经济学”目录外二级学科博士和硕士点，应用经济学院申请在应用经济学一级学科下增设“0202Z5 能源经济学”目录外二级学科博士和硕士点，高瓴人工智能学院和信息学院申请在计算机科学与技术一级学科下增设“0812Z3 人工智能”

目录外二级学科博士和硕士点，公共管理学院申请在公共管理一级学科下增设“1204Z3 大数据公共治理”目录外二级学科硕士点。按照教育部和学校相关规定完成了以上学科的设置论证和审核。

5. 组织目录外二级学科、交叉学科主责建设学院的调整工作

农业与农村发展学院和环境学院申请调整“可持续发展管理”与“自然资源管理”的主责建设学院，经校学位评定委员会审议，同意农业与农村发展学院作为“自然资源管理”目录外二级学科博士和硕士学位授权点的主责建设学院，同意环境学院作为“可持续发展管理”交叉学科博士和硕士学位授权点的主责建设学院。

（五）博士研究生指导教师管理工作

2019 年，学校发布《中国人民大学博士研究生指导教师选用和考核办法（试行）》和《中国人民大学兼职博士研究生指导教师选用和考核办法（试行）》，要求博士生导师要牢固树立博士研究生教育“质量至上”的核心理念，加强学校博士研究生指导教师的选用和考核管理，对博士生导师资格实行年度考核制，努力建设“师德高尚，业务精良”的博士生导师队伍。学校支持各院（系）建立并实施适合本单位学科专业特点的博士生导师选用制度、考核制度和培训制度，鼓励各院（系）形成独立的学术成长和激励约束机制，强化“导师是研究生培养第一责任人”的责任意识，强化导师与招生选拔、培养工作紧密衔接的岗位意识，加强导师对研究生进行学科前沿引导、科研方法指导和学术规范教导，加强导师对研究生思想品德、科学伦理的教育示范作用。各个博士点所在学院分别制定博导选用办法，并对博士生导师进行了全员考核。研究生院组织开展了学校 2019 年博士生指导教师选用和备案工作。2019 年，学校共选用博士生导师 813 人，其中校内在职在岗博士生导师 749 人，返聘退（离）休博士生导师 9 人，校外兼职博士生导师 55 人。

（六）校学位评定委员会会议

2019 年，学校共召开了 2 次学位评定委员会会议。

1. 6 月 12 日，学校召开第九届学位评定委员会第七次全体会议。会议决定授予 338 人博士学位，5 318 人硕士学位（其中全日制学术型硕士学位 2 053 人、硕士专业学位 1 955 人、同等学力硕士学位 1 310 人），3 925 人学士学位（其中普通高等教育本科生学士学位 3 112 人、继续教育学院成人教育学士学位 70 人、网络教育学士学位 743 人）；同意撤销 2006 届人力资源管理专业硕士毕业生 1 人硕士学位；同意新增 1 人为兼职博士生导师；同意增设化学博士学位授权一级学科；同意增设“发展经济学”“能源经济学”“人工智能”3 个二级学科博士点；同意增设“大数据与公共治理”1 个二级学科硕士点。

2. 12 月 25 日，学校召开第九届学位评定委员会第八次全体会议。会议决定授予 78 人博士学位，1 690 人硕士学位（其中全日制学术型硕士学位 20 人、硕士专业学位 291 人、同等学力硕士学位 1 379 人），1 505 人学士学位（其中教务处成人北京高等教育自学考试学士学位 280 人，继续教育学院成人教育学士学位 195 人、网络教育学士学位 1 030 人）；审议通过《中国人民大学高等学历继续教育（含成人学历教育与网络学历教育）学士学位授予工作实施细则（试行）》；审议通过将“1203Z1 自然资源管理”二级学科博士硕士学位授权点的主责建设单位调整为农业与农村发展学院、“99J7 可持续发展管理”交叉二级学科博士硕士学位授权点的主责建设单位调整为环境学院；审议通过经济学院新增“经济发展”学术型硕士学位全英文项目、财政金融学院新增“金融科技”方向专业学位全英文项目。

## 五、其他

1. 加强课程考试管理，严格规范同等学力申请硕士学位工作

加强了同等学力题库课程考试的集中规范管理，减少合并了部分京外考点，协调各学院做到了同一地区考试统一组织管理，进一步树立了考试的规范性、严肃性。

加大对各学院非题库课程考试的监督检查力度，初步建立了考试计划提前申报制度。对各学院非题库课程考试组织情况、成绩录入及试卷存档等工作进行了专项检查，督促学院落实制度要求。

2. 高度重视并大力推进信息化建设工作

按照研究生院信息化工作的总体部署，启动了同等学力综合管理信息系统的开发建设工作，并以新系统建设为契机，细化梳理工作流程，完善有关制度，进一步提高管理规范性和精细化程度。

3. 圆满完成同等学力全国统考的组考和阅卷工作

受教育部委托，学校承担2019年同等学力人员申请硕士学位学科全国统考的考试组织和综合水平全国统考的阅卷工作。作为北京市最大的考点之一，共顺利完成7 602名考生的指纹验证和考试组织工作；承接并圆满完成综合水平全国统考69 053份试卷的评阅工作。

4. 顺利完成多个课程研修班的开班、结业等管理工作

2019年，学校各类研修班开班上课113个，新注册学员12 269人；审核并颁发各类研修班结业证书共计9 982人（本）。从1995年至2019年，学校累计颁发各类课程研修班结业证书147 775人（本）。

5. 顺利完成同等学力人员申请硕士学位课程考试组织工作

截至2019年底，学校接收同等学力人员申请硕士学位资格有效期内的人数4.11万人，其中2019年认定资格并办理手续的13 031人；全部通过申请硕士学位规定的课程考试（包括全国水平考试），进入学位论文写作和答辩阶段的3 501人；以同等学力人员身份通过学位论文答辩，并获得硕士学位的2 689人。

2019年，学校共组织58 948人（门）次、243门课程的学位课程考试。在2019年同等学力人员全国统一考试中，4 722人通过了学科综合水平考试，4 583人通过了外国语水平考试。

1995年以来，学校已接收同等学力人员申请硕士学位累计108 933人；36 238人通过了全部规定的课程考试（含全国水平考试），占33.3%，其中27 899人通过学位论文答辩，获得硕士学位，占通过全部规定的课程考试人员的77.0%。

6. 归档工作

2019年，学校硕士、博士研究生科技档案归档共计7 424卷；向国家图书馆、中国社会科学院情报中心等送交各类学位论文14 848套。

## 附录

### 中国人民大学国家重点一级学科一览表

| 所属学科门类 | 国家重点一级学科（8个） |
|---|---|
| 哲学 | 哲学 |
| 经济学 | 理论经济学 |
| | 应用经济学 |
| 法学 | 法学 |
| | 社会学 |
| | 马克思主义理论 |
| 文学 | 新闻传播学 |
| 管理学 | 工商管理 |

## 中国人民大学非国家重点一级学科内国家重点二级学科一览表

| 所属一级学科 | 国家重点二级学科（8 个） |
| --- | --- |
| 政治学 | 中共党史 |
| | 国际政治 |
| 中国语言文学 | 文艺学 |
| 中国史 | 中国古代史 |
| | 中国近现代史 |
| 农林经济管理 | 农业经济管理 |
| 公共管理 | 行政管理 |
| 图书情报与档案管理 | 档案学 |

## 中国人民大学北京市重点一级学科一览表

| 所属学科门类 | 北京市重点一级学科（5 个） |
| --- | --- |
| 法学 | 政治学 |
| 文学 | 中国语言文学 |
| 历史学 | 中国史 |
| 管理学 | 农林经济管理 |
| | 图书情报与档案管理 |

## 中国人民大学北京市重点二级学科一览表

| 所属一级学科 | 北京市重点二级学科（4 个） |
| --- | --- |
| 计算机科学与技术 | 计算机应用技术 |
| 公共管理 | 教育经济与管理 |
| | 社会保障 |
| | 土地资源管理 |

## 中国人民大学交叉学科北京市重点学科一览表

| 交叉学科北京市重点学科（1 个） |
| --- |
| 农村发展管理 |

# 中国人民大学授予博士、硕士学位和培养研究生的学科、专业目录

## 一、中国人民大学学术型研究生专业设置一览表

制表日期：2019-12-31

| 学科门类 | 一级学科 | 专业代码、名称 | 博士点<br>批准时间 | 硕士点<br>批准时间 |
|---|---|---|---|---|
| 01<br>哲学 | 0101 哲学<br>☆☆（1998-06-19）<br>★★（2007-08-20） | 010101 马克思主义哲学 | 1981-11-03 | 1981-11-03 |
| | | 010102 中国哲学 | 1981-11-03 | 1981-11-03 |
| | | 010103 外国哲学 | 1984-01-13 | 1981-11-03 |
| | | 010104 逻辑学 | 1998-06-19 | 1984-01-13 |
| | | 010105 伦理学 | 1984-01-13 | 1981-11-03 |
| | | 010106 美学 | 1998-06-19 | 1986-07-28 |
| | | 010107 宗教学 | 1998-06-19 | 1993-12-17 |
| | | 010108 科学技术哲学 | 1986-07-28 | 1981-11-03 |
| | | 0101Z1 管理哲学 | **2004 自** | **2004 自** |
| | | 0101Z2 政治哲学 | **2011 自** | **2011 自** |
| 02<br>经济学 | 0201 理论经济学<br>☆☆（1998-06-19）<br>★★（2007-08-20） | 020101 政治经济学 | 1981-11-03 | 1981-11-03 |
| | | 020102 经济思想史 | 1984-01-13 | 1981-11-03 |
| | | 020103 经济史 | 1998-06-19 | 1981-11-03 |
| | | 020104 西方经济学 | 1996-04-29 | 1993-12-17 |
| | | 020105 世界经济 | 1981-11-03 | 1981-11-03 |
| | | 020106 人口、资源与环境经济学 | 1998-06-19 | 1998-06-19 |
| | | 0201Z1 网络经济学 | **2002 自** | **2002 自** |
| | | 0201Z2 企业经济学 | **2004 自** | **2004 自** |
| | | 0201Z3 发展经济学 | **2019 自** | **2019 自** |
| | 0202 应用经济学<br>☆☆（1999-06-10）<br>★★（2007-08-20） | 020201 国民经济学 | 1984-01-13 | 1981-11-03 |
| | | 020202 区域经济学 | 1986-07-28 | 1984-01-13 |
| | | 020203 财政学 | 1984-01-13 | 1981-11-03 |
| | | 020204 金融学 | 1981-11-03 | 1981-11-03 |
| | | 020205 产业经济学 | 1984-01-13 | 1981-11-03 |
| | | 020206 国际贸易学 | 1999-06-10 | 1993-12-17 |
| | | 020207 劳动经济学 | 1993-12-17 | 1986-07-28 |
| | | 020208 统计学 | 1981-11-03 | 1981-11-03 |
| | | 020209 数量经济学 | 1999-06-10 | 1984-01-13 |
| | | 020210 国防经济 | | 1999-06-10 |
| | | 0202Z1 保险学 | **2004 自** | **2002 自** |
| | | 0202Z2 商业经济学 | **2011 自** | **2011 自** |
| | | 0202Z3 房地产经济与管理 | **2011 自** | **2011 自** |
| | | 0202Z4 城市经济学 | **2004 自** | **2004 自** |
| | | 0202Z5 能源经济学 | **2019 自** | **2019 自** |

续表

| 学科门类 | 一级学科 | 专业代码、名称 | 博士点批准时间 | 硕士点批准时间 |
|---|---|---|---|---|
| 03<br>法学 | 0301 法学<br>☆☆（2003-07-01）<br>★★（2007-08-20） | 030101 法学理论 | 1986-07-28 | 1981-11-03 |
| | | 030102 法律史 | 1990-11-20 | 1981-11-03 |
| | | 030103 宪法学与行政法学 | 1986-07-28 | 1981-11-03 |
| | | 030104 刑法学 | 1984-01-13 | 1981-11-03 |
| | | 030105 民商法学 | 1986-07-28 | 1981-11-03 |
| | | 030106 诉讼法学 | 1993-12-17 | 1981-11-03 |
| | | 030107 经济法学 | 1993-12-17 | 1990-11-20 |
| | | 030108 环境与资源保护法学 | 2004-06-24 | 2000-12-07 |
| | | 030109 国际法学 | 2003-09-01 | 1981-11-03 |
| | | 0301Z1 知识产权法 | **2005 自** | **2005 自** |
| | | 0301Z2 比较法学 | **2011 自** | **2011 自** |
| | | 0301Z3 中国法 | | **2012 自** |
| | | 0301Z4 社会法学 | **2017 自** | **2017 自** |
| | 0302 政治学<br>☆☆（2000-12-29）<br>▲▲（2008-04-23） | 030201 政治学理论 | 1986-07-28 | 1981-11-03 |
| | | 030202 中外政治制度 | 2002-06-27 | 1986-07-28 |
| | | 030203 科学社会主义与国际共产主义运动 | 1981-11-03 | 1981-11-03 |
| | | 030204 中共党史★ | 1981-11-03 | 1981-11-03 |
| | | 030206 国际政治★ | 2001-01-09 | 1981-11-03 |
| | | 030207 国际关系 | 2000-12-29 | 1996-04-29 |
| | | 030208 外交学 | 2002-06-27 | 1998-06-30 |
| | | 0302Z1 中国政治 | **2002 自** | **2002 自** |
| | | 0302Z2 国际政治经济学 | **2011 自** | **2005 自** |
| | 0303 社会学<br>☆☆（2000-12-29）<br>★★（2007-08-20） | 030301 社会学 | 1993-12-17 | 1986-07-28 |
| | | 030302 人口学 | 1984-01-13 | 1981-11-03 |
| | | 030303 人类学 | 2000-12-29 | 1998-06-30 |
| | | 030304 民俗学 | | 2000-12-07 |
| | | 0303Z1 老年学 | **2002 自** | **2002 自** |
| | | 0303Z2 社会心理学 | **2004 自** | **2004 自** |
| | 0305 马克思主义理论<br>☆☆（2006-01-25）<br>★★（2007-08-20） | 030501 马克思主义基本原理 | 1990-11-20 | 1990-11-20 |
| | | 030502 马克思主义发展史 | 2006-06-20 | 2006-06-20 |
| | | 030503 马克思主义中国化研究 | 2006-06-20 | 2006-06-20 |
| | | 030504 国外马克思主义研究 | 2006-06-20 | 2006-06-20 |
| | | 030505 思想政治教育 | 1990-11-20 | 1990-11-20 |
| | | 030506 中国近现代史基本问题研究 | 2008-06-20 | 2008-06-20 |
| | | 0305Z1 党的建设 | **2017 自** | **2017 自** |

续表

| 学科门类 | 一级学科 | 专业代码、名称 | 博士点批准时间 | 硕士点批准时间 |
| --- | --- | --- | --- | --- |
| 04 教育学 | 0401 教育学 ☆（2006-01-25） | 040106 高等教育学 | | 2006-06-20 |
| | | 0401Z1 教育法学 | | **2012 自** |
| | | 0401Z2 体育文化与管理 | | **2017 自** |
| | 0402 心理学（可授教育学、理学学位）☆（2011-03-03） | 040201 基础心理学 | | 2011-06-13 |
| | | 040203 应用心理学 | | 2011-06-13 |
| 05 文学 | 0501 中国语言文学 ☆☆（2006-01-25）▲▲（2012-04-25） | 050101 文艺学★ | 1993-12-17 | 1984-01-13 |
| | | 050102 语言学及应用语言学 | 2006-06-20 | 1981-11-03 |
| | | 050103 汉语言文字学 | 2003-09-01 | 1986-07-28 |
| | | 050104 中国古典文献学 | 2006-06-20 | 1998-06-30 |
| | | 050105 中国古代文学 | 2003-09-01 | 1986-07-28 |
| | | 050106 中国现当代文学 | 2006-06-20 | 1981-11-03 |
| | | 050108 比较文学与世界文学 | 2006-01-25 | 1981-11-03 |
| | | 0501Z1 古典学 | **2012 自** | **2012 自** |
| | | 0501Z2 心理语言学 | **2014 自** | **2014 自** |
| | | 0501Z3 创造性写作 | | **2014 自** |
| | 0502 外国语言文学 ☆☆（2011-03-03） | 050201 英语语言文学 | 2011-06-13 | 1986-07-28 |
| | | 050202 俄语语言文学 | | 1998-06-30 |
| | | 050203 法语语言文学 | | 2014-06-13 |
| | | 050204 德语语言文学 | 2013-01-14 | 2003-09-01 |
| | | 050205 日语语言文学 | 2011-06-13 | 1996-04-29 |
| | 0503 新闻传播学 ☆☆（2000-12-29）★★（2007-08-20） | 050301 新闻学 | 1984-01-13 | 1981-11-03 |
| | | 050302 传播学 | 1998-06-19 | 1998-06-19 |
| | | 0503Z1 传媒经济学 | **2002 自** | **2002 自** |
| | | 0503Z2 广播电视学 | **2011 自** | **2011 自** |
| 06 历史学 | 0601 考古学 ☆☆（2011-08-05） | 060101 考古学及博物馆学 | 2007-01-26 | 2005-06-22 |
| | 0602 中国史 ☆☆（2011-08-05）▲▲（2012-04-25） | 060201 史学理论及史学史 | 2003-01-14 | 1981-11-03 |
| | | 060202 历史地理学 | 2005-01-06 | 2003-01-14 |
| | | 060203 历史文献学 | 2003-01-14 | 2000-12-07 |
| | | 060204 专门史 | 2000-12-29 | 1998-06-30 |
| | | 060205 中国古代史★ | 1981-11-03 | 1981-11-03 |
| | | 060206 中国近现代史★ | 1986-07-28 | 1981-11-03 |
| | | 0602Z1 当代中国史 | **2002 自** | **2002 自** |
| | 0603 世界史 ☆☆（2011-08-05） | 060301 世界史 | 1998-06-19 | 1986-07-28 |

续表

| 学科门类 | 一级学科 | 专业代码、名称 | 博士点批准时间 | 硕士点批准时间 |
|---|---|---|---|---|
| 07 理学 | 0701 数学 ☆☆（2011-03-03） | 070101 基础数学 | 2011-06-13 | 2000-12-07 |
| | | 070102 计算数学 | | 2008-06-20 |
| | | 070103 概率论与数理统计 | 2011-06-13 | 1998-07-03 |
| | | 070104 应用数学 | 2011-06-13 | 2003-09-01 |
| | | 070105 运筹学与控制论 | | 1998-07-03 |
| | | 0701Z2 计算化学 | **2011 自** | **2011 自** |
| | 0702 物理学 ☆☆（2018-03-22） | 070201 理论物理 | 2019-04-01 | 2006-01-25 |
| | | 070203 原子与分子物理 | 2019-04-01 | 2011-06-13 |
| | | 070205 凝聚态物理 | 2019-04-01 | 2006-01-25 |
| | 0703 化学 ☆（2011-03-03） | 070301 无机化学 | | 2006-01-25 |
| | | 070302 分析化学 | | 2011-06-13 |
| | | 070303 有机化学 | | 2006-01-25 |
| | | 070304 物理化学 | | 2006-01-25 |
| | | 070305 高分子化学与物理 | | 2011-06-13 |
| | 0705 地理学 ☆（2011-03-03） | 070502 人文地理学 | | 2011-06-13 |
| | | 070503 地图学与地理信息系统 | | 2006-01-25 |
| | 0711 系统科学 ☆（2006-01-25） | 071101 系统理论 | | 2000-12-07 |
| | 0713 生态学 ☆（2011-08-05） | 由学校原“071012 生态学”二级学科对应调整而来 | | 2003-09-01 |
| | 0714 统计学（可授理学、经济学学位）☆☆（2011-08-05） | 由学校原“020208 统计学”和“070103 概率论与数理统计”二级学科对应调整而来 | | |
| 08 工学 | 0812 计算机科学与技术（可授工学、理学学位）☆☆（2011-03-03） | 081201 计算机系统结构 | | 2008-06-20 |
| | | 081202 计算机软件与理论 | 2006-01-25 | 2000-12-07 |
| | | 081203 计算机应用技术▲ | 2000-12-29 | 1981-11-03 |
| | | 0812Z1 信息安全 | **2011 自** | **2011 自** |
| | | 0812Z2 大数据科学与工程 | **2017 自** | **2017 自** |
| | | 0812Z3 人工智能 | **2019 自** | **2019 自** |
| | 0830 环境科学与工程（可授工学、理学、农学学位）☆（2011-03-03） | 083001 环境科学 | | 2003-09-01 |
| | | 083002 环境工程 | | 2006-01-25 |
| | 0832 食品科学与工程（可授工学、农学学位）☆（2011-03-03） | 083201 食品科学 | | 1998-07-03 |
| | 0835 软件工程 ☆（2011-08-05） | 由学校原“081202 计算机软件与理论”二级学科对应调整而来 | | |

续表

| 学科门类 | 一级学科 | 专业代码、名称 | 博士点批准时间 | 硕士点批准时间 |
|---|---|---|---|---|
| 10 医学 | 1004 公共卫生与预防医学（可授医学、理学学位）☆（2011-03-03） | 100401 流行病与卫生统计学 | | 2006-01-25 |
| 12 管理学 | 1201 管理科学与工程（可授管理学、工学学位）☆（2000-12-26） | 1201 管理科学与工程 | | 2000-12-26 |
| | 1202 工商管理 ☆☆（2000-12-29） ★★（2007-08-20） | 120201 会计学 | 1986-07-28 | 1981-11-03 |
| | | 120202 企业管理 | 1986-07-28 | 1981-11-03 |
| | | 120204 技术经济及管理 | 2000-12-29 | 1986-07-28 |
| | | 1202Z1 人力资源管理 | **2002 自** | **2002 自** |
| | | 1202Z2 市场营销管理 | **2002 自** | **2002 自** |
| | | 1202Z3 财务学 | **2011 自** | **2011 自** |
| | 1203 农林经济管理 ☆☆（2000-12-29） ▲▲（2010-05-26） | 120301 农业经济管理★ | 1986-07-28 | 1981-11-03 |
| | | 120302 林业经济管理 | 2009-01-07 | 2001-01-09 |
| | | 1203Z1 自然资源管理 | **2011 自** | **2002 自** |
| | | 1203Z2 农村发展（农村发展管理 20080423 交叉学科北京市重点学科） | **2004 自** | **2004 自** |
| | | 1203Z3 食品经济管理 | **2018 自** | **2018 自** |
| | 1204 公共管理 ☆☆（2003-07-01） | 120401 行政管理★ | 1998-06-19 | 1990-11-20 |
| | | 120402 社会医学与卫生事业管理 | 2015-06-15 | 2005-06-22 |
| | | 120403 教育经济与管理▲ | 2003-09-01 | 2000-12-07 |
| | | 120404 社会保障▲ | 2003-09-01 | 1998-06-19 |
| | | 120405 土地资源管理▲ | 2000-12-29 | 1998-06-19 |
| | | 1204Z1 公共财政与公共政策 | **2011 自** | **2011 自** |
| | | 1204Z2 公共组织与人力资源 | **2004 自** | **2004 自** |
| | | 1204Z3 大数据公共治理 | | **2019 自** |
| | 1205 图书情报与档案管理 ☆☆（2006-01-25） ▲▲（2012-04-25） | 120501 图书馆学 | 2006-06-20 | 1998-06-30 |
| | | 120502 情报学 | 2006-01-25 | 2000-12-07 |
| | | 120503 档案学★ | 1993-12-17 | 1984-01-13 |
| | | 1205Z1 信息资源管理 | **2008 自** | **2008 自** |
| | | 1205Z2 信息分析 | **2011 自** | **2011 自** |

续表

| 学科门类 | 一级学科 | 专业代码、名称 | 博士点批准时间 | 硕士点批准时间 |
| --- | --- | --- | --- | --- |
| 13 艺术学 | 1301 艺术学理论 ☆（2018-03-22） | 130101 艺术学 | | 2003-09-01 |
| | 1302 音乐与舞蹈学 ☆（2011-08-05） | 130201 音乐学 | | 2009-01-07 |
| | 1303 戏剧与影视学 ☆（2011-08-05） | 130301 戏剧戏曲学 | | 2008-06-20 |
| | | 130302 电影学 | | 2007-01-26 |
| | 1304 美术学 ☆（2011-08-05） | 130401 美术学 | | 2003-09-01 |
| | 1305 设计学（可授艺术学、工学学位）☆（2018-03-22） | 130501 设计艺术学 | | 2003-09-01 |

注：1. 加“☆☆”的一级学科具有博士、硕士学位授予权；加“☆”的一级学科具有硕士学位授予权；加“★★”的一级学科为国家重点一级学科；加“★”的专业为国家重点二级学科；加“▲▲”的一级学科为北京市重点一级学科；加“▲”的专业为北京市重点二级学科。

2. 学科点“批准时间”栏目内标注“年度＋自”并用黑字体显示的学科点是学校在一级学科授权范围内自主设置并上报教育部备案的学科点。

## 二、中国人民大学学术型研究生交叉学科设置一览表

制表日期：2019-12-31

| 交叉学科代码、名称 | 涉及一级学科 | 博士点批准时间 | 硕士点批准时间 |
| --- | --- | --- | --- |
| 99J1 金融工程 | 0202 应用经济学<br>0701 数学 | **2011 自** | **2011 自** |
| 99J2 风险管理与精算学 | 0202 应用经济学<br>0701 数学 | **2011 自** | **2011 自** |
| 99J3 劳动关系学 | 0202 应用经济学<br>0301 法学 | **2011 自** | **2011 自** |
| 99J4 中国特色社会主义理论 | 0302 政治学<br>0305 马克思主义理论<br>0201 理论经济学<br>0101 哲学 | **2011 自** | **2011 自** |
| 99J5 国学 | 0602 中国史<br>0501 中国语言文学<br>0101 哲学 | **2011 自** | **2011 自** |
| 99J6 城乡发展与规划 | 1204 公共管理<br>0303 社会学<br>0602 中国史 | **2011 自** | **2011 自** |
| 99J7 可持续发展管理 | 1204 公共管理<br>1203 农林经济管理<br>0202 应用经济学 | **2011 自** | **2011 自** |

续表

| 交叉学科代码、名称 | 涉及一级学科 | 博士点批准时间 | 硕士点批准时间 |
|---|---|---|---|
| 99J8 环境政策与管理 | 0830 环境科学与工程<br>1204 公共管理 | | **2011 自** |
| 99J9 食品安全管理 | 1204 公共管理<br>0832 食品科学与工程<br>1203 农林经济管理<br>0301 法学 | | **2011 自** |

## 三、中国人民大学研究生专业学位授予和人才培养目录

制表日期：2019-12-31

| 专业学位类别代码及名称 | 硕士点批准时间 |
|---|---|
| 0251 金融 | 2010-09-02 |
| 0252 应用统计 | 2010-09-02 |
| 0253 税务 | 2010-09-02 |
| 0254 国际商务 | 2010-09-02 |
| 0255 保险 | 2010-09-02 |
| 0256 资产评估 | 2010-09-02 |
| 0351 法律 | 1995-05-30 |
| 0352 社会工作 | 2009-07-21 |
| 0453 汉语国际教育 | 2007-06-06 |
| 0454 应用心理 | 2018-03-22 |
| 0551 翻译 | 2014-05-29 |
| 0552 新闻与传播 | 2010-09-02 |
| 0651 文物与博物馆 | 2010-09-02 |
| 0852 工程 | 2008-05-07 |
| 0951 农业 | 2007-06-06 |
| 125101 工商管理 | 1990-11-28 |
| 125102 高级管理人员工商管理硕士（EMBA） | 2002-07-24 |
| 1252 公共管理 | 2000-04-25 |
| 1253 会计 | 2004-04-30 |
| 1255 图书情报 | 2010-09-02 |
| 1351 艺术 | 2010-09-02 |

# 2019年中国人民大学学术型博士、硕士学位授予情况

| 序号 | 专业代码 | 专业名称 | 博士 | 硕士 | | 合计 |
|---|---|---|---|---|---|---|
| | | | | 全日制 | 同等学力 | |
| 1 | 010101 | 马克思主义哲学 | 8 | 21 | | 29 |
| 2 | 010102 | 中国哲学 | 10 | 15 | 10 | 35 |
| 3 | 010103 | 外国哲学 | 2 | 11 | | 13 |
| 4 | 010104 | 逻辑学 | 3 | 2 | | 5 |
| 5 | 010105 | 伦理学 | 11 | 14 | | 25 |
| 6 | 010106 | 美学 | 4 | 5 | 24 | 33 |
| 7 | 010107 | 宗教学 | 5 | 30 | 1 | 36 |
| 8 | 010108 | 科学技术哲学 | 4 | 5 | | 9 |
| 9 | 0101Z1 | 管理哲学 | 3 | 5 | 2 | 10 |
| 10 | 0101Z2 | 政治哲学 | 3 | | | 3 |
| 11 | 020101 | 政治经济学 | 5 | 34 | 3 | 42 |
| 12 | 020102 | 经济思想史 | | 2 | | 2 |
| 13 | 020103 | 经济史 | 2 | 6 | | 8 |
| 14 | 020104 | 西方经济学 | 5 | 26 | 19 | 50 |
| 15 | 020105 | 世界经济 | 3 | 34 | 74 | 111 |
| 16 | 020106 | 人口、资源与环境经济学 | 4 | 40 | 6 | 50 |
| 17 | 0201Z1 | 网络经济学 | 1 | 5 | 9 | 15 |
| 18 | 0201Z2 | 企业经济学 | 2 | 10 | 32 | 44 |
| 19 | 020201 | 国民经济学 | 2 | 79 | 39 | 120 |
| 20 | 020202 | 区域经济学 | 2 | 11 | 13 | 26 |
| 21 | 020203 | 财政学 | 3 | 8 | 10 | 21 |
| 22 | 020204 | 金融学 | 16 | 61 | 362 | 439 |
| 23 | 020205 | 产业经济学 | 4 | 14 | | 18 |
| 24 | 020206 | 国际贸易学 | 5 | 22 | 11 | 38 |
| 25 | 020207 | 劳动经济学 | 3 | 27 | 17 | 47 |
| 26 | 020208 | 统计学 | 9 | 1 | 12 | 22 |
| 27 | 020209 | 数量经济学 | | 17 | | 17 |
| 28 | 020210 | 国防经济 | | 3 | | 3 |
| 29 | 0202Z1 | 保险学 | 3 | 9 | | 12 |
| 30 | 0202Z2 | 商业经济学 | 2 | 3 | | 5 |
| 31 | 0202Z3 | 房地产经济与管理 | 2 | 6 | 2 | 10 |

续表

| 序号 | 专业代码 | 专业名称 | 博士 | 硕士 | | 合计 |
|---|---|---|---|---|---|---|
| | | | | 全日制 | 同等学力 | |
| 32 | 0202Z4 | 城市经济学 | | 5 | 18 | 23 |
| 33 | 030101 | 法学理论 | 3 | 21 | | 24 |
| 34 | 030102 | 法律史 | 1 | 7 | | 8 |
| 35 | 030103 | 宪法学与行政法学 | 2 | 15 | | 17 |
| 36 | 030104 | 刑法学 | 7 | 25 | 11 | 43 |
| 37 | 030105 | 民商法学 | 11 | 33 | 163 | 207 |
| 38 | 030106 | 诉讼法学 | 1 | 22 | | 23 |
| 39 | 030107 | 经济法学 | 4 | 18 | 33 | 55 |
| 40 | 030108 | 环境与资源保护法学 | 2 | 4 | | 6 |
| 41 | 030109 | 国际法学 | 3 | 8 | | 11 |
| 42 | 0301Z1 | 知识产权法 | 1 | 28 | 16 | 45 |
| 43 | 0301Z2 | 比较法学 | | 7 | | 7 |
| 44 | 0301Z3 | 中国法 | | 10 | | 10 |
| 45 | 030201 | 政治学理论 | 2 | 19 | | 21 |
| 46 | 030202 | 中外政治制度 | 1 | 7 | | 8 |
| 47 | 030203 | 科学社会主义与国际共产主义运动 | 3 | 4 | | 7 |
| 48 | 030204 | 中共党史 | 5 | 22 | | 27 |
| 49 | 030206 | 国际政治 | 1 | 24 | 5 | 30 |
| 50 | 030207 | 国际关系 | 7 | 20 | 15 | 42 |
| 51 | 030208 | 外交学 | 7 | 23 | 1 | 31 |
| 52 | 0302Z1 | 中国政治 | 5 | 26 | | 31 |
| 53 | 0302Z2 | 国际政治经济学 | 1 | 17 | 9 | 27 |
| 54 | 030301 | 社会学 | 4 | 43 | 18 | 65 |
| 55 | 030302 | 人口学 | 1 | 5 | | 6 |
| 56 | 030303 | 人类学 | | 5 | | 5 |
| 57 | 030304 | 民俗学 | | 1 | | 1 |
| 58 | 0303Z1 | 老年学 | 2 | 5 | | 7 |
| 59 | 0303Z2 | 社会心理学 | | 5 | 6 | 11 |
| 60 | 030501 | 马克思主义基本原理 | 1 | 6 | | 7 |
| 61 | 030502 | 马克思主义发展史 | | 4 | | 4 |
| 62 | 030503 | 马克思主义中国化研究 | | 6 | | 6 |
| 63 | 030504 | 国外马克思主义研究 | | 8 | | 8 |
| 64 | 030505 | 思想政治教育 | 1 | 9 | 1 | 11 |
| 65 | 030506 | 中国近现代史基本问题研究 | | 2 | | 2 |
| 66 | 040106 | 高等教育学 | | 3 | | 3 |

续表

| 序号 | 专业代码 | 专业名称 | 博士 | 硕士 | | 合计 |
|---|---|---|---|---|---|---|
| | | | | 全日制 | 同等学力 | |
| 67 | 0401Z1 | 教育法学 | | 4 | | 4 |
| 68 | 040201 | 基础心理学 | | 6 | | 6 |
| 69 | 040203 | 应用心理学 | | 12 | 19 | 31 |
| 70 | 050101 | 文艺学 | 4 | 11 | | 15 |
| 71 | 050102 | 语言学及应用语言学 | 4 | 7 | | 11 |
| 72 | 050103 | 汉语言文字学 | 3 | 10 | | 13 |
| 73 | 050104 | 中国古典文献学 | 1 | 1 | | 2 |
| 74 | 050105 | 中国古代文学 | 1 | 20 | | 21 |
| 75 | 050106 | 中国现当代文学 | 5 | 20 | | 25 |
| 76 | 050108 | 比较文学与世界文学 | 4 | 17 | | 21 |
| 77 | 0501Z1 | 古典学 | | 5 | | 5 |
| 78 | 0501Z3 | 创造性写作 | | 6 | | 6 |
| 79 | 050201 | 英语语言文学 | 5 | 47 | 19 | 71 |
| 80 | 050202 | 俄语语言文学 | | 11 | | 11 |
| 81 | 050203 | 法语语言文学 | | 4 | | 4 |
| 82 | 050204 | 德语语言文学 | | 8 | | 8 |
| 83 | 050205 | 日语语言文学 | 1 | 7 | | 8 |
| 84 | 050301 | 新闻学 | 6 | 62 | 74 | 142 |
| 85 | 050302 | 传播学 | | 36 | 80 | 116 |
| 86 | 0503Z1 | 传媒经济学 | | 8 | 10 | 18 |
| 87 | 0503Z2 | 广播电视学 | 2 | 11 | | 13 |
| 88 | 060101 | 考古学及博物馆学 | 4 | 9 | 1 | 14 |
| 89 | 060201 | 史学理论及史学史 | | 6 | | 6 |
| 90 | 060202 | 历史地理学 | 2 | 5 | | 7 |
| 91 | 060203 | 历史文献学 | 1 | 6 | | 7 |
| 92 | 060204 | 专门史 | 2 | 6 | | 8 |
| 93 | 060205 | 中国古代史 | 9 | 17 | | 26 |
| 94 | 060206 | 中国近现代史 | 4 | 14 | | 18 |
| 95 | 0602Z1 | 当代中国史 | 2 | 2 | | 4 |
| 96 | 060301 | 世界史 | 5 | 13 | | 18 |
| 97 | 070101 | 基础数学 | 2 | 1 | | 3 |
| 98 | 070102 | 计算数学 | | 1 | | 1 |
| 99 | 070103 | 概率论与数理统计 | 1 | 11 | 36 | 48 |
| 100 | 070104 | 应用数学 | 1 | 8 | | 9 |
| 101 | 070105 | 运筹学与控制论 | | 1 | | 1 |

续表

| 序号 | 专业代码 | 专业名称 | 博士 | 硕士 | | 合计 |
|---|---|---|---|---|---|---|
| | | | | 全日制 | 同等学力 | |
| 102 | 0701Z1 | 物理学 | 6 | | | 6 |
| 103 | 0701Z2 | 化学 | 7 | | | 7 |
| 104 | 070201 | 理论物理 | | 6 | | 6 |
| 105 | 070205 | 凝聚态物理 | | 6 | | 6 |
| 106 | 070301 | 无机化学 | | 4 | | 4 |
| 107 | 070302 | 分析化学 | | 1 | | 1 |
| 108 | 070303 | 有机化学 | | 6 | | 6 |
| 109 | 070304 | 物理化学 | | 10 | | 10 |
| 110 | 070305 | 高分子化学与物理 | | 3 | | 3 |
| 111 | 070503 | 地图学与地理信息系统 | | 7 | | 7 |
| 112 | 071101 | 系统理论 | | 2 | | 2 |
| 113 | 0713 | 生态学 | | 8 | | 8 |
| 114 | 0714 | 统计学 | 6 | 37 | | 43 |
| 115 | 081202 | 计算机软件与理论 | | 6 | | 6 |
| 116 | 081203 | 计算机应用技术 | 8 | 25 | 19 | 52 |
| 117 | 0812Z1 | 信息安全 | 1 | 3 | | 4 |
| 118 | 081704 | 应用化学 | | 1 | | 1 |
| 119 | 083001 | 环境科学 | | 9 | | 9 |
| 120 | 083002 | 环境工程 | | 12 | | 12 |
| 121 | 100401 | 流行病与卫生统计学 | | 2 | 14 | 16 |
| 122 | 1201 | 管理科学与工程 | | 20 | 40 | 60 |
| 123 | 120201 | 会计学 | 10 | 17 | 112 | 139 |
| 124 | 120202 | 企业管理 | 18 | 21 | 658 | 697 |
| 125 | 120204 | 技术经济及管理 | 4 | 7 | 70 | 81 |
| 126 | 1202Z1 | 人力资源管理 | 7 | 47 | 298 | 352 |
| 127 | 1202Z2 | 市场营销管理 | 10 | 11 | | 21 |
| 128 | 1202Z3 | 财务学 | 12 | 18 | | 30 |
| 129 | 120301 | 农业经济管理 | 7 | 22 | | 29 |
| 130 | 120302 | 林业经济管理 | 1 | 4 | | 5 |
| 131 | 1203Z1 | 自然资源管理 | | 8 | 4 | 12 |
| 132 | 1203Z2 | 农村发展 | 2 | 10 | | 12 |
| 133 | 120401 | 行政管理 | 3 | 37 | 54 | 94 |
| 134 | 120402 | 社会医学与卫生事业管理 | | 12 | 3 | 15 |
| 135 | 120403 | 教育经济与管理 | 3 | 6 | 7 | 16 |
| 136 | 120404 | 社会保障 | 7 | 44 | | 51 |

续表

| 序号 | 专业代码 | 专业名称 | 博士 | 硕士 | | 合计 |
|---|---|---|---|---|---|---|
| | | | | 全日制 | 同等学力 | |
| 137 | 120405 | 土地资源管理 | 1 | 5 | 2 | 8 |
| 138 | 1204Z1 | 公共财政与公共政策 | 2 | 21 | 9 | 32 |
| 139 | 1204Z2 | 公共组织与人力资源 | 4 | 7 | 55 | 66 |
| 140 | 1204Z3 | 教育学 | 4 | | | 4 |
| 141 | 120501 | 图书馆学 | | 1 | | 1 |
| 142 | 120502 | 情报学 | 3 | 5 | 20 | 28 |
| 143 | 120503 | 档案学 | 1 | 40 | 10 | 51 |
| 144 | 1205Z1 | 信息资源管理 | 2 | 12 | 2 | 16 |
| 145 | 1205Z2 | 信息分析 | | 13 | | 13 |
| 146 | 130101 | 艺术学 | | 13 | 31 | 44 |
| 147 | 130201 | 音乐学 | | 3 | 25 | 28 |
| 148 | 130301 | 戏剧戏曲学 | | 1 | | 1 |
| 149 | 130302 | 电影学 | | 6 | | 6 |
| 150 | 130401 | 美术学 | | 8 | 17 | 25 |
| 151 | 130501 | 设计艺术学 | | 9 | 52 | 61 |
| 152 | 99J1 | 金融工程 | 3 | 8 | 2 | 13 |
| 153 | 99J2 | 风险管理与精算学 | 2 | | 1 | 3 |
| 154 | 99J3 | 劳动关系学 | 1 | 20 | | 21 |
| 155 | 99J4 | 中国特色社会主义理论 | 1 | 3 | | 4 |
| 156 | 99J5 | 国学 | 10 | 35 | | 45 |
| 157 | 99J6 | 城乡发展与规划 | 1 | 10 | 3 | 14 |
| 158 | 99J7 | 可持续发展管理 | | 4 | | 4 |
| 159 | 99J8 | 环境政策与管理 | | 10 | | 10 |
| 160 | 99J9 | 食品安全管理 | | 6 | | 6 |
| 合计 | | | 418 | 2 078 | 2 689 | 5 185 |

## 2019 年中国人民大学硕士专业学位授予情况

| 专业代码 | 专业名称 | 人数 |
|---|---|---|
| 0251 | 金融 | 313 |
| 0252 | 应用统计 | 60 |
| 0253 | 税务 | 42 |
| 0254 | 国际商务 | 110 |

续表

| 专业代码 | 专业名称 | 人数 |
|---|---|---|
| 0255 | 保险 | 21 |
| 0256 | 资产评估 | 23 |
| 0351 | 法律 | 286 |
| 0352 | 社会工作 | 70 |
| 0453 | 汉语国际教育 | 79 |
| 0551 | 翻译 | 21 |
| 0552 | 新闻与传播 | 32 |
| 0651 | 文物与博物馆 | 14 |
| 0852 | 工程 | 87 |
| 0951 | 农业 | 178 |
| 125101 | 工商管理 | 477 |
| 125102 | 高级管理人员工商管理 | 357 |
| 1252 | 公共管理 | 262 |
| 1253 | 会计 | 119 |
| 1255 | 图书情报 | 34 |
| 1351 | 艺术 | 41 |
| 合计 | | 2 626 |

# ■ 对外教育教学

## 一、基本情况

截至2019年底，学校长期在校留学生为1 563人，包括本科生662人，硕士研究生538人，博士研究生121人，非学历留学生242人，接收学历教育的留学生人数约占长期在校留学生的84.5%。2019年共有123名本科生、108名硕士生和14名博士生顺利毕业并获得学位。

2019年共有146名学生获得中国政府奖学金，18人获得商务部奖学金，10人获得孔子学院奖学金，3人获得孔子新汉学计划奖学金，9人获得紫禁城奖学金，58人获得北京市外国留学生在校生奖学金，54人获得北京市外国留学生新生奖学金；43人获得中国人民大学留学生学习成绩奖，4人获得中国人民大学留学生社会活动奖，3人获得中国人民大学留学生优秀干部奖，11人获得中国人民大学留学生学习进步奖；4人获得中国政府优秀来华留学生奖学金，10人获得国家开发银行外国人来华学习专项奖学金。

## 二、招生宣传

2019年共有436名接收学历教育的留学生来校报到，其中本科生190人、硕士研究生228人（中文硕士研究生86人、全英文硕士研究生142人）、博士研究生18人。非学历留学生229人，其中中法学院（苏州校区）49 人。

2019 年共接收校际、院际交换生 192 人，分别来自韩国、日本、以色列、英国、意大利、西班牙、瑞士、瑞典、葡萄牙、挪威、荷兰、法国、俄罗斯、丹麦、比利时、保加利亚、奥地利、爱尔兰、加拿大等国的协议学校。

在招生宣传方面，2019 年学校赴马来西亚、墨西哥、英国、意大利、白俄罗斯等国参与教育交流，进行招生宣传，促进校际合作与学生交流。学校在注重外国留学生招收规模的同时，更注重留学生的质量和结构，严格把好入学关，进一步完善培养环节。

## 三、留学生活动

为帮助留学生尽快适应校园生活，加强中外学生的融合，学校积极为留学生组织各类丰富多彩的文化活动，包括新生慕田峪长城游览、孔子学院奖学金生齐鲁文化之旅、延安校史研学行、中国人民大学国际学生学者联欢会等。

# 附录

## 2019 年中国人民大学在校留学生按国别分类统计表

| 国别 | 本科生 | 硕士研究生 | 博士研究生 | 普通进修生 | 高级进修生 | 汉语言进修生 | 合计 |
|---|---|---|---|---|---|---|---|
| 阿尔及利亚 | | 1 | | | | | 1 |
| 阿富汗 | 2 | 3 | | | | | 5 |
| 阿根廷 | 12 | 3 | | | | 1 | 16 |
| 阿塞拜疆 | | 2 | 2 | | | | 4 |
| 埃及 | 1 | 6 | 2 | 1 | | 2 | 12 |
| 埃塞俄比亚 | | 8 | | | | | 8 |
| 爱尔兰 | | 2 | | | | 1 | 3 |
| 爱沙尼亚 | | | 1 | | | | 1 |
| 奥地利 | | 1 | | | | | 1 |
| 澳大利亚 | 4 | 4 | 2 | 1 | | 2 | 13 |
| 巴基斯坦 | 1 | 17 | | | | | 18 |
| 巴拿马 | 1 | 3 | 1 | | | | 5 |
| 巴西 | 5 | 6 | 2 | 2 | | | 15 |
| 白俄罗斯 | | 1 | | 1 | | | 2 |
| 比利时 | | 3 | | 6 | | | 9 |
| 波兰 | | 5 | 1 | | 1 | | 7 |
| 玻利维亚 | | | | | | 1 | 1 |

续表

| 国别 | 本科生 | 硕士研究生 | 博士研究生 | 普通进修生 | 高级进修生 | 汉语言进修生 | 合计 |
|---|---|---|---|---|---|---|---|
| 博茨瓦纳 | | 2 | | | | | 2 |
| 赤道几内亚 | 1 | 1 | | | | | 2 |
| 丹麦 | | 1 | 1 | | | | 2 |
| 德国 | | 7 | | 10 | | 2 | 19 |
| 多米尼加 | | 2 | 1 | | | | 3 |
| 俄罗斯 | 5 | 27 | 5 | 2 | | 12 | 51 |
| 厄瓜多尔 | 1 | 2 | | | | | 3 |
| 厄立特里亚 | | 1 | | | | | 1 |
| 法国 | 3 | 23 | 1 | 67 | | | 94 |
| 菲律宾 | | 3 | | | | | 3 |
| 芬兰 | | 1 | | 3 | | 1 | 5 |
| 佛得角 | | 1 | | | | | 1 |
| 哥伦比亚 | | 1 | | | | | 1 |
| 哥斯达黎加 | 1 | 3 | | | | 1 | 5 |
| 格鲁吉亚 | | 4 | | | | | 4 |
| 古巴 | | | 1 | | | | 1 |
| 哈萨克斯坦 | 1 | 7 | 1 | 2 | | | 11 |
| 韩国 | 480 | 66 | 38 | 6 | | 6 | 596 |
| 荷兰 | | 3 | | 7 | | | 10 |
| 吉尔吉斯斯坦 | 5 | 3 | 2 | | | | 10 |
| 几内亚比绍 | | 1 | 1 | | | | 2 |
| 加拿大 | 10 | 19 | 3 | 3 | | | 35 |
| 加纳 | | 10 | | | | | 10 |
| 柬埔寨 | | 11 | 1 | | | | 12 |
| 捷克 | | 1 | 1 | 1 | | | 3 |
| 津巴布韦 | 1 | 11 | 1 | | | 3 | 16 |
| 喀麦隆 | | 2 | | | | | 2 |
| 科特迪瓦 | | 1 | | | | | 1 |
| 克罗地亚 | | 1 | | | | | 1 |
| 肯尼亚 | | 4 | | | | | 4 |
| 拉脱维亚 | | 2 | | | | | 2 |
| 莱索托 | | 1 | | | | | 1 |
| 老挝 | 2 | 5 | | | | | 7 |
| 立陶宛 | | | | 1 | | | 1 |
| 利比里亚 | | 2 | | | | | 2 |
| 利比亚 | 1 | 1 | | | | | 2 |

续表

| 国别 | 本科生 | 硕士研究生 | 博士研究生 | 普通进修生 | 高级进修生 | 汉语言进修生 | 合计 |
| --- | --- | --- | --- | --- | --- | --- | --- |
| 卢森堡 | | | | 1 | | | 1 |
| 罗马尼亚 | 2 | 1 | | | | 1 | 4 |
| 马拉维 | | 1 | | | | | 1 |
| 马来西亚 | 33 | 7 | 2 | | | | 42 |
| 马其顿 | | 1 | | | | | 1 |
| 毛里塔尼亚 | | 1 | | | | | 1 |
| 美国 | 11 | 26 | 4 | 1 | | | 42 |
| 蒙古国 | 21 | 21 | 11 | | | | 53 |
| 孟加拉国 | | 3 | | | | | 3 |
| 秘鲁 | | 1 | 1 | | | | 2 |
| 缅甸 | | 9 | | | | | 9 |
| 摩洛哥 | | | | 4 | | | 4 |
| 莫桑比克 | | 1 | | | | | 1 |
| 墨西哥 | 1 | 1 | | | | | 2 |
| 南非 | 1 | 2 | | 1 | | 1 | 5 |
| 南苏丹 | 1 | 4 | | | | | 5 |
| 尼泊尔 | | 5 | | | | | 5 |
| 尼日尔 | | 1 | | | | | 1 |
| 尼日利亚 | | 5 | | | | | 5 |
| 挪威 | | 2 | | 1 | | 2 | 5 |
| 葡萄牙 | | 1 | | 6 | | | 7 |
| 日本 | 27 | 14 | 3 | 13 | 1 | 17 | 75 |
| 瑞典 | | 1 | | 2 | | | 3 |
| 瑞士 | | 1 | | 3 | | | 4 |
| 塞尔维亚 | | 2 | | | | | 2 |
| 塞拉利昂 | | 7 | | | | | 7 |
| 塞内加尔 | | 1 | | | | | 1 |
| 塞浦路斯 | | 1 | 1 | | | | 2 |
| 塞舌尔 | | 1 | | | | | 1 |
| 斯里兰卡 | | 2 | | | | | 2 |
| 苏丹 | 1 | 1 | | | | | 2 |
| 索马里 | | 1 | | | | | 1 |
| 塔吉克斯坦 | 1 | 3 | | | | 1 | 5 |
| 泰国 | 5 | 14 | 2 | 2 | | | 23 |
| 坦桑尼亚 | | 1 | | | | | 1 |
| 土耳其 | 3 | 7 | 1 | | | | 11 |

续表

| 国别 | 本科生 | 硕士研究生 | 博士研究生 | 普通进修生 | 高级进修生 | 汉语言进修生 | 合计 |
|---|---|---|---|---|---|---|---|
| 土库曼斯坦 | | 1 | | | | 1 | 2 |
| 危地马拉 | | | | 1 | | | 1 |
| 委内瑞拉 | | 1 | | | | | 1 |
| 文莱 | 1 | | | | | | 1 |
| 乌干达 | | 4 | | | | | 4 |
| 乌克兰 | | 6 | 1 | | | | 7 |
| 乌兹别克斯坦 | 2 | 5 | | | | | 7 |
| 西班牙 | 2 | 5 | 1 | 4 | | | 12 |
| 新加坡 | 1 | 3 | 2 | 3 | | | 9 |
| 新西兰 | | 1 | | 1 | | | 2 |
| 匈牙利 | | 2 | | | | | 2 |
| 叙利亚 | | 1 | | | | | 1 |
| 亚美尼亚 | 1 | 3 | 1 | | | | 5 |
| 也门 | | 1 | | | | | 1 |
| 伊拉克 | | 1 | | | | | 1 |
| 伊朗 | 1 | 5 | 5 | | | | 11 |
| 以色列 | | | | | | 1 | 1 |
| 意大利 | 2 | 13 | | 17 | | 4 | 36 |
| 印度 | | 8 | | 2 | | | 10 |
| 印度尼西亚 | 4 | 7 | | | | | 11 |
| 英国 | 2 | 8 | 1 | 3 | | 1 | 15 |
| 约旦 | 1 | | 1 | | | | 2 |
| 越南 | 1 | 12 | 16 | 1 | | | 30 |
| 赞比亚 | | 5 | | | | | 5 |
| 乍得 | | 1 | | | | | 1 |
| 总计 | 662 | 538 | 121 | 179 | 2 | 61 | 1 563 |

## 2019 年中国人民大学在校留学生按所在学院分类统计表

| 学院 | 本科生 | 硕士研究生 | 博士研究生 | 普通进修生 | 高级进修生 | 汉语言进修生 | 合计 |
|---|---|---|---|---|---|---|---|
| 财政金融学院 | 11 | 18 | 8 | | | | 37 |
| 法学院 | 25 | 34 | 22 | 23 | | | 104 |
| 公共管理学院 | 4 | 25 | 5 | 3 | | | 37 |
| 国际关系学院 | 133 | 97 | 31 | 13 | | | 274 |

续表

| 学院 | 本科生 | 硕士研究生 | 博士研究生 | 普通进修生 | 高级进修生 | 汉语言进修生 | 合计 |
|---|---|---|---|---|---|---|---|
| 汉青经济与金融高级研究院 |  |  |  | 1 |  |  | 1 |
| 经济学院 | 26 | 96 | 11 | 12 |  |  | 145 |
| 劳动人事学院 | 29 | 1 | 1 |  |  |  | 31 |
| 理学院 | 1 |  | 1 |  |  |  | 2 |
| 历史学院 | 3 | 6 | 5 |  | 1 |  | 15 |
| 农业与农村发展学院 |  | 2 | 1 |  |  |  | 3 |
| 商学院 | 71 | 50 | 4 | 74 |  |  | 199 |
| 社会与人口学院 | 8 | 2 | 4 |  |  |  | 14 |
| 丝路学院 |  | 106 |  |  |  |  | 106 |
| 外国语学院 | 7 |  | 1 |  |  |  | 8 |
| 文学院 | 264 | 29 | 10 |  |  | 61 | 364 |
| 新闻学院 | 72 | 52 | 5 |  |  |  | 129 |
| 信息资源管理学院 | 5 |  |  |  |  |  | 5 |
| 艺术学院 | 1 | 4 |  |  |  |  | 5 |
| 应用经济学院 |  |  |  | 2 |  |  | 2 |
| 哲学院 | 2 | 16 | 12 | 2 | 1 |  | 33 |
| 中法学院 |  |  |  | 49 |  |  | 49 |
| 总计 | 662 | 538 | 121 | 179 | 2 | 61 | 1 563 |

## 2019年中国人民大学接收交换生分类统计表

| 学院 | 校际交换生人数 | 院际交换生人数 | 合计 |
|---|---|---|---|
| 法学院 | 2 | 12 | 14 |
| 公共管理学院 | 2 | 1 | 3 |
| 国际关系学院 | 6 | 6 | 12 |
| 经济学院 | 8 | 4 | 12 |
| 商学院 | 6 | 66 | 72 |
| 文学院 | 22 | 4 | 26 |
| 哲学院 |  | 2 | 2 |
| 中法学院 |  | 49 | 49 |
| 汉青经济与金融高级研究院 |  | 1 | 1 |
| 应用经济学院 |  | 1 | 1 |
| 总计 | 46 | 146 | 192 |

# 2019 年中国人民大学留学生获奖名单

| 奖励名称 | 奖励等级 | 获奖名单 |
| --- | --- | --- |
| 中国政府优秀来华留学生奖学金 | | 黄琇平等 4 人 |
| 北京市外国留学生奖学金（在校生） | | 金智浩等 58 人 |
| 北京市外国留学生奖学金（新生） | | 周珍妮等 54 人 |
| 国家开发银行外国人来华学习专项奖学金 | | 黄氏幸庄等 10 人 |
| 中国人民大学留学生学习成绩奖（本科生） | 一等奖 | 赵亨一等 3 人 |
| | 二等奖 | 伊丽娜等 3 人 |
| | 三等奖 | 朴志元等 10 人 |
| 中国人民大学留学生学习成绩奖（研究生） | 博士一等奖 | 无 |
| | 博士二等奖 | 金俊永 1 人 |
| | 博士三等奖 | 无 |
| | 硕士一等奖 | Mehar Naeem 等 9 人 |
| | 硕士二等奖 | Hassan Kunenge 等 9 人 |
| | 硕士三等奖 | 申淑莹等 8 人 |
| 中国人民大学留学生社会活动奖 | | Li David 等 4 人 |
| 中国人民大学留学生优秀干部奖 | | 金升优等 3 人 |
| 中国人民大学留学生学习进步奖 | | 申达振等 11 人 |

## ■ 基础教育

### 一、概况

经 2019 年 5 月 17 日中共中国人民大学第十四届委员会第 69 次常委会议讨论决定，学校成立基础教育处。7 月 11 日，学校举行基础教育处、基础教育研究中心成立仪式。

基础教育处是学校负责具体联系和管理直（附）属学校、幼儿园的职能部门，履行统筹、协调、管理、监督等职责。主要职能包括：

1. 统筹规划直（附）属学校、幼儿园发展方向和发展战略。

2. 规范直（附）属学校、幼儿园的办学行为，对其合作办学行为进行前置性把关，向学校提出决策建议。

3. 开展政策研究、调查考察和数据统计分析，为学校提供决策参考。

4. 协调调动各方资源和各界力量，支持直（附）属学校、幼儿园发展。

各直（附）属学校、幼儿园仍为独立办学主体，基础教育处不参与各直（附）属学校、幼儿园的日常管理和教学工作。

## 二、主要工作

（一）认真开展落实“不忘初心、牢记使命”主题教育活动

基础教育处成立之初正逢学校开展“不忘初心、牢记使命”主题教育。基础教育处认真开展落实“不忘初心、牢记使命”主题教育，以建设“人民满意、世界一流”大学为目标，力戒形式主义、官僚主义，把主题教育与新中国成立70周年结合起来，不忘历史、不忘初心，突出党的政治建设，紧紧围绕为党育人、为国育才集中发力，紧扣立德树人根本任务，认真学习、深入调研、严肃查摆、着力整改，努力实现理论学习有收获、思想政治受洗礼、干事创业敢担当、为民服务解难题、清正廉洁做表率的教育目标。从9月下旬正式开始，11月底基本结束，基础教育处集中学习13次，先后赴香山革命根据地和张自忠路老校区进行两次现场学习，以干部带动普通党员，将学习教育、调查研究、检视问题、整改落实贯穿主题教育全过程。

（二）广泛开展业务调研

基础教育处结合自身工作职能，以鲜明的问题导向确定调研主题和方向，深入学校附属中小学、幼儿园工作一线，了解服务对象的具体需求，结合党中央决策部署和习近平总书记重要指示批示精神，围绕如何在基础教育领域推进学校“双一流”建设，围绕附属中小学、幼儿园及其合作办学机构亟须解决的紧迫问题、应对和化解各种风险挑战的具体措施进行调研，摸清情况，求真务实，为学校相关决策和政策制定做好有效积累。

10月24日，赴人大幼儿园进行调研并召开座谈会，就人大幼儿园如何全面贯彻新时代党的教育方针，坚持社会主义办学方向，以及学校学前教育发展建设面临的诸多实际问题进行了探讨交流，并就今后加强联系交流达成共识。

10月30日，赴人大附小调研并召开座谈会，就人大附小如何全面贯彻新时代党的教育方针，坚持社会主义办学方向，更好落实立德树人根本任务，在良好的氛围中进行探讨交流，达成一系列共识，取得了丰硕的成果。

11月8日，在常务副校长王利明的带领下，基础教育处全体人员赴人大附中进行调研并召开座谈会，了解学校发展建设情况。

面向学校全体教职工发放电子问卷，调研学校教职工的基础教育需求和对基础教育处工作的意见建议，收回近600份有效答卷，获得了丰富的基础教育需求和意见建议反馈。

（三）制定工作规划

基础教育处工作人员经研究起草，反复讨论修改，形成《中国人民大学基础教育处工作规划》等重要的基础性文件，提交学校审阅。

做好基础教育主题征文活动、科研课题申报等工作的前期准备。

# ■ 继续教育

## ☞ 成人高等教育

## 一、概况

2019年，继续教育学院成人教育部在北京市设有3个教学站，共开设5个专业；院本部夜大学

有 5 个专业。截至 2019 年底，学院共有学生 3 439 名，其中夜大专升本 2 132 人，高中起点本科 1 039 人，专科 268 人。2019 年毕业学生 1 259 人。

2019 年继续教育学院工商管理专业教学团队入选北京高校继续教育高水平教学团队，会计学专业入选北京高校继续教育特色专业；三篇学生论文获得北京高校学历继续教育优秀毕业论文，工商教研室喻志军、财经教研室刘松青获评优秀指导教师。在第四届北京高校学历教育大学生英语口语竞赛中获得非英语专业专科组二、三等奖各一名，非英语专业本科组优秀奖两名，非英语专业专科组团体第三名，人文教研室顾文利获优秀指导教师奖。

## 二、招生工作

2019 年北京地区成人教育部专升本层次计划数 906 人，录取 875 人。

## 三、教学管理

（一）专业设置

2019 年，成人教育部专科升本科有金融学、会计学、工商管理、市场营销、人力资源管理等 5 个专业，高中起点本科有会计学、工商管理、人力资源管理等 3 个专业，高中起点专科专业有会计、市场营销、工商企业管理、人力资源管理等 4 个专业。

（二）课程、教材建设和研究项目

2019 年，编写和更新的教材（著作）有：《网络数据库技术 PHP＋MySQL》（第三版）和《市场营销学》（第五版）等。

论文及研究报告有：《居民休闲消费不平等研究》、《基于分层分位数回归模型的在线旅游评论情感统计分析》、《休假制度改革对我国城乡人均服务消费的影响》、《中美贸易战对中美两国文旅产业发展的影响研究》、《契约论与代际正义问题》、《会劳动，也要会休闲》、《北京居民职住分离对生活满意度的影响》、《休假天数对旅游消费的影响研究》和《财务受限对消费者自我提升类产品选择的影响研究——基于自我价值与财务关联度的调节作用》等。

# ☞ 网络教育

## 一、概况

2019 年，网络教育共开设 15 个本科专业（高中起点本科、专升本和本科二学历），5 个专科专业（高中起点专科），全年共有毕业生 21 971 人，其中本科毕业生 9 921 人、专科毕业生 12 050 人，本科毕业生中符合学士学位授予条件的有 1 516 人，优秀毕业生 351 人。截至 2019 年底，网络学历教育在读学生共 65 169 人，其中专科生 24 116 人、本科生 41 053 人。

2019 年 6 月，为聚焦学校“双一流”建设，贯彻教育部提高办学层次的政策导向，网络教育停止了专科和高中起点本科层次的招生工作，同时也停止了单科选修项目的招生。2019 年，网络教育学历共招生 15 397 人，其中专科 3 500 人，本科 11 897 人。

为贯彻优质服务中心理念，2019 年全年清理自建小服务中心 8 个，减少公服体系授权服务中心

32 个，保留优质服务中心 109 个，其中直属服务中心 5 个、自建合作的教学服务中心 75 个、依托弘成和奥鹏公共服务体系的教学服务中心 29 个。

2019 年，继续教育学院网络教育部共有教职工 118 人，其中专职教师 10 人，教学管理人员 22 人，学务及考务人员 22 人，招生人员和项目策划人员 13 人，研发、技术和运营人员 38 人，行政人员 13 人。

## 二、考试组织情况

2019 年继续坚持课程考试线下集中组织模式，全年 3 次课程考试累计设立考点 638 个，安排考场 13 992 个，预约考试 38 万人门次。7 月开始在部分学习中心试点自主研发的人脸识别监巡考系统，进一步加强考试监管，全年查处课程考试违纪作弊 668 人次。

2019 年组织 3 次现代远程教育试点高校网络教育部分公共基础课全国统一考试，报考人数共 17 762 人，25 991 门次，平均及格率为 69.19%。

2019 年组织了 2 次成人本科学士学位英语统一考试，报考人数为 15 469 人，实考人数为 9 545 人，通过率为 24.09%。

## 三、资源改造及教学改进情况

2019 年，网络学历教育资源建设以旧课改造为主，全年完成 40 门微课和 17 门音频优化改造，并组织出版专门教材 10 种。

2019 年除正常开设 254 门各类课程教学与辅导外，重点推进了移动辅导，创作 60 个教学辅导微课，组织 45 次微信直播辅导。《积极探索移动辅导　构建多样化教学辅导模式》入选 2019 “中国高校远程与继续教育优秀案例库”。全面实施毕业论文查重，确保论文写作基本质量。

## 四、非学历在线教育产品研发情况

2019 年，按照“一体两翼”的网络教育非学历转型思路，重点围绕青年行业职业资格准入与能力提升、在职专业技术人员继续教育和企事业党政干部职业素养等三大领域，重点打造微专业（新媒体运营实务）、职业资格培训（人力资源师、会计类）、继续教育认证（社工、出国留学）、企事业培训（党政干部思想政治）和知识付费（经济管理）等非学历在线教育产品。

非学历在线教育产品研发重点在学习资源和平台。在学习资源建设方面，2019 年，共研发完成新媒体运营实务学习资源、人力资源师、会计类三个项目共约 200 学时的课程资源设计制作，以及拟用于企业培训和知识服务项目的旧课 1 万余个知识点的梳理工作。在平台开发建设方面，2019 年，以学校兰坪网络干部培训课堂为契机，以微专业在线教育项目为重点，研发了网上人大微云学堂 APP，重点打造了资源库系统平台，用于全口径网络教学资源管理。

# 附录

## 2019年网络学历教育注册人数统计表

| 层次 | 专业名称 | 注册人数 |
|---|---|---|
| 高中起点专科 | 工商企业管理 | 1 630 |
| | 会计 | 421 |
| | 金融管理 | 271 |
| | 人力资源管理 | 940 |
| | 社会工作 | 238 |
| | 合计 | 3 500 |
| 专科起点本科 | 保险学 | 175 |
| | 财务管理 | 399 |
| | 财政学 | 29 |
| | 传播学 | 230 |
| | 法学 | 657 |
| | 工商管理 | 2 337 |
| | 公共事业管理 | 332 |
| | 国际经济与贸易 | 177 |
| | 汉语言文学 | 640 |
| | 会计学 | 1 379 |
| | 计算机科学与技术 | 906 |
| | 金融学 | 779 |
| | 人力资源管理 | 1 681 |
| | 社会工作 | 354 |
| | 市场营销 | 699 |
| | 合计 | 10 774 |
| 本科二学历 | 保险学 | 41 |
| | 财务管理 | 42 |
| | 财政学 | 9 |
| | 传播学 | 23 |
| | 法学 | 267 |
| | 工商管理 | 83 |
| | 公共事业管理 | 26 |
| | 国际经济与贸易 | 15 |
| | 汉语言文学 | 141 |
| | 会计学 | 131 |
| | 计算机科学与技术 | 86 |
| | 金融学 | 110 |
| | 人力资源管理 | 96 |
| | 社会工作 | 27 |
| | 市场营销 | 26 |
| | 合计 | 1 123 |
| 合计 | | 15 397 |

# 2019年网络学历教育在读学生人数统计表

| 层次 | 专业 | 年度（每年含两个批次） | | | | | | | 合计 |
|---|---|---|---|---|---|---|---|---|---|
| | | 2013 | 2014 | 2015 | 2016 | 2017 | 2018 | 2019 | |
| 高中起点专科 | 保险 | 0 | 0 | 0 | 0 | 56 | 0 | 0 | 56 |
| | 财政 | 0 | 0 | 1 | 6 | 26 | 0 | 0 | 33 |
| | 法律事务 | 0 | 1 | 105 | 306 | 396 | 0 | 0 | 808 |
| | 工商企业管理 | 0 | 8 | 379 | 557 | 1 810 | 4 434 | 1 616 | 8 804 |
| | 公共事务管理 | 0 | 1 | 45 | 53 | 176 | 0 | 0 | 275 |
| | 国际经济与贸易 | 0 | 2 | 26 | 38 | 94 | 0 | 0 | 160 |
| | 汉语言文学 | 0 | 0 | 34 | 50 | 169 | 0 | 0 | 253 |
| | 会计学 | 0 | 4 | 155 | 231 | 818 | 1 161 | 417 | 2 786 |
| | 计算机应用技术 | 0 | 0 | 22 | 309 | 1 655 | 0 | 0 | 1 986 |
| | 金融管理 | 0 | 3 | 124 | 154 | 339 | 701 | 268 | 1 589 |
| | 人力资源管理 | 0 | 11 | 152 | 270 | 1 547 | 2 445 | 929 | 5 354 |
| | 社会工作 | 0 | 0 | 27 | 44 | 105 | 365 | 237 | 778 |
| | 市场营销 | 0 | 4 | 165 | 294 | 771 | 0 | 0 | 1 234 |
| | 合计 | 0 | 34 | 1 235 | 2 312 | 7 962 | 9 106 | 3 467 | 24 116 |
| 高中起点本科 | 保险学 | 0 | 0 | 0 | 0 | 0 | 1 | 0 | 1 |
| | 财务管理 | 3 | 5 | 8 | 1 | 8 | 5 | 0 | 30 |
| | 财政学 | 0 | 0 | 0 | 0 | 0 | 1 | 0 | 1 |
| | 传播学 | 65 | 6 | 5 | 8 | 12 | 4 | 0 | 100 |
| | 法学 | 6 | 5 | 23 | 11 | 10 | 44 | 0 | 99 |
| | 工商管理 | 9 | 18 | 15 | 17 | 60 | 147 | 0 | 266 |
| | 公共事业管理 | 2 | 0 | 3 | 8 | 4 | 10 | 0 | 27 |
| | 国际经济与贸易 | 2 | 8 | 4 | 1 | 3 | 6 | 0 | 24 |
| | 汉语言文学 | 5 | 3 | 19 | 11 | 3 | 26 | 0 | 67 |
| | 会计学 | 10 | 9 | 17 | 6 | 8 | 37 | 0 | 87 |
| | 计算机科学与技术 | 0 | 1 | 0 | 1 | 3 | 33 | 0 | 38 |
| | 金融学 | 10 | 7 | 10 | 9 | 21 | 21 | 0 | 78 |
| | 人力资源管理 | 8 | 5 | 12 | 15 | 18 | 44 | 0 | 102 |
| | 社会工作 | 0 | 2 | 1 | 2 | 0 | 6 | 0 | 11 |
| | 市场营销 | 7 | 5 | 6 | 14 | 8 | 61 | 0 | 101 |
| | 合计 | 127 | 74 | 123 | 104 | 158 | 446 | 0 | 1 032 |

续表

| 层次 | 专业 | 年度（每年含两个批次） | | | | | | | 合计 |
|---|---|---|---|---|---|---|---|---|---|
| | | 2013 | 2014 | 2015 | 2016 | 2017 | 2018 | 2019 | |
| 专科起点本科 | 保险学 | 0 | 0 | 0 | 0 | 195 | 189 | 170 | 554 |
| | 财务管理 | 0 | 11 | 53 | 139 | 297 | 421 | 397 | 1 318 |
| | 财政学 | 0 | 0 | 5 | 11 | 19 | 22 | 29 | 86 |
| | 传播学 | 0 | 12 | 43 | 59 | 101 | 173 | 231 | 619 |
| | 法学 | 0 | 17 | 165 | 296 | 496 | 779 | 645 | 2 398 |
| | 工商管理 | 0 | 66 | 460 | 713 | 1 611 | 2 591 | 2 310 | 7 751 |
| | 公共事业管理 | 0 | 18 | 76 | 122 | 222 | 415 | 333 | 1 186 |
| | 国际经济与贸易 | 0 | 7 | 48 | 59 | 120 | 171 | 175 | 580 |
| | 汉语言文学 | 0 | 15 | 99 | 167 | 357 | 540 | 633 | 1 811 |
| | 会计学 | 0 | 65 | 352 | 590 | 1 234 | 1 546 | 1 350 | 5 137 |
| | 计算机科学与技术 | 0 | 0 | 18 | 233 | 780 | 1 047 | 894 | 2 972 |
| | 金融学 | 0 | 28 | 319 | 501 | 810 | 948 | 768 | 3 374 |
| | 人力资源管理 | 0 | 48 | 314 | 598 | 1 204 | 1 941 | 1 670 | 5 775 |
| | 社会工作 | 0 | 5 | 51 | 97 | 224 | 336 | 347 | 1 060 |
| | 市场营销 | 0 | 16 | 181 | 270 | 553 | 751 | 688 | 2 459 |
| | 合计 | 0 | 308 | 2 184 | 3 855 | 8 223 | 11 870 | 10 640 | 37 080 |
| 本科第二学历 | 保险学 | 0 | 0 | 1 | 0 | 48 | 43 | 41 | 133 |
| | 财务管理 | 0 | 0 | 9 | 15 | 28 | 43 | 41 | 136 |
| | 财政学 | 0 | 0 | 0 | 4 | 4 | 6 | 7 | 21 |
| | 传播学 | 0 | 0 | 5 | 8 | 7 | 19 | 20 | 59 |
| | 法学 | 0 | 5 | 34 | 56 | 96 | 224 | 250 | 665 |
| | 工商管理 | 0 | 0 | 9 | 9 | 28 | 77 | 68 | 191 |
| | 公共事业管理 | 0 | 0 | 3 | 3 | 7 | 14 | 23 | 50 |
| | 国际经济与贸易 | 0 | 0 | 5 | 1 | 2 | 10 | 14 | 32 |
| | 汉语言文学 | 0 | 1 | 13 | 17 | 40 | 153 | 136 | 360 |
| | 会计学 | 0 | 5 | 31 | 37 | 91 | 158 | 112 | 434 |
| | 计算机科学与技术 | 0 | 0 | 0 | 11 | 26 | 63 | 81 | 181 |
| | 金融学 | 0 | 2 | 48 | 41 | 48 | 80 | 104 | 323 |
| | 人力资源管理 | 0 | 2 | 11 | 19 | 30 | 72 | 84 | 218 |
| | 社会工作 | 0 | 0 | 1 | 3 | 10 | 30 | 24 | 68 |
| | 市场营销 | 0 | 0 | 7 | 9 | 8 | 25 | 21 | 70 |
| | 合计 | 0 | 15 | 177 | 233 | 473 | 1 017 | 1 026 | 2 941 |
| 合计 | | 65 169 | | | | | | | |

## 2019 年网络学历教育毕业人数统计表

| 学科门类 | 专业 | 毕业生人数 | | 申请学位人数 |
|---|---|---|---|---|
| | | 本科毕业生人数 | 专科毕业生人数 | |
| 管理学 | 会计学 | 1 925 | 1 701 | 293 |
| | 工商管理 | 1 751 | 3 382 | 226 |
| | 市场营销 | 502 | 1 259 | 74 |
| | 公共事业管理 | 369 | 441 | 31 |
| | 人力资源管理 | 1 424 | 1 878 | 165 |
| | 财务管理 | 338 | 0 | 61 |
| 经济学 | 金融学 | 1 220 | 1 088 | 156 |
| | 国际经济与贸易 | 152 | 197 | 53 |
| | 财政学 | 37 | 27 | 6 |
| | 保险学 | 56 | 30 | 9 |
| 法学 | 法学 | 866 | 922 | 147 |
| | 社会工作 | 216 | 214 | 43 |
| 工学 | 计算机科学与技术 | 353 | 657 | 83 |
| 文学 | 汉语言文学 | 574 | 254 | 142 |
| | 传播学 | 138 | 0 | 27 |
| 合计 | | 9 921 | 12 050 | 1 516 |

注：以上统计数字截至 2019 年 12 月 31 日。

## ☞ 教育培训

### 一、概况

2019 年，教育培训工作从全面推进学校“双一流”建设出发，结合学校“十三五”发展规划和“不忘初心、牢记使命”主题教育精神，坚持社会效益与经济效益并举，精准定位于社会服务功能，坚持以社会需求为导向，整合学校优秀的教育资源，致力于打造多元化、实践型、实用性的新型教育培训平台，探索人文社会科学研究成果向社会生产力转化的模式，完善终身教育、继续教育的办学体系。

### 二、教育培训相关工作

2019 年，教育培训工作有序开展，继续教育处共计审批教育培训项目 1 578 个，审批、签署培训协议 15 000 余份（次），并与财务处紧密配合，为 186 个培训项目办理了网络收费立项，审查近千个培训项目的

1 300 余次财务结算手续。全年入库学员 73 233 人，为各单位制作认证结业证书共计 61 272 份（次）。

为学校建言献策并积极落实有关决策。顺利完成了继续教育学院招生计划、学位授予工作，与有关单位密切配合，在网络教育办学体制改革、网络在线培训管理，以及多项校地、校企合作协议签订等重要工作中参与了学校的专题研究和决策。

进一步完善继续教育制度体系建设。与有关单位密切配合，制定和发布《中国人民大学成人高等教育（含网络教育）学士学位授予工作实施细则（试行）》《中国人民大学继续教育宣传推广管理规定（试行）》《中国人民大学教育培训合同管理细则》等多项规章制度。

积极推进继续教育管理信息化工作。实现了深圳与苏州校区的培训远程申报、培训项目收费、报销及课酬发放与学校财务系统联动管理等功能模块的实施使用，涵盖了教育培训管理工作的全流程。继续教育处还在全校范围内第一家实现了电子签章的实际应用，为学校有关工作的推进积累了一定的经验。

继续加强对学校成人学历教育的管理。在充分尊重继续教育学院办学主体地位的基础上，以“抓两头、盯中间”的工作方针和“办学监督、规划建议和信息统筹”的部门定位，与继续教育学院密切配合，一年来基本理顺了工作关系，建立起了分工协作、权责清晰的工作体系。

大力推动学校网络教育改革工作。在学校党委常委会决策要求下和学校领导的具体领导下，继续教育处联合有关单位成立网络教育工作小组，积极推进学校网络教育改革工作。经过多轮谈判，确立了网络教育管理体制改革的工作目标并取得了显著的阶段性进展，对于办学定位、办学主导、办学管理均提出了明确的意见和方案，网络教育管理工作迈上新台阶。

## ■ 实验室建设与仪器设备管理

### 一、概况

2019 年实验室管理与教学条件保障处完成重组后，结合学校“十三五”发展规划，不断增强服务意识，开拓创新，提高学校实验室建设和管理水平，完成了学校交给的各项任务，为全面推进学校世界一流大学和一流学科建设贡献力量。

### 二、主要工作

截至 2019 年底，学校实验室基本覆盖学校主要学科方向和专业，实际运行的实验室总数为 129 个（包括实验中心下设实验室），其中 56 个人文社科实验室，73 个理工类实验室，涉及 20 个院系，实验用房 16 143 平方米。学校有省部级重点实验室 3 个、国家级实验教学示范中心 4 个、北京市实验教学示范中心 5 个。

实验室管理与教学条件保障处根据 2019—2020 学年第四次校长办公会议的要求，并在主管校领导的领导下，历时近 2 个月，在对全校实验室特别是人文社科实验室摸底调研的基础上，深入分析了信息化背景下学校实验室在硬件建设、实验队伍、教学内容、教学组织方式等环节的变化，初步探索了信息化与新文科深度融合发展的实践路径。

2019 年，物理系、化学系、心理系、环境学院、信息学院、信息资源管理学院 6 个理工科院系共 659 名新生通过实验室安全考试，考试通过率 100%。根据北京市生态环境局 2019 年辐射安全与防护培训工作计划，学校实验室管理与教学条件保障处、物理系、化学系、校医院等单位 37 名师生参加了辐射安全与防护培训，并全部取得辐射安全与防护培训合格证书。

2019 年，学校外聘实验室安全管理专家对理工类实验室进行例行检查 5 次，化学品安全专项检查两次，检查内容包括危险化学品、易制爆化学品、易制毒化学品、有毒有害物品、射线装置、有害废弃物和气瓶的使用、存放、管理，以及实验室防电、防火、防水、防盗等安全防范措施、实验操作流程、设备使用流程、材料管理流程等的规范与执行。同时从 2019 年起，学校建立了实验室安全巡查机制，安全巡查小组由具有相关专业背景的校内外专家组成，每周不定期对实验室开展巡查，实验室管理与教学条件保障处及时督促整改。

## 附录

### 2019 年中国人民大学实验室情况表

| 所属单位名称 | 实验室名称 | 类型 | 性质 |
|---|---|---|---|
| 财政金融学院 | 财税政策与管理实验室 | 综合 | 基础实验室 |
| | 金融管理与工程实验室 | 综合 | 基础实验室 |
| 法学院 | 文书检验室 | 综合 | 基础实验室 |
| | 审讯实验室 | 综合 | 基础实验室 |
| | 电子证据实验室 | 综合 | 基础实验室 |
| | 痕迹检验室 | 综合 | 基础实验室 |
| 公共管理学院 | GIS 实验室 | 综合 | 基础实验室 |
| | 管理学实验室 | 综合 | 基础实验室 |
| | 课件制作及网络管理实验室 | 综合 | 专业实验室 |
| | 土地利用规划实验室 | 综合 | 专业实验室 |
| | 公共政策实验室 | 综合 | 专业实验室 |
| 国际关系学院 | 国政经济模拟联合国实验室 | 综合 | 基础实验室 |
| 化学系 | 分析化学实验室 | 教学 | 基础实验室 |
| | 普通化学实验室 | 教学 | 基础实验室 |
| | 物理化学实验室 | 教学 | 基础实验室 |
| | 有机化学实验室 | 教学 | 基础实验室 |
| | 化工基础实验室 | 教学 | 基础实验室 |
| | 仪器分析实验室 | 教学 | 基础实验室 |
| | 功能高分子材料与器件实验室 | 科研 | 专业实验室 |
| | 功能分子与材料动态结构实验室 | 科研 | 专业实验室 |
| | 超快反应动力学实验室 | 科研 | 专业实验室 |
| | 超临界流体技术实验室 | 科研 | 专业实验室 |
| | 非均相催化实验室 | 科研 | 专业实验室 |
| | 高分子复合材料实验室 | 科研 | 专业实验室 |
| | 环境光催化实验室 | 科研 | 专业实验室 |
| | 理论与计算化学实验室 | 科研 | 专业实验室 |

续表

| 所属单位名称 | 实验室名称 | 类型 | 性质 |
|---|---|---|---|
| 化学系 | 绿色化学实验室 | 科研 | 专业实验室 |
| | 神经电化学分析实验室 | 科研 | 专业实验室 |
| | 生物大分子结构实验室 | 科研 | 专业实验室 |
| | 生物与纳米电化学实验室 | 科研 | 专业实验室 |
| | 有机催化与合成实验室 | 科研 | 专业实验室 |
| | 有机合成方法学实验室 | 科研 | 专业实验室 |
| | 有机光电材料实验室 | 科研 | 专业实验室 |
| | 无机纳米材料实验室 | 科研 | 专业实验室 |
| | 有机不对称合成实验室 | 科研 | 专业实验室 |
| | 配位化学与催化实验室 | 科研 | 专业实验室 |
| | 能源材料与器件实验室 | 科研 | 专业实验室 |
| | 热电能源材料实验室 | 科研 | 专业实验室 |
| 环境学院 | 低碳水环境技术研究中心 | 科研 | 专业实验室 |
| | 化工原理实验室 | 综合 | 基础实验室 |
| | 水污染控制工程实验室 | 综合 | 专业实验室 |
| | 大气环境学实验室 | 综合 | 专业实验室 |
| | 环境化学实验室 | 综合 | 基础实验室 |
| | 环境微生物实验室 | 综合 | 基础实验室 |
| | 生态学实验室 | 综合 | 基础实验室 |
| | 环境生物学实验室 | 综合 | 基础实验室 |
| | 生物化学实验室 | 综合 | 基础实验室 |
| | 环境监测实验室 | 综合 | 基础实验室 |
| | 大气污染控制工程实验室 | 综合 | 专业实验室 |
| | 地理信息系统实验室 | 综合 | 专业实验室 |
| | 固体废物处理处置实验室 | 综合 | 专业实验室 |
| 经济学院 | 经济组织与经济行为实验室 | 综合 | 基础实验室 |
| 劳动人事学院 | 行为实验室 | 综合 | 基础实验室 |
| | 劳动关系研究中心 | 综合 | 基础实验室 |
| | e-HR 实验室 | 综合 | 专业实验室 |
| | HR 测评实验室 | 综合 | 专业实验室 |
| | HR 管理模拟实验室 | 综合 | 专业实验室 |
| | 案例研究中心 | 综合 | 专业实验室 |
| 农业与农村发展学院 | 农村调查与计量分析实验室 | 综合 | 基础实验室 |
| | 农产品市场模拟实验室 | 综合 | 基础实验室 |
| | 乡村发展实验室 | 综合 | 基础实验室 |
| 商学院 | 工商管理综合实验室 | 综合 | 专业实验室 |
| | 领导与沟通行为实验室 | 综合 | 专业实验室 |

续表

| 所属单位名称 | 实验室名称 | 类型 | 性质 |
|---|---|---|---|
| 社会与人口学院 | 人口健康实验室 | 综合 | 专业实验室 |
| | 社会调查与统计分析实验室 | 综合 | 基础实验室 |
| | 社工实验室 | 综合 | 基础实验室 |
| | 人类学实验室 | 综合 | 基础实验室 |
| 实验室管理与教学条件保障处 | 文科实验中心网络教学平台 | 教学 | 基础实验室 |
| 统计学院 | 数据处理仿真研究实验室 | 综合 | 基础实验室 |
| | 大数据统计分析实验室 | 综合 | 基础实验室 |
| | 北京生物医学统计实验室 | 综合 | 专业实验室 |
| | 统计数据分析实验室 | 综合 | 专业实验室 |
| | 电话调查实验室 | 综合 | 专业实验室 |
| 外国语学院 | 外语网络教学实验中心 | 综合 | 基础实验室 |
| | 外语教学课件开发研究室 | 综合 | 基础实验室 |
| | MTI 笔译实验室 | 综合 | 基础实验室 |
| | 视频点播实验室 | 综合 | 基础实验室 |
| | 同声传译实验室 | 综合 | 基础实验室 |
| 文学院 | 影视学实验室 | 教学 | 专业实验室 |
| | 汉语语音实验室 | 科研 | 基础实验室 |
| 物理学系 | 近代物理实验室 | 教学 | 基础实验室 |
| | 普通物理实验室 | 教学 | 基础实验室 |
| | 电子学实验室 | 教学 | 基础实验室 |
| | 物理演示实验室 | 教学 | 基础实验室 |
| | 材料物理实验室 | 教学 | 基础实验室 |
| | 微纳材料研究实验室 | 科研 | 专业实验室 |
| | 光电功能材料与微纳器件北京市重点实验室 | 科研 | 专业实验室 |
| | 聚态物性研究实验室 | 科研 | 专业实验室 |
| | 计算物理实验室 | 科研 | 专业实验室 |
| 心理学系 | 眼动实验室 | 综合 | 基础实验室 |
| | 虚拟现实实验室 | 综合 | 基础实验室 |
| | 情绪实验室 | 综合 | 基础实验室 |
| | EEG 脑电实验室 | 综合 | 基础实验室 |
| | 行为观测实验室 | 综合 | 基础实验室 |
| | 行为实验室 | 综合 | 基础实验室 |
| | 神经影像和数据分析实验室 | 综合 | 基础实验室 |
| | 基础心理学实验室 | 综合 | 基础实验室 |
| | 经颅直流电刺激实验室 | 综合 | 专业实验室 |
| | 近红外光学成像实验室 | 综合 | 专业实验室 |

续表

| 所属单位名称 | 实验室名称 | 类型 | 性质 |
|---|---|---|---|
| 新闻学院 | 新闻传播实验室 | 教学 | 基础实验室 |
| | 新闻与社会发展研究中心 | 教学 | 专业实验室 |
| 信息学院 | 计算机网络实验室 | 综合 | 基础实验室 |
| | EDA 实验室 | 综合 | 专业实验室 |
| | 电工电子实验室 | 综合 | 基础实验室 |
| | 信息安全实验室 | 综合 | 专业实验室 |
| | 数据库与商务智能教育部工程研究中心 | 综合 | 专业实验室 |
| | 基于大数据文科综合训练虚拟仿真实验教学中心 | 综合 | 基础实验室 |
| | 数据仓库与商务智能实验室 | 综合 | 专业实验室 |
| | 数据库与智能信息检索实验室 | 综合 | 专业实验室 |
| | 大数据管理与分析方法研究北京市重点实验室 | 综合 | 专业实验室 |
| | 软件实验室 | 综合 | 专业实验室 |
| | 网络与移动数据管理实验室 | 综合 | 专业实验室 |
| | 多媒体实验室 | 综合 | 专业实验室 |
| | 嵌入式系统实验室 | 综合 | 专业实验室 |
| | 信息技术与管理实验教学中心 | 综合 | 专业实验室 |
| 信息资源管理学院 | Web 开发实验室 | 综合 | 实习场所 |
| | 计算机实验室 | 综合 | 实习场所 |
| | 实验档案馆 | 综合 | 实习场所 |
| | 暗室实验室 | 综合 | 专业实验室 |
| | 档案有害生物防治实验室 | 综合 | 专业实验室 |
| | 缩微摄影技术实验室 | 综合 | 专业实验室 |
| | 信息记录技术实验室 | 综合 | 专业实验室 |
| | 中国人民大学物证技术鉴定中心 | 综合 | 专业实验室 |
| | 档案文献保护化学实验室 | 综合 | 专业实验室 |
| | 档案修复实验室 | 综合 | 专业实验室 |
| | 电子文件系统测试中心 | 综合 | 专业实验室 |
| | 文件处理与档案管理实验室 | 综合 | 专业实验室 |
| 艺术学院 | 创意媒体实验室 | 综合 | 专业实验室 |
| 数据工程与知识工程教育部重点实验室 | 数据工程与知识工程教育部重点实验室 | 综合 | 专业实验室 |

# ■ 图书馆

## 一、概况

中国人民大学图书馆由新馆、藏书馆两部分组成，馆舍总面积近 55 000 平方米，馆藏文献总量 4 231 537 册，设有 10 余个阅览区，阅览座位共计 3 000 余个。图书馆设有 14 个部室：办公室、党委办公室、宣传推广部、资源建设部、借阅服务部、学科支持部、新媒体部、信息技术部、数字化与文印部、古籍整理与研究部、特藏部、藏书馆服务部、馆际互借与原文传递中心、图工委秘书处。截至 2019 年底，在职馆员 100 人。

2019 年是中华人民共和国成立 70 周年，是学校"双一流"建设稳步推进的一年，是"不忘初心、牢记使命"主题教育扎实开展的一年。图书馆根据学校"双一流"的建设目标，围绕学校中心工作，在主题教育、资源建设、读者服务、科研支撑、信息化建设、内部管理等多方面进行了实践与探索，取得了一系列成果与成绩，受到师生读者广泛好评。

2019 年图书馆主抓了几件工作：一是积极践行"不忘初心、牢记使命"主题教育，在学校第九指导组的指导下，突出学习教育、调查研究、检视问题、整改落实四个重点，通过抓学习、搞调研、找差距、促整改，从思想上、政治上、行动上把主题教育落到实处。二是紧紧围绕文献资源保障的中心任务，做到基础资源全面保障、特色资源重点建设，同时积极开展各类文献资源揭示与宣传工作，保障学科建设与教学科研的资源需求。三是利用自身开展知识服务的优势，力争做好学校建设的智库和智囊团，立足学科服务与学科分析，对学校教学科研的支撑作用不断强化。四是读者服务求新求变，重实效重融合。五是凭借各类设备购置、软件平台开发，不断改善图书馆的软硬件环境，通过不断革新技术为读者提供更好服务、更好学习体验。六是完成内设机构改革，健全规章制度。

## 二、文献信息资源建设

### （一）文献采集整理量

2019 年，共购进中文图书 34 576 种，外文图书 4 930 种，中文报刊 1 960 种，外文报刊 768 种。现有数据库 516 种，电子图书 4 486 233 种，电子期刊 207 302 种。2019 年收集学校学位论文电子版 9 511 篇。与 5 个国外及港澳台地区大学图书馆或科研单位保持书刊交换关系。2019 年，接收国内外捐赠图书 4 445 册。全年编目加工上架中文图书 36 151 种，84 299 册；西文图书 10 302 种，12 882 册；日文图书 188 种，424 册。

### （二）文献信息资源建设特色

按照丰富图书馆特藏的工作思路和大力推动文库建设的工作部署，继续加大人大文库建设力度。2019 年，共收到捐赠图书 686 种，689 册。截至 2019 年底，人大文库图书已达到 63 600 余册，论文 137 700 余册。

## 三、文献信息服务

2019 年图书馆各阅览室接待读者 2 318 672 人次，共借、还图书 703 435 册次。复印量近 180 万余张，装订各类书刊杂志 5 989 余册，制作论文 24 813 余本。

2019 年，继续通过 CALIS、CASHL、BALIS 三个系统实现原文传递服务，外馆向图书馆申请 9 527 篇，图书馆向外馆申请 8 151 篇。

为学校师生提供查收查引服务 473 人次，提供收录引用报告 473 份；为 1 项科研项目提供科技查新服务。

为本科生、研究生、培训学院的新生提供入馆培训 48 场，共计 6 000 余人次；为各个院系读者举办图书馆资源与服务利用专题讲座 43 讲，合计 700 余人次。

2019 年图书馆学科服务工作主要是为院系部处提供精准化学科服务。开展多种方式的用户调研，了解用户个性化需求；持续跟踪分析学校 ESI 学科及潜力学科，编纂《ESI 学科动态》及部分学科发展竞争力分析报告；对学校工程学科首次进入 ESI 全球学科排名前 1%进行数据分析和报道；对学校 2009—2019 年 5 000 多篇 SCI、SSCI 论文进行数据清洗，编辑院系字典和姓名字典；继续完成学校“双一流”大学评估项目工作等。

## 四、古籍、特藏收集整理

完成了子部、集部的整理，以及史部、丛书部 80%普通线装古籍的整理。基本完成古籍善本目录增订版的出版工作，此次增订版收录古籍善本 3 500 部左右，比 1991 年版新增近 700 部，册数达到 3.8 万册，可谓迄今为止质量最高、数量最准的数据。完成 2 500 册西文善本的数字化扫描工作。

成功推动著名红学家、史学家、书法家、画家冯其庸的个人藏书捐赠工作。冯其庸教授的女儿冯幽若女士已经决定将 3 万册冯其庸个人藏书捐赠给图书馆，藏书种类包括文史类、西域文化类、艺术类、红楼梦类、戏曲戏剧类等。捐赠双方已签订捐赠协议。

著名学者个人藏书征集方面，获得著名经济学家、原校长黄达教授个人藏书 6 000 余册，著名哲学家陈先达第一批个人藏书 200 余册，中国社会科学院世界经济研究所蒲山个人藏书 2 000 余册，以及客座教授卡尔·米切姆第三批个人藏书 30 余册等。

著名学者非书资料征集方面，获得人民教育家卫兴华、著名经济学家吴易风、著名哲学家陈先达、著名经济学家黄达等的奖杯、奖章 3 件，手稿 19 份，照片 36 张，纪念品 7 个，学术光盘 5 张，学术剪报 106 份，荣誉证书 1 件，等等。

以国庆 70 周年为主题、以库藏资源为依托并配合图书馆工作安排策划主题展览，包括《方寸讲台乃初衷，笔耕不辍是匠心——中国人民大学学术著作展（2015—2018）》《“爱国情怀　华美篇章——中国人民大学学术成果展》。

## 五、教学、科研工作

完成本科生“人文社会科学信息检索”课程共计 6 个班 218 人 204 个学时的教学任务。图书馆馆员共发表学术论文 39 篇，开展 15 个馆内课题研究。

图书馆持续跟踪调研下一代图书馆服务平台进展。赴中山大学图书馆、深圳大学图书馆、香港中文大学（深圳）图书馆进行实地调研，分别与 SirsiDynix、EBSCO、Ex Libris、超星、维普、汇文、麦达公司技术人员进行技术交流研讨。

## 六、分馆建设和资源共建

举办了全校的文献资源建设专家座谈会，介绍了图书馆资源建设的现状、对“双一流”建设的支撑、数字资源与大型文献建设等方面的基本情况，以及图书馆加强特色资源和大型文献的建设；在支撑“双一流”建设方面，图书馆秉承资源建设分级保障的原则，做到了重点学科、特色学科重点支持，基础学科和新兴学科全面保障，其他学科基本保障，数字资源与纸质资源协调发展。与会专家分别就提高师生在数据库采购和使用过程中的参与度和体验性、结合学科特点增加经典学术资源等方面提出了建议与意见，肯定了图书馆在资源建设中所做的工作与努力，表达了对畅通馆院沟通渠道的支持。

2019 年为国学院、马克思主义学院、民商法中心、教育学院、重阳金融研究院、习近平新时代中国特色社会主义思想研究院等 15 个院系研究机构开展合同审核与备案服务，共计 52 批次。

2019 年法学院、外国语学院、社会与人口学院、文学院、艺术学院等院系近 53 人次荐购图书，图书馆订购图书 1 749 种。举办文史哲专题展、外国语学院专题展、数学学院专题展、法学院专题展。订购德、法、日、俄、西班牙小语种图书 1 151 种。

完成了法学院图书馆的中文及港台图书编目、加工工作及中外文期刊的订购工作；继续将图书馆的法律类图书放置到法学院图书馆提供利用；为了提高资源利用，将历史类的大部头图书放置到清史所资料室，马列的大部头图书放到马克思主义学院。

# 科学研究



## 一、概况

2019 年是新中国成立 70 周年，同时也是贯彻落实党的十九大精神和全面建成小康社会关键之年。学校科研工作坚持以习近平新时代中国特色社会主义思想为指引，认真贯彻党和国家决策部署和学校党委的各项要求，坚持以提升科研人员满意度为中心，不断服务学校“双一流”建设大局，推进各项科研工作的发展，取得了一系列成绩和进展。

## 二、科研机构

机构管理建设方面：一是学校获批 1 项教育部工程研究中心。2019 年 10 月，教育部下发立项通知，正式批准学校金融计算与数字工程教育部工程研究中心立项建设，学校省部级研究机构又添新人。二是以召开教育部人文社会科学重点研究基地管理会议为契机，推动加快 13 个教育部人文社会科学重点研究基地建设步伐。2019 年共完成伦理学与道德建设研究中心、佛教与宗教学理论研究所等 2 家基地换届工作；多措并举减少基地重大项目存量，为机构的常态化运行奠定基础。三是稳步推进机构建设步伐。2019 年共计审核批复成立“乡村治理研究中心”“《国际儒藏》编纂中心”等 2 个院属研究机构，“数字人文研究中心”“法国和法语国家研究院”等 10 个研究团队进入科研孵化平台。

截至2019年底，学校共有习近平新时代中国特色社会主义思想研究院1个，国家高端智库1个，北京市高端智库1个，教育部人文社会科学重点研究基地13个，国家人权教育与培训基地1个，教育部重点实验室1个，教育部工程研究中心2个，北京市重点实验室2个，北京市哲学社会科学研究基地3个，高精尖创新中心1个；校内科研机构包括跨学院研究机构31个，院属研究机构185个。

## 三、学术刊物

学校拥有各类期刊（包括期刊和集刊）共195种，包括《中国人民大学学报》《教学与研究》等30种（含 *Economic Political Studies* 等5种英文期刊）正式原发性学术期刊，《统计学评论》等29种集刊（不完全统计），书报资料中心“复印报刊资料”115种、“人文社科文摘”14种、“报刊资料索引”7种。

经过多年建设及各学院、各刊编辑部的努力，学校期刊建设取得了一定成效。《中国人民大学学报》《教学与研究》《经济理论与经济管理》《政治经济学评论》《法学家》《清史研究》《国际新闻界》《人口研究》《档案学通讯》《情报资料工作》《社会学评论》等11种期刊为CSSCI收录期刊，《公共管理与政策评论》《社会建设》等2种期刊为CSSCI来源期刊扩展版收录。《国际新闻界》《教学与研究》《经济理论与经济管理》《人口研究》《中国人民大学学报》《法学家》《清史研究》《政治经济学评论》等8种学术期刊获得国家社科基金资助。

## 四、科研项目和科研经费

2019年，学校科研总经费达32 708万元，其中纵向项目经费17 308.37万元，横向项目经费15 399.63万元。

获得国家社会科学基金项目89项，立项经费2 864万元，立项总数居高校前三。其中，重大项目8项、年度项目和青年项目共50项。

获得国家自然科学基金项目53项，立项经费2 432万元（直接经费）。其中重点项目1项、优秀青年科学基金项目1项。

获得教育部人文社会科学项目55项，立项经费1 608.9万元，重大类项目立项数位居高校前列。

获得北京市社会科学基金项目23项，获批经费321万元，立项数并列参评单位第一。

## 五、科研成果与奖励

中国人民大学为第一完成单位，物理学系卢仲毅教授为第一完成人，与向涛（中国科学院物理研究所）、马锋杰（中国科学院理论物理研究所）、闫循旺（中国科学院理论物理研究所）、高淼（中国人民大学）申报的“铁基超导电子结构与磁相互作用的理论研究”项目，获评2019年度国家自然科学奖二等奖，这也是中国人民大学首次获得国家自然科学奖。铁基超导是凝聚态物理学的重要研究方向，对探索非常规高温超导机理具有重大意义。项目组最早发现并预言铁基超导母体是反铁磁半金属，指出由砷或硒传递的反铁磁超交换是主要的磁相互作用，是导致超导电子配对的主要原因，并在此基础上成功预言了铁基超导的两种新的磁有序结构。这些发现揭示了其中磁相互作用的微观起源，加深了对铁基超导基本性质的认识，推动了该领域的发展。

2018年，学校在南京大学中文社会科学引文索引（CSSCI）来源期刊上第一署名机构发文数达2 294篇，连续15年位居全国高校第一。2019年，学校教师在《中国社会科学》发文11篇，居全国高校榜首。王子今教授的专著入选国家哲学社会科学成果文库。

在北京市第十五届哲学社会科学优秀成果奖评奖中取得优异成绩，共有35项成果获奖，其中一等奖7项、二等奖28项，获奖总数与一等奖获奖数均位列参评单位第一。

**教育部2019年度高等学校科学研究优秀成果奖（科学技术）**

| 序号 | 奖种 | 获奖等级 | 项目名称 | 学校完成人 | 主要完成单位 |
|---|---|---|---|---|---|
| 1 | 自然科学奖 | 一等奖 | 关于带移民分枝过程的研究 | 傅宗飞（第三完成人） | 中国人民大学（第三完成单位） |
| 2 | 科学技术进步奖 | 二等奖 | 旱区水权理论、动态定量关键技术与实践 | 沈大军（第五完成人） | 中国人民大学（第二完成单位） |

**中国人民大学入选2019年国家哲学社会科学成果文库名单**

| 成果名称 | 申请人 | 单位 |
|---|---|---|
| 秦汉海洋文化 | 王子今 | 国学院 |

**中国人民大学获北京市第十五届哲学社会科学优秀成果奖名单**

（按姓氏音序排列）

| 序号 | 成果名称 | 申报者 | 成果形式 | 获奖等级 |
|---|---|---|---|---|
| 1 | 陈先达文集（14卷） | 陈先达 | 著作 | 一等奖 |
| 2 | 中国信息资源产业发展与政策 | 冯惠玲 | 著作 | 一等奖 |
| 3 | 论中国特色社会主义新时代 | 陶文昭 | 论文 | 一等奖 |
| 4 | 中国特色社会主义经济理论的坚持、发展与创新问题 | 卫兴华 | 论文 | 一等奖 |
| 5 | 股市危机——历史与逻辑 | 吴晓求 | 著作 | 一等奖 |
| 6 | 论中国特色社会主义政治经济学的发展与创新 | 张雷声 | 论文 | 一等奖 |
| 7 | 马克思意识形态概念理解史 | 张秀琴 | 著作 | 一等奖 |
| 8 | 宏观政策评价报告2017 | 陈彦斌 | 著作 | 二等奖 |
| 9 | 寻找供给侧结构性改革的理论源头 | 方福前 | 论文 | 二等奖 |
| 10 | 完善和发展中国特色社会主义法律体系的理论与实践研究（上、下册） | 冯玉军 | 著作 | 二等奖 |
| 11 | 政府统计国际规范概览 | 高敏雪 | 著作 | 二等奖 |
| 12 | 旗帜：社会主义核心价值漫谈 | 葛晨虹 | 社科普及读物 | 二等奖 |
| 13 | 如何把握新时代的马克思主义 | 郝立新 | 论文 | 二等奖 |
| 14 | 金融发展与反贫困：来自中国的理论与实践 | 胡德宝 | 著作 | 二等奖 |
| 15 | 关于加快北京市养老供给侧结构性改革的建议 | 黄石松 | 调研报告 | 二等奖 |
| 16 | 重塑中华：近代中国“中华民族”观念研究 | 黄兴涛 | 著作 | 二等奖 |
| 17 | 第三次工业革命与工业智能化 | 贾根良 | 论文 | 二等奖 |
| 18 | 中国智慧：十八大以来中国外交 | 金灿荣 | 著作 | 二等奖 |
| 19 | 首都减量发展的新时代创新价值 | 刘元春 | 调研报告 | 二等奖 |
| 20 | “一国两制”在香港、澳门的成功实践及其历史经验研究 | 齐鹏飞 | 著作 | 二等奖 |
| 21 | 北京市城市生活垃圾焚烧社会成本评估报告 | 宋国君 | 调研报告 | 二等奖 |
| 22 | 互联网供应链金融 | 宋　华 | 著作 | 二等奖 |

续表

| 序号 | 成果名称 | 申报者 | 成果形式 | 获奖等级 |
|---|---|---|---|---|
| 23 | 论法律的法规创造力 | 王贵松 | 论文 | 二等奖 |
| 24 | “法治中国”命题的理论逻辑及其展开 | 王　旭 | 论文 | 二等奖 |
| 25 | 世界是通的：“一带一路”的逻辑 | 王义桅 | 著作 | 二等奖 |
| 26 | 传统文化与思想政治教育创新 | 王　易 | 著作 | 二等奖 |
| 27 | 秦汉儿童的世界 | 王子今 | 著作 | 二等奖 |
| 28 | 观念的民主与实践的民主：比较历史视野下的民主与国家治理 | 杨光斌 | 著作 | 二等奖 |
| 29 | 浪漫的中国：性别视角下激进主义思潮与文学（1890—1940） | 杨联芬 | 著作 | 二等奖 |
| 30 | 特朗普当选，中国面临巨大挑战 | 杨其静 | 论文 | 二等奖 |
| 31 | 与雄安新区功能定位相匹配的人口和住房政策建议 | 叶裕民 | 调研报告 | 二等奖 |
| 32 | 中国城市创业指数编制与测算研究 | 袁　卫 | 论文 | 二等奖 |
| 33 | 中国通货膨胀动态形成机制的多重逻辑 | 张成思 | 著作 | 二等奖 |
| 34 | 全球价值链下中国本土企业的创新效应 | 张　杰 | 论文 | 二等奖 |
| 35 | 历史进程中的作者 | 张永清 | 论文 | 二等奖 |

## 六、学术活动

2019年，学校举办各类学术研讨会共468次（不完全统计），其中国际会议79次，港澳台会议6次，全国性会议383次。其中部分重要学术会议如下：

（一）第二十三届中国资本市场论坛

1月12日，第二十三届（2019年度）中国资本市场论坛在学校举办，本次论坛的主题是“资本市场与现代金融体系”。论坛由中国人民大学金融与证券研究所（FSI）、国融证券股份有限公司和中国人民大学重阳金融研究院共同主办，教育部社科司特别指导。来自中央国家机关、知名高校、研究机构的负责人和专家学者，以及证券公司、基金公司、上市公司的嘉宾，新闻媒体记者和中国人民大学一级教授胡乃武等500余人与会。校长刘伟出席论坛并致辞。财政金融学院院长庄毓敏主持论坛开幕式。国融证券股份有限公司董事长侯守法代表主办方致辞。中国证监会副主席方星海，国家发展和改革委员会副主任、国家统计局局长宁吉喆做主旨演讲。副校长、金融与证券研究所所长吴晓球做题为《现代金融体系之路：中国的探索》的主题报告。

（二）伊朗伊斯兰议会议长阿里·拉里贾尼到访并做主旨演讲

2月20日，伊朗伊斯兰议会议长阿里·拉里贾尼在应邀访华期间，到访学校，并在“重阳论坛”做题为《伊朗与中国：走向共享未来之路》的演讲。伊朗驻华大使默罕默德·克沙瓦尔兹扎德，伊朗财经部部长德吉帕桑德，伊朗议长顾问、议长办公室主任贾法里，伊朗议会预算委员会主任塔吉格尔敦；中国全国人大常委会委员、全国人大教育科学文化卫生委员会主任委员、全国人大中国伊朗友好小组组长李学勇，中国驻伊朗大使庞森，原驻伊朗大使、人大重阳高级研究员华黎明，原中东特使、人大重阳高级研究员吴思科，全国人大常委会办公厅外事局副局长刘锐等出席活动。校长刘伟致欢迎辞。论坛由副校长杜鹏主持。本次活动由中国人民大学主办，中国人民大学重阳金融研究院承办，中国人民大学法学院、马克思主义学院、国际关系学院、新闻学院协办，来自中国人民大学的200余名师生参加活动。

（三）第二十七届万寿论坛

2月28日，第二十七届万寿论坛在学校举行。本届论坛主题为“人类命运共同体构建与世界社会主义发展”，来自英国、智利等10个国家13个共产党组织的30位领导人与中方专家学者围绕论坛主题进行了深入交流。中联部副部长郭业洲、中国人民大学党委书记靳诺出席开幕式并致辞。中联部研究室主任栾建章主持开幕式，中国人民大学党委副书记、纪委书记吴付来主持闭幕式。英国共产党总书记罗伯特·格里菲斯、智利共产党总书记劳塔罗·卡蒙纳分别做主旨发言。在闭幕式上，芬兰共产党主席尤哈-佩卡·瓦萨宁呼吁，各国共产党员团结在一起，发出自己的声音，共同为实现共产主义而奋斗。参加本届万寿论坛的共产党组织代表高度评价习近平新时代中国特色社会主义思想尤其是人类命运共同体理念，普遍认为这一重要理念和倡议集中体现了中国共产党的天下情怀和使命担当，为完善全球治理、平衡世界发展、促进文明互鉴、推动合作共赢指明了方向和具体路径。本届论坛是第四次在学校举办的万寿论坛，由中联部与中国人民大学联合主办，中联部研究室及中国人民大学习近平新时代中国特色社会主义思想研究院、马克思主义学院承办。

（四）首届现代医院管理制度高峰会议

4月12—14日，由学校公共管理学院、卫生医疗体制改革与发展研究中心主办的“首届现代医院管理制度高峰会议”在学校召开。本次会议议程分为“医改十年再出发厅局长论坛”“主题报告与演讲”“现代医院内外部治理典型经验交流”“医院章程管理与医联体管理典型经验交流”四部分。此次会议是在重要的时间节点和背景下召开的有重要意义的大会。2009年4月，我国新医改启动，至今已有10年。2018年12月20日，国家卫健委、国家发展改革委等六部委印发《关于开展建立健全现代医院管理制度试点的通知》，遴选了148家医院组织开展试点工作。本次会议的召开，对于深入宣传贯彻国家文件精神、交流地方经验、进行学术研讨起到了积极的推动作用。来自国家卫健委和20个省市的卫健系统负责同志、医疗机构负责人和专家学者等近400位代表参加，其中现代医院管理制度试点单位70家，医院章程试点单位29家。

（五）学习习近平总书记关于教育的重要论述“九个坚持”新理念新思想新观点研讨会

5月25日下午，学习习近平总书记关于教育的重要论述“九个坚持”新理念新思想新观点研讨会在学校召开。本次研讨会是继“学习贯彻全国教育大会精神专家研讨会”“习近平总书记关于教育的重要论述专题研讨会”之后学校举办的又一次以学习、宣传、贯彻全国教育大会精神与习近平总书记关于教育的重要论述为主题的重大学术活动，专门聚焦于习近平总书记在全国教育大会上提出的“九个坚持”新理念新思想新观点开展学习研讨。本次研讨会由中国人民大学与中国教育报刊社《中国高等教育》共同主办，中国人民大学教育学院承办，中国人民大学出版社协办。中国人民大学党委书记靳诺，中国教育报刊社党委书记、社长翟博出席会议并致辞。教育部教育发展研究中心副主任马陆亭、中国教育电视台原党委书记张剑出席会议并做主旨发言。中纪委驻中国科学院纪检组原组长、中国科学院大学马克思主义学院院长王庭大，山西省人大常委会副秘书长、山西财经大学原党委副书记顾昭明，北京化工大学党委书记袁自煌，江南大学党委书记朱庆葆，兰州大学党委书记袁占亭，西南政法大学党委书记樊伟，首都师范大学校长孟繁华等多位高校负责人和专家学者分别以“九个坚持”为主题做专题发言。中国人民大学党委宣传部、科研处、出版社的相关负责人，各兄弟单位相关部门负责人，中国人民大学教育学院教师代表，以及从事相关领域研究的专家学者列席本次研讨会。中国教育电视台、中国教育报刊社等媒体参会并做报道。

（六）2019国际货币论坛

7月6—7日，由中国人民大学财政金融学院与中国财政金融政策研究中心联合主办，中国人民大学国际货币研究所（IMI）承办的“2019国际货币论坛”在学校举行。论坛主题为“高质量发展与高水平金融开放”。中国人民大学校长刘伟，中国证券监督管理委员会原主席肖钢，中国进出口银行董事长胡晓炼，广东省人民政府党组成员、原副省长陈云贤，中国银行原行长、中国互联网金融协会区块链工作组组长李礼辉，全国社会保障基金理事会原副理事长王忠民，中国投资有限责任公司副总经理刘珺，财政部金融司司长王毅，中国人民银行宏观审慎管理局局长霍颖励，中国人民银行科技司司长李伟，中国证券监督管理委员会市场部主任李继尊，中国财政科学研究院院长刘尚希，国家外汇管理局原副局长、中国驻 IMF 原执行董事魏本华，中国人民银行国际司原司长、中国驻 IMF 原执行董事张之骧，中国人民大学财政金融学院教授、中国社会科学院学部委员王国刚，对外经济贸易大学副校长丁志杰，北京大学国家发展研究院院长姚洋，以及巴基斯坦央行原行长亚辛·安瓦尔，韩国央行原副行长、韩国对外经济政策研究院高级研究员康泰修，摩根大通原亚太监管战略主管、IMF 亚太部门原主管阿努普·辛格等嘉宾出席会议并展开研讨。

（七）“转型中国与中国社会学：学科·理论·实践”学术研讨会

8 月 28—29 日，由学校社会与人口学院、社会学理论与方法研究中心、中国调查与数据中心联合举办的“转型中国与中国社会学：学科·理论·实践——纪念中国社会学恢复重建四十周年”学术研讨会在学校召开。学校党委书记靳诺，全国人大社会建设委员会副主任、中国社会科学院学部委员、中国社会学会学术委员会主任李培林，国务院学位办副主任、教育部学位管理与研究生教育司司长洪大用，中国社会学会会长、上海研究院第一副院长李友梅出席开幕式并致辞。国际著名社会学家杜克大学讲席教授林南、康奈尔大学讲席教授倪志伟、斯坦福大学讲席教授周雪光，以及来自国内外社会学教学和研究机构的 110 余位学者参加了此次会议。

（八）中国人民大学金融学科第三届年会

11 月 9 日，以“全球变局下的中国金融开放：路径选择”为主题的中国人民大学金融学科第三届年会（2019）召开。本次会议由学校主办，财政金融学院、商学院、经济学院、汉青经济与金融高级研究院、重阳金融研究院、金融与证券研究所、中国普惠金融研究院联合承办。学校金融学科师生、兄弟院校单位师生、金融领域专家学者、媒体界代表近 400 人与会。学校党委书记靳诺做开幕式致辞，副校长吴晓球、清华大学五道口金融学院教授谢平、中国社会科学院学部委员余永定、中金公司董事总经理、管委会成员黄海洲分别做主题演讲。学校财政金融学院院长、重阳金融研究院院长兼执行理事庄毓敏主持开幕式。财政金融学院副院长赵锡军主持午餐会环节。下午，年会开设了两场平行论坛，共发布了 10 份中英文学术报告。

（九）第二届首都发展高端论坛

11 月 16 日，由中国人民大学首都发展与战略研究院（以下简称“首发院”）主办的“第二届首都发展高端论坛：老城·新城·都市圈”在学校举行。本次论坛以“新城发展与老城更新”为主题，来自清华大学、中国人民大学、中国社会科学院、中国城市规划设计院等的多位国内专家学者以及来自美国、日本、英国、法国、德国、荷兰、澳大利亚、印度、巴基斯坦等国的专家学者共同探讨首都治理之道。学校党委书记、首发院院长靳诺出席论坛并致辞，副校长、首发院学术委员会主任刘元春主持开幕式。科研处处长、国家发展与战略研究院执行院长严金明主持“论坛 I：都市圈治理与区域协同”。墨尔本大学建筑建设规划（ABP）学院副院长韩笋生教授主持“论坛 II：新城发展与规划建设”。首发院副院长张杰主持“论坛 III：老城更新与社会重构”。学校公共管理学院秦波教授主持“圆桌论坛：首都城市治理——比较与借鉴”。来自国内外的专家学者、政府官员、学生和媒体人士代表共计 200 余人参会。

（十）中国新闻史学会 2019 年学术年会

11 月 16 日，中国新闻史学会 2019 年学术年会在北京会议中心开幕。会议以“全球视野　中国学派——全媒体时代的新闻传播研究”为主题，来自国内外主流新闻院校的近千名专家学者荟萃一堂，共享前沿关切，共通专业智慧，共建学科未来。在这次大会上，学校新闻学院成为新任会长单位，新闻史学会在时隔 15 年后又回到了她最初创办的地方。校长刘伟，中国新闻史学会顾问、全国人大教科文卫委员会主任委员、清华大学新闻与传播学院院长柳斌杰出席开幕式并致辞，中国新闻史学会会长、清华大学新闻与传播学院常务副院长陈昌凤，学校新闻学院执行院长胡百精一并致辞。中国新闻史学界泰斗、中国新闻史学会创会会长、学校荣誉一级教授方汉奇专门发来贺信。开幕式结束后，中国新闻史学会第五届会员代表大会暨理事会议开始，中国新闻史学会联席秘书长、学校新闻学院邓绍根教授做中国新闻史学会第五届理事会工作报告，并讨论和通过新一届常务理事名单。开幕首日，还举行了2019年院长论坛，国内外的近70家新闻传播教育或研究单位的院长及副院长参加，围绕八个主题板块展开交流探讨。中国新闻史学会22个研究委员会共24个分会场学术交流也同步进行。本次大会由中国新闻史学会、中国人民大学主办，学校新闻学院、新闻与社会发展研究中心承办，中国新闻史学会22个二级分会联合协办。

（十一）2019中国公共外交论坛：合作共赢与中国故事

11月27日，“2019中国公共外交论坛：合作共赢与中国故事”在学校举行。校长、国家发展与战略研究院院长刘伟，中宣部部务会议成员、国务院新闻办公室副主任郭卫民，中国外文出版发行事业局副局长高岸明，中国前驻英国大使马振岗，中国前驻德国大使史明德等近30位来自政界、学界、业界的专家学者和业界精英出席了此次论坛。与会专家们围绕如何通过“多元公共外交”推动合作共赢、如何通过“媒体公共外交”进一步讲好“中国故事”两大议题展开深入探讨。此次论坛由学校国家发展与战略研究院、中国互联网新闻中心联合主办，由学校新闻学院协办。

（十二）国际儒学论坛·2019

11月30日—12月2日，由中国人民大学、韩国崔钟贤学术院、尼山世界儒学中心主办的“国际儒学论坛·2019”在曲阜尼山圣境举行。来自中国、韩国、日本、美国、英国、澳大利亚等国家和地区的150余位专家学者出席会议。论坛的主题是：“儒家思想与人类和平”。学校党委书记靳诺主持开幕式，山东省委常委、宣传部部长关志鸥，韩国崔钟贤学术院院长代表、西江大学教授尹炳男，济宁市委书记傅明先出席开幕式并致辞。副校长杜鹏出席开幕式。论坛开幕式上，还举行了尼山世界儒学中心中国人民大学分中心、山东大学分中心的揭牌仪式和尼山世界儒学中心网站的开通仪式。学校孔子研究院院长张立文、山东大学儒学高等研究院执行院长王学典、日本东京大学荣誉教授池田知久做论坛主旨报告。在分组会议环节，与会学者围绕“儒家思想与人类和平”这一主题，从儒家思想观念、儒家学术传统、儒家政治哲学等角度，共进行了24场分组会议。会后，学者们还赴孔庙孔府、孔子博物馆等实地调研考察了儒家历史文化资源。

（十三）中国宏观经济论坛（2019—2020）

11月30日，中国宏观经济论坛（2019—2020）在学校举行。校长、国家发展与战略研究院院长刘伟，中国社科院学部委员、中国区域经济学会会长、中国经营报社社长金碚，清华大学经济管理学院院长白重恩，国务院参事、当代经济学基金会理事长夏斌，副校长刘元春等嘉宾出席论坛。副校长刘元春代表论坛研究团队发布了论坛主报告《结构调整攻坚期的中国宏观经济》。与会嘉宾就2019—2020年的中国宏观经济形势进行了深入的研讨和交流。中国宏观经济论坛创立于2006年，由学校国家发展与战略研究院、经济学院及中诚信国际信用评级有限公司联合主办，由学校经济研究所承办。

（十四）中国应用经济学年会（2019）

12月8日，在国务院学科评议组应用经济学组的指导下，主题为“推进改革开放，激发经济活力”的中国应用经济学年会（2019）在北京友谊宾馆举办。本次会议由学校主办，财政金融学院、应用经济学院承办。国家发展与改革委员会副主任兼国家统计局局长宁吉喆，校长刘伟，国务院学位委员会办公室副主任、教育部学位管理与研究生教育司司长洪大用，副校长吴晓球，东北财经大学校长吕炜，江西财经大学校长卢福财，国务院第七届学科评议组应用经济学组成员白重恩、李俊生、曲振涛、冯根福、肖红叶、林木西、张秋生、张桥云等出席会议。全国高校应用经济学学科学术带头人、青年学者代表、学校师生、业界专家以及媒体记者等参加会议。

（十五）“21世纪世界社会主义理论与实践”国际学术会议

12月12日，“21世纪世界社会主义理论与实践”国际学术会议在学校召开。会议聚焦“社会主义道路：历史、经验与启示”“社会主义制度、理论与国家经验”“社会主义改革与国家治理”“社会主义政党制度与国家政治发展”等四个方面主题，从经济建设、政党政治、社会发展、改革实践等多个角度展开深度研讨，总结世界社会主义运动和社会主义革命、改革、建设的历史经验，展望21世纪世界社会主义发展未来。学校党委书记靳诺，党委副书记、纪委书记吴付来出席活动。尼泊尔共产党中央常务委员会委员德沃·普拉莎德·古隆，巴西劳工党中央委员彭尼尔登·席尔瓦·菲略，津巴布韦津民盟党校契特波思想政治学院秘书长芭芭拉·奇古塔，阿根廷共产党国际关系委员会委员玛利亚诺·恰尔法迪尼，越南社会科学翰林院研究生院副院长陈明俊，中国社会科学院党组成员、当代中国研究所所长兼马克思主义研究院院长姜辉，中共中央对外联络部研究室主任栾建章等出席。来自越南、古巴、巴西、阿根廷、尼泊尔、津巴布韦、澳大利亚等7个国家的10余名海外专家，来自国内30余所高校的百余名知名学者和青年学者，以及媒体记者、学校马克思主义学院师生等参加活动。本次活动由学校马克思主义学院、习近平新时代中国特色社会主义思想研究院、中共党史党建研究院和北京高校思想政治理论课高精尖创新中心共同主办。

（十六）2020（第16届）中国人力资源管理新年报告会

12月14日，2020（第16届）中国人力资源管理新年报告会在学校召开。本次报告会由学校劳动人事学院主办，科锐国际提供战略支持。以“管理的中国质感”为主题，学校知名专家学者与中兴通讯、阿里巴巴、罗辑思维&得到、科锐国际、华夏基石、泸州老窖、平安科技、融创中国、瑞幸咖啡的杰出企业领袖汇聚一堂，共同梳理了独具中国特色的管理最优实践，让参会者近距离触摸管理的中国质感。

（十七）中国人民大学民国史研究院挂牌仪式暨“民国史研究再出发”高端论坛

12月28日，中国人民大学民国史研究院挂牌仪式暨“民国史研究再出发”高端论坛在学校老校区举行。校长刘伟，学校一级教授、国家清史编纂委员会主任戴逸，原中共中央文献研究室常务副主任金冲及，中国历史研究院近代史研究所所长王建朗，副校长朱信凯，以及来自中国历史研究院近代史研究所、北京大学、北京师范大学、南京大学、南开大学等科研机构和兄弟高校的知名专家学者应邀出席，学校历史学院近百名师生亦参加了仪式和论坛。

# 附录

## 2019年中国人民大学纵向重大重点项目表

| 所属单位 | 项目名称 | 负责人 | 立项经费（万元） | 项目批准号 |
|---|---|---|---|---|
| 国家社会科学基金项目重大项目 | | | | |
| 新闻学院 | 当代中国图书出版史 | 周蔚华 | 80 | 19ZDA335 |
| 新闻学院 | 新中国70年新闻传播史（1949—2019） | 邓绍根 | 80 | 19ZDA320 |
| 国学院 | 中国仁学发展史（多卷本） | 向世陵 | 80 | 19ZDA024 |

续表

| 所属单位 | 项目名称 | 负责人 | 立项经费(万元) | 项目批准号 |
|---|---|---|---|---|
| 公共管理学院 | 中国特色政策试验与政府间学习机制研究 | 杨宏山 | 80 | 19ZDA123 |
| 心理学系 | 文化比较视域下中西思维方式差异性研究 | 胡　平 | 80 | 19ZDA021 |
| 法学院 | 当代中国国家治理中的规范协同问题研究 | 张志铭 | 80 | 19ZDA155 |
| 历史学院 | 清代驿站史研究 | 刘文鹏 | 80 | 19ZDA207 |
| 文学院 | 近代汉语后期语法演变与现代汉语通语及方言格局形成之关系研究 | 龙国富 | 80 | 19ZDA310 |
| 国家社会科学基金项目重点项目 | | | | |
| 公共管理学院 | "互联网+"环境下基层医疗卫生服务能力提升路径和方法研究 | 王虎峰 | 35 | 19AZD016 |
| 新闻学院 | 新中国70年来我国出版业管理体制改革的演进研究 | 周蔚华 | 35 | 19AXW002 |
| 商学院 | 消费者在线行为模式研究 | 刘凤军 | 35 | 19AGL016 |
| 国际关系学院 | 新型国际关系构建进程中的中国角色研究 | 方长平 | 35 | 19AGJ001 |
| 历史学院 | 海昏侯刘贺墓及车马坑出土铜器的整理与研究 | 曹　斌 | 35 | 19AKG003 |
| 历史学院 | 益阳兔子山遗址七号井出土简牍的整理与研究 | 张忠炜 | 35 | 19AZS004 |
| 信息资源管理学院 | 新时代我国档案管理体制改革研究 | 徐拥军 | 35 | 19ATQ009 |
| 财政金融学院 | 中国资本市场汇率风险研究 | 何　青 | 35 | 19AJY028 |
| 马克思主义学院 | 《资本论》历史唯物主义思想的当代阐释 | 郗　戈 | 35 | 19AZX002 |
| 社会与人口学院 | 积极老龄化视域下社会资本整合与老年人健康研究 | 吕　楠 | 35 | 19ASH018 |
| 教育学院 | 雄安新区教育与经济社会协同发展研究 | 周光礼 | 35 | AGA190011 |
| 国家自然科学基金重点项目 | | | | |
| 物理学系 | 免除负符号问题的DFT+DMFT电子结构计算方法和相应计算软件包的开发及应用 | 卢仲毅 | 325 | 11934020 |
| 国家自然科学基金优秀青年科学基金项目 | | | | |
| 经济学院 | 信息不对称与市场机制设计 | 李三希 | 150 | 71922021 |
| 教育部哲学社会科学研究重大课题攻关项目 | | | | |
| 信息学院 | 智慧化养老服务研究 | 左美云 | 80 | 19JZD021 |
| 信息资源管理学院 | 布达拉宫古籍文献(贝叶经)抢救性保护研究 | 张美芳 | 80 | 19JZD040 |
| 教育部人文社科重点研究基地重大项目 | | | | |
| 马克思主义学院 | 党的十八大以来中国特色社会主义理论新发展研究 | 陶文昭 | 80 | 19JJD710005 |
| 社会与人口学院 | 当代中国的国家治理与社会整合研究 | 冯仕政 | 80 | 19JJD840002 |
| 社会与人口学院 | 中国网络社会的现实基础、本土特色与运 行模式研究 | 刘少杰 | 80 | 19JJD840003 |
| 哲学院 | 南北朝《涅槃经》注释书的综合研究 | 张文良 | 60 | 19JJD730005 |
| 历史学院 | 清代边疆治理模式研究 | 张永江 | 80 | 19JJD770010 |
| 历史学院 | 清代政区设置与地方治理研究 | 华林甫 | 80 | 19JJD770009 |

续表

| 所属单位 | 项目名称 | 负责人 | 立项经费（万元） | 项目批准号 |
|---|---|---|---|---|
| 北京市社科基金项目重大项目 | | | | |
| 法学院 | 习近平总书记关于社会主义法治建设的重要论述研究 | 冯玉军 | 30 | 19LLZD02 |
| 教育学院 | 习近平总书记关于教育“九个坚持”重要论述研究 | 刘复兴 | 30 | 19LLZD03 |
| 新闻学院 | 北京冬奥会的国际传播研究 | 殷　强 | 30 | 19ZDA08 |
| 国际关系学院 | 新时代“一国两制”理论与实践研究 | 王英津 | 30 | 19LLZD04 |

注：本表不包括外校转入项目及学校承担的子课题。

# 发展规划

## ■ 学科和事业发展规划

### 一、概况

2019 年，发展规划部门完成学校、各学院、部分机关部处“十三五”规划中期评估工作，形成学校“十三五”规划中期评估报告；筹备“十四五”规划编制工作，开展相关专题学习研究，起草形成学校“十四五”规划工作方案（拟）；经学校党委常委会研究决定，成立中国人民大学综合服务中心。稳步推进学科发展规划各项工作，论证成立了学校国际文化交流学院、国际组织学院、国家统计局—中国人民大学数据开发中心等校内机构。

### 二、事业发展规划工作

#### （一）完成“十三五”规划中期评估工作

组织学校所有学院完成“十三五”规划中期自评，形成自评报告；组织学校部分机关部处完成“十三五”规划中期专项评估，形成专项评估报告。在此基础上，撰写完成了学校“十三五”规划中期评估报告。

（二）开展“十四五”规划前期准备工作

筹备“十四五”规划编制工作，学习研究国内高等教育发展指导性文件，研究分析高等教育发展趋势；梳理国外一流大学战略发展规划和国内一流大学发展规划，开展研究借鉴；多次参加战略规划领域专题学习，包括参加中国高等教育学会院校研究分会主办的“院校发展战略规划编制”高级研修班等。在此基础上，结合学校历次五年规划的经验，起草形成了学校“十四五”规划工作方案（拟）。

（三）成立学校综合服务中心

详见“特载”。

## 三、院系调整及学科发展规划工作

详见“特载”。

## 四、统计信息管理工作

（一）数据填报

1. 2019 年 3—4 月，组织科研处、教务处、国际交流处等 14 个相关部门，收集、整理数据，填报了《中国人民大学 2018—2019 学年第二学期统计报表》。该报表共有 71 张表格，包括人才培养、队伍建设、学科建设、科学研究、国际交流、办学条件六个方面的发展状况。

2. 3—5 月，按照各大学排名机构的数据口径和填报要求，发展规划处填报学校相关数据，并将《泰晤士世界大学排名中国人民大学数据》、《科睿唯安全球教育机构概况大全项目中国人民大学数据》和《QS 世界大学排名中国人民大学相关数据》提交给各大排名机构。

3. 9—11 月，发展规划处组织研究生院、教务处、科研处、人才工作领导小组办公室、人事处、学生工作部（处）、招生就业处、资产与后勤管理处等 26 个相关部门，收集、整理数据，填报了《中国人民大学高等教育基层统计调查表（2019—2020 学年初）》，并报送北京市教育委员会。

（二）数据发布

2019 年，为及时展现学校发展状况、服务学校管理与决策，发展规划处累计面向全校公开发布数据两次：5 月，整理发布《中国人民大学 2018—2019 学年第二学期重要统计数据》（2018—2019 学年校办字 60 号），12 月，整理发布《中国人民大学 2019—2020 学年第一学期重要统计数据》（2019—2020 学年校办字 26 号）。

（三）年度报告

2019 年 4—7 月，发展规划处梳理并印发了《中国人民大学年度数据 2018》（2018—2019 学年校办字 81 号），该报告包含人才培养、师资队伍、学科建设、科学研究、国际交流、办学条件、分学院情况统计、世界大学排行榜排名情况、中国人民大学与其他高校数据比较等 9 个部分。

（四）统计分析

2019 年，为更好服务学校发展，发展规划处开展了一系列与学科、学校发展相关的专题研究，完成《中国人民大学一流学科发展态势及评估预警分析》、《中国人民大学 2016 年以来学校建设成就数据分析》和《中国人民大学与伦敦政治经济学院、芝加哥大学对标分析》等多份统计分析报告，为学校事业发展和管理决策提供科学依据。

（五）统计评估

2019 年 5 月，学校参与北京市教育委员会开展的 2018 年度教育事业统计工作质量评估工作，提交相关评估材料和参评论文《迈向世界一流的中国人民大学经管学科——基于 ESI 经济学与商学的情况分析》。荣获北京教育事业统计工作优秀集体一等奖。

（六）统计服务

为学校办公室、组织部、国际交流处、教务处、新校区建设办公室、校医院、新闻学院等部门提供学校综合数据，支持各职能部门开展相关工作。

# ■ 校园规划与建设

## 一、概况

2019 年，学校按照“十三五”基本建设规划，全力推进中关村校区东南区项目工程、友谊路基础设施改造项目工程、修缮工程，以及通州新校区的建设。

## 二、中关村校区

（一）东南区项目工程

2019 年，东南区项目外立面基本完成，机电安装随装修同步进行，室外管线开始施工，能够及时低温供暖保证冬施。

在 2019—2020 年度（第一批）北京市建筑、结构长城杯工程评审中，东南区项目荣获北京市建筑、结构长城杯金质奖工程，并在所有入选公建工程项目中排名第一。另外在“北京市绿色安全样板工地”评比中，东南区项目荣获 2018 年度北京市绿色安全样板工地。

自项目开工至今，项目安全一直处于受控状态，未发生安全事故。项目建设过程中，施工总承包单位、监理单位进一步落实安全生产责任制，严格遵守安全生产、消防安全等规章制度，加强安全生产管理及现场安全检查；校园建设管理处定期进行消防安全宣传活动，定期开展现场消防演练，会同监理单位、施工总承包单位每周开展一次安全检查，及时发现安全隐患，并召开安全专题会，督促施工总承包单位立即整改；项目建设主动接受学校领导、保卫处，市区消防、安监、城管、街道等各方检查，确保项目安全生产。

项目在实施过程中，严格根据《中国人民大学基本建设工程变更及签证管理办法》明确的审批权限、审批程序，按照内控流程进行必要的变更及签证；严格执行《中国人民大学基本建设财务管理办法》，根据支付审批程序和内控流程支付勘察费、设计费、工程进度款、监理费等各类工程款项。2019 年，东南区项目完成投资 9 818 万元；截至 2019 年底，东南区项目累计完成投资 34 228 万元。

基本完成东南区外电源工程施工任务，继续推进外电源工程与东南区项目施工协调等工作。

（二）友谊路基础设施改造项目工程

友谊路基础设施改造项目全段主体管廊及管廊内管道敷设已完成，已按计划为沿线建筑正常供暖。

（三）修缮工程

美丽校园工程是学校部署开展的一项重点工作，包括校园房屋、基础设施（如水电运行、能源管理、绿化景观等）。2019 年，在学校的领导下，校园建设管理处和资产与后勤管理处、后勤集团、明德物业、老校区综合管理办公室等单位密切配合，通力合作，在全校师生的支持下，针对校园基础设施条件陈旧的情况有计划地开展更新维护，克服校园人员密集、难以腾挪开展集中修缮的制约细化工作方案，从小处见成效，取得了扎实成果。

根据校园统一部署，围绕校园房屋、基础设施改造提升的美丽校园工程共启动 90 项，在校园修缮相关部门的通力协作下完成 70 余项，重点项目包括：清陆军部和海军部旧址主楼（老校区灰一楼）修缮工程完成了文物加固和修缮及消防系统、避雷系统、弱电系统升级改造等工作，修缮改造建筑面积约 4 000 平方米，地上 2 层，局部 3 层；为解决设备老化造成的空调系统故障问题，集中对公共教学一楼一至六层原有中央空调设备进行更换，并配合以电气改造，相关部门还对楼宇六层 3 个电教机房做了智慧化改造，修缮改造建筑面积约 14 000 平方米；为缓解住宿资源紧缺、保障学生住宿，完成新增及改造学生宿舍 1 200 余套的规划、落实、环境治理工作，修缮改造面积约 3 万平方米；为提升教学条件水平，对北园 1 楼开展装修改造，修缮改造 4 350 平方米；对紫藤园及周边区域进行了绿化景观改造，面积约 5 600 平方米，同时在主要道路旁边，改造老旧花坛，增加景观花卉的摆放和养护；校园雾森系统规划和新增，在对原有东西区域雾森系统开展运行维护同时，在教二草坪大通道、丁香园、诸子百家园等三处新铺设了雾森系统，并顺利运转。

根据学校统一部署，原属资产与后勤管理处的修缮职能调整至校园建设管理处，自 2019 年 10 月起，校园建设管理处开始负责修缮工程的项目管理工作，其间组织实施各类修缮工程项目共计 11 个，总投资约 2 380 万元。截至 2019 年底，已竣工工程项目 6 个，主要包括：求是楼修缮工程、求是楼屋面防水修缮工程、西北区等学生宿舍屋面防水修缮工程、世纪馆屋面防水整体修缮工程、游泳馆和配楼修缮工程、青年公寓公共区整修工程。在施工程项目共 5 个，分别为：清陆军部和海军部旧址室外管线工程、校园道路围墙局部整修工程、贤进楼二次供水（箱式无负压）改造工程、校内更换配电柜及电缆工程、融媒体与智慧传播创新孵化平台修缮改造工程。

### 三、通州新校区

2019 年，通州新校区首个建设项目北区学生宿舍一期正式开工。通州新校区总体建设规划方案由国家发展和改革委员会核报国务院批复同意。

在规划设计方面，继续开展园林景观、海绵城市、市政道路及综合管廊、基础设施、地下空间综合开发利用、能源利用等专项规划编制工作。

在单体建筑设计方面，完成了西区学部楼一期项目、北区学生宿舍二期及食堂等项目的咨询方案设计，并取得教育部关于可行性研究报告的批复。完成社会与人口学院楼项目的方案设计。

6 月上旬，新校区建设直属党支部完成换届选举工作。

## ■ 专项资金管理

### 一、专项资金管理机构

2019 年 4 月 1 日，为加快推进“双一流”建设，进一步建立健全学校“双一流”建设管理体制，中共中国人民大学第十四届委员会第 65 次常委会议决定成立“双一流”建设办公室。“双一流”建设办公室为学校“双一流”建设有关工作的办事机构，全面负责“中央高校建设世界一流大学（学科）和特色发展引导专项”、“中央高校改善基本办学条件专项”和“北京高校‘双一流’建设资金专项”三大专项的管理，包括项目规划、经费立项、执行监督、项目调整、绩效评价、年度报告等全过程管理。

“2011 计划”办公室为学校“2011 计划”相关工作的办事机构，主要负责对外联络、规划设计、组织实施等各项工作。

## 二、统筹推进世界一流大学和一流学科建设

（一）概况

2019年，学校获得“中央高校建设世界一流大学（学科）和特色发展引导专项资金”（简称“引导专项”）合计4.6亿元，经费额度与2018年度持平。2019年“引导专项”支持拔尖创新人才培养、师资队伍建设、提升自主创新和社会服务能力、文化传承创新、国际合作交流五大领域建设，资金投入范围共71个项目单位，涉及34个学院（系、研究院）、15个学科标志性重大平台、22个职能部门或研究中心，有力推进学校“双一流”加快建设、特色建设、高质量建设。

（二）圆满完成“双一流”建设中期自评，并获得高度评价

6—9月，学校按照“3个结合”、“3个维度”和“4个步骤”，从学科建设、拔尖创新人才培养、高素质教师队伍建设、科学研究和社会服务、传承创新优秀文化、国际合作交流、体制与治理能力等七大方面，针对符合度、达成度、标志性建设成效进行全面系统的总结梳理，经过全面检验，“双一流”建设阶段性目标全部完成，符合度、达成度均为100%，圆满完成并通过了国家“双一流”建设中期评估，上报教育部的《中国人民大学“双一流”建设中期自评报告》和5项“学校特色发展典型案例”获得国家高度认可和肯定。

（三）主办“双一流”建设成就展，统一思想、凝聚共识、鼓舞斗志，推动学校“双一流”建设走深走实、行稳致远

11月，“献礼70年，奋进新时代——中国人民大学‘双一流’建设成就展”在学校博物馆开幕，按照学校“不忘初心、牢记使命”主题教育的工作部署，以“晒亮点、比成绩、找差距、抓落实”为工作思路，系统全面、图文并茂地展现学校自2016年以来“双一流”建设在加强和改善党的领导、学科建设、人才培养、师资队伍建设、科学研究、文化传承与创新、国际交流、智库建设与社会服务等方面的主要成就，被《光明日报》《北京日报》等多家媒体报道。

“双一流”建设成就展通过“比成绩”“找差距”，让一流学科“同台比武”，激发使命感、责任感、紧迫感和危机感。

（四）编制资金测算方案，完成项目立项启动

4月，按照“突出重点、因素分配、稳定延续、扶优扶新、绩效调整”的基本原则，根据项目规划和经费预算，形成2019年“引导专项”测算方案，测算方案经党委常委会和校长办公会集体讨论通过。按照学校集体决议，完成“引导专项”项目提前启动和项目立项启动，按计划推进各项目实施落实，为学科建设和持续性重大校级项目建设创造必要条件。

（五）严格督查机制，落实绩效自评，建立健全全方位、全过程、全覆盖预算绩效管理体制机制

分别于3月、5月、9月开展三期“引导专项”经费执行通报，有力提升经费执行质量与进度，实现8月底“引导专项”资金执行率74%，超额完成国家要求。

12月，开展“引导专项”预算绩效自评准备工作，按照“全面覆盖、突出重点”基本原则，总结资金使用绩效、检视预期目标完成情况，针对设定的54项预期目标逐一检视实际完成情况。经总结自评，学校2019年“引导专项”绩效目标整体上按计划保质保量完成，综合评价等级为“优”。

（六）完成“一上”“二上”申报，落实项目库管理制度

7月、12月，根据教育部相关工作要求，形成“拔尖创新人才培养”“师资队伍建设”“提升自主创新和社会服务能力”“文化传承创新”“国际合作交流”方面的项目申报书并设定预期绩效目标，顺利完成学校“引导专项”的“一上”“二上”申报，并做好2020—2022年“引导专项”项目库储备，全面落实中央财政专项资金项目库管理要求。

## 三、改善基本办学条件专项资金项目管理

（一）概况

2019年，学校共26个项目获得专项经费支持，金额总计9 316万元。扎实开展改善基本办学条件专项资金项目管理：一是在2019年项目执行方面，高效推进项目执行并完成中期绩效执行监控工作；二是在2020年项目申报评估方面，组织完成了2020—2022年项目库建设，且顺利通过教育部委托第三方机构对学校2020年项目的评审；三是在2018年项目绩效检查方面，按时完成年末绩效自评并通过教育部绩效检查。

（二）高效推进2019年项目执行，开展中期绩效执行监控工作

1月初，根据学校相关工作安排，为了提高资金执行进度，2019年改善基本办学条件专项采用"提前启动"的做法，"二上"申报后，向财务处、大类管理部门及项目单位发放立项通知书，提前进行项目细化及招投标等相关前期工作，避免因流程长拖慢工期。

7月初，根据教育部文件要求，组织大类管理部门按照房屋修缮、基础设施改造、设备资料购置三个大类填写项目支出绩效执行监控表。

（三）积极组织2020—2022年项目库动态管理和申报，并接受教育部委托的第三方评估机构对2020年申报项目评估

3—4月，为做好专项项目管理工作、提升专项管理的规划性和科学性、保证年度项目申报工作顺利开展，积极组织2020—2022年项目申报工作，召开2020—2022年申报工作部署会议。根据部署会议精神，各项目单位提前开展项目论证和申报。经专项资金管理工作小组审议、领导小组决策，最终按房屋修缮、基础设施改造、设备资料购置、建设项目配套工程四个大类向教育部申报2020—2022年中央高校改善基本办学条件专项项目库。

7月，教育部委托北京中路华会计师事务所有限责任公司对学校申报2020年"中央高校改善基本办学条件专项资金"项目进行现场评估，学校组织四大类项目参加评审，18个项目单位的36个子活动参加此次评审，现场评审工作圆满完成，所有项目均通过评审。

（四）顺利完成2018年改善基本办学条件专项项目绩效自评并接受检查

1月，根据教育部文件精神和学校工作部署，学校组织了2018年29个项目的绩效自评工作，严格对照绩效目标填写绩效自评表，并对绩效自评工作进行总结，经校领导批准后与其他专项自评一同上报教育部。

7月，教育部委托事务所对2018年改善基本办学条件专项项目的管理、执行和绩效进行全面检查，各单位积极配合检查，并全部顺利通过。

## 四、北京高校"双一流"建设资金专项

（一）概况

2019年，学校获得高精尖学科建设经费800万元，用于支持北京高精尖学科建设，推动形成领先的新兴前沿交叉学科；12月，学校获得"北京高校'双一流'建设资金专项"1 540万元，用于支持一流大学建设，促进央地共建共享。

学校在"服务北京，重点投入；定位一流，构建高峰；项目主导，重在创新；改革发展，突出绩效"的指导原则下，认真规划、坚持一流，推动学校和学科建设全面融入北京"四个中心"战略定位。

（二）做好资金测算和项目管理

1月，按照《北京高校一流大学和一流学科建设管理办法》《北京高校"双一流"建设资金管理办法》，

结合学校编制的《北京市与中央高校共建一流大学建设计划书》和学校“双一流”建设总体工作部署，制定《北京高校“双一流”建设经费测算及工作方案》，该方案经学校审议通过。根据学校会议精神和方案，向北京结对共建学科、“杰出学者支持计划”、遴选认定项目等下达经费支持，并做好后续管理工作。

（三）做好项目遴选和评审工作

1月，根据学校会议精神和《北京高校“双一流”建设经费测算及工作方案》，设立“北京市与中央高校共建‘双一流’大学”遴选认定项目，面向全校学科及相关公共平台开放，共收到各单位申报项目42个，申请经费7 745.32万元。3月，制定《北京市与中央高校共建‘双一流’大学遴选认定项目评审方案》，并报学校通过。按照评审方案，遴选各学部专家，进行项目通讯评审；组织召开专家评审会，经评审认定，经济学院（新）等院系申报的23个项目、平台申报的3个项目及教务处“信息化课程建设项目”获得立项支持，总额度为3 700万元。4月初，项目遴选结果经学校审议通过。

（四）推动与市属高校学科结对共建

按照北京市教委关于开展和市属高校结对共建的通知精神，与首都经济贸易大学（应用经济学、工商管理）、北京联合大学（工商管理）、北京印刷学院（新闻传播学）进行共建。6月，参加北京市教委组织召开的结对共建阶段工作总结交流会，助力推动北京市整体教育水平提升。

（五）2个学科入选北京高精尖学科

5月，北京市教委公布北京高校高精尖学科名单，学校新时代中国经济学和科技金融2个学科入选高精尖学科。每个高精尖学科获得400万元经费支持。12月，参加北京市教委组织的北京高校高精尖学科建设工作会，按照要求开展学科阶段性总结，助推高精尖学科高质量发展。

## 五、“2011计划”

（一）概况

根据教育部《高等学校“十三五”科学和技术发展规划》《2011协同创新中心建设发展规划》《2011协同创新中心政策支持意见》《2011协同创新中心认定暂行办法》等文件要求与精神，按照学校“2011计划”工作的整体部署，扎实推进政策服务、综合管理等各项工作。

（二）项目管理及进展情况

1. 重视政策服务，扎实做好“2011计划”政策追踪与研究工作

扎实做好“2011计划”国家政策及兄弟高校协同创新中心运行情况的追踪与研究工作，追踪国家“2011计划”政策的最新进展，追踪兄弟高校协同创新中心的建设与运行情况。

2. 提升管理水平，认真做好校内协同中心运行与服务工作

不断提高管理服务水平，积极推进校内协同中心的培育与日常运行，做好校内已成立中心的资源配置和配套政策支持协调工作，持续支持校内协同创新中心建设。

# ■ 采购与招标工作

## 一、概况

采购与招标管理中心成立于2019年3月，负责开展学校采购与招标工作，并对学校采购及招标业务履行管理职能。具体负责学校采购管理制度与流程制定、采购招标管理、合同管理、货物服务类

政府采购验收管理、采购信息统计、采购档案管理、采购专家管理以及供应商管理等。对具有行业特殊采购要求的项目，采购与招标管理中心代表学校向相关单位进行采购委托，并做监督备案。2019年，采购与招标管理中心稳步推进设备购置工作。

## 二、主要工作

（一）严格实行设备及家具购置预算管理工作

为进一步推进政府采购管理标准化、规范化、精细化，提高政府采购效率和效益，2019 年对专项资金和学校行政办公设备及家具购置进行严格的预算管理。按照购置设备与家具的类别集中采购，发挥大批量集中采购优势，最大化为学校节约资金，争取更优的产品配置、性能与服务等方面的利益。

（二）做好科研仪器设备采购“放管服”工作

针对院系科研教学用途的设备，按照《国务院关于优化科研管理提升科研绩效若干措施的通知》的有关精神，10 万元以下全部执行自行采购政策，放权给教职工，全年执行采购额约为 2 320 万元。

（三）设备家具类购置工作规范化运行

2019 年，仪器设备及家具采购工作严格按照国家相关规定以及《中国人民大学招投标管理工作暂行规定》的规定规范执行。通过政府采购方式组织货物和服务类购置总计 22 174.741 4 万元，其中公开招标 16 497.203 8 万元，协议供货 2 702.537 6 万元，竞争性磋商 550 万元，单一来源谈判 105 万元，科研仪器自购 2 320 万元。

（四）设备家具采购信息化效果显著

2019 年，中国人民大学货物服务类采购业务流程采购系统有效运行，采购信息化做到了时时监控流程风险、优化设备购置预算、降低采购成本，提高了采购效率，规范了设备采购工作，转变了传统的采购观念、方法和习惯，减少了采购过程中的随意性。系统运行稳定，上线以来，得到了广大师生的好评，有效促进学校采购业务流程的规范化、标准化、透明化的实现，进一步提高资金使用效益，达到国家教育投资的有效使用。

# 对外交流与合作

## 一、概况

2019年，学校与马来西亚拉曼大学、南非约翰内斯堡大学、以色列理工学院、意大利罗马第一大学、意大利路易斯大学、美国罗彻斯特大学、澳大利亚悉尼科技大学、印度塔塔社会科学研究院等共44所大学签署或续签了合作协议。截至2019年底，与学校签订合作协议的高校和机构共有300所，包括国外高校272所，港澳台地区机构25所，国际组织3所。

2019年，派出校级代表团26团次，访问了埃及、土耳其、以色列、意大利、法国、哈萨克斯坦、日本、美国、南非、坦桑尼亚、巴西、古巴、爱尔兰、荷兰、比利时、埃及、埃塞俄比亚、津巴布韦、乌兹别克斯坦、吉尔吉斯斯坦、哥伦比亚、印度、瑞士、西班牙、葡萄牙、摩洛哥、斯洛文尼亚、罗马尼亚、芬兰、挪威、捷克、希腊等国以及我国台湾地区的教育科研机构。

2019年，接待国际政要和境外高校校级代表团来访88个；经教育部批准，学校主办、合办国际及港澳台会议33次。

## 二、主要工作

（一）发展全球伙伴关系，深化多边务实合作

截至2019年底，学校与世界上60个国家和地区的300所高校及机构建立了合作伙伴关系。2019年新签协议27个，续签协议17个。拓展和加强了与南亚、中东欧、非洲、拉丁美洲国家等知名高校与机构的合作，巩固了与北美、欧洲、东亚国家及我国港澳台地区重要合作伙伴的关系。

2019年举办高水平国际学术会议23次，多位国际知名专家登上学校讲坛。全年共有26次校级团组出访，共接待88个来访团。

与意大利路易斯大学共同发起成立全球首个“人文社会科学高校联盟”，牵头成立“中欧人文艺术教育联盟”，召开中俄友好、和平与发展委员会中方教育理事会第四届年会和2019中欧人文艺术教育论坛。

（二）坚持内涵发展，加强孔子学院能力建设

学校共有11所合作共建的海外孔子学院（亚洲和非洲各1所，欧洲6所，美洲3所），分布在10个国家。

2019年，合作共建的爱尔兰都柏林大学示范孔子学院揭牌，美国密歇根大学孔子学院和意大利博洛尼亚大学孔子学院成立十周年庆祝活动先后举办。

2019年，在海外孔子学院长期任教教师47人，学生志愿者76人。接待来华师生交流团组8个，共217名师生。孔子学院所在大学推荐101名学生参加学校国际小学期。

完善《孔子学院专职教师管理办法》，编制《孔子学院年鉴》。举办世界汉学大会理事会行政会议和“新汉学计划”博士生论坛。组织重阳金融研究院、危机管理研究中心等单位与孔子学院总部在对外形象传播、孔子学院风险评估机制建设等领域开展合作研究，教育学院的“孔子学院法律保障研究”入围孔子学院总部孔子学院建设和汉语国际教育研究课题重点项目。组织文学院、新闻学院、国际关系学院、重阳金融研究院、教育学院学者加入孔子学院总部专家组。

（三）海外学习学生稳中有进，优化国际学生管理

2019年校级项目共派出739人，其中校际交换项目283人，国家公派项目213人，寒暑期项目213人，“一带一路”领袖人才国别调研项目共选派30名学生分别赴哈萨克斯坦和意大利展开调研。经纬校长奖学金和大华国际交流基金共资助79名学生参加暑期项目。“学生国际交流校长奖学金”调整了资助方案，校际交换项目的奖学金覆盖率达到100%。

先后组织遴选优秀国际学生前往陕北公学旧址开展“寻根人大，拥抱世界”研学和参观老校区活动。

“留学生科”更名为“国际学生学者事务办公室”，统一管理来华人员事务，给来华工作和学习的国际师生提供交流平台。国际学生“本科推优计划”启动，提升生源质量，优化生源结构。

（四）推进中外合作办学，完善人才培养体系

中法学院新一轮合作办学进展顺利，数学、传播学、人力资源管理、哲学、历史等多学科全面与法方开展合作。与加拿大女王大学合办的金融学专业硕士项目通过教育部评估。

成立国际组织学院，加大国际组织人才培养，努力建成国内全球治理人才培养的示范基地；推动成立国际文化交流学院，加强对外语言文化推广能力，提高对国际优质生源的吸引力。

（五）港澳台工作稳步推进

通过互访，进一步巩固与港澳台地区的合作伙伴关系。2019年共接待港澳台交流团组19个，香港立法会原主席范徐丽泰访问学校并发表演讲。

继续举办教育部重点对港、对台教育交流项目“香港城市大学法律生暑期实习班”“两岸学子·彩虹计划”，承接全国台联千人夏令营等活动，接待教育部“香港中小幼教师团”。继续实施“港澳台学生领导力提升计划”，开展“同心笃行”港澳台学生国情教育实践系列活动。组织开展2019北京市港澳台侨新生“开学第一课”、庆祝澳门回归20周年话剧演出等。

（六）亚洲研究中心工作进一步拓展

“国际儒学论坛·2019”在山东曲阜成功举行。中心资助8项学术课题项目，支持法学院开展“亚洲校园”项目，选派7名学生参加“中韩学生领袖项目”，选派学者参加论坛。

（七）出国（境）管理服务优化质量，提高效率

2019年因公出国（境）总人数共计4 013人次，包括短期出访3 568人次、长期出访445人次。其中国际会议、合作研究增长明显，同比分别增长16%和59%。

2019年，为教职工办理因公证照、签证、签注共计1 606人次，保管因公证照1 590本，同比分别增长24%和13%；审核外汇额度折合人民币6 000余万元。出国（境）服务中心护照签证工作部分入驻学校综合服务大厅，支持学校实行一站式服务改革；采用护照智能管理系统，提高证照管理的安全性、科学性。

（八）助力“双一流”建设，完善外事工作机制

学校成立了以党委书记、校长任双组长的党委外事工作领导小组，研究落实中央和国家有关部门关于外事工作的决策部署，统领学校外事工作。

召开“高等教育的全球竞争与国内合作暨‘双一流’高校国际性建设研讨会”、全校外事工作例会，出版《合作与交流》月刊，开发外事工作信息系统手机端项目。

修订《国际交流处“三重一大”实施细则》《国际交流处国内公务出差管理办法（修订）》《国际交流处出国（境）团组管理办法（修订）》等文件。

（九）提升外宣水平，提升国际影响

推动海外宣传工作，拓展教育合作广度和深度，参加亚太、北美、欧洲等各区域国际教育专业组织年会，先后赴西班牙、法国、芬兰、加拿大、印度、摩洛哥、印度尼西亚、泰国、荷兰、比利时等国参加国际教育展。

## 附录

### 2019年中国人民大学校领导出访团组表

| 序号 | 校领导 | 出访时间 | 出访国家/地区 | 出访任务 |
|---|---|---|---|---|
| 1 | 刘伟<br>校长 | 1月12—19日 | 埃及、土耳其、以色列 | 率团访问埃及、土耳其、以色列，到访了埃及艾因夏姆斯大学，土耳其科奇大学、伊斯坦布尔大学，以色列特拉维夫大学，到访中国驻以色列大使馆，出席“一带一路”合作研究中心揭牌仪式及《寻求突破的中国经济》等中文图书阿文版出版签约仪式和希伯来文版出版签约仪式。 |

续表

| 序号 | 校领导 | 出访时间 | 出访国家/地区 | 出访任务 |
|---|---|---|---|---|
| 2 | 刘伟<br>校长 | 11月3—12日 | 意大利、法国、哈萨克斯坦 | 率团访问意大利国际社会科学自由大学（简称“路易斯大学”），出席由中国人民大学和意大利路易斯大学共同发起的首届“人文社会科学高校联盟”成立仪式及全体会议；访问联合国粮食与农业组织总部、博洛尼亚大学、帕多瓦大学、威尼斯大学；出席中法学院联合管理委员会2019年度会议和“新时代背景下的人文社会科学：创新与发展”中法教育合作交流暨学术研讨会；访问哈萨克斯坦国立大学，并出席《寻求突破的中国经济》哈萨克文版新书发布会。 |
| 3 | 王利明<br>常务副校长 | 6月30日—7月4日 | 日本 | 率团赴日本访问，参加在一桥大学举行的“中国人民大学日”活动及第九届亚洲政策论坛，并访问了名古屋大学。 |
| 4 | | 10月10—15日 | 美国 | 应邀出席由密歇根大学举办的题为《中国法制建设40年——走向自治的法律体系?》(China's Legal Construction System towards an Autonomous Legal System?）的学术会议，看望美国校友，会见东北大学法学院 Margaret Woo 教授等代表，并访问哈佛大学。 |
| 5 | 吴付来<br>副书记 | 1月19—27日 | 南非、坦桑尼亚 | 率团访问南非共和国和坦桑尼亚联合共和国。其间与南非斯坦陵布什大学、约翰内斯堡大学进行交流，并代表学校与约翰内斯堡大学签署校际合作协议。应南非共产党和坦桑尼亚革命党的邀请，吴付来就加强中国人民大学与南非共产党和坦桑尼亚革命党的学术合作进行深入探讨，交流取得实质性进展，还受邀访问中国驻南非大使馆和驻坦桑尼亚大使馆。 |
| 6 | | 7月14—22日 | 巴西、古巴 | 率团访问古巴共和国和巴西联邦共和国，访问了古巴哈瓦那大学、巴西弗鲁米嫩塞联邦大学、古巴共产党中央、巴西劳工党总部和巴西共产党总部。其间，吴付来受邀为中国驻古巴大使馆、中国驻圣保罗总领事馆授课，围绕“不忘初心、牢记使命”主题教育活动解读《中共中央关于加强党的政治建设的意见》。 |
| 7 | 贺耀敏<br>副校长 | 11月8—12日 | 美国 | 率团出席中国人民大学北美校友会主办的“北美明德论坛2019年会”并致辞，还参访了纽约大学图书馆、教育和人类发展学院等，并与部分校友代表交流。 |
| 8 | 吴晓球<br>副校长 | 5月23日—6月1日 | 爱尔兰、荷兰、比利时 | 率团赴爱尔兰、荷兰、比利时访问，参加世界大学联盟会议，考察研究生教育等。出访期间，代表团参加了在爱尔兰都柏林大学举行的世界大学联盟校长论坛，并先后访问了爱尔兰都柏林大学孔子学院，荷兰莱顿大学、伊拉斯姆斯大学、马斯特里赫特大学，比利时鲁汶大学、根特大学，到访了中国驻比利时大使馆，并与中国驻欧盟使团的校友代表展开交流。 |

续表

| 序号 | 校领导 | 出访时间 | 出访国家/地区 | 出访任务 |
| --- | --- | --- | --- | --- |
| 9 | 吴晓球副校长 | 6月1—3日 | 澳门 | 参加了粤港澳大湾区金融论坛，访问了中国银行澳门分行，并与中央人民政府驻澳门特区联络办公室、澳门银行公会、澳门立法会、中国人民大学澳门校友会等各界代表展开深入交流。 |
| 10 | | 9月17—25日 | 埃及、埃塞俄比亚、津巴布韦 | 率团赴埃及、埃塞俄比亚、津巴布韦访问，拜访了中国驻埃及大使馆、中国驻津巴布韦大使馆，参访了埃及外交事务委员会、埃及艾因夏姆斯大学、埃塞俄比亚华坚国际工业园、津巴布韦大学、津巴布韦大学孔子学院及其下设教学点，调研了当地中资企业及华商会、华联会，出席了中埃“一带一路”对话座谈会、津巴布韦“理解中国”研讨会、津巴布韦大学孔子学院年度理事会及津巴布韦大学孔子学院十二周年庆典系列活动，看望了当地校友，加强了中国同非洲三国相互间的文化了解及学术交流，并促成了多个合作项目。 |
| 11 | 郑水泉副书记 | 4月21—27日 | 乌兹别克斯坦、吉尔吉斯斯坦 | 率团赴乌兹别克斯坦、吉尔吉斯斯坦访问，在乌期间，郑水泉一行会见中国驻乌兹别克斯坦大使姜岩，访问乌兹别克斯坦新闻与大众传媒大学；在吉期间，郑水泉出席“一带一路：21世纪教育和科学的融合”国际教育论坛，并作为中国高校代表向与会嘉宾介绍中国高等教育和中国人民大学的发展情况，代表团访问比什凯克人文大学、吉尔吉斯国立民族大学、吉尔吉斯经济大学和吉尔吉斯国立法学院，会见吉尔吉斯斯坦原驻华大使阿扎玛特·乌谢诺夫校友。 |
| 12 | | 10月2—8日 | 比利时、德国 | 访问比利时布鲁塞尔自由大学、德国慕尼黑大学和莱比锡大学，出席学校合作举办的《“一带一路”倡议和欧盟“欧亚互联互通战略”对接》研讨会，召开莱比锡大学孔子学院理事会会议，调研欧洲大学形象建设与传播的经验和做法。 |
| 13 | 刘元春副校长 | 10月22日—11月1日 | 哥伦比亚、墨西哥、美国 | 率团参加由教育部组派的“中墨大学校长论坛及泛美高等教育协会年会会议团”，赴哥伦比亚、墨西哥、美国进行访问。其间，代表团参加美洲国际教育年会、中墨大学校长论坛和中美大学校长研讨会，就各国高等教育发展现状与改革创新等问题进行探讨，并访问哥伦比亚高级行政管理干部学院、墨西哥国立理工学院及美国加州州立理工大学，深化拓展了我国高校与哥伦比亚、墨西哥、美国高校的交流合作关系。 |
| 14 | 杜鹏副校长 | 1月27—31日 | 印度 | 率团访问印度孟买、新德里，出席第二届中印人口老龄化论坛，并做主旨发言；访问塔塔社会科学研究院、索迈亚大学、德里大学、尼赫鲁大学。 |

续表

| 序号 | 校领导 | 出访时间 | 出访国家/地区 | 出访任务 |
| --- | --- | --- | --- | --- |
| 15 | 杜鹏<br>副校长 | 3月10—16日 | 爱尔兰、意大利、瑞士 | 率团访问爱尔兰都柏林大学、瑞士日内瓦大学、意大利博洛尼亚大学，召开三所大学孔子学院理事会，并访问日内瓦研究院、世界贸易组织及国际劳工组织，推动与国际组织的合作。 |
| 16 | | 3月24—29日 | 马来西亚 | 参加第十四届亚洲太平洋国际教育协会年会暨教育展。作为理事会成员，参加了APAIE理事会会议、校长圆桌论坛等活动，并主持“高等教育地区报告”分论坛，与吉林大学、香港浸会大学代表共同就中国内地、中国香港的高等教育发展现状进行探讨。 |
| 17 | | 4月2—5日 | 美国 | 率团访问美国乔治城大学和马里兰大学；应邀出席在布朗大学举行的第十届“世界高等教育创新论坛”，在开幕式论坛上，与多位世界名校校长以“经济全球化背景下的新兴技术与高等教育”为主题展开讨论，论坛期间，与意大利路易斯大学校长和土耳其科奇大学校长就深化双边合作交换意见。 |
| 18 | | 4月6—9日 | 以色列 | 访问以色列特拉维夫大学，出席人大出版社以色列分社书籍合作项目签约仪式、中国当代人口与社会状况学术研讨会，开展校博物馆校史校情海外展，参访特拉维夫大学孔子学院并考察孔子学院工作，出席特拉维夫大学孔子学院理事会。 |
| 19 | | 5月1—10日 | 意大利、西班牙、斯洛文尼亚 | 率团赴意大利、西班牙、斯洛文尼亚访问。出访期间，代表团参加了博洛尼亚大学孔子学院成立十周年庆典系列活动，第12届“汉语桥”世界中学生中文比赛意大利暨圣马力诺赛区比赛，并先后访问了意大利帕多瓦大学、路易斯大学，西班牙巴塞罗那自治大学、马德里卡洛斯三世大学，以及斯洛文尼亚卢布尔雅那大学。 |
| 20 | | 7月5—12日 | 罗马尼亚、芬兰、挪威 | 访问挪威、芬兰，其间应邀访问挪威奥斯陆大学、芬兰赫尔辛基大学孔子学院。同时，受芬兰政府及全球老龄化联盟的邀请和资助，于7月9日至11日出席首届高层银色经济论坛，与芬兰政企代表就中国人口老龄化进程进行分析。 |
| 21 | | 10月23—27日 | 台湾 | 率团赴台湾交流，访问台湾中国文化大学、台湾政治大学，看望部分在台湾交换学习和联合培养学生，并与中国人民大学台湾校友会座谈交流。参加第11届亚太地区老年学暨老年医学国际研讨会。 |
| 22 | | 11月2—9日 | 德国、意大利、法国 | 出席世界汉学大会理事会会议、新汉学博士生论坛，出席“人文社会科学高校联盟”成立相关活动，访问波尔多大学；访问KEDGE商学院，出席中法学院管理委员会会议，看望中法学院学生并座谈。 |
| 23 | | 12月2—7日 | 西班牙、葡萄牙 | 率团赴西班牙、葡萄牙访问。出访期间，代表团出席了在西班牙ESADE商学院举办的SIGMA大学联盟年会，并先后访问了西班牙巴塞罗那大学、葡萄牙里斯本大学和新里斯本大学。 |

续表

| 序号 | 校领导 | 出访时间 | 出访国家/地区 | 出访任务 |
|---|---|---|---|---|
| 24 | 朱信凯副校长 | 4月11—15日 | 美国 | 率团访问美国康奈尔大学和密歇根大学，出席中国人民大学合作共建的密歇根大学孔子学院十周年庆典系列活动，看望在美校友。 |
| 25 | | 5月16—25日 | 罗马尼亚、捷克、希腊 | 参加由中国教育国际交流协会组织的中东欧国家“一带一路”教育研讨会团，访问罗马尼亚、捷克、希腊三国。其间参加了第七届中国—中东欧国家教育政策对话会、中国—中东欧国家高校联合会第六次会议以及首届中国—希腊高等教育论坛，并应邀参加罗马尼亚蒂米什瓦拉西部大学75周年校庆活动，参访三国相关高校。 |
| 26 | | 9月8—21日 | 美国 | 落实首轮中美社会和人文对话行动计划，了解美国知名高校办学理念和经验做法，服务我国“双一流”建设，促进“双一流”高校和学科发展，赴美国哈佛大学参加为期14天的校长培训项目。 |

## 2019年中国人民大学接待重要来访团组表

| 序号 | 时间 | 主要来访人员 |
|---|---|---|
| 来访政要 | | |
| 1 | 2019年1月10日 | 美国前总统卡特先生儿子契普·卡特（Chip Carter ） |
| 2 | 2019年1月17日 | 德国副总理奥拉夫·绍尔茨 |
| 3 | 2019年3月29日 | 意大利经济发展部副部长迈克·杰拉奇 |
| 4 | 2019年4月4日 | 土库曼斯坦驻华大使杜尔德耶夫（Parahat Hommadovich Durdyev） |
| 5 | 2019年4月10日 | 美国德雷塞尔大学计算机信息学院院长邓毅等 |
| 6 | 2019年4月12日 | 法国驻华大使黎想（Jean-Maurice Ripert） |
| 7 | 2019年5月16日 | 阿根廷驻华大使盖铁弋（Diego Ramiro Guelar） |
| 8 | 2019年5月22日 | 俄罗斯驻华大使安德烈·杰尼索夫 |
| 9 | 2019年6月24日 | 以色列驻华大使何泽伟（Zvi Heifetz） |
| 10 | 2019年9月6日 | 坦桑尼亚革命党桑给巴尔副总书记阿卜杜拉·萨达拉 |
| 11 | 2019年9月27日 | 韩国驻华大使张夏成 |
| 12 | 2019年9月29日 | 斯洛文尼亚前总统达尼洛·图尔克 |
| 13 | 2019年10月10日 | 南非共产党全国主席森泽尼·佐夸纳 |
| 14 | 2019年10月29日 | 斯洛文尼亚驻华大使阿琳卡·苏哈多妮可（Alenka Suhadolnik） |
| 15 | 2019年11月23日 | 前中国驻白俄罗斯和土库曼斯坦大使鲁桂 |
| 16 | 2019年11月26日 | 新加坡驻华大使馆副馆长、公使衔参赞陈淑欣 |
| 17 | 2019年12月23日 | 上海合作组织秘书长弗拉基米尔·诺罗夫 |
| 18 | 2019年12月11—12日 | 尼泊尔共产党中央常务委员会委员古隆 |
| 19 | 2019年12月12—13日 | 巴西劳工党中央委员、巴伊亚联邦大学副校长彭尼尔登·席尔瓦·菲略 |
| 20 | 2019年12月18日 | 日本自由民主党前副干事长堀井岩 |
| 21 | 2019年12月31日 | 伊朗驻华使馆文化参赞阿巴斯阿里·瓦法伊（Abbasali Vafaei） |

续表

| 序号 | 时间 | 主要来访人员 |
|---|---|---|
| 来访高校 | | |
| 22 | 2019年2月20日 | 日本一桥大学副校长山田敦 |
| 23 | 2019年2月27日 | 英国谢菲尔德大学副校长马克姆·巴特勒 |
| 24 | 2019年2月29日 | 法国巴黎第九大学副校长艾迪科（Christophe Elie-Dit-Cosaque） |
| 25 | 2019年3月5日 | 美国北得克萨斯州大学副教务长兼国际事务院长吴佩雅（Pia Wood） |
| 26 | 2019年3月8日 | 加拿大拉瓦尔大学校长苏菲·达默尔 |
| 27 | 2019年3月12日 | 印第安纳大学协理副校长肖恩·雷诺兹、印第安纳大学北京中心主任殷嘉 |
| 28 | 2019年3月12日 | 俄联邦科学院院士、伊尔库兹克国立大学代理校长贝契科夫 |
| 29 | 2019年3月18日 | 英国亚伯大学校长伊丽莎白·特雷杰（Elizabeth T. Treasure） |
| 30 | 2019年3月20日 | 英国南安普顿大学副校长维尼·埃利（Winne Eley） |
| 31 | 2019年3月22日 | 法国Kedge商学院校长何赛·米拉诺 |
| 32 | 2019年3月22日 | 日本一桥大学学生代表团 |
| 33 | 2019年3月23日 | 美国明尼苏达大学协理副校长梅瑞思（Meredith McQuaid）、公共政策学院劳拉·布隆伯格（Laura Bloomberg）、中国中心主任琼·布热津斯基（Joan Brzezinski）及中国办公室主任屈婉玲 |
| 34 | 2019年3月27日 | 英国萨塞克斯大学校友办公室一行 |
| 35 | 2019年3月29—30日 | 意大利路易斯大学校董事会常务副主席塞拉·路易吉、校董事会副主席保拉·塞韦里诺、校长安德里亚·普伦奇佩、副校长菲奥里·乔瓦尼、副校长拉斐尔·马尔凯蒂 |
| 36 | 2019年4月4日 | 英国伦敦玛丽女王大学副校长科林·格兰特（Colin Grant） |
| 37 | 2019年4月9日 | 英国谢菲尔德大学副校长戴夫·佩特里（Dave Petley） |
| 38 | 2019年4月23日 | 印度索迈亚大学创业孵化中心代表团 |
| 39 | 2019年4月25日 | 法国索邦大学校长让·尚巴兹（Jean Chambaz） |
| 40 | 2019年4月27日 | 英国伦敦政治经济学院全球事务研究所主任艾瑞克·伯格洛夫（Erik Berglof） |
| 41 | 2019年4月27日 | 美国密歇根大学副教务长詹姆斯·霍洛威（James Holloway）、孔子学院外方院长林萃青（Joseph Lam）和孔子学院中方院长盛希文 |
| 42 | 2019年5月8日 | 台湾政治大学校长周行一教授及38人访问团 |
| 43 | 2019年5月23日 | 印度索迈亚大学国际交流处处长萨丁德 |
| 44 | 2019年5月24日 | 新西兰怀卡托大学高级副校长阿利斯特·琼斯（Alister Jones） |
| 45 | 2019年5月30日 | 挪威卑尔根大学副校长安娜琳·埃里克森（Annelin Eriksen） |
| 46 | 2019年6月4日 | 法国蒙彼利埃保罗-瓦莱里大学校长帕特里克·基利（Patrick Gilli） |
| 47 | 2019年6月5日 | 以色列特拉维夫大学副校长拉南·赖因（Raanan Rein） |
| 48 | 2019年6月19日 | 匹兹堡大学副教务长阿里尔·阿尔莫尼（Ariel Armony）教授 |
| 49 | 2019年6月19日 | 朝鲜平壤科技大学副校长尹英哲、高东勋及师生代表团 |
| 50 | 2019年6月21日 | 美国纽约市立大学柏鲁克分校副教务长Myung-Soo Lee博士、商学院高级副院长Qing Hu博士 |
| 51 | 2019年6月23日 | 西班牙巴塞罗那大学副校长阿圭勒（Alejandro Aguilar Vila） |
| 52 | 2019年6月24日 | 朝鲜金日成综合大学第一副校长李国哲 |
| 53 | 2019年8月23日 | 罗马尼亚科学院院长伊昂-奥莱尔·波普 |
| 54 | 2019年8月30日 | 日本一桥大学中国交流中心代表青木人志 |
| 55 | 2019年9月4—6日 | 日本一桥大学学生代表团 |
| 56 | 2019年9月10日 | 土耳其中东技术大学副校长穆贺迈特·扎叶尔克（Mehmet Zeyrek） |

续表

| 序号 | 时间 | 主要来访人员 |
| --- | --- | --- |
| 57 | 2019 年 9 月 14 日 | 美国罗彻斯特大学副教务长简·盖特伍德 |
| 58 | 2019 年 9 月 20 日 | 德国科隆大学副校长海因茨-佩特·曼泽尔（Heinz-Peter Mansel） |
| 59 | 2019 年 9 月 21 日 | 美国印第安纳大学校长麦克·麦克罗比 |
| 60 | 2019 年 9 月 24 日 | 墨西哥维拉克鲁斯大学校长拉得隆·德·格瓦拉（Ladrón de Guevara） |
| 61 | 2019 年 10 月 12 日 | 澳大利亚麦考瑞大学人文学院副院长 Lynda Yates |
| 62 | 2019 年 10 月 16—17 日 | 中国—中东欧国家教育能力建设项目代表团 |
| 63 | 2019 年 10 月 17 日 | 韩国汉阳大学上海中心总负责人金达镐 |
| 64 | 2019 年 10 月 19 日 | 澳大利亚麦考瑞大学商经学院执行院长 Stephen Brammer |
| 65 | 2019 年 10 月 22 日 | 英国皇家联合军种国防研究所所长卡琳·冯·希佩尔（Karin von Hippel） |
| 66 | 2019 年 10 月 25 日 | 挪威卑尔根大学校长达格·鲁恩·奥尔森（Dag Rune Olsen） |
| 67 | 2019 年 10 月 25 日 | 法国索邦大学校长让·尚巴兹、副校长塞尔日·弗迪达（Serge Fdida）、法国蒙彼利埃保罗-瓦莱里大学校长帕特里克·基利（Patrick Gilli）、法国 KEDGE 商学院董事会副主席吉·马赫西亚（Guy Marcillat） |
| 68 | 2019 年 10 月 28 日 | 韩国高丽大学校长郑真泽 |
| 69 | 2019 年 10 月 29 日 | 斯洛文尼亚卢布尔雅那大学教授代表团 |
| 70 | 2019 年 10 月 30 日 | 黑山共和国下戈里察大学校长维斯林·乌克提克 |
| 71 | 2019 年 10 月 30 日 | 马来西亚拉曼大学国际处处长赖顺安 |
| 72 | 2019 年 11 月 2 日 | 美国芝加哥大学国际事务执行主任凯蒂·赫琳雅克（Katie Hrinyak） |
| 73 | 2019 年 11 月 12 日 | 美国理海大学校长 John Simon |
| 74 | 2019 年 11 月 15 日 | 比利时根特大学副校长冯·哈雷维格·米克（Van Herreweghe Mieke） |
| 75 | 2019 年 11 月 25 日 | 新加坡管理大学校长江莉莉 |
| 76 | 2019 年 11 月 29 日 | 法国 Kedge 商学院校长何赛·米拉诺、副校长吉·马赫西亚 |
| 77 | 2019 年 12 月 5 日 | 美国康奈尔大学副教务长傅慧贞（Wendy Wolford） |
| 78 | 2019 年 12 月 6 日 | 巴西坎皮纳斯州立大学副校长穆尼尔·所罗门·斯卡夫（Munir Salomão Skaf） |
| 79 | 2019 年 12 月 7 日 | 意大利驻华大使馆文化参赞孟斐璇 |
| 80 | 2019 年 12 月 7 日 | 哥斯达黎加大学第一副校长洛斯·德拉·亚松森·罗梅罗（Ruth de la Asunción Romero） |
| 81 | 2019 年 12 月 10 日 | 加拿大西安大略大学人文学院院长 Michael Milde |
| 82 | 2019 年 12 月 10 日 | 法国蒙彼利埃保罗-瓦莱里大学校长帕特里克·基利 |
| 83 | 2019 年 12 月 12 日 | 越南社会科学翰林院研究生院副院长陈明俊 |
| 84 | 2019 年 12 月 13 日 | 意大利路易斯大学副校长拉斐尔·马尔凯蒂 |
| 85 | 2019 年 12 月 13 日 | 巴西南大河州联邦大学校长瑞·文森特·奥普曼（Rui Vicente Oppermann） |
| 86 | 2019 年 12 月 14 日 | 美国芝加哥大学国际事务执行主任凯蒂·赫琳雅克 |
| 来访国际组织 | | |
| 87 | 2019 年 3 月 28 日 | 国际注册专业会计师公会首席执行官巴里·梅兰肯（Barry Melancon） |
| 88 | 2019 年 6 月 10 日 | 穆罕默德六世环保基金会秘书长诺扎·阿拉维（Nouzha Alaoui） |

## 2019年与中国人民大学签署校际合作协议的境外院校表

| 序号 | 签署时间 | 国家/地区 | 学校／机构名称 | 协议类型 |
|---|---|---|---|---|
| 1 | 2019年1月 | 马来西亚 | 拉曼大学 | 合作谅解备忘录 |
| 2 | 2019年1月 | 南非 | 约翰内斯堡大学 | 合作谅解备忘录 |
| 3 | 2019年1月 | 以色列 | 以色列理工学院 | 合作谅解备忘录 |
| 4 | 2019年1月 | 意大利 | 罗马第一大学 | 合作谅解备忘录 |
| 5 | 2019年2月 | 美国 | 罗彻斯特大学 | 合作谅解备忘录 |
| 6 | 2019年3月 | 意大利 | 路易斯大学 | 校际全面战略合作伙伴协议 |
| 7 | 2019年3月 | 意大利 | 路易斯大学 | 种子基金合作协议 |
| 8 | 2019年4月 | 澳大利亚 | 悉尼科技大学 | 博士联合培养协议 |
| 9 | 2019年4月 | 印度 | 塔塔社会科学研究院 | 合作谅解备忘录 |
| 10 | 2019年4月 | 印度 | 索迈亚大学 | 合作谅解备忘录 |
| 11 | 2019年4月 | 印度 | 尼赫鲁大学 | 合作谅解备忘录、学生交换协议 |
| 12 | 2019年4月 | 乌兹别克斯坦 | 新闻与大众传媒大学 | 合作谅解备忘录 |
| 13 | 2019年4月 | 伊朗 | 阿拉梅·塔巴塔巴伊大学 | 合作谅解备忘录 |
| 14 | 2019年5月 | 意大利 | 帕多瓦大学 | 校际合作谅解备忘录 |
| 15 | 2019年6月 | 哈萨克斯坦 | 国际项目中心 | 合作谅解备忘录 |
| 16 | 2019年9月 | 俄罗斯 | 圣彼得堡国立大学 | 合建俄语测试中心协议 |
| 17 | 2019年9月 | 印度 | 金德尔全球大学 | 合作谅解备忘录 |
| 18 | 2019年10月 | 秘鲁 | 天主教大学 | 合作谅解备忘录 |
| 19 | 2019年10月 | 俄罗斯 | 伊尔库茨克国立大学 | 校际合作协议 |
| 20 | 2019年10月 | 挪威 | 卑尔根大学 | 校际学生交换协议 |
| 21 | 2019年11月 | 加拿大 | 拉瓦尔大学 | 学术交换协议 |
| 22 | 2019年11月 | 澳大利亚 | 麦考瑞大学 | 学生交换协议 |
| 23 | 2019年11月 | 比利时 | 根特大学 | 合作谅解备忘录 |
| 24 | 2019年11月 | 意大利 | 帕多瓦大学 | 学生交换协议 |
| 25 | 2019年11月 | 巴西 | 圣保罗大学 | 合作谅解备忘录 |
| 26 | 2019年12月 | 巴西 | 南大河州联邦大学 | 合作谅解备忘录 |
| 27 | 2019年12月 | 阿根廷 | 圣安德鲁斯大学 | 学生交换协议 |

## 2019年与中国人民大学续签校际合作协议的境外院校表

| 序号 | 签署时间 | 国家/地区 | 学校/机构名称 | 协议类型 | 首签时间 |
|---|---|---|---|---|---|
| 1 | 2019年1月 | 土耳其 | 伊斯坦布尔大学 | 校际合作协议、学生交换协议 | 2014年4月 |
| 2 | 2019年1月 | 荷兰 | 蒂尔堡大学 | 合作谅解备忘录 | 2005年5月 |
| 3 | 2019年4月 | 加拿大 | 康考迪亚大学 | 学术合作协议 | 1987年2月 |
| 4 | 2019年4月 | 墨西哥 | 墨西哥国立自治大学 | 校际合作框架协议、学生交换协议 | 1988年12月 |
| 5 | 2019年4月 | 日本 | 九州大学 | 学术交流协议 | 2004年6月 |
| 6 | 2019年4月 | 日本 | 九州大学 | 学生交换协议 | 2009年3月 |
| 7 | 2019年5月 | 印度 | 德里大学 | 合作谅解备忘录 | 1996年12月 |

续表

| 序号 | 签署时间 | 国家/地区 | 学校/机构名称 | 协议类型 | 首签时间 |
|---|---|---|---|---|---|
| 8 | 2019年5月 | 芬兰 | 图尔库大学 | 校际合作谅解备忘录 | 2014年10月 |
| 9 | 2019年5月 | 芬兰 | 图尔库大学 | 学生交换协议 | 2014年10月 |
| 10 | 2019年6月 | 西班牙 | 巴塞罗那大学 | 合作谅解备忘录 | 2003年1月 |
| 11 | 2019年7月 | 英国 | 伦敦大学学院 | 暑期学校合作协议 | 2018年7月 |
| 12 | 2019年9月 | 俄罗斯 | 圣彼得堡国立大学 | 教师交换协议 | 2017年4月 |
| 13 | 2019年9月 | 墨西哥 | 维拉克鲁斯大学 | 学术科研文化交流合作协议 | 2011年9月 |
| 14 | 2019年9月 | 韩国 | 全北大学 | 合作谅解备忘录 | 2003年9月 |
| 15 | 2019年10月 | 匈牙利 | 卡尔文纽什大学 | 学生交换协议 | 2007年10月 |
| 16 | 2019年10月 | 匈牙利 | 卡尔文纽什大学 | 教育与科研合作框架协议 | 2007年10月 |
| 17 | 2019年11月 | 荷兰 | 蒂尔堡大学 | 伊拉斯谟+学生和教职工交换协议 | 2015年10月 |

## 2019年中国人民大学校际合作协议高校和机构表

| 大洲 | 国家（地区） | 学校/机构 | 签署时间 | 备注 |
|---|---|---|---|---|
| 亚洲 | 越南2 | 国民经济大学 | 1995年12月 | 学术机构 |
| | | 河内人文社会科学大学 | 2011年10月 | 学术机构 |
| | 韩国25 | 庆南大学 | 1992年11月 | 学术机构 |
| | | 国民大学 | 1993年6月 | 学术机构 |
| | | 延世大学 | 1993年9月 | 学术机构 |
| | | 明知大学 | 1996年8月 | 学术机构 |
| | | 中央大学 | 1996年4月 | 学术机构 |
| | | 高丽大学 | 1997年1月 | 学术机构 |
| | | 朝鲜大学 | 1997年5月 | 学术机构 |
| | | 釜庆大学 | 2001年7月 | 学术机构 |
| | | 庆熙大学 | 2002年9月 | 学术机构 |
| | | 韩国高等教育财团（The Korea Foundation for Advanced Studies） | 2003年3月 | 行业机构 |
| | | 启明大学 | 2003年7月 | 学术机构 |
| | | 全北大学 | 2003年9月 | 学术机构 |
| | | 首尔国立大学 | 2005年5月 | 学术机构 |
| | | 釜山大学 | 2005年5月 | 学术机构 |
| | | 翰林大学 | 2006年3月 | 学术机构 |
| | | 庆北大学 | 2006年5月 | 学术机构 |
| | | 梨花女子大学 | 2007年7月 | 学术机构 |
| | | 韩国艺术综合大学 | 2009年1月 | 学术机构 |
| | | 韩国国际交流财团（Korea Foundation） | 2009年9月 | 行业机构 |
| | | 东国大学 | 2010年12月 | 学术机构 |
| | | 韩国特许厅（Korea Intellectual Property Office） | 2011年11月 | 政府机构 |
| | | 韩国法制处（法制部）（Korea Legal Department） | 2012年5月 | 政府机构 |
| | | 成均馆大学 | 2012年7月 | 学术机构 |
| | | 东亚大学 | 2015年4月 | 学术机构 |
| | | 汉阳大学 | 2017年4月 | 学术机构 |

续表

| 大洲 | 国家（地区） | 学校/机构 | 签署时间 | 备注 |
|---|---|---|---|---|
| 亚洲 | 泰国 1 | 法政大学 | 1992 年 11 月 | 学术机构 |
| | 印度 6 | 印度哲学大会 | 1992 年 1 月 | 学术机构 |
| | | 德里大学 | 1996 年 12 月 | 学术机构 |
| | | 塔塔社会科学研究院 | 2019 年 4 月 | 学术机构 |
| | | 索迈亚大学 | 2019 年 4 月 | 学术机构 |
| | | 尼赫鲁大学 | 2019 年 4 月 | 学术机构 |
| | | 金德尔全球大学 | 2019 年 9 月 | 学术机构 |
| | 以色列 5 | 本古里安大学 | 1993 年 7 月 | 学术机构 |
| | | 海法大学 | 2000 年 2 月 | 学术机构 |
| | | 特拉维夫大学 | 2012 年 9 月 | 学术机构 |
| | | 希伯来大学 | 2013 年 5 月 | 学术机构 |
| | | 以色列理工学院 | 2019 年 1 月 | 学术机构 |
| | 朝鲜 2 | 朝鲜主体科学院 | 1996 年 9 月 | 学术机构 |
| | | 金日成综合大学 | 2015 年 8 月 | 学术机构 |
| | 马来西亚 6 | 新纪元学院 | 1997 年 9 月 | 学术机构 |
| | | 韩江学院 | 1998 年 9 月 | 学术机构 |
| | | 南方学院 | 1998 年 9 月 | 学术机构 |
| | | 马来西亚华校董事联合会总会（Malaysia Chinese School Directors Federation） | 2012 年 1 月 | 行业机构 |
| | | 马来亚大学 | 2012 年 8 月 | 学术机构 |
| | | 拉曼大学 | 2019 年 1 月 | 学术机构 |
| | 沙特阿拉伯 1 | 阿卜杜阿齐兹大学 | 2009 年 9 月 | 学术机构 |
| | 日本 27 | 日中学院 | 1990 年 | 学术机构 |
| | | 东海大学 | 1993 年 6 月 | 学术机构 |
| | | 爱媛大学 | 1998 年 12 月 | 学术机构 |
| | | 札幌学院大学 | 1999 年 10 月 | 学术机构 |
| | | 实践女子大学 | 2000 年 4 月 | 学术机构 |
| | | 九洲产业大学 | 2001 年 4 月 | 学术机构 |
| | | 龙谷大学 | 2002 年 3 月 | 学术机构 |
| | | 中央大学 | 2003 年 3 月 | 学术机构 |
| | | 早稻田大学 | 2004 年 4 月 | 学术机构 |
| | | 关西学院大学 | 2004 年 6 月 | 学术机构 |
| | | 京都女子大学 | 2005 年 4 月 | 学术机构 |
| | | 立命馆大学 | 2005 年 5 月 | 学术机构 |
| | | 东洋大学 | 2007 年 5 月 | 学术机构 |
| | | 庆应义塾大学 | 2008 年 3 月 | 学术机构 |
| | | 鹿儿岛大学 | 2008 年 5 月 | 学术机构 |
| | | 熊本学园大学 | 2008 年 12 月 | 学术机构 |
| | | 爱知大学 | 2009 年 8 月 | 学术机构 |
| | | 神户大学 | 2014 年 3 月 | 学术机构 |
| | | 九州大学 | 2014 年 5 月 | 学术机构 |
| | | 一桥大学 | 2014 年 12 月 | 学术机构 |
| | | 明治大学 | 2015 年 3 月 | 学术机构 |
| | | 上智大学 | 2015 年 6 月 | 学术机构 |
| | | 北海道大学 | 2015 年 12 月 | 学术机构 |
| | | 金泽大学 | 2016 年 2 月 | 学术机构 |
| | | 立教大学 | 2016 年 10 月 | 学术机构 |
| | | 同志社大学 | 2016 年 12 月 | 学术机构 |
| | | 埼玉大学 | 2018 年 11 月 | 学术机构 |

续表

| 大洲 | 国家（地区） | 学校/机构 | 签署时间 | 备注 |
|---|---|---|---|---|
| 亚洲 | 哈萨克斯坦 4 | 阿尔-法拉比国立大学 | 1998 年 5 月 | 学术机构 |
| | | 纳扎尔巴耶夫大学 | 2016 年 6 月 | 学术机构 |
| | | 欧亚大学 | 2016 年 11 月 | 学术机构 |
| | | 国际项目中心（Center for International Program） | 2019 年 6 月 | 非政府组织 |
| | 新加坡 1 | 新加坡管理大学 | 2016 年 5 月 | 学术机构 |
| | 阿塞拜疆 1 | 巴库大学 | 2011 年 9 月 | 学术机构 |
| | 乌兹别克斯坦 1 | 乌兹别克斯坦新闻与大众传媒大学 | 2019 年 4 月 | 学术机构 |
| | 吉尔吉斯斯坦 2 | 比什凯克人文大学 | 2011 年 9 月 | 学术机构 |
| | | 吉尔吉斯斯坦国立民族大学 | 2018 年 6 月 | 学术机构 |
| | 土耳其 2 | 科奇大学 | 2013 年 3 月 | 学术机构 |
| | | 伊斯坦布尔大学 | 2014 年 4 月 | 学术机构 |
| | 约旦 1 | 扎尔卡大学 | 2016 年 9 月 | 学术机构 |
| | 伊朗 2 | 德黑兰大学 | 2018 年 12 月 | 学术机构 |
| | | 阿拉梅·塔巴塔巴伊大学 | 2019 年 4 月 | 学术机构 |
| | 香港特别行政区 6 | 香港树仁大学 | 1993 年 3 月 | 学术机构 |
| | | 香港中文大学 | 1994 年 11 月 | 学术机构 |
| | | 香港城市大学 | 1995 年 6 月 | 学术机构 |
| | | 香港岭南大学 | 2001 年 9 月 | 学术机构 |
| | | 香港理工大学 | 2003 年 9 月 | 学术机构 |
| | | 香港大学 | 2005 年 9 月 | 学术机构 |
| | 澳门特别行政区 2 | 澳门科技大学 | 2002 年 3 月 | 学术机构 |
| | | 澳门大学 | 2012 年 5 月 | 学术机构 |
| | 台湾地区 17 | 辅仁大学 | 1996 年 9 月 | 学术机构 |
| | | 逢甲大学 | 1999 年 6 月 | 学术机构 |
| | | 政治大学 | 2002 年 1 月 | 学术机构 |
| | | 淡江大学 | 2002 年 4 月 | 学术机构 |
| | | 中正大学 | 2004 年 12 月 | 学术机构 |
| | | 台湾大学 | 2007 年 9 月 | 学术机构 |
| | | 高雄师范大学 | 2009 年 12 月 | 学术机构 |
| | | 台湾中国文化大学 | 2009 年 5 月 | 学术机构 |
| | | 文藻外语大学 | 2010 年 4 月 | 学术机构 |
| | | 世新大学 | 2010 年 5 月 | 学术机构 |
| | | 台湾清华大学 | 2010 年 11 月 | 学术机构 |
| | | 台北大学 | 2011 年 5 月 | 学术机构 |
| | | 台湾师范大学 | 2011 年 7 月 | 学术机构 |
| | | 台湾中兴大学 | 2013 年 5 月 | 学术机构 |
| | | 东吴大学 | 2013 年 11 月 | 学术机构 |
| | | 佛光大学 | 2015 年 5 月 | 学术机构 |
| | | 东海大学 | 2016 年 9 月 | 学术机构 |

续表

| 大洲 | 国家（地区） | 学校/机构 | 签署时间 | 备注 |
|---|---|---|---|---|
| 非洲 | 津巴布韦 1 | 津巴布韦大学 | 2006 年 9 月 | 学术机构 |
| | 肯尼亚 1 | 内罗毕大学 | 2010 年 9 月 | 学术机构 |
| | 尼日利亚 1 | 拉各斯大学 | 2010 年 11 月 | 学术机构 |
| | 南非 2 | 斯坦陵布什大学 | 2012 年 5 月 | 学术机构 |
| | | 约翰内斯堡大学 | 2019 年 1 月 | 学术机构 |
| | 埃及 2 | 开罗大学 | 2011 年 1 月 | 学术机构 |
| | | 艾因夏姆斯大学 | 2018 年 7 月 | 学术机构 |
| 欧洲 | 奥地利 1 | 维也纳大学 | 2012 年 6 月 | 学术机构 |
| | 西班牙 4 | 巴塞罗那大学 | 2003 年 10 月 | 学术机构 |
| | | 卡斯蒂利亚-拉曼查大学 | 2006 年 5 月 | 学术机构 |
| | | 马德里卡洛斯三世大学 | 2009 年 9 月 | 学术机构 |
| | | 巴塞罗那自治大学 | 2010 年 11 月 | 学术机构 |
| | 荷兰 6 | 蒂尔堡大学 | 2005 年 5 月 | 学术机构 |
| | | 联合国大学技术创新中心（United Nations University-Maastricht Economic and Social Research and Training Centre on Innovation and Technology，UNU-MERIT） | 2009 年 7 月 | 学术机构 |
| | | 马斯特里赫特大学 | 2010 年 10 月 | 学术机构 |
| | | 阿姆斯特丹自由大学 | 2011 年 11 月 | 学术机构 |
| | | 鹿特丹伊拉斯姆斯大学 | 2012 年 3 月 | 学术机构 |
| | | 奈耶诺德工商管理大学 | 2014 年 3 月 | 学术机构 |
| | 比利时 4 | 欧洲学院 | 2014 年 4 月 | 学术机构 |
| | | 法语区布鲁塞尔自由大学 | 2014 年 4 月 | 学术机构 |
| | | 弗拉芒语区布鲁塞尔自由大学 | 2018 年 4 月 | 学术机构 |
| | | 根特大学 | 2019 年 11 月 | 学术机构 |
| | 卢森堡 1 | 卢森堡大学 | 2014 年 4 月 | 学术机构 |
| | 意大利 14 | 那不勒斯第二大学 | 2000 年 4 月 | 学术机构 |
| | | 佛罗伦萨大学 | 2000 年 8 月 | 学术机构 |
| | | 米兰大学 | 2002 年 9 月 | 学术机构 |
| | | 那不勒斯省（Province of Naples） | 2006 年 10 月 | 政府机构 |
| | | 国际高等研究院 | 2007 年 3 月 | 学术机构 |
| | | 萨尼奥大学 | 2008 年 5 月 | 学术机构 |
| | | 欧洲大学学院 | 2011 年 10 月 | 学术机构 |
| | | 威尼斯大学 | 2013 年 4 月 | 学术机构 |
| | | 罗马第一大学 | 2013 年 4 月 | 学术机构 |
| | | 博洛尼亚大学 | 2013 年 3 月 | 学术机构 |
| | | 那不勒斯费德里克二世大学 | 2013 年 6 月 | 学术机构 |
| | | 那不勒斯东方大学 | 2018 年 6 月 | 学术机构 |
| | | 意大利国际社会科学自由大学 | 2018 年 6 月 | 学术机构 |
| | | 帕多瓦大学 | 2019 年 5 月 | 学术机构 |
| | 德国 8 | 统一社会党中央社会科学院 | 1988 年 7 月 | 学术机构 |
| | | 图宾根大学 | 2001 年 11 月 | 学术机构 |
| | | 斯图加特大学 | 2002 年 6 月 | 学术机构 |
| | | 柏林洪堡大学 | 2005 年 6 月 | 学术机构 |
| | | 莱比锡大学 | 2005 年 10 月 | 学术机构 |

续表

| 大洲 | 国家（地区） | 学校/机构 | 签署时间 | 备注 |
|---|---|---|---|---|
| 欧洲 | 德国 8 | 科隆大学 | 2011 年 1 月 | 学术机构 |
| | | 哥廷根大学 | 2011 年 1 月 | 学术机构 |
| | | 慕尼黑大学 | 2015 年 3 月 | 学术机构 |
| | 英国 20 | 伦敦政治经济学院 | 1989 年 4 月 | 学术机构 |
| | | 纽卡斯尔大学 | 1992 年 4 月 | 学术机构 |
| | | 牛津布鲁克斯大学 | 2002 年 5 月 | 学术机构 |
| | | 杜伦大学 | 2004 年 4 月 | 学术机构 |
| | | 威尔士大学兰彼得分校 | 2005 年 3 月 | 学术机构 |
| | | 曼彻斯特大学 | 2007 年 11 月 | 学术机构 |
| | | 剑桥大学 | 2009 年 9 月 | 学术机构 |
| | | 诺丁汉大学 | 2010 年 8 月 | 学术机构 |
| | | 爱丁堡大学 | 2011 年 11 月 | 学术机构 |
| | | 肯特大学 | 2012 年 1 月 | 学术机构 |
| | | 雷丁大学 | 2012 年 2 月 | 学术机构 |
| | | 约克大学 | 2013 年 11 月 | 学术机构 |
| | | 华威大学 | 2013 年 12 月 | 学术机构 |
| | | 伦敦国王学院 | 2014 年 4 月 | 学术机构 |
| | | 格拉斯哥大学 | 2014 年 12 月 | 学术机构 |
| | | 萨塞克斯大学 | 2015 年 3 月 | 学术机构 |
| | | 伦敦玛丽女王大学 | 2016 年 10 月 | 学术机构 |
| | | 牛津大学 | 2017 年 3 月 | 学术机构 |
| | | 伦敦大学学院 | 2018 年 7 月 | 学术机构 |
| | | 谢菲尔德大学 | 2018 年 6 月 | 学术机构 |
| | 爱尔兰 1 | 都柏林大学 | 2007 年 10 月 | 学术机构 |
| | 丹麦 3 | 奥尔堡大学 | 1998 年 11 月 | 学术机构 |
| | | 哥本哈根大学 | 2004 年 3 月 | 学术机构 |
| | | 哥本哈根商学院 | 2008 年 11 月 | 学术机构 |
| | 法国 11 | 巴黎国际新闻学院 | 1986 年 10 月 | 学术机构 |
| | | 波尔多第一大学 | 1994 年 12 月 | 学术机构 |
| | | 法国国立东方语言文化学院 | 1997 年 10 月 | 学术机构 |
| | | 艾克斯-马赛大学 | 1998 年 5 月 | 学术机构 |
| | | 巴黎政治学院 | 2000 年 4 月 | 学术机构 |
| | | 巴黎第一大学 | 2003 年 10 月 | 学术机构 |
| | | 巴黎第十大学 | 2006 年 4 月 | 学术机构 |
| | | 中法学院合作协议：索邦大学、蒙彼利埃保罗-瓦莱里大学、KEDGE 商学院 | 2010 年 1 月 | 学术机构 |
| | | 法国图卢兹大学 | 2014 年 4 月 | 学术机构 |
| | 芬兰 4 | 赫尔辛基大学 | 2004 年 9 月 | 学术机构 |
| | | 拉普兰大学 | 2006 年 5 月 | 学术机构 |
| | | 坦佩雷大学 | 2013 年 12 月 | 学术机构 |
| | | 图尔库大学 | 2014 年 10 月 | 学术机构 |
| | 挪威 2 | 挪威理工大学 | 2002 年 1 月 | 学术机构 |
| | | 卑尔根大学 | 2018 年 4 月 | 学术机构 |

续表

| 大洲 | 国家（地区） | 学校/机构 | 签署时间 | 备注 |
|---|---|---|---|---|
| 欧洲 | 瑞典 3 | 隆德大学 | 1997 年 9 月 | 学术机构 |
| | | 斯德哥尔摩大学 | 2004 年 9 月 | 学术机构 |
| | | 林奈大学（前身：韦克舍大学） | 2012 年 8 月 | 学术机构 |
| | 俄罗斯 8 | 俄罗斯外交部外交学院 | 1997 年 4 月 | 学术机构 |
| | | 联邦政府财政金融科学院 | 1997 年 6 月 | 学术机构 |
| | | 圣彼得堡国立经济大学 | 2000 年 7 月 | 学术机构 |
| | | 国立普希金俄语学院 | 2001 年 6 月 | 学术机构 |
| | | 圣彼得堡国立大学 | 2014 年 12 月 | 学术机构 |
| | | 莫斯科国立大学 | 2012 年 5 月 | 学术机构 |
| | | 俄罗斯人民友谊大学 | 2018 年 9 月 | 学术机构 |
| | | 伊尔库茨克国立大学 | 2019 年 10 月 | 学术机构 |
| | 黑山 1 | 黑山大学 | 1999 年 8 月 | 学术机构 |
| | 捷克 1 | 查理大学 | 1998 年 11 月 | 学术机构 |
| | 匈牙利 3 | 圣·伊士特万国王大学 | 2007 年 10 月 | 学术机构 |
| | | 卡尔文纽什大学 | 2007 年 10 月 | 学术机构 |
| | | 罗兰大学 | 2018 年 7 月 | 学术机构 |
| | 塞尔维亚 1 | 贝尔格莱德大学 | 1998 年 11 月 | 学术机构 |
| | 斯洛文尼亚 1 | 卢布尔雅那大学 | 2001 年 11 月 | 学术机构 |
| | 克罗地亚 1 | 萨格勒布大学 | 2001 年 11 月 | 学术机构 |
| | 希腊 1 | 雅典大学 | 2011 年 5 月 | 学术机构 |
| | 瑞士 1 | 日内瓦大学 | 2011 年 11 月 | 学术机构 |
| | 保加利亚 1 | 索菲亚大学 | 2014 年 9 月 | 学术机构 |
| 美洲 | 加拿大 12 | 康科迪亚大学 | 1987 年 2 月 | 学术机构 |
| | | 世纪管理学院 | 1995 年 11 月 | 学术机构 |
| | | 赫瑞森学院 | 1997 年 4 月 | 学术机构 |
| | | 圣文森特山大学 | 2001 年 2 月 | 学术机构 |
| | | 美洲科技学院 | 2005 年 1 月 | 学术机构 |
| | | 麦吉尔大学 | 2005 年 11 月 | 学术机构 |
| | | 维多利亚大学 | 2009 年 8 月 | 学术机构 |
| | | 英属哥伦比亚大学 | 2012 年 3 月 | 学术机构 |
| | | 蒙特利尔大学 | 2012 年 10 月 | 学术机构 |
| | | 西门菲莎大学 | 2012 年 11 月 | 学术机构 |
| | | 女王大学 | 2013 年 3 月 | 学术机构 |
| | | 拉瓦尔大学 | 2019 年 12 月 | 学术机构 |
| | 美国 34 | 伊利诺伊大学 | 1985 年 4 月 | 学术机构 |
| | | 夏威夷大学 | 1987 年 5 月 | 学术机构 |
| | | 南康涅狄格州立大学 | 1993 年 1 月 | 学术机构 |
| | | 圣道大学 | 1997 年 4 月 | 学术机构 |
| | | 丹佛大学 | 1997 年 11 月 | 学术机构 |
| | | 西康涅狄格州立大学 | 1999 年 9 月 | 学术机构 |
| | | 得州大学圣安东尼奥分校 | 2000 年 3 月 | 学术机构 |
| | | 爱荷华大学 | 2001 年 4 月 | 学术机构 |
| | | 陶森州立大学 | 2002 年 4 月 | 学术机构 |
| | | 加州州立大学 | 2002 年 5 月 | 学术机构 |

续表

| 大洲 | 国家（地区） | 学校/机构 | 签署时间 | 备注 |
|---|---|---|---|---|
| 美洲 | 美国 34 | 纽约州立大学布法罗分校 | 2002 年 5 月 | 学术机构 |
| | | 圣何塞州立大学 | 2002 年 5 月 | 学术机构 |
| | | 乔治·华盛顿大学 | 2003 年 3 月 | 学术机构 |
| | | 乔治敦大学 | 2004 年 11 月 | 学术机构 |
| | | 密歇根大学 | 2005 年 6 月 | 学术机构 |
| | | 康奈尔大学 | 2005 年 12 月 | 学术机构 |
| | | 佐治亚理工学院 | 2007 年 6 月 | 学术机构 |
| | | 加州州立大学富勒顿分校 | 2010 年 3 月 | 学术机构 |
| | | 耶鲁大学 | 2010 年 6 月 | 学术机构 |
| | | 莱斯大学 | 2010 年 6 月 | 学术机构 |
| | | 马萨堵塞大学波士顿分校 | 2010 年 12 月 | 学术机构 |
| | | 明尼苏达大学 | 2011 年 4 月 | 学术机构 |
| | | 肯恩大学 | 2011 年 4 月 | 学术机构 |
| | | 加州大学戴维斯分校 | 2011 年 4 月 | 学术机构 |
| | | 马里兰大学 | 2011 年 6 月 | 学术机构 |
| | | 罗格斯大学 | 2011 年 12 月 | 学术机构 |
| | | 哥伦比亚大学 | 2012 年 5 月 | 学术机构 |
| | | 加州大学伯克利分校 | 2013 年 10 月 | 学术机构 |
| | | 匹兹堡大学 | 2016 年 3 月 | 学术机构 |
| | | 芝加哥大学 | 2017 年 4 月 | 学术机构 |
| | | 北卡罗来纳州立大学 | 2018 年 7 月 | 学术机构 |
| | | 印第安纳大学 | 2018 年 9 月 | 学术机构 |
| | | 罗彻斯特大学 | 2019 年 2 月 | 学术机构 |
| | | 纽约州立大学石溪分校 | 2019 年 3 月 | 学术机构 |
| | 哥斯达黎加 1 | 哥斯达黎加大学 | 2008 年 10 月 | 学术机构 |
| | 巴西 3 | 巴西利亚大学 | 2006 年 5 月 | 学术机构 |
| | | 圣保罗大学 | 2019 年 11 月 | 学术机构 |
| | | 南大河州联邦大学 | 2019 年 12 月 | 学术机构 |
| | 古巴 2 | 中央大学 | 1999 年 6 月 | 学术机构 |
| | | 哈瓦那大学 | 2017 年 5 月 | 学术机构 |
| | 秘鲁 3 | 卡西拉索大学 | 1988 年 12 月 | 学术机构 |
| | | 圣马丁德波莱斯大学 | 1999 年 7 月 | 学术机构 |
| | | 秘鲁天主教大学 | 2019 年 10 月 | 学术机构 |
| | 委内瑞拉 1 | 中央大学 | 1999 年 10 月 | 学术机构 |
| | 阿根廷 2 | 企业与社会科学大学 | 2000 年 5 月 | 学术机构 |
| | | 圣安德鲁斯大学 | 2019 年 12 月 | 学术机构 |
| | 墨西哥 3 | 国立自治大学 | 1988 年 12 月 | 学术机构 |
| | | 维拉克鲁斯大学 | 2011 年 9 月 | 学术机构 |
| | | 墨西哥学院 | 2018 年 11 月 | 学术机构 |
| 大洋洲 | 澳大利亚 11 | 悉尼科技大学 | 1996 年 11 月 | 学术机构 |
| | | 维多利亚理工大学 | 2000 年 4 月 | 学术机构 |
| | | 埃迪斯科文大学 | 2002 年 8 月 | 学术机构 |
| | | 西悉尼大学 | 2004 年 2 月 | 学术机构 |
| | | 蒙纳士大学 | 2005 年 2 月 | 学术机构 |

续表

| 大洲 | 国家（地区） | 学校/机构 | 签署时间 | 备注 |
|---|---|---|---|---|
| 大洋洲 | 澳大利亚 11 | 昆士兰大学 | 2008 年 1 月 | 学术机构 |
| | | 澳大利亚国立大学 | 2012 年 2 月 | 学术机构 |
| | | 堪培拉大学 | 2012 年 3 月 | 学术机构 |
| | | 麦考瑞大学 | 2013 年 11 月 | 学术机构 |
| | | 墨尔本大学 | 2014 年 12 月 | 学术机构 |
| | | 迪肯大学 | 2016 年 10 月 | 学术机构 |
| | 新西兰 3 | 怀卡托大学 | 2004 年 2 月 | 学术机构 |
| | | 梅西大学 | 2007 年 5 月 | 学术机构 |
| | | 惠林顿维多利亚大学 | 2014 年 1 月 | 学术机构 |
| | 国际组织 3 | 世界知识产权组织（World Intellectual Property Organization） | 2014 年 9 月 | 国际组织 |
| | | 联合国人类住居规划署（UN Habitat） | 2015 年 6 月 | 国际组织 |
| | | 欧盟委员会（European Commission） | 2016 年 10 月 | 国际组织 |

## 2019 年中国人民大学因公短期出国/境人数表

| 工作访问 | 合作研究 | 国际会议 | 短期讲学 | 学生交流 | 其他 | 合计 |
|---|---|---|---|---|---|---|
| 320 | 246 | 1 290 | 36 | 1 440 | 199 | 3 531 |

## 2019 年中国人民大学因公长期出国/境人数表

| （高级）访问学者 | 讲学 | 学生留学 | 合计 |
|---|---|---|---|
| 25 | 10 | 570 | 605 |

## 2019 年中国人民大学主要国际会议表

| 序号 | 会议名称 | 主办单位 | 举办日期 |
|---|---|---|---|
| 1 | 古代埃及与中国写本文化国际会议 | 文学院 | 2019 年 1 月 14—18 日 |
| 2 | 王言——古代世界的政治表述和权力建构 | 文学院 | 2019 年 4 月 11—13 日 |
| 3 | 中欧互联互通：发展与前景国际学术研讨会 | 国际关系学院 | 2019 年 4 月 12—13 日 |
| 4 | “知觉、意识和第一人称”国际研讨会 | 哲学院 | 2019 年 5 月 11—12 日 |
| 5 | 历史、人文视野下的自然与健康国际会议 | 历史学院 | 2019 年 5 月 29 日—6 月 2 日 |

续表

| 序号 | 会议名称 | 主办单位 | 举办日期 |
|---|---|---|---|
| 6 | 宏观金融前沿问题学术研讨会 | 财政金融学院 | 2019年6月11—13日 |
| 7 | 青年学者文本研修国际工作坊 | 文学院 | 2019年6月17—21日 |
| 8 | 百年回顾：文化与文学国际学术研讨会 | 文学院 | 2019年6月29日—7月1日 |
| 9 | 金融数学与金融科技国际学术论坛 | 数学学院 | 2019年6月30日—7月2日 |
| 10 | 迁移流动与社会融合国际学术研讨会 | 社会与人口学院 | 2019年7月9日 |
| 11 | 亚欧互联互通与中欧合作国际研讨会 | 国际关系学院 | 2019年7月14日 |
| 12 | 物质与非物质文化遗产的对话与融合 | 历史学院 | 2019年7月19—21日 |
| 13 | “转型中国与中国社会学：学科·理论·实践”学术研讨会 | 社会与人口学院 | 2019年8月28—29日 |
| 14 | 欧盟与全球治理国际学术会议 | 国际关系学院 | 2019年9月19—20日 |
| 15 | 中国民法典国际研讨会 | 法学院 | 2019年9月21—22日 |
| 16 | 未来全球化发展趋势的哲学思考 | 哲学院 | 2019年10月11—14日 |
| 17 | 第十届“蒙古、贝加尔西伯利亚与中国北方古代文化”国际学术研讨会 | 历史学院 | 2019年10月19—23日 |
| 18 | 文化遗产法前沿问题国际学术研讨会 | 法学院 | 2019年10月24—25日 |
| 19 | 世界秩序国际学术会议2019 | 国际关系学院 | 2019年10月26—28日 |
| 20 | 实践社会科学与中国研究学术研讨会 | 社会与人口学院 | 2019年11月3日 |
| 21 | 第三届中日智慧养老论坛 | 信息学院 | 2019年11月4—6日 |
| 22 | 2019年日语误用及第二语言习得研究国际研讨会 | 外国语学院 | 2019年11月9—10日 |
| 23 | 2019徐悲鸿国际学术研讨会——纪念徐悲鸿留学100周年 | 艺术学院 | 2019年11月9—10日 |
| 24 | “战后德国记忆文化建构发展”国际研讨会 | 外国语学院 | 2019年11月14—16日 |
| 25 | 东亚农业经济学术研讨会 | 农业与农村发展学院 | 2019年11月14—16日 |
| 26 | 第二届13—18世纪欧亚古典学国际会议暨亦邻真先生蒙古学论著研讨会 | 国学院 | 2019年11月16—17日 |
| 27 | 第二届首都发展高端论坛——老城·新城·都市圈 | 国家发展与战略研究院 | 2019年11月16日 |
| 28 | 中国人民大学—新加坡管理大学全球论坛2019 | 社会与人口学院 | 2019年11月26日 |
| 29 | 新时代的“一带一盟”对接——第七届中俄经济对话 | 苏州校区 | 2019年11月29日 |
| 30 | 自动驾驶的法律规制国际研讨会 | 法学院 | 2019年12月7日 |
| 31 | 数字经济与未来法治国际会议 | 法学院 | 2019年12月8日 |
| 32 | 新中国70年与21世纪世界社会主义国际学术会议 | 马克思主义学院 | 2019年12月12日 |
| 33 | “比较文明视域下的价值观教育”国际研讨会 | 马克思主义学院 | 2019年12月13日 |

# 管理工作



## 行政管理工作

### 一、概况

2019年，学校行政综合管理部门紧密团结在以习近平同志为核心的党中央周围，认真学习贯彻习近平新时代中国特色社会主义思想，党的十九大和十九届二中、三中、四中全会精神，习近平总书记致中国人民大学建校80周年贺信精神，树牢“四个意识”，坚定“四个自信”，坚决做到“两个维护”，围绕中心、服务大局，围绕学校创建“人民满意、世界一流”大学的战略目标和中心工作，以师生为中心，以服务教学科研一线为中心，积极发挥“参谋助手、综合协调、信息枢纽、服务师生”的职能，为推动全校建立“校令畅通、反应灵敏、运转规范、运作高效、服务优良”的管理体系，为服务和保障学校“双一流”建设做出了贡献。

### 二、信息工作

2019年，学校办公室始终强化理论学习，围绕中心、服务大局，聚焦“信息”本职工作，发扬“钉钉子”的精神，在信息直报、教育部及北京市信息报送、内参刊物编发、信息公开工作等方面持续发力，为学校信息工作高质量、高水平发展奠定了良好基础。

2019年，学校办公室向教育部、北京市委教育工委、北京市教委等上级部门及时准确报送学校思政建设、学科建设、人才培养、干部发展、支援扶贫、招生宣传、校园建设、科学研究等各类信息，全年共编写《情况反映》358期，报送数量保持在高位稳定状态。有多篇信息被教育部、北京市委教育工委采用，有的被教育部简报、“一线采风”等刊物栏目单篇采用。学校和学校办公室的同志分别被教育部评为2019年教育信息工作先进单位、优秀信息工作者。

2019年，学校办公室印发《综合快报》57期，编辑撰写信息800余条，约25万字，涉及突发事件、网络舆情、信访热点、思政建设、学生培养、教师事务、后勤保障等多方面内容。

2019年，学校办公室落实学校部署，在规定期限内主动公开属于主动公开范围的信息，认真接受信息公开申请并严格程序办理。学校办公室以《中国人民大学信息公开事项清单》为抓手，进一步健全信息公开工作制度框架，持续推动学校信息公开工作深入开展；推动“中国人民大学信息公开网络平台”更新改版，通过信息公开专栏和学校网站公布各类信息1 000余条；全年共受理7起有效信息公开申请；撰写完成《中国人民大学2018—2019学年信息公开工作年度报告》。

## 三、综合协调工作

2019年，学校办公室继续发挥学校内外联络枢纽及服务窗口的作用，紧密围绕学校各项重点核心工作，坚持高标准、高质量要求，始终保持精细化、规范化的组织运作，积极探索工作方式方法，不断完善工作机制、优化工作流程，持续提升组织协调能力，始终把学习贯彻庆祝中华人民共和国成立70周年大会、全国教育大会精神与学校领导工作要求放在首位，按照学校“双一流”建设事业的总体安排与部署，结合实际工作内容，认真履行职责，落实学校各项工作规定，脚踏实地，稳步推进，突出“精细化管理、人性化服务”，为学校实现内涵式跨越发展做出新的更大贡献。

2019年，学校办公室累计组织协调学校大型活动近百场，通过创新工作方式方法，进一步提升了组织大型活动的能力和水平。学校办公室参与协调了庆祝新中国成立70周年系列活动、“不忘初心、牢记使命”主题教育系列活动、政法实务大讲堂、通州新校区开工仪式、党委理论学习中心组（扩大）系列会议、服务保障新中国成立70周年庆祝活动表彰大会、2019届毕业典礼、新学年开学典礼暨教师节表彰大会、新春茶话会等；分别服务保障了中共中央政治局常委、中央书记处书记王沪宁，中共中央政治局委员、国务院副总理孙春兰，中共中央政治局委员、北京市委书记蔡奇，最高人民检察院检察长张军等党和国家领导人来校考察调研。在各项活动会议组织中，学校办公室始终坚持高标准、高质量要求，积极探索工作方式方法，不断完善工作机制、优化工作流程，持续提升组织协调能力。

学校办公室坚决贯彻学校及办公室领导有关行政办公信息化、无纸化的倡导，在负责协调校领导会议安排、保障校领导会议开展的过程中，积极对原先较落后的管理系统进行升级改造，推出了新的校办办公管理系统，取得了良好的成效。新系统的使用，更好地保证了学校大型会议通知传达畅通，提高了校领导日程管理与会议室需求安排等协调统筹工作的效率，便于工作人员快速阅览和发现时段、地点等冲突，成为办公室信息化建设工作中的一大亮点。

2019年，学校办公室加强对学校公章、校领导签名章等章印的管理，进一步规范印章使用审批流程。2019年9月，学校综合服务中心投入使用后，部分印章管理的工作调整到综合服务中心的校办窗口。学校办公室积极配合各项工作的交接，并多次安排工作人员到现场进行盖章工作，确保印章管理工作顺利进行。

## 四、规范管理工作

1. 公文管理

2019 年，学校办公室积极推动电子公文系统的新平台上线及移动端上线工作，同时保质保量完成了往来公文的流转工作和全校行政、党务文件的发文工作以及校长办公会的会务工作。

2019 年，共接收教育部政务内网公文、传真件、信函等共计 1 807 件，接收北京市电子政务内网公文 256 件，其他 1 068 件。办理电子公文 3 670 件，无纸化流转 1.5 万余次，双轨制流转纸质公文 264 件。对外发文 296 件，校内发文 867 件。报送 251 件。

筹办校长办公会 32 次，包括议题整理、议程确定、会议通知、会议材料印制分发、参会人员候场协调等，总计讨论议题 256 个。

2. 合同管理

合同管理是维护学校合法权益、防范内控风险、推动学校规范管理、提高工作效率和管理水平的重要手段。

2019 年，依据《中国人民大学合同管理办法（修订）》，合同管理工作以“统一管理、权责清晰、分级负责、兼顾效率”为总体原则，坚持“统一指导监督、分类归口管理”的基本制度，加强学校法人授权管理，加强分类归口管理，使用合同专用章，推行使用标准合同文本，建立合同备案和审批制度，建立更加规范严谨的合同管理体系，规定各单位签署合同需经党政联席会审定，明确在签署合同时须同时依据《中国人民大学“三重一大”制度规定》《中国人民大学招标管理工作暂行规定（修订）》等相关制度，进行相应审批。完善了内控建设要求，为依法治校提供制度依据。

2019 年，共备案合同 10 089 份，审批合同 276 份。

合同管理系统较好实现了合同信息化管理功能，真正做到了“三个实现”：实现学校所有合同文本全部上传备案，便于建立台账、查阅、统计；实现合同一个工作日完成备案，提高了效率；实现合同不上线生成编号，财务处不付款。同时，强化重点合同审批，严格会签单位与法律顾问审核，实现全过程痕迹管理。

## 五、督查工作

2019 年，学校督查办公室共编印 11 期督查通报，按月向校领导报告各项督查工作的进展，实现了督查事项的精确推进、全程跟踪、动态销账。

2019 年，学校督查办公室共发出 313 项督查通知。其中，109 项党委常委会决议督查，已落实 101 项，尚未落实 8 项，落实率为 92.7%；190 项校长办公会决议督查，已落实 158 项，尚未落实 32 项，落实率为 83.2%；14 项专项督查，已落实 9 项，尚未落实 5 项，落实率为 64.3%。学校督查办公室针对上述每一项督查事项的特点，积极同主责单位沟通，确认督查工作要求及办结时限，确保每一项工作按要求落实到位。

## 六、校史工作

1. 不断增强校史宣传的有效性。2019 年，校史研究室在搜集整理学校前身各时期文艺领域校友的相关资料的基础上，编印了《永恒的旋律——中国人民大学前身时期校友创作的歌曲选编》，下发全校各单位，并配合党委宣传部开展了相关专题的宣传工作。2019 年新中国成立 70 周年之际，在校报上推出“校史专栏”，定期刊发校史系列文章。

2. 扎实推进《中国人民大学年鉴》编纂工作。2019 年，年鉴编辑部圆满完成了《中国人民大学年鉴》2016 版、2017 版和 2018 版的编审工作，稿件经编委会审定后提交出版社。同时，经过长久酝酿和筹划，6 月 13 日，年鉴编辑部组织召开了中国人民大学年鉴编纂及校史资源平台一期开通仪式暨《中国人民大学年鉴》（2019 版）编纂工作启动会，会上正式推出了年鉴在线编纂系统和校史资源平台。截至 2019 年底，该系统运行平稳，项目一期实现了 2019 版年鉴的在线交稿、在线编辑和整合成书等功能，二期功能即年鉴历史数据和校史出版物的数据库建设和查询功能也已实现。未来，将探索以此平台为依托，实现各单位年鉴数据的保存和二级单位相关校史资源的整合。

## 七、国内合作工作

2019 年，学校共签署协议 21 份，其中与山西、黑龙江、浙江、甘肃、天津、河北、广西、宁夏、安徽、山东签署省校协议，与玉溪、延安、通州区签署校地协议，与山西农业大学、山西师范大学、山西财经大学、西藏大学、河北大学、湘潭大学等签署校际协议。另外，学校还深化开展了与山东尼山世界儒学中心、与宁夏共建中外合作办学等方面的合作，进一步拓宽了合作领域。

2019 年，学校继续对口支援西藏民族大学、青海民族大学、新疆财经大学、新疆大学、延安大学 5 所高校，根据教育部统一部署，成为组团式支援新疆大学副组长单位；新增对口支援西藏大学、河北大学、湘潭大学三校部分产业和学科。

2019 年，学校继续积极推进教育扶贫云南兰坪，学校党委书记靳诺、校长刘伟均专程前往兰坪调研脱贫攻坚进展，并主持召开协调会研究推进协助事宜，学校发布了《中国人民大学 2019 年关于协助兰坪县开展教育脱贫攻坚工作的实施方案》及《中国人民大学关于加快推进协助兰坪县实现脱贫攻坚工作方案（补充）》。挂职干部宋彪连续两次申请延长挂职，教育部、云南省对宋彪事迹高度重视，2019 年 5 月云南省教育厅推荐其为省脱贫攻坚（贡献奖）候选人，并专致感谢信，高度评价学校与宋彪老师为兰坪脱贫攻坚事业所做贡献。同时，学校积极推动当地基础教育、干部培训、消费及产业扶贫事业，打造人大品牌，多维推动当地实现内涵式发展，为摘帽不摘责任、不摘政策、不摘帮扶目标提供保障。

## 八、综合服务工作

为进一步深化学校行政管理体制改革，着力转变职能、理顺关系、建设服务型机关，实现行政管理方式向规范有序、便利高效的根本转变；持续推动学校“放管服”改革向纵深发展，简政放权、放管结合，优化服务方式、提升服务水平，努力提升学校行政体系信息化水平、行政服务便利化水平；准确把握当前学校事业发展的新形势、新任务和新要求，尝试新方式、新手段推进学校教学、科研、管理、服务等各项工作的改革创新，提升学校信息化建设水平，助力学校“双一流”建设；推进学校行政工作跨层级、跨部门、跨业务的协同管理和服务，构建全校“一站式”综合服务体系，提升学校信息化建设水平，实现师生群众办事“只上一个网、只进一扇门”。2018 年 9 月，学校将综合服务中心建设确定为重大改革事项，开始筹备建设综合服务中心；2019 年 7 月 11 日，学校正式发文成立综合服务中心，明确综合服务中心为具有行政管理职能的学校处级教辅单位，挂靠学校办公室。

2019 年 10 月 16 日，学校党委书记靳诺、校长刘伟等校领导为综合服务中心揭牌、剪彩，副校长朱信凯、学校党委副书记齐鹏飞出席启动仪式，综合服务中心正式投入运行，包括学校办公室、人事处、财务处、学生处、招生就业处等在内的 20 个机关部处，以及学校各类公章、在职证明、财务报销、在读证明、就业手续等 107 项业务实现一站式办理。正式运行两个多月共为近 20 000 人次师生提供服务，是北京市高校中规模最大的“一站式”综合服务大厅。

# ■ 人事工作

## 一、概况

2019年，人事处贯彻“不忘初心、牢记使命”主题教育精神，按照学校两次新学期部署会确立的工作方向，紧密围绕学校中心工作，以队伍建设为核心，结合学校人事制度综合改革和“十三五”规划要求，强化服务意识，提高管理水平，扎实推进各项工作，在重点领域取得关键突破，为学校“双一流”建设提供坚实的制度保证和队伍支撑。

## 二、教职工基本情况

（一）在职人员情况

截至2019年底，学校在职员工共计3 848人（含36个月内国家资助的博士90人），比2018年增加17人，其中专业技术人员3 041人，管理人员705人，工勤人员102人（含附中、附小专业技术人员641人，管理职员10人，工勤人员11人）。

（二）增员情况

截至2019年底，学校在职人员新增198人（含新增享受国家资助指标博士后38人）。

（三）减员情况

截至2019年底，学校在职人员减少181人（含享受国家资助指标博士后出站25人）。

## 三、制度建设

（一）严格标准，规范程序，完成人员选聘工作

围绕学校“双一流”建设中心工作，根据学校学科建设、教师队伍岗位管理和结构调整需要，加强院系教师队伍建设，进一步改善教师队伍结构，提升队伍竞争力。按照严格标准、规范程序的原则，结合学院专家评审和党组织会议、党政联席会共同的选聘意见，通过在学校层面组建专家评审会、规范复议制度，充分发挥同行专家在教师选聘中的作用，加大对评聘者师德师风和教学、学术能力的考察，通过民主、公开、竞争、择优的方式，完成2019年人员选聘工作。2019年由人事处主持选聘校本部教师27人，其中应届毕业生5人，师资博士后14人；附属中、小学和幼儿园选聘教师17人，其中应届毕业生11人。选聘教师中正高级职称4人，副高级职称5人，海外优秀博士8人。

为提升各单位选人、用人自主权和灵活性，快速、及时引进高端人才，提升选聘质量与效率，2019年学校围绕“双一流”建设需要，对教师选聘工作进行重要调整。选聘周期由一年调整为三年，减少审批流程；加大优秀青年人才选聘力度，扩大“杰出学者”用人计划；对符合“杰出学者”各级岗位直聘条件的候选人不占名额、不设人数上限；扩大师资博士后选聘规模，增加优秀青年教师储备。在以上调整基础上，分析研究各院系教师岗位情况，结合学院需求，确定了2019—2022学年教师和师资博士后招聘计划。

为加强管理职员和教师以外专业技术队伍建设，调整队伍结构，更好地服务于教学科研及“双一

流”建设，进一步规范选聘工作，优化选聘流程，学校以选留应届毕业生、校外调入、校内招聘、学生骨干培养计划、非事业编制聘用等多种形式，有效补充和调整人员。2019 年，共选聘应届毕业生 48 人，校外调入 20 人，校内调动 64 人，学生骨干培养计划 26 人，新聘学校承担经费非事业编制职工 14 人。

（二）加快用人制度的完善和创新

2019 年，学校继续对新入校人员全部实行聘用合同管理。同时，进一步探索教师聘用中的专职与兼职、固定与流动、短期聘任与长期聘任相结合的用人模式，增加用人形式的多样性。做好课程教师聘用工作，以合理配置教师资源，提高人才培养质量，2019 年聘用课程教师 37 人次。

（三）健全合同管理制度，完成合同续签工作

为进一步规范合同管理工作，有效解决合同管理中遇到的问题，保证聘用制度落实，学校专门成立教师合同考核工作组，对合同到期教师的合同履行情况、合同期考核情况等进行审核和评议，并就合同是否续签、延聘、终止以及教师转岗等问题提出建议。2019 年共完成 221 名教师按原岗位续签合同，1 名教师恢复讲师岗位并续签合同，3 名教师按试聘岗位续签，1 名教师按低聘岗位续聘，9 名教师延期考核并按原岗位续签合同，15 名教师签订补充协议。2019 年共完成 65 个单位的 239 位党政教辅人员合同续签工作，包括签订聘用至退休的合同共 16 人。

（四）围绕中心工作，推进人事管理体制机制改革

为深入推进人事管理体制机制改革，人事处在广泛调研、测算和多次文件修订专题研讨会的基础上，出台多项人事管理制度文件。出台《中国人民大学管理职员和教师以外专业技术人员选聘管理办法》，优化工作流程，强化学校审批环节，进一步规范管理职员和教师以外专业技术人员的选聘工作，有力确保选聘人员质量；进一步规范管理职员和教师以外专业技术人员的校内调动工作，形成《中国人民大学管理职员和教师以外专业技术人员校内调动管理办法（征求意见稿）》，并完成人事处内部意见征求工作；继续修订《中国人民大学教师以外专业技术职务任职条件规定》和《中国人民大学科级机构设置与科级干部任免管理办法》；修订完善相关学院系管理职员及教师以外专业技术人员岗位设置方案；等等。

## 四、人才工作

（一）制度建设

1. 以薪酬制度改革为契机，深入实施“杰出学者支持计划”

在学校综合改革的整体布局下，在实施人事制度改革的基础上，学校坚持普遍调整、重点提升和绩效奖励相结合的思路，立足“重点提升”，继续推动实施“杰出学者支持计划”。在“杰出人文学者计划”成功施行的基础上，广泛调研，几上几下、充分论证，2017 年，学校出台了《中国人民大学“杰出学者支持计划”管理暂行办法》和《中国人民大学“杰出学者支持计划”管理暂行办法实施细则》，推出“杰出学者支持计划”。“杰出学者支持计划”坚持“培养与引进并举”和“权责一致”的原则，拟使占教师队伍 30%左右的优秀群体得到重点支持，构建一支师德高尚、业务精湛、结构合理、充满活力的高端人才队伍；“杰出学者”在享受相应待遇的同时，应承担创建世界一流大学和一流学科的重要职责。2019 年，根据实践经验教训及充分调研总结，学校启动“杰出学者”文件修订工作，发布了《中国人民大学“杰出学者支持计划”管理办法》，启动“杰出学者”第二次集中聘任（续聘）工作。截至 2019 年底，“杰出学者”已聘任六批。2017 年首批共聘任“杰出学者”413 人；2017 年第二批共聘任“杰出学者”13 人；2017 年第三批共聘任“杰出学者”7 人；2018 年第四批共聘任“杰出学者”24 人；2019 年 4 月第五批共聘任“杰出学者”30 人；2019 年 6 月第六批共聘任“杰出学者”55 人。第二次集中聘任（续聘）工作前，学校实际在岗“杰出学者”445 人，包括特聘

教授A岗受聘者71人、特聘教授B岗受聘者92人、青年学者A岗受聘者173人、青年学者B岗受聘者109人。

2. 以人才项目整合为抓手，开展“大华讲席教授”聘任工作

为了更好地推动“双一流”建设，充分发挥学术造诣高深、社会影响广泛、德高望重的人文社会科学资深专家在学科发展、学术繁荣及人才培养等方面的重要作用，同时也为与学校一级岗位教授评聘工作相衔接，对《中国人民大学“大华讲席”评选与管理办法》进行了修订，出台了《中国人民大学“大华讲席教授”评聘与管理暂行办法（修订）》。根据文件规定，校长办公会就“大华讲席教授”的聘任规模、特殊津贴发放标准等聘任问题进行了研究。随后，学校组织开展了2019年“大华讲席教授”聘任工作，最终确定了首批10位“大华讲席教授”人选。

3. 以党管人才、尊重人才为原则，继续完善党委联系专家制度

继续完善学校党委联系专家、学院（系）联系专家、学生助手服务专家的多层联系、统一管理的党委联系专家工作制度，充分调动校内各方资源，发挥多主体的积极性和主动性，形成合力，为做好人才服务与保障工作奠定基础，致力于形成“党管人才”“尊重人才”的良好形势。学校层面，充分发挥学校党委统筹全局的作用，为党委联系专家制度提供思想、政治和组织引领，并按教育部要求做好高端人才医疗保健工作；学院（系）层面，积极发挥基层院系直接接触专家学者，掌握专家真实诉求的优势，为党委联系专家制度的落地提供支持，切实解决问题；学生层面，继续推动54名高层次人才学生助手组成服务队伍，协助专家处理行政性事务，将专家服务与人才培养紧密结合，提高基石人才服务保障水平。

（二）工作进展

1. 高度重视人才项目组织及申报工作，加大人才培养与引进力度

依托“长江学者奖励计划”等国家重大人才项目，人才办积极配合推出一批代表学校学术水平的知名学者。同时积极协调落实重要人才项目入选者的在校待遇，统筹有效资源为优秀人才营造“归属感”，真正“留住”人才。

2019年，学校新增2018年“长江学者奖励计划”特聘教授入选者3人、青年学者入选者8人，新增“万人计划”教学名师1人、青年拔尖人才2人，新增北京市卓越青年科学家项目入选者1人；此外，推荐4人申报百千万人才工程，1人申报第十三批“北京市有突出贡献的科学、技术、管理人才”表彰人选，1人申报优秀知识分子宣传人选，推荐2人为军事政策制度改革咨询评估专家库专家。

同时，根据上级单位的统一要求，人才办配合完成了“万人计划”青年拔尖人才、青年千人等重大人才项目入选者的选调工作，进一步推进人才培养，加强高层次人才的政治引领和政治吸纳，坚定“四个自信”，增强高层次人才对党和国家的认同感、向心力。

2. 全面实施“本土教师国际化培养”和“海归教师本土化培养”双向战略

根据学校学科发展和队伍建设需要，人才办大力推进“本土教师国际化培养”战略，坚持“走出去”与“请进来”相结合，帮助教师开拓学术视野，扩展学术领域，紧跟学术前沿，加强与海外学术界的沟通和交流，全方位提升教学科研水平和国际学术交往能力，提高人才培养质量。一是继续实施教师公派出国研修支持计划，2019年共派出26名教师赴海外知名高校或研究机构进行为期1～16个月的访学研究；二是继续实施学科国际前沿教师培训项目，2019年共邀请36位知名海外学者来校集中授课或做系列讲座，参训教师达540余人次；三是继续实施教师国际培训学院（系）特色项目，2019年共批复同意11个学院（系）的立项申请，并已为其拨付第一年度资助经费。

同时，按照学校整体部署，继续实施“海归教师本土化培养”战略，帮助海外留学归国教师“沉下去”，对其加强国情教育，积极推进实施海归教师挂职锻炼计划。2019年共选派20人以担任顾问、研究员以及受聘兼职专家等多种形式前往20个合作单位实践锻炼。大部分海归教师挂职锻炼进展顺

利，在丰富案例教学拓展实习基地、理论联系实践产出科研成果、发挥专业特长解决实际问题等方面收获颇丰，得到了合作单位的肯定和广泛好评，产生了积极的社会影响，达到了预期效果。

## 五、学术委员会工作

（一）概况

2019年4月，在学校党委的坚强领导下，根据教育部《高等学校学术委员会规程》，学校学术委员会顺利完成章程修订、职能重组与换届工作。同月，学校学术委员会秘书处办公室成立。全新组建的第十二届学术委员会作为学校最高学术机构，统筹行使学术事务的决策、审议、评定和咨询等职权，为完善学校学术治理体系做出了重要贡献。

（二）中国人民大学第十二届学术委员会名单

主　　任：刘　伟

副 主 任：王利明　吴晓球　杨慧林　解思深　张雷声　韩大元

秘 书 长：段成荣

副秘书长：杜小勇　严金明　刘凤良　龙永红

委员（以姓氏笔画为序）：

王　易　王　轶　王子今　王化成　王国刚　毛基业　孔祥智　冯仕政　冯惠玲　朱信凯
庄毓敏　刘小枫　刘元春　刘守英　刘复兴　李　泉　李志平　李树旺　李桂荣　杨开峰
杨光斌　杨瑞龙　谷克鉴　陈　红　陈　岳　郑志勇　郑新业　孟秀祥　赵彦云　郝立新
胡百精　秦　宣　郭英剑　黄华三　黄兴涛　曾湘泉　靳　诺

（三）主要工作

1. 建立组织体系

第十二届学术委员会建立了“学校—学部—学院（系）”三级组织架构，如下图所示。各级学术委员会坚持党的领导，贯彻学术民主，委员的组成充分体现了广泛代表性和学科平衡性。

中国人民大学学术委员会组织结构图

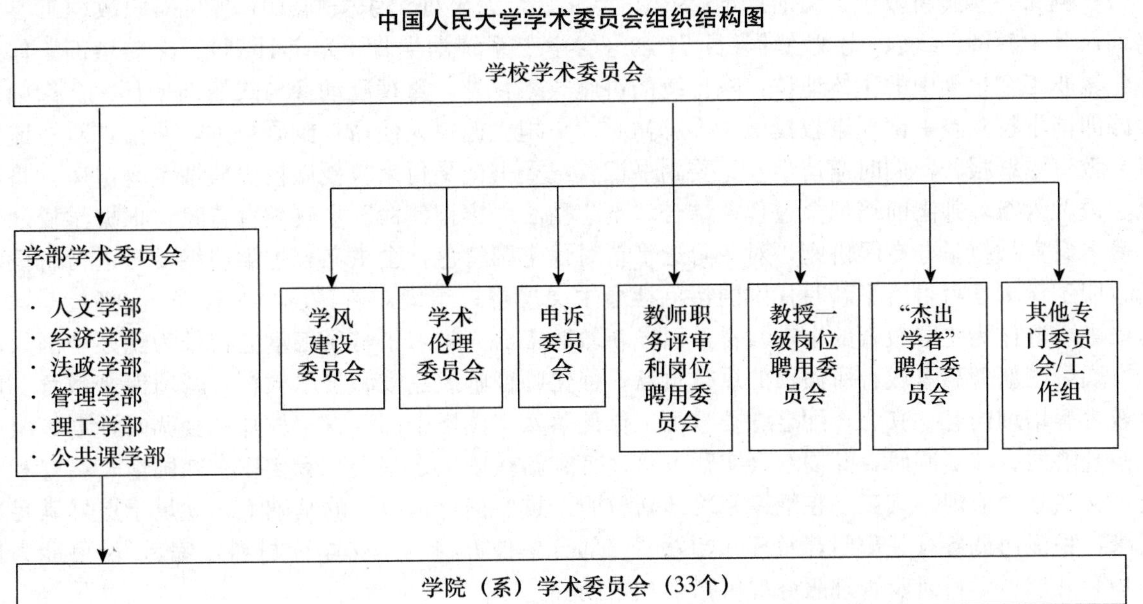


2. 健全制度设计

学校学术委员会高度重视制度建设工作，先后出台了《中国人民大学学术委员会章程（修订）》、

《中国人民大学学术委员会工作细则（试行）》和《中国人民大学教师职务评审和岗位聘用工作实施细则（试行）》等文件，系统规范了工作程序，明确了学术事务和行政事务的界限，维护了学术委员会的公正与权威。

3. 积极履行职责

2019 年，学校首次在学术委员会体系下完成了 2019 年教师职务评审与岗位聘用工作，学术委员会组织的公平性与程序的规范性得到一致好评。在全体会议闭会期间，学校学术委员会召开主任办公会、专门小组会议等，审议学术委员会工作细则、2021 年高考改革试点省份招生专业（类）选考科目方案、思政课教师发表理论文章级别认定方案以及新设人工智能专业等重大议题，充分发挥了学术委员会决策、审议、评定和咨询的职权，为学校学术治理与建设做出了积极贡献。

## 六、教职工培训

（一）继续组织实施第九期新教师助教项目并开展第八期新教师助教制度项目总结

6 月，人事处会同教务处、教师教学发展中心共同下发《关于组织开展第八期新教师助教制度项目总结暨实施第九期新教师助教制度项目的通知》，组织 2018 年 9 月至 2019 年 8 月底新入职的 54 名教师参加新教师助教制度项目，并认真开展第八期新教师助教制度项目总结，敦促学院和教师个人落实好新教师助教制度。

（二）精心组织各类教职工发展与培训项目

坚持以培训需求为导向构建教职工开发培训体系。以需求为导向，以项目为抓手，将学校事业发展需求和教职工个人成长需求相结合，通过广泛调研，精心策划，宽专并举，继承并优化传统培训项目，开发创办新颖的教职工培训项目。2019 年共组织校内教职工培训项目 8 个，合计 207 课时，累计参训达 350 人次，覆盖全校大部分单位，培训效果获得大部分参训学员的认可，为提升教职工职业技能、岗位胜任力与综合素质起到了积极的作用。2019 年组织的教职工培训主要包括以下两类：

1. 提高岗位胜任能力培训

（1）创新并实施新教职工岗前培训。2019 年 9 月，人事处组织安排 161 名新入职教职工参加岗前培训，其中教师 74 名、党政教辅人员 87 名（含学工系统学生骨干培养计划）。岗前培训工作进一步强化教职工在培训中的主体地位，除传统的讲座式教育外，重视互动参与式培训。其一，岗前培训第一课即请学校党委书记靳诺教授做《不忘初心，勇担立德树人使命；砥砺奋进，共谱“双一流”新篇章》教育主题报告；同时邀请学校党委副书记、纪委书记吴付来教授做校史校情专题讲座，将师德师风建设融入新教师岗前培训全过程；结合“不忘初心、牢记使命”主题教育背景，根据学校领导要求，邀请秦宣教授举办专题讲座，对《习近平新时代中国特色社会主义思想学习纲要》进行解读，引导新教职工深刻学习习近平新时代中国特色社会主义思想；组织观看话剧《吴玉章》，将吴玉章老校长的崇高事迹作为主题教育的生动教材，引导新教职工深入学习了解吴玉章老校长为创办中国人民大学、发展中国新型高等教育所做出的卓越贡献；强化师德师风建设和警示教育，新增保密教育、网络安全教育等培训内容。其二，配合党委教师工作部落实“读懂中国”青年教师社会调研计划，组织新教职工赴陕西、江浙调研，开展社会实践考察，带领新教职工走基层、看变化、知国情，培育和践行社会主义核心价值观。其三，在继续完善《新教职工重要信息指南》的基础上，立足于更好满足新员工需求，积极协调各有关部门，整理并印发了《部分单位办事与工作指南材料汇编》，尽可能为新教职工顺利开展教学科研及管理服务提供指引和帮助。

（2）举办全校人事干部培训，参训人员共计 84 人。

2. 提升职业技能培训

举办提升国际交流能力系列培训。2019 年人事处继续组织第 33、34 期师资英语培训班和第 21、

22期党政教辅人员英语培训班，共51名教职工报名参加。

（三）进一步规范教职工在职攻读学位管理

2019年，学校共有27位教职工提出在职攻读学位申请并获审批同意，其中有15位考取并入学就读。学校通过召开专题宣讲会强调在职学习纪律和政策、签订在职学习合同书等形式强化在职学习管理。12月，组织2018—2019学年教职工在职学习学费减免审批工作，受理了46名本校在职学习教职工的学费减免申请，相关部门共同审核研究，做出全免、半免、不免等审批意见。

（四）开展党政教辅人员驻外工作及留学进修选拔推荐工作

2019年，根据中国教育国际交流协会、国家留学基金管理委员会及教育部等通知，开展了“自强中国”项目、青年骨干教师出国研修项目/高等教育教学法出国研修项目（LH）、联合国开发计划署实习人员遴选、国外教育调研访问学者项目、中国联合国教科文组织国际职员后备人才推荐、语言文字应用研究优秀中青年学者培训等遴选推荐工作。

## 七、专业技术职务评聘与岗位聘用工作

（一）一级岗位教授荣退及第四批荣誉一级教授增补工作

为弘扬尊师重教的传统美德，激励广大教师从事教学、科研的积极性，经学校人才工作领导小组、中共中国人民大学第十四届委员会第58次常委会议研究，决定授予赵中孚等6人“中国人民大学荣誉一级教授”称号。

根据国家相关政策要求，经中共中国人民大学第十四届委员会第57次、第58次常委会议研究决定，启动一级岗位教授荣退工作。4月，学校为陈先达、吴易风、胡乃武、周新城、张立文等5位一级岗位教授办理了退（离）休手续，并举办了隆重的荣退仪式和“中国人民大学荣誉一级教授”称号授予仪式。12月，学校继续开展了黄达、戴逸、刘大椿等3位一级岗位教授荣退工作。

（二）教师专业技术职务评审与岗位聘用工作

2019年教师职务评审和岗位聘用工作继续贯彻“重岗位、重水平、重贡献”的指导思想，坚持师德一票否决制，注重人才培养的政策导向、注重科研水平的质量导向、注重不拘一格的选拔人才导向，统筹教师个人发展和学科整体发展、统筹面上激励和拔尖人才激励、统筹评审权限下移和学校总体把控，优化队伍整体布局。结合学校学科发展和教师队伍规划，全面适用新的教师职务任职条件和教师岗位聘用办法；构建新体制，更加突显学术委员会的学术治理核心地位，由各级学术委员会取代原各级教师职务评审和岗位聘用委员会职能，负责评议、表决教师职务评审和岗位聘用申报人；突出教学业绩导向，注意教学为主型教师职业发展；充分体现对青年教师的激励作用。在充分调研、沟通，认真审核、校验，严格各级各类评审的基础上，顺利完成2019年职评岗聘工作。

2019年学校学术委员会共评聘通过校本部各级教师职务176人，其中教授64人（本校晋升48人），智库研究员2人（含代评1人），副教授66人（本校晋升50人）；审议通过各级教师岗位98人，其中教授二级岗位12人，教授二级岗位认定1人，智库研究员二级岗位1人，教授三级岗位19人，副教授一级岗位26人，副教授二级岗位16人。

6月，教育部教师工作司委托中国高等教育学会对学校开展高校教师职称评审监管工作，来校专家组对学校教师职称评审工作整体给予了肯定。

（三）教师以外专业技术职务评审和岗位聘用工作

2019年，教师以外专业技术职务评审和岗位聘用工作继续贯彻“重岗位、重水平、重贡献”的指导思想，突出业绩和贡献导向。为落实全国思想政治工作会议精神，加强辅导员队伍建设，对思想政治教育系列单列计划、单设标准，单独评审，向一线辅导员倾斜，专职辅导员可参评思想政治教育系列中、初级职务；在专业系列评议组专家安排上，也充分考虑到了加强思想政治工作的因素。

2019 年，共 70 人通过教师以外专业技术人员职务评审，其中 34 人为高级专业技术人员；100 人通过教师以外专业技术岗位聘用，其中聘用到教师以外专业技术七级及以上岗位的 28 人，占人员总数的 28%；110 人通过管理职员岗位聘用（含直接对应岗位 28 人），其中聘用到六级及以上管理职员岗位的 43 人（含直接对应岗位 28 人），占人员总数的 39%；3 人通过工勤技能岗位聘用。

## 八、考核工作

（一）教师考核工作

近年来，学校不断推进学院教学整体考核和教师个人考核相结合的教学考核方式，既发挥学院的主体作用，又强化学校的监督检查职责。2018—2019 学年，共完成全校 33 个单位和 1 793 名教师的年度教学考核，其中各单位的年度教学整体考核结果均为合格；16 人个人考核按合格计，1 人个人考核为不合格，其余教师个人考核合格。

2019 年，在科研处科研考核意见的基础上确定教师聘期考核结果，其中，38 名教师按原岗位续聘；1 名教师不考核科研工作；2 名教师按原岗位续聘至科研处延长考核期限结束，届时依据科研处考核结果，续聘、试聘或低聘；2 名教师试聘；1 名教师低聘。

（二）非教师考核工作

2019 年，学校进一步强化管理职员、教师以外专业技术人员及工勤技能人员年度考核管理工作，将学工系统学生骨干培养计划成员（工保生）、学校承担经费的非事业编制聘用人员统一纳入年度考核范围，并强调附中、附小事业编制人员及各单位自筹经费的非事业编制人员考核应纳入备案范围。参加年度考核的校本部院（系）、机关、教辅及其他单位工作的党政教辅人员（不含中层干部）共 1 139 人（不含附中、附小），其中事业编制人员 1 007 人，工保生 50 人，学校承担经费聘用人员 82 人。考核结果等级为优秀的 177 人（含工保生 6 人、学校承担经费聘用 2 人），良好 952 人，合格 7 人，不合格 3 人。

2019 年，学校对 2019 年聘期到期教师以外专业技术人员进行聘期科研考核，实际参加考核 171 人，其中副高级及以上 93 人、中级及以下 78 人，考核结果合格的 146 人。

2019 年，学校对 2019 年聘期到期管理职员、工勤技能人员进行岗位聘期考核。参加考核的管理职员 106 人，考核结果优秀的 19 人、合格的 87 人；参加考核的工勤技能人员 8 人，考核结果合格的 8 人。

## 九、薪酬、保险和福利工作

（一）持续推动绩效工资改革走向深入

2019 年，配合“双一流”建设，学校持续推进绩效工资改革，稳步提高教职工收入水平。

制度建设方面，2019 年学校出台与绩效工资有关的两项重要文件，加强薪酬管理的规范性。9 月，在广泛征求意见的基础上，学校出台《中国人民大学教职工考勤及请假管理办法》；11 月，在原试行文件基础上，结合学校绩效工资改革实际情况，经绩效工资改革工作小组数次讨论并广泛征求意见，出台《中国人民大学绩效工资实施办法》。

收入水平调整方面，2019 年学校继续加大投入力度，稳步提升教职工收入水平。4 月，绩效工资改革工作小组按照学校财经工作小组指示，根据学校经费安排，研究调整绩效工资分配方案；11 月，经绩效工资改革工作小组反复研究、讨论、修改，经学校批准，形成教师奖励性绩效（含本科教学、研究生培养、科研、社会服务）、非教师奖励性绩效和机关工作人员机关酬金调整方案。调整方案稳步提升教职工收入水平，突出优劳优酬，配合学校“双一流”建设，充分发挥薪酬“事业发展指挥棒”作用。

（二）稳步推进养老保险改革各项工作

2019年，中央国家机关事业单位养老保险改革步伐加快，着力解决改革中的重点、难点问题。在社会保险日常管理经办工作的基础上，学校严格按照上级部门要求，从教职工切身利益出发，先后完成了准备期基础信息确认、上报养老保险转移接续情况摸底、上报在京参加企保人员信息、补充采集历年缴费工资明细项目、准备期职业年金归集、养老保险待遇调整、退休中人信息数据核对修改、外籍（港澳台）人员参加失业保险和工伤保险等8项重要工作，采集、修改16万余条数据信息，夯实准确计算新办法养老保险待遇的基础，持续推进学校社会保险管理工作。

11月，学校决定成立中国人民大学社会保险管理中心，为社会保险管理经办工作提供有力的机构和人员保障，有助于统筹解决改革进程中的各类具体问题，提高管理规范化和专业化水平。

2019年，学校共为113位教职工办理退休待遇申领，在央保中心办理增员148人，减员65人，定期待遇暂停66人，修改信息14人，发放《致退休人员的一封信》2 517份。

（三）继续做好北京市社会保险工作

2019年，学校共为319名事业编制教职工办理北京市失业保险、工伤保险增减员，其中增员223人，减员96人，并为114名教职工办理失业、工伤保险费补缴；全年共为59人办理保险信息修改，为4名E岗位教师办理保险待遇申领手续，为5人开具养老保险参保缴费凭证，为3人办理养老保险关系转移接续，为2名发生事故教职工办理工伤认定与补偿事宜，为1名在职死亡教职工办理暂停参保手续。

（四）做好离退休人员校内待遇发放工作

截至2019年底，学校有离休人员226人，全年共发放离休人员离休费4 200余万元，防暑降温费5.7万元，增发生活补贴100余万元。2019年1月为252名离休人员增发生活补贴，为21名1945年10月前参加工作的离休人员发放高龄医护补贴，6月为239名离休人员发放防暑降温费，11月为221名90岁以上离退休人员发放重阳节慰问金。

（五）继续做好教职工福利工作

2019年，学校共为985名教职工发放子女医疗统筹款185 180元，为43名教职工发放困难补助128 500元，全年共为98名教职工完成探亲路费的审核报销，为8位享受高干医疗服务待遇人员新办医疗证或变更信息，为63名去世教职工核发丧葬费及一次性抚恤金。

## 十、教职工出国（境）

2019年，学校共为教职工办理因公出国（境）政审约1 100人次，涉及36个基层单位。从派出教师所在学院（系）的分布情况看，派出人员较多的学院有法学院、财政金融学院、经济学院、商学院、国际关系学院、公共管理学院等。

## 十一、人事调配工作

为适应国家机关事业单位养老保险制度改革，进一步规范教职工退休管理工作，修订出台《中国人民大学教职工退休管理办法》。积极落实《关于为退休教职工举办荣退仪式的通知》，做好荣退工作。3月召开一级岗位教授荣休恳谈会；4月举办一级岗位教授荣退暨第四批荣誉一级教授称号授予仪式；9月举办第三次校级荣退仪式；开展荣退工作调研，召开荣退专题会，专题研究荣退工作中的财务报销、办公用房等事宜。

## 十二、人事档案管理工作

实施档案数字化建设，提高人事档案管理的科学化、信息化、规范化。干部人事档案数字化建设（一期）项目，完成约1 200册干部人事档案数字资源加工工作和干部档案管理信息系统建设工作。11月启动干部人事档案数字化建设（二期）项目，计划完成约2 500册干部人事档案数字资源加工工作，满足在线查阅全校干部人事档案的服务需求。

截至2019年底，人事处管理事业编制在职教职工人事档案3 694册、博士后人员人事档案116册。

## 十三、博士后工作

2019年，学校博士后工作密切关注国家博士后制度改革导向，围绕学校人才队伍建设中心工作，主动适应新常态下博士后工作新要求，坚持引才与育才并重，政策落实与研究分析并重，改革创新与稳定发展并重，进一步完善博士后工作管理体制，不断提高博士后培养质量，提升博士后工作服务水平。2019年完成的主要工作包括：

（一）学校新增2个博士后科研流动站，实现一级学科博士点全覆盖

2019年，人力资源和社会保障部、全国博士后管委会联合发布了《关于批准新设湖南大学哲学等339个博士后科研流动站的通知》，学校外国语言文学和数学2个一级学科均获通过，对助推两个学科的进一步发展提供新的平台和契机。到2019年底，学校博士后科研流动站数量已增至21个，分别是哲学、理论经济学、应用经济学、法学、社会学、中国史、工商管理、中国语言文学、政治学、新闻传播学、计算机科学与技术、农林经济管理、公共管理、图书馆、情报与档案管理、马克思主义理论、考古学、世界史、统计学、物理学、外国语言文学、数学，覆盖了学校所有的一级学科博士点。

（二）探索实施博士后分类管理，优化博士后工作思路和管理模式

1. 完善博士后进出站工作。2019年，学校继续坚持“两个优先”的招收导向，即优先保证重点研究基地、创新团队、重点实验室、承担“智库”建设的研究机构招收博士后，优先保证国家级人才项目入选者、重大及重点课题主持人招收博士后，将博士后招收与学校高端人才、团队和优势资源平台对接，严把招收入口关。根据《中国人民大学博士后工作实施细则》及《中国人民大学博士后进出站评议议事规则》等文件规定，2019年共招收博士后66人，其中流动站自主招收48人，工作站联合招收18人；按照学科领域划分，社会科学领域60人，自然科学领域6人；在性别结构上，男性40人，女性26人。招收的博士后平均年龄30.5岁。同时，2019年累计为74人办理出站和退站手续。

2. 优化在站博士后人员结构。学校继续实施一年两批次的招收政策，严格按照国家政策要求控制超龄、在职人员进站比例，优化博士后年龄结构和学科分布，确保博士后招收与培养质量紧密契合国家和学校发展需要。截至2019年底，学校共有在站博士后244人，其中流动站自主招收179人，工作站联合招收65人；按照学科领域划分，社会科学领域236人，自然科学领域8人；在性别结构上，男性128人，女性116人。

3. 探索师资博士后管理制度创新。2019年，学校拟订《中国人民大学师资博士后管理办法》，在学校14个“双一流”学科全面推行师资博士后制度。上述单位拟作为讲师引进的博士，除符合“中国人民大学杰出学者”引进条件的候选人之外，须统一从事为期2～3年的师资博士后研究。在站期间，师资博士后除享受学校讲师岗位全额薪酬外，还将享受额外提供的博士后津、补贴，在公寓入住和项目申报上享有优先权，并可以根据中期考核结果弹性化选择在站周期和出站去向，以此彰显博士后制度在师资选留和培养方面的特殊优势。到2019年底，学校累计招收59位师资博士后，其中60%毕业于海外一流高校，出站留校比例约为73%，在助力学校师资队伍建设方面发挥了重要作用。

（三）积极组织博士后科学基金、专项资助申报，加强政策宣传与过程管理

学校高度重视博士后科学基金在助力人才培养、推动博士后产出更高水平科研成果等方面的积极作用，积极组织申报工作，提升申报质量、扩大入选数量。同时，搭建博士后国际交流平台，积极组织博士后申报国际交流计划，鼓励博士后赴海外参加国际会议或合作研究，加强与海外高水平院校、科研机构和企业的交流互鉴，促进人才资源合理有序流动。

根据博士后科学基金会申报工作要求，经过博士后个人申请、学院（系）审核、学校遴选上报，2019 年共有 29 位博士后获得博士后科学基金面上资助，2 位博士后获得博士后科学基金特别资助，另有 3 位博士后分别入选国际交流计划引进项目、派出项目、学术交流项目。此外，2019 年学校有 4 位博士后获得国家社会科学基金资助，5 位博士后获得国家自然科学基金资助，1 位博士后获得教育部人文社科项目资助。

（四）稳步推进联合培养博士后工作，规范管理、深化合作、提高培养质量

2019 年，学校继续贯彻执行《博士后科研工作站设站单位申请与我校联合招收博士后工作管理办法（暂行）》，在合作标准、合作期限、合作费用、组织实施等方面严格按照新规定执行，提高联合博士后培养质量，切实服务于学校学科建设、教学科研、人才培养及人才队伍建设中心工作，充分发挥学校社会服务职能。学校稳步推进联合培养博士后工作，规范管理、深化合作，与中国宏观经济研究院等 3 家单位建立合作关系。截至 2019 年底，与学校建立合作关系的企事业单位累计 85 家，累计招收企业博士后 360 人。

（五）认真完成全国博管办统一部署工作，提高博士后工作整体水平

学校根据国家博士后制度改革精神，积极推进博士后相关工作配套的“软”“硬”环境建设，继续认真做好博士后开题、中期考核、职称申报、进出站管理等各项日常工作。此外，学校还协助北京博士后联谊会组织第 30 届理事会理事换届工作；积极参与博士后趣味运动会，荣获“2019 年北京博士后趣味运动会优秀组织奖”；协助中国博士后科学基金会完成第 12 批特别资助专家评审会、博士后国际交流计划引进项目评审会专家工作；参加第二十届全国高校博士后管理工作研究会年会、中国博士后科学基金业务培训班。

学校贯彻落实《国务院办公厅关于改革完善博士后制度的意见》，调整博士后科研流动站工作重心和管理模式，按照“加强博士后管理，提高博士后培养质量，提高博士后资源使用效益”的工作重点，深入拓展博士后科研流动站职能，助推科研博士后管理多元化，努力将博士后科研流动站建设成为汇聚高端人才的平台、培养优秀师资的蓄水池。

## 附录

### 2019 年中国人民大学教职工增员情况表

| | 类别 |
|---|---|
| 增员的系列分布 | 教学科研人员 143 人（含新增享受国家资助指标博士后 38 人） |
| | 党政教辅 40 人 |
| | 工勤人员 0 人 |
| | 中小学、幼教 15 人 |

续表

| | 类别 |
|---|---|
| 增员的学历分布 | 博士研究生学历 122 人 |
| | 硕士研究生学历 71 人 |
| | 本科学历 5 人 |
| | 专科学历 0 人 |
| | 专科以下学历 0 人 |
| 增员的来源分布 | 选留毕业生 54 人 |
| | 其中：外校 26 人 |
| | 其中：获博士学位 7 人 |
| | 获硕士学位 46 人 |
| | 博士后入站 38 人 |
| | 调入 106 人 |

## 2019 年中国人民大学教职工减员情况表

| | 类别 |
|---|---|
| 减员的类别分布 | 离退休 121 人 |
| | 调出校外 50 人（含享受国家资助指标博士后出站 25 人） |
| | 辞职、辞退、自动离职、开除 5 人 |
| | 在职死亡 5 人 |

## 2019 年中国人民大学博士后科研流动站名单

| 序号 | 博士后科研流动站名称 |
|---|---|
| 1 | 法学 |
| 2 | 理论经济学 |
| 3 | 应用经济学 |
| 4 | 工商管理 |
| 5 | 社会学 |
| 6 | 中国史 |
| 7 | 哲学 |
| 8 | 中国语言文学 |

续表

| 序号 | 博士后科研流动站名称 |
|---|---|
| 9 | 政治学 |
| 10 | 新闻传播学 |
| 11 | 农林经济管理 |
| 12 | 公共管理 |
| 13 | 计算机科学与技术 |
| 14 | 图书馆、情报与档案管理 |
| 15 | 马克思主义理论 |
| 16 | 世界史 |
| 17 | 考古学 |
| 18 | 统计学 |
| 19 | 物理学 |
| 20 | 外国语言文学 |
| 21 | 数学 |

## ■ 资产管理工作

### 一、国有资产管理工作

（一）完善国有资产管理制度体系

2019年，经学校审议并印发实施《中国人民大学国有资产权属证书管理办法》《中国人民大学企业国有资产评估项目备案管理办法》，学校国有资产管理制度体系进一步完善。

（二）房屋出租规范整改工作

1月以来，国有资产管理办公室会同学校督查办公室、资产与后勤管理处积极推进房屋出租出借整改工作，继续加大房屋出租出借清理规范力度，图联公司、大学出版协会完成清理腾退，联通公司也已基本达成意向，仅剩邮局需进一步努力。在完善学校房屋资源委托管理方面，起草《中国人民大学经营性房屋资产委托管理协议书》，并与后勤集团就文本内容达成初步意向；在整改文化科技园与部分租户签订合同不规范方面，多次督促文化科技园与相关租户进行沟通、谈判，并进一步规范管理。

（三）摸清家底，积极开展资产清查核实工作

根据教育部要求在全校范围内开展了对行政事业单位资产的进一步清查核实工作，4月将核实结果上报教育部。

（四）整合资源，完成苏州校区资产回购工作

根据学校决策意见，积极与资产转让方苏州教投公司沟通，圆满完成协议签署、款项支付、资产交接、资产预报增、不动产过户等关键工作，完成不动产过户全部手续。

（五）拈花寺腾退移交工作

继续积极协调推进拈花寺腾退移交工作，进展显著。移交涉及的各项腾退工作已基本完成，7月

最后一名租户已腾退，市佛协也已实现对拈花寺区域的整体接收和管理，完全具备拈花寺整体移交的条件，国有资产管理办公室将继续跟进完成拈花寺腾退移交收尾工作。

（六）国资管理信息化建设

完成全校资产管理系统的全面部署、上线运行及该系统三期的升级任务，基本完成验收。

（七）两厦委托经营管理指标核定及考核

对文化科技园公司2017年度的经营指标完成情况进行了考核，并与文化科技园公司及财务处就指标完成情况进行确认；启动2018年度经营管理指标核定工作，基本完成经营指标的初步核算；启动文化大厦和兴发大厦委托经营管理指标核定工作，基本完成2018年度经营指标的初步核算。

（八）积极落实和推动校属企业改革工作

根据中央深改委意见精神及教育部关于直属高校所属企业改革剥离工作整体部署，学校作为非试点高校，已按期完成前期准备工作。2019年1月完成校属企业摸底调查（校内自查）数据审核与汇总，建立企业情况清单；4月聘请社会中介机构对自查情况进一步核查确认；5月完成校属企业摸底调查工作报告及企业改革意向，上报教育部。与此同时，推动学校成立校企改革领导小组及其办公室，建立相关工作领导和执行机构，为后续改革工作全面铺开做好准备。截至2019年底，学校下属二级企业已基本完成企业自身体制改革论证报告。

（九）完成资产公司2018年度经营业绩指标考核及2019年经营业绩指标核定工作

完成资产公司2018年经营业绩指标考核评价工作，以考核结果为依据确定资产公司企业负责人的薪酬水平，加强对资产公司及下属企业的薪酬管理工作。以资产公司前3年经营水平为依据，测算其2019年经营业绩考核指标，并上报学校批准。

（十）北戴河学术交流中心改革

根据教育部及北戴河地区培训疗养机构改革工作组办公室要求，国有资产管理办公室积极联系相关部门，根据学校改革意见向教育部上报学校北戴河学术交流中心改革意向。

除上述重点工作外，国有资产管理办公室积极开展学校国有资产管理委员会及国有资产管理办公室网站升级改版以及日常更新维护工作，完成事业资产与企业资产日常管理工作。

## 二、房地产管理工作

（一）房屋资源清查工作

2019年，完成中关村校区首批周转住房清理规范工作并取得重要阶段性成果，陆续启动中关村校区剩余117套周转住房清理规范工作，完成《周转住房清理规范工作典型案例汇编》并得到学校领导肯定，法律诉讼工作也取得重要进展。截至2019年底，列入中关村校区周转住房清理规范范围的319套周转住房，已完成清理规范235套（其中通过协商沟通收回169套，诉讼调解收回9套，协议规范44套，达成一致等办理手续13套），占台账总数的73.67%；引进人才周转住房清理规范工作，全年共腾退收回周转住房15套（含清房台账内11套）、协议规范19套（含清房台账内15套）。根据学校房屋资源清查工作整体部署，2019年6月正式启动中关村校区以外产权住房清理规范工作，完成人大北路一号院产权住宅数据比对271套、老校区产权住宅数据比对151套。

（二）落实和完善公用房管理制度工作

1. 落实管理制度修订

为推进落实《中国人民大学公用房管理办法》，在反复研究测算、调研座谈、多轮修订基础上，正式发布《中国人民大学实验用房管理实施细则（试行）》及《中国人民大学公用房资源共享暂行办法》。

2. 开展2019年公用房定额核算工作

在2018年专题调研、多次反复交流的基础上，积极落实2019年公用房定额核算工作。再次赴部分未与学校就超额处理方案达成一致的学院（系）进行调研，并通过多种方式与相关学院（系）进行多次沟通。配套出台《中国人民大学公用房资源共享暂行办法》，在此基础上，完成全校各院（系）2019 年定额面积及应缴纳的房屋资源使用费核算工作。

3. 推动公用房资源共享工作

在正式发布《中国人民大学公用房资源共享暂行办法》的基础上，正式启动公用房资源共享试运行，通过信息化共享平台建设，支持和鼓励各单位共享会议室、讲堂、报告厅等公用房资源。教学科研单位公用房资源共享以自愿为原则，仍由原单位自主管理，各单位按需借用。共享与学校公用房定额测算和收费结合，可相应核减该单位超标面积。管理服务单位会议室原则上均应实施公用房资源共享，在非工作时间向所有校内单位开放共享。

4. 加强公用房日常管理

2019 年，学校进一步完善公用房的管理方式，加强公用房统一管理，在对中关村校区现有房屋状况及各院系、部处用房需求等情况进行调研和测算的基础上，推进落实学校各单位公用房调整工作，为信息技术中心、应用经济学院等单位调整分配办公用房 30 余件次，同时配合学校房屋资源清查工作，收回环境学院、老教协、哲学院等单位在家属区和红楼的办公用房，对部分单位的办公用房做另行调整安排。

（三）东南区规划利用及中关村校区公用房调整

学校于 2018 年起启动东南区规划利用及中关村校区公用房调整工作。以东南区建筑建成投入使用为契机，坚持“以教师为中心，以学生为中心”为宗旨，以服务教学科研需要为导向，研究拟定东南区规划利用及中关村校区公用房调整使用建议方案，明晰校园功能区划，调整办公空间布局，集中整合配置资源，优化公用房使用结构，完善制度机制流程，提高公用房使用效率，提高服务师生意识，改善师生用房条件，形成布局明晰、功能合理、相对集中的校园布局，促进学校教育事业发展。

在大量测算、多方调研、反复论证修改的基础上，6 月，经学校专题会研究，原则同意《东南区规划利用及中关村校区公用房调整使用建议方案》。7 月，鉴于国内学生公寓紧缺，学校决定将原方案中拟设置为留学生公寓的学生宿舍楼调整为国内学生公寓。11 月，学校召开东南区规划利用及中关村校区公用房调整使用动员大会，部署相关工作。

（四）加强周转住房管理

2019 年，安排租住、续租引进人才周转住房共 95 人，其他用房共 81 人；安排入住博士后公寓共 20 人，入住学员宿舍（进修访学教师等）共 60 人；办理引进人才校外租房房租报销共 35 人次。

持续推进周转住房规范管理工作，发放腾退、续租告知书 292 人次，制作安装 149 个周转住房专用标识，为 21 套周转住房更换安装智能门锁。

为提升服务水平和工作效率，调整简化引进人才周转住房和校外租房房租报销申请的审核程序，优化了周转住房购电工作流程，上线周转住房管理系统；同时对周转住房相关档案资料整理扫描归档 4 501 份，并按照“一房一档”要求，创建整理 1 012 份房屋档案。

开展并加强各类周转住房日常巡查工作，共巡查房源 555 套次。

（五）发放国家住房补贴

按国家有关规定向 2 850 名教职工发放住房补贴共计 3 830 余万元。

（六）加强人防设施管理

根据北京市和学校要求，积极进行房屋、人防及地下室安全管理，加强房屋安全巡查、校园安全隐患排查，整改地下空间存在的安全隐患。落实人防及地下空间的使用备案登记制度，落实安全责任制。

## 三、设备资产管理工作

（一）保障学校设备家具类资产管理工作顺利交接和开展

7月，经中共中国人民大学第十四届委员会第76次常委会议研究决定：原实验室建设与设备管理处负责的设备家具类固定资产管理职能调整到资产与后勤管理处。资产与后勤管理处克服种种困难，边交接、边梳理，确保职能调整平稳过渡，为学校教学科研工作做好服务保障，保证资产管理工作的顺利稳步推进。据统计，学校2019年新增资产共计28 216台件，资产原值总额约1.98亿元，仅下半年新增资产达18 048台件，总额约1.45亿元。

（二）梳理管理机制，优化管理审批流程

在设备家具类资产业务办理流程方面，资产与后勤管理处进行了全面梳理，实现线上报增审批材料的简化，增设报增资产的二级审批流程，取消报增单位负责人签字等非报增业务审核环节。在业务权限管理方面，向校内资产使用人全面开放报增和名下资产查询权限，增设每个单位资产管理员的审批权限，落实二级部门资产管理员的管理职责。

（三）推进设备家具类资产管理系统信息化建设

资产与后勤管理处积极推进“中国人民大学设备家具资产信息管理系统”优化升级。完善整合相关信息库，保证资产数据准确安全；优化审核流程，实现核心环节把控、业务记录留痕、信息数据可查，流转周期大大缩短，工作效率显著提高；在综合服务中心和明德楼增设两台自助打印机，实现条码打印自助服务。

# 附录

## 2019年中国人民大学房屋、土地汇总表

### 2019年中国人民大学房屋基本情况汇总表（按用途划分）

| 房屋用途 | 房屋名称 | 面积（平方米） |
|---|---|---|
| 一、教学及辅助用房 | | 292 953.29 |
| 教室 | 求是楼（教室） | 58 053.23 |
| | 公共教学一楼 | |
| | 公共教学二楼 | |
| | 公共教学三楼 | |
| | 信息楼（教室） | |
| | 明德楼（教室） | |
| | 国学馆（教室） | |
| | 艺术学院/博物馆楼 | |
| 图书馆 | 藏书馆 | 39 735.66 |
| | 明德楼（资料室） | |
| | 西北区食堂楼上（资料室） | |
| | 艺术学院/博物馆楼（资料室） | |
| | 新图书馆 | |

续表

| 房屋用途 | 房屋名称 | 面积（平方米） |
| --- | --- | --- |
| 实验室及附属用房 | 体育部楼（实验室） | 57 941.55 |
| | 科研楼 A 座（教师工作室） | |
| | 理工楼及其配楼（教师工作室） | |
| | 理工楼及其配楼（实验室） | |
| | 明德楼（教师工作室） | |
| | 明德楼（实验室） | |
| | 求是楼（教师工作室） | |
| | 求是楼（实验室） | |
| | 人文楼（教师工作室） | |
| | 人文楼（实验室） | |
| | 西北区食堂楼上（教师工作室） | |
| | 环境学院（实验室） | |
| | 艺术学院/博物馆楼（教师工作室） | |
| | 信息楼（教师工作室） | |
| | 信息楼（实验室） | |
| | 校友之家（实验室） | |
| | 游泳馆及附属用房（教学 6 楼实验室） | |
| 专用科研用房 | 汇贤大厦 C 座（教室） | 102 509.78 |
| | 汇贤大厦 C 座（食堂） | |
| | 汇贤大厦 C 座（生活福利及其他） | |
| | 汇贤大厦 C 座（行政办公） | |
| | 汇贤大厦 C 座（学生宿舍） | |
| | 汇贤大厦 D 座（教室） | |
| | 汇贤大厦 D 座（生活福利及其他） | |
| | 信息楼东配楼（金桥） | |
| | 信息楼东配楼（中大英才教育咨询中心） | |
| | 文化大厦（科研） | |
| | 兴发大厦 | |
| 体育馆 | 世纪馆 | 21 024.20 |
| | 体育馆 | |
| 会堂 | 八百人大教室 | 13 688.87 |
| | 八百人大教室（第三会议室） | |
| | 明德楼（会堂） | |
| | 科研楼（逸夫会议中心） | |

续表

| 房屋用途 | 房屋名称 | 面积（平方米） |
| --- | --- | --- |
| 二、行政办公用房 | 东风2楼（行政办公） | 127 753.39 |
| | 体育部楼（行政办公） | |
| | 科研楼A座（行政办公） | |
| | 科研楼B座（行政办公） | |
| | 理工楼及其配楼（行政办公） | |
| | 明德楼（办公） | |
| | 求是楼（办公） | |
| | 人文楼（办公） | |
| | 西北区食堂楼上（办公） | |
| | 汇贤大厦D座（办公） | |
| | 环境学院（行政办公） | |
| | 艺术学院/博物馆楼（行政办公） | |
| | 信息楼（行政办公） | |
| | 校友之家（行政办公） | |
| | 游泳馆及附属用房（教学6楼行政办公） | |
| | 国学馆（办公） | |
| | 海淀教学楼（北园） | |
| | 海淀科技楼 | |
| 三、生活用房 | | 323 801.66 |
| 学生宿舍 | 东风1楼（留学生1楼）（学生宿舍） | 202 746.76 |
| | 东风6楼（学2楼） | |
| | 东风7楼（学1楼） | |
| | 东风2楼（学生宿舍） | |
| | 红1楼 | |
| | 红1楼加建 | |
| | 红2楼 | |
| | 红2楼加建 | |
| | 红3楼 | |
| | 红3楼东加建 | |
| | 红3楼加建 | |
| | 留学生2楼（原二招） | |
| | 留学生3楼（原离退休工作处） | |
| | 培训01楼 | |
| | 品园2楼（学8楼） | |
| | 品园3楼（研1楼） | |
| | 品园4楼（研2楼） | |
| | 品园5楼（研3楼） | |
| | 品园6楼（学生宿舍） | |
| | 西北区学生公寓A栋（学生宿舍） | |
| | 西北区学生公寓B—E栋 | |
| | 品园1楼（学9楼） | |
| | 海淀音乐楼 | |
| | 海淀综合楼 | |
| | 北园5楼 | |

续表

| 房屋用途 | 房屋名称 | 面积（平方米） |
| --- | --- | --- |
| 学生食堂 | 东风 1 楼（留学生 1 楼）（韩日餐厅） | 23 853.40 |
| | 东风 1 楼（留学生 1 楼）（留学生餐厅） | |
| | 东区食堂 | |
| | 集天小吃（南区食堂） | |
| | 京港连线快餐厅 | |
| | 南区食堂（八百碗） | |
| | 西北区食堂 | |
| | 西区食堂 | |
| | 中区食堂 | |
| 教工集体宿舍 | 青年公寓 | 20 000 |
| 生活福利及其他附属用房 | 校内生活福利配套用房 | 77 201.50 |
| | 张自忠路铁一号生活福利配套用房 | |
| | 清华东路成教院生活福利配套用房 | |
| | 文化大厦（其他） | |
| | 校外产权住宅 | |
| | 北园生活福利配套用房 | |
| 四、教工住宅 | 静园 1～22 楼 | 124 656.04 |
| | 林园 1～4 楼、12 楼 | |
| | 宜园 1～3 楼 | |
| | 南区临时工宿舍 | |
| 五、其他用房 | 中关村校区车棚 | 258 123.76 |
| | 张自忠路铁一号平房等其他用房 | |
| | 北戴河学术交流中心 | |
| | 紫藤花亭 | |
| | 天津房产 | |
| | 苏州校区房产 | |
| 合计 | | 1 127 288.14 |

注：本表数据以 2019 年决算账面数据为依据。

## 2019 年中国人民大学土地资源基本情况汇总表（按区片划分）

| 区片 | 面积（平方米） |
| --- | --- |
| 校本部（中关村大街 59 号） | 604 130.00 |
| 老校区（张自忠路 3 号） | 43 334.00 |
| 东四十条 109 号 | 4 462.00 |
| 志新村 31、38 号楼 | 702.90 |
| 清华东路甲 7 号 | 8 582.03 |
| 二里庄 1 号楼 | 696.90 |
| 芙蓉里 7 号楼 | 427.50 |
| 塔院迎春园 11 号楼 | 470.20 |
| 知春里小区 13 号楼 | 20.00 |
| 北戴河学术交流中心 | 6 741.87 |

续表

| 区片 | 面积（平方米） |
|---|---|
| 黄山环境经济教学科研基地 | 52 586.26 |
| 中关村校区北园（海淀区通慧寺1号院） | 35 577.06 |
| 海淀西北旺镇三高基地土地（一） | 10 130.65 |
| 海淀西北旺镇三高基地土地（二） | 10 513.59 |
| 苏州校区土地 | 123 007.22 |
| 合计 | 901 382.18 |

注：以上土地数据以2019年决算数据为基础，未包含原黄山学术交流中心土地面积。

# 2019年中国人民大学固定资产汇总表

**2019年中国人民大学固定资产基本情况汇总表（按类别划分）**

| 资产类别 | 期末账面数 |
|---|---|
| 总计 | — |
| （一）土地、房屋及构筑物 | — |
| 其中：1. 土地（平方米） | 0.00 |
| 2. 房屋（平方米） | 1 093 616.24 |
| 办公用房 | 127 639.46 |
| 业务用房 | 520 540.83 |
| 其他用房 | 445 435.95 |
| （二）通用设备（个、台、辆等） | 91 355 |
| （三）专用设备（个、台等） | 1 064 |
| （四）文物和陈列品（个、件等） | 373 |
| （五）图书档案（本、套等） | 182 597 |
| （六）家具、用具、装具及动植物（个、套等） | 101 713 |

数据来源：2019年度行政事业性国有资产报表。

## ■ 财务与审计工作

### ☞ 财务工作

#### 一、概况

2019年，财务部门以习近平新时代中国特色社会主义思想为指导，继续深入贯彻落实十九大历次全会和习近平在全国教育大会讲话精神，坚持依法履行财务管理职责，结合“不忘初心、牢记使命”主题教育，积极推进学校财务管理改革工作。学校经济运行总体平稳有序，为学校实现“双一流”目标，拓展办学空间，加快学科建设，提高教育质量，奠定了良好的经济基础。在国家整体财政紧缩的前提下，学校贯彻落实“过紧日子”的精神，严格遵守中央八项规定，以“厉行节约，勤俭办学”为原则，在提升管理、加强服务、严肃纪律等方面狠下功夫，重点推进政府会计制度改革，积极落实国家“放管服”政策，完善学校经济分配政策，建设内部控制体系，优化学校资源配置效率，加快财务信息化建设，加强财务队伍建设。

## 二、年度收支及预算执行情况

2019 年，学校收入总额为 532 349.43 万元，支出总额为 498 572.87 万元。总收入中，中央财政拨款 247 273.03 万元，占 46.45%；事业收入 195 290.44 万元，占 36.68%；附属单位上缴预算收入 60.18 万元，占比 0.01%；非同级财政拨款预算收入 36 495.83 万元，占比 6.86%；其他收入 53 229.96 万元，占 10%。总支出中，基本支出 377 115.46 万元，占 75.64%；项目支出 121 457.40 万元，占 24.36%。

2019 年收入预算总批复 628 589.77 万元（不含上年结转 10 618.69 万元），实际收入 532 349.43 万元，比预算批复减少 96 240.34 万元，主要是事业收入比预计有所减少；支出预算总批复 612 647.40 万元（不含结转下年 26 561.06 万元），实际支出 498 572.87 万元，比预算批复减少 114 074.53 万元，主要原因：一是原预算中包含预计在 2019 年汇算清缴的在职人员养老保险和职业年金，因中央国家机关养老保险管理中心仅通知办理了职业年金，尚未通知办理养老保险汇算清缴手续，无法列支；二是 2019 年改善基本办学条件专项、基本建设项目等实际开展进度慢于预期。

## 三、财务状况专题分析

### （一）年末财务状况分析

2019 年末，学校资产总额 1 422 867.08 万元，比上年增加 64 810.75 万元，增长 4.77%。其中，流动资产年末余额 806 881.36 万元，比上年增加 38 927.55 万元，主要原因是受当年财务收支差额影响造成货币资金变动；长期股权投资年末余额 131 967.62 万元，比上年增加 11 729.62 万元，主要为学校根据政府会计制度核算要求按照权益法确认长期股权投资的损益调整及其他权益变动金额；在建工程年末余额 142 858.52 万元，比上年增加 11 693.57 万元，主要是学校东南区综合楼（教学科研楼）基建项目支出增加在建工程 6 174.13 万元，留学生宿舍自筹基建项目支出增加在建工程 3 825.71 万元，通州新校区北区学生宿舍一期自筹基建项目支出增加在建工程 875.42 万元等。

2019 年末负债总额 131 973.33 万元，比上年减少 3 420.93 万元，减少 2.53%，其中，应付教职工薪酬减少 25 024.17 万元，主要是学校根据国家政策要求，汇算清缴了人事部门自 2014 年 10 月 1 日至 2018 年 12 月计提的职业年金。预收账款比上年增加 28 747.31 万元，主要是学校预收的科研项目经费，按政府会计制度核算要求尚未确认为收入的部分；其他应付款比上年减少 7 311.86 万元，主要是网络教育学院其他应付款比上年减少 3 863.13 万元，附属中学其他应付款减少 1 227.11 万元等。应缴税费减少 979.93 万元，受托代理负债增加 283.15 万元。2019 年末净资产总额 1 290 893.75 万元，比上年增加 68 231.68 万元，增长 5.58%，主要原因是累计盈余增加 64 514.77 万元，专用基金增加 2 997.94 万元，权益法调整增加 718.97 万元。

### （二）年度收支情况分析

1. 年度收入情况总体分析

2019 年学校获得财政拨款预算收入 247 273.03 万元，比上年增加 40 060.73 万元，增加

19.33%，主要是2019年基本拨款比上年增加36 038.59万元，中央高校改善基本办学条件经费比上年减少1 866.00万元，中央高校捐赠配比资金比上年增加1 510.00万元，中央高校管理改革等绩效拨款比上年增加1 764.00万元，基本建设经费比上年增加3 000.00万元。事业收入195 290.44万元，比上年减少28 848.52万元，减少12.87%，主要是教育事业收入下降。附属单位上缴预算收入60.18万元，比上年减少633.15万元。非同级财政拨款预算收入36 495.83万元，比上年增加769.58万元。其他预算收入53 229.96万元，比上年增加741.24万元。

2. 年度支出情况总体分析

2019年基本支出377 115.46万元，比上年增加34 838.38万元，增加10.18%；项目支出121 457.40万元，比上年增加10 924.57万元，增加9.88%。

## 四、财务管理

（一）坚决贯彻业财融合理念，积极落实政府会计改革

学校积极落实政府会计改革工作，联合相关职能部门不断落实具体工作，按照已编制完成的会计核算执行手册，进一步理顺日常业务流程，全面落实政府会计制度改革。由于学校重视、部门合力、财务跟进到位，在财政部主办的《中国会计报》（2019年8月16日）上刊登了《全力落实政府会计新制度　为“双一流建设”保驾护航》，对学校落实政府会计制度改革给予了高度肯定。5月13日，财政部会计司领导到学校调研指导政府会计制度实施情况及面临的问题和建议。

（二）献计重点专项管理，加快预算执行进度

中央财政资金预算执行工作一直是学校财务管理的重点。为了加快预算执行进度，财务部门加强日常管理，在关键时点或根据项目进展情况及时督促各专项负责人尽快办理财务手续。同时，在《中央高校建设世界一流大学（学科）和特色发展引导专项经费管理办法》印发后，为规范学校相关资金管理，提高资金使用效益，结合学校实际，起草了《中国人民大学中央高校建设世界一流大学（学科）和特色发展引导专项资金管理办法》。另外，根据《国务院关于印发推进财政资金统筹使用方案的通知》、《财政部关于盘活中央部门存量资金的通知》和《教育部关于直属高校和直属单位进一步做好盘活财政存量资金工作的通知》等文件精神，结合学校实际，制定了《中国人民大学中央财政专项预算执行管理暂行办法》。

（三）加强内控制度建设，规范资金存放行为

在按照《行政事业单位内部控制规范（试行）》《教育部直属高校经济活动内部控制指南（试行）》完成单位层面和各业务层面内部控制建设后，学校进一步深化二级单位内部控制建设，多次组织召开学校内控建设工作系列会议。启动党委组织部、研究生院、人才工作领导小组办公室、人事处、招生就业处、校团委、艺术学院、体育部、继续教育学院、幼儿园等第二批内控建设试点单位，并积极完成第一批内控建设试点单位内控缺陷整改工作。

根据《财政部关于进一步加强财政部门和预算单位资金存放管理的指导意见》和《财政部关于印发中央预算单位资金存放管理实施办法的通知》等文件规定，学校出台了《中国人民大学资金存放管理办法》，用以规范学校资金存放银行选择等工作。9月，第一次通过竞争性方式，遴选确定了捐赠账户（美元）的开户银行；11月，在北京地区部属高校中首批启动银行存款招投标制度。制度的实施建立健全了科学规范、公开透明的资金存放管理机制，规范了资金存放行为，防范了资金存放安全风险和廉政风险，提高了资金存放综合效益。

（四）推动会计信息化建设，落实财务“放管服”工作

为贯彻落实学校提出的加强学校学院（系）等基层单位财务管理工作，强化财务服务决策的职能，进一步落实学校财务“放管服”工作，规划建设财务管理综合平台，进一步改善和重构财务等相

关应用，规范管理服务流程，探索管理创新模式，推进财务系统与其他业务系统衔接进程，全面开展财务信息化建设。财务部门积极推进信息化建设，2019 年 10 月上线差旅平台，为广大师生提供预定国内外机票、火车票、住宿等出行服务。

## ☞ 审计工作

### 一、概况

2019 年，审计工作以非工程类审计、基建修缮工程审计和新校区建设工程审计为工作重点，全年共完成各类审计项目（不包括科研审签）165 项，审计资金总额 423.966 325 亿元。同时完善机制，强化审计结果运用。

### 二、主要工作

（一）以中层领导干部经济责任审计为抓手，拓展审计领域，推进审计全覆盖

完成中层领导干部经济责任审计 17 项，二级单位财务收支审计 6 项，审计资金总额 50.12 亿元，提出审计建议 77 条，涉及被审计单位贯彻落实“三重一大”制度情况、内部控制制度建设与执行、规范财务及固定资产管理、防范风险、提高资金使用效益等方面的内容。完成学校 2017 年预算管理审计，审计资金 368.284 325 亿元，提出审计建议 4 条，开展学校 2018 年预算管理审计。

拓展审计领域，深入开展专项审计。完成学校 2018 年经济活动风险评估，开展学校 2019 年经济活动风险评估工作。完成国家重大政策落实情况的跟踪审计、学校教育基金会专项审计工作，开展审计整改情况后续审计、国有资产管理审计、校园卡管理情况专项审计、国家关于贫困生资助政策的落实情况跟踪审计等。完成科研审签 103 项，合计金额 1 819.85 万元，并根据教育部社科司要求，对学校 2014 年获得资助的“文化名家暨‘四个一批’人才”自主选题的 7 个项目进行结项审计，出具审计意见。

（二）加强基建、修缮工程审计，注重绩效，拓展新校区建设工程审计

完成各类工程审计共 128 项，审计资金 29 408 万元。其中基建、修缮工程竣工结算审计 126 项，累计审核资金 10 937 万元，审减金额 480 万元。完成工程招标控制价审计 1 项，审核资金 1 938 万元。持续深入开展东南区综合楼与留学生宿舍工程全过程跟踪审计，审核该工程资金累计 16 533 万元；审核该工程形象进度资金 10 346 万元，完成配电箱、门禁系统等 3 项设备采购招标控制价审计，共审减 369 万元。提出关于加强工程管理的审计建议 5 条。

完成新校区北区学生宿舍一期工程的委托审计咨询公司的招标及签订合同工作，完成该项目施工总承包工程及地基处理分包工程招标文件、工程量清单及招标控制价的审计工作，共审核资金 22 664 万元，出具审核意见书 7 份；审核该项目工程预付款、进度款累计 3 119 万元；完成该项目前期工程竣工结算审计 5 项，累计审核资金 79 万元。完成新校区土方清运工程招标审计，北区学生宿舍一期工程的勘察、设计、监理招标及前期临时供水、临时供电工程事后招标审计，新校区围挡广告布制作安装等工程事后招标审计，并出具招标审计报告。

（三）根据总体安排，做好内部控制监督检查工作

作为学校内部控制建设领导小组成员单位和内部控制建设监督检查小组单位，在学校内控建设中履行职责，列席相关会议并提请学校召开小组会议；开展学校 2018 年度内部控制评价工作。

(四) 其他工作

1. 开展“不忘初心、牢记使命”主题教育，结合业务工作，深化党建工作。

2. 推动学校从制度上和实务中抓好审计结果运用，通过明确职责、完善联席会议制度、审计报告当面送达制度、问题清单与整改清单对账销号等切实有效的措施，加强部门联动，强化构建学校集中统一、全面覆盖、权威高效的审计监督体系。

3. 提请召开经济责任审计联席会议，向主要校领导和相关部门汇报经济责任审计工作情况，审议2020年经济责任审计工作计划。

4. 修订完成《中国人民大学建设工程管理审计规定》《中国人民大学建设工程全过程跟踪审计实施办法》《中国人民大学建设工程竣工结算审计实施办法》。

5. 根据教育部要求和学校信息化建设统一规划部署，完成了审计管理系统和审计作业系统合一、传统和新型审计兼顾、监督与服务职能并重的全面一体化学校内部审计信息系统建设的基础工作。

## ■ 后勤工作

### 一、概况

2019年，后勤集团围绕学校“双一流”建设和发展大局，秉承“规范运行、保障民生、精致校园、创新事业”四大工作理念，以人大人对美好生活的向往为奋斗目标，积极探索，持续创新，以点滴的积累筑牢学校后勤优质服务的根基。

### 二、后勤改革

(一) 抓好巡察反馈意见整改

2018年12月，学校党委第三巡察组对后勤集团开展了为期两个月的巡察。2019年4月15日，第三巡察组召开巡察后勤集团情况反馈大会。次日集团立即召开领导班子成员民主生活会，并连续召开三次党政联席会认真研究反馈情况的整改措施，落实整改责任，制定整改方案。建立“巡察问题台账式管理”和“巡察问题落实销号制”机制，并于10月向学校党委正式递交巡察整改报告，切实将各项整改任务落实到位。

(二) 推出第二批二十五项改革服务产品

在2018年二十五项改革服务产品的基础上，推出2019年二十五项改革服务产品。

(三) 质量管理体系通过年度监督审核

2019年4月，顺利通过大物业ISO9001质量管理体系及餐饮ISO9001和ISO22000食品安全管理体系2019年监督审核。自2017年获得认证以来，后勤集团已连续两年顺利完成年审工作，整体运行状况良好。

(四) 人脸识别技术上线

人脸识别技术相继在国际文化交流中心、留学生一楼及北区三层教工食堂完成安装，学生、教职工可通过人脸识别系统完成出入或用餐结算。国内公寓所有楼宇人脸识别设备也已安装完毕。

## 三、后勤经营管理和服务保障工作

（一）完成各项大型活动后勤保障任务

1. 配合中华人民共和国成立70周年重大活动指挥部圆满完成后勤保障工作。暑期训练时段，接待活动自助餐约17 000人次，并不间断供应绿豆汤、酸梅汤；为训练师生提供凌晨洗浴服务，夜间延长浴室开放时间2～5小时；表演当天，为1 500余名“众志成城”方阵师生烹制“最早”的早餐，让师生零点吃上早餐；国庆前，在校园布置17处花坛景观，在一勺池内布置“70”样式的喷泉。

2. 完成来自30多个国家和地区的429名境外学生在国际小学期的住宿接待保障任务。

3. 完成中央和国家机关司局级干部专题研修、中央统战部第十四期爱国宗教界人士研修班、北京市青年教师基本功比赛等多项接待服务保障工作。

（二）职能部门工作

1. 行政综合管理服务规范高效。公文处理及时，处理集团所属各部门上报签报346件，上报学校签报146件，督查督办文件73件；公文处理系统处理文件1 968件次，传阅集团文件146件，打印并传阅学校红头文件486件，处理职能部门来文62件，报送主管校领导62件，报送学校职能部门94件。加强宣传工作，集团网站刊发各类信息500余条，集团官方微博发布356条微博，集团官方微信公众号推送图文信息160篇，接待校内学生媒体采访30余次。

2. 财务工作扎实稳定。完成新旧会计制度转换衔接工作，2019年1月1日起，后勤集团正式实施新的政府会计制度；完成年度财务决算工作；编制各部门考核目标完成情况分析表及2019年部门财务预算，加强执行监督；加强日常会计核算力度，制定《中国人民大学后勤集团国内差旅费管理办法》《中国人民大学后勤集团POS机收款管理办法》；加强会计复核工作，已复核原始报销单据12.5万余张；开通网上银行及POS机收款业务，有效提高结算效率，降低现金送存风险。

3. 人事工作重点明确。多种途径补充干部队伍力量，2019年选留1人、社会调入1人、公开招聘3人，招聘幼儿园保健医生、幼儿教师各1人；完成2019年职务评审和岗位聘用工作，16人通过学校的职务评审或岗位聘用；做好薪酬管理工作，推进集团不同身份人员同工同酬；加强干部梯队建设，制定《后勤集团后备管理干部培养方案》《后勤集团第一批后备管理干部培养计划》，组织第一批后备管理干部参加后勤集团党委理论学习中心组暨中层管理干部系列培训；保障员工权益，与中国国际技术智力合作有限公司合作，完成集团人事代理员工和幼儿园外聘员工的劳动关系转移变更工作。

4. 招投标管理、合同管理、采购管理、资产管理工作平稳有序。组织招投标16项，商务谈判、比价询价48项。拟稿合同65份，审核283份，转单签署集团经济合同137份、采购合同41份、维修合同5份；签署学校采购合同31份；向学校合同管理办公室备案255份，确认备案255份，准备用于报销的备案表50份。严控采购环节和成本，完成各部门日常物料采购3 041 361.43元。配合做好固定资产日常管理、汇贤大厦B座宿舍改造工程资产处置及集团2020年自筹设备及家具购置预算标准的审核及汇总工作。

5. 新版报修服务平台正式上线。4月，报修平台3.0版本正式上线。截至2019年底，已受理来自电话、互联网及现场来访的报修21 596单（电力5 006单、水暖11 851单、修缮 4 739单），总体运行良好。

6. 后勤员工福利充分保障。规范员工着装，为员工设计兼具美观、舒适与实用的工服；组织“全员大体检”活动，参检人员覆盖后勤劳务派遣人员；开展春节员工关爱行动，为春节假期留守学校的教职工和家属提供“团圆房”、给年三十值班人员发放慰问品、大年初一举办饺子宴；落实非事业编制人员就餐服务，5月，经学校研究同意，校内非事业编制人员在教工餐厅就餐享受补贴待遇，后勤集团积极跟进，将集团所有派遣员工纳入补贴范围。

（三）餐饮服务工作

1. 通过电视媒介传递人大特色美食文化。后勤集团餐饮团队应邀参加湖南卫视台《天天向上》节目录制，将具有人大特色的12道菜品带给全国观众。协助并参与拍摄北京电视台城市美食纪录片《北京味道》第二季。

2. 举办“客厨”“学厨”系列活动。“客厨RUC”第三季系列活动继续邀请来自全国各菜系的餐饮界精英来校交流。“学厨RUC”活动邀请学生走进厨房，参与餐饮制作，共同感受劳动智慧。

3. 引进法式冰淇淋店。与法国冰淇淋品牌合作，人大冰淇淋北区店于6月16日正式开业，一天最高销售量达2 000余件。

4. 与完达山乳业合作研发“咦，是奶”。与完达山乳业合作研发风味酸牛奶和纯牛奶，创作“咦，是奶”牛奶包装。与完达山公司同类产品相比，“咦，是奶”系列售价更低，既健康又实惠。

5. 推出传统节日时令美食。清明前夕，拥有7种口味的青团2.0版上线，日销量达到3 000余个，“梨视频”等媒体纷纷报道。粽子礼盒套装、软萌版校徽月饼“是饼”礼盒及传统“大团圆”礼盒应季而生。

6. 开办特色美食品鉴及展卖活动。5月22日，举办中国人民大学盱眙龙虾美食品鉴活动，为学校师生免费派发精美龙虾美食500份。为传承京味美食，于6月、10月分别组织了两期“北京老字号做客人民大学”活动，邀请张一元等9个北京老字号品牌参加展卖，并推出“古法京八件礼盒”；西区食堂推出百种特色小吃，每周五展卖自制酱肉、老北京点心等。

（四）学生公寓管理与服务

1. 推进国内学生公寓“民生”工程。继续推广文化墙项目，以“朝气蓬勃”为主题，在品园2楼进行涂鸦创作；消防设施查漏补缺，更换安全出口灯和应急灯189台，更新各类消防标识2 000余张，更新宿舍疏散图1 600张；更换烟感、声光等联动报警设备557个点位。

2. 提供优质留学生住宿服务。完成公共区域自助洗衣机清洁、灭蟑消杀、空调过滤网清洁、卫生死角清理、卫生间空气净化等工作，试点安装烘干机及晾衣杆；推进公寓“文化艺术角”建设；克服友谊路施工影响，做好垃圾清运改线、留学生投诉回复、情绪安抚及水质异常等工作；升级监控及消防系统，不定期开展入室安全检查工作；将留学生公寓1号楼4间公共自习室和活动室改造为8间双人间宿舍，缓解留学生住宿资源紧张压力。

（五）物业服务工作

1. 做好各项基础物业基础保障服务。全年修剪草坪10余次，使用预防病虫害的药液900余吨，为树木涂白防寒900余株；做好教学楼标准化管理工作，定期检查楼内设施，接待报修1 600余次，供应卫生纸900箱，利用公众号、微博发布失物招领信息，归还手机17部、笔记本电脑44台、现金4 839元；严格执行教学楼查证制度，适时开展灭蚊蝇、灭蟑及空调清洗、检修工作；做好考试服务保障工作，考试周排版试卷4 000多版，印刷35万余张；分发报纸、杂志、信件、挂号邮件160万余件，网络平台录入约3 500次，收发机要约3 400件，翻译国际信件3万余次；维修电话近80次、移机100多部、新装机近50部。

2. 做好2019年供暖、供水、供电运行保障工作。做好供暖季供热工作，于10月14日启动试水工作，正式供暖前完成管道更新和排气调压工作，供暖期间暖气维修1 000余次。保障全校师生用水，全校供水总量达170余万吨，供应生活热水9万吨，蒸汽炉耗气量76万多立方米，完成排水零修近万次。做好电力维护工作，更换辖区灯泡400余个，平灯口30余个，设施完好率及平均亮度率达98%以上。

3. 完成海淀创卫检查工作。7月起，全面配合海淀区和学校社区居委会落实“创卫”暗访迎检工作，更新垃圾桶300余个，翻盆倒罐150余处，拆除临时晾衣绳120余条，清理陈旧性垃圾40余处、卫生死角6处、建筑垃圾30余处，清除小广告1 100余张、私设摊点10余处，拆除私搭乱建

1处。

(六) 商贸资源开发与管理

6月起，后勤集团陆续完成房屋改造、冰柜及基础网络线路铺设、设备安装、商品选取等前期工作。11月12日，北园便民超市正式开业。

(七) 酒店接待、运输服务管理

1. 上线“酒店提升2.0”项目。酒店“管家宝”“工程设备”项目顺利上线；汇贤大厦大堂引入智能充电宝、电子秤及人脸识别比对仪，强化接待服务安全管理，提升入住登记手续的规范性与安全性。

2. 完成年度经营任务。汇贤大厦接待10人以上团体233个、中外宾客74 737人次，提供各类型客房服务38 702间天；贤进楼客房平均入住率68.1%。

3. 做好交通运输安全工作。全年累计提供车辆运输服务7万人次，安全行驶9万余公里；购置各类车辆10辆，为各类各种重大接待任务做好准备。

(八) 老校区工作

1. 举办老校区开学典礼。6月底，老校区开学典礼前期准备就已开始。9月11日，老校区成功举办“不忘初心”开学典礼，在时隔69年后，复原1950年学校首届开学典礼场景。

2. 举办老校区相关展览。7月至8月，在灰1楼内布置了“吴玉章生平展”“吴宝康生平展”“宋涛生平展”“1950年人民大学开学典礼展”，组织全校新生参观展览，并提供专业讲解服务。2019年，老校区接待参观、拍摄、主题教育学习等活动101批次，包括历史学院、环境学院的开学典礼，5次视频拍摄，20次党支部活动，74次班级活动，共计接待4 036人次。

3. 阶段性完成老校区消防隐患整改。接受各级领导检查19次，组织参加座谈会、专题会19次，实施排除火灾隐患整改措施45次；完成灰1楼消防检查，灰5、6楼腾空，微型消防站升级改造的整改工作；开展“居民齐心辞旧貌、楼道美化焕新颜”活动；建立人口和出租出借房屋台账；增配专职消防安全员14名，组织大型消防演练4次，义务消防队自行培训、演练40余次；配备小型消防车1辆、红外热像仪2部。

## 四、专项改造与维修工作

1. 8月，国内公寓部与酒店管理部一起努力，用时20天，完成汇贤大厦144套及静园、品园54套新增学生宿舍改造工程，解决了2019级新生住宿资源缺口问题。

2. 对知行区快递服务站改造工程进行勘察、沟通、设计及实施。

3. 完成林园12楼地下室防水项目。

## 五、节能管理工作

2019年，学校完成部分能源领域许可证的申报工作，包括中关村校区南、北区锅炉房大气排污许可证及备案许可证申报取证，中关村校区取水许可证申报取证及年度用水指标申请等。

2019年2月，经国家机关事务管理局、国家发展改革委和财务部联合评审，学校被评为全国“节约型公共机构示范单位”。

为加强节约型学校建设，学校2019年分两批完成4台小黄狗智能垃圾回收装置安装工作。

2019年，学校完成各项节能奖励资金申报工作：完成海淀区循环经济试点单位申报工作，获得海淀区发展改革委奖励资金50万元；完成2018年海淀区节能量专项奖励资金申报工作，获得海淀区节能量专项奖励资金17.167万元；完成2018年北京市节能技改奖励资金申报工作，获得北京市节能技改专项奖励资金80万元；完成2018—2019年度供暖季全季供暖补贴申报工作，领取供暖补贴

101.098 27 万元；完成 2019—2020 年度供暖季第一次供暖补贴申报工作，领取补贴 92.267 万元。

2019 年，学校按时完成学校节能目标考核及报告撰写，组织接待北京市发展改革委、北京市节水中心等单位开展的各项节能监察。同时，还完成了学校全年各类能耗统计，按月度、季度、年度进行统计汇总，完成数据分析比对，建立能耗台账。

2019 年，学校聘请第三方核查机构北京节能环保中心完成学校 2018 年碳排放核查工作，核定 2018 年二氧化碳排放量为 67 187.31 吨，并编制中国人民大学 2018 年二氧化碳排放核查报告，完成超额碳排放交易、履约工作。

## 六、后勤管理工作

（一）物业委托管理及费用结算

2019 年，学校继续委托后勤集团和北京世纪明德物业管理公司负责校园后勤保障和物业管理工作，与后勤集团结算运行经费 3 072.92 万元；与北京世纪明德物业管理有限公司结算物业费 2 444.17 万元，其中明德楼物业费 1 131.25 万元，国学馆及图书馆物业费 621.71 万元，博物馆物业费 181.21 万元，校医院物业费 157.13 万元，藏书馆物业费 86.10 万元，崇德楼物业费 73.11 万元，清华东路物业费 180.01 万元，综合服务中心物业费 13.65 万元。

（二）校园绿化更新改造

2019 年，利用暑期完成了紫藤园景观改造，求是园绿化补植、喷雾整修改造，红楼区及图书馆周边绿化补植、园路改造、绿地加装护栏等项目，绿化面积约 5 600 平方米。

（三）改善办学条件项目申报

2019 年，完成世纪馆主馆 LED 电子屏更换，品园区学生宿舍、公共教学楼设备购置，明德楼中央空调系统冷却塔设施设备更换改造，学生宿舍家具购置等改善基本办学条件项目（设备采购类）4 项，投入资金约 1 175.64 万元。

（四）依托互联网，简化审批流程

通过无纸化网上审批，完成中关村校区教学办公楼宇公共卫生间配送大卷卫生纸配送工作，共配送大卷卫生纸 4 900 箱，总计 58 800 卷。

依托微人大平台开展室外活动场地网上审批服务，共完成校园场地审批约 134 人次。

## 七、幼儿园工作

（一）西三旗幼儿园开园

后勤集团多次召开园所建设工作推进会，全面启动幼儿园文化创设工程、室内外玩教具、信息化设备等筹备工作。12 月 9 日西三旗分园进入试运行阶段，12 月 26 日正式开园，增加学位 360 个。

（二）升级改造园所设施，扩充学位

2019 年暑假期间，对海淀园现有的空间布局进行了装修改造，将原来的 14 个班级扩大到 18 个班级。

（三）卫生保健工作

班级严格做好卫生消毒工作，定期检查，随时抽查；每日晨检确保每位幼儿健康；4 岁及 6 岁幼儿按时接种疫苗，为 437 名幼儿进行大体检；在不加粮、减油肉的高标准下保证幼儿膳食营养指数达标，杜绝主食过剩，做好带量食谱。

# ■ 安全保卫和医疗保障工作

## 一、概况

2019年，在学校党委的统一领导下，在北京市委教育工委、北京市公安局、北京市消防总队等单位的监督指导下，在学校各单位的配合和支持下，保卫处（部）紧抓常规工作不松懈，切实保障国庆、两会及毕业季等重点活动的安防工作，圆满完成国庆70周年“众志成城”游行方阵保障工作，着力推动校门管控及校园交通管理系列改革，加强安全管理水平和安防技防体系建设，深入开展校园安全教育，加大内部专业化建设力度，稳步推进“十三五”时期平安校园建设提升工程各项工作任务，为学校长治久安提供坚强保障。

2019年是校医院“全面制度建设推进年”，校医院以“不忘初心、牢记使命”主题教育为引领，以巡察整改为契机，以推进制度建设为抓手，医疗、公共卫生、服务管理等各项工作稳步推进。校医院荣获了中国人民大学服务保障中华人民共和国成立70周年庆祝活动“突出贡献集体”荣誉称号、海淀医院2019年度医联体成员单位三等奖，校医院共15位同志分别获得校级优秀共产党员、优秀党支部书记、优秀党务工作者、服务保障中华人民共和国成立70周年活动先进个人、安全稳定先进个人、2017—2019年全国教育培训中国人民大学基地“优秀工作者”、学校优秀工会工作者、学校工会积极分子、海淀区卫生系统优秀护理管理工作者等个人荣誉。

## 二、治安、交通、消防安全等工作

### （一）治安工作

2019年，保卫处（部）与校内各部门积极对接，以技防为核心，在各校门处安装了16路人脸识别闸机，建设完成了校园指挥平台的升级改造项目及校内监控老旧设备更换工程。

接报各类案件44起，较2018年增加2起，其中盗窃类案件39起、打架斗殴1起、流氓滋扰4起；查破各类案件25起；抓获各类违法犯罪嫌疑人22人，其中刑事拘留8人，治安拘留10人，公安机关教育释放2人，移交学院处理2人。

接待求助师生965人次，其中协助874人查看监控录像，累计查阅录像时长约2 000小时，查看监控录像主要事由为物品遗失、自行车遗失、车辆剐蹭等。此外，针对学校不敢独自走夜路的女生、行动不便的师生，全年为师生提供夜间巡逻车护送服务180人次。

### （二）交通工作

2019年，学校继续深化校园交通管理系列改革，在全面检视交通改革落地过程中新增问题与不足之处的基础上，保卫处（部）修订了《中国人民大学整顿校园停车秩序、优化校园交通环境系列改革措施方案实施细则》，新增交通秩序管理章节，为制约校内交通违规行为提供了制度依据；制定了《中国人民大学电动自行车管理办法》，在校内开展电动自行车专项整治工作，校园内电动自行车数量明显减少，外卖送餐人员均步行入校或骑共享自行车送餐，校内交通秩序明显改善。

在信息化方面，全面升级校园机动车管理系统，实现了多系统间对接传递数据信息、智能统计分析等功能，为实现数据精准分析提供了支持。在校园交通设施改善方面，更换5座岗亭，各门口更换高1.2米护栏共计259米，增设约380个电动自行车停车位，校园主干道补色画线4万米。

为学校大型活动提供交通保障23次，上勤302人次。

荣获2019年“海淀区高校系统交通安全先进单位”，保卫处2位同志分别获得海淀区和海淀区高校系统“交通安全优秀管理干部”荣誉称号。

（三）消防工作

完成部分楼宇火灾自动报警系统改造项目和校园综合指挥平台子平台升级改造项目，涉及品园6楼、人文楼、信息楼、青年公寓、国际文化交流中心等，各楼宇火灾自动报警系统全部投入使用，并联入校园监控中心消防平台。完成部分楼宇消防设备更新项目，涉及明德楼、汇贤大厦D座、品园5楼、品园6楼、知行2楼、知行3楼等，对楼内的消防水带、湿式报警阀、消防泵、防火卷帘、火灾探测器、风机控制柜等相关设备进行了更新。完成了中关村校区、老校区、清华东路校区、北校区楼宇的消防设施及电气防火检测项目，涉及面积约51万平方米。完成了电动自行车室外充电桩改造、增装相关工作，在体育部北侧、求是楼南侧、品园2楼东侧、品园4楼南侧、知行2楼西侧、红3楼西侧新建电动自行车充电桩1个和电池充电柜44个，连同之前建立的充电桩19个，可以同时满足252辆电动自行车充电。完成电动消防车购置工作，购入电动消防车3辆，其中1辆划转至老校区。每辆车内配备消防水泵1个，干粉灭火器2个，消防铁锹、断线钳、消防斧、消防锤、消防扳手各1把，水龙带4条。

开展各类消防安全培训7次。处置火情5起：教师工作室火情1起，由烟蒂引燃垃圾箱内杂物导致；品3楼配电箱火情1起，由高温天气及电气线路老化导致；理工楼实验室火情1起，由于排风扇长时间通电，线路老化短路所致；红3楼施工现场火情1起，因施工工人违规使用“热得快”造成干烧引燃塑料杯等物；汇贤府门前电动自行车火灾1起，由飞线充电及过度充电引起。更换和检修各类灭火器4 669具，应急疏散灯具134只，灭火器箱60个，水龙带660条；组织各类消防安全检查174次，识别消防安全隐患463项；办理动火证334个，办理装修审批61份。

（四）安全教育工作

2019年，保卫处（部）培养与建设的应急志愿服务队共承担校内外80余场安全宣讲培训，共培训师生2 000人次，聘请校外应急专家进行安全知识讲座5场，协助在红2楼开展“119”消防疏散演练。2019年秋季学期，因机房改造导致安全馆无法使用，保卫处（部）联合信息技术中心开办了中国人民大学“绝地求生”午间应急安全课堂，共开办11次课程，500余人参与。同时，应急志愿服务队已完成了《应急志愿服务队管理手册》《应急志愿服务队基础教案》的编写工作。

继续承担新生入学安全教育工作，为2019级新生配置线上安全教育微课，本科新生考试率达95.8%，硕士新生考试率达79.1%，博士新生考试率达68.5%，较2018年均有大幅提升。“平安人大”微信公众号关注人数由15 107人增长至23 466人，共发布推送102篇，向全校师生发布安全提示、通知公告和工作动态，单篇阅读量最高达9 178次。

（五）校园环境综合管理工作

清理乱张贴广告5 334份；收缴广告6 794份；清理校园摆摊设点和游商6 053人次；清理在教学区遛狗、跳舞等影响教学秩序现象988人次；摘除未经审批的条幅88条；场地使用审批备案45场次；大巴车预约入校审批备案125次，涉及车辆219辆。

（六）安全保卫服务工作

制定大型活动安全保卫方案6个，为大型活动提供安全保卫服务283场次（安全级别为三级以上的活动3场），出动保安1 956人次，加班时间达11 514小时。

（七）集体户籍和流动人口基本信息管理工作

办理2019级新生户籍迁入4 104人，其中本科生1 702人、硕士研究生1 847人、博士研究生555人；统一办理2019届毕业生户籍迁出2 787人。协助海淀派出所和居委会开具居住证介绍信40份，居住登记卡介绍信197份。

截至2019年底，学校历年学生滞留户籍共计1 896人；《中国人民大学流动人口基本信息总台账》上共有流动人口5 067人，其中体制内流动人口1 691人、体制外流动人口3 376人。

（八）保安队伍培训工作

继续严格执行保安服务值班、加班、缺员和考勤制度。对保安员进行专题培训95次，参训保安员达1 200人次。学校保安中队获北京市保安服务总公司文安分公司集体三等功。

启动一级超常防控等级实施方案3次。在此期间，加班时间达1 248小时。

## 三、医疗保障工作

（一）完成主题教育任务

根据上级关于开展“不忘初心、牢记使命”主题教育有关工作部署，校医院领导班子紧紧围绕“守初心、担使命、找差距、抓落实”总要求，认真进行学习研讨、调查研究、问题检视，积极落实校领导主题教育专项调研提出的各项问题，开展“8＋1＋1”专项整治，召开民主生活会，深刻剖析思想根源，制定整改落实方案，主题教育成效明显。

（二）扎实推进学校巡察整改落实工作

按照学校党委的统一部署，学校党委第三巡察组于6月3日至7月5日，对校医院进行了为期一个月的集中巡察。10月17日，第三巡察组将巡察意见向校医院进行了反馈。校医院成立巡察整改工作领导小组，按照巡察整改要求，坚持问题导向，分解细化任务目标，明确完成时限、主责领导、责任部门和责任人，完成整改方案，建立整改台账，扎实做好反馈意见的整改落实工作。

（三）完成专项审计工作

完成公费医疗专项、院领导任期审计、内控建设评价专项审计、财务预算专项审计。对审计提出的各项问题，积极对照整改，以专项审计促进工作规范及提升。

（四）医疗业务方面

1. 基础医疗服务。全年门诊量191 305人次，急诊4 797人次，医疗出诊63次，各类医疗保健111次，门诊手术38人次，慢性病（高血压、糖尿病、冠心病、脑卒中）规范化管理患者1 860人，随访6 343余人次，慢性病人群中医药健康管理322人次，65岁以上老年人的中医体质辨识1 072人次。

2. 护理服务。全年静脉输液1 760例，肌肉及皮下注射2 070例，静脉采血3 467例，导诊处免费测血压2 464例，换药1 755例，雾化吸入256例，拍摄口腔牙片548余张，消毒物品 3 045件，口腔器械消毒5 450件，配合手术8例，护士出诊104次。

3. 公共卫生服务。全年各类疫苗接种8 877人次；0～6岁儿童健康规范化管理90人，婴幼儿各类筛查779人次，健康管理率100%；孕产妇管理66人次，产后访视56人次，其中，高危产妇管理54人次；严重精神障碍患者管理42人；传染病报告280例，及时上报率100%。

4. 功能科室服务。放射科门诊服务2 050人次；检验科门诊14 000余人次；超声检查3 127人。

5. 药品服务。西成药品493个品规，饮片456种左右。总处方数196 279张。

6. 继续加强医疗管理、院感管理、院前急救、药品管理、医联体等各项制度建设。

7. 继续做好医疗质量管理，对各部门质量控制指标进行核查。

8. 加强业务培训。通过外出学习、聘请专家讲座、网上学习、部门自学等方式，不断提高医务人员诊断治疗疾病的能力和服务技能。开展院内多学科疑难病讨论、病例分享。安排口腔科、外科、眼科参加海淀区医联体组织的参观、培训，中医科和内科积极参加海淀区组织的中医适宜技术培训。完成了全院医、护、技80人的医学专业继续教育工作以及社区继续教育的报名、网络学习等培训工作。

（五）健康促进方面

1. 健康体检工作

2019 年体检日共 102 天，其中教职工体检日 66 天，学生体检日 23 天，假期入职和公务员体检 9 天，本科生体测视力 4 天。总参检人次共 20 989 人次，其中教职工 4 248 人次，学生 15 131 人次，明德物业 186 人次，劳务派遣 477 人次，入职体检 222 人次，社区老年人免费体检 55 人次，个人健康体检 307 人次，球类比赛 84 人次，其他单项检查 279 人次。

新增了超声、TCD 项目，获得教职工广泛认可与好评。

2. 健康教育工作

完成大学生健康教育课工作量。

继续积极推动健康教育工作，制作内外科常见病、多发病的防治知识宣传册或折页 10 余种；举办各类咨询、健康教育咨询活动 20 场，受众 12 118 人次，健康教育讲座 47 场，受众 11 295 人次。

培养健康指导员 5 名，家庭保健员 15 名；组织高血压及糖尿病管理小组活动及功能单位活动 12 次；组织教职工、社区居民参加毛巾操、健骨操锻炼。

3. 家庭医生式服务方面

继续推动师生、居民家庭医生式服务。

完成了学校一、二级教授对接服务；家庭医生式服务团队组织社区活动 2 次。

4. 助老服务方面

推动高龄教职工上门体检、送药服务开展。

5. 心理卫生服务方面

继续开展高校心理健康测评相关工作，加强对学生心理健康工作的指导。

（六）医疗服务品质提升方面

1. 重视师生意见，提升服务能力

对接师生需求，延长医疗服务时间。通过召开院外监督员会议、开展离退休教职工需求调研，深入了解师生患者需求。

方便师生患者，改进公疗报销服务。完成了公费医疗报销服务办公室的改造，设置了一对一服务窗口和集体业务窗口；完成了梳理公费医疗报销人员范围。

开通微信支付。在门急诊收费挂号室、体检中心开通了微信支付。

进一步改进投诉处理流程，加强员工与师生的沟通和交流。中医科、针灸科、护理部、耳鼻喉科、超声科各收到锦旗 1 面。

2. 丰富业务内容，增设专家门诊

中医科新开展中医慢病建档、中医孕产妇管理、中医 0～3 岁儿童管理服务，并结合体检开展中医体质辨识测评；在原内科专家、心理咨询专家的基础上，新开设中医专家、超声专家门诊。

3. 做好健康保健工作

完成学校大型活动、军训保健任务等常规保健任务，特别是 7—9 月随队开展国庆保健工作，荣获中国人民大学服务保障中华人民共和国成立 70 周年庆祝活动“突出贡献集体”称号。

4. 积极探索感染科改造工作

水痘、结核病人隔离观察一直是校医院服务工作的难题，校医院一直在积极探索既符合医学诊疗规范又方便师生的隔离观察办法，多次就感染科改造事宜与学校有关单位沟通和协调。

5. 竭力搭建绿色通道，提供人性化服务

为部分高龄、行动不便骨干教师提供家访服务；积极为急、危、重病人联系转、住院。

搭建与北医三院、海淀医院即对口支援医院、医联体核心医院的预约挂号的绿色通道。

（七）内部管理方面

1. 圆满完成医耗联动综合改革工作任务。

2. 扎实推进全面制度建设。2019 年是校医院“全面制度建设推进年”，完成了校医院 200 余项制度初稿的修订工作。

3. 加强人才引进及人事管理工作。引进内科、外科、中药房、超声科事业编制人员 4 人，开展了消化内科、耳鼻喉科、针灸科、口腔科人员招聘工作；完成新员工培训工作 7 场。

4. 继续开展绩效—薪酬制度“回头看”等工作。对职工年度考核办法进行改革，“让绩效的归绩效，让荣誉的归荣誉”的理念得到了广大职工的认可，对年终奖励兑现办法进行了调整，年度绩效考核结果影响绩效系数的机制经过长时间探索正式建立。完成了奖励性绩效工作方案的修订。

5. 做好财务管理及公费医疗管理工作。严格遵守各项财务制度及规定，大额支出均由党政联席会议共同决定，定期对校医院财务状况进行公示；完成了二类疫苗、卫生材料收入项目调整；完成了公费医疗审计工作。

6. 做好资产、设备管理工作。建立设备、家具采购滚动计划；完成了中药饮片招标；新增超声诊断仪、外科显微镜、眼底照相机等设置。

7. 进一步加强医德医风建设工作。召开院内医德医风工作委员会 2 次，并于 6 月开展了“党风廉政建设月”、“依法执业宣传教育月”和“廉洁从业宣传教育月”，在全院范围内开展谈话，对全体党员、管理骨干、关键岗位进行一对一谈话，加强医德医风建设和廉洁从业教育。

8. 信息化建设取得较大进展。在学校的支持下，校医院完成了新系统转换。新信息系统实现了与学校学生处、人事处人员数据信息对接，新增了合理用药模块，实现了院内慢病管理、体检信息、门诊系统、检验系统的数据共享，为此后实现网络预约挂号、公费医疗网上报销、检验、体检信息查询预留了接口。

9. 完成了行政用房的整改，业务用房规划上报学校资产处。

## ■ 档案馆、博物馆工作

### 一、概况

2019 年，档案馆、博物馆两馆工作取得长足进展。档案馆立足本职工作，紧密围绕学校总体工作的安排部署，深抓党建，巩固常规工作，积极推进各项制度化建设及档案编研，努力开创特色发展之路。博物馆充分发挥文博单位的职能作用，在服务学校中心工作、研究宣传校史、繁荣校园文化、开展文物保护、提高服务水平等方面做了一系列工作。2019 年，博物馆新入藏品 3 700 余件，推出国内外高水平临展 14 个，实现工作日全天开放，累计接待校内外观众 700 余批，观众 60 000 余人。

两馆领导班子成员 5 人，常务副馆长贾铁英，档案馆副馆长王丹、蒋利华，博物馆副馆长张晓辉、刘春荣。档案馆设文书档案室、科技档案室、认证中心、人事档案室、综合室 5 个科室，工作人员 11 人；博物馆设馆藏部、展陈部、家书博物馆 3 个部门，工作人员 6 人。

2019 年档案馆、博物馆领导班子积极投身“不忘初心、牢记使命”主题教育，牢牢把握“守初心、担使命，找差距、抓落实”的总要求，将学习教育、调查研究、检视问题、整改落实四项重要措施贯穿始终，梳理整改六方面主要问题，推动主题教育各项要求落到实处。

两馆党支部进一步加强内部建设，以“不忘初心、牢记使命”主题教育为契机，解决业务工作与支部活动的矛盾，增加支部活动频率，全面做实“三会一课”，做好支部各项工作。

档案馆、博物馆还全面支持学校党委各项工作。5位馆领导先后被学校借调参与学校党委巡察、分党委换届等工作。

## 二、档案馆工作

(一) 拓展馆藏，做好档案服务支持工作

1. 档案数字化，毕业生学历学位证数字化首次加入毕业环节。在学校办公室的大力支持下，档案馆联合教务处、研究生院首次开展了应届本、硕、博毕业生学历学位证书数字化工作，累计完成逾6 000名毕业生学历学位证书的数字化工作，为今后毕业生学历学位核查、档案材料补办提供更多便利，此项工作从此成为档案馆每年1月和6月毕业季常规工作。此外，文书档案室完成了1956年至1963年的行政类历史档案的数字化扫描工作，共计21 748页；完成党委宣传部移交的2000年、2001年、2002年、2003年、2009年期间学校重大活动照片数字化扫描与整理，共计13 440张，并已将电子版移交党委宣传部。科技档案室完成了2018届硕博研究生学籍、2019届本科学籍、2004届硕博学籍、成人教育专科、五六十年代教务处、学生处教学档案的数字化扫描工作。

2. 首批入驻综合服务中心。2019年9月，学校综合服务中心正式启用，档案馆作为首批入驻单位，积极协调业务科室，配置得力人员，将所有不需要依托档案库房的业务，如中英文成绩证明、中英文学历学位证明、四六级成绩证明等业务全部迁移到综合服务中心办理，将原有的翻译、打印、认证、支付"一站式"的服务理念融入学校"一网一门"层面，进一步提升档案利用服务水平。

3. 继续做好档案催交、归档、整理工作。2019年，档案馆对全校范围内的机关部处发放了《关于做好2018年度归档工作的通知》，明确了各单位的档案负责人和档案工作联络人。通过一对一辅导、座谈交流等形式对学校办公室、纪委、国际交流处、校工会、校医院以及信息学院、理学院、教育学院等各学院党委近20家归档单位进行业务指导。共收集文书档案704卷，科技档案8 718卷，各类人事档案材料5 674件，同时转出人事档案5 315卷，完成档案整理、录入、上架共计10 357卷。接收党委宣传部、信息技术中心等部门批量移交的2019年学校重大活动电子照片万余张。

4. 继续做好档案利用服务工作。档案馆坚持服务师生的原则，通过理顺工作流程等方式更好地为学校各单位、师生、校友提供档案利用服务。2019年共接待查档人员3 087人次，查阅档案4 572卷，复印13 753页；接待各类学生学籍档案查询11 060人次，认证在校生成绩单和毕业生学历、学位证明、成绩单41 555份；为教职工和学生开具各类公证材料及存档证明320件；为兄弟单位的宣传、教育工作提供声像照片3 163张。

5. 加强宣传工作，发挥档案资政育人作用。档案馆甄选馆藏图片资料，策划主办了《我和我的祖国——中国人民大学庆祝新中国成立70周年档案图片展》。

(二) 理顺工作流程，加强制度建设

4月，在充分吸收有关部处意见的基础上，档案馆对原有的《中国人民大学档案管理办法》相关内容做了更新，经学校党委常委会讨论通过。10月，对照学校"三重一大"的相关规定，重新修订了《档案馆、博物馆"三重一大"制度规定》。此外，还加强了对内部管理制度的修订和整理，修订了《人事档案利用规定》、《文书档案利用规定》和《科技档案利用规定》等内部制度。以入驻综合服务中心为契机，梳理了各种类型的出国用中英文成绩证明、中英文学历学位证明所需材料、模板、办理流程，并制作了宣传海报。

(三) 科技助力，探索工作新思路

1. 新版档案综合管理系统上线。4月开始根据2018年的档案管理系统需求开始新系统的开发上线工作，暑期迁移数据约52万条，1.36T。9月开始测试系统内正式档案库的存储和查询功能，持续对系统情况进行反馈和修正；对预立卷库字段和模板进行个性化配置；与其他单位沟通合作实现单点登录和存储扩容等，于11月底完成了系统基本功能的验收工作。

2. 首次实现中英文学历学位证明自助打印。在原有的中英文成绩单防伪纸自助打印的基础上，在研究生院、教务处等相关部门的支持下，首次实现在毕业季期间中英文学历学位证明自助翻译、防伪纸打印、支付、认证一站式服务。

（四）加强校内外交流合作

1. 与信息资源管理学院进行合作，为“人大记忆”项目先后提供了包括学校景观今夕对比、学校重大事件以及前身时期照片等在内的数码照片。

2. 加强与兄弟高校档案馆的沟通交流，与中国矿业大学、内蒙古师范大学、中国人民公安大学、南方科技大学、山东大学、北京师范大学等多所兄弟高校档案馆就档案管理、电子档案利用等方面工作进行交流研讨。11月，接待了韩国国家档案局代表团来访，就各自档案工作的基本情况进行了交流。

3. 参与教育部办公厅举办的“档案故事：见证新中国高等教育70年”征集活动，向教育部报送的《新中国第一所新型正规大学的建立》一文被《中国教育报》刊登。

4. 积极参加行业协会学会组织的学术会议、论坛，提高业务能力和水平。先后派出相关同志赴杭州参加教育部办公厅召开的部属高校档案馆长会议；赴济南参加部属高校档案工作协会组织召开的第三届部属高校青年档案工作者论坛，常松岩的论文《面向服务的高校档案馆网站建设与运营——以中国人民大学档案馆为例》荣获优秀论文三等奖；赴深圳参加第二届中国电子档案管理论坛。

档案馆被学校评为2019年“中国人民大学校友工作先进集体”。

## 三、博物馆工作

（一）围绕中心，多项展览创开馆纪录

2019年，博物馆领导班子统一认识，牢固树立围绕学校中心任务开展工作的意识，全面服务党的建设和“双一流”建设，取得了明显成果。

博物馆与多部门合作，在学校明德楼、博物馆和张自忠路3号院主楼（老校区）推出了《中国人民大学“不忘初心、牢记使命”主题教育汇报展》《“初心·家书”主题教育展》《献礼70年、奋进新时代——中国人民大学“双一流”建设成就展》《一辈子做好事——吴玉章生平展》《风入松林、涛声阵阵——宋涛生平展》《他是一座山——吴宝康生平展》等六大展览。六大展览刷新了博物馆建馆以来的临时展纪录，同时也是第一次实现馆内展区与老校区、馆外展区三地联合协作、互动办展。截至2019年底，六大展览累计参观人数超过2万人次。

先后与历史学院、中国书协、学校离退休处等联合举办了《与远古对话——倪培坚水墨岩画艺术展》《中国精神·中国梦“第三届社会主义价值观书法作品主题创作暨全国基层巡展”》《庆祝新中国成立70周年中国人民大学老同志书画摄影作品展》《“考古寻真，不负青春”——中国人民大学历史学院考古实习成果展》等多项展览。

启动了校史展的升级改造工作，向学校报送了校史展升级改造的基本方案，并开展了京内外的调研工作，为全面改造做好准备。

（二）固本强基，启动建馆以来最大规模的文物保护修复工程

博物馆由于长期人员紧张，大批珍贵文物入馆后没有得到全面的修复和保护。2019年，博物馆下大力气配足馆藏部工作人员，制定面向未来多年的文物修复保护计划，开展了建馆以来最大规模的文物保护修复工程。

在学校有关部门的大力支持下，明德新闻楼地下一层启用近千平方米新库房，完成安防、电力、网络、设备、家具等购置部署工作，极大地拓展了博物馆的文物库房面积，为文物保护修复提供了基

础条件。

博物馆与国内高水平文博软件供应商合作开发“中国人民大学博物馆文物与陈列品管理系统”，该软件覆盖征集、收藏、管理、利用多环节，实现了全程可追溯，全程可以控制，通过技术手段最大限度保护文物安全。

博物馆联合信息资源管理学院、历史学院、国学院等单位相关专家，从技术修复、科学保管、学术研究、有效利用等角度进行调研并制定符合自身藏品特点的全面修复保护工作计划，并落地实施。2019 年，开始进行保护少数民族背扇和家书数字化、除虫消毒、调湿装具更换等工作，预计将持续多年。

在 2019 年底学校重大规划项目的申报中，博物馆联合信息资源管理学院、历史学院专家联合申报了“西域文献整理、挖掘与抢救性保护”项目，并获得学校支持，博物馆将利用 3～4 年时间完成 500 余件唐代西域文献的修复、著录、数字化、研究及出版工作，使这批珍贵馆藏得到有效保护和利用。

与此同时，博物馆还继续开展文物征集工作，2019 年共征集入藏家书 3 571 封，日记 192 册。其中，林森木校友的系列家书具有较高的学术和校史价值。

（三）担当作为，首次实现面向社会工作日全天开放

2019 年，博物馆深入梳理服务流程，克服各种困难，将各项提升服务质量的便民措施落到实处。

自 3 月起，首次实现对全体观众工作日全天开馆。截至 2019 年底，已接待近 700 个团体共计 60 000 多人次参观。9 月，博物馆被海淀区教委授予爱国主义教育基地。

博物馆成为学校高端接待的重要基地。一年来，接待各类重要嘉宾 100 余次，其中省部级以上领导 20 余位。

为了规范参观秩序，平衡校内党团活动、教学科研活动、培训活动的参观需求，博物馆于 7 月启动了新版团体预约机制。

博物馆继续锤炼讲解队伍，推动形成品牌。校史学生讲解团、“为遐”离退休教职工讲解队、历史学院服务队继续保持规模，并实现内涵发展，组织了数场读史读经典活动、讲解大赛，在同行交流中也崭露头角，获得不错的成绩。

（四）借船出海，打造外向型高校博物馆

2019 年是博物馆国内、国际交流合作成果斐然的一年。

由博物馆、家书博物馆倡议，手写家书首次进入世界邮展。3 月，《中国 2019 世界集邮展览——中国家书选拔展》在博物馆举办，共有 228 框作品参展；6 月，由博物馆选送的 6 框家书与其他家书展品一道参加武汉世界邮展。

4 月、5 月，博物馆首次将展览送出国门，分别在以色列特拉维夫大学孔子学院、意大利博洛尼亚大学孔子学院举办了学校校史校情展。

除此之外，还组织大批展品参加了在中华世纪坛举办的《中华家风文化主题展》等活动，与上海浦东新区周浦镇联合开展家书征集活动。

这一年中，博物馆先后到延安陕北公学旧址群、正定华北大学旧址调研，积极协调学校启动修缮保护工作，继续做好两个京外分馆的管理协调工作。此外，博物馆积极与河北阜平县联系，考证华北联大旧址，并向学校报送相关修复建议，努力将人大前身时期旧址组合成完璧。

（五）苦练内功，夯实各项工作的软硬件基础

2019 年是博物馆的制度建设年。博物馆先后修订了馆内多项规章制度，包括《档案馆、博物馆劳务支出管理办法》《档案馆、博物馆“三公经费”管理暂行办法》，同时结合博物馆原有规章制度及实际工作规范，形成了《中国人民大学博物馆藏品管理办法》初稿，涵盖藏品的征集、接收、鉴定、登账、编目、建档、出入库等全流程，为馆藏工作的科学化、规范化打下了坚实基础。此外依照《中

国人民大学国有资产管理办法》中关于可移动文物和陈列品的相关规定，积极向国有资产管理办公室建言献策，提供制度建议。

博物馆全面整合办公和业务空间，将人博工作室改为会议、研讨、讲座、试验一体化空间，会议室修改为文物整理修复室。库房管理方面，严格执行库房及藏品管理的规章制度，加强藏品及人员出入库管理，定期巡检，排查问题，与物业部门联动，配合学校及上级消防部门的检查，及时发现问题，杜绝消防隐患。展厅方面，对博物馆二、三层所有展厅的安防监控系统进行升级，新的安防设备在摄像清晰度、活体感应方面更为先进；为解决展厅和部分库房漏水隐患，布置水侵探测装置并配套报警器。

2019 年是博物馆全面提升信息化水平的一年。除前述文物保管系统外，博物馆启用了新版网站及微信公众号，并获批参观预约管理系统和家书博物馆网站信息化项目。

科研方面，由张丁老师主持的国家社科基金重点项目“中国民间家书的文化价值与抢救性收藏研究”顺利结项，鉴定等级为良好。此外 2019 年科研处审批通过博物馆校内项目 2 个，博物馆 4 位老师发表论文和文章 10 篇。

博物馆与文化科技园合作，启动博物馆文创项目，相关产品登上北京高校博物馆联盟的展览平台，馆内相关同志在国内多场论坛上做文创相关报告。

在学校相关部门的支持下，博物馆还启动了与历史学院、文学院、农业与农村发展学院等单位联合建设实验室相关工作。

博物馆被学校评为 2019 年“学生就业创业工作先进集体”。

## 附录

### 2019 年中国人民大学档案馆馆藏档案和档案利用情况统计表

| 类名 | 目次 | | 单位 | 基本数据 |
|---|---|---|---|---|
| 馆藏档案 | 全宗 | | 个 | 2 |
| | 案卷 | | 卷 | 212 812 |
| | 案卷排架长度 | | 米 | 3 872 |
| | 照片档案 | | 张 | 24 646 |
| | 数码照片 | | GB | 10 291 |
| 2019 年进馆档案 | | | 卷 | 9 422 |
| 2019 年档案利用情况 | 总计 | | 卷次 | 22 494 |
| | 利用目的 | 编史修志 | 卷次 | 301 |
| | | 工作查考 | 卷次 | 2 132 |
| | | 学术研究 | 卷次 | 142 |
| | | 其他 | 卷次 | 19 919 |
| 2019 年举办档案展览参观情况 | | | 人次 | 9 356 |

注：此表统计数据不含人事档案。

## 2019 年中国人民大学博物馆馆藏文物及陈列品统计表

| 资产名称 | 藏品年代 | 数量件（套） |
|---|---|---|
| 西南少数民族背扇 | 近现代 | 1 231 |
| 西域文物 | 古代 | 2 151 |
| 北方文物 | 古代 | 5 725 |
| 徽州文书 | 古代、近代 | 27 562 |
| 老股票 | 近现代 | 1 013 |
| 老股票配套品 | 近现代 | 610 |
| 冯其庸捐赠石刻 | 古代 | 21 |
| 民间家书 | 当代 | 58 099<br>（包含复制件、扫描件、照片及整理中藏品） |
| 沈鹏书法 | 当代 | 34 |
| 民国名人书画 | 近现代 | 19<br>（代管） |
| 河山画社书画 | 当代 | 56 |
| 陈独秀信札 | 近现代 | 13 |
| 梁启超信札 | 近现代 | 11 |
| 康有为信札 | 近现代 | 2 |
| 礼品 | 现代 | 595 |
| 奥运藏品 | 现代 | 294 |
| 红色收藏品 | 现代 | 643 |
| 其他 | 现代 | 24 |

## ■ 校园信息化建设工作

### 一、概况

2019 年，信息技术中心在学校党委的领导下，在学校网络安全和信息化领导小组的统筹规划和支持下，以“五个一”为建设规划目标，统筹推进学校网信工作。不断优化升级校园网络架构、基础设施建设、各类应用系统、数据共享中心、网络安全防护、公共信息化平台、公共服务软件等，为学校提供更加稳定、安全和高效的校园信息化环境。

### 二、重点工作

聚力精进、创新应用、保障安全，扎实推进学校网络安全与信息化建设工作。

(一)以“网信工作一盘棋”为目标，统筹推进学校网信工作

以“网信工作一盘棋”为目标，从学校的层面加强顶层设计和战略规划，按照“统一标准、统一数据库、统一建设规范”的要求全面统一学校信息化建设管理，基本形成“领导小组统筹协调、业务部门推进应用、信息技术中心技术支撑、多部门联动”的工作机制。

1月3日，学校2019年信息化项目启动工作会召开。副校长刘元春主持会议并讲话。

10月15日，学校网络安全和信息化领导小组2019—2020学年第一次全体会议召开。校长刘伟出席会议并讲话，副校长刘元春主持会议。会议从信息化总体规划和协调部署出发，梳理问题、发现问题、提出想法，规划、引领和协调学校信息化建设，统筹推进学校网络安全和信息化建设项目的申报、评审和组织工作。

(二)以“数据共享一张表”为目标，推进数据共享中心和应用系统建设

以建设数据中心为重点，核心数据集中管理，建立“数据共享一张表”。将数据库部署在统一核心数据库中，通过对数据标准的把控和数据共享的统一管理，实现学校各业务系统之间数据高度共享，推进共享互联一张网建设。同时推进共享数据中心建设，将数据标准、数据共享流程、数据共享效果进行可视化，使数据共享更加规范，流程更加清晰。11月数据共享中心上线试运行，进行了29个数据接口申请，并将原有231个数据接口导入。

汇聚数据，推进校情展示平台和师生个人数据中心建设。依托大数据的技术，综合展示学校各方面情况，为师生提供全面的个人数据中心，对学生的学业、在校情况等进行预警。从核心数据库、一卡通数据库、网络设备、图书馆数据库、计费数据库等多个方面抓取各类数据。基本完成开发，正在进行数据校验工作，完成个人数据中心、学生综合查询和学生预警功能的上线试运行。

配合教务处和研究生院推进本科和研究生教务系统数据互联互通，包括课程编码、专业编码、本研互选课、助教管理等多个方面。

进行移动校园平台的建设，推进服务移动化，旨在建设一个统一的移动校园平台，实现统一认证、统一消息、统一数据交换。部署智能业务问答功能，解决师生随时随地咨询问题的需求。平台已搭建完成，集成了计费、邮件、一卡通、服务中心、学务中心、新闻、大型仪器共享、学费缴纳、差旅平台等功能。

进行业务流程平台的建设，基于流程引擎、表单引擎、数据引擎等，实现业务流程的快速开发上线，以及利用接口实现业务系统间的流程打通。平台上线以来已经快速开发完成标语宣传品申请、“六会”备案、学活场地预定、信访管理的功能，并上线运行。办公自动化系统基于此平台进行整体迁移和升级，已进入试运行阶段。

(三)以“互联互通一张网”为目标，夯实校园网络和基础设施建设

校园网骨干链路升级改造建设。校园网出口骨干链路更换增加防火墙设备，数据中心骨干链路更换增加防火墙、核心交换机等设备，优化网络配置和安全配置，提高核心链路的安全性和稳定性。

新建微模块机房约180平方米，共50个机柜，其中业务机柜40个，内设动环监控系统，降低机房能源消耗，同时增加了机房环境可控可靠性能，为全校信息化系统建设提供了良好的基础环境。

自主部署校园无线网络，包括明德楼群、世纪馆、逸夫会议中心等教学办公区楼宇共19座。暑假期间完成人群密集场馆和部分教学办公区的无线网络改造，共部署上线无线接入点2 150个，提升了无线网络的访问质量。

虚拟化数据中心升级扩容，完成数据中心计算资源、存储资源的升级扩容与系统建设工作。

完成公共教学一楼3间智慧教室建设，实现课前、课中、课后全覆盖，线上线下相融合，无线投屏、抢答、签到等功能，丰富课堂教学的灵活性和互动性。

(四)以“网络安全一体化”为目标，完善网络安全防护体系

以《网络安全法》为准绳，以落实网络安全等级保护工作为重点，完善网络安全制度建设和技术

防护体系建设，开展应急演练，加强网络安全应急响应，提升网络安全防护和管理能力。

重点梳理和排查双非网站、单非网站、“翻墙”软件以及移动 APP，加强网站年审和移动 APP 备案。优化升级网站群平台，分级、分类逐步迁移网站，形成网站集约化管理机制。

9 月 17 日，在国家网络安全宣传周校园日，信息技术中心联合学校党委宣传部、党委学生工作部、保卫处（部），以“网络安全为人民，网络安全靠人民”为主题，举办网络安全专题讲座。

9 月 27 日，信息技术中心组织召开了网络安全与信息化工作会。会议邀请教育部教育管理信息中心网络安全处处长郜云龙做了题为《落实网络安全等级保护 2.0，提升教育网络安全保障能力》的报告。

建设容灾、备份体系。用 SRM 技术建设了一套高可用容灾系统，对数据中心的关键业务实施异地保护，确保出现重大事故时可以最短时间内恢复业务，保障业务连续性，提升服务可用性。提供虚拟机的异步复制和手动切换。利用 vROps 技术加强数据中心巡检力度，及时定位异常开销，采取有效措施提升虚机安全性。搭建数据中心备份体系，确保各信息系统数据冗余性。

升级优化堡垒机，将原来外网直接访问的方式改为内网访问模式，增强了堡垒机的安全性能，提升了内网服务器的安全性。升级 SSL 数字认证证书为 Web 服务器颁发证书、验证服务器端的身份，进一步提高了学校网站、信息系统的访问安全。完成电子邮箱实名认证等精细化管理工作，筹备校友邮箱。

（五）以“公共服务一平台”为目标，推进信息化公共资源服务体系建设

进一步完善和丰富正版软件平台，提供正版操作系统和办公软件，新增了 PDF 编辑软件、统计软件 SPSS 和 STATA，促进学校的公共服务一体化和规范化。

完成电子签章平台建设，可以实现和各个业务系统的对接，用户客户端可通过 USB Key 或手机使用签章服务完成身份认证及电子签名等操作，实现了从可信身份、可信数据、可信行为、可信时间四个方面构建校内可信的网络空间。

建设云盘系统，提供教学与科研资源数据文档的同步、共享与管理，团队协作等云存储服务。

建设人脸识别门禁系统。北区教工食堂、留学生一楼和国际交流中心分别启用了人脸识别消费功能和人脸识别通道，提高学生宿舍和楼宇的安全性，有效规范人员出入管理。制定了《中国人民大学人脸识别系统信息安全管理办法》。按照全校人脸数据“一张网”“一个源”的指导思想，建设人脸识别认证管理平台，校内各部门人脸识别系统可照片共享。根据后勤宿舍管理和服务需要，启动建设学校 21 栋学生宿舍楼入口人脸识别门禁。

## 三、常规工作

（一）保障校园基础网络稳定运行

负责全校有线网络、无线网络、机房基础环境的安全稳定运行，同时负责相关的建设、规划、实施和运维管理等工作。建有 3 个核心机房，主要作为学校的数据中心机房和网络核心设备机房，并为学校各部门提供服务器托管及虚拟机申请等服务，为教学信息化提供硬件平台支撑。

（二）信息化应用系统与平台运维管理

保障学校微人大平台和各业务信息系统正常使用，包括个人中心、服务中心、学务中心、教学中心、本科教务系统、人事系统、财务系统、学生系统、宿管系统、户籍系统、留学生管理系统和公文处理系统等，有效支撑了学校各主要阶段的工作。

响应各业务系统的需求变更和系统重构，包括教务、财务、人事等系统的修改，配合后勤集团对宿管系统进行统计查询功能的加强，建设网站备案系统。配合各业务系统重建，包括国际交流系统、财务系统等。

进行微人大平台应急演练，提升安全意识和突发事件处理能力。

推进全校应用类信息化建设项目的建设，审核各项目技术方案。配合已完成采购的项目进行统一身份认证的集成和数据共享。

（三）网络安全保障

部署了入侵检测、Web 防护、数据库审计、漏洞扫描、防病毒、网页防篡改等安全防护措施，实施核心系统安全应急演练，加强网络安全应急响应实战能力。部署等保二级系统，实施 7×24 小时监控预警，提升网络安全防护能力。

实施网络安全定期检查，完成网络安全重保任务。全校已备案网站和信息系统 664 个，全部纳入教育系统网络安全监控预警平台实施监控，共处理网络安全漏洞事件 183 起。定期开展网络安全宣传培训。完成通过了 ISO27001 信息安全管理体系监督审核。

（四）公共服务平台运维保障与管理

虚拟化数据中心运维管理。对信息化系统进行资源规划与底层资源运维保障，新建虚机 114 台，运行维护虚拟服务器。完成 VC60 虚拟化集群与主中心进行整合，保证业务无缝迁移。完成虚拟化系统大版本升级（5.5 升级 6.0U3）。虚机台账梳理、定期巡检等。

保障拥有 16 万用户的计费、VPN、邮件、堡垒机、云盘、eduroam、访客、云消息、BB 等系统正常运行和优化升级。系统软硬件完善升级，处理系统故障，受理各类服务申请，解决用户使用问题，定期巡检，为师生提供精细化服务。

（五）坚持“一流品质、一流服务”，做好信息化窗口服务工作

有效地完成了 ITS 服务窗口（早 8:00 至晚 6:00，节假日无休）的前台工作以及中心的夜班值班工作。受理来自微人大服务中心、QQ 群、电话、现场的所有服务请求。为全校 4 万名师生的上网、校园应用系统及校园卡问题提供了咨询及相关服务。

组织 ISO20000 工作小组完成 IT 服务管理体系的内部审核，协助完成 ISO20000 体系外部监督审核。完成 2019 级迎新工作和毕业生的校园卡注销工作。完成与校内其他部处的协作业务。

（六）保障学校图片与视频拍摄工作

完成学校各类新闻及会议活动图片及视频拍摄。拍摄制作视频专题片共 12 部，图片专题拍摄 16 次，对学校网站首页大图进行更新。运维管理微人大微信服务号、信息技术中心订阅号和信息技术中心网站，负责推送文章等。

# ■ 校友工作

## 一、概况

2019 年，校友会在校领导高度重视和各部门通力配合下，结合“不忘初心、牢记使命”主题教育，与广大校友同舟共济、齐心协力，开拓校友工作新局面，翻开校友工作新篇章。

## 二、主要工作

（一）汇资源、促合作，助力学校事业发展

校友会本着“服务校友、服务母校、服务社会”的宗旨，汇资源、促合作、科学谋划、致知力

行，助力省校合作的推进。2019 年，学校与浙江省政府、玉溪市政府等 16 个省市签署战略合作协议。

在学校对口云南省怒江州兰坪县的扶贫工作中，校友会积极发挥校友的资源优势。2019 年，广州地区校友会向兰坪县城区第三小学捐赠 12 台电脑。

一年来，校友会共组织 12 场校友大讲堂和校友沙龙，协助招生就业处和学生工作部等部门举办 10 余场“大学生职业生涯引领计划”座谈会和“求是思源”优秀学生培养计划等活动，校友们分享求职技巧、职场经验、生活感悟，引导和帮助在校生培养专业的职业素养，树立正确的人生观和价值观。31 家地方校友会还积极参与拍摄 2019 届毕业季祝福视频，为毕业生走出母校、融入校友会大家庭打下良好基础。

3 月 27 日，学校首期“校友沙龙”在校友之家举办。学校心理健康教育与咨询中心主任胡邓，北京时尚之道品牌管理有限公司总经理、1995 级国民经济管理系校友徐聪共同做客校友沙龙，分享“幸福婚姻的心灵密码”。

3 月 28 日，《中国少年报》“知心姐姐”栏目著名主持人、央视网“少儿守护人”栏目组特聘专家卢勤女士做客校友沙龙，分享“让每个孩子都精彩”。

4 月 20 日，企鹅体育总裁、央视体育频道原主持人、1990 级新闻系校友刘建宏做客校友沙龙，与校友分享新时代中国体育和互联网融合的相关内容。

5 月 11 日，信息学院院长、高瓴人工智能学院执行院长、国家大数据管理与分析方法研究北京市重点实验室主任文继荣教授做客校友沙龙，为校友与师生讲授数据与智能驱动的社会科学研究。

5 月 12 日，爱心人寿副总经理兼 CMO、1999 届工商管理学院工业经济系校友王庆做客校友沙龙，与校友探讨“保险的真谛”。

5 月 22 日，中央电视台《希望英语》节目原主持人、1995 级会计系国际会计专业本科、1999 级会计系会计学硕士赵音奇校友做客“校友大讲堂”，与校友分享“如何做一个高效的沟通者”。

6 月 15 日，学校心理健康教育与咨询中心主任胡邓做客校友沙龙，为校友讲述“旅行——生命的意义”。

9 月 7 日，美国联博资产管理公司大中华区首席经济学家、经济学院 1995 级国经系校友纪沫做客校友大讲堂，以《全球宏观误判、展望与思考》为题做主题讲座。

9 月 7 日，曾就职国家商务部 WTO 司、中国驻美国大使馆，现就职于全球第二大洋酒公司保乐力加集团的 1995 级法学院校友张琦做客校友沙龙，与校友分享“葡萄酒与洋酒的八卦与品鉴”。

9 月 28 日，香港《人大中环论坛》演讲嘉宾、自由投资人、特许金融分析师（CFA）、1995 级国民经济管理系本科、2001 级经济学院国民经济学专业硕士周道传做客校友沙龙，与校友分享“全球资产配置理念与实践”。

11 月 29 日，中央电视台等媒体平台公益片男主角、1984 级经济管理系校友刘维做客校友沙龙，与校友们分享“人生的一百种可能”。

12 月 6 日，对外经贸大学教授、博士生导师、国家“高层次人才特殊支持计划”（青年拔尖人才）首批入选者、1998 级经济学学士、2002 级管理学硕士、2004 级法学博士廉思校友做客校友沙龙，与校友们分享“阶层流动与代际梦想”。

在与招生就业处联合举办的“京东杯”中国人民大学第十届学生“创业之星”大赛上，京东集团等知名校友企业与母校携手，提供经费支持和创业实践平台。此外，校友办还积极借助校友力量，联络校友拍摄招生宣传片，为招生组赴全国开展招生宣传工作做好服务保障。

这一年，校友会还重视加强和兄弟院校的走访交流，互通有无，取长补短：

3 月 24 日，校友工作办公室主任、校友会秘书长周荣赴南京校友会走访调研。

3 月 27 日，英国萨塞克斯大学发展和校友办公室 Serena Mitchell 女士到访校友办。

4 月 18 日，北京大学校友会执行会副会长邓娅，校友会常务副秘书长、校友办副主任张向英，校友办行政部部长黄赟一行到校友工作办公室调研。

5 月 13 日，广西师范大学党委委员、教育发展基金会理事长何小明一行到校友工作办公室走访调研。

9 月 11 日，西安电子科技大学校友事务与联络发展处处长、教育基金会秘书长肖刚，副处长张卫东一行到校友工作办公室调研。

9 月 16 日，由中国驻韩国使馆组织的在韩留华校友京渝回访团一行 17 人到访学校，副校长杜鹏在校友之家会见代表团一行。

9 月 20 日，中国地质大学学生工作处副处长吴海英一行到校友工作办公室调研。

（二）扶上马、送一程，关爱校友成长成才

2019 年，校领导赴新疆、西藏、青海等 30 多个地区看望了基层校友，鼓励他们用青春书写“立学为民、治学报国”的人大精神，践行“国民表率、社会栋梁”的使命担当。

校友会设立“青年校友成长基金”，校友企业京东集团为此基金捐赠人民币 300 万元，用于基层青年校友返校培训、学习交流及生活补助等，为基层校友干事创业做服务保障，为他们的职业发展保驾护航。

（三）求创新、谋提升，打造工作全新亮点

4 月，由校友会与文学院、体育部、各校友协会等合作举办的“中国人民大学首届校友文化节”正式启动，在校友和全校师生当中引起热烈反响，对提升校友凝聚力、增进校友与母校感情发挥了积极作用，得到了北京电视台、《北京日报》等多家媒体的报道。

4 月 4 日，学校首届校友文化节文学系列活动举办。文学院教授孙郁、刘震云应邀做主题分享《人的文学——孙郁、刘震云谈鲁迅对百年文学的影响》。

4 月 25 日，学校文学院教授、中国当代著名作家阎连科做客“新文学百年”——中国人民大学第十三届文学节暨首届校友文化节，做主题讲座《一个村庄的中国与文学》。

4 月 27 日，校友文化节体育系列活动 1991 级校友第五届南北足球联谊赛在校足球场举行，常务副校长王利明出席活动并为比赛开球。副校长杜鹏，法学院教授、国际足联道德委员会委员何家弘等出席联谊赛颁奖仪式。

5 月 21 日，校友文化节电影特别展映活动电影《你美丽了我的人生》在学校放映，影片由 1987 届中国语言文学系文学专业校友段越豪出品。

5 月 25 日，校友文化节体育系列活动“人大绿茵 41 年”校友足球联谊赛在足球场举办。副校长杜鹏出席活动并为冠军球队颁奖。

5 月 26 日，《庆祝中华人民共和国成立 70 周年中国人民大学校友书法篆刻作品展》开幕式在学校举行。副校长杜鹏出席开幕式，全国 30 多个校友会会长、秘书长共同参加。

5 月 26 日，“我和我的祖国”中国人民大学庆祝新中国成立 70 周年合唱音乐会在学校举办。副校长杜鹏出席音乐会并致辞，校友合唱团担纲演出，北京电视台《北京您早》栏目、《北京日报》等媒体对活动进行报道。

5 月 27 日，校友文化节电影特别展映活动电影《当我们海阔天空》在学校放映，影片由张锐、吴建波、李新卫、李薇薇、黄国鹏、喻亮星、贺晓阳、张兵、张毅、杨荣、刘宏宇等 11 位人大校友联合编剧、投资，是中国首部反映大学生创业的电影，由教育部高教司担任总指导，司长吴岩担任总监制。

5 月 28 日，校友文化节电影特别展映活动电影《大河唱》在学校放映，影片由 1997 级财政金融系校友路伟出品，以西北民谣为代表。

6 月 16 日，校友文化节体育系列活动“毕业杯”足球赛在学校举办。副校长杜鹏出席活动并致辞。

7月6日，校友文化节体育系列活动“三都会杯”校友足球邀请赛在南京奥林匹克中心体育场举行，来自北京、西安和南京三大古都的近百名校友参加比赛。学校党委原常务副书记、校友会副会长张建明出席活动。

8月3—4日，校友会与贵州校友会在遵义市湄潭县联合主办“中国人民大学首届全球校友论坛”。论坛以“传承红色文化，助推绿色发展”为主题，探讨红色文化传承与西部乡村振兴、企业绿色发展与国家法治建设等话题。

2019年，校友会联合学校出版社，向地方校友会寄送了119种、320册图书，支持他们加强文化建设、开展读书活动；联合教务处首次面向校友开放国际小学期，130名校友报名学习了68门课程；联合“京东读书”APP开通“中国人民大学校友数字图书馆”线上读书专属权益。

（四）健机制、构体系，促进组织发展壮大

为健全校友组织的工作机制，促进校友工作良性发展，出台了《中国人民大学关于加强备案校友组织指导工作的意见》《中国人民大学校友互联网群组管理规定》。

3月，校友会FICC分会揭牌成立。

5月26日，校友会书法协会、合唱团、网球协会、羽毛球协会、排球协会、足球协会、高尔夫球协会、马拉松协会等8个文体协会成立。

5月26日，学校2019校友工作研讨会召开，副校长杜鹏出席活动并讲话，来自全国各地的校友组织负责人参会。

6月18—21日，为保证校友资源的可持续发展，学校举办三场校友年级理事见面会，指导受聘理事了解校友工作、明确岗位职责和义务。

6月20日，学校2019学院校友工作座谈会召开，副校长杜鹏出席会议并讲话，各学院校友工作负责人交流讨论校友工作心得体会。

（五）继传统、筑品牌，关心校友传递真情

毕业季期间，校友工作办公室设计制作的校园毕业景观，成为毕业生们合影留念的一道道亮丽风景线，《人民日报》等主流媒体进行报道。

9月19日，22位90岁以上的华北联合大学老校友返校参加校友会为他们举办的敬老祝寿会。中秋节之际，校友会和后勤集团向在偏远地区的青年校友寄送月饼，送上母校的祝福。

采访了42位老校友，编成《与祖国共成长——中国人民大学校友口述史（第二辑）》。

10月3日，学校1985级29个班级、近500名校友，1995级43个班级、761名校友参加秩年返校庆祝活动。学校党委书记靳诺，副校长杜鹏，党委原常务副书记、校友会副会长张建明出席庆祝活动。1995级校友共捐赠人民币35万元，用于中国人民大学前身陕北公学旧址的展览陈列及修缮工作。

10月19日，中国人民大学2005级校友毕业十周年返校庆祝活动在学校举办，22个学院、1 300余名校友及家属参加庆典。副校长杜鹏出席活动。

（六）重品质、讲成效，完善平台综合建设

校友咖啡厅自4月落成后，陆续收到了来自各地校友组织和校友个人的赞助，通过免费向校友提供咖啡、茶点，并开放活动场地，进一步加强了校友间的沟通交流、校友与母校的密切联系。

在完善信息化建设、提高校友联络率等方面，校友会完成了校友数据库一期、二期建设和内部云端资料系统建设，数据标准化工作取得新进展，校友有效联络率达到60%，为校友信息实名认证打下坚实基础。2019年，校友会面向1985级、1995级和2005级本科校友发行了首批电子校友卡531张。

媒体宣传平台每周定时推送微信公众号、服务号；每月编制《校友工作简报》；每半年出版《校友》杂志；并在元旦、春节、中秋等重大节庆日，通过短信平台向全球校友送上祝福。

## ■ 教育基金会工作

### 一、收支情况

2019 年，基金会总收入 7 905.53 万元，总支出 11 666.80 万元，净资产结余 74 540.51 万元。总收入中，捐赠收入 3 847.61 万元，投资收益 3 212.84 万元，其他收入（包括利息收入和心平贷学金还款）845.07 万元。

2019 年，基金会整理 2018—2019 年度捐赠资金中符合教育部捐赠配比项目共计 43 项，累计申请总额 2 493.44 万元，合格金额 2 169.94 万元，最终到账金额 1 346.00 万元。

### 二、主要工作

#### （一）投资理财

为确保基金保值增值，基金会秘书处积极探寻提升资金管理水平，中国人民大学教育基金会第一届投资管理委员会于 2019 年 4 月 22 日成立并召开首次会议，校长刘伟出席并为到会的基金会第一届投资管理委员会委员逐位颁发聘任证书。刘伟在讲话中表示：受出差在外地的基金会理事长、学校党委书记靳诺委托，代表母校欢迎各位校友返校，参加中国人民大学教育基金会第一届投资管理委员会正式成立暨首次会议，这是学校基金会工作的开创性、历史性一步，感谢各位校友愿意接受这一光荣使命、发挥专业优势服务回报母校。会议邀请耶鲁大学历史上首位来自中国的校董，也是耶鲁大学捐赠基金重要合作伙伴的张磊校友介绍耶鲁大学捐赠基金的投资管理情况。第一届投资管理委员会由金融领域杰出校友组成，汇聚了中国金融投资界顶级人才，可谓是中国金融投资界的“梦之队”，旨在为基金会投资管理提供专业化力量。根据投资管理委员会成员意见，通过了可用于投资管理的约 5.5 亿元资金的投资方案建议，投资类型分为三类：2.5 亿元银行类理财产品方案、2 亿元基金类产品方案、1 亿元股权类产品方案。

第一届投资管理委员会委员名单：

校内委员（主任委员）1 名：

杜　鹏　中国人民大学副校长、教育基金会副理事长

投资领域杰出校友或教育基金会重要捐赠人校友委员 10 名：

汪建熙　1978 级校友 中投公司原副总经理、首席风险官

李振宁　1978 级校友 上海睿信投资管理有限公司董事长

洪　崎　1981 级校友 中国民生银行董事长

张佑君　1983 级校友 中信证券董事长

肖　冰　1986 级校友 达晨创投合伙人兼总裁

裘国根　1987 级校友 上海重阳投资管理股份有限公司董事长

刘青山　1987 级校友 北京清和泉资本管理有限公司董事长

唐毅亭　1988 级校友 北京乐瑞资产管理有限公司董事长

张　磊　1990 级校友 高瓴资本创始人兼首席执行官

杨华辉　1996 级校友 兴业证券董事长

特邀列席：

郭向军　1988 级校友 中投公司副总经理兼中投国际首席投资官

（二）信息化建设

基金会在对所有项目情况和账目情况梳理清晰的基础上，设计开发了基金会项目管理系统和财务管理系统。根据历史财务数据及捐赠协议等相关材料，完成了财务系统的升级，实现了项目信息由科目核算变更为项目核算，本次财务系统升级，不仅使基金会对历史财务数据进行了正确分类，使项目信息更加直观、清晰，也大大提高了基金会财务人员的工作效率，特别是在微人大实现查询系统的上线，使项目执行单位可自行在微人大查询所负责项目的财务收支情况，减轻基金会财务人员的时间成本。

（三）培训交流

基金会举办了校内捐赠工作总结会暨业务培训会，就捐赠项目和资金管理的工作流程，对校内 30 多个单位约 70 余名捐赠联系人和负责人进行了介绍和培训。

基金会组织秘书处工作人员参加“双一流”高校教育基金会珠海圆桌研讨会，研究慈善法背景下深化教育基金会筹款资质、筹款激励、资产管控、机构评估等方面，实现教育基金会良性健康发展。

参加清华大学主办的“同道而行　功存教育——多元化筹资回顾与探索”论坛，与兄弟高校基金会一起学习交流、探讨业务，共同探索高校基金会可持续发展道路。

## 附录

### 2019 年到账 100 万元以上的捐赠项目

| 捐赠项目名称 | 捐赠方 | 2019 年到账金额（元） |
|---|---|---|
| 公益慈善事业研究与校友会、基金会等非营利组织研究 | 李晓波 | 2 000 000.00 |
| 国际佛学研究基金 | 大庆富裕正洁寺 | 2 000 000.00 |
| 斯玛特艺术教育基金 | 北京斯玛特教育科技集团公司 | 2 000 000.00 |
| 心平贷学金 | 广东步步高电子工业有限公司工会委员会 | 6 890 300.00 |
| 彭真民主法制研究与教育基金 | 北京市康达律师事务所 | 1 000 000.00 |
| 国家高端智库研究基金 | 中诚信证券评估有限公司 | 1 000 000.00 |
| 国家高端智库研究基金 | 中诚信国际信用评级有限责任公司 | 1 000 000.00 |
| 数字普惠金融，推动农村振兴 | 比尔和梅琳达·盖茨基金会 | 1 398 100.00 |
| 赠与亚洲—基层组织（金融聚合器）普惠金融能力建设 2018—2020 年项目（第二期） | 赠与亚洲（美国）北京代表处 | 3 145 510.54 |
| 中国农业银行励志成才奖助学金 | 中国农业银行股份有限公司 | 1 000 000.00 |

# 校办产业

## 一、概况

人大资产经营管理公司（人大世纪科技发展有限公司，以下简称“资产公司”）是由中国人民大学一人出资，经教育部批准，于2007年在原人大世纪科技发展有限公司的基础上组建成立的。资产公司是唯一代表学校对投资企业行使出资人职责的机构，其主要职能为代表学校进行股权投资并对所投资企业进行股权管理和布局结构调整，确保国有经营性资产的保值增值。

资产公司注册资本5.32亿元，有全资子公司7家，直接参股公司5家。截至2019年底，资产公司合并资产总额为163 974.39万元，同比增长7.74%；所有者权益144 023.24万元，同比增长9.00%。2019年实现净利润14 951.11万元，同比增长17.27%；上缴财政部国有资本收益1 151.34万元，上缴学校投资收益1 552.27万元。

## 二、校属企业管理工作

1. 深入开展主题教育，统一思想行动、凝聚发展共识

根据学校“不忘初心、牢记使命”主题教育要求，紧抓领导班子和支部两个主体，先后开展多次集体学习、调研会议以及谈心谈话、志愿服务等活动，梳理检视问题并明确整改方案，进一步推进习近平新时代中国特色社会主义思想、十九届四中全会精神在校属企业落地扎根。

2. 扎实做好体制改革准备工作，夯实改革基础、明晰改革路径

落实《国务院办公厅关于高等学校所属企业体制改革的指导意见》和学校相关部署要求，开展校属企业全面排查、各级子公司摸底了解、试点

高校调研等工作。强化与学校国资办的探讨交流，数次进行校属企业清查工作，最终明确改革工作方案，完成保留企业的论证报告。

3. 落实网教改革要求，规范网教建设发展

按照学校网络教育管理体制改革方案的整体部署和工作安排，资产公司开展了东方兴业投资事项相关工作。

4. 促进科技成果转化，助力产学研一体化建设

为进一步推动科研成果转化体制机制的良性运转，促进产学研结合及学校理工学科发展，资产公司根据学校整体部署，完成尚川水务公司增资工作。

5. 持续开展书报资料中心对外投资处置工作，推进校办产业规范建设、提高风险处置能力

按照学校要求，资产公司对书报资料中心、黄山学术交流中心等相关情况进行了分析，最终形成书面报告。

6. 以委派人员履职评价为抓手，健全委派人员管理体系

根据《人大资产经营管理公司委派、推荐董事、监事的管理办法》，对资产公司委派到子公司董监事的 2018 年履职情况进行了考核评价，率先在高校所属企业中完成了委派人员管理体系的构建工作。

7. 以财务主管委派、校属企业审计为着力点，强化检查监督体系

为进一步规范财务主管委派管理工作，加强集团公司层面的财务管理和筹划，通过多层次广泛意见征求，起草形成《中国人民大学校属企业财务主管委派管理办法（试行）》。同时，聘请外部中介机构开展专项审计，加强对所投资企业的管理和监督。

8. 善用讲座培训，优化专业培训提升体系

开展第二届校属企业董事会秘书专题培训会及 2019 年校属企业董事、监事及高级管理人员的培训讲座，进一步提高委派人员的政治站位、规范意识、履职能力和业务水平。

9. 落实制度建设整改，提升运营管理制度体系

以北京市教委关于加强校办产业内控审计评价工作为抓手，结合企业内部制度建设专项检查，组织子公司及时修订更新规范制度。同时梳理汇编上级部门在国资管理、国企建设方面的重要文件，形成《校办产业制度手册》，并向全资子公司印发。

10. 拟定校属企业工资总额管理办法，完善经营业绩考核体系

根据教育部相关要求，结合校属企业实际，在持续推进校属企业负责人薪酬管理工作的基础上，拟定《中国人民大学校属企业工资总额管理办法》和《中国人民大学校属企业经营业绩考核管理办法》，实现对全资、控股和重要参股企业经营业绩考核、工资总额管理的全面覆盖，于 2020 年 1 月 1 日起正式实施。

# 附录

## 中国人民大学所投资的一、二级企业图示

（截至 2019 年 12 月 31 日）

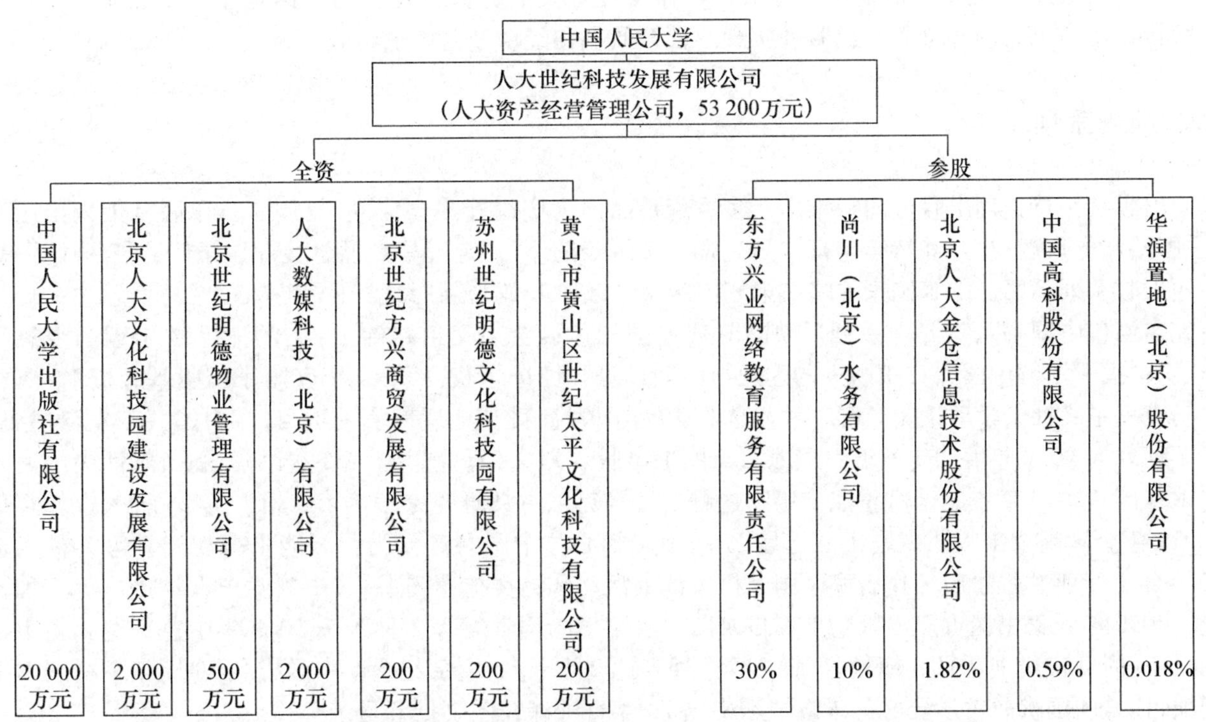


注：图中各全资公司下数值为公司注册资本，参股公司下数值为持股比例。

## ■ 出版社

### 一、概况

2019 年，出版社坚持正确的出版导向，把社会效益放在首位，实现社会效益和经济效益相统一，各项工作取得了良好成绩。出版社图书屡获国家级奖项。《政治哲学史》荣获第七届中华优秀出版物图书奖，这是出版社连续第 7 次获得该项殊荣，全国此类出版单位只有 4 家。“中国思想与文化名家数据库”项目荣获第七届中华优秀出版物提名奖，并成功入选国家新闻出版署第一届“数字出版精品遴选推荐计划”。在 2019 年公布的 2018 年度中国好书中，《人文之蕴——北京城的空间记忆》荣获“人文社科类”年度好书，《马克思与我们》入围“主题出版类”年度好书。《思想的剥离与锻造》一书荣获中国马克思主义研究基金会的“第六届马克思主义研究优秀成果奖”一等奖，出版社作为唯一一家大学出版社荣获优秀组织奖。多种图书入选中宣部“2019 年重点主题出版物选题”、教育部“全国高校出版社主题出版选题”。出版社还荣获“2018 年度优质产品优秀出版单位”，727 个图书品种被

评为“2018 年度优质产品”，位列综合质量第 4 名，2 种图书被评为“中华印制大奖”推荐产品。此外，出版社 11 位老同志荣获“庆祝中华人民共和国成立 70 周年”纪念章。

出版社多种图书亮相《伟大历程　辉煌成就——庆祝中华人民共和国成立 70 周年大型成就展》《书影中的 70 年·新中国图书版本展》。这些重要图书见证了新中国成立 70 年党的理论体系建设和国家文化建设的伟大历程，也是出版社参与新中国文化建设的有力见证。在习近平主席发表的 2020 年新年贺词视频中，主席书架上再次出现了出版社的优秀图书——《中共党史人物传》《戴逸文集》。近年来，出版社已经有多部图书出现在主席书架上，这也是出版社社会效益彰显的最好印证。

2019 年出版社全年经济指标逆势增长，保持良好发展势头，发货码洋达到 10.92 亿元。在整个出版行业增长乏力的背景下，出版社实现了社会效益和经济效益的双丰收。

## 二、选题策划工作

出版社坚持正确出版方向，推出众多重磅精品。为庆祝新中国成立 70 周年，出版社策划出版了“中国共产党口述史”，并持续丰富“马克思主义研究论库”“走近马克思”“认识中国·了解中国”等主题出版系列丛书。围绕国家战略，策划出版了“改革开放与新时代”研究丛书、“马克思主义理论研究与当代中国书系”等一系列反映新时代中国特色社会主义道路的主题出版物。“走近马克思”、“认识中国·了解中国”、《中国人的理想与信仰》等 5 种选题获得 2019 年度国家出版基金资助；《经典马克思主义社会学理论史》等 4 种入选 2019 年国家社科基金后期资助项目；“中国共产党口述史”等 2 种列入 2019 年度“十三五”国家重点图书出版规划。《马克思与〈资本论〉》和《对话中国》入选中宣部“2019 年主题出版重点出版物选题”。“马克思主义研究论库·第二辑”等 25 种入选教育部“2019 年全国高校出版社主题出版选题”。《不忘初心：中国共产党为什么能永葆朝气》等 2 种入选 2019 年上半年“强素质·作表率”国家机关读书活动政治类推荐图书；《中共党史人物传》等 5 种入选“2019 年农家书屋重点出版物推荐目录”。《汉字里的国学》等 3 种入选 2019 年中宣部纪念新中国成立 70 周年口袋书项目。《蚂蚁金服》等 2 种入选 2019 年中宣部纪念新中国成立 70 周年主题图书出版项目。《中国佛教哲学要义》入选“新中国 70 年百种译介图书推荐目录”。

出版社深耕教材出版，涵养学术品牌。教材出版保持了强劲的增长势头。出版社上下合力在新产品研发、头部产品维护、核心产品改造升级、数字化教材开发以及教材营销推广等方面做了大量扎实的基础性工作，保证了出版社教材的高速增长，进一步夯实了出版社稳定发展的基石。出版社在学术出版方面出版了很多精品力作。比如大型学术著作系列《梁启超全集》《李景汉文集》等；出版社继续扩充“中国经济问题丛书”“当代中国人文大系”“新闻传播学文库”等开放性学术文库；“诺贝尔经济学奖获得者丛书”“经济科学译丛”等大型学术译著系列也有新书出版。出版社围绕学术著作出版，举办了一系列学术研讨会，比如纪念梁启超逝世 90 周年暨《梁启超全集》出版座谈会、《李景汉文集》新书首发式、《人民共和国的建设者——中国人民大学校友专访录精编版》出版座谈会等。这些活动获得了主流媒体的重点关注。人文咖啡馆系列活动在学术著作大众化营销方面开展了“我们从不孤独——一场关于捍卫大地的伦理对话”“《多被人间作画图——江南市镇的历史解读》”等一系列既有学术内涵又接地气的读书活动。出版社紧跟社会热点，经管人文等优势领域涌现了一批市场表现突出的好书。《毛泽东传》《戴维斯王朝》《人文之蕴》《思辨与立场》等一批长销重点图书也继续保持热销。一批大众图书荣登各类畅销书榜单。

完善数字业务体系建设，打造健康可持续的数字出版生态。数字出版坚持把社会效益放在首位，在国家级奖项上崭露头角。2019 年，出版社的数字出版荣获两项国家级大奖，“中国思想与文化名家数据库”入选国家新闻出版署“数字出版精品遴选推荐计划”，入围第七届中华优秀出版物奖“音像、电子和游戏出版物奖”。在有分量的行业级奖项中，出版社的数字产品也获奖颇丰。荣获 2019 中国数字出版创新论坛“融合发展创新应用”奖项，“中国审判案例数据库”荣获第九届数博会 2018—2019

年度数字出版“创新项目”奖等。出版社继续布局数字阅读多形态开发，在有声产品上与喜马拉雅、懒人听书等合作，打造有声品牌“芸芸众声”。出版社荣获亚马逊 kindle 品牌合作奖、京东读书优秀合作伙伴等数字阅读奖项。

## 三、管理改革工作

2019 年，出版社继续加强党建工作，制定了《中国人民大学出版社贯彻落实意识形态责任制实施办法》，进一步加强出版社意识形态工作。按照学校党委的要求，启动了出版社党委换届筹备工作和“不忘初心、牢记使命”主题教育。出版社响应学校号召组织了一系列丰富多彩的主题党日活动，各个支部创新组织生活形式，开展了一系列富有成效的组织活动。在“不忘初心、牢记使命”主题教育中，出版社成立主题教育领导小组，组建了主题教育领导小组办公室，经过集中学习、基层调研、整理问题、整改问题等阶段，结合出版社实际工作业务，使得主题教育工作在推动出版社各项业务再上新台阶中发挥了引领和督导作用。出版社获校级党建先进集体，出版联合支部获校级优秀党支部。

2019 年，出版社进一步优化组织结构，工商管理方向因扩大业务需要，分成财会和管理两个分社。新媒体出版中心、大众图书第二项目组解散调整平稳过渡，大众业务人员结构更为合理。出版社进一步规范完善法务合同审核流程，制定《中国人民大学出版社采购与招标管理办法》，组织修订《印装材料管理规范》等制度，进一步规范管理，让业务发展有章可循。

## 四、对外合作和版权贸易工作

出版社继续保持“走出去”全国领先地位。荣获 2018 年度“中国图书对外推广计划”单体出版社综合排名第一（连续 10 年在单体出版社综合排名中取得 6 次第一、4 次第二）；获评“2019—2020 年度国家文化出口重点企业”（连续 8 届荣获该奖项）；荣获“外国人写作中国计划”优秀组织奖，成为“外国人写作中国计划联合选题资源平台”首批成员单位；荣获“2019 中国图书海外馆藏影响力英文图书 10 强”“2019 中国图书海外馆藏影响力出版 100 强”。“东南亚中国主题图书翻译合作出版项目”获评“2019—2020 年度国家文化出口重点项目”。

出版社在“一带一路”布局方面更为扎实，2019 年首次实现了塞尔维亚语、马其顿语的版权输出，输出语种突破 40 种。2019 年出版社承担“走出去”项目获批 85 项，资助金额接近 1 000 万元。入选中国图书对外推广计划 15 种，排名第一。丝路书香项目获评 31 项，排名第一。出版社发起成立的“一带一路”学术出版联盟 2019 年更名为“一带一路”共建国家出版合作体，被纳入“一带一路”国家高峰论坛成果清单。截至 2019 年底，合作体成员达到 319 家，较 2018 年增加 100 余家，分布在全球 56 个国家和地区。出版社作为发起单位，在伊朗德黑兰国际书展主办了“一带一路”与民心相通论坛。这是书展期间唯一一场高端论坛，也是国外机构参与最多、内容最丰富的主宾国活动。国务院新闻办副主任郭卫民等领导出席活动，联合签署《出版合作宣言》，举办了合作体书展。

出版社还围绕国家主宾国活动、国家外宣和学校对外交流需要，策划组织了一系列出访和特色书展，比如卡萨布兰卡书展、波兰华沙书展、哈萨克斯坦书展、伊朗国际书展、委内瑞拉书展、土库曼斯坦书展和罗马尼亚书展。出版社在北京国际图书博览会上举办了 8 场宣传推广活动，活动数量是历年之最。这些活动扩大了出版社国际品牌的宣传和推广，也为出版社“走出去”工作积累了多方资源和工作经验。

## 五、其他重要事项

1. 参加德黑兰书展中国主宾国活动，“一带一路”共建国家出版合作体再添新成员

4 月 18—26 日，为深化出版社与伊朗、卡塔尔出版机构和文化机构之间的联系与合作，开拓卡

塔尔出版市场，李永强社长率团参加第 32 届德黑兰国际书展中国主宾国活动，举办系列活动，并访问伊朗阿拉梅·塔巴塔巴伊大学、数字未来出版社（卡塔尔）、哈马德·本·哈利法大学出版社等出版和文化机构，与卡塔尔教育和文化部官员举行座谈，扩大了“一带一路”共建国家出版合作体和出版社在伊朗、卡塔尔出版合作的深度和广度，取得了丰硕的成果。4 月 23 日由“一带一路”共建国家出版合作体、中国人民大学、伊朗政治与国际问题研究院（IPIS）主办，出版社与学校重阳金融研究院共同承办的“‘一带一路’与民心相通”论坛在伊朗德黑兰成功举办。此次论坛是第 32 届德黑兰国际书展中国主宾国重大活动之一。

2.《李景汉文集》新书首发式在京举行

11 月 9 日，由中国人民大学出版社、社会与人口学院、社会学理论与方法研究中心共同举办的“《李景汉文集》新书首发式”在北京举行。出席活动的有学校校务委员会副主任、党委原常务副书记张建明教授，全国人大社会建设委员会副主任委员、中国社会科学院学部委员、社会政法学部主任李培林，中国社会学会会长、上海研究院第一副院长李友梅，教育部学位管理与研究生教育司司长、中国人民大学社会学理论与方法研究中心教授洪大用等。共有来自全国多所高校和科研机构的社会学学者逾 80 人参与了活动。本次出版的《李景汉文集》共六卷，为李景汉先生多年来从事社会调查及相关研究所出版作品的汇集。文集将李景汉先生毕生的重要社会调查作品以“北京社会调查”“定县社会调查”“社会调查总结”等主题为线索，以时间为轴进行梳理，汇集出版，其中第二卷是李景汉先生的代表性著作《定县社会概况调查》。

# 附录

## 2019 年获奖图书目录

（省部级以上）

| 序号 | 奖项（项目）名称 | 作品名称 | 出版时间 | 作者 |
|---|---|---|---|---|
| 1 | 第七届中华优秀出版物奖图书奖 | “政治哲学史”丛书 | 2017 年 3 月 | 张志伟　韩东晖　干春松 |
| 2 | 第七届中华优秀出版物奖音像电子游戏出版物提名奖 | 中国思想与文化名家数据库 | 2017 年 12 月 | 贺耀敏 等 |
| 3 | 2018 年度“中国好书” | 人文之蕴——北京城的空间记忆 | 2018 年 1 月 | 刘凤云　江晓成　张一弛 |
| 4 | 中宣部 2019 年主题出版重点出版物 | 马克思与《资本论》 | 2019 年 5 月 | 卫兴华 |
| 5 | 中宣部 2019 年主题出版重点出版物 | 对话中国 | 2019 年 10 月 | 《对话中国》编写组 |
| 6 | 第四届全国党员教育培训教材展示交流活动“优秀教材” | 马克思与我们 | 2018 年 5 月 | 孙正聿 |
| 7 | 第四届全国党员教育培训教材展示交流活动“优秀教材” | 马克思与世界 | 2018 年 5 月 | 顾海良 |
| 8 | 第四届全国党员教育培训教材展示交流活动“优秀教材” | 马克思与信仰 | 2018 年 5 月 | 陈先达 |

续表

| 序号 | 奖项（项目）名称 | 作品名称 | 出版时间 | 作者 |
|---|---|---|---|---|
| 9 | 第四届全国党员教育培训教材展示交流活动“优秀教材” | 马克思与当代中国 | 2018 年 5 月 | 陈学明 等 |
| 10 | 国家出版基金 2019 年主题出版项目 | “走近马克思”小丛书 | 2018 年 5 月 | 陈先达　顾海良 等 |
| 11 | 国家出版基金 2019 年主题出版项目 | 中国人的理想与信仰 | 2018 年 7 月 | 宇文利 等 |
| 12 | 国家出版基金项目 | 轨迹与思想：20 世纪欧美学者社会主义批判的批判研究 | 2019 年 1 月 | 刘晨晔 等 |
| 13 | 国家出版基金项目 | 马克思恩格斯法律思想研究 | 2018 年 12 月 | 吕世伦　叶传星 |
| 14 | 国家出版基金项目 | 创新实践与唯物史观形态研究 | 2019 年 6 月 | 董振华 |
| 15 | 国家出版基金项目 | 中国特色社会主义理论体系研究 | 2019 年 6 月 | 孟　鑫 |
| 16 | 国家出版基金项目 | 十八大以来中国特色社会主义理论创新研究 | 2019 年 7 月 | 肖贵清 等 |
| 17 | 国家出版基金项目 | 20 世纪马克思主义发展史（第三卷） | 2019 年 4 月 | 俞良早 等 |
| 18 | 国家出版基金项目 | 马克思告别哲学的尝试 | 2019 年 7 月 | ［美］丹尼尔·布鲁德尼 |
| 19 | 国家出版基金项目 | 今日马克思 | 2019 年 7 月 | ［意］马塞罗·默斯托 |
| 20 | 国家出版基金项目 | 社会主义核心价值观的话语构建与传播 | 2019 年 5 月 | 韩　震 |
| 21 | 国家出版基金项目 | 源远流长——科学社会主义与中国特色社会主义理论体系源流关系研究 | 2019 年 3 月 | 孙代尧 等 |
| 22 | 国家出版基金项目 | 马克思主义与 21 世纪史学编纂 | 2019 年 4 月 | ［美］克里斯·威克姆 |
| 23 | 国家出版基金项目 | 情境教育：一个主旋律的三部曲 | 2019 年 5 月 | 李吉林 |
| 24 | 国家出版基金项目 | 回归本真：“教育与人”的哲学探索 | 2019 年 5 月 | 冯建军 |
| 25 | 国家出版基金项目 | 美国教育改革：1890—1920 年 | 2019 年 6 月 | 张斌贤 等 |
| 26 | 国家出版基金项目 | 分配正义新论：人道与公平 | 2019 年 3 月 | 葛四友 |
| 27 | 国家出版基金项目 | 规范性：思想和意义之基 | 2019 年 3 月 | 郑宇健 |
| 28 | 国家出版基金项目 | 福利与伦理：基本理论与实证研究 | 2019 年 3 月 | 陈　燕　臧　政 |
| 29 | 国家出版基金项目 | 道德理由的追寻：道德推理理论研究 | 2019 年 4 月 | 杨宗元 |
| 30 | 国家出版基金项目 | 政德论：心理结构与伦理行动的二重维度 | 2019 年 3 月 | 鄯爱红 |
| 31 | 国家出版基金项目 | 陌生人社会伦理问题研究 | 2019 年 5 月 | 程立涛 |
| 32 | 国家出版基金项目 | 马克思主义哲学新形态探索 | 2019 年 3 月 | 马俊峰 |
| 33 | 国家出版基金项目 | 哲学创新视野中的应用哲学研究 | 2019 年 3 月 | 李　萍 等 |

续表

| 序号 | 奖项（项目）名称 | 作品名称 | 出版时间 | 作者 |
|---|---|---|---|---|
| 34 | 国家出版基金项目 | 中国哲学创新方法论研究 | 2019 年 3 月 | 姚新中　陆宽宽 |
| 35 | 国家出版基金项目 | 比较哲学与当代中国哲学创新 | 2019 年 3 月 | 臧峰宇 |
| 36 | 国家出版基金项目 | 马克思主义哲学与中国道路 | 2019 年 7 月 | 陈学明　姜国敏 |
| 37 | 国家出版基金项目 | 当代中国社会：基本制度和日常生活 | 2019 年 4 月 | 李路路　石　磊 等 |
| 38 | 国家出版基金项目 | 当代中国行政改革 | 2019 年 6 月 | 麻宝斌　郝瑞琪 |
| 39 | 国家出版基金项目 | 毛泽东刑法哲学思想研究 | 2019 年 10 月 | 蔡道通 |
| 40 | 国家出版基金项目 | 20 世纪马克思主义发展史（第二卷） | 2019 年 8 月 | 孙来斌　刘　军 |
| 41 | 国家出版基金项目 | 《资本论》导读 | 2019 年 10 月 | ［英］迈克尔·韦恩 |
| 42 | 国家出版基金项目 | 中国特色社会主义重大问题研究 | 2019 年 10 月 | 秦　宣 |
| 43 | 国家出版基金项目 | 马克思主义中国化进程中经典著作编译与传播研究（1919—1949） | 2019 年 12 月 | 王海军 |
| 44 | 国家出版基金项目 | 马克思主义中国化进程中经典著作编译与传播研究（1949—1978） | 2019 年 12 月 | 王海军　李　莉 |
| 45 | 国家出版基金项目 | 新教育实验：中国教育改革的民间样本 | 2019 年 8 月 | 朱永新 |
| 46 | 国家出版基金项目 | 新职业教育：培养面向未来的人才 | 2019 年 10 月 | 刘立新　周凤华 |
| 47 | 国家出版基金项目 | 重大时代课题与科学理论体系 | 2019 年 8 月 | 颜晓峰 |
| 48 | 国家出版基金项目 | 历史唯物主义与当代中国 | 2019 年 10 月 | 陈先达 |
| 49 | 国家出版基金项目 | 当代中国扶贫 | 2019 年 8 月 | 汪三贵 |
| 50 | 国家社科基金后期资助项目 | 周礼与“家天下”的王制：以《殷周制度论》为中心 | 2019 年 1 月 | 陈　赟 |
| 51 | 国家社科基金后期资助项目 | 人本会计理论体系研究 | 2019 年 1 月 | 胡春晖 |
| 52 | 国家社科基金后期资助项目 | 中国特色发展经济学：探索与构建 | 2019 年 2 月 | 周绍东 |
| 53 | 国家社科基金后期资助项目 | 结构主义视域下中国货币政策的信贷渠道研究 | 2019 年 6 月 | 战明华 |
| 54 | 国家社科基金后期资助项目 | 公用事业公私合作的法律机制和争议解决实证研究 | 2019 年 4 月 | 陈无风 |
| 55 | 国家社科基金后期资助项目 | 网络服务提供者侵犯著作权责任问题研究 | 2019 年 4 月 | 张玲玲 |
| 56 | 国家社科基金后期资助项目 | 境界形而上学 | 2019 年 6 月 | 宁新昌 |
| 57 | 国家社科基金后期资助项目 | 民法总则基本理论研究 | 2019 年 7 月 | 姚　辉 |
| 58 | 国家社科基金后期资助项目 | 《精神现象学》义解 | 2019 年 8 月 | 庄振华 |
| 59 | 国家社科基金后期资助项目 | 广义政治经济学——资本主义以前的社会生产方式 | 2019 年 10 月 | 姚开建 |

续表

| 序号 | 奖项(项目)名称 | 作品名称 | 出版时间 | 作者 |
|---|---|---|---|---|
| 60 | 国家社科基金后期资助项目 | 重新发现海德格尔、列维纳斯与中国哲学 | 2019 年 11 月 | 马 琳 |
| 61 | 国家社科基金后期资助项目 | 《刑法》第 13 条但书与刑事制裁的界限 | 2019 年 12 月 | 彭文华 |
| 62 | 教育部 2018 年全国高校出版社主题出版 | 砥砺前行:引领民族复兴的中国共产党 | 2019 年 7 月 | 李海青 等 |
| 63 | 教育部 2019 年全国高校出版社主题出版 | 走向自主创新:寻求中国力量的源泉 | 2019 年 7 月 | 路 风 |
| 64 | 教育部 2019 年全国高校出版社主题出版 | 中国精准扶贫与案例研究 | 2019 年 5 月 | 刘璐琳 彭 芬 等 |
| 65 | 教育部 2019 年全国高校出版社主题出版 | 马克思主义哲学与中国道路 | 2019 年 7 月 | 陈学明 姜国敏 |
| 66 | 教育部 2019 年全国高校出版社主题出版 | 重大时代课题与科学理论体系 | 2019 年 8 月 | 颜晓峰 |
| 67 | 教育部 2019 年全国高校出版社主题出版 | 历史唯物主义与当代中国 | 2019 年 10 月 | 陈先达 |
| 68 | 教育部 2019 年全国高校出版社主题出版 | 20 世纪马克思主义发展史(第二卷) | 2019 年 8 月 | 孙来斌 刘 军 |
| 69 | 教育部 2019 年全国高校出版社主题出版 | 源远流长——科学社会主义与中国特色社会主义理论体系源流关系研究 | 2019 年 3 月 | 孙代尧 等 |
| 70 | 教育部 2019 年全国高校出版社主题出版 | 马克思与《资本论》 | 2019 年 5 月 | 卫兴华 |
| 71 | 教育部 2019 年全国高校出版社主题出版 | 中国特色社会主义重大问题研究 | 2019 年 10 月 | 秦 宣 |
| 72 | 北京市第十五届哲学社会科学优秀成果奖一等奖 | 陈先达文集 | 2015 年 11 月 | 陈先达 |
| 73 | 北京市第十五届哲学社会科学优秀成果奖一等奖 | 思想的剥离与锻造 ——《神圣家族》文本释读 | 2018 年 5 月 | 刘秀萍 |
| 74 | 北京市第十五届哲学社会科学优秀成果奖一等奖 | 北京社区公共服务建设研究 | 2016 年 10 月 | 黄恒学 等 |
| 75 | 北京市第十五届哲学社会科学优秀成果奖一等奖 | 中国信息资源产业发展与政策 | 2017 年 8 月 | 冯惠玲 等 |
| 76 | 北京市第十五届哲学社会科学优秀成果奖二等奖 | 中国智慧:十八大以来中国外交 | 2017 年 7 月 | 金灿荣 等 |
| 77 | 北京市第十五届哲学社会科学优秀成果奖二等奖 | 马克思传:人间的普罗米修斯 | 2018 年 5 月 | 袁 雷 张云飞 |
| 78 | 北京市第十五届哲学社会科学优秀成果奖二等奖 | 当代中国经济法理论的新视域 | 2018 年 1 月 | 张守文 |
| 79 | 北京市第十五届哲学社会科学优秀成果奖二等奖 | 传统文化与思想政治教育创新 | 2018 年 4 月 | 王 易 |
| 80 | 北京市第十五届哲学社会科学优秀成果奖二等奖 | 道家形而上学研究(增订本) | 2018 年 5 月 | 郑 开 |

续表

| 序号 | 奖项（项目）名称 | 作品名称 | 出版时间 | 作者 |
| --- | --- | --- | --- | --- |
| 81 | 北京市第十五届哲学社会科学优秀成果奖二等奖 | 周易溯源与早期易学考论 | 2017 年 2 月 | 丁四新 |
| 82 | 北京市第十五届哲学社会科学优秀成果奖二等奖 | 中国通货膨胀动态形成机制的多重逻辑 | 2016 年 3 月 | 张成思 |
| 83 | 北京市第十五届哲学社会科学优秀成果奖二等奖 | 绿色创业导向研究 | 2016 年 10 月 | 李华晶 |
| 84 | 北京市第十五届哲学社会科学优秀成果奖二等奖 | 互联网供应链金融 | 2017 年 1 月 | 宋　华 |
| 85 | 江西省第十八次社会科学优秀成果奖二等奖 | 明代外戚研究 | 2018 年 9 月 | 叶群英 |
| 86 | 第十四届湖南省社会科学优秀成果奖二等奖 | 敌人论 | 2016 年 3 月 | 左高山 |
| 87 | 浙江省第二十届哲学社会科学成果奖基础理论研究优秀成果奖二等奖 | 记忆的纹理：媒介、创伤与南京大屠杀 | 2017 年 12 月 | 李红涛　黄顺铭 |
| 88 | 浙江省第二十届哲学社会科学成果奖基础理论研究优秀成果奖二等奖 | 新闻业的救赎——数字时代新闻生产的 16 个关键问题 | 2018 年 6 月 | 彭增军 |

## ■ 书报资料中心

### 一、概况

中国人民大学书报资料中心（以下简称“中心”）成立于 1958 年，是新中国最早从事人文社会科学文献搜集、整理、评价、编辑、集成、发布的信息资料提供机构，已成为集纸质期刊出版、数字出版、信息咨询、智库服务、教育培训等业务于一体的综合性现代出版机构和服务机构，是隶属于中国人民大学的自负盈亏的二级事业法人单位，注册资本 5 900 万元，位于海淀区中关村大街文化大厦。

截至 2019 年底，中心有正式在职员工 155 人，离退休职工 163 人。在职职工中事业编制职工 46 人。硕士以上学历 70 人，占员工总数的 45.2%。高级职称 34 人，占员工总数的 21.9%；中级职称 45 人，占员工总数的 29.0%。

经过几年的调整和发展，中心形成了纸质出版、数字出版、学术评价相互支撑融合的业务架构。

1. 纸质出版

中心共有 148 个国家正式批准的刊号，分为复印报刊资料、人文社科文摘、报刊资料索引和原发期刊四个系列，是国内期刊号数量最多的出版单位，其中 121 种期刊被国家新闻出版管理部门认定为学术期刊。

中心的核心产品复印报刊资料的期刊布局基本覆盖了我国哲学社会科学所有一级、二级学科，哲学社会科学领域的新兴学科、交叉学科和边缘学科也有相应期刊或栏目。复印报刊资料系列常年采集的哲学社会科学来源期刊共约 4 000 种，年发表学术论文近 40 万篇。2019 年，复印报刊资料学术系列期刊转载论文 11 355 篇。作为“中华学术的窗口”，复印报刊资料海外发行量在国内中文学术期刊中名列前茅，具有较强的国际影响力。

2. 数字出版

复印报刊资料系列数据库业务继续稳健发展。

3. 学术评价

2008 年成立学术成果评价研究中心，探索符合人文社会科学特征的评价方法，初步建立了以学术成果为指向、以同行评议为主导、以价值判断为引领、以数据分析为支撑的复合型学术成果评价体系，定期持续发布复印报刊资料转载指数排名，复印报刊资料重要转载期刊、机构和作者，年度中国十大学术热点等评价成果，已形成覆盖人文社科学术期刊、教学科研机构、作者、论文、学科五类评价对象的完整评价成果体系，并定期召开国内外学术评价研讨会。在国内人文社科学术评价以影响因子、引文计量为主导评价方法且争议较大的环境下，复印报刊资料系列评价成果为人文社科学术成果评价提供了崭新的视野。

4. 智库服务

中心围绕舆情监测、信息分析、数据挖掘、报告研读等内容，长期为哲学社会科学管理机构、出版机构和科研机构提供有价值的定向信息增值服务。

## 二、管理工作

1. 加强日常管理

全面修订管理制度，规范管理流程，切实提高管理水平和管理效率，让规范的管理制度为中心事业的健康发展提供有力保障。制定、修订《书报资料中心“三重一大”制度实施细则》《书报资料中心内部控制规范》《书报资料中心政务公开实施细则》《书报资料中心固定资产管理办法》《书报资料中心无形资产管理办法》《书报资料中心采购与招标管理办法》等文件。

2. 重视职工利益，改善职工福利水平

精心组织活动，丰富职工生活，关注职工健康，凝聚职工力量，倡导认真工作、快乐生活的理念，营造和谐温馨的职工之家。围绕加强中心文化建设、落实职工各项福利、关注职工身心健康三大内容开展工会工作。为合理安排员工休假，维护员工休假权利，结合中心工作实际与学校工作特点，修订了中心年休假制度。

## 三、期刊编辑出版

2019 年，中心期刊编辑出版工作有序开展，学术品牌建设稳步推进。

1. 筑牢政治意识，增强使命责任，确保中心期刊编辑出版的正确导向

中心在办刊实践中始终坚持马克思主义在意识形态领域的指导地位，全面贯彻习近平新时代中国特色社会主义思想，牢固树立鲜明的政治意识，坚持以人民为中心的出版导向，明确在意识形态领域守土有责的责任担当，在确立和实行的编辑方针、选稿原则、审读制度中，落实意识形态工作责任制，注意区分政治原则问题、思想认识问题、学术观点问题，旗帜鲜明反对和抵制各种错误观点，把好正向倡导和反向过滤两个关口。

2. 加强编辑队伍建设，提升编辑综合素质

6 月，中心召开年度编辑工作会议，提升中心期刊的学术质量，打造一流期刊品牌，助力学校“双一流”建设，为我国人文社会科学的繁荣与发展做出贡献。中心积极开展学术交流与合作，鼓励

编辑积极参加学术交流，全年共计70余次。认真组织并积极参与文博会、数博会，深化与行业协会和学科一级协会的有效联系，参与、组织相关的学术活动。

3. 规范中心产品宣传，提升品牌宣传力度

7月，中心召开期刊广告宣传文本专题会，就中心广告宣传文本存在的问题、广告宣传中应注意的事项、宣传文本规范化与标准化等议题进行了讨论，明确了期刊宣传文本应包含的中心标识、品牌名称、期刊信息、订购信息等基本要素，推进了中心产品宣传与品牌宣传的标准化、规范化。

4. 继续挖掘、利用中心独特的资源优势，为社会各界提供专业化的信息增值服务，为政府管理部门提供政策建议和咨询报告

中心充分发挥学术出版优势和学术品牌影响力，承接并高质量地完成上级主管部门的科研项目，发挥好以文资政咨询功能。主要包括：中宣部出版局委托的“我国重点社科类期刊内容质量审读”项目和“建立期刊分类标准，完善期刊基础数据”，北京市委宣传部委托的“北京市属报刊综合质量评估”“2019年度北京市属报刊集中审读”，国家民委委托的“人文社会科学优秀成果评估”，等等。

5. 进一步完善复印报刊资料学科体系

新刊《考古学》《公安学》获国家新闻出版署正式批准，填补了复印报刊资料学术期刊系列“考古学”和“公安学”两个学科的空白。

## 四、学术评价研究

学术评价体系逐步完善，学术声誉和影响力不断加强。

1. 继续做好评价工作新媒体宣传

学术评价中心微信平台稳定运行，影响力进一步提升，每两周定期发布学术评价领域的研究成果和资讯，绝大多数为原创，共发布23期、78篇文章，稳定关注者达到3 817人。

2. 学术评价研究、交流与服务工作持续进行

中心共承担学术科研项目7个，其中校级项目6项、国家社科基金一般项目1项，均按计划进行，2个校级项目正式结项。参与中宣部、国家民委委托的项目2项，均已完成大部分工作，即将结项。2019年发表论文10余篇，出版编著1部、专著2部，完成研究报告5份，评价成果累计约70万字。

## 五、经营销售工作

中心完成全年经营指标，全年编辑出版各类期刊148种，共计1 444期，总印量517万册，年总发行量约503万册，全年营业总收入6 999.05万元，其中主营业务收入5 297.62万元，其他业务收入1 701.43万元。

## 六、相关重要活动

1. 年度中国十大学术热点评选活动圆满完成，《中国学术热点趋势报告2018—2019》顺利出版

1月10日，2018年度中国十大学术热点发布会暨哲学社会科学学术研究展望论坛召开，原国家新闻出版总署副署长、中国新闻文化促进会理事长李东东发表讲话，副校长刘元春、上海社联专职副主席解超分别致辞。来自中国社会科学院、上海市社会科学界联合会、中国高等教育学会等机构的领导、学者、期刊及媒体代表共150余人参加了会议。9月，《中国学术热点趋势报告2018—2019》顺利出版。

2. 延续常规的年度成果发布工作，召开大型的评价成果发布论坛，影响力显著提升

3月26日，“中国人民大学人文社会科学学术成果发布论坛（2019北京）”在学校召开，会上发

布了“2018 年度复印报刊资料转载指数排名”和“复印报刊资料重要转载来源机构（2018 年版）”两项评价成果，来自人文社科领域的学术期刊社、科研管理部门、学术界、新闻媒体等的共约 900 人参会，并围绕经济管理学科、法政学科、信息管理与传播学科、文化创意产业、基础英语教育学科的中国特色学术评价、期刊与学科发展，以及科研管理与学术评价等展开了热烈讨论。

3. 成功举办第四届中国学术评价高峰论坛

12 月 13 日，“第四届中国学术评价高峰论坛（2019・北京）”在文化大厦召开，副校长刘元春到会致辞，“双一流”高校的科研管理部门负责人、知名学术期刊主编、学术评价研究界专家学者和相关媒体 80 余人参会，围绕“标准、体系、路径：哲学社会科学评价与‘双一流’建设”主题展开深入研讨。

4. 召开年度编辑会议

为认真学习贯彻落实习近平新时代中国特色社会主义思想和十九大精神，推动编辑在工作中增强“四个意识”，坚定“四个自信”，做到“两个维护”。6 月，中心召开年度编辑工作会议，会议主题是：坚持以习近平新时代中国特色社会主义思想为指导，深入探讨学术期刊编辑在新时代的历史使命，进一步推动从转载的评价向评价的转载转型，提升中心期刊的学术质量，打造一流期刊品牌，助力学校“双一流”建设，为我国人文社会科学的繁荣与发展做出贡献。

# ■ 文化科技园

## 一、概况

中国人民大学文化科技园是教育部和北京市共建的中国人民大学重点项目之一。园区是全国第一家文化创意特色的国家大学科技园、全国第一家文化创意特色的留学人员创业园、全国第一家国家版权贸易基地、全国第一家依托大学建设的国家文化产业示范基地。

北京人大文化科技园建设发展有限公司是中国人民大学文化科技园的运营管理公司，公司主营业务包括大学科技园的运营管理、创新创业孵化服务、版权产业链特色服务、文化产业专业智库建设等。

2019 年，园区连续第 6 次获得“海淀地区消防工作先进单位”称号；园区运营的文化大厦、兴发大厦及科技园办公楼项目获得了“安全生产标准化三级达标”荣誉证书及奖励；6 月，园区文化大厦获得“北京市控烟示范单位”荣誉称号。

## 二、服务学校教学科研和人才培养工作

1. 创新创业服务水平稳步提升

2019 年，园区进一步加强服务学院人才培养工作，充分发挥学校学科优势，与学校法学院共建中国人民大学双创法律服务工作站（法硕创新创业实践基地），为园区企业提供创新创业法律服务，同时也为法学专业学生提供了创新创业的实践基地。

园区成功举办了“中关村留学人员企业精品项目推介会（三三会）——人大、雍和航星海创园专场”，6 个优质项目现场路演，25 个项目入册。中关村兄弟海创园负责人、20 多家投融资和金融机构代表、媒体代表等共计 60 多人参加推介会，为园区留创项目搭建了更广的融资渠道。

园区继续承担学校春季大学生创业课程，选课人数达到历史新高的 89 人，上半年完成大创课程共计 11 次，20 个项目团队进行模拟路演，3 个优秀项目成功获得国家级立项；圆满完成 2018—2019 大学生创业训练计划项目，共计 20 个团队参与项目结项，7 个项目获得优秀，2 个项目获得实践奖励。

园区创业产业训练营体系已完成创业训练营、创意设计训练营、大数据产业加速器及 SaaS 企业增长训练营 4 大块的前期合作拓展和课程开发设计，并初步制定《课程和活动研发执行管理 SOP 文件》。

2. 孵化服务精细化，助力孵化企业迅速成长

园区共接待留学生项目资讯 40 个，新引进留创项目 3 家，学创项目 14 家。2019 年，园区共有 3 家企业获得融资，总额 1 450 万元，3 家企业获得开办费支持，2 家企业获得中关村小微企业研发费用补贴支持，6 家企业获得全国性、地区性创新创业大赛奖项，1 家企业入选中关村金种子企业，1 家企业挂牌新四板科创板。

## 三、提升文化产业公共服务能力工作

1. 产业公共服务和智库建设再创新高

连续 10 年发布“中国省市文化产业发展指数”，连续 7 年发布“中国文化消费指数”。落实与四川省省校合作，连续 3 年发布“中国西部省市文化产业发展指数”和“中国西部文化消费指数”。“2019 中国西部文旅融合指数”已进入研究测算阶段。

“文化和旅游部文化品牌评测技术重点实验室”（依托园区建设运营）连续 5 年推出“中国文化和旅游企业品牌价值 TOP50”。新发布“国家文化和科技融合示范基地十强榜单”。

整合重大项目库、重点项目库、国家动漫企业项目资源库、丝绸之路文化产业重点项目、特色文化产业重点项目、藏羌彝文化产业走廊项目及动漫品牌项目等数据至公共平台后台系统，实现后台数据统一管理。

截至 2019 年底，企业用户注册数 13 062 个，个人用户注册数 15 906 个，年度访问量 100 432 次。2019 年举办全国性文化产业重点项目对接会四期，共吸引了 342 个项目参会，其中 36 个项目参加现场路演，118 个金融机构参会，促成企业与金融机构、企业与企业初步合作意向率达 31%。

园区参与承办首届中国智能社会治理论坛。来自各高校、科研院所、政府部门、企业等的 30 余名专家学者和业界人士以及校内外师生和社会各界 300 余人参加，论坛充分发挥学校学科优势，推动科技智库建设，探讨民生领域重大问题，为国家治理体系和治理能力现代化贡献智慧和力量。还举办了“文化科技融合热点和趋势论坛”“中国文化经济学术论坛”。

受科技部、中宣部等五部委委托，开展“国家文化和科技融合示范基地”认定工作，形成《合规性审核报告》；受文化和旅游部委托，开展“进一步深化文化、旅游与金融合作的实施意见”“文化和旅游市场举报投诉协调机制研究”“文化科技融入实体经济”等研究。同时还开展文化和旅游消费相关咨询服务及第三方评估工作。

开展“第五届国家级文化和科技融合示范基地负责人高级研修班”、“2019 年全国文化产业信息通讯员培训班”、“2019 年数字文化产业研修班”和“文化和旅游部 2019 年全国文化和旅游消费工作推进会暨文化和旅游消费工作培训班”等多场文化产业高端人才培训。

2. 区域合作稳步推进，促进国内合作发展

按照学校整体战略安排，积极推进大厂园区建设；按照省校合作目标，深度探索与四川省的合作。

园区在江苏常熟建设运营的众创空间“文化众创 C-space”成功引进 11 家双创、文创类企业

入孵。

承担省级、地市级、县级研究课题共43项，为文化产业园区管理层的决策提供智力支持，推动区域文化产业稳步发展。

成立全国首个文化振兴乡村研究中心，以“智库引领、产业赋能、模式辐射”的工作思路引领和推动乡村振兴。

3. 版权服务工作独具匠心

连续11年编纂《中国版权年鉴》，《中国版权年鉴》是我国全面系统反映中国版权创造、运用、保护和管理基本概貌的大型专业性工具书。

组织完成“第十一届全国大学生版权征文活动”评审及颁奖工作。此次征文活动历时6个月，共收稿1 492篇，其中本科生论文906篇，研究生论文586篇，全国共计234所高校参与，最终评选产生特等奖论文3篇，本科生组和研究生组一等奖论文各10篇、二等奖论文各20篇、三等奖论文各30篇，优秀奖论文30篇，优秀指导老师奖20名，优秀组织奖20名。完成《版权　创造　未来——第十届全国大学生版权征文活动优秀论文选》的出版工作。

举办“电子商务版权保护研讨会”、“互联网内容平台生态建设与治理研讨会”和“摄影作品著作权与肖像权法律问题研讨会”等多场版权研讨会，深入探讨版权保护与合作，为政策制定、产业发展方向提供智力支持；协办“2019中国·北京国际版权授权大会”并荣获北京国际版权授权大会最佳组织奖。

4. 人大文创，紧跟潮流，促进科研成果转换

举办“北京国际设计创意市集”及“2019届结业生典礼文创产品展卖”，为特色文创产品提供线下展示和推广平台。联合校博物馆举办“榫卯魅力应延续——冯氏榫艺作品体验活动”。

为学生处策划的2019届市级、校级优秀毕业生奖励产品方案被采纳，完成优秀毕业生定制款台灯的设计、生产、交货及售后工作，本产品将园区孵化企业、学校物理系博士后文子诚的科研成果应用转化为人大特色文创产品，在实现校园师生科技、创意转化的同时支持了师生创新创业。

挖掘、提取学校博物馆可开发运用的馆藏资源中各类元素，与博物馆合作设计开发瑞兽葡萄纹LED化妆镜和密码家书丝巾等产品，并在北京高校博物馆文创论坛参展。

## 四、其他重要活动

3月29日，由教育部和科技部共同主办，教育部留学服务中心等单位承办的第十四届“春晖杯”中国留学人员创新创业大赛（以下简称“‘春晖杯’大赛”）启动仪式在学校文化大厦举行。党委副书记、宣传部部长郑水泉在启动仪式上致辞。园区作为“春晖杯”大赛的协办单位，建设运营全国首家文化产业特色的留学人员创业园，打造以“创业孵化＋创业投资＋创业导师”为核心的全方位、全流程、全链条、立体化综合孵化服务体系及以“文化科技中小企业健康发展会诊室”、媒体孵化服务平台为代表的特色孵化服务产品。园区累计孵化留创企业200多家，吸引海外硕士以上高层次人才超过450人。

8月15日，副校长朱信凯率队调研国家农业科技创新园，文化科技园总经理白连永、人大文化科技企业孵化器相关工作人员等一行陪同调研。朱信凯表示，文化科技园作为学校科研成果转化的平台，文化创意、文化科技融合为主题的国家大学科技园区，将文化创意与科技农业有机融合，围绕“农业＋科技＋人文”主题，践行智慧创新，一定能够探索出都市农业的新的发展潜力。双方就都市农业创新创业项目、农业＋文化科技融合等方面商讨合作。

11月27日，“京东杯”中国人民大学第十届学生“创业之星”大赛决赛圆满结束。副校长、创业学院院长杜鹏出席活动并致辞。中国人民大学学生“创业之星”大赛已经连续举办10届，是学校创新创业教育的重要组成部分，为塑造创新意识、营造创业氛围、丰富校园生活做出了重要贡献。本

届“创业之星”大赛共有28支团队、150多名学生报名参赛，经过评审，有12支学生团队进入决赛，参赛项目涉及文化创意、教育研学、智能投资、信息服务、健康食品等诸多领域。决赛分为创业项目展和3分钟电梯路演两个环节。经综合评定，“小物·超写实青铜雕塑艺术”团队获得本次“创业之星”大赛冠军，“不染国潮原创设计平台”团队、“畅识教育”团队、“聪明猴0～6岁早教平台”团队和“道时食品”团队分别获得“最佳创意奖”、“最佳团队合作奖”、“最具创业潜能奖”和“最具成长价值奖”，“桃村智投”、“丝路面花”、“大管家”、“未星科技”、“互联网＋‘行知研’研学”、“享拍网络科技”和“慧买菜”等7支参赛团队获得“优胜奖”。

## ■ 人大数媒科技（北京）有限公司

### 一、概况

2019年，人大数媒科技（北京）有限公司深入学习习近平新时代中国特色社会主义思想，坚决贯彻落实学校规定和公司发展战略，进一步强化体制机制建设，规范完善各项工作，实现业务稳健发展。

### 二、主要工作

（一）深入落实党建工作，促进先进思想传播

2019年，公司注重及时传达党中央及学校党委有关会议及文件精神，积极贯彻落实机关党委工作部署，深入学习先进理论成果，持续壮大党员队伍，做好党风廉政建设，充分发挥基层党组织的核心作用和战斗堡垒作用。在积极参加各项党建工作，将党的领导融入公司治理各个环节的同时，研发“党员学习会”“党建专题数据库”等产品，聚合人大复印报刊资料党政热点专题、专家深度解读文章，以及精选的党政期刊论文，并据此建立知识图谱，为深入学习提供优质资源，助力拓展先进理论传播的有效渠道。

（二）优化调整组织架构，强化团队战略部署

2019年，公司通过严格的竞聘及考察流程，落实副总经理选聘工作，同时对组织架构进行优化调整。秉持“形成销售、运营‘双轮驱动’的业务格局”“在保障销售存量业务的基础上，促进海外业务发展”“优化协同联动机制，确保运营变现”“人员编制基本不变”四大基本原则，将销售与运营两大业务独立管理，避免同质化竞争，有效互补，共同发展。通过调整组织架构，充分发挥公司资源与人力效能，更好地贯彻公司发展战略，为公司的良好高效运行提供了坚实保障。

（三）经营业绩稳步提升，获得多项资质荣誉

2019年公司经营业绩稳中有升。公司荣获文博会期间中国服务贸易协会评选的“2018文化产业创新型企业”，“学界”产品荣获第十二届新闻出版业互联网发展大会“优秀创新项目”称号。另外，公司新申请6项软件著作权（累计达38项），公司知识产权得到进一步保护。

（四）业务布局日益完善，实现发展双轮驱动

公司已形成以“人大复印报刊资料数据库”“壹学者”“学界”三大产品为核心的业务体。公司的B端业务在“人大复印报刊资料数据库”的基础上，进一步拓展了销售空间，取得了较好收益；“壹学者”通过探索基于代表作的大数据学术评价新模式，建立了ISE（Internet Scholar Evaluation）学

者评价体系；“学界”产品在运营的驱动下，通过挖掘用户核心需求、打造核心用户体验、线上线下渠道挖掘、持续优化变现路径的方式，实现了用户量与销售额双增长。公司完成账户统一功能的开发，并成功发布上线，三大产品的账户已经打通，为学术生态系统的良性循环提供了有力基础。

（五）海外产品完成升级，持续提升国际影响

2019 年，公司在深度调研海外客户需求的基础上重新建构海外版数据库 CSSE 的资源框架，完成了 2.0 版本的升级工作。通过引入第三方资源构建图书模块，围绕“精”这一主题进一步实现资源整合。以专题带动资源呈现，实现了期刊、索引、图书等部分的联动优化。新增“华人华侨研究”等三大专题，并全面支持多语种界面；补充 139 种期刊的“编委会”“刊物简介”字段；新增 170 本人文社科精品教材，支持按学科查找和检索。在跟进原有海外客户需求的同时，积极推广产品试用，进一步提升了国际影响力。

# 人　物

## 全国人大代表和政协委员

**全国人大代表**

第十三届　郑功成（民盟）　庄毓敏（无党派）

**全国政协委员**

第十三届　刘　伟（常委，中共）　杨光斌（中共）
汤维建（民革）　张风雷（无党派）

## 中国共产党北京市代表大会代表、北京市人大代表和政协委员

**中国共产党北京市代表大会代表**

第十二届　靳　诺　王　轶　王晓楠

**北京市人大代表**

第十五届　翟小宁（中共）　韩大元（中共）
乌云毕力格（无党派）黄石松（民建）

**北京市政协委员**

第十三届 齐鹏飞（中共） 赵 忠（致公党） 文继荣（无党派） 殷 强（民进）
张丽华（民建） 王润泽（无党派）

## ■ 民主党派中央委员、北京市委委员

民盟第十二届中央委员会副主席 郑功成
民盟第十二届中央委员会委员 汪昌云
民革第十三届中央委员会常委 汤维建
农工党中央第十六届委员会委员 卜健军
民盟北京市第十二届委员会常委 龙永红
民盟北京市第十二届委员会委员 于春海
民建北京市第十一届委员会副主委 黄石松
民进北京市第十三届委员会委员 殷 强
农工党北京市第十三届委员会委员 卜健军

## ■ 第八届国务院学位委员会委员

刘 伟

## ■ 国务院学位委员会第七届学科评议组成员

（按姓氏笔画排序）

王子今 王利明 冯惠玲 伊志宏 杨瑞龙 杨慧林 吴晓球
何家弘 张 法 张成福 张雷声 陈雨露 袁 卫 黄嘉树
喻国明 温铁军 翟振武 魏 坚

## ■ 第五届北京市学位委员会委员

吴晓球

## 中国人民大学教师担任2018—2022年教育部高等学校教学指导委员会委员名单

| 序号 | 所在教指委名称（含分委员会） | 姓名 | 担任职务 | 所在单位 |
|---|---|---|---|---|
| 1 | 哲学类专业教学指导委员会 | 郝立新 | 副主任委员 | 哲学院 |
| 2 | 经济学类专业教学指导委员会 | 刘　伟 | 主任委员 | 经济学院 |
| 3 | | 杨瑞龙 | 副主任委员 | 经济学院 |
| 4 | | 邱海平 | 秘书长 | 经济学院 |
| 5 | 财政学类专业教学指导委员会 | 郭庆旺 | 副主任委员 | 财政金融学院 |
| 6 | 金融类专业教学指导委员会 | 吴晓球 | 副主任委员 | 财政金融学院 |
| 7 | 经济与贸易类专业教学指导委员会 | 关雪凌 | 副主任委员 | 经济学院 |
| 8 | 法学类专业教学指导委员会 | 王利明 | 副主任委员 | 法学院 |
| 9 | | 王　轶 | 委员 | 法学院 |
| 10 | 政治学类专业教学指导委员会 | 杨光斌 | 副主任委员 | 国际关系学院 |
| 11 | | 秦　宣 | 委员 | 马克思主义学院 |
| 12 | 社会学类专业教学指导委员会 | 李路路 | 主任委员 | 社会与人口学院 |
| 13 | | 冯仕政 | 秘书长 | 社会与人口学院 |
| 14 | 马克思主义理论类专业教学指导委员会 | 靳　诺 | 主任委员 | 学校办公室 |
| 15 | | 齐鹏飞 | 秘书长 | 马克思主义学院 |
| 16 | 英语专业教学指导分委员会 | 郭英剑 | 委员 | 外国语学院 |
| 17 | 德语专业教学指导分委员会 | 张　意 | 委员 | 外国语学院 |
| 18 | 日语专业教学指导分委员会 | 李铭敬 | 委员 | 外国语学院 |
| 19 | 新闻传播学类专业教学指导委员会 | 胡百精 | 副主任委员 | 新闻学院 |
| 20 | 历史学类专业教学指导委员会 | 孛尔只斤·乌云毕力格 | 委员 | 国学院 |
| 21 | | 刘后滨 | 委员 | 历史学院 |
| 22 | 物理学类专业教学指导委员会 | 卢仲毅 | 委员 | 物理学系 |
| 23 | 心理学类专业教学指导委员会 | 胡　平 | 委员 | 心理学系 |
| 24 | 统计学类专业教学指导委员会 | 孟生旺 | 委员 | 统计学院 |
| 25 | 网络空间安全专业教学指导委员会 | 石文昌 | 委员 | 信息学院 |
| 26 | 城乡规划专业教学指导分委员会 | 叶裕民 | 委员 | 公共管理学院 |
| 27 | 林学类专业教学指导委员会 | 孟秀祥 | 委员 | 环境学院 |
| 28 | 管理科学与工程类专业教学指导委员会 | 毛基业 | 委员 | 商学院 |
| 29 | 工商管理类专业教学指导委员会 | 伊志宏 | 副主任委员 | 商学院 |
| 30 | 会计学专业教学指导分委员会 | 王化成 | 副主任委员 | 商学院 |
| 31 | 农业经济管理类专业教学指导委员会 | 唐　忠 | 主任委员 | 农业与农村发展学院 |
| 32 | | 朱信凯 | 秘书长 | 农业与农村发展学院 |
| 33 | 公共管理类专业教学指导委员会 | 刘元春 | 副主任委员 | 经济学院 |
| 34 | 图书馆学专业教学指导委员会 | 索传军 | 委员 | 信息资源管理学院 |
| 35 | 档案学专业教学指导委员会 | 张　斌 | 主任委员 | 信息资源管理学院 |
| 36 | | 徐拥军 | 秘书长 | 信息资源管理学院 |
| 37 | 电子商务类专业教学指导委员会 | 王刊良 | 委员 | 商学院 |

续表

| 序号 | 所在教指委名称（含分委员会） | 姓名 | 担任职务 | 所在单位 |
|---|---|---|---|---|
| 38 | 艺术学理论类专业教学指导委员会 | 牛宏宝 | 委员 | 哲学院 |
| 39 | 美术学类专业教学指导委员会 | 黄华三 | 委员 | 艺术学院 |
| 40 | 大学数学课程教学指导委员会 | 龙永红 | 副主任委员 | 信息学院 |
| 41 | 大学计算机课程教学指导委员会 | 杜小勇 | 副主任委员 | 信息学院 |
| 42 | 实验室建设与实验教学指导委员会 | 张　卯 | 委员 | 实验室建设与设备管理处 |
| 43 | 创新创业教育指导委员会 | 杨　东 | 委员 | 法学院 |
| 44 | 文化素质教育指导委员会 | 梁　涛 | 委员 | 国学院 |
| 45 | 教学信息化与教学方法创新指导委员会 | 田宏杰 | 委员 | 教师教学发展中心 |
| 46 | 图书情报工作指导委员会 | 宋姬芳 | 委员 | 图书馆 |
| 47 | 对口支援工作指导委员会 | 王利明 | 委员 | 法学院 |
| 48 | 高校美育教学指导委员会 | 张　淳 | 委员 | 艺术学院 |

## ■ 中国人民大学教师担任2016—2020年教育部高等学校思想政治理论课教学指导委员会委员名单

高等学校思想政治理论课教学指导委员会：靳诺（主任委员）
“马克思主义基本原理概论”分教学指导委员会：张雷声（副主任委员）
“毛泽东思想和中国特色社会主义理论体系概论”分教学指导委员会：秦宣（副主任委员）
“思想道德修养与法律基础”分教学指导委员会：刘建军（委员）
“研究生思想政治理论课”分教学指导委员会：靳诺（主任委员）

## ■ 第七届吴玉章基金委员会名单

名誉主任：李　鹏　宋　平　袁宝华
主任委员：马　凯
副主任委员（按姓氏笔画排序）：
王伟光　王利明　刘　伟　刘元春　陈雨露
赵启正　黄　达　程天权　靳　诺
委员（按姓氏笔画排序）：
马绍孟　王子今　王伟光　王利明　方汉奇
叶　朗　叶康涛　冯惠玲　邬沧萍　刘　伟
刘大椿　刘元春　孙　郁　严金明　杜厚文
李　扬　杨瑞龙　杨慧林　吴晓球　张　宇
张文显　张卓元　陈雨露　赵启正　郝立新
洪银兴　姚新中　贺耀敏　秦　宣　秦惠民

袁宝华　顾　涛　顾明远　顾海良　郭庆光
黄　达　黄朴民　黄兴涛　曹明新　韩大元
程天权　温铁军　谢维和　靳　诺　戴　逸
秘 书 长：刘元春
副秘书长：顾　涛　严金明
司　　库：叶康涛

## ■ 中国人民大学荣誉教授

**哲学院：**

萧　前　罗国杰　黄顺基　夏甄陶

**历史学院：**

戴　逸　王思治

**经济学院：**

宋　涛　吴大琨　卫兴华　高鸿业　胡　钧

**财政金融学院：**

黄　达　王传纶　周升业　陈　共

**农业与农村发展学院：**

周　诚　严瑞珍

**法学院：**

高铭暄　许崇德　孙国华　王作富

**马克思主义学院：**

许征帆　庄福龄　何　沁　彭　明　刘佩弦　彦　奇　林茂生

**社会与人口学院：**

邬沧萍

**国际关系学院：**

高　放

**新闻学院：**

方汉奇　蓝鸿文　甘惜分

**商学院：**

李占祥

**公共管理学院：**

钟契夫

## ■ 中国人民大学首批荣誉一级教授

（按文件顺序排序）

卫兴华　方汉奇　王传纶　甘惜分　邬沧萍　罗国杰

夏甄陶　高　放　高铭暄

注：2009年5月20日，学校印发《关于授予卫兴华等9人中国人民大学首批荣誉一级教授称号的决定》（2008—2009学年校政字19号）。

## ■ 中国人民大学第二批荣誉一级教授

（按文件顺序排序）

黄顺基　孙国华　陈　共　许征帆　周　诚　何　沁

李占祥　周升业　王作富　胡　钧　许崇德　庄福龄　严瑞珍

注：2013年1月11日，学校印发《关于授予黄顺基等13位退（离）休老专家荣誉一级教授称号的决定》（2012—2013学年校政字18号）。

## ■ 中国人民大学第三批荣誉一级教授

（按文件顺序排序）

陈立丹　郭　湛　黄克剑

注：2017年1月16日，学校印发《关于2016年教授一级岗位聘用结果的通知》（2016—2017学年校政字12号）。

## ■ 中国人民大学第四批荣誉一级教授

（按文件顺序排序）

钟宇人　赵中孚　赵履宽　张象枢　刘文华　陆贵山

注：2019年3月14日，学校印发《关于授予钟宇人等6位退（离）休老专家中国人民大学荣誉一级教授称号的决定》（2018—2019学年校政字35号）。

## ■ 中国人民大学荣誉一级教授（一级教授退休后自动转为荣誉一级教授）

（按年龄排序）

陈先达　吴易风　胡迺武　周新城　张立文

## 中国人民大学首批一级教授

（按姓氏笔画排序）

方立天　刘大椿　纪宝成　李文海　吴易风　宋　涛
张立文　陈先达　周新城　郑杭生　胡迺武　黄　达
曾宪义　戴　逸

注：2009年5月20日，学校印发《关于聘任中国人民大学首批一级教授的决定》（2008—2009学年校政字20号）。

## 中国人民大学第二批一级教授

（按姓氏笔画排序）

王利明　林　岗　袁　卫

注：2017年1月16日，学校印发《关于2016年教授一级岗位聘用结果的通知》（2016—2017学年校政字12号）。

## 中国人民大学第三批一级教授

（按聘任时间、姓氏笔画排序）

王子今　冯惠玲　吴晓球　杨瑞龙

注：2017年1月16日，学校印发《关于2016年教授一级岗位聘用结果的通知》（2016—2017学年校政字12号）；2017年9月20日，学校印发《关于2017年教师岗位聘用结果的通知》（2017—2018学年校办人字1号）。

## 中国人民大学第四批一级教授

（按姓氏笔画排序）

王国刚　刘小枫　余劲松

注：2019年1月10日，学校印发《关于第四批教授一级岗位聘用结果的通知》（2018—2019学年校办人字11号）。

## 2019年中国人民大学教授

（以聘任年月为序，包括党政、教辅正高职，截至2019年12月31日）

**哲学院：**

张立文　陈先达　刘大椿　段忠桥　焦国成　李秋零

张志伟　龚　群　马俊峰　张风雷　肖群忠　欧阳谦
温金玉　刘敬鲁　牛宏宝　何建明　彭永捷　李　萍
刘晓力　张文喜　罗安宪　杨武金　王伯鲁　吴　琼
彭新武　温海明　张立波　聂敏里　曹　刚　王宇洁
XINZHONG YAO　林美茂　刘永谋　曹　峰　张文良
罗　骞　余俊伟　臧峰宇　DENNIS RALF SCHILLING
谢地坤　张　旭　余开亮　刘劲杨　周　濂　徐　飞
姜守诚　曹南来

（注：张立文、陈先达于2019年2月退休，马俊峰于2019年11月调出）

**文学院：**

程光炜　杨慧林　李　泉　冷成金　王贵元　李　今
王家新　张永青　刘小枫　孙　毅　阎连科　梁　坤
陈满华　曾艳兵　高旭东　徐正英　朱万曙　王　昕
刘震云　LEEB LEOPOLD　杨联芬　陈前瑞　陈奇佳
张洁宇　范方俊　龙国富　梁　鸿　宋文辉　姚　丹
朱冠明　陈　阳　马元龙　陈剑澜　王　燕　蔡永强
夏可君　杨庆祥

（注：李今于2019年2月退休）

**历史学院：**

戴　逸　黄爱平　孙家洲　徐　浩　黄兴涛　杨念群
王皖强　华林甫　郭双林　夏明方　魏　坚　孟广林
马克锋　刘后滨　祁美琴　张永江　包伟民　许海云
孟宪实　韩树峰　赵　珍　朱　浒　李梅田　李晓菊
徐晓旭　杨雨青　孙　喆　陈胜前　何黎萍　曹新宇
刘文鹏　韩建业　赵秀荣　曹刚华　吕学明　王大庆

（注：孟广林于2019年12月退休）

**国学院：**

袁济喜　向世陵　黄朴民　诸葛忆兵　杨庆中
孛尔只斤·乌云毕力格　王子今　梁　涛　李　肖
韩　星　KIRILL SOLONIN　陈壁生　汪永红　谷曙光
宋洪兵

**经济学院：**

吴易风　胡迺武　黄泰岩　林　岗　杨瑞龙　方福前
贺耀敏　高德步　彭　刚　吴汉洪　陈享光　雷　达
刘凤良　韩玉军　关雪凌　邱海平　周业安　刘元春
贾根良　李军林　王晋斌　郭　杰　陈彦斌　陶　然
杨其静　胡　霞　宋利芳　谢富胜　聂辉华　程大为
王湘红　刘明远　于春海　李　勇　刘　伟　罗来军
张　杰　刘守英　韩　松　于　泽　王孝松　范志勇
孙文凯　陆方文　王　珏　赵　峰　李三希　孙圣民

（注：彭刚于2019年2月退休，吴易风、胡迺武于2019年4月退休）

**应用经济学院：**

刘　瑞　孙久文　张可云　郑超愚　侯景新　方　芳
黄　隽　黎玖高　杨天宇　郑新业　宋东霞　付晓东
丁守海　姚永玲　魏　楚　顾海兵　虞义华　夏晓华

（注：顾海兵于2019年11月退休）

**财政金融学院：**

黄　达　吴晓球　郭庆旺　任淮秀　朱　青　赵锡军
林清泉　庄毓敏　张　杰　吴晶妹　汪昌云　何　平
刘振亚　瞿　强　岳树民　关　伟　王小龙　岳希明
涂永红　陈忠阳　张成思　张顺明　郑志刚　石晓军
魏　丽　吕冰洋　许　荣　贾俊雪　类承曜　何　青
王秀芝　谭松涛　戴稳胜　马　勇　王国刚　王　芳
刚健华　马光荣

（注：林清泉于2019年6月去世，任淮秀于2019年11月退休）

**法学院：**

王利明　龙翼飞　何家弘　陈卫东　韩大元　胡锦光
黄京平　叶　林　杨建顺　谢望原　赵晓耕　郭　禾
周　珂　林　嘉　张世明　姚　辉　汤维建　莫于川
余劲松　朱文奇　冯　军　王云霞　史彤彪　张新宝
马小红　李艳芳　张志铭　张小虎　刘明祥　田宏杰
王　轶　刘俊海　朱大旗　肖中华　冯玉军　韩立余
肖建国　朱　岩　李学军　邵　明　李　琛　时延安
张　翔　刘计划　丁相顺　余民才　高圣平　万　勇
刘孔中　李奋飞　石佳友　杨　东　竺　效　刘品新
杜焕芳　邢海宝　付立庆　侯　猛　陈景辉　魏晓娜
王贵松　黄文艺

（注：周珂于2019年2月退休，朱文奇于2019年12月退休）

**马克思主义学院：**

周新城　张雷声　王　东　郝立新　秦　宣　刘建军
齐鹏飞　杨凤城　张云飞　陶文昭　杨德山　何虎生
张　旭　王　易　辛　逸　郑吉伟　王向明　侯衍社
邱　吉　王海军　张秀琴　宋学勤　汪亭友　张世飞
宋少鹏　郗　戈　刘　辉　耿化敏　陈家刚

（注：王东、王向明于2019年2月退休，周新城于2019年4月退休，张旭于2019年7月调出）

**社会与人口学院：**

翟振武　李路路　杜　鹏　于显洋　张建明　李迎生
段成荣　郭星华　刘　爽　刘少杰　陈　卫　杨菊华
郝大海　陆益龙　赵旭东　宋　健　冯仕政　杜本峰
陈劲松　张耀军　和　红　张有春　孙鹃娟　王水雄
赵延东　宋月萍　张会平　岳永逸

（注：郝大海于2019年8月退休，刘少杰于2019年12月退休）

**国际关系学院:**

黄嘉树　宋新宁　陈　岳　金正昆　周淑真　时殷弘
陈新明　金灿荣　杨光斌　王续添　蒲国良　黄大慧
李庆四　保建云　王英津　郭春生　房乐宪　王义桅
韩彩珍　吴征宇　许勤华　方长平　田　野　宋　伟
蒲　俜　张广生　马得勇　林　红　陈小沁　尹继武
李　巍　任　锋　姚中秋　吕　杰　翟东升　韩冬临

(注:金正昆于2019年11月调出,宋新宁、周淑真于2019年12月退休)

**新闻学院:**

蔡　雯　盛希贵　高　钢　陈　绚　匡文波　杨保军
钟　新　刘小燕　王润泽　赵永华　郭庆光　周　勇
刘海龙　胡百精　宋建武　贾文山　张辉锋　栾轶玫
殷　强　高贵武　周蔚华　邓绍根　许向东　赵云泽
LARS HILMAR WILLNAT　王莉丽　王　斌　林升栋

(注:高钢于2019年2月退休,贾文山于2019年11月调出)

**艺术学院:**

赵　方　黄华三　丁　方　王家增　王英健　李宇宏
王文娟　齐柏平　张　淳　高　毅

(注:丁方于2019年8月退休)

**外国语学院:**

陈世丹　刁克利　赵蕾莲　贾国栋　郭　军　李铭敬
张　意　代显梅　朱　源　李　霞　杨　敏　李桂荣
郭英剑　谢江南　王建华　杨彩霞　郭庆民　陈　方
江晓丽

(注:郭军于2019年10月退休)

**环境学院:**

马　中　曾凡刚　宋国君　张景来　王洪臣　沈大军
曾贤刚　张光明　吴　健　孟秀祥　蓝　虹　李　岩
郑　祥　龙　峰　王　华　靳　敏　庞　军　常化振
王　汶

(注:马中于2019年12月退休,张光明于2019年12月调出)

**信息学院:**

杜小勇　陈　红　孟小峰　李德英　左美云　石文昌
梁　循　李翠平　文继荣　何　军　梁　彬　朱　青
窦志成　徐　君　张　孝　卢志武　魏哲巍　程絮森

**数据工程与知识工程教育部重点实验室:**

陆嘉恒　陈跃国

**数学学院:**

朱来义　林　勇　龙永红　张伦传　张庆彩　杨云雁
王　伟　柯媛元　OLEKSIY ZHEDANOV　郑志勇
欧耀彬　沈　栋

**数学科学研究院：**

LOU YUAN　IZUMI TAKAGI

**理学院：**

物理学系：

李　涛　胡　辉　王善才　卢仲毅　刘玉良　于伟强
王　雷　陈根富　WEI BAO　朱传界　魏建华　曹永革
张　芃　李茂枝　YIN GUO　张　威　季　威　陈珊珊
俞　榕　程志海　同宁华　夏天龙　雷和畅　王伟民

化学系：

郭志新　艾希成　张建平　林　隽　李志平　徐立进
金朝霞　陈自立　王亚培　张美宁　付立民

心理学系：

雷　雳　胡　平　张积家　张清芳　李欢欢　陈立鹏
买晓琴

**商学院：**

郭国庆　戴德明　耿建新　王利平　王化成　王凤彬
宋远方　刘凤军　伊志宏　宋　常　李　焰　谷克鉴
成　栋　张瑞君　刘国山　宋　华　秦志华　孙茂竹
吕景胜　王亚星　徐经长　JIYE MAO　刘晓梅
章　凯　陈甬军　王晓东　赵西卜　王保林　刘向东
姜付秀　刘　刚　王刊良　曹　伟　况伟大　李先国
刘　军　宋建波　徐佳宾　支晓强　许年行　赵　晶
吴江华　姚建明　周　华　易靖韬　叶康涛　邓子梁
张　敏　廖冠民　袁蓉丽　王晓芳　孟庆斌　WANSHAN ZHU

（注：秦志华、孙茂竹于 2019 年 2 月退休，耿建新、李焰于 2019 年 8 月退休，陈甬军于 2019 年 11 月退休）

**公共管理学院：**

董克用　许光建　张成福　张康之　杨　健　叶剑平
毛寿龙　叶裕民　严金明　吴春波　吕　萍　魏　娜
孙柏瑛　康晓光　方振邦　李　珍　刘　昕　黄燕芬
蓝志勇　刘太刚　孙玉栋　张占录　王虎峰　李家福
祁凡骅　崔　军　KAIFENG YANG　丰　雷　杨宏山
李超平　张正峰　秦　波　曲卫东　王丛虎　DAVID HARRY ROSENBLOOM
郤艳丽　刘　鹏　王　俊　李东泉　李文钊　张　昕
郑　国　张　磊　马　亮　何艳玲

（注：董克用于 2019 年 9 月退休，李珍于 2019 年 11 月退休）

**劳动人事学院：**

曾湘泉　彭剑锋　郑功成　孙健敏　仇雨临　程延园
张丽华　周文霞　杨伟国　林新奇　赵　忠　石　伟
易定红　唐　鑛　杨立雄　韩克庆　徐世勇　刘松博
苏中兴　李育辉　文跃然　吴清军

**信息资源管理学院：**

冯惠玲　周晓英　卢小宾　王　健　王英玮　安小米

张　斌　侯卫真　索传军　张美芳　刘越男　黄霄羽
杨孟辉　徐拥军　贾君枝　宫晓东

**统计学院：**

袁　卫　赵彦云　金勇进　高敏雪　张　波　王晓军
彭　非　孟生旺　杜子芳　田茂再　张景肖　许王莉
吕晓玲　李静萍　李　扬　肖争艳

（注：彭非于 2019 年 8 月退休，金勇进于 2019 年 12 月退休）

**统计与大数据研究院：**

胡飞芳　艾春荣　朱利平

**农业与农村发展学院：**

唐　忠　孔祥智　郑风田　马九杰　曾寅初　汪三贵
张利庠　刘金龙　王志刚　周　立　朱信凯　REARDON THOMAS ANTHONY
生吉萍　谭淑豪　王西琴　仇焕广　庞晓鹏　陈卫平
仝志辉　刘晓鸥　陈敏鹏　郑　适　毛学峰　于晓华

**教育学院：**

俞国良　胡　娟　申素平　张晓京　李立国　周光礼
程方平　曹淑江　胡莉芳　刘复兴　翟小宁　张东辉

（注：程方平于 2019 年 8 月调出）

**继续教育学院：**

王琪延　缪代文　喻志军　文书锋　丁　凯　杨　晶

**体育部：**

李树旺　王智慧

**图书馆：**

宋姬芳　李辉华

**档案馆：**

张　丁

**出版社：**

刘　志　孟　超　费小琳　宋　晶　刘　晶　潘　宇
马学亮　杨宗元　郭燕红　李永强　李　宏　苏玉宏
鞠方安　罗海林　安　卫　郭晓明　刘叶华　王　磊
张继清

（注：孟超于 2019 年 2 月退休）

**书报资料中心：**

高自龙　宣小红　王立君　钱　蓉　李红宇　武宝瑞
杨红艳

（注：武宝瑞于 2019 年 10 月退休）

**学术期刊社：**

杨万东　武京闽　林　坚　李淑英　孔　伟　王碧峰

**学校办公室：**

靳　诺　郑水泉　吴付来

**发展规划处：**

李红宇

**国医学院筹建工作领导小组办公室：**

林建荣

**汉青经济与金融高级研究院：**

叶光亮　　WANLI ZHAO

**国家发展与战略研究院：**

尹　恒　　黄石松　　刘瑞明　　刘　青　　秦　虹

**附属中学：**

周建华　　高江涛　　汤步斌　　乜全力　　谢泽运　　梁丽平

于金华　　徐良云　　闫桂红　　杨连明　　刘小惠　　于秀娟

周立军　　廖昌燕

**附属小学：**

郑瑞芳

## 2019 年去世人员名单

**2019 年去世人员（离休）**

（以去世时间先后为序）

| 单位 | 姓名 | 性别 | 出生年月 | 参加工作时间 | 去世时间 |
|---|---|---|---|---|---|
| 商学院 | 王贤春 | 女 | 1925 年 4 月 | 1941 年 2 月 | 2019 年 1 月 |
| 图书馆 | 乔　风 | 男 | 1929 年 5 月 | 1949 年 3 月 | 2019 年 1 月 |
| 经济学院 | 周　耀 | 男 | 1926 年 9 月 | 1949 年 3 月 | 2019 年 1 月 |
| 清史研究所 | 史　松 | 男 | 1930 年 12 月 | 1949 年 5 月 | 2019 年 2 月 |
| 中共党史系 | 刘　炼 | 女 | 1925 年 7 月 | 1946 年 9 月 | 2019 年 3 月 |
| 出版社 | 苏　彤 | 女 | 1927 年 1 月 | 1948 年 5 月 | 2019 年 3 月 |
| 离退休工作处 | 李　静 | 女 | 1933 年 1 月 | 1949 年 3 月 | 2019 年 3 月 |
| 环境学院 | 王静波 | 男 | 1925 年 10 月 | 1949 年 5 月 | 2019 年 3 月 |
| 环境学院 | 王直夫 | 男 | 1924 年 11 月 | 1948 年 8 月 | 2019 年 4 月 |
| 农业经济系 | 岳　琛 | 女 | 1928 年 5 月 | 1949 年 6 月 | 2019 年 4 月 |
| 商学院 | 解培才 | 男 | 1930 年 1 月 | 1944 年 5 月 | 2019 年 4 月 |
| 农业经济系 | 刘晓芬 | 女 | 1931 年 2 月 | 1949 年 4 月 | 2019 年 4 月 |
| 历史系 | 黄文皆 | 男 | 1928 年 8 月 | 1949 年 6 月 | 2019 年 5 月 |
| 附中 | 董　放 | 男 | 1922 年 11 月 | 1949 年 5 月 | 2019 年 7 月 |
| 新闻学院 | 秦　硅 | 男 | 1928 年 3 月 | 1948 年 5 月 | 2019 年 8 月 |
| 经济学院 | 朱澄平 | 男 | 1921 年 5 月 | 1948 年 12 月 | 2019 年 8 月 |
| 统计学系 | 王恩玉 | 女 | 1930 年 5 月 | 1949 年 6 月 | 2019 年 8 月 |
| 经济学院 | 陈俊欧 | 男 | 1930 年 5 月 | 1949 年 5 月 | 2019 年 9 月 |
| 成人教育学院 | 马　瑗 | 男 | 1933 年 1 月 | 1949 年 3 月 | 2019 年 9 月 |
| 出版社 | 过德培 | 男 | 1924 年 6 月 | 1949 年 3 月 | 2019 年 9 月 |
| 人口理论研究所 | 延希宁 | 女 | 1931 年 5 月 | 1948 年 11 月 | 2019 年 11 月 |
| 中共党史系 | 赵文鸣 | 女 | 1925 年 3 月 | 1948 年 11 月 | 2019 年 11 月 |
| 中共党史系 | 曲锡庚 | 男 | 1927 年 11 月 | 1948 年 12 月 | 2019 年 11 月 |

续表

| 单位 | 姓名 | 性别 | 出生年月 | 参加工作时间 | 去世时间 |
|---|---|---|---|---|---|
| 劳动人事学院 | 虞祖尧 | 男 | 1927 年 11 月 | 1949 年 5 月 | 2019 年 11 月 |
| 组织部 | 梁玉英 | 女 | 1930 年 11 月 | 1945 年 12 月 | 2019 年 11 月 |
| 经济学院 | 卫兴华 | 男 | 1925 年 10 月 | 1946 年 5 月 | 2019 年 12 月 |
| 法学院 | 鲁　风 | 女 | 1921 年 3 月 | 1945 年 7 月 | 2019 年 12 月 |
| 国际关系学院 | 叶维钧 | 男 | 1927 年 2 月 | 1949 年 7 月 | 2019 年 12 月 |

**2019 年去世人员（退休）**

（以去世时间先后为序）

| 单位 | 姓名 | 性别 | 出生年月 | 参加工作时间 | 去世时间 |
|---|---|---|---|---|---|
| 国际关系学院 | 解海南 | 男 | 1950 年 6 月 | 1968 年 9 月 | 2019 年 1 月 |
| 法学院 | 张正钊 | 男 | 1930 年 10 月 | 1950 年 8 月 | 2019 年 1 月 |
| 资产与后勤管理处 | 田正国 | 男 | 1945 年 2 月 | 1965 年 9 月 | 2019 年 1 月 |
| 经济学院 | 李学义 | 男 | 1935 年 3 月 | 1951 年 3 月 | 2019 年 1 月 |
| 商学院 | 路锁全 | 男 | 1930 年 11 月 | 1951 年 8 月 | 2019 年 3 月 |
| 环境学院 | 蔡幼伯 | 男 | 1926 年 1 月 | 1951 年 9 月 | 2019 年 3 月 |
| 国际关系学院 | 杜康传 | 男 | 1931 年 1 月 | 1953 年 7 月 | 2019 年 3 月 |
| 出版社 | 熊成乾 | 男 | 1940 年 7 月 | 1964 年 10 月 | 2019 年 3 月 |
| 附中 | 孟仁娥 | 女 | 1935 年 1 月 | 1958 年 7 月 | 2019 年 4 月 |
| 中共党史系 | 黄文贞 | 女 | 1931 年 4 月 | 1956 年 8 月 | 2019 年 4 月 |
| 哲学院 | 林尚炘 | 男 | 1928 年 6 月 | 1956 年 8 月 | 2019 年 4 月 |
| 附中 | 蒋国垣 | 男 | 1934 年 1 月 | 1956 年 6 月 | 2019 年 5 月 |
| 中国语言文学系 | 张慧珠 | 女 | 1932 年 6 月 | 1955 年 9 月 | 2019 年 5 月 |
| 档案学院 | 胡惠秋 | 女 | 1931 年 12 月 | 1949 年 11 月 | 2019 年 5 月 |
| 附中 | 董景玉 | 女 | 1935 年 11 月 | 1953 年 7 月 | 2019 年 6 月 |
| 档案学院 | 赖世鹤 | 男 | 1929 年 12 月 | 1951 年 8 月 | 2019 年 7 月 |
| 商学院 | 马子麟 | 男 | 1932 年 7 月 | 1951 年 9 月 | 2019 年 7 月 |
| 马克思主义学院 | 赵　汇 | 女 | 1957 年 12 月 | 1982 年 1 月 | 2019 年 7 月 |
| 经济学院 | 周起业 | 男 | 1927 年 6 月 | 1952 年 7 月 | 2019 年 8 月 |
| 艺术学院 | 黄　璘 | 男 | 1957 年 10 月 | 1984 年 8 月 | 2019 年 9 月 |
| 校医院 | 张大君 | 女 | 1942 年 6 月 | 1967 年 9 月 | 2019 年 11 月 |
| 体育部 | 崔文季 | 男 | 1930 年 6 月 | 1950 年 3 月 | 2019 年 11 月 |
| 财政金融学院 | 沈瑞年 | 男 | 1928 年 12 月 | 1951 年 3 月 | 2019 年 11 月 |
| 国际关系学院 | 洪肇龙 | 男 | 1932 年 5 月 | 1955 年 9 月 | 2019 年 11 月 |
| 纪委 | 王耀中 | 男 | 1932 年 12 月 | 1951 年 7 月 | 2019 年 12 月 |

注：以上两表去世人员是副教授或副处以上。

**2019 年去世人员（在职）**

（以去世时间先后为序）

| 单位 | 姓名 | 性别 | 出生年月 | 参加工作时间 | 去世时间 |
|---|---|---|---|---|---|
| 公共管理学院 | 吴爱明 | 男 | 1964 年 10 月 | 1987 年 8 月 | 2019 年 1 月 |
| 财政金融学院 | 林清泉 | 男 | 1954 年 11 月 | 1972 年 11 月 | 2019 年 6 月 |

注：表中列出的是副教授或副处以上去世人员。

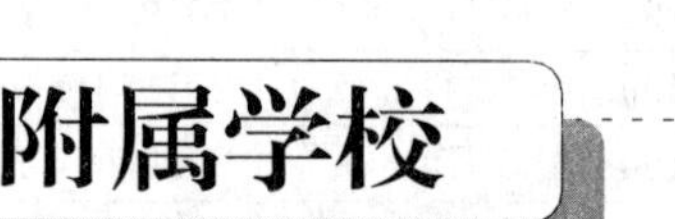

# 附属学校

## 附属中学

### 一、概况

2019年，中国人民大学附属中学（以下简称“人大附中”）占地面积97 227平方米，建筑面积115 338.5平方米，体育场（馆）面积25 352平方米，图书馆藏书169 344册，拥有计算机2 071台，多媒体教室214个，校园网出口总带宽800Mbps，数字资源量50 000 GB，“信息技术”课程每周1课时，普通教室203个，实验室67个。在册教职工548人，其中具有正高级职称11人、副高级职称262人、中级职称201人；专任教师459人，包括特级教师20人（在职17人、退休返聘3人）、北京市学科教学带头人4人、市级骨干教师17人。开设教学班146个，其中初中班57个、高中班89个。毕业2 120人，其中初中810人、高中1 310人；在校生5 258人，其中初中2 165人、高中3 093人。高中录取分数线558分（海淀区）。人大附中有社团139个。为促进基础教育优质均衡发展，人大附中已经连续10多年向周边薄弱学校、外省市学校输送干部、教师，2019年合计63人。人大附中网址：http://www.rdfz.cn。

### 二、学校建设

2019年，人大附中分党委带领党员群众认真学习近平总书记在“不忘初心、牢记使命”主题教育工作会议上的重要讲话，贯彻“守初心、担使命，找差距、抓落实”的总要求，以“理论学习有收获、思想政治受洗礼、干事创业敢担当、为民服务解难题、清正廉洁作表率”为目标，深入学习贯彻习近平新时代中国特色社会主义思想，锤炼自我忠诚干净担当的政治品格。教育教学领导小组、年级组、教研组等组织机构自主发展，完善教育管理机制；搭建高端平台，建设融会中外、具有开拓视野和创新精神的高素质教师队伍，促进教师专业发展；继续坚持以人为本的管理思想，尊重和爱护每一位教职员工，加强青年教师的培养。人大附中组织每月德育主题活动，开展具有北京和人大附中特色的德育课、社会实践课。全面结构化梳理校本课程，持续完善人大附中多元立体课程体系，发展具有时代性的高端课程；开发综合实践活动课程，构建了在线授课、慕课等多维网络授课体系，尝试导师制、走班制、小班化、翻转课堂等教学实践，在课堂教学中积极探索基于情境、问题导向的互动式、启发式、探究式、体验式等教学方式，形成适合不同类别课程的科学有效的教学策略；继续加强 STEM 课程建设，逐渐构建起多层次的“人工智能＋X”课程体系，开辟高端科技实验室，提升科技教育水平，培养学生创新意识和实践能力；为具有体育、艺术及各类特长的孩子搭建发展平台，组织他们积极参加各级各类体育、艺术展示与比赛；大力拓展国际交流，提升国际化办学水平，努力创造具有中国特色的未来教育；继续推进扶贫、促均衡工作，帮助兰坪坚决全面高质量打赢脱贫攻坚战。人大附中被评为北京市中小学科技教育示范学校、海淀区教育事业统计先进集体、首批中小学心理健康教育特色学校、2019 年度北京市海淀区优秀体育场馆、2019 京城百所特色校“引领京城教育品牌中学”称号，获得海淀区招生考试考务工作先进集体一等奖、基于优秀传统与创新精神相结合的综合育人实践奖、中国科学院大学 2019 年科教融合协同育人突出贡献奖、北京市课程建设优秀成果奖、海淀区优秀成果奖等。

## 三、获奖情况

1. 学生获奖——国际级

1 月，在英国生物奥林匹克竞赛中，申易霖、史紫宸、韩边同、李珩周获得金奖，吴松泽获得银奖，邢博宁、刘思琪获得铜奖。

1 月，在美国生物奥林匹克竞赛中，史紫宸、刘唯灼、韩边同获得金奖，余昊卿获得银奖，申易霖、李骏博、刘思琪、李珩周获得铜奖，邢博宁获得成绩优异奖。

1 月，在美国数学大联盟比赛中，唐梓尧获得一等奖。

1 月，沈澈获得香港国际室内乐大赛金奖、第一届新加坡音乐学院国际室内乐比赛特别金奖。

1 月，王攀硕获得香港第六届国际室内乐比赛金奖第一名、首届新加坡国际重奏比赛特别金奖的成绩。

4 月，简宇卿获得越南河内数学公开赛团体赛金牌、个人赛银牌。

4 月，在丝路青年梦想汇国际青年摄影比赛中，寇加祺获得一等奖，宋允锡获得二等奖。

4 月，在美国学术十项全能大赛国际赛中，人大附中获得其中 4 个项目的 5 块奖牌，谢依欣、杨雁馨、田雨畅获得银牌，邢博宁获得铜牌，李一楠获得最具价值队员奖牌。

4 月，倪鹤洋在澳大利亚信息数学竞赛中获得二等奖。

5 月，在第 70 届英特尔国际科学与工程大奖赛中，王煜桐获得能源化学学科三等奖。

5 月，在第 20 届亚洲物理奥林匹克竞赛中，张哲伦获得金牌。

6 月，在 NASA 国际空间站设计大赛中，丁凯瑞、梅雨等 12 人组成的团队获得团队一等奖，李海阳、孟尚骏、刘行健、杜昀聪等人的团队获得团队二等奖。

7 月，邓明扬在第 60 届国际数学奥林匹克中获得金牌。

7 月，在 2019 北美夏季桥牌大赛青年团体赛中，文羽琦等 4 人获得冠军。

7月，在国际青年物理学家竞赛中，杨海川、黄雨衡团队获得金牌。

7月，季天泽在2019RoboRAVE国际机器人大赛中获得铜牌。

7月，冯思媛在津宝第五届国际音乐节暨首届巴松大奖赛中获得优秀奖。

8月，在第17届国际语言学奥林匹克竞赛中，白锦儒获得银牌。

8月，于佩彤获得2019爱乐国际音乐大赛总决赛弦乐二等奖。

8月，黄亦宸、郑博中、张雯一、王若辰、王若歌、赵灵毓获得2019亚洲杯中文辩论锦标赛最佳人气队伍奖。

10月，姬晨轩在2019年国际天文学家奥林匹克竞赛中获得银牌。

11月，李明达获得2019津宝第五届国际音乐节暨第五届打击乐大奖赛马林巴少年组二等奖、小军鼓少年组三等奖，2019PAS中国第三届国际打击乐艺术节初中小军鼓独奏铜奖。

11月，罗贺青在第61届全日本书法展中获得全国书美术振兴会奖。

11月，金美成在第七届韩国击剑协会会长杯全国击剑俱乐部冠军赛中获得女子花剑个人赛中学部第二名。

11月，申雨轩、杜昀聪、梁颖昕、连奕名、陈慧婷在剑桥国际数学AS考试中获得顶尖学子奖。张健翔获得进阶数学全球顶尖学子奖、化学全国顶尖学子奖。杨涂博浩获得剑桥国际艺术设计全国顶尖学子奖。

12月，王梓彤、祁绍博、韩滨竹在新加坡国际低音提琴音乐节国际低音提琴大赛中分别获得少年组非专业院校组独奏一等奖、二等奖，专业院校组独奏二等奖、三等奖。

12月，单晗哲获得中国西部首届国际小号展演中学组金奖。

12月，林佳希在澳大利亚生物奥林匹克竞赛中获得全球奖。

12月，纪勇、魏雅萱在2019澳大利亚数学竞赛中获得一等奖，冷静获得二等奖。

12月，任墨也获得伯克利·霍普金斯初中数学竞赛团体赛第一名。

2. 学生获奖——国家级

1月，在2019年全国桥牌青年团体赛中，王鼎原等5人获得20岁组亚军，王中天等6人获得15岁组亚军。

1月，孙睿泽在同根、同心、同行华人青少年现场书画大赛中获得中学书法组翰墨之星称号。

2月，在中国高中生物理创新竞赛中，孙向凯等6人获得一等奖。

2月，在第六届全国青少年电子信息智能创新大赛总决赛中，朱梓同、吴磊获得高中组一等奖，马辰宇、郭城获得初中组二等奖。

2月，在第四届全国青少年阅读风采大赛展示活动中，邓朗青、张一凡获得全国总决赛个人一等奖。

3月，在第十届北斗杯全国青少年科技创新大赛全国总决赛中，刘益洲、张行健、向尚言、程雅硕获得一等奖，冯全璟、曹海言、韦司堃、郑凯文获得二等奖。

3月，伍行在第十届蓝桥杯青少年C++编程赛中获得一等奖。

4月，姚方远获得2019年全国健美操联赛年龄二组精英组女子单人操第一名。

4月，在全国青少年天文竞赛中，于澄凯获得高年组金牌，姬晨轩、张瀚获得高年组铜牌，潘法昇、王添瑞获得低年组银牌。

5月，刘子路、相坤宏获得第十四届中国少年科学院“小院士”课题研究成果展示交流活动一等奖。

5月，梁泽恩在海峡两岸香港澳门STEM交流活动FIRST Tech Challenge国家级香港邀请赛中获得冠军。

5月，在2019年国际地球科学奥林匹克竞赛选拔赛决赛中，罗丹清、张一鸣获得金牌，姬晨轩、王子来、于雨琛获得银牌，刘浩然获得铜牌。

6 月，在澳门第三届华语物理学术论证赛中，刘若水等 5 人获得一等奖。

7 月，在第 36 届全国青少年信息学奥林匹克竞赛决赛中，江康平获得银牌，黄亦宸获得铜牌。

7 月，在 2018—2019 年度全国英语超级联赛中，刘树苡获得全国个人总冠军、团体总冠军、最佳表演奖，邓朗青获得全国个人季军。

7 月，在 2019 年全国中学生田径锦标赛中，蒋琬婷获得女子高中组跳高冠军，吴宜桐获得男子初中组 110 米栏亚军。

7 月，在第 34 届全国青少年科技创新大赛中，梁天昊、郭昂阳、杜洪一、朱子宁获得一等奖，刘尘雨获得三等奖，梁天昊获得中国科协主席奖。

8 月，在第 19 届中国青少年机器人竞赛机器人创意比赛活动中，方浩钰、姬悦棋、郑斯阳、胥俊哲、陈艾奇获得一等奖。

8 月，武岳霖在全国青少年航空航天锦标赛中获得全国一等奖。

8 月，秦守凡在第三届海峡两岸武术交流会中获得男子乙组第一套国际竞赛套路长拳第一名、男子乙组第一套国际竞赛剑术第一名。

8 月，在 2019 年全国中学生桥牌锦标赛中，仇实、于昊卿获得高中组双人赛亚军。

8 月，在第 28 届全国中学生生物学竞赛决赛中，孔祥瑞获得金牌，张栩月、陈海藏获得银牌。

8 月，阳雨哲获得第二十届全国中小学电脑制作活动高中组 3D 创意设计一等奖，王心怡获得初中组电脑绘画一等奖。

8 月，在第 18 届中国女子数学奥林匹克中，郭尧昱获得金牌，贺悠获得银牌。

8 月，焦士桓获得中国民族管弦乐协会第四届明日之星大赛（全国）吹管乐组笙银奖。

9 月，在中国中学生武术锦标赛中，人大附中武术队获得 12 枚金牌、高中团体总分第一名、高中组集体项目第一名、初中团体总分第二名。

9 月，岳灵、鲍选如、吉清如在第二十四届全国中小学生绘画作品比赛中获得绘画类一等奖。

10 月，蔡心怡获得第 6 届全国科普科幻作文大赛一等奖。

10 月，凯瑞等 12 人组成的团队在国际空间站设计大赛全国赛中获得一等奖。

10 月，孙睿等 8 人在第 36 届全国中学生物理奥林匹克竞赛决赛中取得 5 金 3 银的好成绩，孙睿、曹休齐、吴桐、陈九如、戚大为获得金牌，孙睿进入国家集训队，刘新阳等 3 人获得银牌。

11 月，依嘉等 12 人在第 35 届全国中学生数学奥林匹克竞赛冬令营（决赛）中取得 9 金 2 银 1 铜的好成绩，依嘉、孙睿、郑云兮、刘陌溪、陈誉霄、南山、黄奕文、邹明轩、廖昱博获得金牌，5 人进入国家集训队，北京市 9 枚金牌获得者和 5 个集训队队员全部来自人大附中。

11 月，邢雨萌、袁植歆、张海邻、王诚康、史佳卿获得全国第六届朗诵大会特等奖。

11 月，许丹宸和秦艺菲获得 2019 年共筑家园全国青少年建筑模型教育竞赛总决赛一等奖，秦艺菲获得共筑家园青少年建模总决赛“中华庭院”项目一等奖。

11 月，人大附中赛艇队获得全国深潜城市联赛 8 人组亚军、团体最具潜力奖。

11 月，在第 35 届中国数学奥林匹克中，人大附中 3 人进入国家集训队并保送北京大学数学科学研究院，4 人获得金牌，1 人获得银牌。

12 月，李宇辰等 3 人在第 33 届全国中青少年信息学竞赛决赛中取得 2 金 1 银的好成绩，李宇辰、孙英波获得金牌，李宇辰同时进入国家集训队。

12 月，王之枫、杨梅格、上官一凡在丘成桐中学科学奖中获得总决赛入围奖暨全国赛区一等奖。

12 月，耿铭圻、鲁逸凡获得 2019 年全国信息学 CSP 认证普及组一等奖。

12 月，席蕙卿获得 2019 年全国青少年冰球锦标赛 U12 组金牌。

12 月，三高足球队在全国体校杯足球比赛总决赛中分别获得 U14 和 U16 两个组别的全国总冠军。

12月，耿佳怡获得2019年全国青少年电子制作锦标赛模拟机器人少年女子组第二名（一等奖）。

12月，卢禹彤获得未来太空学者大会优秀展示奖。

12月，李佳绪获得2019年全国中小学生武术锦标赛太极拳初中组冠军。

12月，何仲琪在滑启战斧杯中国轮滑球联赛中获得第二名。

12月，商艺凝在2019年国际语言学奥林匹克竞赛中国区终选中获得个人能力测试二等奖、团队能力测试铜奖。

12月，何静宜在2019年中国青少年滑雪校际联赛中获得团队第一名。

12月，刘思宇获得全国青少年航模锦标赛自旋翼火箭一等奖。

12月，瞿婉贺获得2019中国花样滑冰俱乐部联赛精英少年队列滑银牌。

12月，黄晓桐在魅力华夏艺术节第九届仲夏之旅交响音乐会上获得最佳艺术新星。

12月，方浩钰获得第19届中国青少年机器人竞赛一等奖。

12月，韩轩桐获得第七届中国童声合唱节优秀示范团员称号。

12月，张彦琛、李昀展获得全国青少年信息学竞赛普及组一等奖。

3. 学生获奖——省市级

1月，胥俊哲、陈艾奇、鲍云天获得北京市青少年机器人竞赛创意项目一等奖。

1月，在北京市第15届运动会上，人大附中学生获得8块金牌。

1月，在Brainbee神经科学竞赛中，史紫宸、刘唯灼、董羽飞获得北京赛区二等奖。

2月，江若维在北京市英语之星阅读比赛中获得二等奖。

3月，郑斯阳在北京市中小学生金鹏科技论坛中获得初中组一等奖。

3月，刘子路获得第2届北京青少年创客国际交流展示活动一等奖。

4月，曾皓南在北京市传统学校武术比赛暨冠军赛中获得初中男子组传统二类拳第一名、初中男子组传统软器械第二名。

4月，王若歌、赵灵毓、周时弘、丁维轩、戴灏庄、周宸获得北京·纵横杯中文辩论锦标赛冠军，王若歌获得全程最佳辩手，赵灵毓获得优秀辩手。

4月，李祺裕获得北京市体育传统项目健美操比赛初中组第一名、全国健美操联赛第二名。

5月，在2019年度北京市中小学生校园足球联赛中，人大附中高中男子组中获得第一名。

5月，池上川在第22届北京市艺术节金帆交响乐团器乐合奏比赛中获得金奖。

5月，在第32届北京市高中物理力学竞赛决赛中，王熠晨等50人获得一等奖，刘睿达等47人获得二等奖。

5月，在第14届北京市高中应用物理竞赛决赛中，周钧翰等19人获得一等奖，杨思进等19人获得二等奖。

5月，在北京市中小学生桥牌团体赛中，张博信等4人获得高中组冠军。

6月，赵灵毓、王若歌、周时弘、黄亦宸、丁维轩、陈映竹、崔瀚文、向开元获得北京市中学生联合会杯辩论赛季军；赵灵毓获得全程最佳辩手。

6月，在中国日报社21世纪杯致经典双语诵读比赛中，王诚康获得北京市季军。

6月，胡硕人等16人获得2019年北京市中小学生啦啦操比赛中学丙组第一名。

7月，戴旭升、王若歌、赵灵毓、高可心、李亦之、于鸿利、戴灏庄、王若辰、张纪晗、崔雨来、胡煜彬、于伊然获得北京市时事杯辩论赛冠军。

7月，刘梓巍获得第三届北京青少年创客国际交流展示预热活动一等奖，杜晓雅、李品知、马渊获得二等奖。

7月，王家宜在肖邦纪念奖香港国际钢琴公开赛中获得北京赛区一等奖。

7 月，肖一然在敦煌杯第五届北京国际民族器乐大赛中获得古筝组业余少年 A 组银奖。

8 月，李舒嵘获得北京市青少年乒乓球锦标赛乙组女子双打第一名、团体第三名、混合双打第三名。

8 月，王启安获得北京市百队杯 U15 组男子五人制足球比赛亚军。

8 月，张菁玉获得第五届北京市中小学生辩论赛决赛初中组冠军。

8 月，朱绍恺、张想真、罗潇峰、刘子怡在第十二届金色北京少年小提琴中提琴艺术节独奏展演中获得金星奖，池睿函获得银星奖，于佩彤获得铜星奖。

8 月，杨俊辰在第五届墨尔本国际青少年钢琴大赛中获得北京赛区专业 A 组一等奖。

9 月，金子樱希在北京市青少年 U 系列高尔夫球冠军赛中获得第一名。

10 月，徐艺轩获得北京市高中生模拟联合国秋季研讨会杰出代表奖。

10 月，蒋婉婷获得北京市中学生运动会跳高第一名、北京市传统校比赛跳高第一名。吴宜桐获得 100 米第三名、110 米栏第四名以及北京传统校比赛 110 米栏第一名。

10 月，许艺清在第 20 届北京市电脑作品制作活动中获得程序设计高中组一等奖，汪迟克雷获得电脑动画（三维）高中组三等奖。

10 月，马寒曦获得 2019 年天津青少年桥牌公开锦标竞赛亚军。

11 月，戴灏庄、朱睿颉、唐锦琪获得北京市第 2 届中小学生技术创意设计现场展示活动初中组一等奖。

11 月，人大附舞蹈团获得北京市第 22 届艺术节金帆组展演金奖第一名。

11 月，蒋伯源在 2019 北京市青少年 U 系列滑雪冠军赛中获得 U18 男子双板季军。

11 月，张钊可获得果倍爽桥友杯 2019 北京市中小学生桥牌大赛高中组冠军、北京市桥友体育杯北京市中小学生桥牌双人赛高中组冠军、北京市青少年智力大会国际象棋团体赛青年组第一名。

11 月，陈镝先获得北京市科学传播大赛二等奖。

11 月，欧阳宸钰在北京第 26 届少儿民族乐器独奏中获得银奖。

11 月，潘景今在 2019 年北京市中小学生桥牌双人赛中获得桥牌预赛和决赛第一名。

12 月，王启尧、苏政渊等 6 人在北京市未来物理学家创新活动中获得总成绩第一名，王启尧获得最佳报告方奖，屈子墨获得最佳评论方奖。

12 月，曾皓南获得北京市中小学生武术比赛传统软器械第一名、传统二类拳第二名，王翔禾获得初中组男子太极拳第二名、太极剑第一名，马钰雯获得初中女子组枪术第一名，张筠钒获得阅读之星中学组女子规定拳第一名、女子四类拳第一名。

12 月，朗文获得第六届 KAWAI 亚洲钢琴大赛北京赛区二等奖。

12 月，姚鑫悦、刘蔚轩、程朗在北京市阳光少年艺术节展演中获得金奖。

12 月，张矛盾在北京化学与生物分子学会 2019 年中学生课题竞赛中获得二等奖。

12 月，王梓睿在 2019 第十届亚洲机器人锦标赛中国选拔赛北大赛区 VEX EDR 工程挑战赛（高中组）中获得二等奖。

12 月，陈晗在北京青少年戏剧节中获得双人组戏剧二等奖。

12 月，杨跃楷获得天津青少年桥牌公开锦标赛 U25 组亚军、北京市中小学生桥牌双人赛初中组南北方向季军、全国桥牌青年团体赛 U15 组北京代表队选拔赛第一名。

12 月，傅嘉齐获得 2019 全国信息学竞赛北京市提高组二等奖。

12 月，林灏祯获得第十一届蓝桥杯大赛青少年组 STEMA 比赛北京市一等奖。

12 月，郑皓文获得北京市中小学生空手道比赛初中男子组系东型平安初第一名，许嘉榕获得中学组 42 公斤级第三名、初中组 WKF 指定型第六名。

12 月，徐若涵获得 2019 年首都新时代好少年、冬奥组委冬奥小大使称号。

12月，朱泽睿获得北京市中小学生定向越野比赛二等奖。

12月，刘宝祥、汪语金、王渊美获得第六届阅读之星全国青少年阅读风采展示活动北京市决选一等奖。

12月，李初晗获得第九届施坦威全国青少年钢琴比赛北京赛区二等奖。

12月，王博宇获得2019年北京市中小学生天文知识竞赛一等奖。

4. 教师获奖——国际级

4月，李作林、高茹、纪朝宪、温天骁、姜凤敏获得美国ITEEA项目杰出奖。

4月，佟松龄获得USAD美国学术十项全能大赛美国总决赛优秀指导教师称号；6月，在国际空间站设计大赛全球总决赛中获得优秀指导教师荣誉。

7月，唐香维在美国物理竞赛中获得杰出教练奖，8月在英国物理竞赛中获得杰出教练奖，10月在未来太空学者大会比赛中获得最佳导师奖。

5. 教师获奖——国家级

3月，施一宁获得中国大智慧China Think Big优秀辅导教师。

5月，和渊在第十四届全国青少年未来工程师博览与竞赛中获得优秀科技辅导员称号。

9月，刘长焕在第七届全国中小学实验教学说课活动中被评为实验教学能手。

9月，袁继平在第20届全国电脑作品制作活动中获得指导教师高中组一等奖。

9月，刘倩获得迦陵杯诗教中国诗词讲解大赛一等奖，孙青获得二等奖，刘成章获得三等奖。

10月，胡晓丹获得第七届圣陶杯全国中青年教师课堂教学大赛一等奖。

10月，和渊获得中国青少年科技辅导员协会高级辅导员荣誉称号，11月，和渊获得中国首届STEM种子教师荣誉称号。

10月，李慧勇的案例《明确目标，成为更好的自己》《给我进步的力量》获得中国好教师公益行动计划2018年度全国优秀育人案例三等奖。

11月，韩嘉强、恽竹恬获得2019年共筑家园全国青少年建筑模型教育竞赛总决赛优秀辅导员奖。

12月，姜凤敏获得第五届大创新创业大赛萌芽版优秀指导称号。

12月，梁月婵、闫丽编写的教学设计在统编高中历史教科书优秀教学设计案例征集活动中被评为优秀教学设计。

12月，许东霞被评为2019中国中学生健美操锦标赛优秀教练员。

6. 教师获奖——省市级

1月，何玲燕、刘仕奇等13人的论文获评北京市智慧教师教育教学研究成果奖。

1月，徐翔宇、王莹莹获得北京市中小学第二届京教杯青年教师教学基本功一等奖，何玲燕、肖雪、孙京菊获得二等奖。

2月，韩媛媛在2019年北京教育学会基本功展示活动中获得特等奖。

3月，郑晓、恽竹恬、姜凤敏获评北京市第19届中小学生金鹏科技论坛活动优秀辅导员称号。

3月，王璐获得北京青少年科技创新翱翔创新育人奖。

4月，许东霞获得2019北京市传统校健美操比赛优秀教练员称号。

5月，人大附中金帆交响乐团何晓青、孙倩在北京市第二十二届艺术节中获评器乐优秀教师指导奖。

5月，侯博雅获得北京市2019年启航杯说课大赛二等奖。

6月，恽竹恬被评为第三届北京青少年创客国际交流展示预热活动乐创营创客礼品集市优秀指导教师。

6月，杨园获得北京市基础教育优秀课堂教学设计评选一等奖、北京市优秀教学设计展示与交流活动一等奖。

6月，闫新霞的“植物激素调节的研究方法”教学设计和课例在2019年北京市基础教育优秀课堂教学设计评选活动中获得一等奖。

6月，韩甲祥在北京市普通高等学校招生统一考试评卷工作中被评为优秀评卷员，林琳被评为突出贡献奖。

7月，孙江波获得京津冀辩论赛五周年特别贡献奖。

7月，蔡宁骁在北京市中小学新任教师第三届启航杯教学风采活动中获得二等奖，朱峰获得三等奖，梁月婵、闫桂红获得优秀指导教师称号。

8月，刘长焕的作品在北京市教育学会劳动技术教育研究会论文评选中获得二等奖。

9月，毛锦旖在第三届北京市启航杯活动中获得一等奖。

10月，袁继平在第20届北京市电脑作品制作活动中获得指导教师高中组、初中组一等奖。

10月，左丽华获得北京市中学数学教育教学论文评选活动一等奖、北京市基础教育教学研究论文一等奖。

11月，蔡芳的《如何有针对性地开展个别化教育》获得2018—2019学年北京市基础教育科研优秀论文二等奖。

11月，刘长焕、何玲燕在北京市第二届中小学生技术创意设计现场展示活动中获得优秀指导教师奖。

11月，佟松龄在北京市青少年信息学奥赛（信息学科普日活动）中被评为优秀指导教师。

11月，王莹莹获得北京市中小学道德与法治学科教师教学比赛基本功一等奖。

12月，刘长焕在第2届北京市中小学实验教学说课活动中获得一等奖。

12月，闫晓燕获得北京市少年儿童科学幻想画优秀辅导员奖。

7. 学校获奖

1月，获得京城百所特色校引领京城教育品牌中学称号。

5月，被评为北京市中小学科技教育示范学校。

9月，被评为海淀区教育事业统计先进集体。

9月，被评为首批中小学心理健康教育特色学校。

11月，获得中国科学院大学2019年科教融合协同育人突出贡献奖。

11月，获得海淀区招生考试考务工作先进集体一等奖。

12月，获得基于优秀传统与创新精神相结合的综合育人实践奖。

12月，获得中国科学院大学2019年科教融合协同育人突出贡献奖。

12月，获得北京市课程建设优秀成果奖、海淀区优秀成果奖。

## ■ 人大附中联合总校

### 一、概况

中国人民大学附属中学联合学校总校（以下简称“人大附中联合总校”或“总校”）经教育部、北京市教委、中国人民大学批准于2012年9月成立。作为北京市基础教育办学体制机制改革实验校，人大附中联合总校以“改革和创新办学模式与教学模式，研究与实践促进人大附中等优质教育资源共享的体制和机制；创办熔铸中外精华、具有中国特色、适合每位学生发展的未来教育”为宗旨，深入推进教育改革与发展，促进教育均衡优质发展。2019年在党建、干部教师队伍建设等方面持续发力，各成员校教育教学成果突出，总校的发展呈现蓬勃态势。

## 二、主要工作

（一）党建工作

总校党委把学习贯彻习近平新时代中国特色社会主义思想和十九大精神作为首要任务，确保正确办学方向。认真开展“不忘初心、牢记使命”主题教育工作，组织党员认真学习党的十九大和十九届二中、三中、四中全会精神，以及习近平总书记关于教育的重要论述，全国教育大会、改革开放40周年庆祝大会等重要会议讲话精神；组织党员参加学校党委书记靳诺主讲的“不忘初心、牢记使命”主题党课；组织党员前往国家博物馆参观《伟大的变革——庆祝改革开放40周年大型展览》；观看革命题材电影《决胜时刻》；瞻仰双清别墅，参观香山革命纪念馆；赴雄安新区、白洋淀赵波纪念馆开展主题党日活动；开展“共产党员献爱心”捐献活动。不断增加党员干部教师的责任感、使命感和担当意识。

（二）内部人事任免

4月1日，中国人民大学宣布对总校和人大附中班子进行整体性调整。中国人民大学大学常务副校长王利明任总校校长，总校党委书记刘小惠任附中校长。

4月11日，召开总校和人大附中全体教职工大会，聘任刘彭芝为总校和人大附中名誉校长。

（三）推进干部教师队伍建设

1月15—17日，“创新人才教育研究会2019年年会暨校长国培计划中小学名校长领航班人大附中联合总校培养基地培训会”在北京航空航天大学实验学校举行，来自各成员校以及全国的大、中、小学和科研院所等的共计500余人参会。

3月29日，总校组织成员校代表赴人大附中西山学校开展干部研修活动，主题为“课程建设助推师生成长——人大附中联合总校干部研修暨西山学校中外课程融合等教学研究汇报”。

7月12日，在人大附中举办总校各成员校共同参加关于新课标新课改的全学科联合教研活动，来自总校各成员校的教研组长、备课组长和各学科教师近2 000人参会。

7月13—18日，在人大附中举办暑期教职工培训大会，设1个主会场、15个分会场，总校各成员校共计7 000多人次参训。

10月25日，在人大附中朝阳学校开展总校干部教师研修活动，分享人大附中朝阳学校在教育教学改革方面的成功经验。

11月22日，总校组织成员校代表赴人大附中石景山学校开展研修活动，听、评石景山学校小、初、高部分课程常规课，分享教学心得。

12月18日，在人大附中航天城学校，开展总校干部研修调研活动，听课评课，听取航天城学校成果展示汇报。

（四）新签合作办学协议及成员校的发展

6月22日，人大附中联合总校、人大附中与拉萨市政府在中国人民大学签订合作办学框架协议。

7月21日，人大附中联合总校、人大附中、人大附中西山学校与石景山区教委签订合作办学框架协议。

10月下旬至11月上旬，总校组织各成员校共同参加赴清华大学、北京大学、北京师范大学、中国人民大学、北京外国语大学等五所高校的联合招聘活动。

11月29日，人大附中联合总校、人大附中与延安市政府签署教育共建合作协议。此前6月下旬，总校和人大附中领导率队赴延安中学支教，开展校长报告、示范课、学术讲座与座谈等支教活动，延安中学教师300多人参加了学习。12月，延安中学11名老师在人大附中跟岗听课一周，共计完成观摩研修课程52节。

11月，兰坪县部分教师到人大附中跟岗学习，听课交流，为期一个月。

（五）基础教育共建共享联盟及“双师教学”

1月，完成四川凉山地区西昌市、金阳县、喜德县、会东县、宁南县、冕宁县、甘洛县、布拖县共8个市县55所中学的双师教学账号建立和培训。

5月，参加由中央网络安全和信息化委员会办公室主办的2019年全国网络扶贫工作视频会议，了解全国网络扶贫工作情况和新一年计划。

（六）第二期中小学名校长领航班工作顺利推进

人大附中联合总校与中国人民大学教育学院共同承办的教育部第二期中小学名校长领航班工作顺利推进。

5月6—10日，教育部第二期中小学名校长领航班2019年度集中学习交流研讨班在国家教育行政学院举办。人大附中联合总校培养基地专家及全体学员参加了此次培训，并在大会中对培训进展及基地特色进行汇报交流，对下一步的培训工作进行了深入的规划。

7月13—18日，校长国培计划中小学名校长领航班人大附中联合总校基地培训在人大附中举行。本次培训的主题是“深化教育改革创新，推进基础教育现代化”，各位学员校长带领各校长工作室成员近100人参加了培训。

12月4—6日，校长国培计划中小学名校长领航班人大附中联合总校基地赴湖南桃源一中进行下校调研活动。

## ■ 附属小学

### 一、概况

2019年，中国人民大学附属小学（以下简称“人大附小”）有一校六址，分别为人大附小主校区、银燕校区、亮甲东校区、亮甲西校区、京西校区和雄安校区。主校区总占地面积31 716平方米，校舍建筑面积34 875平方米，运动场（馆）面积20 484平方米，为师生营造了得天独厚的七彩阅读环境：历史主题图书馆（包含军事及人物传记）、文学主题图书馆、英文主题阅读图书馆、绘本阅读及绘本珍藏馆（收藏人大附小学生的绘本创作作品）、园林图书馆（包括科学艺术体育书籍）、人民大学出版社图书馆、数字国学图书馆七大主题图书馆，共计藏书4万册（包括电子图书2万册），固定资产总值 5 806.96万元。全年教育经费投入10 597.25万元，拥有计算机296台，多媒体教室座位192个，校园网出口总带宽130Mbps，音视频资源10 000小时，“信息技术”课程每周1课时。普通教室112个，专用教室61个。教职工293人，其中，高级职称19人、中级职称127人。专任教师261人，包括特级教师1人、北京市骨干教师4人；本科以上学历271人。开设教学班114个，在校生4 542人，毕业757人，招生710人。

### 二、主要工作

（一）庆祝建校65周年系列活动

1. 七场学生美术书法展览，六校区7 000余名学生参与创作，总计展出7 256幅作品

1月9日，在世纪城社区举办“红红火火2019”剪纸春联展。

4月3日，在北京师范大学启功书院举办“诗韵童心”学生书法专场展览。

4月12日，在海淀区稻香湖非遗馆举办“艺承国韵”学生优秀非遗作品展。

5月16日，在中国书画美术馆举办“花开·向阳”第五届学生毕业美术展。

5月27日，在人大附小七彩艺术馆举办纪念国博书画展5周年暨65名学生书画作品展。

11月7日，在炎黄艺术馆举办“文与日新书赞华夏”学生书法专场展。

12月13日，在中国美术出版总社美术馆举行“初心至美童绘九州”庆祝建国70周年暨建校65周年学生美术作品展。

2. 六场艺术展演，六校区师生及家长5 000余人次参与演出，总计展演92个精彩节目

5月26日，人大附小金帆京剧团在雄安新区举行“唱响国韵，传附小情”京剧专场。

6月12日，在国家图书馆音乐厅举行“奏华夏之音，展附小风采”器乐专场。

6月13日，在国家图书馆音乐厅举行“唱中国梦，颂附小情”合唱专场。

6月26日，在中国人民大学明德堂举行“炫民族风，舞七彩梦”舞蹈专场。

10月11日，在人大附小棒棒堂举行“致敬先烈，崇尚英雄”红色家书教师朗读专场。

12月31日，人大附小七彩教育集团“向祖国汇报”——人大附小65年校庆综合专场演出在中国人民大学世纪馆隆重举行。

3. 五场学术研讨会

9月12日，教育部教材局、人民教育出版社的领导及专家走进人大附小，举行了统编版语文教材试教试学工作总结会。

9月24日，人大附小承办北京教科院基教研中心主办的小学德育课程落实《学科德育指导纲要实施》培训与研讨活动，也是人大附小统编版道德与法治教材试教试学工作总结会。

11月13日，人大附小承办“落实立德树人根本任务，夯实教师教学基功”——北京市中小学道德与法治学科教师教学基本功培训与展示活动。

11月26日，人大附小承办北京市小学道德与法治“同课异构”教学研讨会。

12月26日，人大附小承办北京市《小课题引领艺术教师专业核心素养提升》的研究背景下“初心至美多元发展”——提升学生学科素养北京市美术教学研讨会。

4. 宣传65位特质教师、65位特质学生

借助《人民论坛》《基础教育参考》《教育家》《北京教育》等杂志，宣传人大附小65位特质教师，借助《知心姐姐》宣传65位特质学生，同时也是对附小基于立德树人的七彩教育实践成果进行梳理总结推广。

（二）家风建设年系列活动

2月20—21日，六校区全体班主任及187位家长代表相聚稻香湖畔，召开“聚家校合力，育家国情怀”人大附小七彩教育集团第四届德育工作会，这也是学校首次邀请家长代表参加学校的德育工作会。工作会聚焦家庭及班级文化建设，以家风及班风建设为切入点，通过专家引领，家校共学、共商、共议的方式，达成教育共识，促进家风建设，提升班级文化建设，深入落实立德树人根本任务，最终营造以家风、班风促校风，以校风带动民风、国风的良好氛围，确立2019年为人大附小家风建设年。

3月5日，人大附小爱心日暨人大附小家风建设系列首发活动——家庭爱心日正式启动。

4月5日，“家风缅怀日”开启了家风建设系列活动——家风缅怀日。人大附小的孩子们和父母在先人墓前悼念追思，祭亲如亲在，既表达了对亲人的深切怀念，又体现出对家风的感悟与传承。

4月19日，人大附小召开“分享汇聚成长”六年级家风论坛专场。

5月10日，七彩教育集团举行了“让青春在奋斗中闪光”的青年教师演讲会。

5月15日，七彩教育集团隆重召开了“聚家校合力，育家国情怀”国际家庭日暨家风建设推

进会。

6 月 14 日，人大附小召开“分享汇聚成长”五年级家风论坛专场。

7 月 5 日，人大附小召开“分享汇聚成长”四年级家风论坛专场。

10 月 25 日，人大附小邀请北京师范大学教授袁庆祝为家长代表做了关注孩子学习的专题讲座。

（三）援助援教，精准扶贫

4 月 27—30 日，人大附小党支部书记郑瑞芳携 12 名党员和入党积极分子教师赴怒江州兰坪县进行了为期 4 天的支教活动。

7 月 14—15 日，郑瑞芳校长一行 7 人在曙光街道领导的陪同下，赴内蒙古赤峰市进行捐资助学、助教活动。同时，乔华英副校长为当地小学语文教师进行了语文统编教材的培训讲座。

（四）其他主要工作

1 月 26—31 日，人大附小主校区、亮甲校区、京西校区六年级 38 名师生代表继 2018 年首次开启的研学项目后，再次走进“一带一路”国家，赴阿布扎比开展了为期 6 天的研学活动。

2 月 27 日，人大附小开展关于“开学第一课”的教学研讨活动，海淀区小学数学教研室组织全区 200 多位低年级数学教师来参加活动。

3 月，人大附小开展教师与学生红十字医护与技能培训，以班级为单位开展红十字主题班队会，成立人大附小红十字救护队，普及、提高师生的应急救护知识与技能。

3 月 6 日，人大附小“教师素养提升时光”第一堂课开讲，邀请中国人民大学文学院教授走进人大附小，每周三为教师讲授大学课程“唐诗宋词品读”。

3 月 28 日，海淀区普通中小学校学生身心健康发展专项督导组专家团队来到人大附小对体育发展、健康促进、心理培育和红会建设四个方面开展督评工作，对人大附小各项工作给予充分肯定并提出宝贵建议。

4 月 11 日，人大附小举行中小学体育教学“运动负荷调控与有效体育课堂教学”专题研讨会暨 2018—2019 学年大兴区新任体育教师培训。

4 月 23 日，人大附小举行六校区同一时间“读书一小时”活动，7 600 多名人大附小学生和教职员工共同度过了特别有意义的第 24 个世界读书日。

5 月 5 日，人大附小举行水艺芳游泳馆建馆 10 周年庆祝活动。

5 月 10 日，人大附小举行《让青春在奋斗中闪光》青年教师演讲会，隆重纪念五四运动 100 周年。

5 月 20 日，人大附小结合家风建设年，开展第八届班主任节。

5 月 30 日，人大附小雄安校区“在七彩阳光下争做新时代好队员”庆祝建国 70 周年主题大队会隆重召开。

6 月 1 日，人大附小举办以“精准扶贫，为内蒙古赤峰市贫困地区献爱心”为主题的第八届“六一”小妙会。

6 月 2 日，中国台湾台北市松山区三民小学排球队来人大附小进行交流访问，并与人大附小排球队进行了一场友谊赛。

6 月 20 日，由中国节能协会主办，人大附小参与承办“2019 年全国节能宣传周进校园暨 2019 年（第三届）全国校园节能减排绘画书法作品征集大赛启动仪式”。

6 月 28 日，人大附小六校区隆重举行庆祝建党 98 周年演唱会。

6 月 28 日，人大附小隆重举行主校区、亮甲校区、京西校区、雄安校区 2019 届毕业典礼暨七彩教育集团首次毕业典礼。

7 月 18—30 日，人大附小 48 名学生开启赴英国的首次戏剧主题研学之旅。

8 月 4—9 日，人大附小 4 位教师参加由火箭军部队组织的主题为“军民团结一家亲、同心共筑中国梦”的夏令营活动。

8月12—23日，人大附小舞蹈团53名师生赴英国参加2019爱丁堡边缘艺术节国际交流活动，进行专场演出。同时，在2019爱丁堡青年音乐节闭幕式上表演舞蹈《生生不息·原上草》《博克颂》。

8月26—28日，人大附小第十三届《七彩名家讲堂》“砥砺家国情怀担当未来教师”教师暑期培训活动隆重召开。

9月2日，人大附小隆重举行“我骄傲，我是中国人”纪念新中国成立70周年暨2019—2020学年第一学期开学典礼。

9月2—6日，人大附小抓住“新中国成立70周年”的教育契机，所有学科以“我爱五星红旗”为主题上好具有家国情怀的开学第一课：“道德与法治”课程学习国旗法；“数学”课程绘制国旗；“语文”课程书写国歌歌词；“英语”课程向世界介绍国旗、介绍中国；“音乐”课程唱国歌、演英雄；“美术”课程画“在国旗下的成长故事”；“书法”课程书写“中国人”；“科学”“信息”课程制作国旗；“体育”课程学习保卫国旗运动。

9月10日，人大附小开展“弘扬高尚师德，潜心立德树人”庆祝第35个教师节主题活动：援藏教师做报告，传承家风共宣誓，退休教师赴雄安，校友重返彩虹门。

9月19日，中国人民大学校长刘伟一行8人走进人大附小视察工作，学校常务副校长王利明，党委副书记、纪委书记吴付来陪同。

9月26日，雄安新区党工委委员、管委会副主任傅首清走进人大附小雄安校区调研。

9月27日，人大附小党支部召开“不忘初心、牢记使命”主题教育启动会。

10月1日，人大附小5位教师参加了国庆游行活动，参与“圆梦奥运”及“绿水青山”群众游行方阵；当晚，人大附小9位同学参加了联欢活动第二篇章“在希望的田野上”队列表演和第三篇章“领航新时代”《我和我的祖国》快闪演出。人大附小荣获“中华人民共和国成立70周年庆祝活动先进集体”光荣称号。

10月11日，棒棒堂（扩建改造的多功能厅）正式启用，面积由原来的430平方米扩展到780平方米，座位数由原来的354个增加到660个。

10月12日，中国少年先锋队建队日来临之际，人大附小“请祖国检阅”第四届小小阅兵式隆重举行，向少先队组织致敬，向先烈致敬，向祖国致敬！10月23日，人大附小在京西校区举行了七彩教育集团首届小小阅兵式冠军赛。

10月13日，人大附小在中国人民抗日战争纪念馆醒狮广场举行庆祝中国少年先锋队建队70周年暨入队仪式。来自主校区、亮甲校区、京西校区的1 147名学生加入了中国少年先锋队。

10月14—18日，人大附小雄安校区五年级学生随主校区及京西校区学生赴上海开展研学旅行课程，这是雄安校区历史上首次研学旅行。

10月26日，人大附小主题为“数你好玩”首届七彩教育集团数学小妙会在六校区同时开展。

11月1日，人大附小组织全体党员寻访中国人民大学红色根基——中国人民大学旧校址、校史馆，寻访人大附小旧校址。

11月12日，人大附小召开“聚焦核心素养课堂精彩绽放”雄安校区办学一周年汇报会。

11月16日，人大附小开展家风建设年里的第十届男士节，举行厨艺大比拼活动。

11月26日，人大附小京西校区迎来了门头沟区教师进修学校全学科视导。

12月22日，人大附小开展主题为“Enjoy English，Enjoy Yourself”的第三届英语小妙会暨七彩教育集团首届英语小妙会。

12月底，中国人民大学邀请郑瑞芳校长携三、四、五年级20位同学参加“全球人大人共同唱响《我的祖国》”录制。

## 三、主要成绩

在北京市“歌华有线杯·2019北京文化创意大赛暨首届中小学文化创意展示”活动中，人大附小荣获“优秀文创学校奖”。

在北京市体育传统项目学校健美操比赛中，人大附小学生荣获4项冠军、3项亚军、3项季军及团体冠军。

在第二十三届中国少儿戏曲小梅花比赛中，张馨元以98.05分夺得个人业余B组金奖。

在第二十三届中国少儿戏曲小梅花比赛中，人大附小获得原创类集体节目第一名。

在北京市“歌华有线杯·2019北京文化创意大赛暨首届中小学文化创意展示”活动中，人大附小学生作品《青花古城》《一言九鼎，百年约定》获评“最佳文化传承奖”。

在全国青少年气排球夏令营暨中国小学生排球联赛中，人大附小荣获了女子U8室内、男子U8室内、男子U9气排球等3项冠军。

在首届中国伊春“金林之夏”全国青少年足球精英赛中，人大附小荣获三个组别亚军。

在第二十一届“飞向北京飞向太空”全国青少年航空航天模型教育竞赛中，人大附小荣获带降火箭项目金牌和铜牌、伞降火箭项目铜牌。

在全国青少年航空航天模型锦标赛中，人大附小荣获二级牵引滑翔机团体银牌、活塞式发动机动力飞机团体银牌、S9A自旋翼火箭团体铜牌。

在第二十届“我爱祖国海疆”全国青少年航海模型教育竞赛总决赛中，人大附小荣获“白马湖遥控帆船400级别”项目金、银、铜牌。

在北京市中小学生武术公开赛中，人大附小荣获7枚金牌、4枚银牌、4枚铜牌，四至八名名次取得12项，总计19名学生荣获27项佳绩，并夺得小学组团体总分第四名。

在北京市第22届学生艺术群舞展演中，人大附小女团舞蹈《生生不息·原上草》荣获北京市金奖。

在全国DI创新思维大赛中，人大附小获得挑战C艺术类、挑战D即兴类两个项目冠军，同时获得挑战D项目的即时挑战第一名。

在海淀区中小学生艺术节小型器乐展示弦乐团弦乐合奏中，人大附小荣获小学组金奖，弦乐四重奏荣获银奖。

## 四、国内外交流

1. 国内来访12批，共计567人

1月21日，银川校长6人。

4月18日，偏远地区校长70人。

4月25日，全国小学校长及部分教育局领导69人。

4月26日，北师大教育部小学校长培训中心64人。

6月2日，台北市三民小学张正霖校长一行23人。

6月24日，香港教育工作者联会香港教师国情研习班教师一行16人。

9月24日，教育部领导4人。

10月15日，教育部第二期小学名校长领航班12人。

11月18日，内蒙古土默特右旗蒙古族小学校长及老师6人。

11月21日，南京市秦淮区校长及教师9人。

12 月 12 日，厦门市海沧区中小学教师 60 人。

12 月 19 日，东莞市光大新亚外国语学校 228 人。

2. 国际来访 3 批，共计 68 人

4 月 10 日，美国波多马克友好学校师生 30 人。

4 月 22 日，澳大利亚悉尼师生寻根之旅 8 人。

6 月 16 日，美国科罗拉多大学杜尔德分校 30 人。

# 附　录



## 附录一　中国人民大学2019年大事记

1月2日，学校2018—2019学年秋季学期本科教学期末工作会议召开。副校长朱信凯出席会议并讲话。学校各相关单位负责人及各学院主管本科教学副院长和教务秘书参加。

1月3日，学校2019年信息化项目启动工作会召开。副校长刘元春主持会议。学校各相关部处信息化工作分管领导和工作人员参加了会议。

1月3日，学校资产经营管理公司举办2018年度总结暨表彰大会。校长刘伟、副校长朱信凯出席会议。

1月4日，学校党委书记靳诺与山西省委副书记、省长楼阳生签署省校战略合作协议，并在山西省与高水平大学战略合作座谈会上讲话。常务副校长王利明及部分兄弟院校领导出席签约仪式。

1月4日，学校召开2019年迎新春、迎两会座谈会。校长、全国政协委员刘伟，学校党委常务副书记张建明出席座谈会并讲话。学校党委常委、副校长、党委组织部部长、党委统战部部长杜鹏主持座谈会，学校党委组织部常务副部长、党委统战部常务副部长、北京市政协委员齐鹏飞等参加会议。

1月5日，“纪念改革开放40周年新年座谈会暨货币金融圆桌会议·2018冬”在学校召开。来自金融管理部门、科研院所以及金融界的80余位专家学者参加会议，并围绕“改革开放40周年再出发”这一主题进行了研讨。副校长吴晓球致辞。

1月5日，“纪念许崇德先生九十诞辰”学术研讨会暨许崇德宪法学发展基金第五届学术征文颁奖典礼在学校举行。十二届全国人大法律委员会原主任委员乔晓阳，十一届全国人大法律委员会原主任委员、中国人大制度研究会理事长胡康生，中国法学会副会长张文显，常务副校长王利明等150余人与会。

1月7日，学校召开2019年全校继续教育工作会。校长刘伟、副校长吴晓球出席会议，继续教育处、继续教育学院及有关办班单位负责人参加会议。

1月8日，信息学院杜小勇、王珊、陈红、任永杰、张孝、李翠平、张延松、冯玉、冷建全、王建华申报的“数据库管理系统核心技术的创新与金仓数据库产业化”项目，获评2018年度国家科学技术进步奖二等奖，这是学校首次获得国家科学技术奖项。

1月8日，“北京市港澳台侨学生教育管理研究分会2018年会”在学校举办。国务院港澳事务办公室交流司司长吴炜，国务院台湾事务办公室交流局副局长王振宇，教育部港澳台事务办公室副主任王志伟，副校长、北京市港澳台侨学生教育管理研究分会理事长杜鹏等出席会议。来自北京市38所高校的代表参加会议。

1月8日，学校党委常务副书记张建明会见新疆大学党委副书记、副校长朱宏一行，双方就对口支援工作相关合作事宜展开交流。

1月9日，第四届校务委员会第二次会议召开。学校党委书记、校务委员会主任靳诺主持会议。学校原党委书记、校务委员会名誉主任程天权出席会议，校长刘伟通报2018年学校重要工作。在校校务委员会副主任、委员参加会议。

1月9日，校长刘伟、副校长朱信凯到公共教学四楼考察智慧教室建设情况。

1月9日，学校党委书记靳诺会见中共贵阳市委副书记、市人民政府市长陈晏一行，双方就推进落实省校战略合作协议相关事宜展开深入交流。

1月10日，学校党委书记靳诺、常务副书记张建明、副校长贺耀敏会见来访的美国第39任总统吉米·卡特的儿子契普·卡特，就促进中美人文交流事宜进行会谈。

1月10日，首都发展与战略研究院召开理事会第一次全体成员会议，共同探讨加强首都高端智库体制机制建设，完善首都高端智库治理结构。学校党委书记、首都发展与战略研究院院长靳诺，校长、首都发展与战略研究院理事长刘伟出席会议。会议由副校长刘元春主持。

1月10日，2018年度中国十大学术热点正式发布。原国家新闻出版总署副署长、中国新闻文化促进会理事长李东东发表讲话。副校长刘元春致辞。

1月10日，学校2018年度干部选拔任用“一报告两评议”暨校级领导班子和领导人员述职大会召开。校领导靳诺、刘伟、张建明、王利明、吴付来、贺耀敏、吴晓球、郑水泉、刘元春、杜鹏、朱信凯出席会议。中组部干部监督局有关同志到会指导工作。

1月10日，中国人民大学与云南省玉溪市人民政府签署合作框架协议。学校党委书记靳诺、常务副书记张建明、常务副校长王利明，玉溪市委副书记、市人民政府市长张德华，玉溪市人民政府副市长蔡四宏，玉溪市委常委、市人民政府副市长田川出席签约仪式。

1月11日，学校召开2018年科研工作总结表彰大会。校长刘伟出席会议并讲话，副校长刘元春主持会议。

1月12日，“比较文明视域下思想政治教育创新与发展”学术研讨会在学校举办。学校党委副书记、党委宣传部部长郑水泉致辞。80多位专家学者和师生参加。

1月12日，第二十三届（2019年度）中国资本市场论坛在学校举办。校长刘伟出席论坛并致辞。

1月12日，“2018中国文化产业系列指数发布会”在学校举行，主题为“文旅·共生促进城市发展”。副校长朱信凯出席并致辞。

1月12—19日，校长刘伟应邀率团访问埃及艾因夏姆斯大学，土耳其科奇大学、伊斯坦布尔大学，以色列特拉维夫大学，到访中国驻以色列大使馆，出席“一带一路”合作研究中心揭牌仪式及《寻求突破的中国经济》等中文图书阿文版出版签约仪式和希伯来文版出版签约仪式。

1月14日，学校召开2019年干部警示教育大会。在校校领导靳诺、王利明、吴付来、吴晓球、郑水泉、刘元春、杜鹏、朱信凯出席会议。校党委委员、纪委委员，一、二级教授代表，全体中层干部（含校管企业干部），二级党组织纪检干部，机关党委各党支部纪检委员参加会议。学校党委副书记、纪委书记吴付来主持会议。

1月14—16日，学校党委副书记郑水泉一行赴浙江杭州，与浙江省人民政府副秘书长蔡晓春、省委组织部副部长胡旭阳、浙江工商大学校长陈寿灿等座谈，洽谈省校战略合作事宜，并看望在浙选调生与校友。

1月15日，北京市高等教育学会研究生教育研究分会在理事长单位中国人民大学召开2019年秘书长联席会。研究分会理事长、学校常务副校长兼研究生院院长王利明出席会议并致辞。

1月16日，副校长杜鹏一行赴利亚德光电集团总部调研，与1985级校友、利亚德光电股份有限公司董事长兼总裁李军座谈。

1月16日，学校机关党委召开2018年度党支部书记抓党建工作述职评议考核会议。学校党委常务副书记、机关党委书记张建明，党委副书记郑水泉出席会议。机关党委委员，各党支部书记、部处负责人、党员代表参加会议。

1月17日，副校长朱信凯到资产与后勤管理处调研，深入了解资产与后勤管理处各项工作。

1月17日，德国副总理、财政部部长奥拉夫·舒尔茨（Olaf Scholz）做客“数字化的挑战——德国和中国的经济与社会转型”研讨会暨大金融思想沙龙“全球领袖”系列第二期（总第113期），并做主题演讲。学校党委常务副书记张建明致欢迎辞，副校长吴晓球出席研讨会。

1月17日，副校长杜鹏会见来访的法国巴黎第九大学校长余一莎（Isabelle Huault）一行。

1月18日，科睿唯安（Clarivate Analytics）发布最新一期基本科学指标数据库（Essential Science Indicators，ESI）数据，学校工程学科首次进入全球科研机构排名前1%，成为学校第4个进入ESI的学科，标志着学校在该学科领域的研究已进入世界一流行列。

1月18—19日，学校常务副校长王利明一行赴宁夏回族自治区洽谈区校合作事宜。其间，王利明常务副校长会见宁夏回族自治区党委书记石泰峰，出席中法合作办学座谈会，并赴宁夏大学、永宁县闽宁镇考察调研。

1月20—21日，学校党委常务副书记张建明一行赴云南西双版纳傣族自治州，就落实云南省人民政府与中国人民大学合作共建环境学院教学科研基地事宜，进行地块区域位置的实地考察及项目合作推进座谈。

1月20—26日，学校党委副书记、纪委书记、马克思主义学院院长吴付来率团访问南非共和国和坦桑尼亚联合共和国，与南非斯坦陵布什大学、约翰内斯堡大学进行交流，并代表学校与约翰内斯堡大学签署校际合作协议；应南非共产党和坦桑尼亚革命党的邀请，就加强彼此的学术合作进行深入探讨；受邀访问中国驻南非大使馆和驻坦桑尼亚大使馆。

1月21日，学校2019—2021学年本科教学督导团专家聘任仪式举行。副校长朱信凯出席并讲话，29名督导专家受聘组建中国人民大学2019—2021学年本科教学督导团。

1月21日，北京市经济学总会在中国人民大学召开第十二届会员大会进行换届选举，并举办“改革开放新征程中的中国经济”学术报告会。校长刘伟，副校长刘元春，中国人民大学一级教授、北京市经济学总会第十一届理事会会长林岗，北京大学教授、北京市经济学总会第十一届监事长陈德华等相关领域的百余名专家学者出席。

1月23日，学校召开2019年学校领导班子务虚会，就坚持“以本为本”，建设世界一流本科教育等方面问题进行研讨。教育部党组成员、副部长孙尧，校领导靳诺、刘伟、张建明、王利明、贺耀敏、吴晓球、郑水泉、刘元春、杜鹏、朱信凯出席会议并讲话。

1月23日，“中美人文交流40年：历程、经验与挑战”研讨会暨报告发布会召开。副校长、中美人文交流研究中心主任吴晓球出席开幕式并致辞。

1月24日，中国人民大学与北京市通州区人民政府战略合作框架协议签约仪式举行。学校党委书记靳诺、通州区区委书记曾赞荣出席签约仪式并致辞。校领导刘伟、张建明、贺耀敏、朱信凯，通州区区委副书记、区长赵磊，通州区区委常委、区委组织部部长韦江，区委常委、区委宣传部部长查显友，副区长苏国斌等出席仪式。

1月25日，中国大学生在线公布了党的十九大精神宣传专栏征集暨第二届全国高校“名站名栏”征选结果，中国人民大学新闻网“学习贯彻党的十九大精神专题”获得党的十九大精神宣传专栏精品奖，中国人民大学官方微信获得全国高校优秀网络栏目精品奖。

1月27日，高质量发展理论与实践暨鹤壁市建设高质量发展城市研讨会在学校召开。校长刘伟，中国社会科学院副院长、学部委员高培勇，副校长、经济学院院长刘元春，河南省鹤壁市市委书记马富国、市长郭浩，河南省发展和改革委员会副主任李迎伟等出席。

1月27—31日，副校长杜鹏率团访问印度孟买、新德里，出席第二届中印人口老龄化论坛，访问塔塔社会科学研究院、索迈亚大学、德里大学、尼赫鲁大学。

2月2日，国家机关事务管理局、国家发展和改革委员会、财政部三家单位联合公布《2017—2018年节约型公共机构示范单位名单》，中国人民大学名列其中。

2月3日，中共中央组织部办公厅下发《关于印发第四批国家“万人计划”入选人员名单的通知》，学校马克思主义学院王易入选“万人计划”教学名师，社会与人口学院李婷、经济学院王孝松入选“万人计划”青年拔尖人才。

2月4日除夕夜，北京市委常委、教工委书记王宁一行在学校领导靳诺、刘伟、杜鹏等陪同下看望学校后勤服务保障留守职工、家属及坚守一线的安保工作人员，并考察学校安防监控中心，了解春节期间学校应急值守和烟花爆竹禁放等工作情况。

2月11日，教育部教材局印发《教育部关于首批国家教材建设重点研究基地认定结果的通知》，中国人民大学经济学教材研究基地入选。

2月18日，学校召开2018—2019学年第二学期全校工作部署会。学校党委书记靳诺主持会议并讲话，校长刘伟对新学期重点工作进行部署。校领导张建明、王利明、吴付来、吴晓球、郑水泉、刘元春、朱信凯出席会议。当天学校党委书记靳诺、校长刘伟、常务副校长王利明、副校长朱信凯分别走访研究生、本科生课堂，看望师生并了解课堂教学情况。

2月19日，湘潭大学党委书记黄云清、校长周益春、副校长廖永安一行来访。学校党委书记靳诺，校长刘伟，党委副书记、纪委书记、马克思主义学院院长吴付来出席会谈。

2月20日，伊朗伊斯兰议会议长阿里·拉里贾尼到访中国人民大学，并在“重阳论坛”做题为《伊朗与中国：走向共享未来之路》的演讲。校长刘伟致欢迎辞。论坛由副校长杜鹏主持。

2月20日，副校长刘元春、副校长杜鹏会见来访的日本一桥大学副校长山田敦，就深入拓展两校交流合作等话题进行了探讨。

2月21日，中国人民大学与黑龙江省人民政府签署战略合作框架协议。黑龙江省副省长沈莹，学校党委书记靳诺、校长刘伟、党委常务副书记张建明出席签约仪式。张建明主持签约仪式。

2月22日，浙江省副省长成岳冲一行来学校调研，学校党委书记靳诺会见成岳冲一行，校长刘伟、学校党委常务副书记张建明、党委副书记郑水泉、副校长刘元春出席座谈会。双方围绕推进地校合作进行了深入交流。

2月25日，学校组织专家在中国原子能科学研究院进行了国家重大科研仪器设备研制专项“冷中子非弹性散射谱仪的研制”项目的技术验收会。

2月25—28日，国际信息学院联盟（iSchools）主席吴三均（Sam Gyun Oh）应邀来访，围绕“双一流”建设目标开展学术交流，商讨学科发展战略。学校党委书记靳诺、副校长吴晓球会见吴三均。

2月26日，中国人民大学第十六届工会委员会召开第三次全体会议。学校党委副书记、纪委书记、工会主席吴付来出席会议。第十六届工会委员会全体委员参加。

2月26—27日，学校举行学生就业创业工作培训会。副校长朱信凯出席会议并讲话。招生就业处相关负责人、各学院学生就业创业工作主管领导和就业辅导员参加会议。

2月27日，学校召开推进“双一流”学科建设工作座谈会。学校党委书记靳诺、校长刘伟出席会议并讲话。会议由常务副校长王利明主持，副校长吴晓球、刘元春出席会议。

2月27日，学校召开2018—2019学年春季学期本科教学工作部署会。副校长朱信凯出席会议并讲话。

2月27日，副校长刘元春会见来访的英国谢菲尔德大学副校长马克姆·巴特勒，就两校深入开展科学研究合作进行了探讨，并签订了两校种子基金协议。

2月28日，学校党委书记靳诺，副校长刘元春、朱信凯到公共教学四楼考察智慧教室建设情况。

2月28日，2019高校新媒体论坛暨微博校园年度盛典在学校举办。学校官方微博获评2018年度最具成长性高校官方微博。微博副总裁田利英、学校党委副书记郑水泉等出席典礼。

2月28日，第二十七届万寿论坛在学校举行。本届论坛主题为“人类命运共同体构建与世界社会主义发展”。来自欧美10个国家13个共产党组织的30位领导人与中方专家学者围绕论坛主题进行了深入交流。学校党委书记靳诺出席开幕式并致辞。学校党委副书记、纪委书记吴付来主持闭幕式。

3月1日，学校召开协助云南省兰坪县开展教育扶贫工作协调会。学校党委书记靳诺、副校长朱信凯出席会议，党委组织部常务副部长、党委统战部常务副部长齐鹏飞主持会议。

3月1日，《马克思主义新闻观十二讲》出版发行仪式在学校举行。教育部高教司二级巡视员、文科处处长武世兴，学校党委副书记郑水泉等出席仪式并参与座谈。

3月4日，北京市委教育工委常务副书记郑吉春到学校开展安全稳定工作专项督导检查。学校党委书记靳诺汇报安全稳定工作情况，学校党委副书记郑水泉、副校长朱信凯出席工作汇报会。

3月4日，中共北京市委教育工委召开2019年北京高校宣传教育工作会议。学校党委副书记、纪委书记、马克思主义学院院长吴付来，党委副书记郑水泉出席会议。吴付来在会上就高校思想政治理论课建设做主题发言。

3月5日，副校长杜鹏会见美国北得克萨斯州大学副教务长兼国际事务院长吴佩雅、音乐学院院长约翰·理查蒙德（John Richmond）、音乐学院副院长沃伦·亨利（Warren Henry）一行。

3月5—6日，国务院学位委员会学科评议组《应用经济学一级学科研究生核心课程指南（征求意见稿）》专家座谈会在学校举办。副校长、国务院学位委员会应用经济学学科评议组成员吴晓球主持座谈会。

3月6日，学校党校举行2018年总结大会暨第33期学生发展对象培训班开班仪式。学校党委书记靳诺出席并讲话，副校长吴晓球为第33期学生发展对象培训班学员做首场讲座。

3月7日，校工会举行工会系统2018年总结表彰暨2019年工作部署会议。学校党委副书记、纪委书记、工会主席吴付来出席并做总结讲话。学校工会专、兼职副主席以及各分工会主席、工会干部、职能部门负责人和各获奖代表共80人参加会议。

3月8日，学校党委书记靳诺、副校长杜鹏会见来访的十三届全国政协常委、中华全国工商业联合会副主席、澳门中华总商会会长马有礼一行。

3月8日，学校党委书记靳诺、副校长朱信凯一行到学生活动中心调研学校共青团工作。

3 月 8 日，中国人民大学第七届教职工代表大会暨第十六届工会会员代表大会第二次全体会议（“双代会”）大会主席团执行主席及代表团团长专题工作会召开。学校党委副书记、纪委书记、工会主席、教代会常设主席团主席吴付来出席并主持会议。学校教代会、工会负责人以及“双代会”各代表团团长、相关职能部门负责人参会。

3 月 10—15 日，副校长杜鹏访问爱尔兰都柏林大学、瑞士日内瓦大学、意大利博洛尼亚大学，召开 3 所大学孔子学院理事会会议，并访问日内瓦研究院、世界贸易组织及国际劳工组织等机构。

3 月 11 日，中国人民大学与浙江省人民政府签署战略合作框架协议。浙江省委书记、省人大常委会主任车俊，省委副书记、省长袁家军，省委常委、秘书长陈金彪，省委常委、组织部部长黄建发，副省长成岳冲，学校领导靳诺、张建明、王利明、吴付来、吴晓球、郑水泉出席签约仪式。

3 月 12 日，“《职业教育法》修订专家研讨会”在学校举办。教育部政策法规司、职业教育与成人教育司相关负责人，有关省市教育行政部门、行业协会教指委相关负责人、国内知名专家及教育学院相关师生参会。副校长、教育学院院长吴晓球出席会议并致辞。

3 月 12 日，学校召开中央高校改善基本办学条件专项 2020—2022 年度项目申报工作部署会。常务副校长王利明出席会议，副校长贺耀敏、朱信凯出席会议并讲话，来自 28 个院系和 13 个职能部门的主要负责人参加会议。

3 月 13 日，学校党校第 33 期学生发展对象培训班开展党课培训第二讲。副校长朱信凯以《人文社会科学观与青年干部成长》为题做报告。

3 月 14 日，云南省玉溪市委常委、副市长田川率团来访，副校长吴晓球与代表团座谈，双方就支持玉溪市金融发展和玉溪师范学院建设金融学院等事宜进行了探讨。

3 月 14 日，华为技术有限公司中国地区部企业业务部总裁蔡英华一行来访，学校党委书记靳诺、校长刘伟会见蔡英华一行，学校党委常务副书记张建明、副校长贺耀敏出席会见并座谈。

3 月 14 日，学校第十四届党委第二轮巡察工作动员部署会召开，学校党委巡察工作领导小组副组长、党委副书记、纪委书记吴付来做动员讲话。第二轮巡察组成员及巡察后备人员 40 余人参加。

3 月 14—15 日，副校长吴晓球受学校党委书记靳诺、校长刘伟委托，先后前往新授予荣誉一级教授称号的钟宇人、赵中孚、张象枢和陆贵山家中看望。

3 月 15 日，重庆市委教育工委委员、市教委主任助理徐立率团来访，学校党委书记靳诺、党委常务副书记张建明、常务副校长王利明会见代表团，双方就推进中国人民大学与重庆市高等教育界合作进行了交流。

3 月 15—16 日，中国 2019 世界集邮展览暨中国家书选拔展在中国人民大学家书博物馆举行。本次展览共展出 143 部邮集 228 框中国家书展品，来自 22 个省、自治区、直辖市的省级邮协以及 5 个行业邮协、中国人民大学家书博物馆，并特邀中国香港集邮家 2 部家书邮集参展。

3 月 16 日，中国人民大学与甘肃省人民政府签署省校战略合作协议。甘肃省委副书记、省长唐仁健，省委常委、省委组织部部长李元平，副省长张世珍，兰州大学校长严纯华，学校党委书记靳诺、党委常务副书记张建明、常务副校长王利明出席签约仪式。

3 月 16 日，中国人民大学、北京理工大学、中国农业大学、北京外国语大学、中央音乐学院、中央美术学院、中央戏剧学院、中央民族大学和延安大学发起成立延河高校人才培养联盟，成立大会暨第一次联席会议在延安举行，中国人民大学党委副书记郑水泉出席会议并讲话。

3 月 18 日，副校长杜鹏会见来访的英国亚伯大学校长伊丽莎白·特雷杰，双方就加强两校各学科领域合作及学生交流等事宜进行了探讨。

3 月 18 日，中共中央总书记、国家主席、中央军委主席习近平在京主持召开学校思想政治理论课教师座谈会并发表重要讲话。学校党委书记、教育部高等学校马克思主义理论类专业教学指导委员会主任靳诺，马克思主义学院教授张雷声、秦宣、刘建军、王易参加座谈，刘建军作为思想政治理论课教师代表在座谈会上发言。下午，学校召开党委理论学习中心组（扩大）会议，深入学习贯彻习近平总书记在学校思想政治理论课教师座谈会上的重要讲话精神。学校领导靳诺、刘伟、张建明、王利明、吴付来、贺耀敏、吴晓球、郑水泉、杜鹏、朱信凯出席会议。

3 月 20 日，学校举行第五期港澳台学生领导力提升计划启动仪式。副校长杜鹏出席活动并讲话。

3 月 20 日，中国人民大学第七届教职工代表大会暨第十六届工会会员代表大会第二次全体会议在学校召开。北京市教育工会主席张锦出席大会并致辞。校领导靳诺、刘伟、王利明、吴付来、贺耀敏、吴晓球、郑水泉、杜鹏、朱信凯出席大会。学校党委常务副书记张建明主持大会。学校“双代会”正式代表、各单位负责人、各分工会主席等 300 余人参加大会。

3 月 20 日，副校长杜鹏会见来访的英国南安普顿大学副校长维尼·埃利，双方就加强两校各学科领域合作及学生交流等事宜进行了探讨。

3 月 20 日，教育部教材局巡视员申继亮一行来校调研国家经济学教材建设重点研究基地建设情况，校长刘伟，副校长贺耀敏、朱信凯出席会议。

3 月 21 日，中国人民大学参政议政研究中心成立大会举行。全国政协副主席、九三学社中央常务副主席邵鸿，全国政协常委、九三学社中央副主席赖明，九三学社中央参政议政部副部长张瑛、张福麟，中国人民大学党委书记靳诺，党委常务副书记张建明，副校长、党委组织部部长、党委统战部部长杜鹏等出席成立大会。成立大会由学校党委组织部常务副部长、党委统战部常务副部长齐鹏飞主持。

3 月 21 日，学校党委常务副书记张建明与来访的延安市教育局党委书记、局长兰爱平一行座谈，双方就推进教育领域交流合作进行座谈。

3 月 21 日，中国船舶重工集团有限公司第七六〇研究所抗灾抢险英雄群体先进事迹报告会在学校举行。会前，学校党委书记靳诺会见中国船舶重工集团有限公司董事、党组副书记冯永强。副校长朱信凯、中国船舶重工集团有限公司党群工作部副主任焦怀庆及第七六〇研究所抗灾抢险英雄群体先进事迹报告团成员出席会见。

3 月 22 日，学校召开党委理论学习中心组（扩大）会议暨两会精神传达会，学习十三届全国人大二次会议和全国政协十三届二次会议精神。学校党委书记靳诺主持会议，校领导刘伟、张建明、王利明、吴付来、贺耀敏、吴晓球、郑水泉、杜鹏、朱信凯出席。

3 月 23 日，学校举行经济学院（新）成立大会暨中国经济学 70 年演进与发展学术研讨会。校长刘伟、副校长刘元春，荣誉一级教授卫兴华，诺贝尔经济学奖获得者斯蒂格利茨，全国政协经济委员会副主任、国务院发展研究中心原副主任刘世锦，北京大学教授、世界银行原首席经济学家林毅夫，南京大学原党委书记洪银兴，复旦大学经济学院院长张军参会并发表主旨演讲。国内重点高校经济学院主要负责人、国内顶尖经济学期刊负责人出席会议。经济学院（新）领导班子全体成员及骨干教师代表参加活动。

3 月 23—24 日，中国人民大学 2019 年华东 7 省（市）“协同育人·共铸栋梁”中学校长论坛在苏州校区举办。副校长朱信凯、人大附中联合总校校长刘彭芝、江苏省教育考试院副院长吴仁林等出席开幕式。来自安徽、福建、江苏、江西、山东、上海和浙江 7 个省（市）近百名中学以及教育考试院相关负责人参加。

3 月 24—28 日，副校长杜鹏率团访问马来西亚，参加第十四届亚洲太平洋国际教育协会（Asia-Pacific Association for International Education，APAIE）年会暨教育展。来自全球 200 余所教育机构的近 2 000 名代表参加会议。

3 月 26 日，校长刘伟会见来访的浙江工商大学校长陈寿灿一行，双方就开展校际合作进行了深入交流。学校党委副书记郑水泉参加会见并主持召开座谈会。

3 月 26 日，中国人民大学人文社科成果评价发布论坛暨学术评价与学科发展研讨会（2019·北京）在学校召开。中国期刊协会会长吴尚之、中国编辑学会会长郝振省等出席，校长刘伟代表学校致辞。

3月26—31日，副校长吴晓球参加博鳌亚洲论坛2019年年会和首届（2019）博鳌基金论坛，并就相关主题发表多场演讲。

3月28日，中国人民大学采购与招标管理中心举行成立揭牌仪式。校长刘伟出席仪式并讲话，副校长朱信凯主持仪式。

3月28日，副校长杜鹏会见来访的国际注册专业会计师公会首席执行官巴里·梅兰肯（Barry Melancon）一行。

3月29日，马克思主义学院举行第三期全国高校“党的建设”学科师资培训班结业仪式，来自全国44所高校的46位教师完成了学习任务，顺利结业。学校党委副书记、纪委书记、马克思主义学院院长吴付来出席并致辞。

3月29日，中国人民大学—路易斯大学全面战略合作伙伴协议签署仪式举行。校长刘伟，路易斯大学校长安德里亚·普伦奇佩，意大利经济发展部副部长迈克·杰拉奇出席并致辞。中国人民大学常务副校长王利明、副校长杜鹏，路易斯大学校董事会常务副主席塞拉·路易吉等出席。

3月29日，海淀区委书记于军，区委副书记、区长戴彬彬等来学校调研，校领导靳诺、刘伟、贺耀敏、朱信凯与于军书记一行座谈，双方就加强区校合作交流进行了探讨。

3月29日，第十四届“春晖杯”中国留学人员创新创业大赛启动仪式在学校举办。中国留学服务中心、科技部火炬高技术产业开发中心和学校等有关单位负责人参加。学校党委副书记郑水泉致辞。

3月30日，中国人民大学通州新校区开工现场会在北京市通州区举行。国家发展和改革委员会、教育部、北京市、通州区以及河北大厂回族自治县相关领导受邀出席。学校领导靳诺、刘伟、张建明、王利明、吴付来、贺耀敏、郑水泉、刘元春、朱信凯出席开工现场会。

4月1日，中国人民大学召开人大附中和人大附中联合总校党政领导班子整体性调整宣布会。学校党委常务副书记张建明、常务副校长王利明、副校长兼组织部部长杜鹏出席会议。杜鹏代表学校党委宣读《人大附中和人大附中联合总校党政领导班子整体性调整工作方案》和相关任免通知。王利明主持会议并讲话。人大附中全体教职员工和人大附中联合总校在京成员校主要负责人共600余人参加会议。

4月2日，学校党委理论学习中心组专题学习（扩大）会议召开。清华大学副校长、中国科学院院士薛其坤以“量子信息科学和技术的现状与未来”为主题做讲座。学校党委书记靳诺出席并主持会议，校领导刘伟、张建明、吴付来、吴晓球、杜鹏、朱信凯，校长助理，学校党委委员、纪委委员，教代会主席团成员、民主党派负责人，全体中层干部参加。

4月2日，学校党委副书记郑水泉到丝路学院与学生交流，了解他们在中国的学习和生活情况。

4月2日，高等教育的全球竞争与国内合作暨“双一流”高校国际性建设研讨会在学校苏州校区召开。教育部国际合作与交流司副司长张晋、学校党委副书记郑水泉以及国内24所“双一流”建设高校的外事负责人参加。

4月3日，学校召开2019年“国家高端智库”建设工作会议。会议传达了“国家高端智库”理事会扩大会议精神，并颁发中国人民大学“国家高端智库”建设优秀成果奖。学校党委书记靳诺、校长刘伟出席会议并讲话，学校党委常务副书记张建明、副校长吴晓球出席。

4月3日，学校党委副书记、纪委书记、马克思主义学院院长吴付来会见来访的延安大学党委副书记田伏虎一行，双方就推进两校马克思主义理论学科建设与马克思主义学院发展事宜进行了深入交流。

4月3日，吴玉章学术论坛暨“优秀年轻干部”学术沙龙开讲。学校党委副书记郑水泉出席并致辞。马克思主义学院教授秦宣做主题报告。来自学校23个学院的45名优秀年轻教师学者参加了此次活动。

4月3日，学校举行2019年“街巷中国”实践分享会暨“百年青春梦·美好新生活”五四专项社会实践活动启动仪式。副校长朱信凯，四川省遂宁市委常委、组织部部长周鸿，项目首席专家、中国人民大学农业与农村发展学院教授汪三贵出席会议，共400余人参加启动仪式。

4月3—5日，副校长杜鹏应邀参加在美国布朗大学举行的“世界高等教育创新论坛”，并率团访问美国乔治城大学和马里兰大学。

4月4日，副校长吴晓球会见来访的英国伦敦玛丽女王大学副校长科林·格兰特，双方就加强两校经济、法律、人口学领域合作及学生交流等事宜进行了探讨。

4月4日，校长刘伟会见来访的土库曼斯坦驻华大使杜尔德耶夫。

4月4日，“喜迎华诞·悦读人图”2019图书馆资源与服务宣传月开幕仪式举行。学校党委书记靳诺、副校长贺耀敏、党委副书记郑水泉出席开幕仪式。

4月6—8日，副校长杜鹏率团访问以色列特拉维夫大学，出席中国人民大学出版社以色列分社书籍合作项目签约仪式、中国当代人口与社会状况学术研讨会，开展学校博物馆校史校情海外展，参访特拉维夫大学孔子学院并考察孔子学院工作，出席特拉维夫大学孔子学院理事会会议。

4月9日，副校长杜鹏会见来访的英国谢菲尔德大学副校长戴夫·佩特里，双方就加强两校人口学、法律、政治学、食品安全、能源经济等领域的科研合作等事宜进行了探讨。

4月9日，常务副校长王利明、副校长杜鹏分别会见来访的法国KEDGE商学院副校长吉·马赫希亚（Guy Marcillat），双方就加强学校中法学院建设、拓展工商管理等领域合作事宜进行了探讨。

4月10日，学校党委书记靳诺会见来访的西藏大学校长纪建洲一行，双方就开展对口支援工作展开深入交流。学校党委副书记郑水泉陪同会见并主持座谈会。

4月10日，学校党委书记靳诺、校长刘伟会见中国社会科学院大学临时党委常务副书记、副校长，中国社会科学院研究生院院长王新清一行，双方就推进中国人民大学与中国社会科学院大学交流合作进行会谈。常务副校长王利明、学校党委副书记郑水泉一同会见并出席座谈会。郑水泉主持座谈会。

4月10日，中国人民大学与北京大学、清华大学、东北师范大学、武汉大学支援湘潭大学马克思主义理论学科建设启动仪式在湘潭大学举行。学校党委副书记、纪委书记、马克思主义学院院长吴付来出席签约仪式，代表中国人民大学签署《“五校”对口支援湘潭大学马克思主义理论学科建设协议》。

4月10日，学校举办第二十五届五四文化艺术节文史知识竞赛暨第四届“读史达人”大赛决赛。副校长朱信凯、教育部高等学校社会科学发展研究中心党建思政研究处处长朱喜坤出席活动。

4月11日，学校召开附属中学和附属中学联合学校总校教职工大会，举办刘彭芝同志名誉校长颁授仪式。学校党委书记靳诺，党委副书记、校长刘伟，党委常务副书记张建明，常务副校长、人大附中联合总校校长王利明，党委副书记、人大附中联合总校理事会理事郑水泉等出席大会。王利明主持会议。

4月11日，学校马克思主义学院挂职支援工作座谈会举办。学校党委书记靳诺，党委副书记、纪委书记、马克思主义学院院长吴付来出席会议。

4月11日，学校举办中组部、教育部专题研修项目联络员培训班。学校党委常务副书记张建明出席并致辞。

4月11—14日，副校长朱信凯率团访问美国康奈尔大学和密歇根大学，出席中国人民大学合作共建的密歇根大学孔子学院十周年庆典系列活动，并看望在美校友。

4月12日，全国高校思想政治理论课教师“周末理论大讲堂”开讲仪式暨首场讲座在学校举办。

教育部社会科学司司长刘贵芹、副司长徐艳国出席开讲仪式并致辞。学校党委书记靳诺和党委副书记、纪委书记、马克思主义学院院长吴付来会见刘贵芹和徐艳国，双方就中国人民大学思想政治理论课的改革创新进行了探讨。

4月12—14日，“首届现代医院管理制度高峰会议”在学校召开。校长刘伟在开幕式上致辞。

4月14日，五四运动100周年、在中华人民共和国成立70周年即将到来之际，第18届歌影年华校园原创音乐会在学校举办。学校党委副书记郑水泉出席音乐会。

4月16日，学校党委书记靳诺、党委常务副书记张建明会见来访的乌鲁木齐高新区区委书记陈凯一行，双方就开展合作事宜进行了深入交流。

4月17日，学校党委书记靳诺会见来访的山西财经大学校长刘维奇一行，学校党委常务副书记张建明出席会见并主持座谈会。

4月17日，学校党委书记靳诺、党委常务副书记张建明会见来访的天津市副市长姚来英一行，双方就合作事宜等进行了洽谈。

4月17日，中国人民大学第五期港澳台学生领导力提升计划调研成果展示会暨结业仪式举行，副校长朱信凯出席活动。

4月17日，共建“一带一路”全球合作共赢主题研讨会暨《“一带一路”这五年的故事》系列图书发布会举办。校长刘伟，中国外文出版发行事业局副局长陆彩荣，中国银行原副行长、人大重阳金融研究院高级研究员张燕玲，外交部原副部长、人大重阳金融研究院高级研究员何亚非，国家发展和改革委员会“一带一路”建设促进中心主任翟东升，中联部当代世界研究中心主任、“一带一路”智库合作联盟秘书长金鑫等出席会议。

4月17日，2019年“青春心向党·建功新时代”五四特别主题团日展评活动举行。来自各学院的21个优秀团支部参与展评，为纪念五四运动100周年彰显青春风采。

4月18日，云南民族大学党委副书记刘荣来访，开展民族学人类学学科建设经验调研。学校党委常务副书记张建明会见刘荣一行。

4月18日，学校召开本科教学工作审核评估整改方案落实情况汇报会。校长刘伟出席会议并讲话，副校长朱信凯主持会议。

4月18日，学校召开2019年度实验室安全工作领导小组会议。副校长朱信凯出席会议。

4月18日，副校长杜鹏会见前来调研的北京市人民政府台湾事务办公室主任于庆丰一行。

4月19日，最高人民法院原院长肖扬校友逝世。肖扬校友于1957—1962年就读于中国人民大学法律系，1993—1998年任司法部部长、党组书记，1998—2003年任最高人民法院院长、党组书记、审判委员会委员。

4月19—21日，第十四届中国人民大学模拟联合国大会在学校举办。本次大会以“自青年·致世界·至未来”为主题。来自全国46所学校的186名代表与会。校长刘伟、联合国驻华协调员罗世礼（Nicholas Rosellini）、中国联合国协会副总干事王颖等出席开幕式。

4月21日，首届“五四杯”全国高校马克思主义理论类本科生学术论文竞赛颁奖仪式暨优秀论文交流会在学校举办。学校党委副书记、纪委书记、马克思主义学院院长、北京高校思想政治理论课高精尖创新中心主任吴付来出席大会并致辞。

4月22日，副校长朱信凯会见来访的河南省鹤壁市市长郭浩一行，双方就合作建设乡村振兴学院等事宜展开交流。

4月22日，学校举行高瓴人工智能学院成立大会。中国工程院原常务副院长、中国工程院院士潘云鹤，中国科学技术协会党组书记、中国科学院院士怀进鹏，中国外文出版发行事业局局长杜占元，国家科学技术部副部长李萌，高瓴资本创始人兼CEO、校友张磊，教育部科技司副司长高润生，北京智源人工智能研究院院长、北京大学教授黄铁军，校长刘伟，副校长杜鹏、朱信凯以及知名科技企业代表等出席大会。学校党委常务副书记张建明主持会议。当日，中国科协—中国人民大学智能社会治理研究中心、中国外文局—中国人民大学国际传播大数据智能实验室揭牌仪式举行。

4 月 22 日，学校吴玉章学术论坛暨“优秀年轻干部”学术沙龙第二期开讲，校长刘伟出席并致辞，学校党委常委、副校长、党委组织部部长杜鹏主持论坛。学校 23 个学院的 45 名优秀教师学者参加了此次活动。

4 月 22 日，中国人民大学教育基金会第一届投资管理委员会正式成立暨首次会议召开。校长刘伟，学校党委常务副书记、基金会常务副理事长张建明，副校长、基金会副理事长兼基金会第一届投资管理委员会主任委员杜鹏，以及基金会第一届投资管理委员会委员等出席会议。

4 月 23 日，2019 年国际货币基金组织（IMF）《亚太区域经济展望报告》发布会在学校举行。IMF 亚太部主任李昌镛（Changyong Rhee）、副校长吴晓球等出席会议。

4 月 23 日，中国关工委学习贯彻习近平新时代中国特色社会主义思想培训班在学校开班。十届全国人大常委会副委员长、中国关工委主任顾秀莲出席开班仪式并做首场报告。学校党委书记靳诺、校长刘伟分别会见顾秀莲一行。

4 月 23 日，古巴共产党中央委员、比纳德里奥省委书记罗德里格斯率领古巴共产党代表团一行来访。学校党委书记靳诺会见罗德里格斯一行，就青年思想政治教育等问题进行交流。学校党委副书记、纪委书记、马克思主义学院院长、北京高校思想政治理论课高精尖创新中心主任吴付来参加会见并主持座谈会。

4 月 24 日，学校举行一级岗位教授荣退暨第四批荣誉一级教授称号授予仪式。荣退的首批一级岗位教授暨新授予的第四批荣誉一级教授陈先达、吴易风、胡乃武、周新城，新增补的第四批荣誉一级教授钟宇人、赵中孚、赵履宽、张象枢、刘文华、陆贵山出席，荣退的首批一级岗位教授暨新授予的第四批荣誉一级教授张立文因身体原因未能到会。在校校领导靳诺、刘伟、张建明、王利明、吴付来、贺耀敏、吴晓球出席。

4 月 24 日，中国人民大学 2019 年“大华讲席教授”聘任仪式举行。杨慧林、刘震云、阎连科、包伟民、方福前、何家弘、张雷声、李路路、翟振武、曾湘泉受聘为“大华讲席教授”。学校党委书记靳诺、校长刘伟出席仪式并讲话，学校党委常务副书记张建明、副校长吴晓球出席。聘任仪式由吴晓球主持。

4 月 24 日，中国人民大学中法学院法方合作院校蒙彼利埃保罗－瓦莱里大学校长帕特里克・基利（Patrick Gilli）、索邦大学人文学部院长阿兰・达龙（Alain Tallon）、里昂第二大学校长娜塔莉・唐佩妮（Nathalie Dompnier）、波尔多第三大学副校长金尚・翁凡春（Kim Sang Ong-Van-Cung）一行来访。中国人民大学校长刘伟、常务副校长王利明、副校长杜鹏等出席会见。双方就拓宽中法学院学科领域、合作共建研究机构、提升合作培养学历层次等事宜进行了探讨。

4 月 25 日，中国人民大学第十一届学术委员会换届大会、第十二届学术委员会第一次全体会议召开。在校校领导靳诺、刘伟、张建明、王利明、贺耀敏、吴晓球出席。换届大会由副校长、第十一届学术委员会副主任贺耀敏主持。第十二届学术委员会第一次全体会议由副校长吴晓球主持。

4 月 25 日，学校党委书记靳诺、常务副校长王利明会见来访的上海财经大学校长蒋传海一行，双方围绕两校国际化战略及研究生培养等相关工作展开交流。副校长杜鹏主持座谈会。

4 月 25 日，中国人民大学全国高校党的建设学科座谈会暨第四期党的建设学科师资培训班结业仪式举办。学校党委书记靳诺出席座谈会并做总结讲话，学校党委副书记、纪委书记、马克思主义学院院长吴付来介绍党的建设学科师资培训班整体情况。

4 月 26 日，中国人民大学纪念五四运动 100 周年特别活动——人大青春榜样分享会举行。团中央青年志愿者行动指导中心主任刘剑波，团中央基层组织建设部副部长曾锐，学校党委书记靳诺，党委常务副书记张建明，党委副书记、纪委书记吴付来，副校长朱信凯等出席活动。学校相关部处、学院负责人及全校数百名师生代表参加活动。

4月27日，校长刘伟、副校长杜鹏会见来访的英国伦敦政治经济学院全球事务研究所主任艾瑞克·伯格洛夫，双方就加强两校在全球治理、气候变化、法律、金融、公共政策等领域的合作等事宜进行了探讨。

4月27日，学校党委书记靳诺、校长刘伟、党委常务副书记张建明会见来访的肇庆市市委书记、市人大常委会主任赖泽华一行。

4月28日，"'一带一路'合作新动能、发展新机遇"研讨会在学校举行，就落实峰会新共识、新精神，快速推进新一轮"一带一路"国际合作，特别是人文领域的交流和智库建设展开讨论。法国前总理、法国政府中国事务代表、法国展望与创新基金会主席让-皮埃尔·拉法兰，国务院新闻办公室原主任赵启正，中国人民大学副校长吴晓球等出席会议并致辞。

4月30日，学校党委理论学习中心组（扩大）专题学习会暨学习纪念五四运动100周年大会精神座谈会举行。校领导靳诺、王利明、吴付来、贺耀敏、吴晓球、杜鹏、朱信凯、郑水泉出席。

5月1—10日，副校长杜鹏率学校代表团赴意大利、西班牙、斯洛文尼亚访问，参加了博洛尼亚大学孔子学院成立10周年庆典系列活动，出席第十二届"汉语桥"世界中学生中文比赛意大利暨圣马力诺赛区比赛，访问了意大利帕多瓦大学、路易斯大学，西班牙巴塞罗那自治大学、马德里卡洛斯三世大学，以及斯洛文尼亚卢布尔雅那大学。

5月7日，中国人民大学2019年党支部书记轮训开班。本次轮训以"做一名合格的党支部书记"为主题。学校党委书记靳诺讲话，全校各单位师生党支部书记参加开班仪式。

5月8日，学校党委书记靳诺、副校长朱信凯会见来访的四川省荣县县委副书记、县长郑小清，副县长胡爱华一行。

5月8日，"国企公开课"中国人民大学报告会暨"国企骨干担任校外辅导员"聘任仪式在学校举行。学校党委书记靳诺出席报告会并致辞。

5月9日，中国人民大学原校长，吴玉章基金委员会名誉主任，原中顾委委员，原国家计划委员会副主任，原国家经济委员会党组副书记、副主任袁宝华逝世，享年103岁。

5月9日，中国人民大学分别与山西农业大学、山西师范大学、山西财经大学签署合作协议。学校党委书记靳诺在签约仪式上致欢迎辞，校领导刘伟、张建明、王利明、吴付来、吴晓球、郑水泉、朱信凯出席签约仪式。

5月9日，北京高校第十一届青年教师教学基本功比赛在学校开幕。北京市总工会党组书记、副主席郑默杰，中共北京市委教育工委副书记李军锋，教育部全国高校教师网络培训中心副主任陈振，中国人民大学党委书记靳诺、党委副书记郑水泉等出席开幕式。北京市各高校负责教学工作、工会工作的校领导，第十一届青教赛专家评委代表，各高校教务工作负责人、参赛选手、领队以及工会常务副主席、青年教师代表参加开幕式。

5月10日，2019年对口支援新疆大学高校组长单位工作会在学校召开。清华大学党委书记陈旭、新疆大学党委书记许咸宜，以及西安交通大学、武汉大学、中南大学等高校负责人出席会议。学校党委书记靳诺在工作会上致辞。学校党委常务副书记张建明主持工作会，党委副书记郑水泉陪同参观校史馆。

5月10日，全国高校思想政治理论课教师"周末理论大讲堂"第四讲在学校开讲。教育部高校思想政治理论课教学指导委员会主任委员、学校党委书记靳诺向北京大学博雅讲席教授丰子义颁发聘书，学校党委副书记、纪委书记、马克思主义学院院长吴付来出席并主持聘任仪式。

5月12日，"新中国70年与新时代中国特色社会主义——第三届全国高校马克思主义理论学科研究生学术论坛"举办。学校党委副书记、纪委书记、马克思主义学院院长吴付来出席论坛开幕式并致辞。

5 月 13 日，学校吴玉章学术论坛暨“优秀年轻干部”学术沙龙第三期开讲，学校党委书记靳诺出席并致辞，学校党委常委、副校长、党委组织部部长杜鹏主持。来自学校 23 个学院的 45 名优秀教师学者参加了此次活动。

5 月 14 日，河南省人民政府副省长霍金花一行来校洽谈省校合作事宜，学校党委书记靳诺、校长刘伟与霍金花一行座谈。副校长吴晓球出席会议。

5 月 14 日，学校党委书记靳诺会见来访的青海民族大学党委书记薛建华，党委副书记、校长索端智一行，学校常务副校长王利明参加会见。

5 月 15 日，“全媒体时代的智库建设与战略传播”圆桌论坛在学校召开，副校长吴晓球出席并致辞。来自智库、学界、新闻媒体的近 20 位专家学者就中国智库如何提升思想创新能力以及全媒体时代智库如何做好战略传播两大议题进行了深入研讨和交流。

5 月 15 日，中国人民大学与天津市人民政府签署战略合作框架协议。中央政治局委员、天津市委书记李鸿忠，天津市委副书记、市长张国清，天津市委常委、常务副市长马顺清会见到访的学校党委书记靳诺一行并出席签约仪式。

5 月 16 日，副校长杜鹏会见来访的阿根廷驻华大使盖铁戈，双方就加强人文交流进行了探讨。

5 月 16 日，全国自强模范暨助残先进代表与中国人民大学师生座谈交流会举办，学校党委副书记郑水泉出席座谈会并讲话。中国盲文出版社副总编辑沃淑萍，自强模范代表倪岩、旦增欧珠，助残先进代表宋桂华和全校师生代表参加座谈会并发言。

5 月 16—25 日，副校长朱信凯参加由中国教育国际交流协会组织的中东欧国家“一带一路”教育研讨会团并任副团长。参加了第七届中国—中东欧国家教育政策对话会、中国—中东欧国家高校联合会第六次会议以及首届中国－希腊高等教育论坛、罗马尼亚蒂米什瓦拉西部大学 75 周年校庆活动，并访问罗马尼亚、捷克、希腊三国相关高校。

5 月 17 日，学校党委书记靳诺、校长刘伟会见来访的石景山区委书记于长辉，区委副书记、区长陈之常一行，并就加强区校合作等事宜进行座谈交流。常务副校长、附属中学联合学校总校校长王利明等出席座谈。

5 月 19 日，第十一届中国翻译职业交流大会在学校召开。副校长杜鹏出席开幕式并致辞。

5 月 20 日，举行 2019 年新上岗中层干部培训班开班仪式。学校党委书记靳诺出席并做报告，副校长、党委组织部部长、党委统战部部长杜鹏主持会议。

5 月 23—30 日，副校长吴晓球率学校代表团赴爱尔兰、荷兰、比利时访问，参加世界大学联盟会议，考察研究生教育、信息化管理、大学人力资源管理等。其间，代表团参加了在爱尔兰都柏林大学举行的世界大学联盟校长论坛，并先后访问了爱尔兰都柏林大学孔子学院，荷兰莱顿大学、伊拉斯姆斯大学、马斯特里赫特大学，比利时鲁汶大学、根特大学，访问了中国驻比利时大使馆，并与中国驻欧盟使团的校友代表展开交流。

5 月 24 日，副校长杜鹏会见来访的新西兰怀卡托大学高级副校长阿利斯特·琼斯，双方就加强交流合作事宜进行了探讨。

5 月 25 日，学习习近平总书记关于教育的重要论述——“九个坚持”新理念新思想新观点研讨会在学校召开。学校党委书记靳诺，中国教育报刊社党委书记、社长翟博出席会议并致辞。

5 月 26 日，“我和我的祖国”中国人民大学庆祝新中国成立 70 周年合唱音乐会在学校举办。

5 月 26 日，“庆祝新中国成立 70 周年中国人民大学校友书法篆刻作品展”开幕式在学校举行。副校长杜鹏出席开幕式，全国 30 多个校友会会长、秘书长参加。

5 月 26 日，“新中国 70 年经济建设实践与理论研讨会暨中国政治经济学年度发展报告发布会”在学校举办。校长刘伟、副校长刘元春，教育部社会科学委员会副主任顾海良，中国社会科学院副院长、党组成员高培勇，北京市经济学总会监事长、中国人民大学一级教授林岗等专家学者参会。

5 月 27 日，2019 档案学深造证书班（北京）在学校举行开班式。国家档案局局长、中央档案馆馆长李明华，学校党委书记靳诺、党委副书记郑水泉，国际档案理事会东亚地区分会证书班项目委员会负责人朱福强，国家档案局外事办公室主任王红敏等出席开班式。

5 月 28 日，中国人民大学与河北省全面深化合作协议在河北省石家庄市签署。河北省委书记、省人大常委会主任王东峰，省委副书记、省长许勤，校领导靳诺、刘伟、张建明、吴付来、朱信凯等出席签约仪式。

5 月 28 日，“第一届首都治理论坛暨首届首都治理最佳实践评选启动仪式”在学校举办。学校党委书记、首都发展与战略研究院院长靳诺，党委副书记郑水泉，北京市社会科学界联合会副主席、首都高端智库理事会副理事长李翠玲出席活动。

5 月 28 日，北京市第十五届哲学社会科学优秀成果奖表彰座谈会在京召开，中国人民大学获奖总数 35 项，位列参评单位第一。

5 月 29 日，中国人民大学 2018 级“红船领航”计划马克思主义经典研习会在学校图书馆举行。学校党委书记靳诺，党委副书记、纪委书记吴付来，副校长朱信凯出席会议，并与马克思主义学院专家、“红船领航”计划学员共同研习马克思主义经典。

5 月 30 日，副校长杜鹏会见来访的卑尔根大学副校长安娜琳·埃里克森（Annelin Eriksen），双方就深化彼此合作、共同举办卑尔根大学日等问题进行了探讨。

6 月 1—3 日，副校长吴晓球率学校代表团赴澳门特别行政区访问。出访期间，代表团参加了粤港澳大湾区金融论坛，走访中国人民大学—加拿大女王大学金融硕士项目澳门站的课堂，访问了中国银行澳门分行，并与中央人民政府驻澳门特区联络办公室、澳门银行公会、澳门立法会、澳门校友会等各界代表展开深入交流。

6 月 3 日，中国人民大学心理学一级学科博士学位授权点专家论证会在学校召开。校长刘伟，常务副校长、研究生院院长王利明出席会议。

6 月 5 日，校长刘伟、副校长杜鹏会见来访的中国文化大学校长徐兴庆一行。

6 月 5 日，国家自然科学基金委员会在学校举办国家重大科研仪器“冷中子非弹性散射谱仪的研制”项目结题验收会，国家自然科学基金委原副主任、中科院上海应用物理研究所院士沈文庆担任验收专家组组长。

6 月 5 日，数学学院“数学专业建设与拔尖人才培养”论证会召开。常务副校长王利明、副校长朱信凯出席会议。专家学者以及数学学院骨干教师参加会议。

6 月 5 日，2019 中俄全球治理圆桌论坛在莫斯科举行，主题为“全球治理变革与中俄全面战略协作”。中共中央宣传部常务副部长、国家高端智库理事会理事长王晓晖，中联部原副部长周力，俄罗斯中国友好协会第一副主席卢嘉宁等发表主题演讲。

6 月 9 日，首届全国高校思想政治理论课建设高端论坛在学校召开，主题为“新中国 70 年与高校思想政治理论课建设”。中国人民大学党委书记靳诺、教育部社会科学司司长刘贵芹、北京市委教育工委副书记狄涛等出席论坛开幕式并致辞。来自全国各重点马克思主义学院负责人、学科带头人和思想政治理论课教师，以及相关媒体代表共计 200 余人参会。

6 月 11 日，副校长杜鹏会见来访的摩洛哥穆罕默德六世环保基金会秘书长诺扎·阿拉维，双方就深化中国人民大学与环保非政府组织、摩洛哥高校的合作等问题进行了探讨。

6 月 11 日，学校党委常务副书记张建明会见来访的西藏大学副校长杨丹一行，双方就开展对口合作建设工作展开深入交流。

6 月 12—13 日，校长刘伟一行赴宁夏回族自治区，会见自治区党委书记、人大常委会主任石泰峰，洽谈区校项目合作事宜，并实地考察调研。常务副校长王利明、副校长朱信凯参加相关活动。

6 月 13 日，中国人民大学年鉴编纂及校史资源平台一期开通仪式暨《中国人民大学年鉴》（2019

版）编纂工作启动会举行。学校党委常务副书记张建明出席并讲话。

6月13日，2019年毕业摄影展暨“影载七十变迁”特别展在图书馆一层大厅开幕。本次摄影展以“爱‘人’已久，风华依旧”为主题，为致敬新中国成立70周年专门策划了“影载七十变迁”特别展。学校党委书记靳诺出席开幕式并参观摄影展。

6月18日，学校党委书记靳诺、副校长兼丝路学院院长杜鹏、副校长兼丝路学院执行院长朱信凯考察丝路学院，并与师生交流。

6月19日，副校长杜鹏会见来访的朝鲜平壤科技大学副校长尹英哲、高东勋所率师生代表团。

6月19日，2019年博士学位授予仪式举行，429人获授博士学位。学校党委书记、校务委员会主任靳诺，校长、校学位评定委员会主席刘伟，常务副校长、研究生院院长、校学位评定委员会副主席王利明，副校长、校学位评定委员会副主席吴晓球，校学位评定委员会副主席孙郁，校学位评定委员会委员出席仪式。

6月20日，学校召开2019届毕业生代表座谈会。学校党委书记靳诺、党委副书记郑水泉、副校长朱信凯出席座谈会，向全体毕业生致以美好祝愿。座谈会由朱信凯主持。

6月20日，北京市第十四次妇女代表大会闭幕。会议选举产生了市妇联第十四届执行委员会和市妇联新一届领导班子。学校马克思主义学院党委书记兼常务副院长王易教授全票当选北京市妇联副主席（兼职）。

6月20日，学校党委书记靳诺会见来访的北京市社会科学界联合会党组书记、北京市哲学社会科学规划办公室主任张淼一行，双方就深入开展“不忘初心、牢记使命”主题教育，推动习近平新时代中国特色社会主义思想研究展开交流。常务副校长王利明，学校党委副书记、纪委书记吴付来，副校长吴晓球与会。

6月20日，学校举行公共艺术教育中心规划与建设专家论证会。学校党委副书记、纪委书记、艺术学院院长吴付来出席会议。

6月21日，2019届毕业典礼在世纪馆举行。学校党委书记靳诺主持毕业典礼。校长刘伟，常务副校长王利明，学校党委副书记、纪委书记吴付来，副校长贺耀敏、吴晓球，学校党委副书记郑水泉，副校长杜鹏、朱信凯，学校党委副书记齐鹏飞，经济学院一级教授吴易风，信息学院教授王珊，美国伊利诺伊大学香槟分校商学院终身教授、1999级财政金融学院校友叶茂等出席典礼。各学院、各部处负责人及2019届学生家长代表观礼。

6月22日，中国人民大学与拉萨合作办学框架协议签约仪式举行。拉萨市人民政府与中国人民大学附属中学联合学校总校、中国人民大学附属中学签订合作办学框架协议。十二届全国人大常务委员会副委员长向巴平措，拉萨市委副书记、市长果果，拉萨市委副书记、北京援藏指挥部指挥肖志刚，拉萨市委常委、常务副市长占堆，北京市教育委员会副主任李奕，北京市扶贫协作和支援合作工作领导小组办公室主任马新明，北京市第九批援藏干部领队王强，中国人民大学党委书记靳诺，常务副校长、人大附中联合总校校长王利明，中央文史研究馆馆员、人大附中联合总校、人大附中名誉校长刘彭芝，人大附中联合总校党委书记、人大附中校长刘小惠等出席签约仪式。副校长杜鹏主持签约仪式。

6月23日，“新中国成立70周年，国家治理体系变革逻辑”报告发布会在学校举办。副校长刘元春，中央党校（国家行政学院）公共管理教研部副主任刘旭涛，中国行政管理学会副秘书长张安定，中国人事科学研究院副院长李建忠等专家学者出席。

6月24日，校长刘伟会见来访的以色列驻华大使何泽伟，双方就加强中国人民大学与以色列高校的人文交流进行了探讨。

6月24日，副校长杜鹏会见来访的朝鲜金日成综合大学第一副校长李国哲一行。

6月25日，校长刘伟会见来访的韩国高等教育财团事务总长朴仁国一行。

6 月 26 日，第二届首都治理论坛“首都基层治理改革与创新”在学校举办。北京市社会科学界联合会党组书记、北京市哲学社会科学规划办公室主任、首都高端智库理事会副理事长张淼，学校党委副书记郑水泉出席论坛。

6 月 27 日，中欧人文艺术教育联盟成立大会在北京举行。副校长杜鹏出席大会并当选首届联盟理事长。教育部、外交部有关司局代表和欧盟、欧洲有关国家驻华代表等 150 余人参会。

6 月 27 日、7 月 4 日，学校党委书记靳诺、校长刘伟分别看望了陕北公学校友刘锡庚、何载以及华北联合大学校友邱晴。

6 月 28 日，副校长杜鹏会见来访的西班牙巴塞罗那大学副校长亚历山大·阿吉拉尔·维拉（Alejandro Aguilar Vila），双方就深化拓展两校在经济、企业管理、教育、艺术、历史、物理及化学等领域的交流合作等事宜进行了探讨。

6 月 28 日，学校党委书记靳诺会见前来调研的教育部教师工作司司长任友群一行。

6 月 29 日，副校长杜鹏一行赴拉萨参加教育部高校团队对口支援及合作建设西藏大学 2019 年度例会，并看望在藏专招生、校友。

6 月 29—30 日，中国心理学会民族心理学专业委员会 2019 年学术年会在京召开。学校党委副书记郑水泉出席开幕式并致辞。来自全国各地的民族心理学及相关领域的百余名专家、学者、教师和学生与会。

6 月 30 日—7 月 3 日，常务副校长王利明率学校代表团赴日本访问，参加在一桥大学举行的中国人民大学日活动及第九届亚洲政策论坛，并访问名古屋大学。

7 月 1 日，学校党委领导班子带领党员代表到北京大学红楼（北京新文化运动纪念馆）开展主题党日活动，重温入党誓词，回看走过的路，进行革命传统教育。

7 月 1 日，“追梦中华·北京情思”2019 海外华文媒体北京行研修活动在学校举行启动仪式。来自亚洲、欧洲、美洲、大洋洲的 14 个国家和中国澳门地区的 23 家华文传媒的负责人参加。中国侨联副主席齐全胜，副校长、党委统战部部长杜鹏等出席启动仪式。

7 月 3 日，中国人民大学数学学科国际咨询委员会成立大会暨第一次国际专家论证会召开。副校长朱信凯出席。

7 月 5 日，“小我融入大我，青春献给祖国”2019 年高校师生主题社会实践在学校启动。教育部党组成员、副部长翁铁慧，学校党委书记靳诺，北京市委教育工委常务副书记郑吉春等出席启动仪式。部分地方教育工作部门和高校党委负责人及 600 余名高校师生代表参加仪式。

7 月 5 日，校长刘伟会见来访的台湾政治大学副校长王文杰一行，双方就进一步开展交流合作进行了会谈。

7 月 5 日，中国人民大学 2019“两岸学子·彩虹计划”结业仪式暨成果分享会举行。学校党委副书记郑水泉出席活动。

7 月 6—7 日，“2019 国际货币论坛”在学校举行，主题为“高质量发展与高水平金融开放”。校长刘伟、中国证券监督管理委员会原主席肖钢、中国进出口银行董事长胡晓炼、广东省原副省长陈云贤等出席论坛并展开研讨。

7 月 7 日，虚拟仿真实验教学创新联盟文科领域工作委员会成立大会在学校苏州校区召开。副校长、创新联盟副理事长朱信凯出席。

7 月 8 日，第三届“雏鹰计划”中哈青年领袖项目开营仪式在学校举行。学校党委副书记齐鹏飞出席开营仪式并致欢迎辞，双方带队老师以及来自两所大学的 28 名同学参加了开营仪式。

7 月 8—11 日，副校长杜鹏访问挪威、芬兰，其间应邀访问挪威奥斯陆大学、芬兰赫尔辛基大学孔子学院，并于 7 月 9—11 日出席首届高层银色经济仪式。

7 月 9 日，中国人民大学 2019 年“读懂中国”青年教师社会调研出征仪式暨党委教师工作部网站启动仪式举行。学校党委书记靳诺，党委副书记兼党委宣传部部长、党委教师工作部部长郑水泉出席仪式。

7 月 9 日，中国科协—中国人民大学智能社会治理研究中心工作研讨会在学校举办。学校党委书记靳诺、中国科协调研宣传部部长郭哲出席会议。

7 月 10 日，学校召开第十二届学术委员会第二次全体会议。学校党委书记靳诺，校长刘伟，常务副校长王利明，副校长吴晓球、朱信凯，以及校学术委员会全体委员等共计 42 人参加会议。会议由校学术委员会主任、校长刘伟主持。

7 月 11 日，举行基础教育处、基础教育研究中心成立仪式。校长刘伟，常务副校长、人大附中联合总校校长王利明，副校长朱信凯出席仪式。

7 月 11 日，中国人民大学召开党委理论学习中心组（扩大）专题学习会议，学习贯彻习近平总书记在中央政治局第十五次集体学习时重要讲话，以及习近平总书记在中央和国家机关党的建设工作会议上的重要讲话。学校党委书记靳诺主持会议，校领导刘伟、王利明、吴付来、贺耀敏、吴晓球、郑水泉、朱信凯、齐鹏飞出席会议。

7 月 11 日，北京高校加强党的政治建设专项培训暨北京高校党校协作组换届大会在学校召开。中国人民大学全票当选第十一届北京高校党校协作组组长单位。学校党委书记靳诺主持换届大会并发言。北京 60 余所高校有关负责人出席会议。

7 月 12 日，学校召开校级领导班子加强党的政治建设专题民主生活会。北京市委第一指导组组长、北京市委教育工委常务副书记郑吉春等出席。学校党委书记靳诺主持会议，学校领导班子成员参加会议。

7 月 12 日，全国哲学社会科学工作办公室公布了 2019 年国家社科基金年度项目和青年项目的立项名单。学校共获得立项 50 项，其中重点项目 9 项、一般项目 25 项、青年项目 16 项。在全国高校中，重点项目立项数并列第一，立项总数继续保持前三。

7 月 12 日，共同推进广西建设面向东盟的金融开放门户座谈会在京召开。广西壮族自治区党委书记、自治区人大常委会主任鹿心社主持座谈会并讲话，中国人民大学校长刘伟出席座谈会并讲话。会议期间，中国人民大学与广西壮族自治区人民政府签署战略合作框架协议。

7 月 15—16 日，校长刘伟率领学校“读懂中国”青年教师社会调研团、教授考察团、教师党支部书记“双带头人”培训团、校友考察团一行 32 人，赴云南省兰坪县深入调研定点联系扶贫工作，参加脱贫攻坚座谈会，并看望在兰坪县挂职的干部和支教学生。

7 月 15—22 日，学校党委副书记、纪委书记、马克思主义学院院长吴付来率团访问古巴共和国和巴西联邦共和国。其间，吴付来受邀为中国驻古巴大使馆、中国驻圣保罗总领事馆授课，围绕“不忘初心、牢记使命”主题教育解读《中共中央关于加强党的政治建设的意见》。

7 月 19 日，学校召开专题会议，研究加快推进协助云南省兰坪县开展教育脱贫攻坚工作。校长刘伟、党委副书记齐鹏飞出席会议。

7 月 20—21 日，“物质与非物质文化遗产对话与融合国际研讨会”在学校召开，副校长朱信凯出席研讨会开幕式并致辞。来自英国、瑞士、法国、比利时等国家及国内多所高校、文博部门的 30 余位学者参加。

7 月 22 日，中国统一战线理论研究会政党理论北京研究基地调研座谈会在学校举行。中央统战部副秘书长、中国统一战线理论研究会副会长余波，学校党委副书记兼统战部部长郑水泉出席会议。

7 月 25 日，中国人民大学与宁夏回族自治区在银川签署共建中外合作办学框架协议，进一步推进区校合作。校领导靳诺、刘伟、王利明、齐鹏飞与宁夏自治区党委书记、人大常委会主任石泰峰，自治区党委常委、副主席张超超，自治区党委常委、秘书长、宣传部部长赵永清，自治区副主席杨培君会面，双方就学科建设、人才培养、产业发展等进行了交流。

7 月 26 日，全国退役军人工作会议在北京召开，党和国家领导人习近平、李克强、王沪宁等会见全体与会代表。学校新闻学院 2017 级博士生周晓辉荣获“全国模范退役军人”称号，是全国荣获此荣誉的唯一在校学生。

7 月 31 日，学校召开学校领导班子务虚会，就“双一流”建设和学校改革发展相关议题进行了研讨。全体在校校领导靳诺、刘伟、王利明、吴付来、贺耀敏、吴晓球、郑水泉、杜鹏、朱信凯、齐鹏飞出席会议。

8 月 1 日，学校党委副书记郑水泉率教授考察团赴甘肃省敦煌市调研，走访敦煌市公共文化活动中心、敦煌市委党校，考察莫高窟数字展示中心，与敦煌市委、敦煌研究院等单位负责人进行座谈交流。

8 月 4 日，“壮丽 70，同心人大”主题教育在学校举行，联合国原副秘书长沙祖康应邀主讲首场报告。学校党委书记靳诺、北京市海淀区委书记于军等出席活动并讲话。

8 月 8 日，中宣部公布《关于第 15 届精神文明建设“五个一工程”入选作品公示的公告》，学校马克思主义学院教授刘建军主编的《〈共产党宣言〉与新时代》入选特别奖。

8 月 9 日，中国人民大学与安徽省人民政府签署战略合作框架协议。安徽省委书记、省人大常委会主任李锦斌，省委副书记、省长李国英，副省长、省工商联主席王翠凤，省政协副主席、省教育厅厅长李和平，校领导靳诺、刘伟、吴付来、杜鹏出席签约仪式。

8 月 16 日，国家自然科学基金委员会公布了 2019 年度基金项目的评审结果，中国人民大学 53 个项目获得资助，立项经费约 2 900 万元，立项率为 24.3％，高于全国 17.2％的平均立项率。

8 月 22 日，中俄友好、和平与发展委员会 2019 年中方全体会议在京举行。委员会中方主席夏宝龙、外交部副部长乐玉成以及委员会下属 16 个理事会主席及代表共 150 人出席会议。中俄友好、和平与发展委员会教育理事会主席、副校长杜鹏参加会议，并就教育理事会过去一年多的工作情况进行汇报。

8 月 22 日，校长刘伟会见来访的阿尔-法拉比哈萨克斯坦国立大学校长哈力木卡耶尔·穆塔诺夫（Galimkair Mutanov）一行，双方就未来深化两校合作事宜进行了探讨。

8 月 23 日，常务副校长王利明会见来访的罗马尼亚科学院院长伊昂-奥莱尔·波普（Ioan-Aurel Pop）一行，双方就未来深化两校合作事宜进行了探讨。

8 月 25 日，学校党委书记靳诺、党委副书记齐鹏飞赴山东出席尼山世界儒学中心成立大会，并与教育部副部长孙尧，山东省委书记、省人大常委会主任刘家义，至圣孔子基金会会长孔垂长共同为尼山世界儒学中心揭牌。

8 月 26 日，学校党委书记、教育部高校马克思主义理论类专业教学指导委员会主任委员靳诺出席教育部高校马克思主义理论类专业教指委 2019 年年会暨“新中国成立 70 周年与马克思主义中国化”学术研讨会。学校党委副书记、教育部高校马克思主义理论类专业教指委秘书长齐鹏飞出席会议并主持开幕式。

8 月 28—29 日，“转型中国与中国社会学：学科·理论·实践——纪念中国社会学恢复重建四十周年”学术研讨会在学校召开。学校党委书记靳诺出席开幕式并致辞。

8 月 29 日，学校党委副书记、纪委书记吴付来会见来访的智利众议院众议员、智中友好议员小组副主席卡罗尔·卡里奥拉一行，双方就马克思主义理论研究、中国特色社会主义的理论与实践等问题进行了交流。

8 月 30 日，中国人民大学与国家统计局签署合作共建数据开发中心协议。国家发展和改革委员会副主任兼国家统计局局长、党组书记宁吉喆，中国人民大学校长刘伟、副校长刘元春等出席签约仪式。副校长贺耀敏主持签约仪式。

8 月 30 日，学校党委书记靳诺会见来访的贵阳市委副书记、市长陈晏一行，并就市校合作办学等事宜进行了座谈交流。

8月30日，北京市政协新闻舆论民主监督组情况通报暨专家座谈会在学校召开。北京市政协副秘书长、新闻发言人、新闻舆论民主监督组成员宗朋，中国人民大学党委副书记郑水泉等出席座谈会。

8月31日，政经大讲堂系列讲座“中国特色社会主义政治经济学理论与实践”开幕式在学校举行。校长刘伟致辞。本系列讲座持续时间为8月31日—9月5日，共设14讲，来自山东大学、武汉大学、中南大学、云南大学、中央党校及各地方党校等教学科研机构的共100余人与会。

9月2日，中国人民大学2019年新教职工岗前培训开班仪式举行。学校党委书记靳诺出席并做首场报告。副校长吴晓球出席并主持仪式。9月5日，学校党委副书记、纪委书记吴付来做校情校史专题讲座。

9月6日，中国人民大学党委理论学习中心组举行“不忘初心、牢记使命”暑期专题读书班第四次集体学习（扩大）会议。学校党委书记靳诺主持会议。校领导王利明、吴付来、贺耀敏、吴晓球、郑水泉、刘元春、杜鹏、朱信凯、齐鹏飞参加学习。

9月6日，校长刘伟会见坦桑尼亚革命党桑给巴尔副总书记阿卜杜拉·萨达拉率领的坦桑尼亚革命党代表团一行20人，双方就加强学术交流与合作等问题深入交换意见。学校党委副书记、纪委书记、马克思主义学院院长吴付来参加会见。

9月6日，学校心理学系时勘教授主持的国家社会科学基金重大项目“中华民族伟大复兴的社会心理促进机制研究”结项汇报会暨庆祝中华人民共和国成立70周年论坛在学校举行。学校常务副校长王利明、副校长杜鹏出席会议。

9月7日，副校长杜鹏在深圳会见莫斯科国立大学副校长、深圳北理莫斯科大学董事会主席谢尔盖·沙赫赖（Sergei Shakhrai），双方就两校续签合作协议、建立常态化合作机制等问题进行了探讨。

9月9日，中国人民大学“不忘初心、牢记使命”主题教育动员大会在学校召开。中央第二指导组组长、中央纪委驻中华全国总工会机关纪检组原组长、中华全国总工会原党组成员王瑞生出席会议并讲话；中央第二指导组副组长、中央组织部干部三局二级巡视员祝江南，以及中央第二指导组其他成员出席会议。学校党委书记靳诺讲话，党委副书记、校长刘伟主持会议，学校领导王利明、吴付来、贺耀敏、刘元春、杜鹏、齐鹏飞出席会议。学校党委委员、纪委委员、全体中层干部、教师党员代表和学生党员代表参加会议。

9月9日，中国人民大学马克思主义学院获评2019年全国教育系统先进集体。

9月10日，中国人民大学“读懂中国”青年教师社会调研座谈会在学校召开。学校党委书记靳诺讲话，副校长杜鹏主持会议。

9月10日，中国人民大学国家发展与战略研究院研究员聘任仪式在学校召开。校长、国家发展与战略研究院院长刘伟，常务副校长王利明，副校长吴晓球，副校长刘元春出席会议。

9月10日，副校长杜鹏会见来访的中东技术大学副校长穆贺迈特·扎叶尔克，双方就两校未来可能的合作领域进行了探讨。

9月11日，2019—2020学年开学典礼暨教师节表彰大会在世纪馆举行。学校党委书记靳诺讲话，校长刘伟主持开学典礼，常务副校长王利明，党委副书记、纪委书记吴付来，副校长贺耀敏、吴晓球、刘元春、杜鹏，党委副书记齐鹏飞，荣誉一级教授邬沧萍、高铭暄出席开学典礼。中学校长代表，学生家长代表，校友代表，各学院、部处负责人，教师代表，2019级新生及在校生代表参加典礼。

9月11日，北京市委统战部常务副部长周开让一行访问中国人民大学国家发展与战略研究院，就大学智库建设、加强统战理论研究、强化双方联系等事宜进行调研和座谈。副校长杜鹏参加调研。

9月11日，“百名摄影师聚焦新中国70年”精选图片高校巡展开幕式在学校举行。副校长贺耀敏等出席开幕式。

9月11日，第十四期爱国宗教界人士研修班开学典礼在学校举行。中央统战部副部长、国家宗教事务局局长王作安，常务副校长王利明、党委副书记齐鹏飞等出席开学典礼。

9月11—12日，中国人民大学举办第二期全国中学教育领军人才“求是讲堂”活动。来自北京、天津等省份的30余位中学校长参加相关活动。校长刘伟出席开幕式并致辞。副校长杜鹏主持开幕式。常务副校长王利明参加了相关活动。闭幕式上，副校长贺耀敏为与会的中学校长颁发荣誉证书。

9月16日，《人民共和国的建设者——中国人民大学校友专访录精编版》出版座谈会在学校召开。学校党委书记靳诺、党委副书记郑水泉出席会议并讲话。

9月16日，云南兰坪县基层干部脱贫攻坚素质能力提升专题培训班开班仪式在学校举行。来自云南兰坪县的县、乡、镇等各部门的50余名基层党政干部来校参加培训。学校党委副书记郑水泉出席开班仪式。

9月16日，教育部举行首批国家教材建设重点研究基地工作启动会暨授牌仪式。副校长杜鹏代表学校接领了国家高校经济学教材建设重点研究基地标识牌。

9月17日，学校党委举行“不忘初心、牢记使命”主题教育党课第一课。学校党委书记靳诺以“牢记红色初心 勇担时代使命 着力锻造新时代立德树人的‘四有’教师队伍”为主题，为附属中学联合学校总校、附中、附小、幼儿园教师党员讲党课。常务副校长、人大附中联合总校校长王利明，党委副书记、纪委书记吴付来出席。

9月17日，“智源重大研究方向——智能信息检索与挖掘”前沿论坛在学校举办。常务副校长王利明致辞。来自人工智能领域的高校、科研院所和企业的代表150余人与会。

9月17日，学校党委副书记、纪委书记、马克思主义学院院长、北京高校思想政治理论课高精尖创新中心主任吴付来会见前来中心调研的喀什大学党委常委、宣传部部长丛培兵，并开展座谈。

9月17—24日，副校长吴晓球率团赴埃及、埃塞俄比亚、津巴布韦访问，看望当地校友，加强中国同非洲三国相互间的文化了解及学术交流，促成多个合作项目。

9月20日，副校长杜鹏会见来访的德国科隆大学副校长海因茨-佩特・曼泽尔，双方就加强两校各学科领域合作及学术交流等事宜进行了探讨。

9月21日，第三届首都治理论坛“城市的人民性及其治理意蕴”在学校举办。中国人民大学副校长刘元春，北京市社科联、市规划办科研工作部主任程文进出席会议。来自高校的师生以及多家媒体共百余人与会。

9月24日，校长刘伟会见来访的墨西哥维拉克鲁斯大学校长拉得隆・德・格瓦拉一行，续签了中国人民大学—维拉克鲁斯大学学术、科研、文化交流合作协议。

9月24日，常务副校长王利明主持召开专题会议，明确了“中国人民大学宁夏国际学院”的名称、机构及人员设置，提请学校设立中国人民大学宁夏国际学院筹建工作领导小组及办公室（简称“宁夏国际学院筹建办”），并要求学校其他相关部门协助宁夏国际学院筹建办的各项工作。当天，学校正式发文成立宁夏国际学院筹建工作领导小组及办公室。

9月25日，学校党校第34期学生发展对象暨第33期教工发展对象培训班开班仪式举行。学校党委书记、党校校长靳诺出席并讲话，党委常委、党委副书记齐鹏飞主持开班仪式。

9月25日，学校2019级博士生暨新博导大会召开。校长刘伟出席大会，常务副校长王利明主持会议。

9月26日，中国人民大学庆祝中华人民共和国成立70周年暨荣誉纪念章颁发仪式在世纪馆大厅举办。学校党委书记靳诺，校长刘伟，常务副校长王利明，党委副书记、纪委书记吴付来，副校长贺耀敏、吴晓球、刘元春、朱信凯，党委副书记齐鹏飞出席仪式，王利明主持。荣获“庆祝中华人民共和国成立70周年”纪念章人员代表，荣获纪念章人员家属代表，各学院（系）、机关各部（处）、直（附）属单位负责人以及师生代表等参加。

9月26日，北京市港澳台侨新生“开学第一课”在学校举办。副校长杜鹏出席会议。来自北京市28所高校的教师和港澳台侨新生近200人与会。

9月27日，校长刘伟会见来访的韩国驻华大使张夏成一行。

9月27日，全国高校思想政治理论课教师“周末理论大讲堂”在学校举行。教育部党组书记、部长陈宝生做“习近平总书记关于教育的重要论述”专题导学，并向全国各地各高校直播。

9月28日，中央马克思主义理论研究和建设工程重大项目“习近平总书记民生系列重要论述研究”首次研讨会在学校举行。副校长杜鹏致欢迎词。

9月29日，中华人民共和国国家勋章和国家荣誉称号颁授仪式在人民大会堂隆重举行。3位人大人被授予国家荣誉称号奖章，卫兴华、高铭暄两位教授被授予“人民教育家”国家荣誉称号，华北联合大学时期校友郭兰英被授予“人民艺术家”国家荣誉称号。9月30日，“人民教育家”与人民大学主题学习座谈会在学校召开。全体在校校领导出席会议，校长刘伟主持座谈会。

9月29日，校工会举行教职工“庆祝祖国70华诞，自由健走70华里”活动启动仪式。学校党委副书记、工会主席郑水泉出席并致辞。

9月29日，庆祝中华人民共和国成立70周年电影《我和我的祖国》观影仪式在学校举行。校领导靳诺、吴付来、吴晓球、郑水泉、刘元春、杜鹏、朱信凯、齐鹏飞出席观影仪式。学校党员、师生代表近千人观看了电影。

9月30日，学校召开“杰出学者”项目相关文件修订征求意见座谈会。

10月1日，庆祝中华人民共和国成立70周年大会在天安门广场隆重举行，习近平总书记发表重要讲话。学校党委书记靳诺、校长刘伟等20余位人大人受邀在天安门观礼台观礼。2 000余名人大师生参与庆祝中华人民共和国成立70周年群众游行、广场合唱、联欢活动、志愿服务工作。学校组织在校师生收看系列庆祝活动。下午，学校领导班子主题教育第十一次集中学习研讨暨庆祝中华人民共和国成立70周年师生代表座谈会召开。学校常务副校长王利明，党委副书记、纪委书记吴付来，副校长贺耀敏、吴晓球，党委副书记郑水泉，副校长刘元春、杜鹏、朱信凯，党委副书记齐鹏飞出席并发言。

10月2—7日，学校党委副书记郑水泉应邀率团访问比利时、德国，出席中欧关系与中欧互联互通研讨会，访问比利时布鲁塞尔自由大学、德国慕尼黑大学、德国莱比锡大学，出席莱比锡大学孔子学院理事会会议，并看望学校在欧洲校友、外派教师、志愿者及交换生。

10月8—18日，“走适合自己的发展道路——中国经验与非洲发展”非洲国家政党干部专题研修班圆满完成。参与研修的为加纳、卢旺达、纳米比亚、南非、赞比亚、津巴布韦等国执政党干部。中联部副部长钱洪山，中联部国际交流中心副主任饶惠华、姚建国，中国人民大学党委书记靳诺、副校长贺耀敏出席相关活动。

10月9日，中国人民大学通识教育大讲堂“数据科学讲坛”（Lecture of Data Science）第一期讲座召开。宾夕法尼亚大学沃顿商学院副院长蔡天文应邀做主题报告。校长刘伟出席。来自全校的400余名学生聆听了这场报告。

10月10日，中关村“番钛客”2019金融科技创新大赛总决赛在学校正式开赛。副校长朱信凯出席并为获奖者颁奖。

10月10日，南非共产党全国主席森泽尼·佐夸纳率南非共产党代表团一行来访。学校党委书记靳诺与代表团一行座谈，双方就习近平新时代中国特色社会主义思想、百年未有之大变局和世界社会主义发展等问题进行了交流。学校党委副书记、纪委书记、马克思主义学院院长吴付来主持座谈会。

10月10日，中国人民大学与国家市场监督管理总局签署“国家市场监管法治研究基地”合作框架协议。国家市场监督管理总局党组书记、局长肖亚庆，学校党委书记靳诺、校长刘伟、副校长朱信凯出席仪式。

10月10—15日，常务副校长王利明应邀出席由密歇根大学举办的题为“中国法制建设40年——走向自治的法律体系?”的学术会议，看望美国校友，访问哈佛大学。

10月11日，校长刘伟，党委副书记、纪委书记吴付来，副校长杜鹏进行“不忘初心、牢记使命”主题教育专题调研，深入了解马克思主义学院、北京高校思想政治理论课高精尖创新中心等单位和学院的学科建设及思政课改革创新等情况，认真听取了各单位负责人和各学院党政负责人的意见建议。座谈会由吴付来主持。

10月11日，校级领导班子成员进行“不忘初心、牢记使命”主题教育专题调研。学校党委书记靳诺，党委副书记、纪委书记吴付来，党委副书记郑水泉围绕“加强学院党的政治建设”主题，深入了解财政金融学院、法学院等单位工作开展情况，认真听取各单位党政负责人的意见建议。

10月12日，中央国家机关政府采购中心主任何长江一行来访，就学校采购与招标等工作开展巡察调研。校长刘伟会见何长江一行。副校长贺耀敏、朱信凯等出席。

10月12日，“人民教育家卫兴华与人民大学经济学教育专题研讨会”在学校召开。学校党委书记靳诺出席活动并致开幕词。中共第十八届中央政治局委员、国务院原副总理马凯校友，校长刘伟，中国人民大学荣誉一级教授胡钧，《求是》杂志社原总编辑陶骅，南京大学原党委书记洪银兴，中共中央政策研究室经济局原局长李连仲以及来自20多所高校的专家学者参加会议。开幕式由副校长刘元春教授主持。

10月12日，首届国杰论坛暨第二届罗国杰伦理教育基金颁奖大会在学校举行。学校党委副书记、纪委书记吴付来，中国伦理学会会长、清华大学人文学院院长万俊人等出席开幕式、颁奖仪式并致辞。

10月13日，高铭暄教授刑法学思想暨中国人民大学法学学科建设七十年研讨会举行，来自法学界以及司法实务界的众多专家学者及优秀校友参加了本次会议。学校党委书记靳诺，全国政协委员、北京市政协主席、党组书记吉林，最高人民法院党组成员、副院长姜伟，最高人民检察院党组成员、副检察长童建明在开幕式上先后致辞。学校法学院党委书记、院长王轶教授主持开幕式。

10月13日，2018—2022教育部高等学校农业经济管理类专业教学指导委员会2019年第二次全体会议在学校召开。指导委员会秘书长、副校长朱信凯主持开幕式。

10月14日，中国首个“企业管理哲学与组织生态研究中心（MPOE）”揭牌仪式暨“李占祥管理哲学优秀论文奖”设立仪式在学校举行。副校长刘元春等出席揭牌仪式。

10月14日，副校长吴晓球与来访的延安大学党委委员、副校长王刚一行座谈交流。

10月15日，学校召开网络安全和信息化领导小组2019—2020学年第一次全体会议。校长刘伟出席会议并讲话，副校长刘元春主持会议。

10月15日，公安部、教育部在中国人民大学共同启动“守护青春”——百城千校防“套路贷”、防电信网络诈骗集中宣传活动。学校党委书记靳诺出席活动。

10月16日，2019年度“中国—中东欧教育能力建设项目”开班仪式在学校举行。来自中东欧16国中央或地方教育行政主管部门的高级官员、研究机构负责人、大学校长等共28人参加培训。副校长吴晓球、中国教育国际交流协会副秘书长沈雪松出席开班仪式并致辞。

10月16日，学校综合服务中心正式揭牌。学校党委书记靳诺、校长刘伟、副校长朱信凯出席仪式。综合服务中心以“一网一门”为建设目标，逐步实现广大师生办事“只上一个网、只进一扇门”，不断提升机关服务信息化建设水平，是北京市高校规模最大的“一站式”行政服务大厅，协调统筹学校近20个机关单位，可办理107项业务。

10月16日，校级领导班子以“学习习近平总书记重要讲话精神和指示批示精神”为内容，开展集中学习研讨。校领导靳诺、刘伟、王利明、吴付来、贺耀敏、吴晓球、郑水泉、朱信凯参加。

10 月 16 日，“北京高校统战大讲堂”2019 年第二讲、中国人民大学“统战理论与政策前沿系列学术讲座”第十七讲暨中国人民大学党校“第 34 期学生发展对象暨第 33 期教工发展对象培训班”第三次专题讲座举办。中央统战部一局（民主党派工作局）局长桑福华做学术讲座。学校党委书记靳诺，党委副书记、党委统战部部长郑水泉在讲座开始前会见桑福华。

10 月 16 日，全国哲学社会科学工作办公室正式公布了 2019 年国家社科基金后期资助项目的立项名单。中国人民大学获得立项 12 项，立项总数再创新高。其中重点项目 3 项、一般项目 9 项，重点项目立项数位列全国高校第一，立项总数继续保持在全国高校前列。

10 月 17 日，学校党委副书记齐鹏飞与来访的天津市教委副主任白海力一行进行了座谈交流。

10 月 17 日，教育、女性与可持续发展专家委员会成立仪式暨高等教育与女性发展专题研讨会在北京国家会议中心召开。学校党委书记靳诺、副校长杜鹏出席成立仪式。

10 月 18 日，中国人民大学国际组织学院揭牌仪式学校举行。联合国前副秘书长陈健、校长刘伟等出席会议。副校长杜鹏主持会议。

10 月 18—20 日，“第三届全国生态翻译与认知翻译研讨会”在学校举行。副校长杜鹏出席开幕式并致辞祝贺。

10 月 19 日，教育部高等学校数学类专业教学指导委员会国家级一流专业“双万计划”推荐工作会议在学校召开。副校长朱信凯出席会议。

10 月 19 日，学校艺术学院王克举教授油画长卷《黄河》暨新书发布会在山东省东营市黄河入海口举行。校长刘伟为《黄河》图册撰写序言，学校党委副书记、纪委书记吴付来出席开幕式并致辞。

10 月 19 日，“新中国·新时期·新时代——中华人民共和国的七十年”学术研讨会在浙江嘉兴召开。学校党委书记靳诺为研讨会发来书面致辞。来自中央党史和文献研究院、中国社科院、中国人民大学等国内高校和科研院所的 60 余名专家学者与会。

10 月 20—21 日，副校长朱信凯率学校宁夏国际学院筹建工作领导小组赴宁夏回族自治区考察，双方就合作办学等工作进行了深入沟通与交流。

10 月 21 日，四川省委常委、组织部部长王正谱一行来访。学校党委书记靳诺，党委副书记、校长刘伟，党委副书记兼组织部部长齐鹏飞会见王正谱一行，双方就研究推进深化省校战略合作等事宜进行了探讨交流。

10 月 22 日，“不忘初心、牢记使命”主题教育全面深化三全育人协同育人体系人才培养工作会议举行。校领导靳诺、刘伟、王利明、吴付来、郑水泉出席。全校各院系、机关各部处负责人和师生代表参加会议。

10 月 22 日—11 月 1 日，副校长刘元春参加由教育部组派的中墨大学校长论坛及泛美高等教育协会年会会议团，赴哥伦比亚、墨西哥、美国进行访问。

10 月 23 日，常务副校长王利明会见来访的英国皇家联合军种国防研究所所长卡琳·冯·希佩尔（Karin von Hippel）一行。

10 月 23—27 日，副校长杜鹏率团赴台湾交流，访问台湾中国文化大学、台湾政治大学，看望部分在台湾交换学习和联合培养学生，并与台湾校友会座谈交流。在台期间，应邀参加第 11 届亚太地区老年学暨老年医学国际研讨会。

10 月 23 日，校长刘伟，常务副校长王利明，副校长贺耀敏、朱信凯围绕学校“双一流”建设主题，进行“不忘初心、牢记使命”主题教育专题调研，深入了解研究生院、发展规划处、历史学院等单位“双一流”建设相关情况，认真听取各单位负责人的意见建议。

10 月 24 日，校长刘伟、副校长吴晓球赴人才工作领导小组办公室、人事处等单位进行主题教育专题调研。

10 月 25 日，全国哲学社会科学工作办公室公布了 2019 年国家社科基金高校思政课研究专项的立项名单，中国人民大学马克思主义学院张世飞、张飞岸获得立项，立项数在全国高校中并列第一。

10 月 25 日，学校党委副书记郑水泉会见来访的比利时荷语布鲁塞尔自由大学副校长罗梅恩·米尔森（Romain Meeusen）一行，并主持召开荷语布鲁塞尔自由大学孔子学院理事会。

10 月 25 日，校长刘伟会见来访的挪威卑尔根大学校长达格·鲁恩·奥尔森（Dag Rune Olsen）一行，双方就如何深化两校未来合作进行了探讨。

10 月 26 日，在“砥砺前行七十载　奋斗成就中国梦”第三届全国高校大学生讲思政课公开课展示活动决赛中，学校马克思主义学院学子凭借作品《用马克思主义信仰书写青春》荣获一等奖。

10 月 27 日，经济学院开设习近平新时代中国特色社会主义经济思想讲座课程。校长刘伟以《习近平新时代中国特色社会主义经济思想的内在逻辑》为题主讲第一课。

10 月 28 日，校长刘伟、副校长杜鹏会见来访的高丽大学校长郑真泽一行。

10 月 28 日，校级领导班子成员“不忘初心、牢记使命”主题教育专题党课启动。学校党委书记靳诺，党委副书记、校长刘伟主讲首场党课。校领导王利明、吴付来、贺耀敏、吴晓球、郑水泉、杜鹏、齐鹏飞，全校各学院（系）、机关部（处）、直（附）属单位党政班子成员，师生党支部书记代表，以及党员代表约 400 人参加学习。

10 月 29 日，副校长杜鹏会见前来调研的孔子学院总部副总干事、国家汉办副主任郁云峰一行。

10 月 29 日，学校召开校级领导班子成员“不忘初心、牢记使命”主题教育调研成果交流专题会议。学校党委书记靳诺主持会议并做总结讲话，校领导刘伟、王利明、吴付来、贺耀敏、吴晓球、杜鹏、朱信凯、齐鹏飞发言交流。

10 月 29 日，副校长杜鹏会见来访的斯洛文尼亚驻华大使阿琳卡·苏哈多妮可及斯洛文尼亚卢布尔雅那大学教授代表团，双方就如何深化两校未来合作进行了探讨。

10 月 30 日，北京市委常委、组织部部长魏小东，市委组织部常务副部长王建中，市委组织部副部长、市人才工作局局长桂生到学校考察。校领导靳诺、刘伟、齐鹏飞与魏小东一行座谈，双方就加强人才工作交流与合作进行了交流。

10 月 30 日，宁夏回族自治区党委常委、组织部部长石岱一行来校访问。校领导靳诺、刘伟、朱信凯会见石岱一行，双方就研究推进深化区校战略合作、协同育人、选调生招录等事宜进行了探讨交流。

10 月 30 日，副校长朱信凯会见来访的黑山共和国下戈里察大学校长维斯林·乌克提克（Veselin Vukotic）一行，双方就两校未来可能的合作方向进行了探讨。

11 月 1 日，学校党委副书记、机关党委书记兼党委组织部部长齐鹏飞讲授“牢记初心使命，在‘四个自我’上下功夫，建设风清气正的政治机关——关于校部机关党建以及干部队伍建设的若干问题”主题党课。机关党委党员代表参加学习。

11 月 2 日，副校长刘元春会见来访的芝加哥大学国际事务执行主任凯蒂·赫琳雅克，双方就如何深化两校未来合作进行了探讨。

11 月 2—3 日，2019 年世界汉学大会理事会及“孔子新汉学计划”博士生论坛在德国杜塞尔多夫召开。副校长杜鹏出席开幕式并致辞。

11 月 2—5 日，“‘一带一路’倡议与中泰命运共同体构建”学术研讨会在学校召开。副校长刘元春、泰王国驻中华人民共和国大使馆代表一等秘书沈定坤（Mr. Sa-Ngopkarn Moungthong）和泰中“一带一路”合作研究中心副主任兼秘书长唐隆功·吴森提兰谷（Dr. Tharakorn Wusatirakul）出席开幕式并致辞。

11 月 3 日，副校长刘元春会见来校举办招聘会的四川省宜宾五粮液集团有限公司副总经理蒋琳一行。

11 月 3 日，中国工程院院士、国家新一代人工智能战略咨询委员会组长、中国人工智能产业发展联盟理事长、中国人民大学高瓴人工智能学院学术委员会主任潘云鹤在中国人民大学“科学大讲堂”暨高瓴人工智能学院“高屋建瓴”首期公开课上做题为《人工智能 2.0 与数字经济》的报告。学校党委书记靳诺、副校长朱信凯会见潘云鹤院士。

11 月 3—4 日，全国民族心理研究协作组成立大会暨第一次工作会议在学校召开。教育部民族教育发展中心主任郭岩、国家民委民族理论政策研究室主任马国华、副校长刘元春等出席协作组成立大会并致辞。

11 月 3—12 日，校长刘伟应邀率团访问意大利路易斯大学（LUISS，国际社会科学自由大学），出席全球“人文社会科学高校联盟”成立仪式；访问联合国粮食与农业组织总部、博洛尼亚大学、帕多瓦大学、威尼斯大学；出席中法学院联合管理委员会 2019 年度会议和“新时代背景下的人文社会科学：创新与发展”中法教育合作交流暨学术研讨会；访问哈萨克斯坦国立大学，并出席《寻求突破的中国经济》哈萨克文版新书发布会。

11 月 4 日，学校召开党的十九届四中全会精神学习宣传研究工作部署会。学校党委副书记郑水泉主持会议并做总结讲话，副校长刘元春讲话。

11 月 4 日，学校党委副书记、纪委书记吴付来以“强化责任意识，激发使命担当，扎实推进落实全面从严治党政治责任——深入学习贯彻《中国共产党问责条例》”为主题讲授党课。学校部分党委委员、纪委委员，各学院（系）、机关各部（处）、直（附）属单位党政主要负责人等 100 余人参加学习。学校党委副书记郑水泉主持。

11 月 4—5 日，22 所世界大学代表齐聚意大利罗马，参加首届“人文社会科学高校联盟”（Social Sciences Universities Network，SSUN）全体会议，标志着全球首个“人文社会科学高校联盟”正式成立。出席此次成立仪式的有联合国教科文组织教育助理总干事斯蒂芬妮亚·贾尼尼（Stefania Giannini）、意大利教育部部长洛伦索·菲奥拉蒙蒂（Lorenzo Fioramonti）等。意大利教育部部长洛伦索·菲奥拉蒙蒂、意大利路易斯大学校长普伦奇佩·安德里亚（Prencipe Andrea）、校长刘伟先后在联盟成立仪式上致辞。副校长杜鹏出席会议。

11 月 5 日，学校党委副书记郑水泉会见来校进行选调生招录宣讲的浙江省委组织部副部长、公务员局局长胡旭阳一行。

11 月 5 日，“紫禁之东　筑梦未来”2020 年北京市东城区公务员招录进校园首次宣讲活动在学校举行。学校党委副书记郑水泉出席宣讲会并致辞，在京高校的 800 余名应届毕业生参加。

11 月 6 日，副校长刘元春与来访的四川省宜宾市委书记刘中伯一行座谈，双方就研究推进校地合作等事宜进行探讨交流。学校党委副书记兼组织部部长齐鹏飞主持座谈会。

11 月 6 日，副校长刘元春主讲中国人民大学“形势与政策”名家讲坛，做《中美贸易冲突：现状与应对措施》主题报告。

11 月 6 日，中国人民大学“不忘初心、牢记使命”主题教育特别活动暨服务保障新中国成立 70 周年庆祝活动表彰大会举行。校领导靳诺、王利明、贺耀敏、吴晓球、郑水泉、朱信凯、齐鹏飞出席。各机关部处、学院相关负责人，国庆工作师生代表，2019 级新生团校学员与会。

11 月 6 日，中国人民大学举办学习贯彻党的十九届四中全会精神座谈会暨中国人民大学习近平新时代中国特色社会主义思想研究院特约研究员聘任仪式。学校党委书记、习近平新时代中国特色主义思想研究院理事长靳诺，党委副书记郑水泉出席会议并讲话，副校长刘元春、朱信凯出席会议。

11 月 6 日，全国普法办印发《关于通报表扬“七五”普法中期先进集体和先进个人的决定》，学校法学院王利明、韩大元、王轶、张翔 4 位教授荣获全国“七五”普法中期先进个人称号。

11 月 8 日，中国人民大学中法学院联合管理委员会 2019 年度会议及“新时代背景下的人文社会科学：创新与发展”中法学术交流合作研讨会在蒙彼利埃保罗-瓦莱里大学召开。中国人民大学校长刘伟、副校长杜鹏，法国蒙彼利埃保罗-瓦莱里大学校长帕特里克·基利（Patrick Gilli）、索邦大学副校长贝亚特丽斯·佩雷（Béatrice Perez）、凯致商学院副校长文森·蒙日马丁（Vincent Mangematin）等出席。

11月8日，西安电子科技大学党委书记查显友一行来访。学校党委书记靳诺，党委副书记、纪委书记、马克思主义学院院长、北京高校思想政治理论课高精尖创新中心主任吴付来会见查显友书记一行，双方就深化两校沟通合作事宜进行了交流。

11月8日，副校长贺耀敏会见广东省2020年度选调生和急需紧缺专业公务员招录宣讲组组长、广东省生态环境厅副厅长陈金銮一行。

11月8日，中国历史唯物主义学会召开第八届会员代表大会，选举产生学会新一届理事会和领导班子，学校党委副书记、纪委书记吴付来当选为中国历史唯物主义学会副会长。

11月9日，中国人民大学金融学科第三届年会（2019）召开，主题为“全球变局下的中国金融开放：路径选择”。学校党委书记靳诺做开幕式致辞，副校长吴晓球等做主题演讲。金融学科师生等近400人参加。

11月9日，在第八届首都大学生记者基本功大赛中，中国人民大学参赛队夺得团体类一等奖，并获得新媒体创意奖等单项奖。

11月9日，“我和我的祖国”庆祝新中国成立70周年中国人民大学教职工乒乓球团体赛在世纪馆圆满举办。学校党委副书记、纪委书记、体育工作委员会副主任吴付来出席颁奖仪式。

11月10日，中国人民大学北美校友会主办的“北美明德论坛2019年会”在纽约时代广场的中国银行纽约分行大厦举行。副校长贺耀敏率团出席并致辞。

11月10日，中国政法实务大讲堂专题讲座在学校举办，最高人民检察院检察长张军做《中国特色社会主义司法制度的优越性》主题报告。学校党委书记靳诺主持讲座。中央政法委副秘书长景汉朝，最高人民检察院副检察长、二级大检察官张雪樵，校领导王利明、刘元春、杜鹏出席。400余名人大师生参加。

11月11日，贵州省2019年“多彩贵州　与梦同行”知名高校人才引聘暨选调优秀毕业生宣传活动在学校举行。副校长刘元春出席活动并致辞。

11月12日，副校长杜鹏一行赴河北保定出席中国人民大学—河北大学对口合作协议签约仪式。

11月12日，深圳虚拟大学园2019年联席会议在深圳举行。副校长朱信凯应邀出席会议。

11月12日，中国石油大学（华东）党委副书记万云波一行来学校调研。常务副校长王利明会见万云波一行，双方就新形势下如何推动和加强学生工作展开了交流。

11月13日，学校召开校级领导班子成员对照党章党规找差距专题会议。中央第二指导组成员、教育部高等学校社会科学发展研究中心副主任江嵩，中央第二指导组成员、国家发展和改革委员会离退休干部局党委办公室三级调研员胡智刚参加并指导。学校党委书记靳诺主持会议并做会议总结，校级领导班子全体成员参加会议。

11月14日，副校长杜鹏会见安徽省委组织部二级巡视员沈小平一行。

11月14日，学校召开全国干部教育培训中国人民大学基地2017—2019年总结表彰暨2020年工作部署会。学校党委书记靳诺、副校长吴晓球、党委副书记齐鹏飞，中央和国家机关工委组织部副部长、干部教育办公室副主任马小兰出席会议。

11月15日，副校长杜鹏会见来访的比利时根特大学副校长冯·哈雷维格·米克（Van Herreweghe Mieke），双方就深化拓展两校在历史、哲学、文学等领域的交流合作等事宜进行会谈。

11月15日，河南鹤壁市委书记马富国，市长郭浩，副市长常英敏、李小莉来访。学校党委书记靳诺、校长刘伟、副校长朱信凯会见马富国一行。

11月15—17日，中国农业经济学会第十次会员代表大会暨2019年学术研讨会在北京西郊宾馆举行。副校长朱信凯、农业与农村发展学院院长唐忠当选为理事会副会长。

11 月 16 日，第九届“黄达-蒙代尔经济学奖”颁奖典礼暨“中国财政金融七十年：回顾与展望”学术研讨会在学校召开。校长刘伟出席颁奖仪式并致辞，副校长吴晓球宣布获奖名单并介绍获奖论文学术贡献。

11 月 16 日，中国新闻史学会 2019 年学术年会在北京会议中心开幕，以“全球视野　中国学派——全媒体时代的新闻传播研究”为主题。校长刘伟，中国新闻史学会顾问、全国人大教科文卫委员会主任委员、清华大学新闻与传播学院院长柳斌杰出席开幕式并致辞。来自国内外主流新闻院校的近千名专家学者与会。

11 月 16 日，“第二届首都发展高端论坛：老城·新城·都市圈”在学校举行，以“新城发展与老城更新”为主题。学校党委书记、首都发展与战略研究院院长靳诺出席论坛并致辞，副校长、首都发展与战略研究院学术委员会主任刘元春主持开幕式。来自清华大学等国内高校研究机构以及来自美国等国的专家学者与会。

11 月 17 日，中国文化经济学术论坛（2019）在学校举行。副校长贺耀敏，中宣部文改办巡视员、副主任高书生等专家学者发表演讲。

11 月 17 日，副校长吴晓球率团访问江西财经大学，参加“第三届赣江金融高端论坛”和江西财经大学现代金融研究院学术委员会会议，江西财经大学党委书记王乔、校长卢福财等人会见吴晓球一行。

11 月 19 日，学校召开东南区规划利用及中关村校区公用房调整使用动员大会。校长刘伟、常务副校长王利明出席会议，副校长朱信凯主持会议。

11 月 19 日，新华社 2020 年度校园招聘宣讲会在学校举行。宣讲会前，副校长杜鹏会见新华社总社新闻摄影编辑部副主任、部务会成员郑卫一行。

11 月 19 日，学校党委书记靳诺、校长刘伟、常务副校长王利明、副校长杜鹏、党委副书记兼党委组织部部长齐鹏飞会见福建省委常委、组织部部长杨贤金一行，双方就推进省校人才战略合作事宜进行座谈，齐鹏飞主持座谈会。

11 月 19 日，副校长贺耀敏会见呼和浩特民族学院副校长阿拉坦仓一行。

11 月 19 日，学校举办首届智能社会治理论坛暨第五届民生论坛。中国科学技术协会书记处书记、副主席孟庆海，民盟中央副主席、北京市政协副主席、民盟北京市委主委程红，中国人民大学党委书记、智能社会治理研究中心主任靳诺出席论坛。论坛开始前，靳诺书记、刘伟校长会见与会嘉宾，党委副书记郑水泉陪同会见。

11 月 20 日，学校举办第三届青年管理干部岗位技能竞赛培训会。学校党委副书记、工会主席郑水泉出席活动并讲话。参赛选手及部分教职工 100 余人参加培训。

11 月 20 日，学校党委书记靳诺、常务副校长王利明到理学院开展“不忘初心、牢记使命”主题教育专题调研，深入了解理学院各项工作开展情况和存在问题。

11 月 20 日，第五届郭沫若中国历史学奖颁奖仪式在人民大会堂举行。副校长朱信凯应邀出席颁奖仪式并担任颁奖嘉宾。国学院孙闻博副教授作为获奖代表在颁奖仪式上发言。中国人民大学共有 5 位教师的著作获奖，数量居全国高校首位。

11 月 20 日，学校党委副书记、纪委书记、马克思主义学院院长吴付来教授以《传承红色基因，建设世界一流大学》为题，主讲“形势与政策”名家讲坛。“红船领航”计划学员和各学院学生代表共 300 余人参加讲座。

11 月 20 日，中国人民大学“红船领航”计划党员先锋营 2018 级总结表彰暨 2019 级迎新大会在学校举行。学校党委书记靳诺，党委副书记、纪委书记吴付来，副校长杜鹏，学校党委宣传部、校团委、武警选培办、相关学院分党委负责人出席会议。

11月20日，外交部领事司副司长孟宇宏率代表团与中国人民大学开展党支部共建活动。副校长杜鹏会见调研团。

11月21日，学校党委书记靳诺、党委副书记兼党委组织部部长齐鹏飞会见来访的山西师范大学党委书记卫建国一行。

11月21日，北京市政务服务局副局长蔡明月召集北京市相关政府职能部门和相关单位负责人到学校老校区进行现场调研并召开办公会。学校党委副书记郑水泉及相关部门负责人陪同。

11月21—25日，全国税务系统第三期市县级税务局机关党委书记和专职副书记示范培训班在学校举办。十九届中央委员、国家税务总局党委书记、局长王军，国家税务总局办公厅主任黄运，国家税务总局党建工作局局长孙玉山，国家税务总局机关党委常务副书记郑江平与参训学员进行座谈，并与学校党委书记靳诺、党委副书记郑水泉等会面。

11月23—24日，第五届中国财政学论坛在学校召开，以“推进国家治理的财税制度研究”为主题。校长刘伟做开幕式致辞。

11月24日，首届高校经济管理学科党建育人论坛在上海财经大学召开。学校党委副书记、纪委书记吴付来教授出席论坛并做主旨演讲。

11月24日，中俄友好、和平与发展委员会中方教育理事会第四届年会在学校举行。理事会中方主席、副校长杜鹏等理事会单位代表共20人出席会议。

11月24日，中国人民大学国际学院金融风险管理学科全球顾问委员会（GAB）与风险建模全球专家委员会（GEC）2019（第四届）年度会议在苏州校区举行。副校长吴晓球出席会议并发表主题演讲。

11月24日，2019年度宝钢教育基金优秀教师奖评选结果揭晓。学校法学院竺效教授荣获宝钢优秀教师特等奖提名奖，统计学院李扬教授、外国语学院陈方教授、马克思主义学院董佳副教授等3名教师荣获宝钢优秀教师奖。

11月25日，教育部党组成员、副部长孙尧看望生病住院的中国人民大学荣誉一级教授卫兴华。学校党委书记靳诺、校长刘伟一同看望。

11月25日，学校推出“不忘初心、牢记使命”主题教育“双一流”建设成就展。学校党委书记靳诺，常务副校长王利明，党委副书记、纪委书记吴付来，副校长吴晓球，党委副书记郑水泉，副校长刘元春、杜鹏、朱信凯，党委副书记齐鹏飞出席开幕式活动。副校长贺耀敏主持开幕式。

11月25日，学校党委书记靳诺、副校长杜鹏会见来访的新加坡管理大学校长江莉莉一行及参加“2019中国人民大学—新加坡管理大学全球论坛”新方论坛发言代表。26日，校长刘伟、副校长杜鹏会见江莉莉一行。

11月26日，学校召开2019—2020学年第一学期外事工作例会。副校长杜鹏出席会议并讲话。

11月26日，学校科研“放管服”宣讲会召开。副校长刘元春、朱信凯出席会议并讲话。各学院、学校办公室、人事处、财务处、科研处等相关部处负责人参加会议。

11月26日，金融计算与数字工程教育部工程研究中心建设专家论证会在学校召开。教育部科技司一级巡视员高润生、常务副校长王利明等出席。

11月27日，学校党委副书记郑水泉会见中共宁海县委副书记、政法委书记李贵军一行，双方就促进地方发展与乡村振兴等进行了深入交流。

11月27日，“2019中国公共外交论坛：合作共赢与中国故事”在学校举行。中国人民大学校长、国家发展与战略研究院院长刘伟，中宣部部务会议成员、国务院新闻办公室副主任郭卫民，中国外文出版发行事业局副局长高岸明等近30位专家学者和业界人士与会。

11月27日，保利集团公司2019年基层党支部书记与党务工作人员轮训班在学校开班。开班仪式前，学校党委副书记、校长刘伟会见保利集团公司党委书记、董事长徐念沙一行。副校长吴晓球出席开班仪式并致辞。

11 月 27 日，“京东杯”中国人民大学第十届学生“创业之星”大赛决赛在学校举办。副校长、创业学院院长杜鹏出席活动并致辞。

11 月 27 日，学校召开人才人事工作专项部署会。学校党委书记靳诺、校长刘伟、副校长吴晓球、党委副书记齐鹏飞出席会议。各学院（系）、相关职能部门负责人参加会议。吴晓球主持会议。

11 月 28 日，副校长杜鹏会见来访的澳门特别行政区政府驻北京办事处主任梁洁芝一行。

11 月 28—29 日，第十届新华网教育论坛在京举行，以“新亦求新　寻教动能”为主题。学校党委副书记郑水泉应邀出席论坛，并在圆桌对话环节与北京语言大学、大连海事大学校领导围绕“凝聚共识　浅谈现代教育之道”话题进行了讨论。

11 月 29 日，中国人民大学与延安市签署合作交流协议，中国人民大学附属中学联合学校总校、中国人民大学附属中学与延安市签署教育共建合作协议。延安市委副书记、市长薛占海，副市长张建波，中国人民大学党委书记靳诺、校长刘伟出席签约仪式。签约仪式由中国人民大学党委副书记兼党委组织部部长齐鹏飞主持。

11 月 29 日，中国行政管理学会副会长、学校党委副书记郑水泉一行赴广州参加“学习贯彻党的十九届四中全会精神，深化‘放管服’改革优化营商环境研讨会暨中国行政管理学会 2019 年会”，并作为特邀嘉宾在“学术话语体系与行政管理学科发展校长特别论坛”环节进行了发言交流，主持了年会闭幕式。

11 月 30 日，中国人民大学与山东省人民政府在山东曲阜签署战略合作框架协议。中国人民大学党委书记靳诺与山东省副省长于杰签署协议，副校长杜鹏出席签约仪式。

11 月 30 日，中国宏观经济论坛（2019—2020）在学校举行。中国人民大学校长、国家发展与战略研究院院长刘伟，中国社科院学部委员、中国区域经济学会会长、《中国经营报》社社长金碚，中国人民大学副校长吴晓球、刘元春等出席论坛。刘元春代表论坛研究团队发布了论坛主报告《结构调整攻坚期的中国宏观经济》。

11 月 30 日，“2019 货币金融圆桌会议暨苏宁金融研究院四周年论坛”在北京举行，以“金融科技与普惠金融”为主题。副校长吴晓球提出了评价中国金融进步的标准。

11 月 30 日，首届“理论经济学・国家教材建设高峰论坛”在学校召开。中国人民大学校长刘伟，教育部教材局副局长陈矛，南京大学原党委书记洪银兴，南开大学原副校长、中国特色社会主义经济建设协同创新中心主任逄锦聚，中国人民大学副校长贺耀敏、刘元春等二十余位专家学者与会。

11 月 30 日—12 月 2 日，“国际儒学论坛・2019”在曲阜尼山圣境举行，主题是“儒家思想与人类和平”。学校党委书记靳诺主持开幕式，副校长杜鹏出席开幕式。来自中国、韩国、日本、美国、英国、澳大利亚等国家和地区的 150 余位专家学者出席会议。

12 月 2 日，全国审计专业学位研究生教育指导委员会主任委员孙宝厚一行来访。学校党委书记靳诺、常务副校长兼研究生院院长王利明会见孙宝厚一行，并举行座谈会。

12 月 2 日，中国人民大学法学院教师宋彪荣获第二届最美教师志愿者奖。

12 月 2—6 日，副校长杜鹏率学校代表团赴西班牙、葡萄牙访问，出席在西班牙艾萨德（ESADE）商学院举办的 SIGMA 大学联盟年会，并先后访问西班牙巴塞罗那大学、葡萄牙里斯本大学和新里斯本大学。

12 月 3 日，全体在校校领导赴新校区进行“不忘初心、牢记使命”主题教育集体调研，并召开整改落实工作推进会。学校党委书记靳诺，常务副校长王利明，党委副书记、纪委书记吴付来，副校长贺耀敏、吴晓球，党委副书记郑水泉，副校长刘元春、朱信凯，党委副书记齐鹏飞出席活动，机关各部处主要负责人参加活动。贺耀敏主持推进会。

12 月 4 日，2019 年“一二・九”校园越野赛举行。学校党委书记靳诺、校长刘伟、党委副书记郑水泉、副校长朱信凯出席活动。

12 月 4 日，学校举办第三届青年管理干部岗位技能竞赛。学校党委副书记、工会主席郑水泉出席。

12 月 5 日，中国经济学教材建设研讨会在学校召开。教育部教材局副局长陈矛主持会议。校长刘伟与顾海良、逄锦聚、林毅夫、林岗、王广谦、佟家栋、刘元春、毛振华、韩保江、郭庆旺、杨春学、陈斌开、盖凯程等经济学领域知名专家、相关高校经济学院负责人和中青年学者参会并发言。

12 月 6 日，中国人民大学召开校级领导班子“不忘初心、牢记使命”专题民主生活会。中央第二指导组组长、中央纪委驻中华全国总工会机关纪检组原组长、中华全国总工会原党组成员王瑞生出席会议并做点评；北京市委教育工委常务副书记郑吉春，中央第二指导组副组长、中央组织部干部三局二级巡视员祝江南出席。学校党委书记靳诺主持，学校领导刘伟、王利明、吴付来、贺耀敏、吴晓球、郑水泉、刘元春、杜鹏、朱信凯、齐鹏飞参加。

12 月 6 日，中国共产党的优秀党员，“人民教育家”国家荣誉称号与“最美奋斗者”荣誉称号获得者，我国杰出的马克思主义经济学家，中央马克思主义理论研究与建设工程首席专家，第三届国务院学位委员会经济学学科评议组成员，全国综合性大学《资本论》研究会原会长，中国人民大学荣誉一级教授、原经济学系主任卫兴华教授，因病医治无效在北京逝世，享年 95 岁。

12 月 6 日，中国人民大学召开习近平全面依法治国新理念新思想新战略研讨会。中国法学会党组成员、学术委员会主任张文显，中国法学会副会长、常务副校长王利明做主旨报告。副校长刘元春致辞。

12 月 6 日，副校长朱信凯会见来访的巴西坎皮纳斯州立大学副校长穆尼尔·所罗门·斯卡夫一行，双方就未来加强双方师生交换、学术出版、语言学习等方面的合作进行交流。

12 月 7—8 日，第十一届中国文化软实力研究高层论坛“思想政治教育改革创新”理论研讨会在长沙举行，主题为“思想政治理论课”。学校党委副书记、纪委书记吴付来应邀出席论坛并做主旨演讲。

12 月 8 日，国家统计局—中国人民大学数据开发中心揭牌。国家发展和改革委员会副主任兼国家统计局局长、党组书记宁吉喆，校长刘伟出席仪式并分别致辞。副校长贺耀敏、刘元春出席揭牌仪式。揭牌仪式开始前，刘伟会见宁吉喆一行，双方就合作共建、数据开发中心建设等相关事宜进行交流探讨。

12 月 8 日，中国应用经济学年会（2019）在北京友谊宾馆举办，主题为“推进改革开放，激发经济活力”。国家发展和改革委员会副主任兼国家统计局局长、党组书记宁吉喆，校长刘伟，国务院学位委员会办公室副主任、教育部学位管理与研究生教育司司长洪大用，副校长吴晓球，国务院第七届学科评议组应用经济学组成员白重恩等出席会议。

12 月 9 日，第十五届北京市高等学校教学名师奖和第三届北京市高等学校青年教学名师奖评选结果揭晓，冯仕政、徐经长被评为北京市教学名师，胡百精、周华、柯媛元被评为北京市青年教学名师。

12 月 10 日，学校召开“双一流”标志性成果汇报会。学校党委书记靳诺、校长刘伟、常务副校长王利明出席会议，一流学科主责学院相关负责人汇报“双一流”标志性成果及师资队伍建设情况。会议由王利明主持。

12 月 10 日，教育部中外人文交流中心主办的“艺术美化世界　教育引领未来”2019 中欧人文艺术教育论坛在学校举办。中欧人文艺术教育联盟理事长、副校长杜鹏主持论坛并致开幕词。

12 月 10 日，教育部发布《关于 2019 年度高等学校科学研究优秀成果奖（科学技术）奖励的决定》，学校数学学院傅宗飞副教授与北京师范大学、南开大学研究人员的联合项目“关于带移民分枝过程的研究”获得自然科学奖一等奖，学校环境学院沈大军教授与清华大学、中国科学院地理科学与资源研究所、中国水利水电科学研究院、甘肃省石羊河流域水资源局、杭锦旗黄河灌排管理局研究人员的联合项目“旱区水权理论、动态定量关键技术与实践”获得科学技术进步奖二等奖。

12 月 11 日，召开本科课程专项督导报告发布会。校长刘伟、副校长杜鹏出席发布会。

12 月 11 日，中国人民大学学术伦理委员会工作会议暨学术边界与底线学术研讨会召开。校长、校学术委员会主任刘伟，副校长吴晓球、刘元春，中国科协调研宣传部副部长吴善超出席开幕式，并为学术伦理委员会委员颁发聘书。

12 月 12 日，中国政法实务大讲堂再次走进中国人民大学，中央政法委副秘书长景汉朝以“我国司法体制改革的路径、重点与启示——以司法责任制改革为主线”为主题，与 400 余名师生交流互动。学校党委书记靳诺在讲座开始前与景汉朝会见。

12 月 12 日，中国人民大学召开 2019 年度承建海外孔子学院中方院长工作会议。学校党委副书记齐鹏飞出席会议并讲话。

12 月 12 日，学校组织召开 2019 年公用房领导小组会议。副校长朱信凯出席会议并讲话。

12 月 12 日，学校艺术学院教师与宁海葛家村村民共同进行创新教学。学校党委副书记郑水泉出席活动。

12 月 12 日，第七次全国人口普查专家咨询委员会成立大会暨方案研讨会在京举行。国务院第七次全国人口普查领导小组副组长、国家发展和改革委员会副主任兼国家统计局局长、党组书记宁吉喆出席会议。中国人口学会会长、社会与人口学院教授翟振武，副校长杜鹏教授，中国人民大学人口与发展研究中心教授段成荣获聘专家咨询委员。

12 月 12 日，“21 世纪世界社会主义理论与实践”国际学术会议在学校召开，主题为“社会主义道路：历史、经验与启示”“社会主义制度、理论与国家经验”“社会主义改革与国家治理”“社会主义政党制度与国家政治发展”。学校党委书记靳诺，党委副书记、纪委书记吴付来出席活动。

12 月 12 日，中国人民大学亚洲研究中心举行 2019 年理事会。中国人民大学校长、亚洲研究中心理事长刘伟，韩国崔钟贤学术院院长、亚洲研究中心理事长朴仁国等出席。

12 月 12 日，许崇德宪法学大讲坛第二讲在学校举行。第十一、十二届全国人大常委会委员，香港特别行政区立法会第一至三届主席，香港励进教育中心理事会主席范徐丽泰博士以“香港特区何去何从”为主题做讲座。来在京高校的 200 余名师生与各界嘉宾与会。

12 月 13 日，学校党委副书记吴付来会见来访的意大利路易斯大学国际事务副校长拉斐尔・马尔凯蒂（Raffaele Marchetti），双方就推进人文社会科学高校联盟运行及落实两校在各领域的交流合作等事宜进行了会谈。

12 月 13 日，中国人民大学宁夏国际学院筹建工作领导小组办公室组织召开法方合作院校工作座谈会。法国国立波尔多高等农业科学学院副校长让-菲利普・丰特内勒（Jean-Philippe Fontenelle）以及宁夏回族自治区教育厅副厅长王春秀等参会。学校常务副校长王利明会见来访嘉宾，副校长朱信凯主持座谈会。

12 月 13 日，第四届中国学术评价高峰论坛在学校召开，主题为“标准、体系、路径：哲学社会科学评价与‘双一流’建设”。副校长刘元春出席会议。来自北京大学等多家单位的科研管理部门负责人、知名学术期刊主编和学术评价研究界专家学者与相关媒体 80 余人参会。

12 月 13 日，学校党委副书记郑水泉会见来访的巴西南大河州联邦大学校长瑞・文森特・奥普曼一行，双方签署了两校合作谅解备忘录。

12 月 13 日，“文明交流互鉴与人类命运共同体的价值观建构：比较文明视域下的价值观教育”国际学术研讨会在学校举行。学校党委副书记、纪委书记吴付来出席开幕式并致辞。来自美国、英国的外籍专家和国内 50 多名学者与会。

12 月 14 日，中国新闻周刊杂志社主办的 2019“年度影响力人物”荣誉盛典在北京举行。著名法学家、中国人民大学常务副校长、中国法学会副会长、中国民法学研究会会长王利明获“年度法治人物”称号。

12月14日，“2019年中国资本市场法治论坛：公司法修改中公司类型、公司治理与股权保护的制度创新”在学校举行。常务副校长、中国法学会副会长、中国民法学研究会会长王利明在开幕式上致辞。

12月15日，中国人民大学校友会第七届会员代表大会在学校举行，大会选举产生了第七届理事会并召开第一次会议。学校党委书记靳诺、校长刘伟、副校长杜鹏出席大会。来自海内外50个校友组织、校友会各分支机构的校友代表200余人参加活动。

12月15日，2019中国职业发展论坛暨劳动经济学会职业开发与管理分会年会在学校举办，以“大时代与新挑战：变动世界中的职业发展”为主题。第十二届全国政协常委、文化部原副部长、全国妇联原副主席孟晓驷与会并做主旨演讲。学校党委书记靳诺、党委副书记齐鹏飞出席论坛。300多位职业开发与管理领域的学者、企业家和实践者与会。

12月18日，中国宏观经济论坛宏观经济月度数据分析会（2019年12月）在学校举行。副校长刘元春出席。

12月18日，学校党委书记靳诺会见国际信息学院联盟iSchools主席吴三均，并为其颁发中国人民大学“双一流”建设专家咨询委员会委员聘书。

12月18日，学校召开2019年本科生招生暨学生就业创业工作总结表彰大会。学校党委书记靳诺，校长刘伟，常务副校长王利明，党委副书记、纪委书记吴付来，副校长杜鹏、朱信凯出席会议。

12月18—20日，学校党委副书记、台港澳研究中心主任、马克思主义学院教授齐鹏飞接受中央广播电视总台新闻频道的邀请，参加中央广播电视总台新闻频道“澳门回归祖国20周年特别报道”直播节目。

12月19日，学校召开“双一流”建设专题会。校长刘伟，常务副校长王利明，副校长贺耀敏、刘元春、杜鹏、朱信凯出席会议。

12月19日，副校长吴晓球主持召开荣退工作专题会。党委组织部、人事处、离退休工作处、财务处、保卫处、资产与后勤管理处、校医院、校工会等单位负责人参会。

12月19日，中国人民大学关爱师生基金管理委员会工作会议和在职职工爱心互助金管理委员会工作会议召开。学校党委副书记、工会主席郑水泉出席。

12月20日，中国人民大学“我为祖国学本领”第四届后勤职工岗位技能比赛落幕。副校长朱信凯代表学校对大赛的举办表示肯定，并对全体参赛员工、师生评委及工作人员致以问候。

12月20日，中国人民大学第十四期爱国宗教界人士研修班结业典礼在中央统战部举行。中央统战部十一局局长韩松、常务副校长王利明等出席结业典礼。

12月21日，“历史唯物主义与当代中国”高端学术论坛在学校召开。校长刘伟致辞，哲学院陈先达教授做主旨发言。学校党委副书记齐鹏飞主持开幕式。

12月21日，以“京南古苑囿·国际会客厅”为主题的第二届北京南海子文化论坛暨南海子历史文化特展在学校举办。副校长朱信凯出席开幕式并致辞。

12月21日，中国人民大学杭州校友会“与时代同行”2019年会举行。学校党委副书记郑水泉、校友会副秘书长耿希继出席年会。各界嘉宾、在杭校友、兄弟校友会代表400余人与会。

12月22日，“华北大学旧址纪念石”落成暨揭幕仪式在河北省正定县华北大学旧址举行。副校长杜鹏、980医院院长何子安出席活动并致辞。共200余人参加活动。

12月22日，“国企公开课”中国人民大学报告会在学校举行。国家电网有限公司总经理、党组副书记辛保安以《创建世界一流示范企业的思考与实践》为题做主题报告，副校长贺耀敏主持报告会。

12 月 23 日，学校召开研究生学位论文质量保障体系建设专题会。校长刘伟，常务副校长、研究生院院长王利明出席会议。

12 月 23 日，学校党委书记靳诺会见上海合作组织秘书长弗拉基米尔·诺罗夫一行。副校长刘元春陪同会见。

12 月 24 日，学校召开深化基层单位主题教育整改工作座谈会暨学校党委书记与基层党组织书记第五期恳谈会。学校党委书记靳诺，党委副书记、纪委书记吴付来出席会议。学校党委副书记、组织部部长齐鹏飞主持会议。中央第二指导组成员、教育部高等学校社会科学发展研究中心副主任江嵩，中央第二指导组成员、中央组织部党建读物出版社三编室副主任谢洪波到会指导。

12 月 24 日，学校召开 2019 年宣传思想工作总结大会。学校党委书记靳诺，校长刘伟，党委副书记、党委宣传部部长郑水泉出席会议。《人民日报》、新华社、中央广播电视总台、《光明日报》等主流媒体，以及《求是》《前线》《红旗文稿》等理论刊物负责人、理论专家，学校各单位主要负责人及宣传通讯员 200 余人参加会议。郑水泉主持会议。

12 月 25 日，中国人民大学 2019 年度各民主党派、侨联、留联会、知联会负责人座谈会召开。学校党委副书记、统战部部长郑水泉出席。

12 月 25 日，中国科学院大学马克思主义学院院长王庭大一行来校与马克思主义学院进行交流。学校党委书记靳诺，党委副书记、纪委书记吴付来会见并出席座谈会。

12 月 25—30 日，学校召开人事人才工作系列专题调研会，深入调研学校人事人才工作情况。专题调研会先后开展五场。校长刘伟、副校长吴晓球出席。

12 月 26 日，中国人民大学国家发展与战略研究院城市更新研究中心与平安银行合作完成的《房地产行业整合趋势与并购策略研究》在广州发布。校长刘伟出席发布会并发表主题演讲《我国宏观经济形势分析》。

12 月 26 日，学校举行学生奖励颁奖典礼。学校党委书记靳诺、副校长贺耀敏、党委副书记郑水泉、副校长杜鹏出席。

12 月 26 日，学校党委书记靳诺，常务副校长王利明，党委副书记、纪委书记吴付来，副校长刘元春会见来访的对外经济贸易大学校长夏文斌一行，双方就深化两校沟通合作等事宜进行了交流。

12 月 27 日，“国家治理现代化与新时代中国公共管理学科发展研讨会”在学校召开。副校长贺耀敏出席会议。来自中国人民大学、北京大学、清华大学、复旦大学、武汉大学、厦门大学等 6 所高校的公共管理学者参加会议。

12 月 28 日，高瓴人工智能学院召开大数据智能研讨会暨大数据管理与分析方法研究北京市重点实验室第二届学术委员会第一次会议。学校常务副校长王利明出席。

12 月 28 日，第四届首都治理论坛“城市之治：街道改革与发展”在学校举办。中国人民大学党委副书记郑水泉、北京市党建研究所所长王大广出席会议。

12 月 28 日，学校党委书记靳诺出席教育部研究生思想政治理论课分教学指导委员会 2020 年工作会议暨教学改革创新研讨会，并看望在陕校友、选调生。

12 月 28 日，中国人民大学民国史研究院挂牌仪式暨“民国史研究再出发”高端论坛在学校老校区举行。校长刘伟，学校一级教授、国家清史编纂委员会主任戴逸，原中共中央文献研究室常务副主任金冲及，中国历史研究院近代史研究所所长王建朗，副校长朱信凯，以及来自科研机构和兄弟高校的知名专家学者应邀出席。

12 月 31 日，副校长杜鹏会见来访的伊朗驻华使馆文化参赞瓦法伊一行。双方就建立机制性联系，通过联合办会、学术互访及教师讲座等方式推进务实合作等事宜进行交流。

12 月 31 日，学校召开 2020 年迎新春、迎两会座谈会。学校党委书记靳诺、校长刘伟出席会议并讲话。学校党委副书记、党委统战部部长郑水泉主持会议。

# 附录二　2019年媒体报道中国人民大学的部分文章目录索引

## 专题部分

### 1. “改革先锋进校园”活动（2018年12月28日）

中宣部、教育部、共青团中央共同组织开展的“改革先锋进校园”活动正式启动　中国青年网，2019/01/01

“改革先锋进校园”活动正式启动　中国青年报，2019/01/03

聆听先锋故事感受改革精神　改革先锋进校园活动走进首都高校　北京新闻，2019/01/06

### 2. 中共中央政治局第十二次集体学习强调推进媒体融合（2019年1月25日）

首个融媒体与大数据研究中心落户中国人民大学　中国新闻网，2019/01/23

习近平总书记在中共中央政治局第十二次集体学习时的重要讲话引领媒体融合发展新作为　新华社，2019/01/27

宋建武：深入把握媒体融合的四大关系　构建现代传播体系　人民网，2019/01/27

习近平媒体融合讲话引发新闻工作者和新闻院校师生热烈反响　CCTV 新闻联播，2019/01/27

宋建武：推动媒体深度融合　做大做强主流舆论　广州日报，2019/02/18

### 3. 2019两会专题（2019年3月3日）

前瞻：两会聚焦改善民生“获得感”成关键标尺　中国新闻网，2019/03/01

全国人大常委会委员郑功成：要对养老保险制度有信心　人民网，2019/03/03

两会来了，AI小明想和你谈谈中国经济　光明日报，2019/03/03

这是一个丰收年　人民政协报，2019/03/04

郑功成：推动社保改革　增进百姓福祉　光明日报，2019/03/04

汤维建：用改革推动检察事业的全方位发展　检察日报，2019/03/04

外商投资法草案五问待解：地方政府可否制定政策？　新京报，2019/03/04

刘伟：应对“结构性失业”风险，高校不能弄一堆“水课”　中青在线，2019/03/05

汤维建：建议尽快出台《个人破产法》　成都商报，2019/03/05

两会代表委员热议：“就业优先”如何发力　中国青年报，2019/03/05

郑功成：建议尽快修订社会保险法　人民政协网，2019/03/05

融两会　全球传播展形象　人民网，2019/03/05

人大重阳解读2019年政府工作报告：透露“内外联动发展路线图”　环球网，2019/03/05

就业是最大的民生　政府工作报告放到“优先”级　中青在线，2019/03/06

政府工作报告里的民生关键词：大病报销比例提高　做好慢性病防治　21世纪经济报道，2019/03/06

6位大学书记校长两会观点对对碰，共谋新时代高等教育发展｜两会@教育·“教”案　微言教育，2019/03/06
刘元春：设定6%～6.5%区间增长目标，符合实际且更具弹性　21世纪经济报道，2019/03/06
周家彬：彰显政治属性　发展协商民主　光明网，2019/03/06
两会聚焦“互联网＋文化”新平台　新生态　新发展　中国文化报，2019/03/07
鲁全：农村养老金上涨，回应“老有善养”期待　新京报，2019/03/07
“坚定文化自信，传播好中国优秀传统文化”　中国青年报，2019/03/07
抓住历史机遇　开启民政事业创新发展新征程　中国社会报，2019/03/07
就业优先背后的政策“密码”：优的是民生　先的是经济　人民网，2019/03/07
减灾就是发展　减损就是增长　中国应急管理报，2019/03/07
国内生产总值增长6%～6.5%经济增速目标科学合理　人民日报，2019/03/07
公正监管优化市场生态环境　法制日报，2019/03/08
王征宇、李珣：职业教育开启“高光时刻”　中国教育新闻网，2019/03/08
刘英：2万亿税费怎么减，谁受益　北京日报，2019/03/08
就业优先　全面发力底气足　人民日报海外版，2019/03/08
刘伟：从供需两端疏通货币政策传导　经济日报，2019/03/08
刘英：高质量共建“一带一路”推动全球经济可持续增长　中国社会科学网，2019/03/08
卞永祖：货币政策重在疏导传导机制　广州日报，2019/03/08
王文：不好斗、善学习，中国必成新型全球强国　人民网，2019/03/08
贾晋京：金融如何支持创新引领型发展　证券日报，2019/03/09
刘英：从历年政府工作报告看“一带一路”如何推进　中国经济时报，2019/03/10
汤维建：机构改革有助于塑造新型专业化检察官队伍　正义网，2019/03/11
纾解民营和小微企业融资“痛点”　国际金融报，2019/03/11
问道民企发展：为民企减负需要做什么，融资难在哪里　新京报，2019/03/12
郑功成代表建议由社会负担生育成本　生育保险上升为生育津贴　中国妇女报，2019/03/12
关于危险驾驶、离婚纠纷、司乘冲突等，司法大数据揭示了什么?　新华网，2019/03/12
郑功成：应让低收入劳动者也能享有企业年金　第一财经日报，2019/03/13
汤维建：建立个人破产制度对优化营商环境具有重要意义　21世纪经济报，2019/03/13
“有能力确保养老金按时足额发放”让人民群众吃下定心丸　人民网，2019/03/13
两会青年说：郑功成、王晓晨等谈90后如何给爸妈养老　中青在线，2019/03/14
85后最担心父母养老　90后最担心自己未来养老　中国青年报，2019/03/14
摁下新时代教育立法“快进键”　中国教育报，2019/03/15
消费领域信用体系建设尚需强化　消费者维权意识不足　法制日报，2019/03/15
防控风险要有底线思维　人民日报海外版，2019/03/15
刘伟：中国经济前景依然辉煌　中国网，2019/03/15
一带一路进入“耐力跑”已成外媒两会关注焦点话题　人民网，2019/03/16
王虎峰：应给予医务人员合理报酬和社会尊重　人民健康网，2019/03/16

**4. 思想政治理论课专题**

习近平主持召开学校思想政治理论课教师座谈会强调：用新时代中国特色社会主义思想铸魂育人　贯彻党的教育方针落实立德树人根本任务　CCTV新闻联播，2019/03/18

思政课作用不可替代　思政课教师责任重大　光明日报，2019/03/19
努力培养担当民族复兴大任的时代新人——学校思想政治理论课教师座谈会与会代表热议习近平总书记重要讲话　人民日报，2019/03/19
郑水泉：学校思想政治理论课改革创新的动员令和集结号　求是网，2019/03/19
大学思政课变得“活”起来　北京青年报，2019/03/20
立德树人　培根铸魂——习近平总书记在学校思想政治理论课教师座谈会上的重要讲话引发热烈反响　CCTV 新闻联播，2019/03/20
看过来！总书记为什么“点名”思政课高精尖创新中心？　中国网，2019/03/20
高校师生热议习近平总书记在学校思想政治理论课教师座谈会上发表的重要讲话　中国教育网络电视台，2019/03/20
这门课有多重要？总书记这样说　CCTV 焦点访谈，2019/03/20
习近平对办好思政课提出新要求，18 位参会教师这样说　人民网，2019/03/21
明理入心　立德铸魂　CCTV 焦点访谈，2019/03/21
靳诺：扎实做好新时代人才培养工作　光明日报，2019/03/25
“学习习近平总书记重要讲话精神，提升高校思想政治理论课教学质量”研讨会举办　光明日报，2019/03/29
中国人民大学：走出课堂的高精尖思政教育　CETV，2019/03/30
刘建军：着力提升思想政治理论课实效　北京日报，2019/04/01
吴付来：打造高精尖水平的思政“金课”　中国教育报，2019/04/01
思政课，也要系统集成（办好思想政治理论课）　人民日报，2019/04/01
思政课也能“高精尖”　北京日报，2019/05/05
刘建军：有信心有能力把思政课办得越来越好（深入学习贯彻习近平新时代中国特色社会主义思想）　人民日报，2019/05/14
刘建军：思政课教师要做有深广情怀的人　中国教育报，2019/04/04

**5. 通州新校区开工（2019 年 3 月 30 日）**

中国人民大学通州新校区今开工一期 2023 年建成投用　新京报，2019/03/30
人民大学通州新校区开工！预计四年后可办学招生　北京日报，2019/03/30
中国人民大学举行通州新校区开工现场会　光明网，2019/03/30
中国人民大学通州新校区工程正式开工　新华网，2019/03/30
快讯！中国人民大学通州新校区今天正式开工！　北京通州发布，2019/03/30
中国人民大学通州新校区开工建设　中国青年报，2019/03/30
中国人民大学通州新校区正式开工　中国社会科学网，2019/03/30
中国人民大学通州新校区开工　光明日报，2019/03/30
中国人民大学通州新校区开工现场会举行　央广网，2019/03/30
中国人民大学通州新校区建设开工　预计四年后建成招生　北京青年报，2019/03/30
中国人民大学通州新校区开工现场会举行　中国网，2019/03/31
中国人民大学通州新校区开工现场会举行　新浪，2019/03/31
中国人民大学开建通州新校区　新华社，2019/03/31

**6. 中国人民大学与意大利路易斯大学签署全面战略合作伙伴协议（2019 年 4 月 1 日）**

中国人民大学与意大利路易斯大学签署全面战略合作伙伴协议　中国网，2019/04/01

中国人民大学与意大利路易斯大学签署全面战略合作伙伴协议　人民网，2019/04/01
刘伟：中意人文教育领域合作将达到一个新高度　人民网，2019/04/01
中国人民大学与意大利路易斯大学签署全面战略合作伙伴协议　经济日报，2019/04/02
中国人民大学与意大利路易斯大学牵手　中国教育报，2019/04/03

**7. 中国人民大学人工智能学院成立（2019 年 4 月 22 日）**

人民大学人工智能学院成立，潘云鹤任学术委员会主任　北京晚报，2019/04/22
中国人民大学成立高瓴人工智能学院　北京青年报，2019/04/22
中国人民大学高瓴人工智能学院成立大会暨中国科协—中国人民大学智能社会治理研究中心、中国外文局—中国人民大学国际传播大数据智能实验室揭牌仪式隆重举行　中国网，2019/04/22
中国人民大学高瓴人工智能学院成立大会隆重举行　中国日报，2019/04/22
人民大学成立人工智能学院将融合支撑 14 个一级人文学科发展　北京晚报，2019/04/22
中国人民大学人工智能学院成立促进学科综合发展　新华网，2019/04/22
人大成立人工智能学院，已有 31 所高校自主成立同类学院　澎湃新闻，2019/04/23
中国人民大学成立高瓴人工智能学院　光明网，2019/04/23
中国人民大学成立高瓴人工智能学院　中国教育新闻网，2019/04/24
与人文社科交叉融合　中国人民大学成立高瓴人工智能学院　中国青年报，2019/04/24
文科名校“入局”人工智能，能为我们带来什么　科技日报，2019/04/25
中国人民大学成立高瓴人工智能学院　光明日报，2019/04/26

**8. 第二届“一带一路”国际合作高峰论坛（2019 年 4 月 26 日）**

董希淼：“一带一路”投资不可能打水漂　环球时报，2019/03/20
王义桅：一带一路给欧洲创造了多重机遇　人民日报海外版，2019/03/21
“一带一路”，中国智库“动”起来　光明日报，2019/03/26
刘英：中欧共建“一带一路”前景广阔　解放军报，2019/03/30
贾晋京：欧洲缘何对一带一路热情渐高？　人民日报海外版，2019/04/04
人民大学评估报告：2019“一带一路”能源投资低风险和较低风险国家增多　中国经济导报，2019/04/12
专访：期待多国智库建立机制交流“一带一路”研究成果——访埃及外交事务委员会秘书长希沙姆·齐迈提　新华网，2019/04/14
王义桅：加强“一带一路”建设学术研究　南方日报，2019/04/15
中评关注：专家共研如何促一带一路走深走实　中国评论通讯社，2019/04/18
“一带一路”智库说　“一带一路”提供发展机遇和动能　CCTV 新闻直播间，2019/04/18
王文：“一带一路”进展超出预期　解放日报，2019/04/21
王文：“一带一路”与中国智慧　北京日报，2019/04/22
“一带一路”步入精耕细作新阶段　人民网，2019/04/22
王义桅：开创共建“一带一路”美好未来　解放日报，2019/04/23
王文：“一带一路”是合作共赢，不是“债券帝国主义”　CGTN，2019/04/23
王义桅：一带一路从“大写意”到“工笔画”　新京报，2019/04/23
吉尔吉斯斯坦举行“一带一路”：“21 世纪与教育和科学的融合”国际教育论坛　新华网，2019/04/25

靳诺等：教育合作为“一带一路”提供更坚实的人才支撑　光明日报，2019/04/26
3大关键词解码第二届“一带一路”国际合作高峰论坛成果清单　央广网，2019/04/30
以“一带一路”建设促进更高水平对外开放——访中国人民大学国际货币研究所特约研究员曲凤杰　光明日报，2019/05/01
杨凡欣：推动高质量共建“一带一路”　解放军报，2019/05/02
王义桅：“一带一路”的全球化逻辑　南方日报，2019/05/02
王义桅：为高质量共建“一带一路”指明路径　北京日报，2019/05/06
王义桅：“一带一路”的“诗享”魅力　解放军报，2019/05/08

**9. 中国人民大学举办全国高校党的建设学科座谈会（2019年4月26日）**

中国人民大学举办全国高校党的建设学科座谈会　新浪，2019/04/25
中国人民大学召开全国高校党的建设学科座谈会　未来网，2019/04/26
高校为何开设党建专业？如何进行学科建设？看学者咋说　中国网，2019/04/26
中国人民大学举办全国高校党的建设学科座谈会　光明网，2019/04/26

**10. 五四专题**

研究发扬五四精神　培育新时代新青年　人民日报，2019/04/23
赓续五四精神　奋进复兴征程——广大青年热议习近平总书记在中央政治局第十四次集体学习时讲话　新华社，2019/04/24
师生热议五四精神　担当新使命　北京青年报，2019/04/26
深入研究五四精神　凝聚奋进精神力量　CCTV新闻30分，2019/04/26
让青春在奉献中焕发出绚丽光彩　人民日报，2019/05/01
让青春成为中华民族生气勃发、高歌猛进的持久风景　人民日报，2019/05/02
中国人民大学研究生孙琳——把青春写在中国大地上　人民日报，2019/05/02
引导广大青年勇立潮头争做时代先锋　中国教育报，2019/05/03
风华青年正逢其时　激荡梦想重任在肩——从“问答”之间看当代大学生的精神世界　新华网，2019/05/03
两岸青年共话追梦筑梦圆梦　人民日报海外版，2019/05/03
把青春写在中国大地上　求是，2019/05/04
美好生活　共同创造：我们都是追梦人　CCTV1，2019/05/04
中央宣传部、教育部、共青团中央，全国青联、全国学联、全国少工委召开座谈会学习贯彻习近平总书记在纪念五四运动100周年大会上的重要讲话精神　中国青年报，2019/05/06
May Fourth Movement's Legacy Still Inspires the Nation's Youth　China Daily，2019/05/06

**11. “不忘初心、牢记使命”主题教育专题（2019年7月）**

张云飞：不忘初心，不负人民　南方日报，2019/07/01
卫兴华：马克思主义“行”的时代证明　人民日报，2019/07/02
勇立时代潮头　走在时代前列——中国共产党为什么“能”　光明日报，2019/07/02
每日校训｜中国人民大学　学习强国，2019/07/18
张丁：家书一阅万金轻　光明日报，2019/08/05
大学生走入社会实践“大课堂”增长见识　CCTV晚间新闻，2019/08/26

瞭望丨专访中国人民大学校长刘伟　70 年经济体制变革的历史逻辑　新华网，2019/08/27
靳诺：以改革实践回答时代之问　人民日报，2019/08/28
靳诺：抓好新时代思政课改革发展　学习时报，2019/09/20
人民大学、北师大、中央财大、川大扎实开展第二批主题教育——聚焦主题确保实效　人民日报，2019/09/22
刘建军：马克思主义为什么“行”　思想理论教育导刊，2019/11/01
赵淑梅：党的领导是推进国家治理体系和治理能力现代化的关键所在　光明网，2019/11/04
新时代推进“中国之治”根本遵循　北京日报，2019/11/04
服务国家治理体系和治理能力现代化！教育系统热议学习党的十九届四中全会精神　微言教育，2019/11/05
守立德树人初心　做为学为人表率——中国人民大学教师热议初心使命　光明日报，2019/11/19
将“改”字贯穿主题教育始终　光明日报，2019/11/19
靳诺：传承红色基因　勇担育人使命　光明日报，2019/11/19
人文社科独树一帜　扎根中国争创一流　光明日报，2019/11/19
中国人民大学以“三个坚持”扎实推进“不忘初心、牢记使命”主题教育　教育部，2019/11/20
中国人民大学：将“改”字贯穿主题教育始终　学习强国，2019/11/20
刘建军：辩证唯物主义能教给我们什么　中国教育报，2019/11/21
刘伟：坚持以人民为中心发展教育　学习时报，2019/11/25
中国人民大学“不忘初心、牢记使命”主题教育“双一流”建设成就展开幕　光明日报，2019/11/28
中国人民大学党委书记靳诺：扎根中国大地办教育　交上让人民满意的新时代答卷　学习强国，2019/12/01
靳诺：扎根中国大地办教育　交上让人民满意的新时代答卷　中国教育报，2019/12/01
人民大学举办“初心·家书”主题展　光明网，2019/12/03
靳诺：深入学习贯彻四中全会精神　为国家治理现代化提供强大的智力支持　中国高等教育，2019/12/06
靳诺：加快构建中国特色哲学社会科学话语体系　红旗文稿，2019/12/13
靳诺：思政课坚守初心践行使命的根本遵循　前线，2019/12/16
中国人民大学：在主题教育中坚持学做结合、查改贯通　党建，2019/12/23
靳诺：高校要在党内法规研究中发挥更大作用　学习时报，2019/12/23
靳诺：新时代高校思政课如何改革创新　光明日报，2019/12/24

**12. 中国人民大学基础教育处、基础教育研究中心揭牌成立（2019 年 7 月 11 日）**

中国人民大学基础教育处、基础教育研究中心揭牌成立　中国网，2019/07/11
中国人民大学成立基础教育处　中国教育报，2019/07/12
中国人民大学成立基础教育处　中国青年报，2019/07/12
中国人民大学成立基础教育研究中心　光明日报，2019/07/12
中国人民大学基础教育处、基础教育研究中心揭牌成立　新华网，2019/07/15

**13. 开学迎新专题（2019 年 9 月 9 日）**

传承红色基因资助贫困学子　中国人民大学迎接新生　新京报，2019/09/09
学院社稷图、网红墙打卡……中国人民大学花样迎新　新京报，2019/09/10
中国人民大学迎来 8 839 名新生　最强学霸姐妹团等新生来报到　北京头条，2019/09/10
中国人民大学今迎八千余名新生，双胞胎姐妹花：计划一起考研　澎湃新闻，2019/09/10
中国人民大学迎 8 839 名新生　“隐形资助”贫困生　新华网，2019/09/10
人大开学新生报到　新京报，2019/09/10
中国人民大学迎来近 9 000 名新生　全配成长导师　中国新闻网，2019/09/10
中国人民大学：为每一位本科新生配备成长导师　光明日报，2019/09/10
中国人民大学迎 8 839 名新生　中国青年报，2019/09/10
中国人民大学迎来 8 000 多名新生　中国日报，2019/09/10
人民大学在“铁一号”老校址举行历史学院开学典礼　中国新闻网，2019/09/16
人大写作班又开学了　2019 年起将招收创造性写作方向博士　凤凰网，2019/09/16

**14. 高铭暄、卫兴华获得“人民教育家”国家荣誉称号**

他们是“人民教育家”!　光明日报，2019/09/19
“人民教育家”国家荣誉称号获得者：卫兴华　怀安邦兴国之志治经世济民之学　CCTV 朝闻天下，2019/09/27
国家荣誉称号获得者高铭暄：沉甸甸的荣誉对法学界是个鼓舞　新华网，2019/09/20
“人民教育家”高铭暄：“最感恩的是伟大的党和伟大的祖国”　法制日报，2019/09/26
春风化雨育英才　“人民教育家”显风采　人民日报海外版，2019/09/26
立学为民、治学报国——记经济学家卫兴华　新华社，2019/09/26
高铭暄：新中国刑法学的主要奠基者　光明日报，2019/09/27
卫兴华：真理在交锋中迸出火花　光明日报，2019/09/29
中华人民共和国国家勋章和国家荣誉称号颁授仪式隆重举行　中国教育报，2019/09/30
研究立法教书育人就是生活的全部——记“人民教育家”国家荣誉称号获得者高铭暄　中国教育报，2019/09/30
用学识和人格魅力滋养学生——记“人民教育家”国家荣誉称号获得者卫兴华　中国教育报，2019/09/30
伟大出自平凡　平凡造就伟大——受表彰人员热议习近平总书记在国家勋章和国家荣誉称号颁授仪式上的重要讲话　人民日报，2019/09/30
向英雄模范学习致敬——国家勋章、国家荣誉称号获得者事迹在社会各界引发热烈反响　人民日报，2019/09/30
走近“人民教育家”卫兴华、高铭暄，教师是他们最珍视的身份　教育部，2019/09/30
人民大学召开“人民教育家”与人民大学主题学习座谈会　北京青年报，2019/09/30
两位人大教授获“人民教育家”称号　人大召开专题学习座谈会　中国青年报，2019/09/30
“人民教育家”与人民大学主题学习座谈会召开　人民日报，2019/09/30
国家荣誉称号｜“人民教育家”卫兴华　新华社，2019/10/03
“人民教育家”与人民大学主题学习座谈会召开　光明日报，2019/10/04
“人民教育家”高铭暄：我还要再奋斗 20 年　新京报，2019/10/07
高铭暄：新中国刑法立法的伟大成就　人民日报，2019/10/09
两位老教授被授国家荣誉人民大学研学“人民教育家”　中国新闻网，2019/10/10

卫兴华：不做风派理论家｜功勋　中央广电总台中国之声，2019/10/10
高铭暄：见证新中国的法治之路｜功勋　中国之声，2019/10/12
立学为民、治学报国——记经济学家卫兴华　中国之声，2019/10/12
人民教育家卫兴华与中国人民大学经济学教育专题研讨会举行　中国网，2019/10/12
中国人民大学党委书记：学习卫兴华忠于马克思主义信念坚定的可贵品质　未来网，2019/10/14
人大举办人民教育家卫兴华与经济学教育专题研讨会　北京头条，2019/10/14
人民教育家卫兴华与中国人民大学经济学教育专题研讨会隆重举行　光明网，2019/10/15
人大举办“人民教育家卫兴华与中国人民大学经济学教育”专题研讨会　中国经济新闻网，2019/10/15
中国人民大学党委书记靳诺：学习卫兴华实事求是的科学精神　中国青年网，2019/10/15
高铭暄教授刑法学思想暨中国人民大学法学学科建设七十年研讨会在京举办　新华网，2019/10/16
人民教育家卫兴华与人大经济学教育专题研讨会在中国人大举行　凤凰网，2019/10/16
情系刑法的“人民教育家”高铭暄　新华社，2019/10/16
卫兴华：中国特色社会主义政治经济学的主线和逻辑起点　人民日报，2019/10/16
卫兴华：治经世济民之学　CCTV 新闻联播，2019/10/21
高铭暄：探寻至善的法治　光明日报，2019/10/21
人民教育家卫兴华与人民大学经济学教育专题研讨会在中国人民大学举行　中国社会科学网，2019/10/22
走近“人民教育家”卫兴华、高铭暄，教师是他们最珍视的身份　微言教育，2019/10/23
“人民教育家”高铭暄——情系刑法的“90 后”　人民日报，2019/11/25
在创新中严守马克思主义科学阵地——“人民教育家”卫兴华教授学术成就简述　光明日报，2019/11/26

**15. 新中国成立 70 周年庆祝活动专题**

人民大学 258 人荣获国庆 70 周年纪念章，平均 90 岁　北京日报，2019/09/27
中国人民大学 258 位同志获“庆祝中华人民共和国成立 70 周年”纪念章　BTV 北京时间，2019/09/29
同唱一首歌　祝福新中国——全国大中小学师生献歌新中国 70 华诞　光明日报，2019/09/30
深情歌唱，礼赞祖国　人民日报，2019/09/30
同唱一首歌　祝福新中国——全国大中小学师生献歌新中国 70 华诞　新华社，2019/09/30
中国人民大学马院｜“迎接七十年　诵读新思想”：新时代新思想经典研学第一期——依靠人民创造历史伟业　学习强国，2019/10/01
2 000 余名人大师生参加“庆祝中华人民共和国成立 70 周年”活动　北京青年报，2019/10/01
258 名人大人获此殊荣　平均年龄 90 岁　新华社，2019/10/03
广场观礼　无限荣光　北京日报，2019/10/07
中国的明天必将更加美好——习近平总书记在庆祝中华人民共和国成立七十周年大会上的重要讲话在广大知识分子和青年学生中引起热烈反响　人民日报，2019/10/07
新中国成立 70 周年庆祝活动引发热议　26 位观礼师生这样说　人民网，2019/10/08
首都高校成功保障国庆 70 周年庆祝活动　新华社，2019/10/08

爱国报国！新中国成立70周年盛典在教育系统引发强烈反响 | 礼赞70年　　微言教育，2019/10/12

**16. 南非共产党代表团到访中国人民大学（2019年10月10日）**

南非共产党代表团访问中国人民大学　　未来网，2019/10/11
南非共产党代表团到访中国人民大学　　中国日报，2019/10/11
南非共产党全国主席到访人民大学，双方将加强马克思主义研究　　澎湃新闻，2019/10/12
南非共产党代表团到中国人民大学交流座谈　　北京头条，2019/10/12
南非共产党代表团到访中国人民大学　　光明日报，2019/10/12
南非共产党代表团到中国人民大学交流座谈　　北京头条，2019/10/12
南非共产党代表团到访中国人民大学　　人民日报海外版，2019/10/12
中国发布 | 南非共产党代表团到这个学校访问交流　他们都谈了什么？　　中国网，2019/10/14
南非共产党代表团到访中国人民大学　　中国社会科学网，2019/10/21
南非共产党代表团到访中国人民大学　　中国教育新闻网，2019/10/21

**17. 首届智能社会治理论坛暨第五届民生论坛在中国人民大学举行（2019年11月19日）**

中国人民大学发布智能社会治理十大课题　　中国青年报，2019/11/19
"首届智能社会治理论坛暨第五届民生论坛"在人民大学举行　　北京头条，2019/11/19
首届智能社会治理论坛暨第五届民生论坛在中国人民大学举行　　中国网，2019/11/19
中国人民大学发布智能社会发展与治理"智慧人才"计划　　新京报，2019/11/20
人民大学发布智能社会发展与治理"智慧人才"计划　　中国新闻网，2019/11/20
"首届智能社会治理论坛暨第五届民生论坛"在中国人民大学举行　　中国日报，2019/11/20
智能社会治理的十大前沿课题都有啥　　人民政协网，2019/11/20
首届智能社会治理论坛暨第五届民生论坛举办　　中国教育报，2019/11/20
中国人民大学发布"智能社会治理的十大课题"　　科技日报，2019/11/20
"首届智能社会治理论坛暨第五届民生论坛"举行　　光明日报，2019/11/20
智能时代社会治理　基本规则不能缺位　　科技日报，2019/11/21
"首届智能社会治理论坛暨第五届民生论坛"在中国人民大学举行　　中国社会科学网，2019/11/21

**18. "人民教育家"卫兴华去世（2019年12月6日）**

"人民教育家"卫兴华去世，曾言最怕听到"泰斗"叫法　　新京报，2019/12/06
"人民教育家"卫兴华走了，建议青年学子要敢于独立思考　　新京报，2019/12/06
"人民教育家"卫兴华逝世　进重症监护室前仍在改文章　　新京报，2019/12/06
经济学家和经济学教育家卫兴华今天去世，今年9月曾被授予"人民教育家"国家荣誉称号　　文汇报，2019/12/06
经济学家、"人民教育家"卫兴华逝世，曾主编政治经济学原理　　澎湃新闻，2019/12/06
人大教授回忆"人民教育家"卫兴华：病榻上仍撰写文章　　澎湃新闻，2019/12/06
"人民教育家"卫兴华去世　曾建议青年学者心中应有国家和人民的利益　　中国社会科学网，2019/12/06
"人民教育家"卫兴华去世　　中国教育新闻网，2019/12/06
深切缅怀！"人民教育家"卫兴华去世，教师是他最珍视的身份　　微言教育，2019/12/06
"人民教育家"卫兴华逝世　　光明日报，2019/12/06

深切缅怀！"人民教育家"卫兴华，永远离开了　人民日报，2019/12/06
"人民教育家"卫兴华教授逝世　光明日报，2019/12/07
怀安邦兴国志　治经世济民学　光明日报，2019/12/07
深切缅怀人民教育家、中国人民大学教授卫兴华——一生所求只为兴华　中国教育报，2019/12/08
送别"人民教育家"卫兴华　北京日报，2019/12/10
送别"人民教育家"卫兴华　北京电视台，2019/12/11

**19. "新时代的中国与世界"国际研讨会在中国人民大学举行（2019 年 12 月 16 日）**

中国发展　世界机遇——中外人士热议"新时代的中国与世界"　新华网，2019/12/17
聚焦"新时代的中国与世界"中外人士共话中国贡献　新华网，2019/12/17
中外人士聚焦"新时代的中国与世界"中国在开放和发展中为世界作出更大贡献　经济日报，2019/12/17
"新时代的中国与世界"国际研讨会举行，与会嘉宾热议中国贡献　国际在线，2019/12/17
"新时代的中国与世界"国际研讨会在京举行　央广网，2019/12/17
"新时代的中国与世界"国际研讨会在京举行　CCTV 新闻联播，2019/12/17
倾听中国声音　共建美好世界——记"新时代的中国与世界"国际研讨会　人民日报，2019/12/17
"新时代的中国与世界"国际研讨会在北京举行　CCTV 中文国际，2019/12/17
"新时代的中国与世界"国际研讨会在中国人民大学举行　中国社会科学网，2019/12/19

## 其他署名文章及报道

**1 月**

电商法实施　代购、微商行业迎来行为规范　新华社，2019/01/01
刘洋：流行语背后的文化心态　光明日报，2019/01/01
在实现农业农村现代化征程上迈出新步伐——专家解读中央农村工作会议精神　新华网，2019/01/01
王文：经贸摩擦如何重塑中美关系　参考消息，2019/01/01
崔守军：中拉友好合作——"志不改、道不变"　光明日报，2019/01/01
2019，中国经济怎么干⑦：稳住"三农"基本盘　人民日报海外版，2019/01/01
奚广庆：中国特色社会主义的世界意义　人民日报海外版，2019/01/02
年初释放流动性　央行定向降准范围再扩大　经济参考报，2019/01/03
扩大覆盖面让更多小微企业受益　经济日报，2019/01/03
想要升职加薪　什么职场技能最管用　中国青年报，2019/01/03
还碉楼以生存的土壤和空间——访中国人民大学艺术学院副院长王英健　光明日报，2019/01/03
董希淼：银行补充资本有助回归本源　经济日报，2019/01/03
高校智库纵论"中美关系与公共外交 40 年"　中国社会科学网，2019/01/03
邓绍根、王靖雨：回眸 2018 年中国新闻学研究　中国社会科学网，2019/01/03
抗拒环境执法事件何时休　专家：以部门联动提升执法效力　央广网，2019/01/03

让书香温暖校园 人民日报海外版，2019/01/04
张成思：准确理解货币政策传导机制内涵 经济日报，2019/01/04
发改委近一个月批复基建投资约 8 600 亿元 证券日报，2019/01/04
林红："两岸之合"的历史召唤 北京日报，2019/01/04
民族复兴是大势　中华儿女共担当 人民日报，2019/01/04
陈先达：从社会规律认识伟大斗争 人民日报，2019/01/04
汪三贵：电商平台有助脱贫攻坚和乡村振兴 人民网，2019/01/05
欧元 20 岁，未来怎么走？ 人民日报海外版，2019/01/05
"改革开放的逻辑：中国道路的思考与展望——纪念改革开放 40 周年学术论坛"举行 光明日报，2019/01/05
协同推进生态优先和绿色发展 经济日报，2019/01/06
曹春香：绘本剧——以传统文化滋养幼儿 中国教育报，2019/01/06
久久为功　推动长江经济带生态优化和绿色发展 CCTV 新闻联播，2019/01/07
孙闻博：里耶秦简——地方行政研究的新起点 光明日报，2019/01/07
刘晓力：哲学与认知科学的交叉融合 光明日报，2019/01/07
王子今：秦交通考古及其史学意义 光明日报，2019/01/07
罗来军：让母亲河永葆生机活力 人民日报海外版，2019/01/07
何亚非：2019，世界面临哪些重大挑战 环球时报，2019/01/08
人民大学书记、校长当大厨为学生做拿手菜 新京报，2019/01/09
让孩子们在光影中感知世界感知美 光明日报，2019/01/09
科普知识短视频最受欢迎 北京日报，2019/01/09
人大书记、校长为学生下厨，烧了这两个菜 北京日报，2019/01/09
党史专家座谈"中国改革开放 40 年丛书"与改革开放史研究 光明日报，2019/01/09
"纪念许崇德先生九十诞辰"学术研讨会举行 光明日报，2019/01/09
电子证照六项国家标准实施 光明日报，2019/01/10
刘伟：政府与市场形成发展合力 人民日报，2019/01/10
何载：临危受命担重任　拨乱反正平冤案 新华社，2019/01/10
靳诺：改革开放 40 年高校研究生思想政治理论课建设的历史成就与基本经验 思想理论教育导刊，2019/01/10
高质量推进"一带一路"项目与沿线各方互利共赢共同发展 中国经济导报，2019/01/11
朱万曙：让文化自信具有更坚实基础 人民日报，2019/01/11
2018 年度中国十大学术热点 光明日报，2019/01/11
巩固发展反腐败斗争压倒性胜利——聚焦习近平总书记在十九届中央纪委三次全会上的重要讲话 新华网，2019/01/13
董希淼：加快利率并轨提升金融资源配置效率 经济日报，2019/01/14
中国人民大学发布"2018 中国文化产业系列指数" 新华社，2019/01/14
"世界处于百年未有之大变局" 北京日报，2019/01/14
张晓京：凝练教育扶贫的中国经验 光明日报，2019/01/15
罗来军：守护一江碧水不怕难 人民日报海外版，2019/01/15
刘元春：经济迎难而上稳步前进 人民日报，2019/01/15
李庆四：政府关门，美国"运行如常"? 北京日报，2019/01/16
第二十六次全国高校党的建设工作会议在京召开　王沪宁出席会 CCTV 新闻联播，2019/01/16

议并讲话

过度采集信息问题突出　手机 App 普遍存在越界索权　法制日报，2019/01/17
世界大变局　中国新作为　光明日报，2019/01/18
王向明：从三大里程碑看坚持和加强党的全面领导　中国纪检监察报，2019/01/18
德国副总理、财政部长奥拉夫·舒尔茨做客中国人民大学　经济日报，2019/01/18
德国副总理奥拉夫·舒尔茨做客中国人民大学 主讲“数字化的挑战”　中国网，2019/01/18
中德政商学界代表聚焦数字化挑战　共议经济与社会转型　中国新闻社，2019/01/18
《寻求突破的中国经济》等图书将在以色列出版希伯来语版　国际在线，2019/01/19
王子今：司马迁笔下的秦始皇与海洋　光明日报，2019/01/19
埃及首个“一带一路”合作研究中心成立　新华社，2019/01/19
黄石松：把“五性”“七有”的要求贯穿到北京城市副中心控规落实的始终　光明网，2019/01/20
启蒙先驱　文化巨擘——《梁启超全集》出版　光明日报，2019/01/20
王义桅：改革开放让中国人掌握自己的命运　长江日报，2019/01/21
麻州大学波士顿校区欲加强与中国大学合作　星岛日报，2019/01/22
大学公益服务平台打造志愿服务新风尚　人民网，2019/01/23
书中游：中国人民大学教授方汉奇　人民日报，2019/01/23
人大重阳昨日发布研究报告　近两年人均实际 GDP 年增速 6%以上　证券日报，2019/01/24
刘建军：宝贵经验——七十年不懈探索丰富和发展科学社会主义　光明日报，2019/01/25
来了！人大清华新变化，上课可能在这儿……　中国青年报，2019/01/25
数据会说话：存多少钱才够安度晚年？　中国财富网，2019/01/25
陈先达：马克思主义哲学是大智慧　求是，2019/01/25
未成“大手笔”　欠下大笔债　CCTV 焦点访谈，2019/01/25
“深耕细学坚定理想信念　多元并举促进全面发展”中国人民大学 2018 年干部教育培训工作纪实　人民网，2019/01/28

**2 月**

春节租车开回家，小心这些“套路”不能走！　新华网，2019/02/01
2018 年中国智库移动端综合传播力发展报告发布　人民网，2019/02/01
英国“脱欧”大限将至？　人民日报海外版，2019/02/02
中美坦诚沟通　释放了哪些信号　光明日报，2019/02/02
肖中华：认罪认罚从宽适用三题　检察日报，2019/02/02
中国人民大学启动 2019 年“街巷中国”城市调查项目　新华网，2019/02/02
高质量发展理论与实践暨鹤壁市建设高质量发展城市研讨会在中国人民大学召开　光明网，2019/02/02
赵旭东：体味中国山水人文意境——冯绍华陶瓷艺术赏析　中国文化报，2019/02/03
弘扬好作风，同心协力奔小康（解读中央纪委三次全会精神③）　人民日报，2019/02/03
他是难得的老革命、老干部和史学大家的混合体　北京日报理论周刊，2019/02/03
习近平总书记重要讲话引发热烈反响　在奋斗中收获更多自信和勇气　CCTV 朝闻天下，2019/02/05
张云飞：新时代推进社会主义生态文明建设的政治宣言　中国社会科学网，2019/02/05

吴昭军、黄忠：土地承包经营权的稳定与保障　光明日报，2019/02/06
贾晋京：新春“万亿”！冲刺之年的漂亮起跑　人民日报海外版，2019/02/06
邬沧萍教授：“只要国家需要，我就义无反顾”　光明日报，2019/02/07
涂永前：知识劳动应该得到尊重　社会科学报，2019/02/09
刁大明：拟撤印度“零关税”待遇，美国葫芦里卖的什么药？　新京报，2019/02/10
林坚：建立生态文化体系的重要意义与实践方向　国家治理，2019/02/11
国务院决定支持商业银行多渠道补充资本金　新华网，2019/02/12
金融服务乡村振兴　明确三个阶段性目标　经济参考报，2019/02/12
刘守英：农村土地承包法修改后的地权结构与权利关系　光明日报，2019/02/12
吴晓球：2019，回归金融的常识与逻辑　金融时报，2019/02/12
刘建军：弘扬伟大奋斗精神　人民日报，2019/02/12
王利明：增强民法学理论创新的主体意识　人民日报，2019/02/12
孙中才：准确把握农业和农村发展在国家经济中的地位　中国社会科学报，2019/02/12
培养担当民族复兴大任的时代新人　中国社会科学报，2019/02/13
向群众身边不正之风和腐败问题亮剑　人民日报，2019/02/14
王莹：五四运动时期的教育变革　中国教育报，2019/02/14
宋伟：西方社会撕裂症结何在？　解放军报，2019/02/14
于春海：世界经济进入深度分化调整期　中国社会科学报，2019/02/14
平台卖家，别想着打擦边球　人民日报，2019/02/15
洪大用：完善民生工作的社会政策支撑　光明日报，2019/02/15
刁大明：这一场“反伊朗大会”能带来中东和平吗？　新京报，2019/02/15
孔祥智：对农民合作社的非议从何而起　网易，2019/02/15
2018年中国智库移动端综合传播力发展报告　中国网，2019/02/15
助力民企融资　我国信用平台建设将加速推进　经济参考报，2019/02/16
王义桅：欧洲要如何握住自己的命运　环球网，2019/02/16
王文：“非洲之巅”归来，看中国探索世界　环球时报，2019/02/17
程大为：把握契机推动中美关系稳定发展　光明日报，2019/02/17
财经智囊把脉中国经济　实现“六稳”面临哪些挑战？　中国新闻网，2019/02/17
刁大明：宣布进入“紧急状态”，民主党会如何反制特朗普？　新京报，2019/02/17
罗建平、马俊峰：倡导品质消费的哲学基础　光明日报，2019/02/18
“大家”为读者开书单　中国教育报，2019/02/18
刘建军：太阳系的未来——恩格斯与科学幻想　北京日报，2019/02/18
有约必守　保护企业合法权益　人民日报，2019/02/18
康晓光：互联网革命改变了慈善　光明日报，2019/02/18
靳诺：不断提升战略思维能力　学习时报，2019/02/18
王孝松：合作是中美双方的最大公约数　光明日报，2019/02/18
韩大元：人的尊严是权利的渊源　北京日报，2019/02/18
黄朴民：百家殊业，而皆务于治　北京日报，2019/02/18
甄新伟：发挥工资改革对央企高质量发展的重要助推作用　经济参考报，2019/02/18
稳投资稳金融加码　护航经济长期向好发展　新华网，2019/02/18
王利明：民法典应强化对数据共享中个人信息的保护　北京日报，2019/02/18
专家学者共话科创板创新与发展　中国网，2019/02/18

专家详解“无废城市”建设示范模式 法制日报，2019/02/19
“2018年中国经济研究热点排名”在京发布 光明日报，2019/02/19
陈甬军、高廷帆：在对外开放的道路上坚定前行 光明日报，2019/02/19
张时坤、周文彰：大力弘扬新时代的家国情怀 人民政协报，2019/02/19
尹继武：大国竞争管理需要领导人面对面外交引领 光明网，2019/02/19
2019年，全面从严治党有哪些新动向？ 新华网，2019/02/20
周淑真：马克思主义政党理论与多党合作制度的逻辑关系 人民政协报，2019/02/20
稳投资重在精准有效 光明日报，2019/02/20
夯实农业农村优先发展基础——专家解读中央一号文件要点 光明日报，2019/02/20
马绍孟：提高政治站位　增强《导刊》特色——谈《思想理论教育导刊》创办20周年 思想理论教育导刊，2019/02/20
靳诺：导理论之方向 刊教育之所需——谈《思想理论教育导刊》创刊20周年 思想理论教育导刊，2019/02/20
希望的田野上生机涌动 人民日报，2019/02/22
留学有幸入中华　累累硕果满枝桠 人民日报海外版，2019/02/22
稳就业——关注重点群体重点区域 人民日报，2019/02/22
贾晋京：变下行压力为升级动力 新华日报，2019/02/22
中国人民大学副校长吴晓球参加在深圳召开的“创财经峰会” 今日头条，2019/02/22
“中央一号文件”的“一号硬任务”，到底怎么干？ CCTV2，2019/02/22
Opinion：China-Iran to Deepen Strategic Trust and Cultural Exchanges CGTN，2019/02/22
同车禁止分段购票剥夺消费者选择权 法制日报，2019/02/23
金融业扩大开放蹄疾步稳 光明日报，2019/02/23
王孝松：中国经济在高质量发展道路上奋勇前进 北京周报，2019/02/23
吴殿朝、刘军伟：培养拔尖创新人才　要加强高校师生互动与协作 光明日报，2019/02/23
数字看“六稳”：助力实体金融稳 人民日报，2019/02/23
“养儿防老”并非唯一选择 中国妇女报，2019/02/23
会越来越多越开越长 北京日报，2019/02/25
命运的邂逅：北京是我的第二故乡 光明日报，2019/02/25
建设当代文学批评原创理论 中国社会科学网，2019/02/25
金代高等级城址：河北张家口太子城引专家关注 中国社会科学网，2019/02/25
叶剑平教授访谈：留不住的青山？ CCTV13新闻周刊，2019/02/25
推进农业现代化　确保小农户不掉队 人民日报海外版，2019/02/25
开学了，“网红课”来了：新趣背后要有真知 新华社，2019/02/25
颜梅：新时代，召唤有活力能奋斗的新青年 封面新闻，2019/02/25
董希淼：推进经济金融改革的内在动因与外部施策 金融时报，2019/02/26
名校大学生调研小微企业：双脚走出来的国情认知 中国青年报，2019/02/26
程大为：磋商解决问题　建好中美关系压舱石 光明日报，2019/02/26
甄新伟：央企开展金融业务需防范风险 经济日报，2019/02/27
关雪凌教授做客《决胜制高点》纵论中俄、美俄关系 深圳卫视，2019/02/27
资本市场服务创新“铁三角”成型 证券日报，2019/02/27

“全球英国”能重振英国吗？ 人民日报海外版，2019/02/27
温铁军、陈高威：筑牢经济“软着陆”的乡土基础 人民网，2019/02/27
许向东、邓鹏卓：新媒体环境下主流媒体的社会责任 人民网，2019/02/27
多措并举形成未成年人保护合力 法制日报，2019/02/28
李庆四：以历史眼光看待中美经贸磋商 光明日报，2019/02/28
沈江平：深刻理解以人民为中心的价值逻辑 中国纪检监察报，2019/02/28

**3 月**

金灿荣：美国政治运行质量下降缘于党争 环球网，2019/03/01
国土区域城市经济学家纵论中小城市高质量发展 人民网，2019/03/01
这一年，中国经济很稳 人民日报海外版，2019/03/01
王英津：“两制”台湾方案须解决四大难题 中国评论通讯社，2019/03/01
李庆四：“特金会”当前 特朗普后院为何“失火”？ 北京日报，2019/03/01
“人类命运共同体思想的中国智慧”——王义桅教授主讲上海大学思政通识课《理论中国》第九讲 中国社会科学网，2019/03/01
第二十七届万寿论坛在京举行 光明日报，2019/03/01
关注智慧教育产业 软件与硬件齐头并进 信息化教学实现“翻转课堂” CCTV2经济信息联播，2019/03/01
卞永祖：金融重在供给侧结构性改革和防控风险 证券日报，2019/03/02
外商投资法草案五大焦点问题待解 新京报，2019/03/02
人类命运共同体伟大构想给世界带来希望 光明日报，2019/03/02
王义桅：人类命运共同体思想的中国智慧 光明网，2019/03/02
互联网美育：取代还是补充？ 中国文化报，2019/03/03
习近平总书记在中青年干部培训班上的重要讲话鼓舞和鞭策广大中青年干部 人民日报，2019/03/03
以实际行动诠释对党忠诚服务人民 光明日报，2019/03/03
食品安全最严问责如何落到实处 法制日报，2019/03/04
郑风田：乡村振兴对城市居民是重要利好 北京日报，2019/03/04
邬沧萍：开拓了一“生”一“老”之学［70年，我陪你］ 光明日报，2019/03/04
吴易风：一生最爱书 人民日报，2019/03/04
从“老台生”到台籍教师 林承铎大陆实现梦想 深圳卫视，2019/03/05
王义桅：人类命运共同体如何通“三统” 环球网，2019/03/05
独家专访刘伟，经济增长目标为何是6.0%～6.5% 人民日报，2019/03/05
全国多个城市改进便民服务 引导小修摊进社区 人民日报海外版，2019/03/06
培根铸魂 为继续前进提供强大精神激励 CCTV新闻联播，2019/03/06
中国经济信心源自何处：发展稳中有进 激发创新活力 人民网，2019/03/06
承担起培根铸魂的神圣职责——习近平总书记讲话鼓舞激励广大文化文艺工作者和哲学社会科学工作者 新华社，2019/03/06
党的十八大以来哲学社会科学界新担当新作为 光明日报，2019/03/07
张敬伟：“金特二会”无惊喜，未来呢 青年参考，2019/03/07
祁凡骅：政府干的，都应是人民盼的 光明网，2019/03/07
专家共话“女性与国民性”：女性不仅是“半边天” 中国新闻网，2019/03/07

我与中国老师的故事 人民日报海外版，2019/03/08
徐颖：为 APP 收集使用个人信息划定边界 人民日报，2019/03/08
诊断设备暗藏 4G 上网卡　医疗信息化下如何保护患者隐私？ 环球网，2019/03/08
书名，不要速朽要恒久 中国新闻出版广电报，2019/03/08
2 月 CPI 涨幅创 13 个月新低　专家预计物价将继续回落 中国新闻网，2019/03/09
刘伟、王文：新时代中国特色社会主义政治经济学视阈下的“人类命运共同体” 管理世界，2019/03/10
赵旭东：费孝通的十个文化洞见 北京日报，2019/03/11
最高检的里程碑式重塑性变革 法制网，2019/03/11
李琛：如何理解修改权？ 中国知识产权报，2019/03/11
刘元春：以深化结构性改革提升基础性投资收益 中国新闻周刊，2019/03/11
陶文昭：科学认识新时代的改革 北京日报，2019/03/11
王孝松：在砥砺奋进中实现中国经济高质量发展 中国青年报，2019/03/12
孟雁北：推动外商投资法律制度与时俱进——浅谈改革开放视域下的外商投资法 光明日报，2019/03/12
何虎生：党员干部忠诚的三重维度 人民论坛网，2019/03/15
刁大明：特朗普首用否决权背后，国会权力无法与总统抗衡了？ 新京报，2019/03/15
228 框家书首次亮相，每一框都是独一无二的“中国故事” 北京晚报，2019/03/15
中国人民大学双创法律服务工作站成立 法制网，2019/03/15
董希淼：服务小微企业须激发金融机构动力和能力 经济参考报，2019/03/16
线下无理由退货如何不再难 法制日报，2019/03/17
杨伟国：二〇一九年就业政策的新定位新举措 光明日报，2019/03/18
张飞岸：自由民主制度结构性弊端暴露无遗 北京日报，2019/03/18
金融发力，让民企更有活力 人民日报，2019/03/18
在维也纳讲述中国新型城镇化故事 光明日报，2019/03/18
马俊峰：新时代价值哲学研究大有可为 人民日报，2019/03/18
金融发力供给侧改革 人民日报，2019/03/18
含饴弄孙难享天伦之乐　“隔代照料”需要社会搭把手 北京晚报，2019/03/18
林红：韩国瑜来了，大陆是台湾的真正机会 北京日报，2019/03/18
范志勇：宏观经济学能预测金融危机么？ 澎湃新闻，2019/03/18
《马克思主义新闻观十二讲》首场学习辅导报告会在广西大学举行　郑保卫教授为新闻学子“开讲” 人民网，2019/03/18
全国性家书集邮展在北京展出 新华网，2019/03/19
郭英剑：美高校招生丑闻践踏教育公平 中国科学报，2019/03/19
刘元春：新旧动能转换正处关键时点 时代周报，2019/03/19
“触摸”敬佑生命的力量——记人民大学志愿服务“生命教育” 新华社，2019/03/19
杨建顺：学术规制要努力做到“刚刚好” 检察日报，2019/03/20
增值税降税率　消费者受惠多 人民日报，2019/03/20
刘元春、刘瑞明：以市场活力对冲经济下行压力 经济日报，2019/03/20
“第六届金融 315 高峰论坛”聚焦个人隐私信息保护 光明日报，2019/03/20
郑新业：精准扶贫是推动高质量发展的有效途径 证券日报，2019/03/20
孙文凯：“六稳”政策提振企业信心 经济日报，2019/03/21

今年养老金标准提高5%左右　让退休人员共享发展成果　人民日报，2019/03/21
人机情感对话夺魁　览群智挑战世界级AI难题　光明网，2019/03/21
邓绍根：共同写好媒体融合发展这篇大文章　光明日报，2019/03/21
郑功成：构建高质量的社会保障体系　中国社会科学报，2019/03/21
抓住合作契机　同绘共赢蓝图　光明日报，2019/03/22
李景治：积极推动中国特色社会主义制度更加成熟更加定型　光明网，2019/03/22
追求经济独立的大学生群体正在扩大　中国青年报，2019/03/23
万里智库春季大会召开2019丝路绿金城镇推选活动启动　人民网，2019/03/23
中国人民大学发布《阿里巴巴零售平台就业机会测算与平台就业体系研究》　光明网，2019/03/23
吴晓球：我没有找到立房地产税的逻辑　经济观察网，2019/03/23
坚持开放共赢　共同“做大蛋糕”——写在博鳌亚洲论坛二〇一九年年会召开之际　光明日报，2019/03/23
非法组织自创教材远销海外　三天造就“国学教授”　中国新闻网，2019/03/24
机构加速抢滩布局金融科技　经济参考报，2019/03/24
吴晓球谈注册制基础上的科创板：必须最大限度确保信息披露充分　博鳌亚洲论坛官网，2019/03/24
央视财经评论：“刷屏”的9家科创板首批受理企业　CCTV2，2019/03/24
臧峰宇：马克思的幸福观及对物质主义的批判　光明日报，2019/03/25
“智能+”，更应重视安全挑战　人民日报，2019/03/25
吴晓球：中国不会发生类似次贷危机的金融危机　中国新闻网，2019/03/25
戴逸：一生只为修史来　光明日报，2019/03/25
Chinese Classes Take Off in France　China Daily，2019/03/26
杨子强、车宗凯：让有信仰的人讲信仰　求是网，2019/03/27
当好畅通中西文化交流的使者　人民日报海外版，2019/03/27
吴晓球：必须从法律等角度来保证科创板制度成功　每日经济新闻，2019/03/27
复印报刊资料转载指数排名发布　人大位列高校排名榜首　北京青年报，2019/03/27
2018年度复印报刊资料转载指数排名发布　光明日报，2019/03/27
从《政府工作报告》看医疗卫生事业发展着力点　新华网，2019/03/28
张智：让有信仰的人讲信仰　中国教育报，2019/03/28
罗来军：顺应时代大潮　共建开放型世界经济　光明日报，2019/03/28
金灿荣：不确定性世界中的稳定力量　人民日报，2019/03/28
专访刘元春：凝聚多边主义为导向的力量对抗保护主义　澎湃新闻，2019/03/29
吴晓球谈科创板：加快发展机构投资者　新京报，2019/03/29
二十年点“数”成金　北京日报，2019/03/29
意大利经济发展部副部长：意希望更加积极地与中国合作　人民网，2019/03/30
朱利平：大数据面前，统计学的价值在哪里　光明日报，2019/03/30
Renmin U，Luiss U of Italy Sign Strategic Partnership　China Daily，2019/03/31
中国人民大学与意大利路易斯大学成为全面战略合作伙伴　中国青年报，2019/03/31
陈先达：立学为民　治学报国　光明日报，2019/03/31
拉美首届HSK留学展在墨西哥举办　人民网，2019/03/31

**4月**

王义桅、汪圣钧：市场力是支撑中国未来发展的关键　北京日报，2019/04/01

靳诺：将党的领导贯穿到立德树人全过程　学习时报，2019/04/01
董希淼：对降准无需过度期待和解读　经济日报，2019/04/01
艺术学研究如何打开新视域　中国文化报，2019/04/02
新型职业农民和传统农户有何不同　光明日报，2019/04/03
“二十四史”即将变为“二十五史”，他很重要　光明日报，2019/04/03
王宏伟：森林防火　风险共担　人人有责　中国青年报，2019/04/04
透视新职业背后新活力　光明日报，2019/04/04
人大今年在京统招计划与去年持平，五个学院将实施无节点分流　北京日报，2019/04/04
顶级自招测试时间有望错峰　北京日报，2019/04/04
靳诺：在新时代伟大征程中推动构建人类命运共同体　中国社会科学报，2019/04/04
特拉维夫大学举行五四运动百年纪念国际学术研讨会　国际在线，2019/04/04
丹心创伦理大业　青笔著道德文章——罗国杰教授的学术人生　中国社会科学网，2019/04/05
树立鲜明导向　依法保护英烈——访中国人民大学教授吕景胜　人民日报，2019/04/06
汲取力量　传承使命：专家学者谈如何让英烈精神薪火相传　人民日报，2019/04/07
让信仰之光照亮复兴之路——专家谈赓续传承英烈精神　新华社，2019/04/07
刘守英：扶贫如何更精准　北京日报，2019/04/08
国家区域战略开启水治理巨大机遇　经济参考报，2019/04/08
破解融资难、化解融资贵，中小企业专属“大礼包”这样拆！　央视网，2019/04/08
杨光斌：建设中国的一流政治学仍任重道远　北京日报，2019/04/08
高杭、余雅风：坚持深化教育改革创新　中国高等教育，2019/04/08
刘复兴、曹宇新：坚持把服务中华民族伟大复兴作为教育的重要使命　中国高等教育，2019/04/08
思政课教师“人格要正”如何体现　光明日报，2019/04/09
中国外汇储备规模五连升　后势怎么看　人民日报海外版，2019/04/09
中国人民大学成立文化振兴乡村研究中心　光明日报，2019/04/10
王义桅：提升中欧关系的全球性和战略性　人民日报海外版，2019/04/10
王文：中欧之间存在巨大合作空间　环球时报，2019/04/10
专家支招　教你如何避开维修服务陷阱　中国青年报，2019/04/11
靠长效机制切实解决执行难（法治进行时）　人民日报，2019/04/11
张晓京：准确把握优质教育的内涵　中国社会科学报，2019/04/11
让思政课更有亲和力（办好思想政治理论课）　人民日报，2019/04/11
电子证据须保障合法真实关联性　法制日报，2019/04/12
扩大生育保险覆盖面是改革关键　法制日报，2019/04/12
李庆四：“合法任性”彰显美国制度深层弊病　北京日报，2019/04/12
《你好，对方辩友》进校园　主演舌战人民大学辩论队　中国青年报，2019/04/12
马亮、李延伟：对待分享经济——慎重，慎重，再慎重！　中国社会科学报，2019/04/12
王文：意外吗？其实并不意外　人民日报海外版，2019/04/13
刘彭芝再回人大附中任“校长”　学生：一如当年入学初见　北京日报，2019/04/13
吴晓球：中国有五大基础，完全可以跨越中等收入陷阱　中国企业家杂志，2019/04/14
中国人民大学正式聘任刘彭芝担任人大附中名誉校长、人大附中联合总校名誉校长　新华网，2019/04/14
李政：用正能量故事讲中国式青春　光明日报，2019/04/15

陈先达、周文莲：研之有则　授之有法　北京日报，2019/04/15
脱贫攻坚：完成硬任务，须有实举措　光明日报，2019/04/15
王孝松："便利化"释放中欧贸易新空间　凤凰网，2019/04/15
中国人民大学举办第十八届"歌影年华"校园原创音乐会　中国网，2019/04/15
中国商界木兰年会探讨如何穿越周期——以转型应对挑战　经济日报，2019/04/16
北京世园会志愿者："愿做世界了解绿色中国的窗口"　新华社，2019/04/16
况伟大：放宽户籍将新增3 000万人购房需求，不同城市间的房价差距将更大　搜狐，2019/04/16
王易：争做全国思政课建设的排头兵　中国教育报，2019/04/17
周蔚华：唱不尽的广西——读《刘三姐》有感　光明日报，2019/04/17
王晋斌：世界对中国经济的信心来自于哪里　中国网，2019/04/17
金融活水涌　经济动力足　人民日报，2019/04/17
杨伟国：让新就业形态更好地生长　人民日报，2019/04/17
2019年，就业形势怎么看　人民日报，2019/04/17
加强美育教育，人民大学连续18年举办校园原创音乐会　中国青年报，2019/04/17
就业率是专业设置的"金标准"吗　光明日报，2019/04/18
贾晋京：一份值得世界关注的研究报告　人民日报海外版，2019/04/18
陈先达：筑牢文化自信的理论和现实基础　光明日报，2019/04/18
王文：互利共赢是中美关系发展的正确道路　人民网，2019/04/18
全国记协举办"外商投资法：中国改革新标志"新闻茶座　光明日报，2019/04/19
刘元春：从战略高度激发中小企业活力　人民日报，2019/04/19
在历史和现实的研究上下苦功——专访中国人民大学教授吴易风　解放日报，2019/04/19
李营营：《诗经》的伦理性　光明日报，2019/04/20
民法典物权编草案二审稿拟强化小区业主权利保障　新华网，2019/04/20
数字经济成新职业萌芽的沃土　科技日报，2019/04/21
胡娟：高等教育现代化要破解三大难题　光明日报，2019/04/21
首届现代医院管理制度高峰会议在中国人民大学召开　人民网，2019/04/21
专硕十年，还是学硕的"备胎"吗　中国青年报，2019/04/22
张旭：准确把握重要战略机遇期新内涵　广州日报，2019/04/22
首届"五四杯"全国高校马克思主义理论类学术论文竞赛举行颁奖仪式　中国青年网，2019/04/22
全国高校马克思主义理论论文竞赛颁奖在人大举办　人民日报海外版，2019/04/22
CUFA16进8次回合中国人民大学3∶3战平南京大学晋级八强　中国网，2019/04/22
首届"五四杯"全国高校马克思主义理论类本科生学术论文竞赛颁奖仪式暨优秀论文交流会在中国人民大学举办　光明网，2019/04/22
人大举办首届"五四杯"全国高校马克思主义理论类本科生学术论文竞赛颁奖仪式暨优秀论文交流会　中国网，2019/04/22
杨立新：人格权编草案体现鲜明时代感　法制日报，2019/04/23
赵锡军：打通互利共赢的资金"血脉"　人民日报海外版，2019/04/23
安全保障不能将人员分为三六九等　法制日报，2019/04/23
李庆四：以"双重标准"为傲是危险信号　北京日报，2019/04/23
CUFA校园足球联赛大学组八强产生　人大校园日活动　人民网，2019/04/23

引爆全场
CUFA 校园足球联赛大学组产生八强　赛事与衍生活动同样精彩　新华网，2019/04/23
中国人民大学男足在校园足球联赛大学男子组 1/8 决赛顺利晋级　未来网，2019/04/23
收集使用未成年人个人信息应征得监护人同意　法制日报，2019/04/23
播撒合作的种子　收获发展的果实　光明日报，2019/04/23
杨光斌：论政治学理论的学科资源——中国政治学汲取了什么、贡献了什么？　光明网，2019/04/23
王文：中国与世界携手同行　解放日报，2019/04/23
“中国对外能源投资及其影响”国际研讨会在京召开　人民网，2019/04/23
最高人民法院一年内对两起重大产权案作出再审判决　专家解读司法保护民营企业合法权益　法制日报，2019/04/23
吴晓球：中国经济稳定增长的重要因素　IMI 财经观察，2019/04/24
刁大明：“最强选手”拜登参选会否与特朗普“终极对决”？　新京报，2019/04/24
售后服务好　商品更走俏　人民日报，2019/04/24
王易：加强马克思主义理论学科建设　学习时报，2019/04/24
人大法学院成立国际商事争端预防与解决研究院　光明日报，2019/04/25
首届“五四杯”全国高校马克思主义理论类本科生学术论文竞赛颁奖仪式举行　中国社会科学网，2019/04/25
陈先达：伟大事业关键时刻高举马克思主义旗帜　新华社，2019/04/25
李奋飞：强化检察机关审前程序角色定位　检察日报，2019/04/25
充分发挥马克思主义理论学科支撑作用　中国教育报，2019/04/26
王义桅：激活丝路记忆　共塑人类文明　中国纪检监察报，2019/04/26

**5 月**

北京市关工委启动“腾飞中国、辉煌 70 年”爱国主义教育活动　光明日报，2019/05/01
颜梅：5G 时代，传媒行业别为迎合技术发展而丢了立身之本　封面新闻，2019/05/01
关照宇：开启新征程　开辟新天地　解放日报，2019/05/02
用信息化手段使党建工作跟上时代脉搏　光明日报，2019/05/02
化繁为简让企业运作如行云流水　光明日报，2019/05/02
“白加黑”“五加二”，你在忙些啥　人民日报海外版，2019/05/02
王琪延：会劳动，也要会休闲　人民日报海外版，2019/05/03
靳诺：知心人　热心人　引路人　人民日报海外版，2019/05/03
刘大椿：论科学精神　求是，2019/05/04
高敏雪：为实施创新型国家统计监测奠定基础　人民网，2019/05/04
以仁心仁术做儿童健康的守护者　光明日报，2019/05/04
马亮：罚，就要罚出水平！　社会科学报，2019/05/04
吴晓球：中国智慧与经验是对人类文明的重要贡献　网易，2019/05/05
董希淼：“小降准”释放三信号　经济日报，2019/05/05
王利明：民法基本原则　诚实信用和公序良俗　北京日报，2019/05/06
世园会第一批志愿者“下班”　人大 156 名志愿者“上岗”　北京青年报，2019/05/07
土地活才能城乡融——访中国人民大学经济学院院长刘守英　光明日报，2019/05/07

| | |
|---|---|
| 壮大服务业　夕阳无限好 | 人民日报，2019/05/07 |
| 王向明：与学生“共思之” | 光明网，2019/05/07 |
| 数字化管理师成了“香饽饽” | 人民日报海外版，2019/05/08 |
| “核心价值观百场讲坛”走进北京儿童医院 | 光明日报，2019/05/08 |
| 王向明：当前部分医疗乱象源于价值观错乱 | 新京报，2019/05/08 |
| 核心价值观百场讲坛走进北京儿童医院 | 人民日报，2019/05/08 |
| 金融支持民企一揽子政策持续加码 | 经济参考报，2019/05/08 |
| 王孝松：高水平对外开放推动高质量经济发展 | 光明日报，2019/05/09 |
| 杨保军：基础、前沿、本土　新闻理论研究的问题构成 | 中国社会科学网，2019/05/09 |
| 迎接全媒时代　推动深度融合 | 人民日报，2019/05/09 |
| 丝路学院留学生：为构建人类命运共同体作贡献 | 苏州新闻，2019/05/09 |
| 袁宝华去世，他是朱镕基“最好的启蒙老师” | 新京报，2019/05/09 |
| “国企公开课”中国人民大学报告会暨“国企骨干担任校外辅导员”聘任仪式举行 | 光明日报，2019/05/09 |
| 海内外儒学家齐聚张掖“多元视角”探文化繁荣新途径 | 中国新闻网，2019/05/09 |
| 银行系金融科技公司扩容　加速转型重构竞争新优势 | 经济参考报，2019/05/10 |
| 87.6%受访青年明确认同马克思主义　00后认同度最高 | 中国青年报，2019/05/10 |
| 北京高校第十一届青教赛：助力青年教师成长发展 | 新浪，2019/05/10 |
| 守住大数据应用法律底线 | 法制日报，2019/05/10 |
| 杨东：善用区块链技术　助力政法工作创新 | 南方日报，2019/05/10 |
| 肩负起新时代哲学社会科学的历史使命——新中国70年与中国特色哲学社会科学创新发展暨习近平总书记5·17重要讲话三周年学术研讨会在沪举行 | 中国社会科学网，2019/05/11 |
| 王文：中美经贸谈判　时间在中国这边 | 经济日报，2019/05/11 |
| 王文：新一轮改革开放将给亚洲与全世界带来红利 | 光明日报，2019/05/12 |
| 万勇：人工智能“作品”，著作权谁属 | 光明日报，2019/05/12 |
| 金永丽：印度文明发展的包容性与多样性 | 光明日报，2019/05/13 |
| 看，季报中的金融亮点（财经眼） | 人民日报，2019/05/13 |
| 今年5月起社保降费相关措施正式落地　全年可减轻社保缴费负担3 000多亿元 | 法制日报，2019/05/13 |
| “美国吃亏论”站不住脚　加征关税损害双方利益 | 人民日报，2019/05/13 |
| 以诚意促磋商　以实力迎压力 | 光明日报，2019/05/13 |
| 原则底线决不让步　中国有实力应对各种挑战 | 新华网，2019/05/13 |
| 第三届全国高校马克思主义理论学科研究生学术论坛在中国人民大学举办 | 未来网，2019/05/13 |
| 人大志愿者手绘世园志愿日记 | 北京青年报，2019/05/13 |
| 第三届全国高校马克思主义理论学科研究生学术论坛举行 | 中国网，2019/05/13 |
| 新中国70年与新时代中国特色社会主义——第三届全国高校马克思主义理论学科研究生学术论坛在中国人民大学举办 | 中国社会科学网，2019/05/13 |
| 张立文：传统文化视域下的企业家精神建构 | 光明日报，2019/05/13 |
| 优质视频内容将是长期稀缺资源 | 中国新闻出版广电报，2019/05/14 |
| 习近平提出“四点主张”：体现促进文明发展的深切愿望 | 中国共产党新闻网，2019/05/15 |

破解廉价药短缺有了新处方 科技日报，2019/05/16
78.0%受访者希望从事新职业 中国青年报，2019/05/16
经济韧性足，就业信心强 北京日报，2019/05/17
王鹏：筑墙还是修路，世界会作出明智选择 北京日报，2019/05/17
违法违规信息充斥　减少群乱象平台自律至关重要 法制日报，2019/05/17
韩星：文明对话是多元文明和谐相处的重要保障 光明网，2019/05/17
吴晓球：继续坚持改革开放，是解决一切问题的总钥匙 光明网，2019/05/17
魏钦恭、邹静娴、曾晨：居民消费结构与方式变革特征 北京日报，2019/05/17
美方为何出尔反尔还倒打一耙？它真正目的并非贸易这么简单 CCTV焦点访谈，2019/05/18
京津冀科创板高峰论坛召开：河北固安将打造“京南科创谷” 光明网，2019/05/18
王文：亚洲文明在世界文明中作用被低估 南方日报，2019/05/19
洪大用：增强社会学的实践自觉 人民日报，2019/05/20
“吹哨报到”：看北京如何深化党建引领社会治理 光明日报，2019/05/20
杨菊华、王苏苏：新中国70年中国家庭变迁 中国社会科学报，2019/05/20
金融防风险加码　多项监管法规酝酿出台 经济参考报，2019/05/21
深化改革，让资本市场身强体健 经济日报，2019/05/21
首都三百万师生唱响爱国之歌 光明日报，2019/05/21
逝者｜原中顾委委员袁宝华：少怀济民志，暮存报国心 新京报，2019/05/21
“种草经济”为啥这么火？ 人民日报海外版，2019/05/22
董希淼：利率并轨有助提高金融资源配置效率 经济日报，2019/05/22
中小学生境外游学，这堂“必修课”待规范 检察日报，2019/05/22
新国家赔偿标准适应社会发展维护公民权益 法制日报，2019/05/22
刘元春：认识把握我国发展的重要战略机遇期（人民要论） 人民日报，2019/05/22
黄石松、纪竞垚：深化新时代我国养老服务供给侧结构性改革的十条建议 光明网，2019/05/22
小龙虾　大产业　令人高看“盱眙乡村治理与特色产业发展研讨会”在京举行 中国经济网，2019/05/22
“盱眙龙虾进高校”——中国人民大学盱眙龙虾美食品鉴活动成功举办 中国经济网，2019/05/22
“智能+”时代：就业迎来怎样的机遇？ 光明日报，2019/05/23
地方党政同责确保食品安全 法制日报，2019/05/23
“供应链+科技”，助国产计算机项目一臂之力 科技日报，2019/05/23
王文：不管风吹浪打，胜似闲庭信步 光明日报，2019/05/23
俄罗斯驻华大使：俄中关系前景光明，两国合作成果丰硕 中俄头条，2019/05/23
一线思政课教师有了“百宝箱” 中国教育报，2019/05/23
历史政治学成政治学发展新出路 中国社会科学报，2019/05/23
严金明：把乡村规划文章，写在祖国大地上 光明网，2019/05/23
徐谓礼文书：填补宋史研究空白 光明日报，2019/05/24
科创板背后：超330亿创投资金“加持” 新京报，2019/05/24
工作任务大于工作经验，“职场小白”该如何坚持下去 中国青年报，2019/05/24
中国社会科学院经济研究所迎来建所九十周年 光明日报，2019/05/24
王文：“甩锅”“迁怒”治不好“美国病” 人民日报海外版，2019/05/24

王易：充分彰显马克思主义理论的科学真谛 光明日报，2019/05/24
刘建军：怎样才能上好高校思想政治理论课 求是，2019/05/24
刘伟：促进和实现人的现代化是高等教育现代化的重要使命 学习时报，2019/05/24
提问“贸易战” 光明日报，2019/05/24
宋建武：正确处理好影响媒体融合发展的四大关系 人民网，2019/05/24
“核心价值观百场讲坛”将走进山东夏津 光明日报，2019/05/26
刘俊海：用好后悔权实现买卖双赢 法制日报，2019/05/27
2万亿让企业轻装上阵 人民日报海外版，2019/05/27
王义桅：文明因交流熠熠生辉 北京日报，2019/05/27
何伟文：事实胜于雄辩——美国在中国改革开放过程中获得巨大利益 光明日报，2019/05/27
就业优先：政策推进有序，红利释放可期 光明日报，2019/05/27
黑名单制度属扬汤止沸非釜底抽薪 专家称欠薪治理要从构建法治化劳动关系开始 法制日报，2019/05/27
校园里唱响爱国歌曲 北京日报，2019/05/27
园区建设重在激活创新动力 人民日报，2019/05/27
靳诺：全面建设马克思主义理论学科本硕博一体化人才培养体系——学习习近平总书记学校思想政治理论课教师座谈会重要讲话精神 马克思主义理论学科研究，2019/05/27
汪昌云：赋予文化产业金融资产属性的五点建议 中新经纬，2019/05/27
马亮：中部地区崛起要走创新、绿色、共享之路 光明网，2019/05/27
“阿塔”的皱纹 中国青年报，2019/05/28
陶文昭：论“充分调动各方面积极性” 北京日报，2019/05/28
“核心价值观百场讲坛”走进山东夏津，宣讲乡村振兴战略 光明网，2019/05/28
《2019中国网络视听发展研究报告》出炉 网络视频“逆袭”成第二大网络应用 四川日报，2019/05/28
Wu Xiaoqiu：Critical Stage of Development China Daily，2019/05/28
靳诺：站在新的起点上把思政课越办越好 中国高校社会科学，2019/05/28
组图|毕业季：“我们都是追梦人” 北京头条，2019/05/28
董希淼：接管包商银行彰显法治化市场化原则 经济日报，2019/05/29
中国网络视听大会已经成为行业发展风向标 封面新闻，2019/05/29
织密织牢干部选任监督网 人民日报，2019/05/29
宋伟：“铁娘子”折戟，英国脱欧能走出困局吗 北京日报，2019/05/29
“核心价值观百场讲坛”走进山东夏津 光明日报，2019/05/29
漫画志愿者 温情线条间 北京青年报，2019/05/29
严金明：规划好生态宜居的美丽乡村 光明日报，2019/05/29
为首都善治出谋划策，人大智库启动“首都治理最佳实践”评选 北京日报，2019/05/30
学习习近平总书记关于教育的重要论述“九个坚持”新理念新思想新观点研讨会举行 中国高等教育，2019/05/30
优势行业工资增长仍较快 北京日报，2019/05/31
遏制简历造假失信成本亟待提高 法制日报，2019/05/31
李迎生：以积极稳妥的社会政策保障和改善民生 光明日报，2019/05/31

陈先达：做新时代马克思主义者　人民日报，2019/05/31
黄石松：发挥科技进步在应对人口老龄化中的决定性作用　光明网，2019/05/31

**6 月**

中美经贸摩擦·专家学者　美国双重标准必然失败　CCTV 朝闻天下，2019/06/01
为网络时代的新青年画像　光明日报，2019/06/03
裁量有公式　执法更公平　人民日报，2019/06/03
黄朴民：兼济与独善的彷徨　北京日报，2019/06/03
未公开软件源代码受著作权法反不正当竞争法双重保护　法制日报，2019/06/03
王文、刘典：中美博弈，时与势在中国一边　光明日报，2019/06/03
英国脱欧再起博弈　学者聚焦欧洲政治新变　人民网，2019/06/03
刘复兴：1949—2019——教育跨越式发展的 70 年　今日中国，2019/06/03
我和我的祖国：中国人民大学学子的赞歌　北京电视台，2019/06/03
周家彬：坚持知信行统一，践行初心与使命　光明网，2019/06/03
不可靠实体清单来了　哪些实体会进“黑名单”　新京报，2019/06/04
王文、张婷婷：俄罗斯对华认知发生更多积极变化　参考消息，2019/06/04
俞国良：破解压力困境从容走好高考这一步　光明日报，2019/06/04
Zhang Yunfei: Only Party Can Lead Us to Realize Chinese Dream　China Daily，2019/06/04
王丛虎：强化“回应性监管”，推动凝聚社会共识　光明网，2019/06/04
韩大元：中国宪法“社会主义市场经济”的规范结构　法制日报，2019/06/05
杨建顺：干部挂职交流制度建设需加强　法制日报，2019/06/05
秦宣：哲学社会科学工作者要勇于承担时代赋予的历史责任　光明日报，2019/06/05
靳诺：新时代思想政治理论课改革创新的着力点　思想理论教育导刊，2019/06/05
Mandarin Test Added to Exam in Russia　China Daily，2019/06/08
董希淼：成立存款保险公司是一种制度完善　经济日报，2019/06/09
关雪凌：中俄关系迈入新时代为可持续发展贡献新方案　中国社会科学网，2019/06/09
王孝松：让“稳外贸”成为深化改革开放的强大动力　经济日报，2019/06/09
专家称：世界舞台上亚洲的力量在大幅度增加　光明日报，2019/06/09
人民运营暨人民网政企新媒体平台正式上线　人民网，2019/06/09
首届全国高校思政理论课建设高端论坛在人大举办　人民日报海外版，2019/06/09
首届全国高校思想政治理论课建设高端论坛在中国人民大学举行　新浪教育，2019/06/09
各高校为千万名高考考生打 call 等待每一个你到来　新华网，2019/06/09
王文：中俄关系步入新时代　人民日报海外版，2019/06/10
全面从严治党背景下的高校之变　中国纪检监察杂志，2019/06/10
刘英：美国贸易霸凌主义必将失道寡助　中国经济时报，2019/06/10
多所高校网络拉歌唱响爱国强音　光明日报，2019/06/10
唱响新时代　奋进报祖国——网络拉歌活动展现新时代高校学子爱国情　新华社，2019/06/10
王孝松：内强筋骨，维护中国和世界繁荣　中国报道，2019/06/10
青春，为祖国歌唱　人民日报，2019/06/10
中国发布｜中国思政课教师缺口 2.18 万人如何开展思政课教育　中国网，2019/06/10

专家学者这样支招

李立国：自主发展　合作共赢：高等教育新模式　光明日报，2019/06/11
辛晓娟：为什么我们离不开诗和远方　光明日报，2019/06/11
农村消费越来越重品质　人民日报，2019/06/11
守正创新　激发视听新活力　CCTV 焦点访谈，2019/06/11
范志勇：推动新时代世界经济研究新发展　中国社会科学网，2019/06/11
张云飞："不忘初心"是中国共产党特有的政治特征　长江日报，2019/06/11
首届全国高校思想政治理论课建设高端论坛在中国人民大学举办　澎湃新闻，2019/06/11
全国 32 所高校马克思主义学院院长共论思政课创新　中国新闻网，2019/06/11
吴晓球：美方肆无忌惮挑衅不能撼动中国前进步伐　新华网，2019/06/11
中俄学者为新时代伙伴关系建言献策　光明网，2019/06/12
王丛虎：告知承诺制推动"放管服"改革走向纵深　光明日报，2019/06/12
首届全国高校思想政治理论课建设高端论坛在京举行　光明日报，2019/06/12
"精准扶贫的现状和未来"讲座在人大举行　光明网，2019/06/12
《习近平谈治国理政》第一卷塔吉克文版首发式暨中塔治国理政研讨会在杜尚别举行　北京周报，2019/06/12
冯玉军：70 年法治建设波澜壮阔　光明网，2019/06/13
刁大明：蓬佩奥何以超出世间想象力的底线　光明日报，2019/06/14
美国挑起经贸摩擦，最大受害者是全世界　人民日报海外版，2019/06/14
吴晓球：输出美元必然导致逆差　拿逆差做文章违背常识　光明日报，2019/06/17
把牢人才振兴抓手，培育乡村振兴新动能　光明网，2019/06/17
陈先达：老而弥坚不算老　文求有骨诗求魂　光明日报，2019/06/17
汪三贵：驻村帮扶的优势有哪些　人民日报，2019/06/19
"有灵魂的思政课"是这样炼成的　中国纪检监察报，2019/06/19
"2019 广州日报大学一流学科排行榜"发布　大洋网，2019/06/20
文继荣：信息化催生全新生活方式　人民日报，2019/06/21
于泽：外部冲击下韧性显现的中国宏观经济　证券日报，2019/06/23
十四五·中国城市发展论坛学术研讨会在中国人民大学举办　海外网，2019/06/23
首届全国高校思想政治理论课建设高端论坛在中国人民大学举办　人民网，2019/06/23
"红船精神"永放光芒——2019"红船论坛"与会代表发言摘登　光明网，2019/06/24
刁大明：以协调、合作、稳定为基调推进中美关系发展　光明日报，2019/06/24
王文、曹明弟：加快发展绿色金融　助推高质量发展　光明日报，2019/06/24
袁宝华："我们爱戴的老校长"　光明日报，2019/06/24
国家治理体系变革逻辑报告发布会举办　光明网，2019/06/24
中国城镇化之路到底怎么走？这些人的看法不能忽略　中国网，2019/06/24
潘昆峰：缅怀扶贫英模　传承扶贫精神　中国教育报，2019/06/25
聂辉华：改善营商环境要接地气招财气聚人气　四川日报，2019/06/25
专家："以人为本"促进城市可持续发展　经济日报，2019/06/25
劈波斩浪驶向光明未来——如何看待经贸摩擦对中国经济的影响　人民日报，2019/06/25
中国人民大学发布"中国宏观经济论坛（2019 年中期）"报告　中国社会科学网，2019/06/25
范志勇、章东迎：数字货币能不能完全替代主权货币？　澎湃新闻，2019/06/25
十四五·中国城市发展论坛学术研讨会在中国人民大学举办　光明网，2019/06/25

秦虹：进一步完善住房保障体系 学习时报，2019/06/26
张云飞：科学把握“两山论”的丰富内涵和多重要求 光明网，2019/06/26
租来的房子，何时才能住得舒心？ 中国青年报，2019/06/27
王文、王鹏：G20机制20年演进与中国应对 中国石油报，2019/06/27
阿勒泰·赛肯：高校统战工作的“基础题”和“附加题” 人民政协报，2019/06/27
杨光斌：能把中国事情办好的制度了不起 人民日报，2019/06/27
吴晓球：促进金融供给侧改革　满足多样化金融需求 经济参考报，2019/06/28
为了打赢全面振兴本科教育攻坚战 中国教育报，2019/06/28
为破解深度贫困注入新思想、新动能——2019年深度贫困破解研讨会召开 中国社会科学网，2019/06/29

## 7月

理论创新每前进一步，理论武装就要跟进一步 光明日报，2019/07/01
建立科学的智库评价与激励机制 光明日报，2019/07/01
林坚：面对“最后一群人”，打赢脱贫攻坚的收官之战 中国网，2019/07/01
数学、金融与现代科技的深度融合已成时代发展大趋势 凤凰网，2019/07/01
颜梅：技术带来智能视听媒体规范化发展 人民网，2019/07/01
数学、金融与现代科技如何深度融合？ 经济日报，2019/07/01
今天正当燃！全国高校开展多种活动庆祝党的生日 人民网，2019/07/01
毕业季听“师说”：长者与你亦师亦友良言暖心 新华社，2019/07/02
校长们的最后一课，哪位校长的话直击你心？ 教育圆桌，2019/07/02
2018年脱贫摘帽县抽查启动——严防“达标赛”变为“锦标赛” 光明日报，2019/07/03
精准施策　经济良性循环 人民日报，2019/07/03
“一带一路”助推中国—东盟合作 经济日报，2019/07/04
报告：亚太地区财富管理发展速度领先全球 中国新闻网，2019/07/04
周洛华：不要被它吓到！——简评数字货币Libra的金融学意义 每日经济新闻，2019/07/05
微观主体活力强　新动能快速成长 人民日报，2019/07/05
架设中缅民心相通之桥 光明日报，2019/07/05
林嘉：在技术进步中更好保护劳动者权利 人民日报，2019/07/05
“小我融入大我，青春献给祖国”2019年高校师生主题社会实践在京启动 新华网，2019/07/06
王文：走好中国引领全球治理的新长征路 光明网，2019/07/06
鲁全：真没必要担心领不出养老金 环球时报，2019/07/06
董希淼：“天秤币”难成法定数字货币 经济日报，2019/07/07
铭记历史　砥砺前行——高校师生谈全民族抗战爆发82周年 新华网，2019/07/07
涂永红：以高水平金融开放促经济高质量发展 经济日报，2019/07/08
以改革新成效　开创改革新局面——习近平总书记在深化党和国家机构改革总结会议上的重要讲话统一思想、凝聚力量 新华网，2019/07/08
吴清军：数字经济平台将成为带动生活服务业数字化升级的核心动力——服务业数字化是稳增就业的重要保证 北京日报，2019/07/08
宋希仁：中国传统伦理学的特点 光明日报，2019/07/08
李政：不可动摇的信仰——观电视剧《可爱的中国》有感 光明日报，2019/07/08

移动支付的未来与生物识别相连 中国青年报，2019/07/09
李义平：市场经济并非只有一种模式 人民日报，2019/07/09
两“权”其美，助推音乐产业发展 中国知识产权报，2019/07/10
高旭东：立体的复合型大师 光明日报，2019/07/10
陈明琨、徐艳玲：新时代深化文明交流互鉴的三重逻辑 中国教育报，2019/07/11
古村落新发展，资源如何变红利 光明日报，2019/07/11
生态文明社会化实验室首期科研需求和选题研讨会在京举办 人民网，2019/07/11
金元浦：一道亮丽的城市风景线 光明日报，2019/07/11
习近平外交思想理论研讨会在京举行 光明日报，2019/07/12
增强新时代中国外交理论自信、行动自觉——来自习近平外交思想理论研讨会的声音 光明日报，2019/07/12
四部门印发《关于开展向张富清同志学习的通知》 新华社，2019/07/12
推进副中心教育发展，推动教育融媒体建设，调研进行时！ 北京教育播报，2019/07/15
吴秋翔：做学问是一场痛并快乐的修行 光明日报，2019/07/16
刘英：中国经济上半场——增长步伐始终保持稳健 中国网，2019/07/17
卞永祖、陈治衡：情绪扰动不改市场总体稳定 中国证券报，2019/07/17
杨婷婷：让“一带一路”的中国声音传得更远 解放军报，2019/07/18
贾晋京：把握中国经济的真实脉动（望海楼） 人民日报海外版，2019/07/18
王鹏：扶贫减贫的中外比较与启示 经济日报，2019/07/18
刁大明：连垃圾分类都“喷”，西媒的“精分”还有治吗？ 北京日报，2019/07/18
北京市退役军人事务局与中国人民大学签订军转干部进高校专项培训合作协议 新华社，2019/07/19
人民画报：1950 年的中国人民大学 学习强国，2019/07/19
专家学者热议习近平外交思想：构建人类命运共同体契合人类共同发展愿景 新华网，2019/07/20
周芷晴，你真的了不起！ 新华网，2019/07/22
徐阳光：建立健全市场化法治化的市场主体退出制度 中国经济网，2019/07/22
吴晓球：注册制与科创板开启中国资本市场新未来 新京报，2019/07/23
迈克尔·麦克福尔、吴晓球：“Ta”已不是“Ta”，中美会重蹈美苏覆辙吗？ 观察者网，2019/07/24
学汉语，习汉字——阿联酋人的新追求 新华社，2019/07/24
周淑真：人民政协制度的历史演进 人民政协报，2019/07/24
《长安十二时辰》：让世界看到中国的文化和美学 中国艺术报，2019/07/24
把中国视为威胁是美国一些人的自我孤立 光明日报，2019/07/24
中国人民大学国家发展与战略研究院举办研讨会——中国发展势头不可阻挡 人民日报，2019/07/24
如何降低技术被滥用带来的风险 法制日报，2019/07/25
“精神的力量·新时代之魂”座谈会在江西于都举行 光明网，2019/07/25
刁大明：与“麦卡锡主义”如出一辙的偏执呓语 光明日报，2019/07/25
首届习近平党建重要论述研究论坛在京举行 人民网，2019/07/26
杨立雄：中国残疾人事业取得显著成就 人民日报，2019/07/26
探讨“中国精神”的时代内涵 光明日报，2019/07/26

北京130名思政课教师拜师宣誓，教师誓词全国首发　北京日报，2019/07/26
就业“饭碗”端得更稳了（数读中国经济半年报⑥）　人民日报海外版，2019/07/27
保价2万快件损坏为何只赔250元？　北京青年报，2019/07/28
程大为：强调发展目标，反对美国荒诞的WTO改革建议　经济日报，2019/07/28
自治区政府与中国人民大学签署《共建中外合作办学机构框架协议》　宁夏日报，2019/07/28
杨光斌：政治思潮是世界秩序形成的“基因”　北京日报，2019/07/30
翟振武：关注“新一代”老年人口的新特点　北京日报，2019/07/30
孙久文：城市经济学研究值得关注的几个问题　光明日报，2019/07/30
新中国70年马克思主义哲学成就与思考　光明日报，2019/07/30
黄石松：完善政策，助力家庭发挥在养老服务中的基础性作用　光明日报，2019/07/31
聚焦产融结合与价值再造人大商学院2019金融论坛举办　人民网，2019/07/31

## 8月

阿勒泰·赛肯：正确认识思政课中教师主导与学生主体的统一　光明日报，2019/08/02
第15届“五个一工程”作品公示，15部图书入选　出版商务周报，2019/08/02
10人获“全国模范退役军人”称号　北京日报，2019/08/02
国务院：建立失业风险预警，“稳就业”要持续保持比较充分的就业　第一财经，2019/08/03
史上学霸型“最强姐妹团”，6人同时考上人大，9月大学见！　百度，2019/08/05
中国外交进入新时代　CCTV4中国新闻，2019/08/05
以战略定力应对言而无信——专家学者谈中美经贸问题　光明日报，2019/08/06
秦珪：毕生心血献给新闻教育　光明日报，2019/08/06
专家：美国出尔反尔已见怪不怪中方需保持战略定力　央广网，2019/08/07
美方在经贸问题上挑衅中国专家建言：备战促和，长期应对，打出未来发展的良好环境　环球时报，2019/08/07
挥霍国家信用无异于玩火自焚——专家学者批驳美方再举关税大棒　新华网，2019/08/07
学者：美方出尔反尔是贸易霸凌　中国应以战略定力应对　中国新闻网，2019/08/07
师者立人——送别新闻教育家秦珪　新华社，2019/08/07
臧峰宇：新中国成立以来马克思主义哲学研究述略与前瞻　党建网，2019/08/08
“服务+体验”是“夜经济”发展关键所在——访中国人民大学公共管理学院教授许光建　新华网，2019/08/08
河北大学新闻传播学院与中国人民大学新闻学院联合开展太行山红色新闻文献调查活动　新华网，2019/08/09
于伟国：让各类人才在八闽大地成长成才实现价值　中国共产党新闻网，2019/08/09
法制讲座走进中南海的前前后后　法制日报，2019/08/09
李立国：精准实施国家专项招生计划助力教育公平　光明日报，2019/08/12
吴晓球：金融理论研究为什么重要？　搜狐，2019/08/15
全球再次响起“水警报”　人民日报海外版，2019/08/16
吴晓球：变局下，中国金融怎么办？　新华网，2019/08/18
李立国、吴秋翔：专项计划的今天与未来　光明日报，2019/08/20
推进新时代马克思主义新闻观创新发展　中国社会科学网，2019/08/22

王鹏：河西走廊，见证一个民族的复兴　中国日报网，2019/08/26
中国人民大学出版社举办“朱永新教育作品新书发布会”　中国新闻网，2019/08/26
刘守英：“城乡中国”正在取代“乡土中国”　北京日报，2019/08/26
开放大门，做全球自由贸易“旗手”（锐财经）　人民日报海外版，2019/08/26
甄新伟：加速数字化转型　助力央企高质量发展　经济参考报，2019/08/26
刘元春：走进百姓和基层社会感受中国经济　北京日报，2019/08/26
高空抛物条款首修　欲破“连坐”难题　新京报，2019/08/27
科创板市场化机制初见成效　专家期待扩大改革创新范围　证券日报，2019/08/27
学术专著质量问题引发反思　中国青年报，2019/08/27
“共和国勋章”和国家荣誉称号建议人选公示，36 人入选　人民日报，2019/08/28
所罗门群岛被爆将与台“断交”，最早本周公布结果　环球时报，2019/08/30
影像新中国｜1950 年：中国人民大学　人民画报，2019/08/31

**9 月**

陈传席：美在河山大气磅礴（逐梦 70 年）——新中国 70 年山水画新貌　人民日报，2019/09/02
《中国社会科学报》刊登整版专题文章多位专家高度评价华中科大国家传播战略研究院的民调成果　国家传播战略协同创新中心，2019/09/02
刁大明：美国是“颜色革命”的幕后推手　光明日报，2019/09/02
金灿荣、孙西辉：理性看待和应对中美经贸摩擦（人民要论）　人民日报，2019/09/02
杨东：打破数据垄断困局，规范平台竞争秩序　中国知识产权报，2019/09/03
王利明：法学应当步入知识融合时代　北京日报，2019/09/03
王轶：民法典合同编应坚持鼓励交易的立法宗旨　光明日报，2019/09/04
吴晓球：中国未来要构建全球性的金融中心　搜狐网，2019/09/04
开学季看新闻院系风采——中国人民大学新闻学院　人民网，2019/09/05
网贷行业全面纳入征信系统　经济日报，2019/09/05
这个暑假，广袤乡村来了一群建设者　中国教育新闻网，2019/09/07
大学生暑期社会实践　把青春写在祖国的大地上　CCTV 朝闻天下，2019/09/07
马亮：领导留言板：网上群众路线如何越走越宽　人民网，2019/09/08
数字遗产继承诸多法律问题待界定　相关法律缺失　法制网，2019/09/09
甄新伟：更好发挥央企对养老服务业高质量发展的重要作用　经济参考，2019/09/09
走进中南海的人民教师：中国人民大学郭湛教授　学习强国，2019/09/10
杨子强：“后喻文化”时代的教师之道　人民网，2019/09/10
读懂中国｜访中国人民大学教授王义桅：中国为世界注入弥足珍贵的确定性　中国纪检监察报，2019/09/10
人力资源社会保障部、教育部关于表彰全国教育系统先进集体和全国模范教师全国教育系统先进工作者的决定　教育部，2019/09/10
甄新伟：更好发挥央企对养老服务业高质量发展的重要作用　经济参考报，2019/09/11
冯玉军：依法治国的中国经验　求是网，2019/09/11
哲学社会科学期刊：与国家同呼吸共命运　中国新闻出版广电报，2019/09/11
第三届社会主义核心价值观书法作品主题创作展走进中国人民大学　中国日报中文网，2019/09/11
读懂中国　中国人民大学近 400 名青年教师深入基层　北京时间，2019/09/11

贾晋京：读懂海关数据的三个维度　人民日报海外版，2019/09/11
第三届社会主义核心价值观书法作品主题创作展走进人大　中国教育新闻网，2019/09/11
第三届社会主义核心价值观书法作品主题创作展走进中国人民大学　中国青年报，2019/09/11
中国人民大学举办“读懂中国”青年教师社会调研座谈会　中国日报网，2019/09/11
杨子强：“后喻文化”时代的教师之道　人民网，2019/09/12
中德经贸合作好戏连台（锐财经）　人民日报海外版，2019/09/12
蔡奇走访慰问教师并在庆祝教师节座谈会上强调　坚持把教育放在优先发展的战略位置　以首善标准办好人民满意的教育　北京日报，2019/09/12
“我和国旗同框”活动·中国人民大学 用青春和梦想祝福祖国　CCTV 朝闻天下，2019/09/12
陈先达：厚植文化自信　增强战略定力　红旗文稿，2019/09/15
成仿吾：为准确宣传马克思主义做出重要贡献　新华网，2019/09/16
关于“最美奋斗者”建议人选的公示　新华社，2019/09/16
孙文凯：农村土地“三权”还是“两权”在当前是个大问题　澎湃新闻，2019/09/17
赵旭东：社会情绪管理的诀窍所在　北京日报，2019/09/17
为了包裹的奇幻漂流　智能供应链还需攻克这些难题　科技日报，2019/09/17
刘复兴、朱月华：教育是国之大计、党之大计｜深入学习贯彻习近平总书记关于教育的重要论述　中国高等教育，2019/09/17
关于当前中国经济的三个疑问，总理都回应了　中国新闻网，2019/09/17
揪出幕后金主扫除网络黑恶势力　法制日报，2019/09/17
王国刚：新中国 70 年践行稳健货币政策的历史经验　光明日报，2019/09/17
中国人民大学设立“得到奖学金”，奖励学生读书　中国网，2019/09/18
国家勋章和国家荣誉称号获得者名单　人民日报，2019/09/18
影像中的革命历史与国家记忆　光明日报，2019/09/18
智能信息检索与挖掘报告会举行　专家共话未来发展新方向　中国网，2019/09/18
今年来境外流入 A 股资金规模达万亿级　三大因素决定不会“大进大出”　证券日报，2019/09/18
王国刚：新中国 70 年践行稳健货币政策的历史经验　光明日报，2019/09/18
高校戏曲选修课成“抢手货”　人民日报海外版，2019/09/18
四十年民法学术，多彩的人生侧影　法制日报，2019/09/18
73.0%受访单身青年担心婚恋交友平台泄露用户信息　中国青年报，2019/09/19
多所高校学者探讨智能信息检索与挖掘　中国青年报，2019/09/19
智源人工智能研究院发布“智能信息检索与挖掘”研究新进展　北京头条，2019/09/19
兰州大学：努力建设中国特色世界一流大学　人民网，2019/09/19
智源重大研究方向——智能信息检索与挖掘论坛在京召开　中国日报，2019/09/19
杨维东：以高校捐赠基金发展推动高等教育强国建设　光明网，2019/09/19
奋战在滇西脱贫攻坚一线的“教育兵团”　中国教育报，2019/09/19
一位法学家的多面人生　法治周末，2019/09/20
中国人民大学：用青春交一份爱国的答卷　光明日报，2019/09/20
我国科学家为保护档案文献研制出“金钟罩”“铁布衫”　新华网，2019/09/20
北京电商维权驶上“快车道”　中国知识产权报，2019/09/20
潘昆峰：百年大计，教育为本　中国教育报，2019/09/20
营造浓厚读书氛围高校应主动作为　中国教育报，2019/09/20

“最感恩的是伟大的党和伟大的祖国” 法制日报，2019/09/20
贾晋京、朱宝宝：中国经济长期向好发展的底气何在 证券日报，2019/09/23
重点领域反不正当竞争执法将相继展开 经济参考报，2019/09/23
罗来军：以更大力度推进　全方位高水平对外开放 光明日报，2019/09/23
应对老龄化社会　保险业积极丰富老年产品服务 人民网，2019/09/23
爱国精神　浩气长存 光明日报，2019/09/23
郝立新：中国道路的辩证特质 光明日报，2019/09/23
同心同力共襄伟业　汇聚实现民族复兴的磅礴力量——习近平总书记在中央政协工作会议暨庆祝中国人民政治协商会议成立70周年大会上的重要讲话引发社会各界热烈反响 新华网，2019/09/23
陶文昭：中国梦聚心汇力 北京日报，2019/09/23
中国人民大学杨东：涉金融服务数据分析行业的价值与善治 中国网，2019/09/23
周淑真：爱国民主人士在香山的红色岁月 北京城市广播，2019/09/24
为高校和科研院所赋能松绑 中国教育报，2019/09/24
讲述国徽与立法的那些事儿 法制日报，2019/09/24
激浊扬清　天清气朗 人民日报，2019/09/25
老有所养梦正圆 农民日报，2019/09/25
如何规制源自网络空间的黑恶犯罪 检察日报，2019/09/25
中国人民大学实施“读懂中国”青年教师暑期社会实践活动——在基层读懂中国 中国教育新闻网，2019/09/25
中国人民大学马克思主义学院教授张云飞：马克思的一生都在致力于“改造世界” 长江日报，2019/09/25
刘俊海：法律为何要向消费者适度倾斜 法制日报，2019/09/25
齐鹏飞：辉煌70年：世界历史视野中的新中国 中国社会科学报，2019/09/26
北京上海齐头并进优化营商环境经验获国务院推广 法制日报，2019/09/27
人工智能培训师、创客指导师、收纳整理师……新职业折射哪些发展信号？ 新华网，2019/09/27
立法加快营造稳定公平透明可预期营商环境 法制日报，2019/09/27
“人权”“民主”双重标准令人不齿——专家揭批美国会操弄法案进一步插手中国香港事务 新华网，2019/09/27
向文化强国阔步前进（五位一体　透视新中国70年） 人民日报海外版，2019/09/27
中国人民大学为258名离退休教职工颁发荣誉纪念章 新京报，2019/09/27
韩国驻华大使张夏成访问人民大学并发表演讲 人民网，2019/09/29
假借“民主”“人权”霸道干涉中国内政 人民日报海外版，2019/09/29
王义桅：人类命运共同体融通中国梦与世界梦 北京日报，2019/09/30

**10月**

吴晓球：中国从贫穷落后的国家到小康、开放、现代化国家的探索经验 搜狐，2019/10/01
李珍：基本医疗保险全覆盖：从0到1史诗般的跳跃 人民网，2019/10/07
王义桅：人类命运共同体融通中国梦与世界梦 北京日报，2019/10/07
王易、白洁：高校思想政治理论课改革创新踏上新征程 红旗文稿，2019/10/07

罗来军：70 年，中国趟出了一条对外开放大道　光明网，2019/10/08
消费“亮”起来！假日中国“越夜越美丽”　新华社，2019/10/08
消费动力强劲多项数据创新高（经济发展亮点多韧性足）　人民日报，2019/10/08
中国为什么几十年来没有发生过经济危机？　人民网，2019/10/08
卫兴华：不断深化经济发展规律性认识　人民日报，2019/10/08
望海楼：中国经济增长史无前例　人民日报海外版，2019/10/09
李立国：教育必须为人民服务　中国高等教育，2019/10/09
这个国庆假期消费市场亮点纷呈！折射中国经济哪些信号？　新华网，2019/10/09
刘建军：“善始善终、善做善成”——习近平新时代中国特色社会主义思想蕴含的工作方法的根本要求　光明日报，2019/10/09
访中国人民大学马克思主义学院教授杨凤城：社会主义具有巨大的制度优势　中国纪检监察报，2019/10/09
许光建：风雨征程，砥砺前行——接好实现中国梦的“接力棒”　光明网，2019/10/10
对各类市场主体一视同仁——解读《优化营商环境条例（草案）》　中国新闻网，2019/10/10
中国传统艺术的传播让中巴两国人民越走越近　中国经济网，2019/10/10
房贷利率正式“换锚”（锐财经）　人民日报海外版，2019/10/10
人民大学里的这个博物馆，珍藏着 5 万多封家书　北京日报客户端，2019/10/10
马克思主义学院副院长张晓萌做客央视百家讲坛，解读焦裕禄精神　央视网，2019/10/10
王正忠：心有千千结　新华网—安徽，2019/10/10
当著作权遇上肖像权——图片分发平台的摄影作品何去何从　中国新闻出版广电报，2019/10/10
王宪举：反制裁，俄罗斯很讲策略　环球时报，2019/10/10
刁大明：“推特总统”特朗普，靠专属 APP 能再当选吗　新京报，2019/10/10
“我脚下的每一寸都如此伟大”　光明日报，2019/10/10
中国特色社会主义法治道路越走越宽广——新中国法治建设成就与经验座谈会发言摘编　人民网，2019/10/10
让乡村充满活力又和谐有序　新华每日电讯，2019/10/11
“构建人类命运共同体”为什么被写入联合国决议？　人民网，2019/10/11
首届国杰论坛暨第二届罗国杰伦理教育基金大会开幕式在京举行　中国伦理在线，2019/10/11
证监会明确取消券商等机构外资股比限制时点提升我国金融领域国际吸引力　证券日报，2019/10/12
孙中原：儒与墨——一个常新的话题　光明日报，2019/10/12
靳诺：发展中国特色、世界水平的现代教育　中国高等教育，2019/10/13
多领域发力稳步实现高质量就业——今年 1—8 月我国城镇新增就业 984 万人　央视网，2019/10/14
“走路就能赚钱”？趣步 APP 涉嫌传销、非法集资被查　中国新闻网，2019/10/14
着力打造“数字丝绸之路”（专家解读）　人民日报海外版，2019/10/14
习近平“六点建议”为中印关系发展把舵定向　中国共产党新闻网，2019/10/14
中国发布｜吴付来：开展民间政党外交是中国人民大学应承担的义务　中国网，2019/10/14
公职人员政务处分法草案公布专家：强化了任免单位主体责任　人民网，2019/10/15
中国人民大学商学院 2019（第三届）科技金融与产业创新论坛召开　中国网，2019/10/15
核心价值观入法应合理设置行为尺度　法制日报，2019/10/15
9 月 CPI 同比上涨 3.0%　猪肉价格环比涨幅现回落　新京报，2019/10/16

支付新亮点好使但谨慎 人民日报海外版，2019/10/16
东西部对口帮扶　依托产业助脱贫——浙江蓝莓产业扶贫发展模式研讨会发言摘编 农民日报，2019/10/16
“未来全球化发展趋势的哲学思考”国际研讨会在中国人民大学召开 光明网，2019/10/16
两部门启动全国高校防“套路贷”防电诈集中宣传活动 新华网，2019/10/16
沈尤佳：党建引领走好新时代经济体制改革道路 光明日报，2019/10/17
郑风田：把“真、实、准”落到实处 光明日报，2019/10/17
专家谈民营经济地位：若折一翼中国经济难以持续飞行 中国经济网，2019/10/17
吴鹏：哪吒慈父 or 不败战神，历史上的李靖什么样 中国青年报，2019/10/17
首届国杰论坛暨第二届罗国杰伦理教育基金颁奖大会举行 人民日报海外版，2019/10/17
短视频扶贫：传播新渠道，扶贫新能量 人民网，2019/10/17
曹明新：忆共和国建设的高级工程师袁宝华 百年潮，2019/10/17
三季度就业市场观察：景气度企稳　不同地区形势分化 第一财经，2019/10/18
专家为民营经济高质量发展支招：创造平等环境激发竞争活力 中国经济网，2019/10/19
刘典、陆洋：5G 正成为大国科技竞争的制高点 证券日报，2019/10/20
杨开峰：20 年，中国 MPA 教育坚持了什么 光明日报，2019/10/22
董克用：办好人民满意的 MPA 教育 光明日报，2019/10/22
张智：今天，我们需要怎样的爱国主义教育 光明日报，2019/10/22
中国人民大学成功举办首届中国发展理论国际年会 中国经济新闻网，2019/10/22
告别严进宽出，人民大学本科教学要这样改 北京日报，2019/10/22
中国人民大学：为每名本科新生配成长导师 中国青年报，2019/10/23
脱贫攻坚　不获全胜决不收兵——学习贯彻习近平总书记关于扶贫工作的重要论述研讨会发言摘编 人民日报，2019/10/23
中国人民大学：为每名本科新生配成长导师 学习强国，2019/10/23
婚姻法“二十四条”争议：“被负债”漏洞如何堵 人民网，2019/10/24
贾晋京：中国需求成为世界经济增长主要动力 人民日报海外版，2019/10/24
竹屿　竹园　竹性——关于陈劳治和他的《静竹·感悟我的人生》 吉林日报，2019/10/25
首都教育系统服务保障国庆活动总结表彰举行　上好一堂爱国主义教育大课 CCTV 朝闻天下，2019/10/25
致敬一生致力于人口学研究的邬沧萍教授 央视网，2019/10/27
叶林：没有保价的快递出了问题，怎么赔 光明日报，2019/10/28
张智：今天我们需要怎样的爱国主义教育 中国教育报，2019/10/28
张志铭、于浩：与法治建设同频共振的中国法理学 人民日报，2019/10/28
成仿吾：为准确宣传马克思主义做出重要贡献 经济日报，2019/10/28
杨东：“二选一”是否垄断不可一概而论 经济参考报，2019/10/29
黄朴民：“进于礼乐”孔子知人论世之则 北京日报，2019/10/29
区块链前景看好　虚拟货币当严管 经济日报，2019/10/29
创业板成民营企业聚集地　融资重组赋能转型升级 证券日报，2019/10/29
刘晓光：中国经济的韧性与世界发展的动力 光明日报，2019/10/29
构筑全媒矩阵　占领传播高地 人民日报，2019/10/30
罗骞：中国道路的马克思主义阐释 光明日报，2019/10/30

国庆思政课　北京这样上　现代教育报，2019/10/30
王文：读懂中国市场的魅力　人民日报海外版，2019/10/30
专家齐聚中国人民大学研讨新旧剧论争与戏剧学科建设　人民日报海外版，2019/10/31
严防资本“看门人”沦为“放风者”　法制日报，2019/10/31
中国法学 70 年回眸与前景展望——访中国人民大学法学院教授黄文艺　中国社会科学网，2019/10/31
中国人民大学佛教与宗教学理论研究所教育实践基地落户浙江佛学院　凤凰网，2019/10/31
“一带一路”沿线国家　影视艺术高峰论坛在筑举行　贵阳日报，2019/10/31
王丛虎：织严织密法网　挤走统计数据水分　光明日报客户端，2019/10/31
杨东：区块链监管需要中国理论　需要打破传统及时创新　新京报，2019/10/31

**11 月**

57 位国内外专家学者齐聚筑城　共话电影之美　学习强国，2019/11/01
“一带一路”沿线国家影视艺术高峰论坛在贵阳举行　学习强国，2019/11/01
严起来、动起来、实起来——推进主题教育这些高校这样做　新华网，2019/11/01
潘云鹤院士做客人大“科学大讲堂”暨“高屋建瓴”公开课首期　科技日报，2019/11/04
潘云鹤：中国人工智能研究水平可与英国并列世界第二　澎湃新闻，2019/11/04
潘云鹤院士做客“科学大讲堂”暨“高屋建瓴”公开课首期　中国网，2019/11/04
“媒体＋人工智能”深度融合委员会筹备专题会暨“人工智能编辑部”专家研讨会在京举行　央视网，2019/11/04
为实现民族伟大复兴提供制度保障——教育系统广大干部师生热议学习党的十九届四中全会精神　中国教育报，2019/11/04
郑功成：新中国 70 年社会保障发展的历史启示　光明网，2019/11/04
中国教育发展战略学会高等教育专业委员会 2019 年年会暨学术研讨会在京举办　新华网，2019/11/04
首届全国社会舆情分析论坛在京召开　中国青年报，2019/11/05
第十届中国国际易道论坛在湖南永州召开　人民网，2019/11/05
杨宏山：遵循共建共治共享原则　建设社会治理共同体　人民网，2019/11/05
王易：弘扬英雄精神　传承红色基因　光明日报，2019/11/05
罗来军：中国坚定不移地推动建设开放型世界经济　光明网，2019/11/05
中国教育发展战略学会高等教育专业委员会 2019 年年会暨学术研讨会举行　中国教育报，2019/11/05
住宅小区物业服务居民满意度刚及格　新京报，2019/11/06
郑功成：创造人类社会新的制度文明　北京日报，2019/11/06
贾晋京：进博会见证“中国市场”的世界魅力　北京日报，2019/11/06
总书记视察之后，河南新县迎来了非洲朋友　中联部新闻办，2019/11/06
中国人民大学发起成立全球首个“人文社会科学高校联盟”　人民网，2019/11/07
坚定制度自信　建设教育强国——高校教师热议党的十九届四中全会精神　中国教育网络电视台，2019/11/07
抢抓 5G 时代机遇　建设自主可控平台——访中国人民大学新闻学院教授、博士生导师宋建武　大河网，2019/11/07
中国人大商学院教授赴米兰讲学　解读产业互联网　中国新闻网，2019/11/07

全球首个"人文社会科学高校联盟"在罗马成立 新华网，2019/11/07
中国人民大学发起成立全球首个"人文社会科学高校联盟" 中国日报网，2019/11/07
马亮：人工智能、大数据将如何赋能国家治理 新京报，2019/11/07
杨彬彬：民族共识是民族复兴的内在动力 中国教育报，2019/11/07
徐尚昆：释放诚实守信的正能量 人民日报，2019/11/07
鄢杰：深化改革开放，为世界经贸发展奉献中国智慧和中国力量 光明网，2019/11/07
产经观察：物业服务只得"及格分" 共建共治共享需多方合力 人民网，2019/11/07
为中国当代文学批评史作结 人民日报海外版，2019/11/07
朱景文：不断增强全社会法治意识 人民日报，2019/11/07
创业者和创业团队组建的八条金规 中国青年报，2019/11/08
唱响合作、创新和共享的世界经济主旋律 光明网，2019/11/08
为"中国之治"汇聚磅礴力量 光明日报，2019/11/08
BTV"新生活·新味道"美食文创猛犸市集首次走进中国人民大学 人民日报，2019/11/08
人大副校长吴晓球：当前形势下，最应该尊重的10个经济学常识 中企思智库，2019/11/08
宋友文：用中华优秀传统文化涵养新时代公民道德建设 经济日报，2019/11/08
新媒体时代纪录片如何守正出奇？B站用《人生一串》给出回应 光明网，2019/11/10
在线教育：走向"口碑竞争"时代 人民日报海外版，2019/11/11
卞永祖、占易：进博会促进中国向"世界市场"转变 光明网，2019/11/11
以党的领导铸就千秋伟业——十九届四中全会在知识分子和青年学生中引发热烈反响 CCTV新闻联播，2019/11/11
处罚到人、举报重奖，最严法规守护"舌尖上的安全" 科技日报，2019/11/11
"两岸国学大讲堂"在京开讲 人民日报海外版，2019/11/11
新中国70年的国家治理：理念、话语与制度——中国人民大学马克思主义理论学科青年学者论坛第27期召开 中国社会科学网，2019/11/12
从制度优势到治理效能转化之路如何走 光明日报，2019/11/12
宋友文：以核心价值观为引领加强公民道德建设 光明日报，2019/11/12
王义桅：中希合作为何频提"一带一路"（望海楼） 人民日报海外版，2019/11/13
中国人民大学等4高校"对口合作"河北大学签约 中新网，2019/11/13
"这是一堂四中全会精神的专题辅导课"——首席大检察官与中国人民大学学子纵论中国特色社会主义司法制度优越性 检察日报，2019/11/13
中国日报网评："一带一路"倡议让金砖更闪亮 中国日报网，2019/11/14
中国网民新闻阅读报告：微博使用热度大跌，网民态度高度理性 澎湃新闻，2019/11/16
"2019可持续发展目标—新思想与全球实践"论坛在中国人民大学举行 中国社会科学网，2019/11/16
他们与祖国同频共振——参加国庆活动的首都高校师生代表全国宣讲纪实 光明日报，2019/11/17
建设"双一流"，高校困惑如何解 光明日报，2019/11/18
何虎生：为提升国家治理效能筑牢根基 北京日报，2019/11/18
为什么中国没有贫民窟？ 人民网，2019/11/18
将爱国情转化为奋斗行！首都教育系统服务保障国庆活动宣讲团在全国各地引发热烈反响 微言教育，2019/11/18
青青校园，为何欺凌一再上演 光明日报，2019/11/19

大学治理现代化的价值理念 光明日报，2019/11/19
祁凡骅：基层治理如何智对“舆情劫” 人民论坛网，2019/11/19
潘昆峰：留住热爱思政工作的博士是关键 中国教育报，2019/11/19
首都教育系统服务保障国庆活动宣讲团奔赴各地——“行走”的爱国教育课堂 人民日报，2019/11/19
影像新中国｜1950 年：中国人民大学 学习强国，2019/11/20
中国文化经济论坛（2019）在中国人民大学举办 中国社会科学网，2019/11/20
建设“双一流”，高校困惑如何解 光明日报，2019/11/20
收入分配制度改革红利将密集释放 经济参考报，2019/11/21
孙超：“去地产化”与社会财富再分配 21 世纪经济报道，2019/11/21
托起明天的太阳——写在希望工程实施 30 周年之际 人民日报，2019/11/21
人大重阳“新中国 70 年”系列讲座收官：13 位权威学者剖析新中国辉煌成就 环球网，2019/11/21
中外学者齐聚清华大学跨学科研讨智能时代的信息价值观 人民网，2019/11/21
版权领域用好区块链技术路还有多远 中国新闻出版广电网，2019/11/21
刘俊海：如何把握依法维权与“恶意打假”界限 法制日报，2019/11/22
报告显示阿里巴巴创造 1 363 万个服务新消费就业 中国新闻网，2019/11/22
靳诺：中国特色新型高校智库的建设和发展 中国高等教育，2019/11/25
看地方人大如何开创工作新局面 人民日报，2019/11/25
重拾“戒尺”，能否让教育更完整 光明日报，2019/11/25
宋伟谈构建人类命运共同体的“四个统一” 人民网，2019/11/25
董克用、刘颖：围绕国家发展战略　服务国家发展需要 人民日报，2019/11/25
贾晋京：创新需要“拉手”而不是“筑墙” 人民日报海外版，2019/11/25
青春无客场 中国青年报，2019/11/25
陈先达：历史合力与中国的道路选择 光明日报，2019/11/25
“双一流”建设迎来期中考，人大亮出百分答卷 北京日报，2019/11/25
以优质刊物引领新闻传播学科发展 中国新闻出版广电报，2019/11/26
杨东：推动区块链技术和产业创新发展（新知新觉） 人民日报，2019/11/26
全国哲学研究生学术创新论坛在京召开 光明日报，2019/11/26
艺廿风华，扬帆远航 海外网，2019/11/26
艺廿风华，扬帆远航——中国人民大学举办艺术学院建院 20 周年系列活动 中国网，2019/11/26
党建引领　立德树人　首届高校经济管理学科党建育人论坛在沪举办 光明日报，2019/11/26
网红带货，监管要跟上 人民日报，2019/11/27
光明智库你来问——来摆龙门阵：重庆如何实现快速发展？ 光明日报，2019/11/27
消费需求大领域新总量增 人民日报，2019/11/27
如何进一步优化营商环境 光明日报，2019/11/27
厚植爱国情怀　加强品德修养——各界热议宣传贯彻落实《新时代公民道德建设实施纲要》《新时代爱国主义教育实施纲要》 人民日报，2019/11/27
北京出台新规全面推行生活垃圾强制分类 新华社，2019/11/28
北京地名文化全媒体传播座谈会举行 光明日报，2019/11/28
万勇：开创新时代知识产权保护新局面 光明日报，2019/11/28

敦煌市与中国人民大学合作共建敦煌文化学院 中国新闻网，2019/11/28
共建“一带一路”，重庆如何发挥带动作用 光明日报，2019/11/28
王虎峰：县域医共体绩效管理创新操作需四步走 人民网，2019/11/28
汤维建：在更大的格局下完善检察公益诉讼制度 人民政协报，2019/11/28
2019 中国人民大学—新加坡管理大学全球论坛在京召开 新华网，2019/11/28
解读金融委会议：平衡好稳增长和防风险 在改革发展中化解风险 人民网，2019/11/29
成长动力源于家国情怀 中国教育报，2019/11/29
让干部群众听得懂学得进（十九届四中全会精神在基层） 人民日报，2019/11/29
希望工程三十而立——专访中国人民大学教授康晓光 中国青年报，2019/11/29

**12 月**

贺耀敏：理论逻辑、历史逻辑与实践逻辑的结合 光明日报，2019/12/01
人大、北理工等 9 所诞生于延安的高校联合发布人才培养宣言 北京日报，2019/12/01
海内外专家学者相聚尼山 共话“儒家思想与人类和平” 光明日报，2019/12/02
3 年深入基层 50 场宣讲：郭清香副教授怎么把理论讲到百姓心坎里 中国伦理在线，2019/12/02
李文钊：重构平衡的简约高效基层治理体系 北京日报，2019/12/02
人民大学发布报告显示：中国经济弹性足韧性强 经济日报，2019/12/02
艺术法：理论与实践的现实课题 中国文化报，2019/12/02
全国首例在线审理的涉英烈保护互联网公益诉讼案当庭宣判——公益诉讼依法捍卫英烈尊严 法制日报，2019/12/02
区块链赋能供应链金融 经济日报，2019/12/02
马栏山论剑丨宋建武：移动优先服务为本 县级媒体融合要分“三步走” 红网，2019/12/02
第七届中俄经济对话在中国人民大学苏州校区举行 中国网，2019/12/02
“2019 中国公共外交论坛：合作共赢与中国故事”在中国人民大学举办 央广网，2019/12/02
人民大学报告：2020 年中国宏观经济有十大积极因素 中国证券报，2019/12/02
中国人民大学副校长吴晓球：发展中国资本市场必须走出“四个误区” 21 世纪经济报道，2019/12/02
中国人民大学—新加坡管理大学全球论坛在京成功举办 中国网，2019/12/02
“延河宣言”发布 开启高校人才培养合作新局面 光明网，2019/12/03
“2019 中国公共外交论坛”在北京举办 人民网，2019/12/03
北理工等 9 所延河联盟高校共同发布“延河宣言” 人民网，2019/12/03
吴晓求：P2P 的失败不意味着互联网金融的失败 中国新闻网，2019/12/03
“研究生培养 严字当头”高校人才培养需系统设计 央视网，2019/12/03
中国人民大学副校长吴晓球：从三个标准看中国金融进步与否 证券日报，2019/12/03
报告：新一线城市人才招聘需求大 稳定性工作成大学生首选 人民网，2019/12/04
九高校成立人才培养延河联盟 人民日报，2019/12/04
你理想中的家庭教育是怎样的 光明日报，2019/12/05
家庭教育如何摆脱焦虑 光明日报，2019/12/05
首届“理论经济学·国家教材建设高峰论坛”在中国人民大学举办 光明网，2019/12/05
郑水泉：在这个全球化时代，教师的能力和水平要达到国际化， 新华网，2019/12/05

教师的情怀和理想应该是中国化
《百年大变局》专家研讨会在京举行 人民网，2019/12/05
兜圈子、冷冰冰……智能客服何时才能真“智能” 中国青年报，2019/12/05
今日香港，更要读懂《宪法》这本“教科书” 人民日报海外版，2019/12/05
推动“一国两制”事业更上一层楼——纪念中华人民共和国澳门特别行政区基本法实施20周年研讨会发言摘编 人民日报，2019/12/06
冯玉军：法治是国家治理体系和治理能力的重要依托 光明日报，2019/12/06
李庆四：“非政府组织”？黑手戴上白手套！ 北京日报，2019/12/07
郝立新：［中国稳健前行］中国制度的科学阐释 求是网，2019/12/07
推进垃圾分类，重在落实责任意识 北京卫视，2019/12/08
新经济崛起，新就业红火（2019中国经济新亮点①） 人民日报海外版，2019/12/09
张霄：发展科技伦理——从原则到行动 光明日报，2019/12/09
吴付来：新时代高校思政课改革创新的指南 中国教育报，2019/12/09
电商法访谈｜对话中国人民大学法学院教授刘俊海 智慧普法平台，2019/12/10
高校如何实现多元化筹资办学 光明日报，2019/12/10
吴玉章　相濡以沫显真情 重庆日报，2019/12/10
“国家统计局—中国人民大学数据开发中心”揭牌仪式在京举行 国家统计局，2019/12/10
中国应用经济学年会（2019）成功召开 中国网，2019/12/10
宁吉喆：改革开放为经济活力注入新元素 中国青年报，2019/12/10
刘元春：不必恐惧技术脱钩 北京日报，2019/12/10
中外专家聚焦人文艺术教育 中国文化报，2019/12/11
区块链：破解传统版权保护困境 经济日报，2019/12/11
2019中欧人文艺术教育论坛在中国人民大学举办 未来网，2019/12/11
中欧人文艺术教育论坛在京举行　中外专家聚焦跨文化传播 中国网，2019/12/11
2019中欧人文艺术教育论坛在北京举办 海外网，2019/12/11
罗来军：提升治理效能，以更高质量推进乡村振兴 光明网，2019/12/12
孙文凯：政策多发力　企业增活力 经济日报，2019/12/12
中央经济工作会议透露2020年六大民生看点 新华网，2019/12/13
宁海10位农民给大学生上起艺术课 宁波新闻，2019/12/13
建立不忘初心牢记使命制度的实践路径 法制日报，2019/12/13
2020年经济工作定调：面对风险挑战　做好我们自己的事 人民网，2019/12/13
坚定不移贯彻新发展理念——专家解读中央经济工作会议 人民日报，2019/12/13
浙江宁海10位村民走上中国人民大学讲堂当“教授” 海外网，2019/12/13
郑功成：坚持与完善中国特色社会主义救助制度　建立应对相对贫困问题的长效机制 求是网，2019/12/13
刘伟：坚持和完善社会主义基本经济制度　不断解放和发展社会生产力 光明日报，2019/12/13
浙江10位村民走进人民大学讲堂　分享艺术“蝶变” 北京头条，2019/12/14
“21世纪世界社会主义理论与实践”国际学术会议在人大召开 北京头条，2019/12/14
流失文物的“回家路”（文明之声） 人民日报，2019/12/14
“21世纪世界社会主义理论与实践”国际学术会议在中国人民大学举行 中国网，2019/12/14

“21 世纪世界社会主义理论与实践”国际学术会议在中国人民大学召开　中国日报网，2019/12/14
中国应用经济学年会：推进改革开放　激发经济活力　中国教育新闻联播，2019/12/15
2019“年度影响力人物”榜单在北京揭晓，中国人民大学常务副校长王利明登榜　中国新闻网，2019/12/15
多国专家共话 21 世纪世界社会主义理论与实践　中国青年报，2019/12/16
余开亮：方法论意识与中国传统美学研究　光明日报，2019/12/16
专家研讨“增值税法和消费税法征求意见稿”　光明网，2019/12/16
董明珠、杨洋、李子柒等上榜年度影响力人物，他们为何影响时代？　中国新闻周刊，2019/12/16
吴晓球：稳定中国经济的“锚”在哪里？　新浪财经，2019/12/16
2019“年度影响力人物”荣誉盛典在京举行　王利明获评“年度法治人物”　光明网，2019/12/16
田宏杰：孙小果案“保护伞”的认定及其法律适用　法制日报，2019/12/17
王义桅、张鹏飞：“中国之治”新方向——论“中国之治”的内涵、特点及进路　北京日报，2019/12/17
王孝松：2019：世界经济有待突围　光明日报，2019/12/17
第四届中国学术评价高峰论坛在中国人民大学召开　光明网，2019/12/17
刘元春：科学定位　精准施策　运用好逆周期调节工具　光明日报，2019/12/17
人民网发布 2019 年度优秀校园新闻作品　人民网，2019/12/17
“21 世纪世界社会主义理论与实践”国际学术会议召开　中国教育新闻网，2019/12/17
“文明交流互鉴与人类命运共同体的价值观建构”国际学术研讨会在中国人民大学举行　中国社会科学网，2019/12/17
带薪休假，为何这样难落实？　CCTV-13，2019/12/18
中国以自身发展促进世界和平与发展　光明日报，2019/12/18
政策落地见效　发展带来机遇　稳就业的成绩单让人眼前亮信心增（产经观察）　人民日报，2019/12/18
以智库力量推进构建人类命运共同体　光明日报，2019/12/18
以美食之名，让澳门记忆清晰　央广网，2019/12/18
李庆四：“环保少女”，西方政治的又一件工具　北京日报，2019/12/18
这几个澳门美食藏不住了！今天教你在家做　央广新闻，2019/12/18
南海子：溯“古苑囿”文脉，展“新国门”风采　光明日报，2019/12/19
二〇一九“青春零艾滋”校园行活动闭幕　中国青年报，2019/12/19
多国专家共话 21 世纪世界社会主义理论与实践　中国教育网络电视台，2019/12/19
把履行法律监督职能和办案融为一体　法制日报，2019/12/19
“21 世纪世界社会主义理论与实践”国际学术会议在中国人民大学召开　中国社会科学网，2019/12/19
陈姚：创业企业的融资准备三部曲　青年时讯，2019/12/20
张云飞：构建和完善绿色全产业链的宜宾实践　国家治理周刊，2019/12/20
王孝松：CPTPP：中国大步迈向全球化的阶梯　澎湃新闻，2019/12/20
王义桅：思想纵横：走出一条互利共赢的康庄大道　人民日报，2019/12/20
稳字当头　稳中求进　解放军报，2019/12/21
罗来军：多方位促进民生改善　人民网，2019/12/21

| | |
|---|---|
| 习主席 4 点希望情系澳门发展　推动“一国两制”行稳致远 | 人民网，2019/12/21 |
| 财经中国 2020V 峰会聚焦创新　专家、企业共话变革新机遇 | 光明网，2019/12/21 |
| 吴付来：服务国家外交大局　中国人民大学义不容辞 | 中国网，2019/12/21 |
| 2019 年中国资本市场法治论坛聚焦公司法修改 | 光明日报，2019/12/21 |
| 寻找创新的力量　中新经纬“组局”共话变革新机遇 | 人民网，2019/12/22 |
| 王利明：民法典人格权编草案应明确规定个人信息权 | 光明日报，2019/12/22 |
| 南海子携手故宫文创，打造新国门国际会客厅 | 新京报，2019/12/23 |
| 人民大学国际货币研究所所长助理曲强：金融向来走在科技的最前沿 | 每日经济新闻，2019/12/23 |
| 三大攻坚战，有信心打好打赢 | 人民日报海外版，2019/12/23 |
| 中央经济工作会议精神解读：2020 中国经济弹性足、韧性强　前景光明 | 人民网，2019/12/23 |
| 人大商学院 2020 新年论坛暨第 12 届人大商学院 EE 年会举办 | 人民网，2019/12/23 |
| 专家纵论：中国智库，国际影响有几何？ | 光明日报，2019/12/23 |
| “历史唯物主义与当代中国”高端学术论坛举行　陈先达作主旨发言 | 光明日报，2019/12/23 |
| 南海子历史文化特展：细品“龙鳞” | 人民日报，2019/12/23 |
| 人大师生赴宁海小山村开展“设计激发村民内生动力”研究　用“艺术试验”振兴乡村 | 北京青年报，2019/12/23 |
| 2019，你真的了不起！ | CCTV 新闻，2019/12/23 |
| 国家荣誉称号获得者高铭暄：见证法治中国 | CCTV 面对面，2019/12/23 |
| 白岩松：20 年我变老了，澳门却变新变好了 | CCTV 新闻周刊，2019/12/23 |
| 孙柏瑛：以街道体制改革打造首都基层治理新格局 | 北京日报，2019/12/24 |
| 李文钊：辩证认识基层社会治理的根本性问题 | 北京日报，2019/12/24 |
| 谢地坤：从生命哲学到生命伦理学 | 光明日报，2019/12/24 |
| 政务服务“好差评”制度体系明年底前将全面建成 | 法制日报，2019/12/24 |
| 李立国：高等教育发展形态面临深刻变革 | 光明日报，2019/12/24 |
| 刘元春：建议出台中等收入群体收入倍增计划 | 中新网，2019/12/25 |
| 老字号，创新打开新空间 | 人民日报，2019/12/25 |
| “三农”领域加力补短板（2020 年中国经济怎么干⑥） | 人民网，2019/12/25 |
| 黄大慧：中国周边外交深耕细作全面开花 | 光明日报，2019/12/25 |
| 加快补上全面小康最突出短板 | 新华每日电讯，2019/12/25 |
| 特别关注：人民网理论频道 2019 年度“十大好声音” | 人民网，2019/12/25 |
| “2019 中国文化产业系列指数发布会”在京举办 | 千龙网，2019/12/26 |
| 王莉丽：加强“智库公共外交”提升国家话语权 | 光明网，2019/12/26 |
| 山西省档案馆与中国人民大学信息资源管理学院签订战略合作协议　共同推进新时代专业人才队伍建设 | 中国档案报，2019/12/26 |
| 孙郁：追寻《我们现在怎样做父亲》的深层逻辑　鲁迅之问　百年回响 | 中国教育新闻网，2019/12/26 |
| 黄大慧：续写中日韩合作新时代篇章（望海楼） | 人民网，2019/12/26 |
| 中国人民大学发布“2019 中国能源企业创新能力百强榜单” | 光明网，2019/12/26 |
| “关键年”脱贫任务全面完成，2020 年如何“完美收官”？ | 今日中国，2019/12/26 |
| 王利明：痴迷民法的“老派学者” | 中国新闻周刊，2019/12/26 |
| 共和国荣光丨情系刑法的“人民教育家”高铭暄 | 学习强国，2019/12/27 |

邱海平：人民教育家，您当之无愧——写给卫兴华老师的信 光明日报，2019/12/27
刘伟：2020年中国经济走向之变与政策建议 文化纵横，2019/12/27
格拉济耶夫对话吴晓球：加快中俄“一带一盟”对接，构建典范式国际合作模式 经济日报，2019/12/29
王昕：[生态文明@湿地]“和合”文化的主要内涵和当代价值 央视网，2019/12/30
继承毛泽东新中国治理珍贵遗产　推进国家治理体系和治理能力现代化 湖南日报，2019/12/30
9 969件：亮出守护长江生态利剑 光明日报，2019/12/30
乡村治理，如何“增活力、强保障、扬正气” 光明日报，2019/12/30
国务院再出新政稳就业　阶段性降社保费率继续延长 第一财经，2019/12/31
盘点2019：中国脱贫攻坚取得决定性胜利 中新网，2019/12/31
高质量发展下中小企业的升级之路 经济参考报，2019/12/31

**图书在版编目（CIP）数据**

中国人民大学年鉴．2020/《中国人民大学年鉴》编辑委员会编．--北京：中国人民大学出版社，2023.10
ISBN 978-7-300-31189-0

Ⅰ.①中… Ⅱ.①中… Ⅲ.①中国人民大学-2020-年鉴 Ⅳ.①G649.281-54

中国版本图书馆 CIP 数据核字（2022）第 203922 号

**中国人民大学年鉴（2020）**
《中国人民大学年鉴》编辑委员会
Zhongguo Renmin Daxue Nianjian (2020)

| | | | |
|---|---|---|---|
| **出版发行** | 中国人民大学出版社 | | |
| **社　　址** | 北京中关村大街 31 号 | **邮政编码** | 100080 |
| **电　　话** | 010－62511242（总编室） | | 010－62511770（质管部） |
| | 010－82501766（邮购部） | | 010－62514148（门市部） |
| | 010－62515195（发行公司） | | 010－62515275（盗版举报） |
| **网　　址** | http://www.crup.com.cn | | |
| **经　　销** | 新华书店 | | |
| **印　　刷** | 涿州市星河印刷有限公司 | | |
| **开　　本** | 890 mm×1240 mm　1/16 | **版　　次** | 2023 年 10 月第 1 版 |
| **印　　张** | 31.5 插页 26 | **印　　次** | 2023 年 10 月第 1 次印刷 |
| **字　　数** | 927 000 | **定　　价** | 158.00 元 |

# 版权声明



**编辑部地址：** 北京市中关村大街 59 号
中国人民大学学校办公室
**邮 政 编 码：** 100872
**电　　话：** 86-10-82509930
**传　　真：** 86-10-62515263
**电 子 信 箱：** nianjian@ruc.edu.cn